Großkommentare der Praxis

Löwe-Rosenberg

Die Strafprozeßordnung und das Gerichtsverfassungsgesetz

Großkommentar

22., neubearbeitete Auflage

von

Dr. Hanns Dünnebier
Generalstaatsanwalt a.D. in Bremen

Dr. Walter Gollwitzer
Ministerialrat in München

Dr. Max Kohlhaas
Bundesanwalt in Karlsruhe

Dr. Karl Heinz Kunert
Ministerialrat in Düsseldorf

Karlheinz Meyer
Vors. Richter am Kammergericht in Berlin

Professor Dr. Werner Sarstedt
Vors. Richter am Bundesgerichtshof in Berlin

Dr. Karl Schäfer
Senatspräsident i. R. in Frankfurt a. M.

Zweiter Band

§§ 213–444

§§ 213–275: Gollwitzer
§§ 276–295: Dünnebier
§§ 296–332: Gollwitzer
§§ 333–358: Meyer
§§ 359–373 a: Kohlhaas
§§ 374–406 d: Kunert
§§ 407–444: Schäfer

1973

Walter de Gruyter · Berlin · New York

Erscheinungsdaten der Lieferungen

Lieferung 1 (§§ 213–332):	Oktober 1971
Lieferung 2 (§§ 333–358):	Juli 1973
Lieferung 3 (§§ 359–373 a):	Dezember 1972
Lieferung 4 (§§ 374–406 d):	Juli 1973
Lieferung 5 (§§ 407–444):	Dezember 1972

ISBN 3 11004639 3

Printed in Germany.

Satz und Druck: H. Heenemann KG, Berlin 42

Inhaltsverzeichnis

ZWEITES BUCH

Verfahren im ersten Rechtszug

DRITTES BUCH

Rechtsmittel

VIERTES BUCH

Wiederaufnahme eines durch rechtskräftiges Urteil abgeschlossenen Verfahrens

FÜNFTES BUCH

Beteiligung des Verletzten am Verfahren

SECHSTES BUCH

Besondere Arten des Verfahrens

VIERTER ABSCHNITT

Revision

Vorbemerkungen

Schrifttum: Beling, Revision wegen Verletzung einer Rechtsnorm über das Verfahren, Festschrift für Binding (1911) 2 87; Rechtsfrage und revisionsinstanzliche Abstimmung im Strafprozeß, GA 67 141; Biermann, Zur Revision des Staatsanwalts, GA 1955 353; Blaese, Die Förmlichkeiten der Revision in Strafsachen, 1956; Bode, Die Entscheidung des Revisionsgerichts in der Sache selbst, 1958; Dahs-Dahs, Die Revision im Strafprozeß, 1972; Doerffler, Die Rechtsmittel im künftigen Strafverfahren, DStR 1935 275; zu Dohna, Die Problematik der Aufgaben des Revisionsgerichts in Theorie und Praxis, DStR 1940 65; Duske, Die Aufgaben der Revision, Diss. Marburg 1960; Fuhrmann, Die Appellation als Rechtsmittel für eine beschränkte Tatsachennachprüfung in einem dreistufigen Gerichtsaufbau, ZStW 85 45; Reform des Rechtsmittelrechts im Strafprozeß, JR 1972 1; Hartung, Die Rechtsmittel nach dem Vorentwurf einer neuen Strafverfahrensordnung, ZStW 57 88; Jagusch, Die Revision in Strafsachen – ausreichende Rechtsgarantie? NJW 1971 2009; Kaiser, Zur Reform der Rechtsmittel im Strafverfahren, ZRP 1972 275; Klefisch, Die Rechtsmittel gegen Strafurteile im künftigen Strafprozeß, NJW 1951 330; Kuchinke, Grenzen der Nachprüfbarkeit tatrichterlicher Würdigung und Feststellungen in der Revisionsinstanz. 1964; Lobe, Beweiswürdigung eines tatsächlichen Vorbringens in der Revisionsverhandlung, DJZ 1936 428; Löwenstein, Die Revision in Strafsachen, 3. Aufl., 1933; Mannheim, Beiträge zur Lehre von der Revision wegen materiellrechtlicher Verstöße im Strafverfahren, 1925; Meves, Das Rechtsmittel der Revision, sein Wesen und seine Bedeutung, GA 45 1; Möhring, Das Oberste Bundesgericht in Zivil- und Strafsachen – ein Revisionsgericht! NJW 1949 1; Neidhard, Das Rechtsmittel im Strafverfahren nach den Vorstandsbeschlüssen des Deutschen Richterbundes zur großen Justizreform, DRiZ 1967 106; Neukamp, Das Rechtsmittel der Revision im Zivil- und Strafprozeß, Festschrift für Wach (1913) 2 153; Niese, Zur Frage der freien richterlichen Überzeugung, GA 1954 148; Oetker, Die Revision im künftigen Strafverfahren, GS 107 32; Peters, Zur Neuordnung des Strafverfahrens, ZStW 56 34; Tat-, Rechts- und Ermessensfragen in der Revisionsinstanz, ZStW 57 53; Pfeiffer/von Bubnoff, Zur Neuordnung des Rechtsmittelsystems in Strafsachen nach dem Referentenentwurf eines Ersten Justizreformgesetzes, DRiZ 1972 42; Pohle, Revision und neues Strafrecht, 1930; Salger, Das Indizienurteil des Strafrichters in der Revisionsinstanz, NJW 1957 734; Sarstedt, Die Revision in Strafsachen, 4. Aufl., 1962; Ernst Schäfer, Die Stellung der Revision im künftigen Strafverfahren, Festgabe für Schlegelberger (1936) 139; Die Auflockerung des Verfahrens im künftigen Strafprozeß und der Gedanke der materiellen Gerechtigkeit, DStR 1935 247; Schaffstein, Revision und Berufung im künftigen Strafverfahren, DStR 1935 465; Schier/Eckl, Der Referentenentwurf eines Ersten Justizreformgesetzes, NJW 1972 177; Schneidewin, Die Wirkungen der Strafrechtsreform auf den Strafprozeß, in: Hundert Jahre deutsches Rechtsleben, Festschrift Deutscher Juristentag (1960) 1 439; Schwarz, Der Strafrichter als Rechtsschöpfer, DJZ 1936 209; Berufung oder Revision? DStR 1936 24; Schweling, Der Verteidiger und die Revision, MDR 1967 441; Schwinge, Grundlagen des Revisionsrechts, 2. Aufl., 1960; Die Fortbildung des Revisionsrechts durch die Rechtsprechung des Reichsgerichts, JW 1938 769; Die Reform der höchstrichterlichen Rechtsmittel, ZAkDR 1935 546; Zur Neugestaltung der Revision wegen verfahrensrechtlicher Verstöße, Festgabe für Erich Jung (1937) 212; Seibert, Zur Revision in Strafsachen, DRZ 1948 371; Revisionsrichter und Tatrichter in Strafsachen, NJW 1958 132; Siegert, Die Rechtsmittel im neuen Strafverfahren, Festschrift für Graf Gleispach (1936) 138; Steuerlein, Die strafprozessuale Revision, Diss. Tübingen 1935; Weber, Das veraltete Revisionsverfahren im Strafprozeß, NJW 1961 1388.

1. Grundzüge. Die Revision ist aus der Kassation des französischen Rechts entwickelt worden und an die Stelle der Nichtigkeitsbeschwerde der deutschen Partikularrechte getreten. Sie ist ein Rechtsmittel mit *begrenzten Prüfungsmöglichkeiten*, eine Rechtsbeschwerde, mit der eine Nachprüfung des Tatsächlichen nicht erreicht werden kann. Der von dem Tatgericht festgestellte Sachverhalt ist für das Revisionsgericht bindend. Die Revision muß ihn ihren Angriffen gegen das Urteil zugrunde legen. Das Revisionsgericht hat in sachlichrechtlicher Hinsicht nur zu prüfen, ob der Tatrichter das sachliche Recht auf den festgestellten Sachverhalt fehlerfrei angewendet hat. Grundlage für diese Prüfung sind ausschließlich die Gründe des angefochtenen Urteils. Der Akteninhalt ist dem Revisionsgericht verschlossen. Es darf die Urteilsfeststellungen aufgrund der Tatsachen, die sich aus den Akten ergeben, weder berichtigen noch vervollständigen. Freier gestellt ist es in der Nachprüfung, ob die Verfahrensvorschriften eingehalten worden sind, die bestimmen, auf welchem Wege der Tatrichter zur Feststellung des Sachverhalts berufen ist und gelangen darf. Aber diese Prüfung setzt nur ein, wenn der Beschwerdeführer die Verfahrensfehler ausdrücklich und in rechter Form und Frist gerügt hat. Selbst grobe und offensichtliche Verfahrensverstöße sind für das Revisionsgericht unbeachtlich, wenn sie nicht ordnungsmäßig gerügt worden sind.

Das Revisionsrecht ist von dem *Grundsatz der Verantwortungsteilung* beherrscht. Die Aufgabe, die Tatsachen festzustellen, sich eine Überzeugung von der Schuld oder Nichterweislichkeit der Schuld des Angeklagten zu bilden und die Strafe gerecht zu bemessen, ist allein dem Tatrichter gestellt. Das Revisionsgericht hat auf diesen Gebieten keine besseren, sondern weitaus schlechtere Beurteilungsmöglichkeiten als der Tatrichter. Über die Ergebnisse der Beweisaufnahme, die es nicht wiederholen darf, wird es nur durch das angefochtene Urteil unterrichtet. Den Angeklagten sieht es meist überhaupt nicht. Erscheint er in der Revisionsverhandlung, so kann das Revisionsgericht sich von ihm längst keinen so zuverlässigen Eindruck verschaffen wie der Tatrichter in der Hauptverhandlung. Die Kontrolle durch das Revisionsgericht muß schon aus diesem Grunde auf die Anwendung des Rechts beschränkt bleiben. Der Akteninhalt bildet keine Grundlage für die Beweiswürdigung, und die Frage, welche Strafe angemessen ist, kann der Revisionsrichter ohnehin nicht besser beantworten als der Tatrichter. Das Revisionsgericht kann und darf dem Tatrichter deshalb die Verantwortung für die Feststellung des richtigen Sachverhalts und die Bemessung der gerechten Strafe nicht abnehmen.

Leidet das Urteil an einem sachlichrechtlichen Mangel oder beanstandet der Beschwerdeführer das Verfahren mit Recht, so darf das Revisionsgericht nur *ausnahmsweise in der Sache selbst entscheiden*. Es hat diese Möglichkeit nur, wenn eine Entscheidung tatsächlicher Art oder eine Ermessensentscheidung nicht erforderlich ist, um das Verfahren zum Abschluß zu bringen. Regelmäßig führt die Begründetheit der Revision zur Aufhebung des Urteils, soweit es auf den gerügten Rechtsfehlern beruht, und zur Zurückverweisung der Sache in diesem Umfang an die Tatsacheninstanz. Der Tatrichter ist bei der neuen Entscheidung an die Rechtsauffassung des Revisionsgerichts gebunden, soweit sie der Urteilsaufhebung zugrunde liegt. Dadurch wird sichergestellt. daß der Tatrichter nicht an einer Rechtsansicht festhält, die das Revisionsgericht mißbilligt hat.

Die *Grundsätze der Revision* lassen sich demnach wie folgt zusammenfassen:

a) Die Revision hat nur Erfolg, wenn das angefochtene Urteil das Gesetz verletzt (§ 337), wenn es hierauf beruht und wenn der Revisionsführer das form- und fristgerecht (§§ 344, 345) gerügt hat;

b) Ist das Urteil rechtsfehlerhaft zustande gekommen oder enthält es Rechtsfehler, so darf das Revisionsgericht in der Sache selbst nur unter den engen Voraussetzungen des § 354 Abs. 1 entscheiden; regelmäßig ist eine Zurückverweisung der Sache an den Tatrichter (§ 354 Abs. 2) erforderlich;

c) Das Gericht, an welches die Sache zurückverwiesen wird, ist an die Aufhebungsansicht des Revisionsgerichts gebunden (§ 358 Abs. 1).

2. Zweck der Revision. Revisionsrechtsprechung besteht in der *Entscheidung über Einzelfälle*. Das Rechtsmittel der Revision dient nicht in erster Hinsicht der Sicherung der Rechtseinheit oder der Fortbildung des Rechts (anders insbesondere Schwinge 26ff.) Im Vordergrund steht die gerechte Erledigung des vor das Revisionsgericht gebrachten Straffalls. Diese Aufgabe vor allem, nicht Zwecke der Rechtseinheit, bestimmen Umfang und Grenzen der Revisibilität. Das gilt für die Prüfung von sachlichrechtlichen Fehlern ebenso wie für die Prüfung von Fehlern bei der Anwendung des Verfahrensrechts. Daß die Revision die Einheitlichkeit der Rechtsprechung fördert, ist eine Folge ihrer Ausgestaltung als Rechtsbeschwerde. Weil die Kontrolle in der Revisionsinstanz auf Rechtsverstöße beschränkt ist, die Revisionsgerichte also von zeitraubenden Ermittlungen tatsächlicher Umstände entlastet sind, ist es möglich, mit der Entscheidung über diese Rechtsmittel wenige Spruchkörper zu betrauen. Hierdurch und durch die in §§ 121 Abs. 2, 136 GVG bestimmte Vorlegungspflicht wird die Einheitlichkeit der Rechtsanwendung gewährleistet. Der Beschwerdeführer, der den Bundesgerichtshof oder ein Oberlandesgericht zur Entscheidung über seine Revision anruft, dient damit *ungewollt* der Rechtseinheit. Die Rechtsordnung betrachtet ihn jedoch nicht als bloßes Objekt der Herbeiführung der wünschenswerten Einheitlichkeit der Rechtsanwendung. Die Frage, ob der Herbeiführung der gerechten Entscheidung im Einzelfall oder der Einheitlichkeit der Rechtsprechung der „Vorrang" gebührt, kann sich nicht stellen. Sie wäre nur berechtigt, wenn die Revisionsgerichte notwendigerweise den einen Zweck zugunsten des anderen vernachlässigen müßten. Das ist aber nicht der Fall. Die Rechtsprechung der Revisionsgerichte erfüllt beide Zwecke in gleichem Maße.

3. **Reform.** Ein Rechtsmittel, das so formstreng ausgestaltet ist und gehandhabt wird und das so begrenzte Prüfungsmöglichkeiten eröffnet wie die Revision, führt zu Leerlauf und unnötigem Arbeitsaufwand. Der Erfolg einer Revision besagt grundsätzlich nichts darüber, ob das Urteil sachlich richtig oder falsch ist. Eine rechtsfehlerhaft begründete Beweiswürdigung muß im Ergebnis nicht unrichtig, eine aufgrund gesetzwidriger Erwägungen bemessene Strafe muß nicht ungerecht sein. Die neue Verhandlung vor dem Tatrichter führt häufig zu demselben Ergebnis wie das aufgehobene Urteil. Wer das für ein Übel hält, muß bestrebt sein, die Revision so „aufzulockern", daß ihre Handhabung es dem Revisionsgericht ermöglicht, fehlerfrei begründete, aber falsche Urteile aufzuheben und fehlerhaft begründete, aber sachlich richtige Urteile bestehenzulassen. Eine Reform des Revisionsrechts mit diesem Ziel ist unter dem NS-Regime in Angriff genommen worden. An die Stelle der Revision sollte die „Urteilsrüge" treten. Sie sollte dem Revisionsgericht die Möglichkeit eröffnen, das angefochtene Urteil darauf zu prüfen, ob es auf einem Fehler im Verfahren beruht, ob es wegen eines Fehlers in der Anwendung des Rechts auf die festgestellten Tatsachen ungerecht ist und ob so schwere Bedenken gegen die Richtigkeit der tatsächlichen Feststellungen bestehen, daß eine neue Entscheidung notwendig erscheint. Dabei sollte sich die Prüfung der Anwendung des Rechts auch auf die Ausübung des richterlichen Ermessens, insbesondere bei der Bemessung der Strafe, erstrecken. Am Ausbruch des 2. Weltkrieges sind diese Reformpläne gescheitert.

Eine ähnliche „Auflockerung" der Revision ist das Ziel der gegenwärtig vorbereiteten Reform der Rechtsmittel im Strafverfahren. Dabei steht aber nicht der Gedanke im Vordergrund, daß die Revision der Erweiterung bedarf, um Leerlauf und Fehlentscheidungen zu verhindern. Die „erweiterte Revision" ist vielmehr notwendig, um das Rechtsmittelsystem der Strafprozeßordnung an die geplante Dreistufigkeit des Gerichtsaufbaus anzupassen. Diese Dreistufigkeit verträgt im Strafverfahren keine zwei Rechtsmittelzüge mehr. Entweder muß die Revision zugunsten der Berufung abgeschafft werden, oder sie muß so erweitert werden, daß die Berufung entbehrlich wird. Alle Pläne, die Berufung zu dem einzigen Rechtsmittel in Strafsachen zu machen, haben sich aber als undurchführbar erwiesen. Daher bleibt die Erweiterung der Revision in einer Weise, die einen gewissen Ersatz für den Wegfall der Berufung bietet, die einzige Möglichkeit, eine Dreistufigkeit des Gerichtsaufbaus in Strafsachen überhaupt herbeizuführen. Die Reformpläne sehen vor, daß die „erweiterte Revision" gegenüber der bisherigen Revision die Überprüfungsmöglichkeiten bei den Tatsachenfeststellungen vermehrt. Ferner sollen die Überprüfungs- und Eingriffsmöglichkeiten bei der Strafzumessung und die Möglichkeit für das Revisionsgericht, abschließend selbst zu entscheiden, wesentlich erweitert werden. Die Revision soll darauf gestützt werden können, daß schwerwiegende Bedenken gegen die Richtigkeit oder Vollständigkeit erheblicher Tatsachenfeststellungen bestehen (insbesondere Lücken und Widersprüche in den Urteilsgründen, Widersprüche zu bestimmten Aktenstellen, Nichtbeachtung von Tatsachen, welche die Wiederaufnahme des Verfahrens begründet erscheinen lassen). Die Überprüfung der Strafzumessung in erweiterter Form bedeutet, daß die Revision auch darauf gestützt werden kann, daß die erkannte Strafe unverhältnismäßig hoch oder niedrig ist. Um die Möglichkeit der Entscheidung in der Sache selbst zu erweitern, soll das Revisionsgericht ermächtigt werden, zur Beseitigung von Unklarheiten, Widersprüchen und Lücken in den tatsächlichen Feststellungen und von sonstigen schwerwiegenden Bedenken einzelne Beweise selbst zu erheben oder durch einen beauftragten oder ersuchten Richter erheben zu lassen. Bei Aufhebung des Urteils aus sachlichrechtlichen Gründen soll das Revisionsgericht im Strafausspruch selbst entscheiden können, nachdem es über die Strafzumessungstatsachen Beweis erhoben hat.

Die Verwirklichung dieser Reformpläne würde mit Sicherheit zu einer Verminderung der Qualität der Rechtsprechung in Strafsachen führen. Wenn die Revision das einzige Rechtsmittel im Strafverfahren ist, muß die Zahl der Revisionsspruchkörper in einem Maße vergrößert werden, das es ausschließt, diese Gerichte durchweg mit geeigneten Revisionsrichtern zu besetzen. Daß eine Vielzahl von Angeklagten, die heute mit der Berufung versuchen, das erste Urteil zu Fall zu bringen, sich dazu der Revision bedienen werden, wenn die Berufung abgeschafft ist, kann als sicher gelten. Ermächtigt man die Revisionsgerichte, einzelne Beweiserhebungen vorzunehmen, so wird der Grundsatz der Verantwortungsteilung durchbrochen und Verantwortung auf Gerichte übertragen, die sie nach der sonstigen Gestaltung ihres Verfahrens gar nicht tragen können. Wenn dem Revisionsgericht in jedem Fall die Verantwortung dafür überbürdet würde, daß die festgestellten Tatsachen zutreffen, würde das einerseits die Sorgfalt tatrichterlicher Arbeit vermindern, andererseits die Verantwortung in ein Verfahren verlagern, das nach wie vor in erster Hinsicht der Prüfung der Rechtsanwendung dient und in dem Richter mitwirken, die zur Beurteilung von Tatfragen keineswegs geeigneter sind als die Tatrichter.

§ 333

Gegen die Urteile der Strafkammern und der Schwurgerichte sowie gegen die im ersten Rechtszug ergangenen Urteile der Oberlandesgerichte ist Revision zulässig.

Entstehungsgeschichte. Die Vorschrift wurde durch Art. 3 Nr. 142 VereinhG neu gefaßt. Die Worte „sowie gegen die ... Urteile der Oberlandesgerichte" sind durch Art. 2 Nr. 14 des Gesetzes zur allgemeinen Einführung eines zweiten Rechtszuges in Staatsschutz-Strafsachen vom 8. 9. 1969 (BGBl. I 1582) eingefügt worden. Bezeichnung bis 1924: § 374.

1. Urteile. Revision findet nur gegen Urteile statt. Für die Anfechtung einiger Nebenentscheidungen steht zur Verfahrensvereinfachung die sofortige Beschwerde zur Verfügung. Mit diesem Rechtsmittel anfechtbar sind die in dem Urteil getroffenen Entscheidungen über die Kosten des Verfahrens und die notwendigen Auslagen (§ 464 Abs. 3 Satz 1), über die Aussetzung oder Nichtaussetzung der Jugendstrafe zur Bewährung (§ 59 Abs. 1 JGG) und über die Entschädigung für Strafverfolgungsmaßnahmen (§ 8 Abs. 3 StrEG).

Bei der Urteilsanfechtung durch Revision kommt es entgegen der älteren Rechtsprechung des Reichsgerichts (RGSt. **23** 155; **50** 24; **54** 56) nicht darauf an, ob die Entscheidung sich Urteil nennt, sondern darauf, ob sie ein Urteil *ist* (BGHSt. **8** 384 = JZ **1956** 501 m. Anm. Henkel; BGHSt. **18** 385; BGH bei Dallinger MDR **1966** 384; RGSt. **28** 147; **63** 247; **65** 398; RGRspr. 4 322; BayObLGSt. **1951** 303; OLG Hamm JMBlNRW **1952** 125; weitere Nachweise bei 2b zu § 260; II 8e vor § 296). Urteile sind instanzbeendende Entscheidungen, die nach dem Gesetz eine mündliche Verhandlung und eine öffentliche Verkündung voraussetzen (2b zu § 260). Ob Verhandlung und Verkündung wirklich stattgefunden haben, ist nicht entscheidend. Vielmehr kommt es darauf an, ob die angefochtene Entscheidung nach dem Gesetz nur aufgrund einer Hauptverhandlung und im Wege öffentlicher Verkündung hätte ergehen dürfen. Ist das entgegen dem Gesetz unterblieben, so handelt es sich für die Frage der Anfechtbarkeit trotzdem um ein Urteil (BGHSt. **8** 384 = JZ **1956** 501 m. Anm. Henkel). Demgemäß ist eine als Beschluß bezeichnete Entscheidung, die aufgrund einer Hauptverhandlung eine Berufung nach § 322 Abs. 1 Satz 2 als unzulässig (RGSt. **63** 246 = JW 1930 3555 m. Anm. Oetker) oder nach § 329 Abs. 1 wegen Ausbleibens des Angeklagten verwirft (KG JW **1929** 1894 m. Anm. Pestalozza), ein Urteil und mit der Revision anfechtbar. Gleiches gilt von der Entscheidung, mit der das Berufungsgericht ein amtsgerichtliches Urteil wegen Unzuständigkeit aufhebt und die Sache nach § 328 Abs. 3 an das zuständige Gericht verweist (RGSt. **65** 397 = JW **1932** 1754 m. Anm. Bohne). Als Urteil zu behandeln ist auch der in der Hauptverhandlung erlassene Einstellungsbeschluß nach § 206a (OLG Celle NJW **1960** 114; OLG Köln NJW **1966** 1935). Umgekehrt ist die Entscheidung, mit der ein Verurteilter im Wiederaufnahmeverfahren nach § 371 Abs. 2 ohne Hauptverhandlung sofort freigesprochen wird, auch dann ein Beschluß, wenn sie sich als Urteil bezeichnet; sie ist nicht mit der Revision, sondern mit der sofortigen Beschwerde anfechtbar (BGHSt. **8** 383 = JZ **1956** 501 m. Anm. Henkel; **a. A.** Schwarz NJW **1956** 757). Ein „Urteil", mit dem ein Privatklageverfahren nach § 390 Abs. 5 wegen Geringfügigkeit eingestellt wird, ist weder mit diesem Rechtsmittel noch mit der Revision anfechtbar (BayObLGSt. **1951** 302; OLG Hamm JMBlNRW **1951** 185; OLG Stuttgart JW **1939** 151).

2. Urteile im einzelnen.

a) **Strafkammern** entscheiden als Gerichte des ersten Rechtszuges oder als Berufungsgerichte. Ihre Zuständigkeiten ergeben sich aus §§ 74 bis 74b GVG in Verbindung mit § 24 Abs. 1 Nr. 2 GVG. Im Sicherungsverfahren nach §§ 429aff. sind sie im ersten Rechtszug ausschließlich zuständig (§ 429b Abs. 3). Für die Zulässigkeit der Revision kommt es aber nicht darauf an, ob die Strafkammer zuständig war, sondern nur darauf, daß sie entschieden hat. Die Revision ist gerade das Mittel, die Unzuständigkeit geltend zu machen, soweit nicht § 16 (bei der örtlichen Zuständigkeit) und § 269 (bei der sachlichen Zuständigkeit) entgegenstehen.

b) **Schwurgerichte.** Ihre Zuständigkeit ergibt sich aus § 80 GVG. Sie beschränkt sich auf erstinstanzliche Sachen.

c) **Oberlandesgerichte.** Ihre erstinstanzliche Zuständigkeit ist in § 120 GVG geregelt.

d) **Richter beim Amtsgericht. Schöffengericht.** Gegen ihre Urteile ist die Revision nur zulässig im Fall des § 334, nämlich soweit nach § 313 Berufung ausgeschlossen ist (Ersatzrevision), und im Fall der Sprungrevision (§ 335).

e) **Jugendgerichte** (§ 33 Abs. 2 JGG) sind der Jugendrichter (§ 39 JGG), das Jugendschöffengericht (§ 40 JGG) und die Jugendkammer (§ 41 JGG). Für die Anfechtung der Urteile der Jugendgerichte gelten die allgemeinen Vorschriften, eingeschränkt durch § 55 JGG. Wer in einer Jugendstrafsache zulässigerweise Berufung eingelegt hatte, kann das Berufungsurteil nicht mehr mit der Revision anfechten (§ 55 Abs. 2 JGG). Angeklagter, Erziehungsberechtigter und gesetzlicher Vertreter gelten hierbei als derselbe Beteiligte. Hat einer von ihnen Berufung eingelegt, so wirkt das auch gegen die anderen (§ 55 Abs. 2 Satz 2 JGG). Nach § 104 Abs. 1 Nr. 7 JGG gilt das auch, wenn ein Erwachsenengericht gegen den Jugendlichen entscheidet; bei Heranwachsenden kommt es darauf an, ob Jugendstrafrecht angewendet worden ist (§ 109 Abs. 2 JGG).

3. Befugnis zur Revisionseinlegung.

a) **Allgemeines.** Revision können alle Verfahrensbeteiligten einlegen, soweit sie durch die angefochtene Entscheidung *beschwert* sind. Näheres über die Befugnis zur Einlegung von Rechtsmitteln regeln §§ 282b (Angehörige im Abwesenheitsverfahren), 296 (Staatsanwaltschaft und Beschuldigte), 297 (Verteidiger), 298 (gesetzliche Vertreter), 390 (Privatkläger), 401 (Nebenkläger), 433 Abs. 1 (Einziehungsbeteiligte), 440 Abs. 3 (Einziehungsbeteiligte im selbständigen Einziehungsverfahren), 67 Abs. 3 JGG (Erziehungsberechtigte). Beistände (§ 149 Abs. 1, § 69 Abs. 1 JGG) sind zur Einlegung der Revision nicht befugt.

b) Die **Staatsanwaltschaft** ist im Strafverfahren nicht Partei, sondern erfüllt im Zusammenwirken mit dem Gericht Aufgaben der staatlichen Rechtspflege (1b zu § 296). Sie ist daher berechtigt, nach pflichtgemäßem Ermessen Entscheidungen entgegenzutreten, die, gleichviel, ob sie jemanden beschweren, den Geboten der Rechtspflege nicht entsprechen (RGSt. **48** 26; **60** 190; OLG Bremen NJW **1955** 1244; KG JR **1969** 349; Müller-Sax 5 vor § 296; s. a. 4 zu § 296; Nr. 146 RiStBV). Sie kann Urteile auch anfechten, wenn sie dem Antrag ihres Sitzungsvertreters in der Hauptverhandlung entsprechen (RGSt. **48** 26; RG JW **1927** 912; KG JR **1969** 349; EbSchmidt Nachtr. 26 vor § 296).

Die Staatsanwaltschaft kann nach § 296 Revision zuungunsten des Angeklagten oder zu seinen Gunsten (dazu 5 zu § 296) einlegen. Die Einlegung der Revision zuungunsten des Angeklagten macht auch eine Entscheidung zu seinen Gunsten möglich (§ 301). Die Einlegung zu seinen Gunsten setzt eine Beschwer des Angeklagten voraus (RGSt. **42** 400; Sarstedt 31) und enthält eine Rechtsmittelbeschränkung in dem Sinne, daß das Revisionsgericht nicht zu seinen Ungunsten entscheiden darf (§ 358 Abs. 2 Satz 1). Legt die Staatsanwaltschaft das Rechtsmittel zugunsten des Angeklagten ein, so muß sie das wegen dieser und der weiteren besonderen Rechtswirkung nach § 302 Abs. 1 Satz 2 klarstellen (vgl. auch Nr. 146 Absatz 3 Satz 2 RiStBV), und zwar spätestens bis zum Ablauf der Revisionsbegründungsfrist nach § 345 Abs. 1 (BGHSt. 2 43 = NJW **1952** 435 m. Anm. Cüppers). Geschieht das nicht ausdrücklich, so ist die Erklärung nach ihrem gesamten Inhalt auszulegen (BGHSt. 2 43 = NJW **1952** 435 m. Anm. Cüppers; RGSt. 5 221; Müller-Sax 10a). Im Zweifel ist nicht anzunehmen, daß das Rechtsmittel nur zugunsten des Angeklagten eingelegt ist (RGSt. **65** 235). Die Staatsanwaltschaft kann Revision auch zugunsten des Einziehungsbeteiligten und des Nebenklägers einlegen (RGSt. **60** 191; dazu 6 zu § 296). Zugunsten von Personen, die selbst nicht rechtsmittelberechtigt sind, kann sie es dagegen nicht (Müller-Sax 10a). Zur Revision der Staatsanwaltschaft vgl. auch Nr. 146 bis 148, 155, 167 RiStBV, ferner Biermann GA **1955** 353.

c) Der **Angeklagte** kann Revision selbst einlegen, auch wenn er nicht geschäftsfähig ist; jedoch muß er verhandlungsfähig sein (1a zu § 296). Der gesetzliche Vertreter kann Revision auch gegen den Willen des Angeklagten einlegen (§ 298 Abs. 1). Im Verfahren gegen Abwesende können die Angehörigen (§ 281) von den Rechtsmitteln Gebrauch machen, die dem Beschuldigten zustehen (§ 282b). Im Jugendstrafverfahren gelten die §§ 55, 67 JGG. Hier kann der Erziehungsberechtigte selbständig Revision einlegen, auch wenn er nicht der gesetzliche Vertreter des Jugendlichen ist, und auch gegen den Willen dieser beiden Personen (§ 67 Abs. 3 JGG, § 298 Abs. 1).

d) Der **Nebenkläger** kann nur im Rahmen der Nebenklagebefugnis Rechtsmittel einlegen und verfolgen. nicht hinsichtlich rechtlicher Gesichtspunkte außerhalb der Nebenklagedelikte, auch nicht bei Tateinheit oder Gesetzeskonkurrenz (Näheres bei den Erläuterungen zu § 401). Zugunsten des Angeklagten kann der Nebenkläger ebensowenig Revision einlegen wie der Privatkläger (OLG Hamburg NJW **1958** 1313; 7 zu § 296; s. aber auch Sarstedt 24). Auf seine Revision kann das Urteil jedoch zugunsten des Angeklagten geändert werden (§§ 397 Abs. 1, 390 Abs. 1 Satz 3, 301).

e) **Privatkläger.** Seine Befugnis zur Einlegung der Revision regelt § 390 Abs. 1. Auf die Erläuterungen zu dieser Vorschrift wird verwiesen.

4. **Beschwer.** Jedes Rechtsmittel setzt eine Beschwer voraus (darüber ausführlich 4 zu § 296). Ausgenommen sind nur Rechtsmittel der Staatsanwaltschaft (oben 3b). Die Revision ist stets nur gegen die Entscheidung selbst zulässig, nicht gegen die Begründung allein (BGHSt. 7 153 = MDR **1955** 308 m. Anm. H. Meyer; BGHSt. **16** 374; RGSt. **63** 185; weitere Nachweise bei 4c zu § 296), und erst recht nicht gegen Teile des Rubrums (OLG Saarbrücken VRS **21** 130). Der Revisionsführer muß ein berechtigtes Interesse an der Aufhebung oder Abänderung der Entscheidung haben. Das trifft bei jeder für ihn nachteiligen Entscheidung zu, auch wenn (bei Revision des Angeklagten oder Revision zu seinen Gunsten) eine Strafe nicht verhängt worden ist, z. B. bei Straffreierklärung nach §§ 199, 233 StGB, oder wenn sonst von Strafe abgesehen worden ist (4c vor § 296) oder wenn die eingezogene Sache ihm nicht gehört (OLG Celle NJW **1960** 1873). Bloße Bezeichnungsfehler im Urteilsausspruch, z. B. die Kennzeichnung des Vergehens gegen § 243 StGB entgegen der Auffassung des Bundesgerichtshofs als „Diebstahl in einem schweren Fall" (BGHSt. 23 256; vgl. aber jetzt BGH NJW **1970** 2120), beschweren den Angeklagten nicht. Der freigesprochene Angeklagte ist grundsätzlich nicht zur Einlegung der Revision berechtigt (dazu 4e zu § 296), kann es aber sein, wenn auf Einziehung (RGSt. **48** 17; **66** 421) oder Unbrauchbarmachung (RGSt. **61** 293 = JW **1927** 2713 m. Anm. Mannheim) erkannt worden ist. Hat der Tatrichter das Verfahren wegen eines Verfahrenshindernisses

eingestellt, so kann Revision mit dem Ziel der Freisprechung zulässig sein (4d zu § 296). Bei endgültiger Verfahrenseinstellung ist der Angeklagte aber regelmäßig nicht beschwert (BGHSt. 23 259; BGH NJW **1970** 155; RGSt. **20** 49; **42** 401; **69** 124, 160; RG JW 1935 946; BayObLGSt. **1954** 109; OLG Celle NdsRpfl. **1951** 149). Das gilt auch bei Einstellung aufgrund eines Straffreiheitsgesetzes (anders BGHSt. 13 272; RGSt. **70** 193). Wenn das Verfahren nur vorläufig eingestellt wird, weil die Prozeßvoraussetzung noch nachträglich geschaffen werden kann, ist der Angeklagte jedoch beschwert (OLG Stuttgart NJW **1963** 1417; Sarstedt 30). Wenn nach der Verfahrenslage ein Anspruch auf Freisprechung besteht, z. B. bei Nichterweislichkeit des angeklagten Vergehens und Verjährung der erwiesenen Übertretung (9c zu § 260), kann gegen das Einstellungsurteil Revision mit dem Ziel der Freisprechung eingelegt werden (BGH GA **1959** 17; OLG Celle MDR **1970** 164 = VRS **38** 131; OLG Stuttgart NJW **1957** 1488; **1963** 1417; s. auch Hertweck NJW **1968** 1462). Eine Beschwer durch die Kostenfolge berechtigt nicht zur Einlegung der Revision (OLG Braunschweig MDR **1950** 630). Ist bei Einstellung wegen eines Verfahrenshindernisses nach § 467 Abs. 3 Nr. 2 davon abgesehen worden, die notwendigen Auslagen des Angeklagten der Staatskasse zu überbürden, so berechtigt ihn das daher nicht, gegen das Einstellungsurteil Revision mit dem Ziel der Freisprechung einzulegen (anders OLG Celle MDR **1970** 164 = VRS **38** 131). Zweifel an der Schuld des Angeklagten sind in einem solchen Fall bei der nach § **464** Abs. 3 Satz 1 anfechtbaren Kostenentscheidung nach § 467 Abs. 3 Nr. 2 zu berücksichtigen (BayObLG NJW **1970** 875; OLG Hamburg NJW **1969** 945; NJW **1971** 2185; s. auch V 2b zu § 467). Eine Verfahrensfortführung zur Feststellung der Unschuld sieht das Gesetz nicht vor.

Der Angeklagte ist durch ein sachlichrechtlich fehlerhaftes Urteil auch beschwert, wenn der Fehler auf andere Weise als durch die Revision, etwa durch das Nachtragsverfahren nach § 459 (BGHSt. 13 403; BGH bei Dallinger MDR **1957** 526; KG VRS **24** 30; **26** 278; OLG Hamm JMBlNRW **1965** 105; VRS **39** 335; OLG Saarbrücken OLGSt. § 184 StGB S. 25; LK-Tröndle 9 zu § 29 StGB) oder das Beschlußverfahren nach § 460 (BGHSt. 12 1 — GSSt.; 23 99; über Ausnahmen von diesem Grundsatz Schönke-Schröder 57 zu § 76 StGB; Krüger MDR **1970** 885), beseitigt werden kann.

5. **Bedingungen.** Vgl. dazu II 8c vor § 296. Die Revision darf, wie jedes Rechtsmittel, allenfalls an Rechtsbedingungen geknüpft werden, z. B. daran, daß die gleichzeitig eingelegte Berufung unzulässig ist (OLG Köln NJW **1963** 1074). Andere Bedingungen sind unzulässig. Die Angabe des Beweggrundes („mit Rücksicht auf die von der Staatsanwaltschaft eingelegte Revision") ist aber keine Bedingung (BGH bei Dallinger MDR **1954** 18). Schon der Zweifel, ob eine andere als eine Rechtsbedingung vorliegt, macht das Rechtsmittel unzulässig (BGHSt. 5 184). Unter Umständen kann das auch für eine „vorsorglich" eingelegte Revision zutreffen, wenn nämlich damit gemeint ist, die Revision werde nur für den Fall eingelegt, daß auch der Gegner Revision einlege, daß nachträglich keine Ratenzahlungen bewilligt werden, daß der Urteilsausspruch nicht ergänzt oder berichtigt wird. Das Wort „vorsorglich", das ohne rechtliche Bedeutung ist, weil das Rechtsmittel zurückgenommen und weil auf die Rücknahme nicht verzichtet werden kann, sollte daher unbedingt vermieden werden (so ausdrücklich Nr. 147 Abs. 2 RiStBV für vorsorglich eingelegte Revisionen der Staatsanwaltschaft). Die Einlegung der Revision „zur Fristwahrung" ist jedoch unbedenklich. Die Revision kann von einem vollmachtlosen Vertreter nicht unter Vorbehalt späterer Genehmigung eingelegt werden (RGSt. **66** 265).

6. **Revisionsgericht** ist das Oberlandesgericht, in Bayern das Bayerische Oberste Landesgericht (§ 9 EGGVG), wenn es sich um die Revision gegen Urteile des Richters beim Amtsgericht (§ 25 GVG) oder des Schöffengerichts (§ 28 GVG) handelt, und zwar trotz des Wortlauts des § 121 Abs. 1 Nr. 1 Buchst. a) GVG auch im Fall der Sprungrevision nach § 335, sowie für alle Revisionen gegen Berufungsurteile (§ 121 Abs. 1 Nr. 1 Buchst. b) GVG). Der in § 121 Abs. 1 Nr. 1 Buchst. c) GVG erwähnte Fall, daß die Revision nur auf Verletzung von Landesrecht „gestützt" wird, kommt kaum vor. Die tateinheitliche Anwendung von Bundesrecht schließt die Anwendung der Vorschrift aus (vgl. etwa KG JR 1957 230). Im übrigen ist der Bundesgerichtshof das Revisionsgericht (§ 135 Abs. 1 GVG). Die Frage der Zuständigkeit in dem Fall, daß das Landgericht als Berufungsgericht die Zuständigkeit des Amtsgerichts überschritten hat, sein Urteil aber den Vorschriften über erstinstanzliche Verfahren genügt, ist an anderer Stelle (5 zu § 6) erörtert.

§ 334

Gegen die Urteile des Amtsrichters ist Revision insoweit zulässig, als nach § 313 die Berufung ausgeschlossen ist.

Entstehungsgeschichte: Die Vorschrift geht zurück auf § 33 Abs. 2 der Verordnung über Gerichtsverfassung und Strafrechtspflege vom 4. 1. 1924 (RGBl. I 15). Mit der Bekanntmachung vom 22. 3. 1924 (RGBl. I 322) wurde sie als § 334 in die Strafprozeßordnung eingefügt. Den Wortlaut der Bestimmung hat Art. 3 Nr. 143 VereinhG neu gefaßt.

1. **„Ersatzrevision".** Nach § 313 ist die Berufung in Bagatellfällen ausgeschlossen; § 334 läßt als Ersatz die Revision zu. Der Kreis der in Betracht kommenden Fälle ist bei § 313 eingehend erörtert. Zu ihnen gehört auch das Rechtsmittel gegen ein Urteil, das den Einspruch gegen einen nur auf Geldstrafe wegen Übertretung lautenden Strafbefehl nach § 412 Abs. 1 verwirft (BGHSt. **13** 289 = JZ **1960** 672 m. Anm. Kleinknecht; weitere Nachweise bei 2 e zu § 313).

2. **Irrtum.** Ist nach den §§ 313, 334 nur Revision zulässig, hat der Beschwerdeführer das Rechtsmittel jedoch als Berufung bezeichnet, so ist nach § 300 die irrige Bezeichnung unschädlich, wenn das zulässige Rechtsmittel gemeint ist. Im allgemeinen kann davon ausgegangen werden, daß der Beschwerdeführer, der ein Urteil des Richters beim Amtsgericht anficht, das zulässige Rechtsmittel durchgeführt haben will, wenn nur ein Rechtsmittel zulässig ist (RGSt. **68** 298; BayObLGSt. **1953** 5 = NJW **1953** 756; OLG Celle VRS **15** 60; **25** 128; KG VRS **35** 288; OLG Saarbrücken VRS **31** 54; Kleinknecht JZ **1960** 674; Eb. Schmidt 3 zu § 300; a. A. Müller-Sax 2a zu § 300). Das Rechtsmittel ist dann als Revision zu behandeln; es muß also nach §§ 344, 345 begründet werden (vgl. im einzelnen 4 zu § 313). Ist das nicht geschehen, so wird die Revision als unzulässig verworfen. Besteht der Rechtsmittelführer auf Berufung, so muß das Berufungsgericht sie als unzulässig verwerfen.

Ist nur Revision zulässig, hat das Landgericht das Rechtsmittel jedoch als Berufung behandelt und demgemäß als Berufungsgericht entschieden, obwohl eine Umdeutung nach § 300 hätte stattfinden müssen, so ist gegen dieses Urteil die Revision zulässig (BayObLGSt. **1953** 5 = NJW **1953** 756; BayObLGSt. **1953** 89 = VRS **5** 544). Ist sie ordnungsmäßig erhoben, so muß das Revisionsgericht das Berufungsurteil aufheben und nunmehr das erste Rechtsmittel als Revision behandeln (OLG Celle VRS **25** 128; OLG Hamm VRS **8** 221). War sie ordnungsmäßig begründet worden, so ist zur Sache zu entscheiden; andernfalls ist sie als unzulässig zu verwerfen (OLG Hamm VRS **8** 221; Müller-Sax 2b). Wenn jedoch das Berufungsgericht zur Sache entschieden und die Strafe ermäßigt hat, dann muß es nach § 358 Abs. 2 bei der Strafherabsetzung bleiben (dazu II 2 zu § 358). Die Bedenken von Jagusch in der Vorauflage dieses Kommentars gegen die Berücksichtigung des Verbots der Schlechterstellung in diesem Fall werden nicht aufrechterhalten. Das Verschlechterungsverbot deckt auch sonst verfahrensrechtliche wie sachlichrechtliche Fehler.

Hat das Landgericht das Rechtsmittel als Berufung behandelt und als nach § 313 unzulässig verworfen, so ist der Weg, diese Entscheidung zu beseitigen, die Einlegung des zulässigen Rechtsmittels, also die sofortige Beschwerde nach § 322 Abs. 2, wenn durch Beschluß entschieden worden ist, die Revision nach § 333, wenn die Berufung durch Urteil verworfen worden ist. Unterbleibt die Einlegung des Rechtsmittels, so ist damit das Verfahren rechtskräftig abgeschlossen. Der Ansicht des Bayerischen Obersten Landesgerichts, die Einlegung der nach § 313 unstatthaften Berufung verbrauche nicht das Recht auf Einlegung der nach § 334 statthaften Revision (BayObLGSt. **1961** 204 = NJW **1961** 2318), kann nicht zugestimmt werden. Hat der Beschwerdeführer, obwohl er wußte, daß nur die Revision zulässig ist, die Berufung gewählt, so besteht kein Anlaß, ihm nachträglich noch das Recht auf Einlegung der Revision zuzugestehen; Wiedereinsetzung in den vorigen Stand gegen die Versäumung der Einlegungsfrist käme in diesem Fall ohnehin nicht in Betracht. Wenn aber das Landgericht unterlassen hat, das als Berufung bezeichnete Rechtsmittel in die zulässige Revision umzudeuten, dann ist der Weg, zu einer Revisionsentscheidung zu kommen, nicht die erneute Einlegung dieses Rechtsmittels, sondern die Einlegung des zulässigen Rechtsmittels gegen die Entscheidung des Berufungsgerichts. Rechtliche Schwierigkeiten können nur entstehen, wenn man, wie das Bayerische Oberste Landesgericht aaO., unnötigerweise annimmt, das Revisionsgericht sei an die Ansicht des Berufungsgerichts gebunden, daß das Rechtsmittel als Berufung zu behandeln sei (im Ergebnis wie hier: Müller-Sax 2a; Schaper NJW **1962** 313). Abzulehnen ist erst recht die Meinung des Oberlandesgerichts Köln (NJW **1963** 1074; ebenso offenbar BayObLGSt. **1953** 3 = NJW **1953** 756), wenn die Berufung verworfen ist, sei es zulässig, sowohl gegen das erste Urteil als auch gegen das Berufungsurteil Revision einzulegen; anfechtbar ist nur das Berufungsurteil.

3. **Zuständig** für die Entscheidung über die Ersatzrevision ist das Oberlandesgericht (§ 121 Abs. 1 Nr. 1 Buchst. a) GVG), in Bayern das Bayerische Oberste Landesgericht (§ 9 EGGVG).

§ 335

(1) Ein Urteil, gegen das Berufung zulässig ist, kann statt mit Berufung mit Revision angefochten werden.

(2) Über die Revision entscheidet das Gericht, das zur Entscheidung berufen wäre, wenn die Revision nach durchgeführter Berufung eingelegt worden wäre.

(3) Legt gegen das Urteil ein Beteiligter Revision und ein anderer Berufung ein, so wird, solange die Berufung nicht zurückgenommen oder als unzulässig verworfen ist, die rechtzeitig und in der vorgeschriebenen Form eingelegte Revision als Berufung behandelt. Die Revisionsanträge und deren Begründung sind gleichwohl in der vorgeschriebenen Form und Frist anzubringen und dem Gegner zuzustellen (§§ 344 bis 347). Gegen das Berufungsurteil ist Revision nach den allgemein geltenden Vorschriften zulässig.

Entstehungsgeschichte: Die Vorschrift geht zurück auf § 34 der Verordnung über Gerichtsverfassung und Strafrechtspflege vom 4. 1. 1924 (RGBl. I 15). Mit der Bekanntmachung vom 22. 3. 1924 (RGBl. I 322) wurde sie als § 335 in die Strafprozeßordnung eingefügt. Kapitel I Art. 2 § 1 des Ersten Teils der Notverordnung vom 14. 6. 1932 (RGBl. I 285) schränkte sie ein; wer Berufung eingelegt hatte, konnte nicht mehr Revision einlegen. Nach § 16 Abs. 1 der Verordnung über Maßnahmen auf dem Gebiet der Gerichtsverfassung und der Rechtspflege vom 1. 9. 1939 (RGBl. I 1658) war gegen alle Urteile des Amtsgerichts nur die Berufung gegeben. Art. 3 Nr. 143 VereinhG führte die Vorschrift wieder ein. Durch Art. 2 Nr. 10 EGOWiG wurden in Absatz 3 Satz 1 anstelle der Worte „die Revision" die Worte „die rechtzeitig und in der vorgeschriebenen Form eingelegte Revision" gesetzt.

Schrifttum: Gutmann, Der Übergang von der Revision zur Berufung, JuS **1962** 174; Mayer, Übergang von der Revision zur Berufung? NJW **1959** 1522; Schäfer, Zur Anfechtung amtsgerichtlicher Urteile in Strafsachen, NJW **1951** 461; EbSchmidt, Berufung oder Revision im Strafprozeß, NJW **1960** 1651; Seibert, Die Wahl bei der Sprungrevision im Strafverfahren, JZ **1951** 216.

1. **Sprungrevision.** Ist gegen ein Urteil des Amtsgerichts (Richter beim Amtsgericht; Schöffengericht) zwar nach § 312 die Berufung zulässig, kommt es dem Beschwerdeführer aber ausschließlich auf die Entscheidung von Rechtsfragen an, nicht auf die Neuverhandlung des Sachverhalts, so kann er statt der Berufung das Rechtsmittel der Revision („Sprungrevision") wählen. Nachdem der frühere § 340 weggefallen ist, können mit der Sprungrevision, wie mit jeder anderen Revision, sämtliche Verfahrensverstöße und sachlichrechtlichen Fehler gerügt werden (BGHSt. 2 65). Die Sprungrevision erlaubt es, die zweite Tatsacheninstanz zu ersparen, wenn es nur auf die Klärung von Rechtsfragen ankommt (BGHSt. 2 65; 5 339; EbSchmidt 2). Für den Angeklagten als Beschwerdeführer hat das allerdings kaum einen Sinn, wenn er Rügen, insbesondere Verfahrensrügen, erheben will, die ohnehin nur zur Zurückverweisung führen können. Denn eine neue Tatsachenverhandlung erreicht er mit der Berufung sicherer, und die Revision steht ihm dann immer noch zu. Der Angeklagte wird die Sprungrevision deshalb nur wählen, wenn er ein Verfahrenshindernis oder einen sachlichrechtlichen Mangel des Urteils geltend machen will.

Von der „Sprungrevision" unterscheidet sich die „Wahlrevision" nach § 441 Abs. 3 Satz 2, § 55 Abs. 2 JGG dadurch, daß der Beschwerdeführer mit der Wahl der Berufung auf das Rechtsmittel der Revision verzichtet. Die Einlegung einer zulässigen Berufung schließt die Revision gegen das Berufungsurteil aus (vgl. dazu V 2b zu § 441; Dallinger-Lackner 32ff.; Grethlein-Brunner 3; beide zu § 55 JGG). Bei der Sprungrevision ist auch gegen das Berufungsurteil die Revision zulässig, wenn die Revision wegen der Rechtsmittel anderer Beteiligter zunächst als Berufung behandelt worden ist (§ 335 Abs. 3 Satz 3).

2. **Anfechtungserklärung.**

a) **Allgemeine Anfechtung.** Die Berufung führt, soweit sie zulässig eingelegt ist, zur vollständigen Neuverhandlung, während die Revision auf Rechtsrügen beschränkt bleibt. Die sachgemäße Entschließung, ob Sprungrevision ausreicht oder Berufung vorzuziehen ist, kann im allgemeinen erst nach Zustellung des mit Gründen versehenen Urteils getroffen werden (BGHSt. 5 339; OLG Köln NJW **1954** 692). Das gilt oft auch für die Frage, ob das Urteil auf einem behaupteten Verfahrensverstoß beruht (BGHSt. 2 66), soweit nicht ein zwingender Revisionsgrund (§ 338) vorliegt. Wollte man bei dieser Sachlage fordern, daß der Beschwerdeführer bereits innerhalb der Einlegungsfrist unabänderlich Berufung oder Revision zu wählen hat, so würde der Zweck des § 335, das Verfahren in geeigneten Fällen zu verkürzen, fast stets vereitelt werden. Denn ohne Kenntnis der schriftlichen Urteilsgründe ist der Verzicht auf die Berufung in aller Regel nicht zu verantworten. Ausgenommen bleiben nur die Fälle des zugestellten Abwesenheitsurteils (BayObLGSt. **1957** 225 = NJW **1958** 561), weil hier der Beschwerdeführer die Urteilsgründe bereits vom Beginn der Einlegungsfrist ab kennt.

Die strengere Ansicht, daß der Beschwerdeführer die Art des Rechtsmittels bei seiner Einlegung dennoch unabänderbar bestimmen müsse (RGSt. **60** 354 = JW **1926** 2448 m. Anm. Mannheim; RGSt. **60** 355; **62** 426 = JW **1929** 2748 m. Anm. Stern; RGSt. **63** 194; OLG Celle NJW **1951** 495; KG JW **1928** 1162 m. Anm. Löwenstein; OLG Königsberg JW **1927** 2162 m. Anm. Löwenstein; Sauer NJW **1949** 317), ist nunmehr allgemein aufgegeben worden, weil die Gründe, die für eine solche Formstrenge angeführt wurden, nicht durchgreifen. Statt das Verfahren zu vereinfachen, bürdet sie dem Beschwerdeführer ein unzumutbares Wagnis auf und nimmt dem § 335 die Bedeutung. Nach jetzt herrschender Ansicht reicht es daher aus, wenn der Beschwerdeführer das Urteil innerhalb der Einlegungsfrist anficht (BGHSt. 2 66; 5 339; BayObLGSt. **1951** 367 = RPfleger **1951** 511; BayObLGSt. **1957** 225 = NJW **1958** 561; BayObLGSt. **1962** 156 = NJW **1962** 1927; OLG Hamm NJW **1951** 373; OLG Köln NJW **1954** 692; OLG Nürnberg NJW **1949** 74; Kl 2 A; Müller-Sax 3: EbSchmidt Nachtr. 4; Sarstedt 11; Weigelt DAR **1954** 131). Dabei beschränkt er sich am zweckmäßigsten auf eine *allgemeine Anfechtungserklärung* ohne Benennung des Rechtsmittels oder unter dem ausdrücklichen Vorbehalt seiner späteren Bezeichnung (BGHSt. 2 63; 5 342; 13 393; BayObLGSt. **1970** 158 = JR **1971** 120; OLG Düsseldorf MDR **1972** 343; EbSchmidt Nachtr. 4). Er kann aber auch eine „gehäufte" Anfechtung vornehmen, d. h. die Erklärung abgeben, es werde „Berufung oder Revision" eingelegt (OLG Köln NJW **1954** 692; Müller-Sax 3; so auch schon RG JW **1926** 2198). Im Zweifel ist davon auszugehen, daß der Beschwerdeführer bei der Einlegung des Rechtsmittels noch keine endgültige Wahl getroffen hat (BGHSt. 17 48; Kl 4).

b) Die **endgültige Wahl** des Rechtsmittels kann der Beschwerdeführer bis zum Ablauf der Revisionsbegründungsfrist treffen, also bis zum Ablauf der Frist des § 345 Abs. 1, nicht derjenigen des § 317 (BGHSt. 2 70; 5 339; 6 207; 17 44; BayObLGSt. **1957** 225 = NJW **1958** 561; OLG Hamm NJW **1951** 373). Eine in dieser Frist erklärte Wahl ist bindend (Müller-Sax 5). Der Beschwerdeführer braucht jedoch eine Erklärung nicht abzugeben (anders OLG Köln NJW **1954** 692). Äußert er sich nicht, so wird das Rechtsmittel als Berufung behandelt (BGHSt. 2 63; 5 338; BayObLGSt. **1970** 158 = JR **1971** 120; BayObLGSt. **1971** 174 = MDR **1971** 948; OLG Hamm NJW **1956** 1168; Peters 538). Dabei bleibt es auch, wenn der Beschwerdeführer später erklärt, er wähle die Revision; denn nach Ablauf der Revisionsbegründungsfrist ist keine Wahl mehr möglich (BGHSt. 17 44 = JZ **1962** 370 m. Anm. EbSchmidt; BayObLGSt. **1970** 158 = JR **1971** 120; OLG Düsseldorf MDR **1972** 343). Gibt der Beschwerdeführer innerhalb der Revisionsbegründungsfrist zwar eine Erklärung ab, läßt sie aber nicht deutlich erkennen, ob Berufung oder Revision gewählt ist, so wird das Rechtsmittel ebenfalls als Berufung behandelt (Müller-Sax 3). Die Gegenmeinung, die das Rechtsmittel in diesem Fall für unzulässig hält (OLG Düsseldorf MDR 1972 343; OLG Köln NJW 1954 692; EbSchmidt Nachtr. 4), stellt es darauf ab, daß die Wahl des Rechtsmittels bis zum Ablauf der Revisionsbegründungsfrist in der Schwebe bleibt, wenn die abgegebene Erklärung keine Klarheit schafft. Das bleibt sie aber auch, wenn der Beschwerdeführer in dieser Frist überhaupt keine Erklärung abgibt. Es ist nicht einzusehen, daß er schlechter stehen soll, weil er sich geäußert, aber keine eindeutige Wahl getroffen hat. Nichts anderes kann gelten, wenn der Beschwerdeführer sich auch in der Begründungsschrift die Wahl noch ausdrücklich offengelassen hat (Sarstedt 11; a. A. OLG Köln NJW 1954 692).

c) **Wahl der Revision.** Wählt der Beschwerdeführer rechtzeitig die Revision, so steht er so, als habe er dieses Rechtsmittel von vornherein eingelegt. Die Revision wird daher als unzulässig verworfen und nicht etwa als Berufung behandelt, wenn sie nicht oder nicht in der Frist des § 345 Abs. 1 begründet wird (BGHSt. 2 70; EbSchmidt Nachtr. 4). Das gleiche gilt, wenn die eindeutig gewählte Revision mit einem Schriftsatz begründet wird, der der Form des § 345 Abs. 2 nicht genügt. Diese unzulässige Revision als Berufung zu behandeln, besteht kein Grund (anders BGHSt. 2 71; Müller-Sax 3). Auch wenn die Revisionsrechtfertigung nicht der Vorschrift des § 344 genügt, ist das Rechtsmittel als Revision zu behandeln und als unzulässig zu verwerfen (BGHSt. 2 70; Müller-Sax 3).

Die Entscheidung zwischen den beiden Rechtsmitteln ist Sache des Beschwerdeführers, nicht des Gerichts. Das Gericht braucht nicht zu überlegen und zu verantworten, welches Rechtsmittel dem Beschwerdeführer im Ergebnis eher zum Ziele verhelfen kann. Das geht schon deshalb nicht an, weil es sich um verschiedene Gerichte handelt. An einer Rückfrage, die gelegentlich empfohlen wird, ist das Gericht dadurch gehindert, daß es den Beschwerdeführer bis zum Fristablauf nicht drängen darf (OLG Köln NJW 1954 692). Da das Rechtsmittel bei Nichtausübung des Wahlrechts ohnehin als Berufung zu behandeln ist, besteht auch kein vernünftiger Grund, den Beschwerdeführer zu Erklärungen zu veranlassen.

d) **Wiedereinsetzung in den vorigen Stand** nach § 44 kann bewilligt werden, wenn der Angeklagte das Urteil verspätet angefochten hat, ohne die Art des Rechtsmittels zu bezeichnen. Zur Entscheidung über das Wiedereinsetzungsgesuch ist das Berufungsgericht zuständig (BayObLGSt. 1962 156 = NJW 1962 1927). Es hat auch das verspätete Rechtsmittel nach § 319 Abs. 1 zu verwerfen, wenn Wiedereinsetzung nicht gewährt wird oder nicht beantragt ist (Kl 1 zu § 346). Wiedereinsetzung gegen die *Versäumung der Wahl* des Rechtsmittels in der Frist des § 345 Abs. 1 ist unzulässig. Die Wiedereinsetzung setzt nach § 44 voraus, daß eine Frist versäumt worden ist. Die Ausübung des Wahlrechts ist jedoch an keine selbständige Frist gebunden. Vielmehr geht die Möglichkeit zur Wahl der Revision mit Ablauf der Frist des § 345 Abs. 1 endgültig unter (BayObLGSt. 1962 158 = NJW 1962 1927; BayObLGSt. 1970 158 = JR 1971 120; OLG Hamm NJW 1956 1168; Kl 2 B; Müller-Sax 5). Die von Jagusch in der Vorauflage dieses Kommentars vertretene gegenteilige Ansicht wird nicht aufrechterhalten.

3. **Übergang von der Berufung zur Sprungrevision.** Hatte der Beschwerdeführer Berufung eingelegt, so war er nach Ansicht des Reichsgerichts gehindert, zur Revision überzugehen (RGSt. 60 354 = JW 1926 2448 m. Anm. Mannheim; RGSt. 62 426 = JW 1929 2748 m. Anm. Stern; RGSt. 63 194; so auch noch OLG Hamburg JR 1952 207 und Seibert JZ 1951 216; a. A. schon RG JW 1926 2198 m. Anm. Löwenstein). Diese Auffassung ist jetzt allgemein aufgegeben worden; bis zum Ablauf der Revisionsbegründungsfrist kann der Beschwerdeführer zur Revision übergehen (BFHSt. 5 338; BayObLGSt. 1971 74 = MDR 1971 948; OLG Celle NdsRpfl. 1953 232; MER 1960 159; OLF Koblenz VRS 42 29; Kl 2 B; Müller-Sax 5). Die Interessen des Beschwerdeführers wiegen hier schwerer als der zweifelsfreie Bestand und die unbedingte Rechtswirksamkeit der auf Einlegung, Verzicht oder Zurücknahme eines Rechtsmittels gerichteten Willenserklärung, die öffentlichrechtliche Natur des Prozesses und die im öffentlichrechtlichen Interesse zu fordernde Sicherstellung eines geordneten Verfahrens. auf die es das Reichsgericht abgestellt hatte (RGSt. 60 354 = JW 1926 2448 m. Anm. Mannheim). Wird innerhalb der Revisionsbegründungsfrist ein Schriftsatz eingereicht, der nicht eindeutig als Revisions-

rechtfertigungsschrift angesehen werden kann, dann bleibt es bei der Berufung, auch wenn der Anfechtende nach Ablauf der Frist erklärt, er wähle Revision (OLG Celle MDR **1960** 159; OLG Stuttgart OLGSt. § 346 S. 1).

4. Übergang von der Sprungrevision zur Berufung. Hiergegen wurden früher erst recht Bedenken erhoben (RGSt. **62** 426 = JW **1929** 2748 m. Anm. Stern; BayObLGSt. **1951** 573; **1960** 107 = NJW **1960** 1682; OLG Bremen Rpfleger **1958** 182; OLG Nürnberg MDR **1959** 595; OLG Stuttgart NJW **1957** 641 = JZ **1958** 63 m. Anm. Stratenwerth; Mayer NJW **1959** 1522; **1960** 733). Diese Bedenken gingen davon aus, daß die Berufung eine Nachprüfung in weiterem Umfang ermöglicht als die Revision. Daraus leitete man ab, die Einlegung der Revision enthalte einen Verzicht auf die Berufung. Inzwischen ist auch hier ein Wandel der Auffassungen eingetreten. Der Bundesgerichtshof blieb zunächst auf halbem Wege stehen, indem er den Beschwerdeführer wenigstens an die „zweifelsfreie" Erklärung der Revisionseinlegung binden wollte (BGHSt. **13** 388 = JZ **1960** 754 m. Anm. Kleinknecht und weiterer Anm. Mayer NJW **1960** 733; ebenso BayObLGSt. **1960** 107 = NJW **1960** 1682; OLG Hamburg GA **1963** 27). Er hat sich aber nunmehr dafür entschieden, den Übergang von der Revision zur Berufung bis zum Ablauf der Revisionsbegründungsfrist allgemein zuzulassen (BGHSt. **17** 44 = JZ **1962** 370 m. Anm. EbSchmidt; ebenso jetzt OLG Hamm JMBlNRW **1959** 175 = VRS **17** 373; OLG Karlsruhe NJW **1959** 209; OLG Köln NJW **1957** 641; OLG Schleswig SchlHA **1959** 216; s. a. OLG Celle NJW **1962** 67, das den Umweg über die Revisionsrücknahme und die Neueinlegung der Berufung wählt). Das gilt auch für die Revision, die durch einen Rechtskundigen eingelegt worden ist (BGHSt. **17** 47), insbesondere für die Revision der Staatsanwaltschaft (OLG Celle MDR **1967** 421). Die innerhalb der Revisionsbegründungsfrist, also in Kenntnis der Urteilsgründe, abgegebene Erklärung ist aber bindend (anders Müller-Sax 5; EbSchmidt Nachtr. 4 und JZ **1962** 372, der dem Beschwerdeführer Ergebnisse der Protokolleinsicht und Gesetzesänderungen in der Revisionsbegründungsfrist zugutekommen lassen will).

5. Verfahren bei verschiedenartiger Anfechtung (Absatz 3).

a) Allgemeines. Die Vorschrift des § 335 Abs. 3 soll verhindern, daß eine und dieselbe Sache, wenn mehrere Beteiligte verschiedene Rechtsmittel eingelegt haben, vor verschiedene Rechtsmittelgerichte kommt. Eine ähnliche Regelung enthält § 83 Abs. 2 OWiG für das Strafverfahren, das teils Ordnungswidrigkeiten, teils Straftaten zum Gegenstand hat. Nach § 335 Abs. 3 hat die *Berufung* den *Vorrang*, auch wenn sie beschränkt eingelegt, etwa auf das Strafmaß beschränkt ist (Müller-Sax 6b), oder wenn der Berufungsführer nicht an allen Taten des Revisionsführers beteiligt war. Es kommt nicht auf die Tatbeteiligung, sondern auf die *Beteiligung am Verfahren* an (RGSt. **63** 194; BayObLGSt. **1951** 398 = JR **1952** 209). Die neben der Berufung eingelegten Revisionen werden, solange die Berufung nicht zurückgenommen oder als unzulässig verworfen wird, als Berufungen „behandelt" (dazu OLG Neustadt GA **1957** 442; s. a. BGHSt. **4** 207), d. h. sie werden nicht in eine Berufung umgedeutet, sondern bleiben bis zur Sachentscheidung des Berufungsgerichts bedingt bestehen (Kl 6 A; Müller-Sax 8b; EbSchmidt 6). Auch wenn die konkurrierende Berufung wegen Nichterscheinens des Berufungsführers nach § 329 Abs. 1 verworfen wird, ist über die als Revisionen eingelegten Rechtsmittel als Berufungen zu entscheiden (RGSt. **59** 63; EbSchmidt 11). Die neuerdings von Schroeder (NJW **1973** 308) vertretene Gegenmeinung setzt sich in Widerspruch zu dem klaren Wortlaut des Gesetzes; die Berufung des unentschuldigt ausgebliebenen Angeklagten wird nicht als unzulässig verworfen. Wichtige Gründe, welche die Gerichte berechtigen könnten, das Gesetz über seinen eindeutigen Wortlaut hinaus erweiternd anzuwenden, sind nicht ersichtlich. Nur wenn die Berufung auf eine der in § 335 Abs. 3 Satz 1 angegebenen Arten fortfällt, lebt die Eigenschaft des oder der anderen Rechtsmittel als Revision wieder auf.

Der Fall des § 335 Abs. 3 liegt nicht vor, wenn die Sachen beim Amtsgericht *getrennt* worden sind. Dann hat jeder Teil sein eigenes Schicksal und seine eigenen Rechtsmittel (EbSchmidt 9). Unzulässig ist aber, daß das Berufungsgericht die Sachen mit dem Ziel oder auch nur mit dem Ergebnis trennt, daß die gesetzgeberische Entscheidung des § 335 Abs. 3 vereitelt wird. Ginge das an, so läge es für das Berufungsgericht sehr nahe, in jedem einzelnen Fall so zu verfahren. Hat das Berufungsgericht absichtlich oder versehentlich über die Berufung sachlich entschieden, ohne nach § 335 Abs. 3 Satz 1 gleichzeitig eine Entscheidung über die konkurrierenden Revisionen zu treffen, so bleibt das Verfahren bei ihm anhängig. Denn bei der sachlichen Entscheidung über die Berufung kommt das Landgericht unter Umständen in die Lage, andere Feststellungen zu treffen als das Amtsgericht; den Konflikt, der dadurch für die Sache des Revisionsführers entsteht, will § 335 Abs. 3 Satz 1 gerade vermieden wissen. Deshalb ist der Ansicht zuzustimmen, daß das Revisionsgericht in einem solchen Fall die „Revision" an das Berufungsgericht zurückverweisen muß (RGSt. 63 194; BayObLGSt. 1951 398 = JR 1952 209). Die abweichende Ansicht von Jagusch in der Vorauflage dieses Kommentars wird nicht aufrechterhalten.

b) **Beteiligter** im Sinne des § 335 Abs. 3 ist, ohne daß es auf eine Teilnahme in sachlichrechtlichem Sinne ankommt, wem ein selbständiges Anfechtungsrecht zusteht (RGSt. 63 195; BayObLGSt. 1951 399 = JR 1952 209). Angeklagter und Verteidiger gelten hier als derselbe Beteiligte. Bei Widersprüchen zwischen ihren Rechtsmittelerklärungen gilt der Wille des Angeklagten (Müller-Sax 6a; EbSchmidt 10), den das Gericht erforderlichenfalls zu ermitteln hat (§ 300). Beteiligte sind außerdem die Staatsanwaltschaft, Mitangeklagte (RGSt. 63 195; EbSchmidt 6; Conrad DJZ 1925 1181), Privat- und Nebenkläger (BGHSt. 12 162; RGSt. 63 195), Einziehungsbeteiligte, gesetzliche Vertreter, Erziehungsberechtigte. Legt einer von ihnen eine auch nur beschränkte Berufung ein, so sind sämtliche Rechtsmittel als Berufungen zu behandeln. Das gilt auch, wenn die Berufung sich auf einen Fall beschränkt, an dem die übrigen nicht beteiligt sind (Sarstedt 13). Stehen einem Beteiligten mehrere Verfahrensrollen zu, etwa als Mitangeklagter und Nebenkläger, so kann er in jeder von ihnen ein anderes Rechtsmittel wirksam und mit der Wirkung des § 335 Abs. 3 einlegen (OLG Hamm JMBlNRW 1955 59 = VRS 8 59; EbSchmidt 8).

c) **Revision.** Solange die Berufung wirksam durchgeführt wird, sind konkurrierende Sprungrevisionen als Berufungen zu behandeln; so lange reicht es also aus, wenn diese Rechtsmittel als Revisionen ordnungsmäßig eingelegt (nicht auch begründet) worden sind (EbSchmidt 11). Daran ändert § 335 Abs. 3 Satz 2 nichts. Wird die Berufung jedoch zurückgenommen oder als unzulässig verworfen, so entfällt damit der Grund, die Revisionen als Berufungen zu behandeln. Deshalb müssen sie vorsorglich rechtzeitig und formgerecht (§§ 344, 345) begründet werden; sonst werden sie nach Fortfall der konkurrierenden Berufung als unzulässig verworfen (RGSt. 59 63; OLG Neustadt GA 1957 422). Ist die Revision nicht einmal in der Form und Frist des § 341 eingelegt, so ist sie von vornherein unzulässig. Sie kann dann nicht als formgerechte Berufung behandelt werden.

d) Das **Berufungsurteil** unterliegt der Revision wie jedes andere (§ 335 Abs. 3 Satz 3). Revision darf gegen dieses Urteil auch einlegen, wer vorher schon Sprungrevision eingelegt hatte (Müller-Sax 9). Verweist das Revisionsgericht die Sache nach § 354 Abs. 2 an das Amtsgericht zurück, so kann der Beschwerdeführer gegen das neue Urteil Berufung einlegen, auch wenn er das frühere nur mit der Revision angefochten hatte (EbSchmidt 2).

e) Die **Vorlegungspflicht** nach § 121 Abs. 2 GVG besteht bei der Sprungrevision wie bei jeder anderen (BGHSt. 2 64; 17 283).

6. Vorlage der Akten an das Rechtsmittelgericht. Bestehen Zweifel, ob der Angeklagte Berufung oder Revision gewählt hat, so muß darüber zunächst der Amtsrichter entscheiden (anders Kleinknecht JZ 1960 674, der die sofortige Einholung einer Entscheidung des Revisionsgerichts für erforderlich hält). Denn von der Art des Rechtsmittels hängt es ab, ob die Akten der Staatsanwaltschaft zur Vorlage bei dem Berufungsgericht (§§ 320, 321) übersandt werden oder ob nach § 347 Abs. 1 zu verfahren ist und die Akten sodann an das Revisionsgericht weiterzuleiten sind. Hält das Berufungsgericht, dem die Akten vorgelegt werden, das Rechtsmittel für eine Revision, so muß es die Sache an das Amtsgericht zurückgeben, damit dort das Verfahren nach § 347 Abs. 1 durchgeführt werden kann (anders Kl 5, der eine unmittelbare Abgabe an das Revisionsgericht für nötig hält). Nur wenn das Amtsgericht auf seinem Standpunkt beharrt, daß das Rechtsmittel eine Berufung ist, sind die Akten dem Revisionsgericht vorzulegen. Hat das Amtsgericht das Rechtsmittel als Revision angesehen, so entscheidet nach der Vorlage der Akten durch die Staatsanwaltschaft (§ 347 Abs. 2) das Revisionsgericht, ob es in erster Hinsicht angerufen ist (BayObLGSt. 1960 107 = NJW 1960 1682). Hält es das Rechtsmittel für eine Berufung, so gibt es die

Sache durch Beschluß an das Landgericht ab (BayObLGSt. **1962** 166 = JR **1963** 70; BayObLGSt. **1971** 24). Zur Frage der Bindungswirkung dieses Beschlusses vgl. 6 zu § 348. Bei verspäteter Einlegung des Rechtsmittels ist zur Verwerfung das Berufungsgericht zuständig (6 zu § 319).

§ 336

Der Beurteilung des Revisionsgerichts unterliegen auch die Entscheidungen, die dem Urteil vorausgegangen sind, sofern es auf ihnen beruht.

Bezeichnung bis 1924: § 375.

1. **Allgemeines.** Mit der Revision können Rechtsfehler gerügt werden, die das Urteil selbst enthält oder die in dem Verfahren entstanden sind, das zu dem Urteil geführt hat. Über Sinn und Bedeutung der Vorschrift des § 336, der auch die dem Urteil vorausgegangenen Entscheidungen für anfechtbar erklärt, besteht keine Übereinstimmung. Nach der einen Ansicht liegt die Hauptbedeutung der Bestimmung darin, daß über sie eine Beschränkung der Verteidigung geltend gemacht werden kann, wenn § 338 Nr. 8 nicht anwendbar ist, weil es an einem Gerichtsbeschluß fehlt (Müller-Sax 4). Eine andere Auffassung geht dahin, daß vor allem Rechtsfehler bei der Behandlung von Beweisanträgen nach § 336 gerügt werden können (EbSchmidt 9). Nach richtiger Ansicht ist die Vorschrift überflüssig (Fuhrmann JR **1962** 322; W. Schmid, Verwirkung, 268). Denn daß die Revision auf dem Urteil vorausgegangene Verfahrensfehler gestützt werden kann, auf denen das Urteil beruht, ergibt sich ohne weiteres aus § 337. Würde diese Bestimmung hierfür nicht gelten, so wäre ihr Anwendungsbereich praktisch auf die Verletzung des sachlichen Rechts beschränkt; darin erschöpft sich ihr Zweck aber nicht. Der Sinn des § 336 liegt daher nur in der Klarstellung, daß auch verfahrensrechtliche Entscheidungen, die *vor und außerhalb der Hauptverhandlung* ergangen sind, der Prüfung des Revisionsgerichts unterliegen. Dabei besteht die „Beurteilung" des Revisionsgerichts nur in der Prüfung, ob eine Gesetzesverletzung im Sinne des § 337 vorliegt (EbSchmidt 3), nicht in der allgemeinen Prüfung, ob die Verteidigung unzulässig beschränkt worden ist (Müller-Sax 4; dazu VIII 2 zu § 338).

2. **Nachprüfbare Entscheidungen.**

a) **Entscheidungen** im Sinne des § 336 sind *nur verfahrensrechtliche* Entscheidungen. Gleichgültig ist, ob das Gericht oder der Vorsitzende allein sie erlassen hat. Fehlerhafte Verfahrenshandlungen der Staatsanwaltschaft sind nicht gemeint; auf ihnen kann das Urteil nicht beruhen (BGHSt. **6** 328; RG JW **1930** 3421 m. Anm. Oetker; BayObLGSt. **1951** 63; Kohlhaas NJW **1968** 26). Die Revision kann daher weder auf das Unterlassen der Mitteilung nach § 169a Abs. 2 (BGH bei Dallinger MDR **1967** 14) noch auf die Verweigerung des Schlußgehörs nach § 169b gestützt werden (BGH NJW **1967** 1869 sieht darin einen Rechtsfehler nach § 337; hiergegen mit Recht Kohlhaas NJW **1968** 26). Schwerwiegende Mängel der Anklageschrift hat das Revisionsgericht von Amts wegen zu beachten, weil das Vorliegen einer rechtswirksamen Anklageschrift eine Verfahrensvoraussetzung ist (dazu III 3b zu § 337). Andere Mängel der Anklageschrift können die Revision nicht begründen (BGHSt. **15** 44; RGSt. **31** 104; **58** 127; Kl 2; Müller-Sax 3).

b) **Vor Erlaß des Eröffnungsbeschlusses** getroffene Entscheidungen verfahrensrechtlicher Art werden von dem Revisionsgericht grundsätzlich nicht nach § 336 geprüft (Kohlhaas NJW **1968** 26). Der Eröffnungsbeschluß bildet die alleinige Grundlage des weiteren Verfahrens (BGHSt. **6** 328; **15** 44; RGSt. **55** 226). Ist das Hauptverfahren einmal eröffnet worden, so kann eine Revisionsentscheidung es nicht mehr in den Zustand zurückversetzen, der vor dem Eröffnungsbeschluß bestanden hat (RGSt. **2** 20; **44** 382; RG LZ **1915** 1225). Etwas anderes gilt nur, wenn das Revisionsgericht das Verfahren einstellt; dazu führen aber einfache Verfahrensfehler nicht, sondern lediglich Prozeßhindernisse wie etwa das Fehlen oder die Unwirksamkeit der Anklage oder des Eröffnungsbeschlusses (III 3b zu § 337). Die Revision kann daher auf Verfahrensfehler im Ermittlungsverfahren oder in der gerichtlichen Voruntersuchung regelmäßig nicht gestützt werden (BGHSt. **15** 44; RGSt. **2** 37;

55 225; RGRspr. 6 163; Müller-Sax 1b); das Urteil kann auf ihnen nicht beruhen (BGHSt. 6 328; BGH MDR 1952 565 m. Anm. Potrykus). Nur ausnahmsweise wirkt die Entscheidung, z. B. die fehlerhafte Zulassung des Nebenklägers oder die fehlerhafte Ablehnung der Verteidigerbestellung (OLG Bremen NJW 1955 1529), bis zum Urteil fort. Handelt es sich um die Revision gegen ein Berufungsurteil, so bleiben Mängel des vorangegangenen Urteils des ersten Rechtszuges für die Revision außer Betracht (RGSt. 59 300).

Mit der Revision kann insbesondere nicht geltend gemacht werden, das Gericht habe die *Eröffnung des Hauptverfahrens verfrüht* beschlossen, ohne über den Antrag auf Eröffnung der Voruntersuchung oder auf Vornahme einzelner Beweiserhebungen nach § 201 Abs. 1 zu entscheiden, oder es habe die Anträge fehlerhaft abgelehnt. Eine Voruntersuchung kann nach Eröffnung des Hauptverfahrens nicht nachgeholt werden. Außerdem entzieht das Gesetz die Ablehnung von Anträgen auf Vornahme einzelner Beweiserhebungen nach § 201 Abs. 1 der Anfechtung; das gilt auch für die Revision (RGSt. 2 20). Die Ablehnung des Antrages auf Eröffnung der Voruntersuchung kann nach § 201 Abs. 2 Satz 3 mit der sofortigen Beschwerde angefochten werden. Nach herrschender Ansicht ist die Revision unzulässig, soweit sie sich gegen fehlerhafte Verfahrensentscheidungen im Vorverfahren richtet, die mit der zugelassenen sofortigen Beschwerde nicht angefochten worden sind oder gegen die dieses Rechtsmittel ohne Erfolg eingelegt worden ist (BGHSt. 4 210; RGSt. 20 48; 44 382; 55 226; RGRspr. 6 163; RG Recht 1916 Nr. 1234; Kl 3; Müller-Sax 5; EbSchmidt 8). Nicht beigetreten werden kann der Ansicht des Reichsgerichts, das Urteil müsse aufgehoben werden, wenn über die sofortige Beschwerde gegen die Nichteröffnung der Voruntersuchung nicht ordnungsmäßig entschieden worden ist (RGSt. 32 80; RG GA 52 394). Die Urteilsaufhebung hätte auch dann nur Sinn, wenn eine Voruntersuchung nachgeholt werden könnte, obwohl das Hauptverfahren längst eröffnet worden ist. Das ist jedoch nicht möglich (anders EbSchmidt 6, der eine Nachholung der Voruntersuchung „mit allen Konsequenzen, die sich für die Frage der Eröffnung des Verfahrens ergeben können", für denkbar hält).

c) **Nach dem Erlaß des Eröffnungsbeschlusses** ergangene Entscheidungen unterliegen nach § 305 Satz 1 nicht der Beschwerde, wenn sie in innerem Zusammenhang mit der Urteilsfällung stehen, nur der Urteilsvorbereitung dienen und keine weiteren Verfahrenswirkungen äußern (Näheres bei 3b zu § 305). Die Vorschrift wird durch § 336 dahin ergänzt, daß diese Entscheidungen mit der Revision angefochten werden können. Es gibt jedoch auch Entscheidungen des erkennenden Gerichts, die sowohl auf eine Beschwerde wie auf eine mit der Revision erhobene Verfahrensrüge nachgeprüft werden können. Dazu gehören die Ablehnung des Antrages auf Bestellung eines Pflichtverteidigers (12 zu § 141) und die Entscheidung über die Zulassung des Nebenklägers (5 zu § 396). Das Revisionsgericht ist nicht an die Entscheidungen des Beschwerdegerichts gebunden (BGH bei Herlan MDR 1955 652; RGSt. 33 316; 59 243; offengelassen in BGHSt. 21 360).

3. Einzelfälle.

a) **Die Mitwirkung eines nach § 23 ausgeschlossenen Richters** an Entscheidungen vor der Hauptverhandlung begründet die Revision, sofern das Urteil auf ihnen beruht. Bei der Terminanberaumung durch den ausgeschlossenen Richter ist das nicht der Fall (OLG Celle VRS 39 431; offengelassen bei BGH bei Dallinger MDR 1953 21).

b) Auf die **Ablehnung oder Nichtbescheidung des Antrages auf Benennung der mitwirkenden Richter** nach § 24 Abs. 3 kann die Revision nicht gestützt werden. Der Angeklagte hat das Recht auf Beschwerde gegen die ablehnende Verfügung; außerdem kann er die Aussetzung der Hauptverhandlung beantragen. Unterläßt er das, so verliert er das Rügerecht (RGSt. 29 62).

c) **Entscheidung über Ablehnungsgesuche gegen Richter oder Schöffen** (§§ 24, 31). Wirken die Richter oder Schöffen an dem Urteil mit, so besteht der unbedingte Revisionsgrund des § 338 Nr. 3, wenn das Gesuch mit Unrecht verworfen war. Ist der abgelehnte Richter nur *vor* der Hauptverhandlung tätig geworden, so handelt es sich um Entscheidungen im Sinne des § 336, bei denen zu prüfen ist, ob das Urteil auf ihnen beruht (BGH JZ 1956 409 m. Anm. Kern). War das Ablehnungsgesuch schon *vor Eröffnung des Hauptverfahrens* gestellt worden, so ist eine Revisionsrüge wegen der Möglichkeit, gegen die ablehnende Entscheidung nach § 28 Abs. 2 Satz 1 sofortige Beschwerde einzulegen, ausgeschlossen (BGH NJW **1952** 234; **1962** 261; RGSt. **7** 176).

d) **Die Ablehnung der Bestellung eines Pflichtverteidigers** nach § 140 Abs. 1 führt zu dem unbedingten Revisionsgrund des § 338 Nr. 5, wenn sie zur Folge hat, daß an der Verhandlung kein Verteidiger mitgewirkt hat, obwohl die Verteidigung notwendig war. Die Ablehnung eines Antrages nach § 140 Abs. 2 ist hingegen nach § 336 zu prüfen (14 zu § 141), jedoch nur auf Ermessensfehler (BGHSt. **6** 200; BGH NJW **1952** 898; **1953** 116; RGSt. **68** 36; OLG Hamm NJW **1951** 614). Gleiches gilt, wenn ein Antrag nach § 140 Abs. 2 nicht beschieden worden ist (OLG Bremen NJW **1955** 1529). Unter § 336 fallen auch die Entscheidungen, durch die der Pflichtverteidiger nach § 142 bestellt wird (BGH bei Dallinger MDR **1969** 904).

e) **Ablehnung der Akteneinsicht nach § 147.** Wird dem Verteidiger die ihm zustehende Akteneinsicht nicht gewährt, so begründet das allein nicht die Revision. Wenn der Verteidiger in der Hauptverhandlung keinen Aussetzungsantrag stellt, verliert er das Rügerecht; denn dann muß angenommen werden, daß er auch ohne Einsicht in die Akten zur sachgerechten Verteidigung imstande war (vgl. dazu OLG Hamm NJW **1972** 1096; a. A. OLG Frankfurt NJW **1960** 1731, das einen Aussetzungsantrag nicht verlangt). Den Fall, daß zwar Akteneinsicht gewährt wird, daß sie aber unzureichend ist, will BGH 5 StR 155/55 vom 24. 5. 1955 (wiedergegeben bei OLG Hamm NJW **1972** 1096) unmittelbar über § 338 Nr. 8 lösen (dazu VIII 2 zu § 338).

f) **Einstellungsbeschlüsse nach §§ 153 ff.** gehen dem Urteil nicht voraus (RGSt. **66** 326). Die Einstellung nach diesen Vorschriften kann in jeder Lage des Verfahrens, also auch im Revisionsrechtszug angeordnet werden, wenn ihre Voraussetzungen vorliegen. Es handelt sich dabei um Entscheidungen, die von dem Urteilsverfahren völlig losgelöst sind. Hat der Tatrichter dem Antrag, das Verfahren nach §§ 153 ff. einzustellen, nicht entsprochen, so kann daher dieser Antrag bei dem Revisionsgericht wiederholt, aber nicht die Revision auf die Fehlerhaftigkeit der ablehnenden Entscheidung des Tatrichters gestützt werden (BayObLGSt. **1970** 225 = VRS **40** 279; KG JR **1967** 430; VRS **33** 446; OLG Köln MDR **1957** 182; Müller-Sax 2; vgl. auch OLG Zweibrücken MDR **1971** 324). Ob ein nach § 154 Abs. 2 eingestellter Teil des Verfahrens hätte wiederaufgenommen werden sollen, hat das Revisionsgericht nicht zu prüfen (BGH bei Dallinger MDR **1970** 383 im Anschluß an RGSt. **66** 326).

g) **Vorliegen und Wirksamkeit des Eröffnungsbeschlusses** ist als Verfahrensvoraussetzung von Amts wegen zu prüfen (III 3b zu § 337); die Vorschrift des § 336 ist insoweit nicht anwendbar (EbSchmidt 13). Soweit die Ordnungsmäßigkeit des Zustandekommens des Eröffnungsbeschlusses nicht von Amts wegen berücksichtigt wird, kann sie nach § 336 gerügt werden (5 zu § 203). Nur auf Rüge wird geprüft, ob das Gericht ordnungsmäßig besetzt gewesen ist, als es den Beschluß erlassen hat (BGHSt. **10** 280; RGSt. **10** 56; **27** 126; RG JW **1930** 2141 m. Anm. Alsberg).

h) **Ablehnung von Beweisanträgen nach § 219.** Eine in zulässiger Weise ausgesprochene Ablehnung des Antrages kann grundsätzlich mit der Revision nicht gerügt werden (RGSt. **75** 166). Im übrigen kommt es darauf an, ob ein nicht oder nicht ordnungsmäßig beschiedener Antrag in der Hauptverhandlung wiederholt werden muß, damit die Revision auf den Verfahrensfehler gestützt werden kann (dazu eingehend 5a und c zu § 219).

i) **Wesentliche Mängel des Verweisungsbeschlusses nach § 270** machen ihn unwirksam und sind von Amts wegen zu beachten (BGHSt. **6** 113; BGH bei Dallinger MDR **1966** 894). Andere Mängel können die Revision nur begründen, wenn das Urteil des Gerichts, an das die Sache verwiesen worden ist, auf ihnen beruhen kann (RGSt. **55** 242; **62** 271; RG GA **37** 192). Das ist nicht der Fall, wenn der Beschluß zwar fehlerhaft außerhalb der Hauptverhandlung ergangen ist (vgl. aber BGHSt. **18** 290, wonach die formlose, nicht bindende Abgabe außerhalb der Hauptverhandlung zulässig ist), ein ordnungsmäßig erlassener Beschluß den Angeklagten aber nicht hätte besserstellen können (RGSt. **52** 305, **58** 125; **62** 272). Anders kann es sein, wenn die Mitwirkung der Schöffen dadurch umgangen worden ist, daß das Gericht außerhalb der Hauptverhandlung entschieden hat (BGHSt. **6** 113). War die Fristsetzung nach § 270 Abs. 4 unterblieben, so muß das in der Hauptverhandlung beanstandet und deren Aussetzung beantragt werden; nur gegen die Ablehnung des Aussetzungsantrages kann sich die Revision wenden (RGSt. 62 272; RGRspr. 7 642).

k) Im **Wiederaufnahmeverfahren** gehört der Beschluß, mit dem nach § 370 Abs. 2 die Wiederaufnahme und die Erneuerung der Hauptverhandlung angeordnet worden ist, nicht zu den nachprüfbaren Vorentscheidungen (RGSt. **4** 402; **20** 46; **35** 353; **65** 272). Der Beschluß beseitigt das frühere Urteil und versetzt das Verfahren in die Lage zurück, die es durch den Eröffnungsbeschluß erreicht hatte (BGHSt. **14** 66). Das ist durch eine das Urteil aufhebende Revisionsentscheidung nicht rückgängig zu machen. Außerdem kann der Beschluß mit der sofortigen Beschwerde angefochten werden und schon deshalb nicht Gegenstand einer Revisionsrüge sein (BGHSt. **14** 88; RGSt. **20** 48; **22** 98; **29** 280; RGRspr. **5** 300). Soweit die sofortige Beschwerde für die Staatsanwaltschaft durch § 372 Satz 2 ausdrücklich ausgeschlossen wird, ist auch eine Revisionsrüge unzulässig.

l) Bei **Entscheidungen über die Zulassung des Nebenklägers** gilt folgendes: Hat der Nebenkläger Revision eingelegt, so ist seine *Anschlußbefugnis* von Amts wegen zu prüfen. Sie ist eine Voraussetzung für das Revisionsverfahren (BGH bei Dallinger MDR **1954** 152; RGSt. **35** 26; **38** 405; **44** 7; **53** 215; **59** 127; **62** 209; **69** 245; **76** 180; **77** 324; BayObLGSt. **1951** 579; **1966** 21 = NJW **1966** 1376: BayObLG MER **1953** 249; VRS **40** 123; LZ **1918** 943; OLG Celle VRS **27** 289: OLG Hamm NJW **1964** 265; OLG Saarbrücken JBl. Saar **1961** 16). Die Vorschrift des § 336 gilt insoweit nicht. Legt der Nebenkläger, dessen Zulassung der Tatrichter abgelehnt hat, Revision ein, so ist der ablehnende Beschluß zu prüfen. Ist er fehlerhaft, so kann das Urteil darauf beruhen, daß der Nebenkläger mangels Zulassung die ihm durch § 397 Abs. 1 eingeräumten Rechte nicht hat ausüben können (RGSt. **16** 254; **59** 104; BayObLG JW **1929** 1064; DRiZ **1921** Nr. 423; OLG Köln VRS **12** 220; OLG Stuttgart VRS **40** 278). Der Angeklagte kann mit der Revision die *fehlerhafte Zulassung* des Nebenklägers rügen (RGSt. **59** 126; BayObLG GA **1972** 369). Regelmäßig wird aber das Urteil auf dem Verfahrensfehl. nicht beruhen (BayObLGSt. **1953** 64 = NJW **1953** 1116; OLG Köln HESt. **1** 221 = NJW **1949** 35 m. Anm. Roesen; Müller-Sax 6). Die Gegenmeinung stellt es darauf ab, daß ein dazu nicht Befugter auf das Verfahren eingewirkt hat (RGSt. **41** 173; **66** 348; OLG Frankfurt NJW **1966** 1669; OLG für Hessen JR **1949** 514; EbSchmidt 14). Diese Einwirkung kann jedoch für den Angeklagten nur den Nachteil gehabt haben, daß sie zu besonders eingehender Sachaufklärung geführt hat; auf deren Unterlassen hat der Angeklagte keinen Anspruch, und sie müßte überdies wiederholt werden, wenn das Urteil aufgehoben und die Sache an den Tatrichter zurückverwiesen wird (ebenso Sarstedt 24).

4. Verfahren. Die Revision richtet sich nicht gegen die vor dem Urteil ergangene Entscheidung, sondern gegen das Urteil selbst (EbSchmidt 3). Die Prüfung durch das Revisionsgericht setzt eine ordnungsmäßig erhobene (§§ 344, 345) Verfahrensrüge voraus (EbSchmidt 3), sofern nicht eine Verfahrensvoraussetzung in Frage steht, deren Vorliegen von Amts wegen zu prüfen ist (III 1 zu § 337). Zu der Frage, wann das Urteil auf dem Verfahrensverstoß beruht, vgl. VI 2 zu § 337.

§ 337

(1) Die Revision kann nur darauf gestützt werden, daß das Urteil auf einer Verletzung des Gesetzes beruhe.

(2) Das Gesetz ist verletzt, wenn eine Rechtsnorm nicht oder nicht richtig angewendet worden ist.

Bezeichnung bis 1924: § 376.

Schrifttum: Alsberg, Die Nachprüfung strafprozessualer Revisionsrügen auf ihre tatsächliche Grundlage, JW **1915** 306; Blomeyer, Die Revisibilität von Verfahrensfehlern im Strafprozeß, JR **1971** 142; Busch, Begründung, Anfechtung und Revisibilität der Verwerfungsurteile der §§ 329 I und 412 I StPO, JZ **1963** 457; Friedrich, Der Begriff des

Gesetzes im Sinne des Revisionsrechts, Diss. Marburg 1960; Haddenhorst, Die Einwirkung der Verfahrensrüge auf die tatsächlichen Feststellungen im Strafverfahren, 1971; Hartung, Zur Frage der Revisibilität der Beweiswürdigung, SJZ **1948** 579; Kuchinke, Grenzen der Nachprüfbarkeit tatrichterlicher Würdigung und Feststellungen in der Revisionsinstanz, 1964; Peters, Tat-, Rechts- und Ermessensfragen in der Revisionsinstanz, ZStW **57** 53; Rudolphi, Die Revisibilität von Verfahrensmängeln im Strafprozeß, MDR **1970** 93; Salger, Das Indizienurteil des Strafrichters in der Revisionsinstanz, NJW **1957** 734; W. Schmid, Zur Heilung gerichtlicher Verfahrensfehler durch den Instanzrichter, JZ **1969** 757; EbSchmidt, Die Verletzung der Belehrungspflicht gemäß § 55 II StPO als Revisionsgrund, JZ **1958** 596; Seibert, In dubio pro reo und Revision, NJW **1955** 172; Stenglein, Anfechtbare und unanfechtbare Feststellungen im deutschen Strafprozeß, GS **46** 1; Wenzel, Das Fehlen der Beweisgründe im Strafurteil als Revisionsgrund, NJW **1966** 577; Zillmer, Lückenhafte Beweiswürdigung im Strafprozeß als Revisionsgrund, NJW **1961** 720.

Bödicker, Die Revisibilität des Strafmaßes, Diss. Göttingen 1949; Bressler, Strafzumessung und Anrechnung der Untersuchungshaft, insbesondere ihre Behandlung in der Revisionsinstanz, Diss. Mainz 1955; Bruns, Strafzumessungsrecht, Allgemeiner Teil (1967), 559; Zum Revisionsgrund der – ohne sonstige Rechtsfehler – „ungerecht" bemessenen Strafe, Festschrift für Engisch (1969) 708; Dennerlein, Die Revisibilität der Strafzumessung, Diss. Erlangen 1951; Dreher, Strafzwecke und Revisibilität der Strafzumessung, Die Spruchgerichte (1948) 307; Zur Frage der Revisibilität der Strafzumessung, SJZ **1949** 768; Frisch, Revisionsrechtliche Probleme der Strafzumessung, 1971; Gerken, Über die Revisibilität der Strafzumessung, Diss. Hamburg 1955; Hollatz, Die Revisibilität der Strafzumessung, Diss. Heidelberg 1949; Kantorowicz, Die Freiheit des Richters bei der Strafzumessung, DJZ **1908** 962; Kleinknecht, Einige Gedanken über die Revision in Strafsachen, insbesondere über die Revisibilität der Strafzumessung, JR **1950** 716; Krille, Die Kontrolle der Ermessensfreiheit des Richters bei der Festsetzung von Strafen und sichernden Maßnahmen, ZStW **69** 117; Lamertz, Revisibilität der Strafzumessung in der höchstrichterlichen Rechtsprechung, Diss. Göttingen 1960; Nebrich, Die Revisibilität der Strafzumessung, Diss. Leipzig 1939; Niederreuther, Fehlerhafte Strafzumessungsgründe, DJ **1938** 414; Oberhofer, Die Revisibilität der Entscheidung über die Straftatfolgen, Diss. Tübingen 1957; Olbertz, Die Revision der Strafzumessung, Diss. Berlin 1958; Peters, Die kriminalpolitische Stellung des Strafrichters bei der Bestimmung der Strafrechtsfolgen, 1932; EbSchmidt, Revisionsrechtliche Fragen bezüglich der Anrechnung der Untersuchungshaft, MDR **1968** 537; Stöckel, Zur Revisibilität des Strafuntermaßes, NJW **1968** 1862; Warda, Dogmatische Grundlagen des richterlichen Ermessens im Strafrecht, 1962; von Weber, Zur Revisibilität der Strafzumessung, MDR **1949** 389; Wimmer, Bemerkungen zur Revisibilität der Strafzumessung, NJW **1947/48** 315; Strafgrenzen und Revisibilität, SJZ **1948** 64; Zipf, Die Strafmaßrevision, 1969.

Fuhrmann, Verwirkung des Rügerechts bei nicht beanstandeten Verfahrensverletzungen des Vorsitzenden (§ 238 Abs. 2 StPO), NJW **1963** 1230; Jescheck, Die Verwirkung von Verfahrensrügen im Strafprozeß, JZ **1952** 400; Kiderlen, Die Verwirkung von Verfahrensrügen im Strafprozeß, Diss. Tübingen 1960; Mattil, Treu und Glauben im Strafprozeß, GA **77** 1; Noack, Die Verwirkung von Verfahrensrügen im Strafprozeß, Diss. Heidelberg 1958; W. Schmid, Die „Verwirkung" von Verfahrensrügen im Strafprozeß, 1967; Walther, Verwirkung von Verfahrensrügen? Ein Beitrag zum strafprozessualen Revisionsrecht, Diss. Münster 1960; Wolff, Verwirken der Verfahrensrüge durch den Angeklagten, NJW **1953** 1656.

Übersicht

I. Bedeutung der Vorschrift. § 337 ist das Kernstück des Revisionsrechts, der Schlüssel zu seinem Verständnis (EbSchmidt 1). Indem die Vorschrift das Beruhen des Urteils auf einer *Gesetzesverletzung* zur Voraussetzung für eine erfolgreiche Revision macht, gestaltet sie das Rechtsmittel zu einer Rechtsbeschwerde. Rein tatsächliche Einwendungen gegen das tatrichterliche Urteil sind dem Revisionsführer damit abgeschnitten. Die Revisionsinstanz ist keine weitere Tatsacheninstanz. Eine Beweisaufnahme findet, abgesehen von Beweiserhebungen über Verfahrensverstöße, nicht statt. Die Nachprüfung des angefochtenen Urteils ist auf Rechtsfragen beschränkt. Der festgestellte Sachverhalt ist für das Revisionsgericht bindend. Die Revision hat ihn der Sachrüge zugrundezulegen, die daher unzulässig ist, wenn sie Rechtsfehler aufgrund eines anderen als des festgestellten Sachverhalts nachzuweisen versucht. Jedoch führt § 337 nicht dazu, daß alle tatsächlichen Feststellungen von dem Beschwerdeführer und dem Revisionsgericht ohne weiteres hingenommen werden müssen. Sind sie fehlerhaft zustandegekommen oder enthalten sie Rechtsfehler, so kann das der Revision zum Erfolg verhelfen. Das Revisionsgericht prüft auch, ob die Beweiswürdigung des Tatrichters und die Urteilsfeststellungen auf Rechtsfehlern beruhen.

Die Revision gewährleistet demnach auf ordnungsmäßig erhobene Rüge die Beachtung der Gesetze im gesamten Verfahren. Der Beschwerdeführer kann mit dem Rechtsmittel erzwingen, daß ein Strafverfahren nur unter zulässigen Verfahrensvoraussetzungen stattfindet, daß der Sachverhalt entsprechend den Verfahrensgesetzen justizförmig einwandfrei festgestellt wird, daß das Gericht insbesondere bei Beweiswürdigung und Tatsachenfeststellung die Denkgesetze und Erfahrungssätze beachtet und daß es das sachliche Recht zutreffend auslegt und rechtsfehlerfrei auf den festgestellten Sachverhalt anwendet. Die Gesetzesverletzung, die mit der Revision gerügt werden kann, ist die Nichtanwendung anzuwendenden Rechts und die unzulässige oder unrichtige Anwendung des Rechts. Was dabei Rechtsfrage ist und was nur auf tatsächlichem Gebiet liegt, läßt sich nicht auf eine allgemeine Formel bringen (vgl. dazu EbSchmidt 4ff.; Peters 561ff.; Schwinge 52ff.).

Hinsichtlich des *Verfahrensrechts* gliedert sich das Revisionsrecht dreifach: Verfahrensvoraussetzungen und -hindernisse gelten gleichzeitig auch für das Revisionsverfahren; sie sind daher ohne Rüge von Amts wegen zu prüfen, wenn dazu Anlaß besteht. Zwingende Revisionsgründe (§ 338) müssen, um beachtet zu werden, ordnungsmäßig gerügt werden (§ 344 Abs. 2), jedoch ist bei ihnen nicht zu prüfen, ob das Urteil auf dem Verfahrensverstoß beruht; das wird gesetzlich unwiderlegbar vermutet. Alle anderen behaupteten Verfahrensverstöße können der Revision nur zum Erfolg verhelfen, wenn sie ordnungsmäßig gerügt worden sind und wenn das Urteil auf ihnen beruht (§§ 336, 337).

II. Gesetzesverletzung. Allgemeines.

1. Rechtsnormen. Die Vorschrift des § 337 beschränkt die Prüfung durch das Revisionsgericht auf die Verletzung von Rechtsnormen und schließt damit ein alles umfassendes Revisionsrügerecht aus (BGHSt. **11** 214). Andererseits ist die Prüfung aber nicht auf die Einhaltung von förmlichen Gesetzen begrenzt (eingehend dazu Schwinge 58ff.). Der Begriff Rechtsnorm (§ 337 Abs. 2, § 7 EGStPO) ist im *weitesten Sinn* zu verstehen (RGSt. **10** 287). Er umfaßt geschriebenes Recht (Verfassungsrecht, Gesetze und Rechtsverordnungen) und ungeschriebenes, insbesondere alle Grundsätze, die aus Sinn und Zusammenhang der gesetzlichen Vorschriften hervorgehen (RGSt. **6** 238; **46** 44; Schwinge 69). Als Rechtsnorm gilt auch das Gewohnheitsrecht (RGSt. **9** 300; **58** 132; OGHSt. **1** 66). Die Norm muß nicht dem sachlichen Strafrecht oder dem Strafverfahrensrecht, sondern kann auch anderen Rechtsgebieten angehören, z. B. dem Verfassungsrecht, dem bürgerlichen Recht, dem Verwaltungsrecht, den allgemeinen Regeln des Völkerrechts nach Art. 25 GG. Rechtsnormen sind auch Auslieferungsverträge und andere Staatsverträge, die sich in formellen Gesetzen niedergeschlagen haben (RGSt. **12** 384; **17** 52; RG GA **36** 405; RG HRR **1933** 559), und ausländische Rechtsvorschriften, die anzuwenden sind, soweit Vorfragen nach fremdem Recht zu beurteilen sind, wie bei den §§ 3 Abs. 2, 4 Abs. 2 StGB (vgl. RGSt. **10** 286; **57** 48; BayObLGSt. **1972** 121 = NJW **1972** 1722 mit weiteren Nachweisen). Wo noch, wie in West-Berlin, Besatzungsrecht gilt, handelt es sich ebenfalls um Rechtsnormen.

Keine Rechtsnormen, sondern Gegenstand tatsächlicher Feststellungen des Tatrichters sind *Verwaltungsanordnungen* (OLG Köln NJW **1961** 1127). Dazu gehören Verwaltungsakte (Schwinge 110ff.), insbesondere polizeiliche Verfügungen und Verbote (RGSt. **20** 180; **58** 224; BayObLGSt. **2** 66; **4** 318), und Anweisungen für den inneren Behördendienst (RGSt. **29** 183; RG Recht **1910** Nr. 624), z. B. Fahrdienstvorschriften der Eisenbahn (BGH VRS **16** 53; RGSt. **1** 125; **53** 135; RG LZ **1916** 683; RG Recht **1918** Nr. 641), Richtlinien für das Strafverfahren (Müller-Sax 1d; Peters 564; Sarstedt 104), Strafvollzugsvorschriften (RGSt. **52** 141; RG HRR **1932** 1813), Dienstanweisungen für den Fernsprechrechnungsdienst (OLG Karlsruhe JW **1929** 2067). Allgemeine Geschäftsbedingungen, Vereinssatzungen und Unfallverhütungsvorschriften der Berufsgenossenschaften (RGSt. **52** 42; RG GA **68** 364; RG Recht **1910** Nr. 624) sind ebenfalls keine Rechtsnormen (anders Peters 564; Schwinge 98ff.).

Denkgesetze und Erfahrungssätze sind keine „Normen des ungeschriebenen Rechts" (so aber BGHSt. **6** 72; Müller-Sax 1c; Schwinge 157). Rechtsnormen regeln menschliches Verhalten, können aber nicht vorschreiben, daß logisch und in Übereinstimmung mit der Lebenserfahrung gedacht werden muß. Ein Verstoß gegen Rechtsnormen liegt daher nicht schon in der unrichtigen Anwendung der Denkgesetze und Erfahrungssätze; diese führt vielmehr stets zur fehlerhaften Anwendung *anderer* Rechtsnormen (Dahs-Dahs 51; ausführlich EbSchmidt Nachtr. 20). Das ist auf die Sachrüge zu beachten (OGHSt. **1** 117; OLG Braunschweig NJW **1955** 1202; Sarstedt 213, 227; unten V 2d). *Allgemeinkundige Tatsachen* sind Tatsachen und genießen nicht den „Rang" von Rechtsnormen (Sarstedt 105; a. A. Müller-Sax 1c). Daß der Revisionsrichter sie auf die Sachrüge beachten muß, hat andere Gründe (unten V 2d). Die *Geschäftsverteilungspläne* der Gerichte sind ebenfalls keine Rechtsnormen (RGSt. **36** 321; **76** 243; RG JW **1938** 312; Müller-Sax 1d; Dahs-Dahs 120; Peters 564; Sarstedt 105; Marquordt MDR **1958** 255). Die Gesetzmäßigkeit der Aufstellung und Abänderung der Geschäftsverteilungspläne unterliegt der Nachprüfung durch den Revisionsrichter jedoch wegen des unbedingten Revisionsgrundes des § 338 Nr. 1 (BGHSt. **3** 355; I 3b zu § 338).

Keine Rechtsnorm ist schließlich auch der Grundsatz *in dubio pro reo* (RGSt. **52** 319; RG JW **1931** 1578 m. Anm. Beling; Seibert DRZ **1948** 371; **1949** 558; NJW **1955** 172; a. A. OGHSt. **1** 166, wo er als Rechtssatz auf der Grundlage des § 261 angesehen wird; OLG Hamm NJW **1951** 286, das ihn für eine gewohnheitsrechtlich entstandene Rechtsnorm hält; Stree, In dubio pro reo, 19, der ihn als Rechtssatz aufgrund verfassungsrechtlicher Grundsätze auffaßt). Der Grundsatz ergibt sich ohne weiteres aus dem sachlichen Recht; er ist ein Teil von ihm, aber keine selbständige Rechtsnorm. Z. B. wird wegen Diebstahls nach § 242 StGB bestraft, wer eine fremde Sache weggenommen, nicht wer sie *vielleicht* oder *wahrscheinlich* entwendet hat. Verurteilt der Tatrichter, obwohl er von der Schuld des Angeklagten nicht voll überzeugt ist, so wendet er daher das sachliche Recht falsch an (Dahs-Dahs 74; Müller-Sax 1f(3) vor § 48; ausführlich Sarstedt 240, der den **Satz** aber S. 104, 233 als Rechtsnorm bezeichnet; unten V 2b).

2. **Ordnungsvorschriften** sind Rechtsnormen im Sinne des § 337 (Peters 564; Sarstedt 104; a. A. RGSt. 42 170). Sie sind Gesetzesbefehle, deren Beachtung nicht im Ermessen des Richters steht. Das Gesetz erwartet von ihm, daß er sie als Regel ansieht und sich nicht ohne Grund (RGSt. 42 169) oder ohne triftigen Grund (BGHSt. 3 384; RGSt. 53 178; **60** 182; OGHSt. 3 149) über sie hinwegsetzt. Ihre Besonderheit liegt darin, daß der Gesetzgeber anerkennt, daß es Verfahrenslagen gibt, die das Abweichen von zweitrangigen Ordnungsregeln mitunter nahelegen. Insoweit dürfen die Sollvorschriften unbeachtet bleiben. Ihre Nichteinhaltung ist aber auch sonst kein Revisionsgrund (RGSt. 2 379; **31** 348; **40** 158; **42** 170; **44** 284; **56** 67; **62** 182; **64** 134; RG JW **1927** 793 m. Anm. Mannheim; RG JW **1933** 1599; Kl 1 B; Beling 412; Wolff NJW **1953** 1656). Der Bundesgerichtshof ist im wesentlichen derselben Ansicht, läßt aber dahinstehen, ob nicht die Außerachtlassung der Sollvorschriften, die als Richtlinien für pflichtgemäßes Ermessen des Richters aufgefaßt werden können, im Einzelfall die Aufklärungspflicht verletzen kann (BGHSt. **6** 328). Im Schrifttum wird die Auffassung vertreten, es komme auf die einzelne Vorschrift an, eine allgemeine Regel über die Anfechtbarkeit der Nichtbeachtung von Ordnungsvorschriften lasse sich nicht aufstellen (dazu ausführlich Müller-Sax 1e; EbSchmidt 19; Schwinge 96; Rudolphi MDR **1970** 100). Ein Bedürfnis, in Einzelfällen die Rüge der Verletzung bloßer Sollvorschriften zuzulassen, ist aber bisher nicht entstanden.

Ob eine Vorschrift eine Soll- oder Ordnungsvorschrift ist, ergibt sich meist aus dem Gesetzeswortlaut, gelegentlich nur aus dem Sinn der Bestimmung. Als Ordnungsvorschriften sind anzusehen die §§ 57 (vgl. dort Anm. 4), 58 (Anm. 4), 68 (Anm. 1a), 68a (Anm. 4), 69 teilweise (Anm. 6), 136 Abs. 1 (Anm. 18), 163a (Anm. 14), 228 Abs. 3 (Anm. 7), 243 Abs. 2, 3 Satz 1 (Anm. 1b), 243 Abs. 3 Satz 3 und 4 (Anm. 9d), 243 Abs. 4 Satz 1 (Anm. 8f), 243 Abs. 4 Satz 3 (Anm. 9f), 248 (Anm. 7), 257 (Anm. 4), 267 Abs. 1 Satz 2 (Anm. 4a), 268 Abs. 2 Satz 1 (Anm. 3), 275 (Anm. 1b), 326 Satz 1 (Anm. 1), § 37 JGG (BGH MDR **1958** 356), § 43 JGG (BGHSt. **6** 328).

3. **Gültigkeit der Rechtsnormen.** Das Revisionsgericht ist verpflichtet, die Rechtsgültigkeit, insbesondere die Verfassungsmäßigkeit der Rechtsnormen, die es anzuwenden hat, von Amts wegen zu prüfen. Vorschriften der Länderverfassungen, die das verbieten, wie z. B. Art. 64 Abs. 2 der Berliner Verfassung, sind unwirksam (BFH JZ **1965** 21 m. Anm. Wengler; KG JR **1964** 303; NJW **1966** 599; VG Berlin JR **1963** 316; Petersen JR **1959** 377; Finkelnburg JR **1965** 361).

Die Prüfungspflicht erstreckt sich zunächst darauf, ob das Gesetz oder die Rechtsverordnung formell gültig erlassen worden ist. Ist eine Rechtsverordnung des Bundes anzuwenden, so hat das Revisionsgericht zu prüfen, ob die Ermächtigung nach Art. 80 GG vorliegt. Für Verordnungen der Länder gilt Art. 80 Abs. 1 Satz 2 und 3 GG nicht (BVerfGE 12 325 = NJW **1961** 1155). Für den Fall, daß das Revisionsgericht eine Vorschrift für verfassungswidrig hält, schreibt Art. 100 Abs. 1 GG unter bestimmten Voraussetzungen die Aussetzung des Verfahrens und die Einholung der Entscheidung des Bundesverfassungsgerichts vor. Die Vorlagepflicht nach Art. 100 Abs. 1 GG bezieht sich nur auf Gesetze im formellen Sinn (einschließlich der Gesetze nach Art. 81 GG), die nach dem 24. 5. 1949 verkündet worden, also nachkonstitutionelles Recht sind (BVerfGE **2** 124 = NJW **1953** 497; st. Rspr.). Die Strafprozeßordnung ist nachkonstitutionelles Recht (BVerfG NJW **1972** 2214). Die Vorlagepflicht besteht auch für vorkonstitutionelle Gesetze, wenn der Gesetzgeber bei einer späteren Änderung oder Ergänzung seinen „konkreten Bestätigungswillen" zu erkennen gegeben hat (BVerfGE **6** 64 = NJW **1957** 417; st. Rspr.). Die Verfassungsmäßigkeit von Rechtsverordnungen (BVerfGE **1** 84 = NJW **1952** 497) darf jedes Gericht selbst verneinen. Hält das Gericht ein Landesgesetz nicht für vereinbar mit einem Bundesgesetz, so ist ebenfalls die Entscheidung des Bundesverfassungsgerichts einzuholen (Art. 100 Abs. 1 Satz 2 GG). Das gilt aber nicht, wenn das Bundesgesetz erst nach dem Landesgesetz in Kraft getreten ist (BVerfGE **10** 124 = NJW **1959** 2108).

III. Gesetzesverletzung. Verfahrensvoraussetzungen

1. Prüfung der Verfahrensvoraussetzungen. Prozeßvoraussetzungen und -hindernisse (dazu eingehend Einleitung 78ff.; EbSchmidt Teil I Nr. 113ff.) sind zugleich Voraussetzungen und Hindernisse des Revisionsverfahrens (RGSt. **64** 152; **65** 252; **67** 55; **68** 19); das Revisionsgericht hat sie daher *von Amts wegen* zu prüfen (BGHSt. **6** 306; **8** 270; **9** 192; **10** 75; **11** 393; **13** 128; **15** 206; **16** 117; **21** 243; BGH bei Dallinger MDR **1956** 146; RGSt. **59** 56; **64** 21, 187; **66** 173; **67** 55, 59, 323; **68** 19; **71** 252; **74** 192; **76** 160; BayObLGSt. **1961** 213; BayObLG VRS **39** 107; OLG Hamburg NJW **1962** 2119; OLG Saarbrücken VRS **35** 42; 6a zu § 318). Bei *Tateinheit* ist die Prüfung für jedes der verletzten Strafgesetze nach dessen Grundsätzen vorzunehmen (BGH bei Dallinger MDR **1956** 527; RGSt. **62** 88; OGHSt. **1** 54, 206; OLG Köln GA **1953** 57). Die Prüfung ist auch erforderlich, wenn das Urteil wegen der Beschränkung der Berufung oder Revision bereits *teilweise rechtskräftig ist* (BGHSt. **6** 305; **8** 269 = JZ **1956** 417 m. Anm. Jescheck; BGHSt. **11** 393; **13** 128; **15** 207; **21** 243; RGSt. **74** 206; KG JR **1962** 153; 6a zu § 318), insbesondere wenn es nur im Strafausspruch angefochten (BGH bei Dallinger MDR **1958** 566; RGSt. **62** 262; **65** 150; **66** 173; RG JW **1935** 2975; RG HRR **1938** 941; **1939** 1141 = DStR **1939** 287; BayObLGSt. **1963** 215; KG VRS **26** 286), wenn nur die Strafaussetzungsfrage nicht rechtskräftig entschieden (BGHSt. **11** 395) oder das Verfahren nur noch wegen einer Nebenfolge (RGSt. **74** 206) oder in einem Nebenpunkt anhängig ist (BGHSt. **13** 128). Gleiches gilt, wenn das Rechtsmittel auf Einzeltaten beschränkt ist, die in eine Gesamtstrafe einbezogen wurden (BGHSt. **8** 269 = JZ **1956** 417 m. Anm. Jescheck). Die Frage, ob die Verfahrensvoraussetzungen auch bei unzulässiger Revision zu prüfen sind, ist bei II 5c zu § 346 erörtert. Zum Rangverhältnis unter mehreren zusammentreffenden Verfahrenshindernissen vgl. Einleitung 86.

Das Vorliegen eines Prozeßhindernisses führt regelmäßig zur *Einstellung des Verfahrens,* und zwar des ganzen Verfahrens, auch wenn es bereits teilweise rechtskräftig abgeschlossen ist (RGSt. **65** 150; Kleinknecht MDR **1955** 434; dazu Einleitung 82). Bei behebbaren Hindernissen muß das Urteil aufgehoben und die Sache an die Vorinstanz zurückverwiesen werden (I 3 zu § 354). Wenn der Sachverhalt ohne weiteres die Freisprechung rechtfertigt, ist freizusprechen (9a zu § 260; I 3 zu § 354; Einleitung 92). Gesetzesverletzungen, die mit anderen tateinheitlich begangen worden sind, oder Teilakte einer fortgesetzten Handlung (BGHSt. **17** 158), bei denen von vornherein eine Verfahrensvoraussetzung fehlte oder später ein Prozeßhindernis eingetreten ist, scheiden aus dem Verfahren aus (BGHSt. **7** 306; RGSt. **52** 270; **53** 50; **67** 235; RG JW **1924** 1878; OGHSt. **3** 46). Das Revisionsgericht hat die Verurteilung insoweit im Wege der Schuldspruchberichtigung zu beseitigen. Das gilt insbesondere, wenn ein Prozeßhindernis sich auf eine mit einem Vergehen in Tateinheit stehende Übertretung bezieht (BayObLG VRS **25** 448; KG VRS **26** 286).

2. Beweisfragen. Bindung an Feststellungen.

a) **Allgemeines.** Das Revisionsgericht ist bei der Prüfung der Verfahrensvoraussetzungen weder an die dazu von dem Tatrichter getroffenen tatsächlichen Feststellungen noch an dessen Beweiswürdigung gebunden (BGHSt. **14** 139; BGH bei Dallinger MDR **1955** 143; **1958** 142; RGSt. 6 166; **38** 40; **45** 129; **47** 202; **48** 276; **51** 72; 53 38; 55 23; **57** 143; 61 357; 62 263; RG GA 51 41; OGHSt. 1 242; BayObLGSt. **1951** 146; OLG Frankfurt HESt. 3 50). Es stellt die Verfahrensvoraussetzungen selbständig und aufgrund *eigener Sachuntersuchung* (BGHSt. **16** 403; RGSt. 52 262; 55 231; **59** 56) im Wege des Freibeweises (dazu II 2 zu § 244 und Einleitung 82) fest. Dabei gelten dieselben Grundsätze wie bei der Beweisaufnahme des Revisionsgerichts über Verfahrensfehler (unten IV 2). Im Freibeweis können auch Ermittlungen darüber angestellt werden, ob der Angeklagte die Tat nach dem Amnestiestichtag fortgesetzt hat (BGH LM Nr. 5 zu § 1 StrFrG 1949). Würde sich die Ermittlung der maßgebenden Tatsachen so schwierig gestalten, daß eine Beweisaufnahme wie in der Hauptverhandlung vor dem Tatrichter erforderlich wäre, so ist es dem Revisionsgericht nicht verboten, das Urteil aufzuheben und die Sache an den Tatrichter zurückzuverweisen (BGHSt. **16** 403; OLG Celle MDR **1960** 334). Ob die das Verfahrenshindernis ergebenden Tatsachen erwiesen sein müssen oder ob *Zweifel an ihrem Bestehen* bereits zur Einstellung des Verfahrens führen müssen (dazu Einleitung 87), läßt sich nicht für alle Verfahrensvoraussetzungen einheitlich bestimmen (BGHSt. **18** 277 = JR **1963** 605 m. Anm. EbSchmidt = MDR **1963** 855 m. Anm. Dreher; KG JR **1954** 470; Müller-Sax 1fcc vor § 48; Sarstedt 245; **a. A.** BGH bei Dallinger MDR **1955** 527, 652: Zweifel genügen nie; EbSchmidt Teil I Nr. 198; Niese DRZ **1949** 505; Mann ZStW **76** 264: Zweifel genügen immer).

b) An sog. **doppelrelevante Tatsachen,** d. h. solche, die nicht unmittelbar zu der Verfahrensvoraussetzung festgestellt worden sind, die der Tatrichter vielmehr zur Schuldfrage nach den strengen Beweisvorschriften der §§ 244ff. ermittelt hat, ist das Revisionsgericht gebunden (Müller-Sax 4b; Alsberg-Nüse 466). Diesen Tatsachen müssen einheitliche Feststellungen zugrunde liegen, und dabei genießen die durch Strengbeweis ermittelten den Vorrang. Das gilt vor allem für die *Tatzeit,* die bei der Verjährung, der Rechtzeitigkeit des Strafantrages und der Straffreiheit nach Amnestiegesetzen von Bedeutung ist (BGH bei Dallinger MDR **1955** 143; RGSt. **12** 436; **45** 159; **69** 318 = JW **1935** 3396 m. Anm. Richter; RGSt. **71** 261; OLG Celle GA **1968** 124; KG VRS **21** 200; OLG Schleswig SchlHA **1958** 318; Peters 578; Dreher 2 zu § 66 StGB; **a. A.** EbSchmidt 20 vor § 244 und 12 zu § 337). Der Bundesgerichtshof macht hiervon eine Ausnahme für den Fall, daß die datenmäßige Fixierung der Tatzeit für den Schuldspruch und die sichere Erfassung der ihm zugrunde liegenden Tat nicht unerläßlich ist (BGHSt. 22 90 = JR **1968** 466 m. Anm. Kleinknecht = JZ **1968** 433 m. Anm. EbSchmidt; ähnlich schon OLG Celle GA **1968** 124; OLG Neustadt GA **1962** 125; Willms in Ehrengabe für Heusinger 408; s. a. Einleitung 85). Hiergegen bestehen Bedenken. Die Ansicht des Bundesgerichtshofs läuft darauf hinaus, dem Freibeweis ein größeres Gewicht beizumessen als der von dem Tatrichter nach den Regeln der §§ 244ff. durchgeführten Beweisaufnahme. Der Revisionsrichter könnte die Ergebnisse dieser Beweisaufnahme einfach beiseite schieben, wenn sie ihm bedenklich erscheinen. Außerdem gehört die Feststellung der Tatzeit *ausnahmslos* zu den Schuldfeststellungen. Eine Tat außerhalb von Raum und Zeit gibt es nicht (so mit Recht RGSt. **69** 320). Die Tatzeit zu ermitteln, ist daher Sache des Tatrichters. Hat er sie festgestellt, so ist das Revisionsgericht daran gebunden. Teilt das Urteil über die Tatzeit nichts mit, so darf das Revisionsgericht, wenn sie für das Vorliegen der Prozeßvoraussetzungen von Bedeutung ist, keine Feststellungen im Freibeweis treffen, sondern muß die Sache an den Tatrichter zurückweisen, damit dieser sie nachholt (KG JW **1927** 925; KG DAR **1956** 336; KG VRS 12 451; 21 199; Sauer Grdl. 414; ebenso offenbar auch RGSt. **71** 251).

3. Einzelne Verfahrensvoraussetzungen und -hindernisse. Die Verfahrensvoraussetzungen hat Schäfer in der Einleitung (78ff.) eingehend dargestellt. Die folgenden Erläuterungen beschränken sich daher auf eine knappe Zusammenfassung unter Herausstellung der revisionsrechtlichen Gesichtspunkte.

a) **Anwesenheit und Verhandlungsfähigkeit des Angeklagten** (dazu Einleitung 121). Ein Verstoß gegen den Gesetzesbefehl, daß gegen einen ausgebliebenen Angeklagten eine Hauptverhandlung nicht stattfindet (§ 230 Abs. 1), führte nach der Rechtsprechung des Reichsgerichts nur zu dem unbedingten Revisionsgrund des § 338 Nr. 5 (RGSt. **29** 295; **40** 230; **54** 211; **58** 150; **62** 259). Die Verhandlungsfähigkeit des Angeklagten hielt es in der Revisionsinstanz nicht einmal für nachprüfbar (RGSt. **1** 151; **29** 326; **57** 373; RG GA **69** 85; RG DJZ **1914** 755). Nach jetzt herrschender Ansicht handelt es sich in beiden Fällen um eine Verfahrensvoraussetzung.

Das Revisionsgericht hat daher von Amts wegen zu prüfen, ob bei *Abwesenheit des Angeklagten* einer der gesetzlichen Gründe (§§ 231 Abs. 2, 232, 233, 277) vorlag, die gleichwohl eine Verhandlung gestatten (OLG Düsseldorf GA **1957** 417; OLG Hamburg NJW **1969** 762 = JR **1969** 310 m. Anm. EbSchmidt; Müller-Sax 6e; für den Fall des § 231 Abs. 2 nimmt BGHSt. **10** 306; BGH NJW **1972** 2006 nur einen Revisionsgrund nach § 338 Nr. 5 an). Entgegen der Auffassung des OLG Köln (GA **1971** 27) ist aber die Überschreitung der durch § 233 Abs. 1 Satz 2 begrenzten Strafgewalt nicht von Amts wegen zu beachten. Hier liegt kein Prozeßhindernis vor (die Verhandlung in Abwesenheit des Angeklagten war nach § 233 zulässig), sondern ein bloßer Verfahrensverstoß. Es ist auch nicht von Amts wegen zu prüfen, ob der nach § 232 Abs. 1 Satz 1 in der Ladung erforderliche Hinweis gefehlt hat (OLG Köln JMBlNRW **1959** 72). Ob der Angeklagte in der Verhandlung nur *zeitweilig abwesend* war, hat das Revisionsgericht ohne Verfahrensrüge nicht zu prüfen; es wäre ohne eine solche Rüge gar nicht in der Lage zu erkennen, ob in Abwesenheit des Angeklagten wesentliche Verfahrensvorgänge (vgl. V 2 zu § 338) geschehen sind. Zu den Verfahrensvoraussetzungen gehört auch nicht, daß das Ausbleiben des Angeklagten, dessen Berufung nach § 329 Abs. 1 verworfen worden ist, nicht *ausreichend entschuldigt* war (BGHSt. **15** 287; RGSt. **62** 259; OLG Hamm NJW **1963** 65; OLG Saarbrücken VRS **23** 299; **44** 192; a. A. OLG Karlsruhe MDR **1957** 760). Gleiches gilt, wenn in Abwesenheit des Angeklagten nach § 329 Abs. 1 über die Berufung der Staatsanwaltschaft verhandelt worden ist (BayObLGSt. **1968** 106 = NJW **1969** 807 unter Aufgabe der in BayObLGSt. **1956** 32 = NJW **1956** 838 vertretenen Ansicht). Der Fall des § 412 Abs. 1 ist ebenso zu beurteilen (OLG Hamburg NJW **1965** 315; OLG Stuttgart NJW **1968** 1733; Busch JZ **1963** 460; a. A. OLG Düsseldorf MDR **1958** 623; s. a. 1 i zu § 412).

Die *ständige Verhandlungsunfähigkeit* des Angeklagten in der Hauptverhandlung ist ein Prozeßhindernis (BGH NJW **1970** 1981; BGH bei Dallinger MDR **1958** 141, 142; **1968** 552; vgl. auch OLG Frankfurt NJW **1969** 570; OLG Hamburg JR **1962** 269 m. Anm. Schneidewin; OLG Nürnberg MDR **1968** 516). Seine nur *zeitweilige Verhandlungsunfähigkeit* ist dagegen von Amts wegen nicht zu prüfen (OLG Hamm NJW **1961** 842; a. A. BGH NJW **1970** 1981; EbSchmidt Nachtr. 15 zu § 344). Im Sicherungsverfahren nach § 429a ff. braucht der Angeklagte nicht verhandlungsfähig zu sein (RGSt. **70** 177).

Ergibt sich, daß die Hauptverhandlung in unzulässiger Weise in Abwesenheit des Angeklagten durchgeführt worden oder daß er verhandlungsunfähig gewesen ist, so hat das Revisionsgericht das Urteil aufzuheben und die Sache an den Tatrichter zurückzuverweisen (OLG Düsseldorf GA **1957** 419; Müller-Sax 6a zu § 338).

b) **Anklage und Eröffnungsbeschluß** (dazu Einleitung 93 ff.). Das Revisionsgericht hat von Amts wegen zu prüfen, ob eine *Anklageschrift* vorhanden ist, ob sie sich auf alle von dem Urteil erfaßten Taten im verfahrensrechtlichen Sinne (§ 264) bezieht und ob sie nicht wegen schwerwiegender Mängel (dazu Einleitung 94) unwirksam ist (BGHSt. **5** 227; **10** 240; RGSt. **37** 408; **41** 155; **56** 113; **67** 59; **68** 291; **77** 21, 36; RG HRR **1939** 545). Das gleiche gilt für die Antragsschrift nach § 429b (RGSt. **68** 291; **72** 143; RG JW **1935** 532). Zu den wesentlichen Erfordernissen einer Anklageschrift vgl. die Erläuterungen zu § 200.

Das Fehlen des *Eröffnungsbeschlusses* oder seine Unwirksamkeit wegen schwerwiegender Mängel (dazu 5 zu § 203; Einleitung 94) ist als Prozeßhindernis von Amts wegen zu beachten (BGHSt. **5** 227; **10** 140, 279 = JZ **1958** 93 m. Anm. Kern; BGHSt. **15** 44, 182; BGH NJW **1954** 360 = JR **1954** 149 m. Anm. Görcke; BGH bei Herlan MDR **1954** 656; RGSt. **24** 66; **27** 126; **31** 104; **35** 353; **41** 155; **43** 218; **67** 59; **68** 107, 291; BayObLGSt. **1960** 123 = NJW **1960** 2014; OLG Celle NdsRpfl. **1957** 159; OLG Hamburg NJW **1962** 2119; OLG Hamm NJW **1961** 233; VRS **23** 294; KG VRS **28** 134). Inhaltliche Mängel des Eröffnungsbeschlusses, der nach § 207 Abs. 1 die Anklage nur zuläßt, sind zwar nicht vorstellbar; anders ist es bei der Zulassung der Anklage unter Abänderungen nach § 207 Abs. 2 (vgl. BGHSt. **23** 304). Schwerwiegende Mängel der zugelassenen Anklage sind stets zugleich Mängel des Eröffnungsbeschlusses (BGH bei Dallinger MDR **1972** 752; OLG Köln NJW **1966** 1935 = JR **1966** 429 m. Anm. Kohlhaas; 14 zu § 200). Wird *Nachtragsanklage* nach § 266 erhoben, so steht das Fehlen des Einbeziehungsbeschlusses dem Fehlen des Eröffnungsbeschlusses gleich (BGH NJW **1970** 904 = JZ **1971** 105 m. Anm. Kleinknecht; BayObLGSt. **1953** 1 = NJW **1953** 674; OLG Oldenburg JR **1963** 109). Von Amts wegen wird nicht geprüft, ob die Richter, die den Eröffnungsbeschluß erlassen haben, ordnungsmäßig zu Mitgliedern der Beschlußkammer bestellt worden sind (BGHSt. **10** 280), ihr bei der Beschlußfassung angehört haben (BGHSt. **22** 169) oder nach § 22 von der Mitwirkung ausgeschlossen waren (Kern JZ **1958** 94; **a. A.** BGH bei Herlan MDR **1954** 656; RGSt. **55** 113). Daß der Eröffnungsbeschluß mit den Akten verlorengegangen ist, stellt kein Verfahrenshindernis dar (RGSt. **55** 159; **65** 252).

Das Fehlen oder die Unwirksamkeit von Anklage oder Eröffnungsbeschluß führt zur *Einstellung des Verfahrens*, ohne daß auf andere Verfahrenshindernisse einzugehen ist (RG HRR **1939** 545). Eine neue Anklage ist zulässig und erforderlich (RGSt. **67** 62; OLG Köln NJW **1962** 1359). Fehlt es bei der Nachtragsanklage nur an einem ordnungsmäßigen Einbeziehungsbeschluß, so kann es ausreichen, das Urteil in dem von diesem Verfahrensmangel betroffenen Umfang aufzuheben (BGH NJW **1970** 905 = JZ **1971** 105 m. Anm. Kleinknecht). Hatte sich der Tatrichter für örtlich unzuständig erklärt, dann verliert der Eröffnungsbeschluß für die Zukunft seine rechtliche Wirkung. Eine unterlassene Verfahrenseinstellung hat das Revisionsgericht nachzuholen (BGHSt. **18** 3).

c) **Auslieferungsrechtliche Beschränkungen** (dazu Einleitung 128; 5 III vor § 156 GVG). Wenn ein Beschuldigter von einer fremden Regierung der inländischen Gerichtsbarkeit zur Strafverfolgung ausgeliefert wird, darf er nur innerhalb des von der ausliefernden Stelle genehmigten tatsächlichen und rechtlichen Rahmens verfolgt werden (Grundsatz der Spezialität im Auslieferungsrecht). Dazu bestimmt § 54 DAG, daß, wenn eine ausländische Regierung bei der Bewilligung von Rechtshilfe in Strafsachen die Verwertung der Rechtshilfe an eine Bedingung geknüpft hat, diese Bedingung im inländischen Verfahren zu beachten ist. Entsprechende Regelungen enthalten die Auslieferungsverträge, die in erster Hinsicht dafür maßgebend sind, ob und wieweit der Ausgelieferte verfolgt werden darf (BGHSt. **15** 126). Dabei richtet sich der Umfang der Verfolgbarkeit nach der Auslieferungsbewilligung. Wird diese Begrenzung im inländischen Strafverfahren nicht beachtet, so liegt ein Verfahrenshindernis vor, das zur Einstellung des Verfahrens führt, soweit gegen die auslieferungsrechtlichen Beschränkungen verstoßen worden ist (BGHSt. **19** 119, 190; **20** 109; BGH NJW **1960** 2202; **1965** 1146, 1673; BGH GA **1965** 284; RGSt. **45** 277; **55** 285; **60** 202; **64** 187; **66** 173; **70** 286; RG DJ **1934** 1545).

d) **Behördliche Strafverlangen und Ermächtigungen** (dazu Einleitung 126). Das sachliche Recht sieht an verschiedenen Stellen vor, daß die Strafverfolgung nur auf Verlangen (§ 104a StGB), auf Antrag (§ 122b Abs. 3 StGB) oder mit Ermächtigung (§§ 90 Abs. 4; 90b Abs. 2; 97 Abs. 3; 104a; 106b Abs. 1 Satz 2; 353a Abs. 2; 353b Abs. 4; 353c Abs. 4 StGB; § 2a Abs. 1 WiStG) einer Behörde eintreten darf. Im Revisionsverfahren gilt in diesen Fällen das gleiche wie bei der Verfahrensvoraussetzung eines wirksamen Strafantrages (unten k).

e) **Gerichtsbarkeit** (dazu Einleitung 96). Die Frage der deutschen Gerichtsbarkeit ist als Prozeßvoraussetzung von Amts wegen zu prüfen (BGHSt. **14** 139; RGSt. **12** 125; **17** 244; **18** 55; **27** 145; **34** 256; **59** 36; **69** 156; OLG Karlsruhe JZ **1967** 419). Ihr Fehlen zwingt zur Einstellung des Verfahrens (OLG Braunschweig MDR **1947** 37).

f) **Die Immunität der Abgeordneten** (dazu Einleitung 122) ist ein von Amts wegen zu beachtendes persönliches Verfahrenshindernis (OLG Celle JZ **1953** 564; OLG Oldenburg NdsRpfl. **1954** 53), das jedoch zeitlich begrenzt ist. Wird die Genehmigung zur Strafverfolgung erteilt, so ist das Gericht an die darin zum Ausdruck gekommene rechtliche Beurteilung der Tat nicht gebunden (BGHSt. **15** 274). Die Nichtbeachtung der Immunität führt in der Revisionsinstanz zur Einstellung des Verfahrens (Näheres bei Bockelmann 30ff.; Müller-Sax 3 zu § 205). Vgl. auch Nrn. 199, 200 RiStBV.

g) Bei **Privatklage** ist deren Zulässigkeit von Amts wegen zu prüfen (BayObLGSt. **1952** 115). Ein Verzicht des Privatklägers auf sein Privatklagerecht ist zulässig und ohne Rüge zu beachten (KG NJW **1960** 2207; **a. A.** LG Hof MDR **1958** 444). Das Vorliegen des Sühneversuchs nach § 380 ist eine bloße Klagevoraussetzung, deren Fehlen für das Revisionsgericht ohne Bedeutung ist (OLG Hamburg NJW **1956** 522 mit Nachweisen; s. a. 3ff. zu § 380).

h) **Die anderweitige Rechtshängigkeit** (dazu Einleitung 98) ist als Verfahrenshindernis von Amts wegen zu beachten (BGHSt. 5 384; **10** 363; 22 186, 235; RGSt. **55** 262; **67** 55; BayObLGSt. **1951** 296; **a. A.** noch RGSt. **37** 56) und führt zur Verfahrenseinstellung (RGSt. **67** 57), soweit das Prozeßhindernis reicht (BGHSt. 22 235). Das gilt jedoch nicht ausnahmslos (s. II 3 zu § 12). Wenn Tateinheit in Betracht kommt, kann das Revisionsgericht die Sache an den Tatrichter zurückverweisen, damit dieser beide Verfahren verbindet. Unter Umständen ist eine eigene Sachentscheidung des Revisionsgerichts möglich, wenn dadurch der Schutz des Angeklagten vor doppelter Verurteilung wegen derselben Tat (Art. 103 Abs. 3 GG) nicht beeinträchtigt wird (BGHSt. **10** 363; Näheres bei II 3 zu § 12). Die Frage, welchem Gericht bei doppelter Rechtshängigkeit der Vorrang gebührt. ist Gegenstand der Erläuterungen in der Einleitung S. 98 und zu § 12.

i) **Rechtskraft in dem anhängigen Verfahren** (dazu Einleitung 115). Das Revisionsgericht hat ohne Rüge zu prüfen, ob das Verfahren, in dem die Revision eingelegt ist, bereits ganz oder teilweise rechtskräftig erledigt ist (dazu Einleitung 86, 109). Die Rechtskraft kann auf verschiedene Weise eingetreten sein.

aa) Liegt dem Verfahren ein *Strafbefehl* oder eine *Strafverfügung* zugrunde, so ist es rechtskräftig abgeschlossen, wenn der Einspruch nach §§ 411, 413 Abs. 4 verspätet eingelegt oder nicht wirksam war. Hat der Tatrichter das übersehen, so ist nicht das Verfahren einzustellen (so aber OLG Hamm JMBlNRW **1954** 60; EbSchmidt Teil I Nr. 257), sondern das Urteil aufzuheben und der Einspruch als unzulässig zu verwerfen (BGHSt. **13** 308; BayObLGSt. **1953** 36; **1966** 23 = NJW **1966** 1376; OLG Hamm JW **1932** 1782 m. Anm. Mamroth; OLG Hamm NJW **1970** 1093; OLG Schleswig SchlHA **1954** 235; das OLG Dresden JW **1929** 2773; **1930** 772 hielt das Urteil in einem solchen Fall für nichtig). War die Zurücknahme des Einspruchs übersehen worden, so hebt das Revisionsgericht das Urteil auf (KG VRS **26** 212) und stellt zur Klarstellung die Rechtskraft des Strafbefehls oder der Strafverfügung fest (OLG Hamm VRS **43** 112; OLG Karlsruhe DAR **1960** 237). Haben Amtsgericht und Landgericht übersehen, daß ein nach § 412 zu verwerfender Einspruch gar nicht vorlag, so werden beide Urteile aufgehoben (OLG Oldenburg MDR **1971** 680). Zum Verbot der Schlechterstellung vgl. II 2 zu § 358.

bb) Wird mit der Revision ein *Berufungsurteil* angefochten, so kann Rechtskraft dadurch eingetreten sein, daß die Berufung (wegen verspäteter oder sonst unwirksamer Einlegung, wegen Fehlens der Befugnis zur Rechtsmitteleinlegung, wegen Verzichts oder Zurücknahme) *unzulässig* war. Das Revisionsgericht hat das stets von Amts wegen zu prüfen (RGSt. **65** 250 = JW **1931** 2370 m. Anm. Beling; BayObLGSt. **1951** 515; **1952** 100; **1953** 89 = VRS 5 544; BayObLGSt. **1958** 2; **1966** 21 = NJW **1966** 1376; BayObLG JW **1932** 955 m. Anm. Klee; NJW **1962** 1527; OLG Celle NJW **1967** 640; VRS **25** 128; OLG Hamburg GA **69** 336; OLG Hamm JMBlNRW **1954** 228; KG JR **1955** 310 m. Anm. Sarstedt; **a. A.** Doerr GA **72** 91; EbSchmidt 8ff. vor § 312, der die Amtsprüfung auf die Rechtzeitigkeit der Berufung beschränken will). An eine Entscheidung des Berufungsgerichts über die Zulässigkeit der Berufung ist das Revisionsgericht nicht gebunden (RGSt. **65** 253).

Ergibt die Prüfung des Revisionsgerichts, daß der Berufungsrichter die Unzulässigkeit der Berufung übersehen hat, die Sache also bereits rechtskräftig ist, so hebt es das Berufungsurteil auf und verwirft die Berufung als unzulässig (BayObLGSt. **1966** 21 = NJW **1966** 1376; BayObLG MDR **1953** 249; KG JR **1955** 310 m. Anm. Sarstedt; OLG Tübingen DRZ **1948** 271; Kl 4 A zu § 352; Müller-Sax 3a halten die Feststellung für geboten, daß das erste Urteil rechtskräftig ist). Eine Zurückverweisung der Sache an das Landgericht kommt nicht in Betracht (anders OLG Bremen NJW **1955** 843 für den Fall, daß noch ein Wiedereinsetzungsgesuch gestellt werden kann). Zum Verbot der Schlechterstellung vgl. II 2 zu § 358.

cc) War die Berufung *auf bestimmte Beschwerdepunkte beschränkt* (§ 318), so hat das Revisionsgericht ferner von Amts wegen ohne Rücksicht auf eine Beschwer des Revisionsführers zu prüfen, ob die Beschränkung rechtswirksam war (RGSt. 62 13 = JW **1928** 2291 m. Anm. Oetker; RGSt. **64** 21, 153 = JW **1930** 2571 m. Anm. Mannheim; RGSt. 65 252 = JW **1931** 2370 m. Anm. Beling; RGSt. **65** 297; **67** 30; RG JW **1931** 2831; BayObLGSt. **1956** 3; **1957** 107; **1967** 14 = VRS 33 45; BayObLGSt. **1967** 146 = JR **1968** 108 m. Anm. Sarstedt; OLG Braunschweig VRS 23 136; OLG Celle NJW **1963** 65; VRS 42 20; OLG Hamm NJW **1955** 644; **1973** 382; VRS **30** 204; **39** 192; DAR **1972** 245; OLG Karlsruhe NJW **1971** 157; OLG Koblenz VRS **42** 135; **43** 257, 259, 420; OLG Köln VRS 16 424; OLG Oldenburg NJW **1959** 1983; Kl 4 B; Müller-Sax 2; beide zu § 352; Eb. Schmidt 12 vor § 312). Die Prüfung entfällt aber, wenn die Revision ihrerseits nur einen abtrennbaren Teil des Urteils angreift, mit dessen Bestand die Berufungsbeschränkung nicht mehr unmittelbar zusammenhängt. Ist z. B. die Revision der Staatsanwaltschaft zulässig auf die Aussetzungsfrage beschränkt, so wird nicht von Amts wegen geprüft, ob die Beschränkung der Berufung des Angeklagten auf einen Teil des Schuldspruchs zulässig war (BayObLGSt. **1967** 14 = VRS **33** 45). An die Auslegung der Berufung durch das Berufungsgericht ist das Revisionsgericht nicht gebunden (RGSt. **58** 327; OLG Hamburg NJW **1963** 459).

Bei einer unwirksamen Beschränkung der Berufung hat das Berufungsgericht zu Unrecht einen Teil des ersten Urteils für rechtskräftig gehalten und nur eine Teilentscheidung getroffen. Das Urteil muß dann aufgehoben, und die Sache muß an den Tatrichter zurückverwiesen werden, damit er die fehlenden Feststellungen nachholt (RGSt. **64** 154; RG JW **1929** 264; OLG Hamm NJW **1962** 1074; OLG Koblenz VRS **42** 136; **43** 421). Ausnahmsweise braucht das Urteil auf dem Fehlen dieser Feststellungen nicht zu beruhen (OLG Braunschweig VRS 23 136). Bei einer wirksamen, aber vom Berufungsgericht nicht beachteten oder irrtümlich für unwirksam gehaltenen Beschränkung war das erste Urteil bereits teilweise rechtskräftig und durfte in diesem Umfang nicht mehr Teil einer neuen Sachentscheidung sein (RGSt. **65** 252). Das Revisionsgericht muß den richtigen Zustand wiederherstellen (Kl 4 B zu § 352), also regelmäßig das Urteil teilweise aufheben (anders RG JW **1928** 1506 m. Anm. Oetker, das eine Nachprüfung in vollem Umfang für erforderlich hält). Zum Verbot der Schlechterstellung in diesem Fall vgl. II 2 zu § 358.

dd) Hatte das Revisionsgericht ein Urteil nur im Strafausspruch aufgehoben, dann muß der Tatrichter die *Sperrwirkung des rechtskräftigen Schuldspruchs* beachten; ob das geschehen ist, prüft das Revisionsgericht bei der erneuten Revision von Amts wegen (BGHSt. 7 286; OLG Celle VRS **14** 65).

k) **Strafantrag** (dazu Einleitung 124ff.). Bei Antragsdelikten hat das Revisionsgericht ohne Rüge zu prüfen, ob rechtzeitig ein wirksamer Strafantrag gestellt worden ist und ob er noch besteht (BGHSt. **6** 155; **18** 125; BGH NJW **1951** 368; BGH bei Dallinger MDR **1954** 152; **1955** 143; RGSt. **46** 271; **47** 202; **48** 276; **51** 72; **57** 143; **62** 262; **65** 150; **67** 55; **73** 114; **75** 310; **76** 159; **77** 183; RGRspr. **10** 156; RG GA **49** 129; RG Recht **1920** Nr. 2720; OLG Celle MDR **1960** 334; OLG Hamburg NJW **1956** 523; OLG Koblenz NJW **1958** 2028; OLG Oldenburg MDR **1954** 55). Bleiben tatsächliche *Zweifel* am Bestehen eines wirksamen Strafantrages, so wirken sie *zugunsten* des Angeklagten (BGHSt. 22 93; RGSt. **47** 238; BayObLGSt. **1961** 66; OLG Hamm VRS **14** 33; Dreher 2 Be; Lackner-Maassen 6; Schönke-Schröder 48; je zu § 61 StGB; Kohlhaas NJW **1954** 1793). Ob Vorentscheidungen des Vormundschaftsgerichts zutreffen, etwa ob die gesetzlichen Voraussetzungen der Anordnung der Vormundschaft oder Pflegschaft vorliegen, hat das Revisionsgericht nicht selbst zu untersuchen (RG GA 59 452), auch nicht die Ermessensfrage, ob im Einzelfall ein Bedürfnis für die Ausübung des Vertretungsrechts bestanden hat (RGSt. 57 144). Der Nachweis rechtzeitiger Antragstellung ist noch im Revisionsverfahren zulässig. Der bisher fehlende Strafantrag kann im Revisionsverfahren nachgebracht werden, wenn die Antragsfrist nicht abgelaufen ist (BGHSt. 3 73; **6** 285; RGSt. **68** 124; **73** 114; RG HRR **1939** 1380; **a. A.** RGSt. **46** 48; RG GA **49** 129). Die abweichende Ansicht von Jagusch in der Vorauflage dieses Kommentars wird nicht aufrechterhalten.

Entsprechendes gilt für die Erklärung des *öffentlichen Interesses an der Strafverfolgung* nach § 232 Abs. 1 StGB (dazu Einleitung 124ff.). Auch sie ist eine Verfahrensvoraussetzung

(BGHSt. 19 381), die noch in der Revisionsinstanz hergestellt werden kann (BGHSt. 6 285; RGSt. 75 342; 76 9; OLG Köln JR 1953 232; OLG Oldenburg NJW 1952 989).

Das Fehlen des Strafantrages führt zur Einstellung des Verfahrens (RGSt. 72 300; s. a. 9d zu § 260); kann er noch nachgeholt werden, so ist das Urteil aufzuheben und die Sache an den Tatrichter zurückzuverweisen (dazu I 3 zu § 354).

l) **Die Wirksamkeit des Strafbefehls oder der Strafverfügung,** mit der das Verfahren eingeleitet worden ist, muß von Amts wegen geprüft werden (BayObLGSt. **1960** 123 = NJW **1960** 2014; OLG Bremen NJW **1965** 120 m. Anm. Lindemann; OLG Düsseldorf NJW **1956** 923; KG GA **70** 145; **71** 46, 146; **a. A.** BayObLGSt. **1961** 144 = NJW **1961** 1783 m. Anm. Maywald NJW **1962** 549 für den Fall der fehlenden Unterschrift unter dem Strafbefehl; offengelassen bei OLG Bremen MDR **1953** 696; s. a. 2d zu § 409; 5c zu § 413). Die Unwirksamkeit führt zur Einstellung des Verfahrens (dazu Einleitung 124ff.).

m) **Niederschlagung durch Straffreiheitsgesetz** (dazu Einleitung 115ff.). Straffreiheitsgesetze schaffen ein Prozeßhindernis, das die Revisionsgerichte von Amts wegen zu beachten haben (BGHSt. 3 136; **4** 289; **6** 305; **9** 104; **10** 115; BGH LM Nr. 5 zu § 1 StrFrG 1949; BGH bei Dallinger MDR **1956** 272; RGSt. **53** 39, 235; **54** 19, 56, 83; **55** 231; **59** 56; **69** 126, 158; **71** 252, 261; **72** 5; **74** 206; RG DStR **1939** 287; BayObLGSt. **1956** 2). Das gilt auch, wenn das Rechtsmittel nur beschränkt eingelegt worden ist (BGHSt. **6** 304; RGSt. **74** 206; RG HRR **1939** 1141). Straffreiheit darf nur festgestellt werden, wenn die *Tatsachen feststehen,* auf die sich ihre gesetzlichen Voraussetzungen gründen; ihre bloße Möglichkeit genügt nicht (BGH NJW **1952** 634; BGH bei Herlan GA **1956** 351, 352; BGH LM Nr. 4 zu StrFrG 1949 Allg.; RGSt. **53** 324; **56** 50; **66** 78; **69** 126, 158; **71** 263; **72** 5, 25; RG JW **1937** 2446; **1938** 2736; BayObLGSt. **1951** 310; **1957** 198; OLG Braunschweig NdsRpfl. 1950 43; Sarstedt 245; **a. A.** Schmidt-Leichner NJW **1950** 477). Sind jedoch bei der Feststellung der Schuld und ihres Umfanges Zweifel geblieben, so sind sie nach dem Grundsatz *in dubio pro reo* auch für die Prüfung der Voraussetzungen der Straffreiheit maßgebend (BGH JR **1954** 351 m. Anm. Nüse; BGH LM Nr. 2 zu § 6 StrFrG 1954; Sarstedt 245; Seibert NJW **1950** 173; Thiele GA **1955** 3; s. a. BGH NJW **1958** 392; OLG Hamm NJW **1955** 75, 644).

Das Prozeßhindernis führt regelmäßig zur *Einstellung des Verfahrens,* die jedoch nur feststellende Wirkung hat, da das Straffreiheitsgesetz in dem von ihm bezeichneten Umfang den staatlichen Strafanspruch selbst zum Erlöschen bringt (BGHSt. 3 136; **16** 403; RGSt. **54** 12, 18; **55** 231; **59** 57; **67** 146; **69** 126; **70** 195). Das Einstellungsurteil des Tatrichters muß so begründet werden, daß die Anwendung des Straffreiheitsgesetzes nachprüfbar ist (BGHSt. **10** 115; RGSt. **54** 333; **65** 60; **69** 161). Hängt die Anwendung des Straffreiheitsgesetzes von sachlichrechtlichen Entscheidungen ab, die dem Tatrichter obliegen, wie z. B. von der Feststellung der Tatbeendigung bei Dauerstraftaten oder fortgesetzten Handlungen (BGH NJW **1952** 633; RGSt. **75** 34) oder der voraussichtlichen Strafhöhe (BGHSt. **9** 105), so darf das Revisionsgericht nicht selbst entscheiden, sondern muß die Sache an den Tatrichter zurückverweisen (BGHSt. **16** 403; s. a. RGSt. **73** 66). So muß auch entschieden werden, wenn das Urteil die Angabe der Tatzeit nicht enthält, die zugleich der Amnestiestichtag ist (dazu oben III 2b). Richtet sich die Revision der Staatsanwaltschaft oder des Privat- oder Nebenklägers gegen ein freisprechendes Urteil, dann stellt das Revisionsgericht das Verfahren nur ein, wenn das Urteil Rechtsfehler enthält; andernfalls wird das Rechtsmittel verworfen (OLG Düsseldorf NJW **1950** 360; **a. A.** OLG Frankfurt NJW **1955** 75; s. a. OLG Köln NJW **1954** 1696). Hat der Angeklagte gegen ein verurteilendes Erkenntnis, in dem das Straffreiheitsgesetz fehlerhaft nicht angewendet worden ist, Revision eingelegt und ergibt die Prüfung, daß eine strafbare Handlung aus Rechtsgründen nicht vorliegt, so ist nicht das Straffreiheitsgesetz anzuwenden, sondern freizusprechen (I 3 zu § 354). Die Zurückverweisung an den Tatrichter ist jedoch erforderlich, wenn die Möglichkeit besteht, daß die neue Verhandlung vor ihm zur Feststellung einer Straftat führt, die nicht unter das Straffreiheitsgesetz fällt (RGSt. **71** 271).

Sieht das Straffreiheitsgesetz einen Antrag des Angeklagten auf Durchführung des Verfahrens vor, so kann er noch im Revisionsverfahren gestellt werden (BGHSt. **2** 216).

n) **Strafklageverbrauch** (dazu Einleitung 99ff.). Das Verbot der Doppelbestrafung (ne bis in idem) hat Verfassungsrang (Art. 103 Abs. 3 GG). Das Revisionsgericht muß es von Amts wegen beachten (BGHSt. **9** 192; **20** 293; BGH NJW **1963** 1020; **1966** 114; BGH bei Dallinger MDR **1958** 566; RGSt. **18** 272; **25** 29; **30** 342; **35** 370; **41** 153; **49** 170; **62** 262; **65** 150; **69** 171; OLG Celle MDR **1960** 334; OLG Frankfurt HESt. **3** 49 = SJZ **1949** 872 m. Anm. Weber; OLG Frankfurt JR **1949** 352 m. Anm. Weber; OLG Frankfurt NJW **1969** 1915; KG GA **1953** 123). Nach Art. 103 Abs. 3 GG ist nicht nur die zweimalige Bestrafung verboten, sondern auch, von den gesetzlich zugelassenen Ausnahmen abgesehen, die Wiederholung eines Strafverfahrens gegen einen Freigesprochenen (BGHSt. **5** 330; **15** 259). Im Verhältnis zur Rechtsprechung ausländischer Gerichte gilt das Verbot nicht (BGHSt. **24** 57 mit Nachweisen; Luther NJW **1968** 1026). Läßt sich nicht mit Sicherheit klären, ob die Strafklage bereits verbraucht ist, so ist *zugunsten des Angeklagten* zu entscheiden (BayObLGSt. **1968** 75 = NJW **1968** 2118; Sarstedt 246; **a. A.** OGHSt. **1** 207 = NJW **1949** 556 m. Anm. Reinicke; Schwarz NJW **1950** 125). Ob das frühere und das gegenwärtige Verfahren dieselbe Sache betreffen, richtet sich nur nach dem Inhalt der beiden Urteile (RGSt. **28** 98). Bei rechtskräftiger anderweitiger Aburteilung ist das mit der Revision angefochtene Urteil aufzuheben, gleichgültig, ob es sonst auf einer Verletzung des Gesetzes beruht und ob es früher ergangen ist als das bereits rechtskräftige Urteil (BGHSt. **9** 192; RGSt. **30** 340; **49** 170). Zur beschränkten Rechtskraft von Strafbefehlen vgl. 3 zu § 410.

Zum Verbrauch der Strafklage führt auch die *Einstellung des Verfahrens* oder sachlich trennbarer Teile nach §§ 153, 153a, 154 durch das Gericht (BGH bei Dallinger MDR **1955** 652; RGSt. **59** 57; **70** 340; BayObLGSt. **1966** 74 = MDR **1966** 1020), nicht jedoch durch die Staatsanwaltschaft (RGSt. **67** 315). Der Strafverfolgung unter dem Gesichtspunkt höheren Unrechtsgehalts und erhöhter Strafbarkeit steht sie nicht entgegen (BGH bei Dallinger MDR **1954** 151, 399; RGSt. **65** 294; **75** 123; RG DJ **1941** 845; BayObLGSt. **1964** 173 = NJW **1965** 828; OGHSt. **1** 243; OLG Celle NJW **1966** 1330; OLG Hamm JMBlNRW **1951** 113; s. a. OLG Hamburg JR **1963** 131 m. Anm. Heinitz; 15b zu § 153; 5 zu § 153a; 9 zu § 154). Im Fall der Beschränkung nach § 154a Abs. 1, 2 erstreckt sich der Strafklageverbrauch auch auf die ausgeschiedenen, von der Anklage erfaßten Teile der Tat (BGHSt. **21** 327).

Der die *Eröffnung des Hauptverfahrens ablehnende Beschluß* (§ 204) führt dazu, daß nach § 211 die Klageerhebung nur aufgrund neuer Tatsachen oder Beweismittel wieder aufgenommen werden darf. Ob diese Voraussetzungen vorgelegen haben, hat das Revisionsgericht von Amts wegen zu prüfen (BGH NJW **1963** 1020; RGSt. **46** 71; **56** 92; **57** 158; **60** 99; dazu auch 7 zu § 211).

o) **Verjährung.** Der Eintritt der Verfolgungsverjährung (dazu Einleitung 116) ist ein Verfahrenshindernis, das das Revisionsgericht von Amts wegen zu beachten hat (BGHSt. **2** 306; **4** 137; **8** 270; **11** 395; BGH bei Dallinger MDR **1952** 407; RGSt. **63** 321; **66** 328; **67** 55; **76** 159; RG HRR **1938** 941; OLG Bremen NJW **1956** 1248; OLG Celle MDR **1966** 865; OLG Hamburg MDR **1958** 52; OLG Hamm NJW **1972** 2097; KG VRS **21** 200; **26** 286; OLG Oldenburg NdsRpfl. **1953** 207). Das Revisionsgericht hat nicht nur den Ablauf der Verjährungsfrist zu prüfen, sondern auch festzustellen, ob die Verjährung in wirksamer Weise unterbrochen worden ist (BGHSt. **4** 135; RGSt. **12** 434). *Zweifel* wirken *zugunsten* des Angeklagten (BGHSt. **18** 274 = JZ **1963** 605 m. Anm. EbSchmidt = MDR **1963** 855 m. Anm. Dreher; KG JR **1967** 151; OLG Stuttgart DAR **1964** 46; Dreher 2 zu § 66 StGB; **a. A.** BGH GA **1963** 128; BGH bei Herlan MDR **1955** 527; OLG Düsseldorf NJW **1957** 1486; Sarstedt 246; s. a. Einleitung 88).

Der Eintritt der Verjährung führt zur *Einstellung des Verfahrens;* sie geht der Einstellung aufgrund eines Straffreiheitsgesetzes vor (RG HRR **1939** 1014). Ist die Strafverfolgung nur wegen eines tateinheitlich begangenen Delikts verjährt, so wird der Schuldspruch dahin berichtigt, daß die Verurteilung insoweit entfällt (vgl. oben III 1). Wenn die abgeurteilte Übertretung verjährt ist, aber die Verurteilung wegen eines Vergehens in Betracht kommt, muß aufgehoben und zurückverwiesen werden (OLG Hamm JMBlNRW **1953** 213). Ist Verjährung erst im Berufungsrechtszug eingetreten, nachdem das erste Urteil im Schuld- und Strafausspruch bereits rechtskräftig geworden ist, und ist das Verfahren nur noch wegen einer Sicherungsmaßregel anhängig, so hebt das Revisionsgericht das Berufungsurteil auf und verwirft die auf die Anordnung der Sicherungsmaßregel gerichtete Berufung der Staatsanwaltschaft als unbegründet (KG JR **1962** 153). Tritt die Verjährung in einem solchen Fall erst im Revisionsrechtszug ein, so spricht das Revisionsgericht nur aus, daß die Sicherungsmaßregel entfällt (OLG Düsseldorf VRS **32** 34; OLG Köln NJW **1969** 889); eine teilweise Einstellung des Verfahrens kommt nicht in Betracht (anders OLG Celle NJW **1965** 2414; OLG Neustadt VRS **10** 134).

p) **Wiederaufnahmeanordnung.** Eine Verfahrensvoraussetzung im Wiederaufnahmeverfahren ist das Vorliegen und die Rechtswirksamkeit des Beschlusses nach § 370 Abs. 2, der die Erneuerung der Hauptverhandlung anordnet (RGSt. **35** 353; RG JW **1938** 1165; BayObLGSt. **1952** 78 unter Aufgabe der in BayObLGSt. **34** 156 vertretenen Ansicht; OLG Dresden JW **1928** 1882 m. Anm. Unger). Liegt diese Verfahrensvoraussetzung nicht vor, dann muß das Verfahren eingestellt werden, damit ein ordnungsgemäßes Wiederaufnahmeverfahren eingeleitet werden kann.

q) **Örtliche und sachliche Zuständigkeit** (dazu Einleitung 128). Beides sind Verfahrensvoraussetzungen, das Fehlen der örtlichen Zuständigkeit ist aber nur ein Prozeßhindernis von vorübergehender Bedeutung (§§ 16, 18); nach Eröffnung des Hauptverfahrens wird es von Amts wegen nicht mehr geprüft (vgl. Einleitung 130; IV 3 zu § 338). Dagegen prüft das Revisionsgericht stets von Amts wegen (§ 6) seine eigene sachliche Zuständigkeit und die der Gerichte der vorangegangenen Rechtszüge (BGHSt. **7** 27; **10** 64, 74; **13** 161; **14** 65; **18** 81 – GSSt.; BGHSt. **22** 2; BGH NJW **1960** 2203; BGH bei Dallinger MDR **1956** 146; RGSt. **66** 256; **67** 58; RG HRR **1939** 1285; BayObLGSt. **1953** 89 = VRS **5** 544; BayObLGSt. **1970** 62 = VRS **39** 107; BayObLG GA **64** 335; OLG Oldenburg NJW **1957** 1329; OLG Saarbrücken NJW **1966** 1041; a. A. noch RGSt. **34** 256; **62** 64). Fehlte die sachliche Zuständigkeit, so hebt das Revisionsgericht, abgesehen von dem Fall des § 269, das Urteil auf und verweist die Sache an das zuständige Gericht (§ 355). Näheres zu Fragen der sachlichen Zuständigkeit bei IV 4 zu § 338. Vgl. auch die Erläuterungen zu § 6.

IV. Gesetzesverletzung. Verfahrensrecht

1. **Allgemeines.** Ob Rechtsnormen dem Verfahrensrecht oder dem sachlichen Recht angehören, hängt nicht von ihrer Stellung innerhalb der Gesetze ab (Müller-Sax 3a). Es kommt nicht darauf an, ob sie in der Strafprozeßordnung, im Strafgesetzbuch oder in einem anderen Gesetz *stehen.* Maßgebend ist, ob sie *bestimmen,* auf welchem Wege der Richter zur Urteilsfindung berufen und gelangt ist; dann sind sie Verfahrensnormen. Alle anderen Vorschriften gehören dem sachlichen Recht an (BGHSt. **19** 275; Müller-Sax 1b zu § 344).

Die Verfahrensverletzung kann darin bestehen, daß eine gesetzlich vorgeschriebene Handlung, insbesondere eine Entscheidung, unterblieben ist, daß sie fehlerhaft vorgenommen worden ist oder daß sie überhaupt unzulässig war. Ob der Fehler auf ausdrücklicher Entscheidung beruht, ist dabei ohne Bedeutung. Maßgebend für die Beurteilung der Verfahrenslage und der Gesetzmäßigkeit des Verfahrens ist die wirkliche Sachlage, wie das Revisionsgericht sie ermittelt, nicht die Sachlage, die der Tatrichter gekannt und beurteilt hat (BGHSt. **10** 305; a. A. OLG Dresden JW **1930** 734; OLG Hamburg NJW **1953** 235). Verfahrensrügen können mit der Revision daher auch geltend gemacht werden, wenn dem Revisionsführer (RGSt. **32** 158) oder dem Tatrichter in der Hauptverhandlung die den Verstoß begründenden Tatsachen unbekannt waren (BGHSt. **20** 98; **22** 267; RGSt. **12** 126; **20** 163; **32** 159; RGRspr. **6** 370; **9** 130; RG JW **1931** 2817). Etwas anderes gilt nur, wenn der Verfahrensakt den seinerzeitigen Verfahrensstand zur Grundlage zu nehmen hatte. Die Beurteilung des Teilnahmeverdachts nach § 60 Nr. 2 richtet sich z. B. nach der Lage, in der sich der Zeuge zur Zeit seiner Aussage befand (BGHSt. **10** 365).

2. **Beweisfragen.** Soweit Verfahrensverstöße die wesentlichen Förmlichkeiten der Hauptverhandlung (§ 273 Abs. 1) betreffen, ist ihre *Beweisgrundlage ausschließlich die Sitzungsniederschrift* (§ 274). Eine Ausnahme gilt nur, wenn diese im Einzelfall, z. B. wegen Lückenhaftigkeit, der Beweiskraft entbehrt (dazu 2, 4c zu § 274). Ist sie zugunsten des Revisionsführers berichtigt worden, so ist für das Revisionsgericht die berichtigte Fassung maßgebend

(9c zu § 271). Da ein Gegenbeweis gegen das Sitzungsprotokoll nicht zulässig ist, andererseits eine Protokollberichtigung zu dem Zweck, einer Verfahrensrüge den Boden zu entziehen, von der Rechtsprechung nicht als wirksam angesehen wird (9c zu § 271), ist der Beschwerdeführer in der Lage, fehlerhafte Angaben in der Sitzungsniederschrift dazu auszunutzen, Verfahrensfehler zu behaupten und zu „beweisen", die überhaupt nicht vorgekommen sind. Ein Verteidiger, der die Revision in dieser Weise begründet, dem Revisionsgericht also bewußt unwahre Angaben macht, handelt standeswidrig (5 vor § 137; **a. A.** Sarstedt 127 und neuerdings Dahs-Dahs 368 unter unzutreffender Bezugnahme auf BGHSt. 7 164).

Verfahrensvorgänge, für welche die Beweiskraft des Sitzungsprotokolls nicht gilt, klärt das Revisionsgericht bei zulässiger Verfahrensrüge *im Wege des Freibeweises* (Sarstedt 129; dazu II 2 zu § 244). Was das Urteil über den Verfahrensvorgang feststellt, bindet das Revisionsgericht nicht (BGHSt. **16** 167 = JR **1962** 108 m. Anm. EbSchmidt). Dabei ist gleichgültig, ob der Tatrichter die Feststellung im Freibeweis (RGSt. **56** 102) oder nach förmlicher Beweisaufnahme (Alsberg-Nüse 480) getroffen hat. Aus dem Urteil kann sich jedoch der Verfahrensverstoß ergeben (BayObLGSt. **1953** 151 = MDR **1954** 121 m. Anm. Mittelbach = JR **1954** 113 m. Anm. Sarstedt). Das Revisionsgericht hat erforderlichenfalls eigene Ermittlungen unter Benutzung aller ihm zur Verfügung stehenden Erkenntnisquellen anzustellen. Es kann dazu insbesondere den Akteninhalt verwenden (BGHSt. **16** 403; RGSt. **4** 389; **6** 164; **38** 40; **55** 285; **61** 46; **62** 14; **63** 321; **64** 187; **66** 173; **71** 261; RG GA **70** 244), selbst Ermittlungen anstellen (RGSt. **71** 261; OLG Celle MDR **1960** 334), etwa Urkunden und Akten herbeiziehen (BGHSt. **1** 181; RGSt. **35** 368; **49** 170), amtliche Auskünfte (RGSt. **61** 118; **72** 5) oder dienstliche Äußerungen (BGHSt. **3** 187; **15** 349; **17** 339; **21** 182; **22** 28; RGSt. **44** 121; **72** 182; OLG Hamburg VRS **24** 438; Sarstedt 129) einholen und Zeugen zu schriftlichen Erklärungen (OLG Frankfurt HESt. **3** 50) veranlassen oder sie uneidlich vernehmen (OLG Celle MDR **1960** 334); auch Sachverständige können angehört werden (BGHSt. **23** 13).

Bleiben *Zweifel* an dem Verfahrensverstoß, so wirken sie *zuungunsten des Revisionsführers*. Wenn sich das Gegenteil nicht beweisen läßt, wird davon ausgegangen, daß der Tatrichter ordnungsmäßig verfahren ist (BGHSt. **16** 167 = JR **1962** 108 m. Anm. Eb. Schmidt; BGHSt. **17** 353; **21** 10; BGH NJW **1953** 837; BGH bei Herlan MDR **1955** 652; OLG Hamm NJW **1969** 572; NJW **1970** 70; OLG Karlsruhe VRS **33** 128; Kl 9; Müller-Sax 8; Sarstedt 135, 247ff.; Gossrau MDR **1958** 470; **a. A.** Stree, In dubio pro reo, 81). Sind die Akten verloren gegangen, ist aber das Urteil noch vorhanden, so ist zu unterstellen, daß die von der Revision behaupteten Verfahrensfehler unterlaufen sind (RG JW **1928** 1311 m. Anm. Philipp).

3. Bindung an Feststellungen über die Beweisaufnahme. Ein Gegenbeweis gegen die Urteilsfeststellungen über die Ergebnisse der Beweisaufnahme (nicht über die benutzten Beweismittel) ist grundsätzlich unzulässig. Diese Ergebnisse festzustellen und zu würdigen, ist Sache des Tatrichters; der dafür bestimmte Ort ist das Urteil. Was in ihm über das Ergebnis der Verhandlung zur Schuld- und Straffrage festgehalten ist, bindet das Revisionsgericht (BGHSt. **21** 151; BGH NJW **1969** 1912; BGH VRS **37** 28) und kann nicht durch dienstliche Äußerungen der Richter oder durch Erklärungen des Verteidigers widerlegt werden (BGHSt. **15** 347). Die Rüge der Verletzung des § 261 kann regelmäßig auch nicht darauf gestützt werden, daß die Urteilsfeststellungen über den Inhalt der Einlassung des Angeklagten oder der Bekundungen von Zeugen und Sachverständigen nicht mit dem übereinstimmen, was die *Sitzungsniederschrift* darüber nach § 273 Abs. 2 vermerkt (BGH NJW **1966** 63 = JR **1966** 305 m. Anm. Lackner; BGH NJW **1967** 61; **1969** 1074; BGH bei Dallinger MDR **1966** 384, 727; BGH VRS **35** 265; **38** 116; RGSt. **49** 315; BayObLGSt. **1953** 82 = NJW **1953** 1403; OLG Hamm VRS **32** 258). Die Beweiskraft des § 274 erstreckt sich hierauf nicht (RGSt. **42** 160; **43** 438; **49** 316; **58** 379; OLG Hamm NJW **1970** 69; VRS **40** 456; **42** 44). Widersprüche können sich dadurch erklären, daß das Gericht den Inhalt der Beweisaufnahme anders auffaßt als der für das Protokoll mit dem Urkundsbeamten allein verantwortliche Vorsitzende. Eine Wiederholung oder Ergänzung der Beweisaufnahme durch das Revisionsgericht würde der Ordnung des Revisionsverfahrens widersprechen (BGHSt. **15** 349; **17** 352; OLG Hamm NJW **1970** 70; VRS **42** 44).

Zweifelhaft ist, ob der Gegenbeweis auch dann ausgeschlossen ist, wenn der *Wortlaut* einer Aussage nach § 273 Abs. 3 in das Protokoll aufgenommen, verlesen und von dem Aussagenden genehmigt worden ist, das Urteil den Inhalt dieser Aussage aber anders als das Sitzungsprotokoll wiedergibt. In diesem Fall ist das Protokoll beweiskräftig (RGSt. **42** 160; **43** 438; **58** 59; EbSchmidt Nachtr. 13 zu § 273; **a. A.** Dahs-Dahs 373; Kleinknecht JZ **1965** 159; Sarstedt 128 und JZ **1965** 293; s. a. 3b zu § 274). Die Revisionsgerichte behandeln jedoch diese Erkenntnisquelle so, als existierte sie überhaupt nicht (Willms, Ehrengabe für Heusinger 405). Das gilt auch für sonstige *Urkunden* und für die *Protokolle* über eine kommissarische Vernehmung, die sich in den Akten befinden und mit denen sich ohne weiteres beweisen läßt, daß der Tatrichter ihren Inhalt in dem Urteil unrichtig wiedergegeben hat. Diese strenge Rechtsprechung der Revisionsgerichte (die sich übrigens in veröffentlichten Entscheidungen nicht niedergeschlagen hat) verträgt, ohne daß deswegen gegen die Ordnung des Revisionsverfahrens verstoßen wird, eine Auflockerung. In den seltenen Fällen, in denen der Revisionsführer unter genauer Angabe der urkundlichen Beweise rügt, daß der Tatrichter das Beweisergebnis verfälscht, also gegen § 261 verstoßen hat, sollten ihm die Revisionsgerichte nicht entgegenhalten, für sie existierten diese Beweise nicht (vgl. Alsberg JW **1915** 306). Hierbei handelt es sich nicht um eine Frage der „Ordnung" des Revisionsverfahrens, sondern um eine Frage der Überzeugungskraft strafrichterlicher Tätigkeit.

4. Die **Rekonstruktion des Ablaufs der Hauptverhandlung** durch Ermittlungen des Revisionsgerichts kann erforderlich sein, wenn gerügt wird, der Angeklagte oder der Verteidiger seien während eines Teils der Verhandlung abwesend gewesen; denn in diesem Fall muß festgestellt werden, ob während der Abwesenheit wesentliche Verfahrensvorgänge geschehen sind (vgl. V 2 zu § 338). Der Bundesgerichtshof läßt Ermittlungen über den äußeren Ablauf der Hauptverhandlung auch zu, wenn der Angeklagte rügt, durch das Unterlassen eines bestimmten Verfahrensaktes sei ihm das rechtliche Gehör versagt worden (BGHSt. 22 26 = JZ **1968** 434 m. Anm. EbSchmidt). Schließlich ist das Revisionsgericht gezwungen, sogar den Inhalt einer Aussage zu rekonstruieren, wenn der Beschwerdeführer rügt, ein nach § 79 unbeeidigt gebliebener Sachverständiger habe auch Zeugenaussagen gemacht, auf denen das Urteil beruht, sei aber nicht als Zeuge vereidigt worden (vgl. RGSt. 42 160; **43** 438).

5. Ermessensentscheidungen

a) **Allgemeines.** Das Gesetz ermächtigt den Tatrichter in zahlreichen Vorschriften, Verfahrenshandlungen nach seinem Ermessen vorzunehmen. Dabei handelt es sich stets um rechtlich gebundenes, *pflichtgemäßes Ermessen* (grundlegend dazu BGH JR **1956** 426), das jede Willkür ausschließt (BGHSt. 1 181; **8** 180; RGSt. **68** 311; **74** 306). Das Revisionsgericht prüft auf entsprechende Rüge, ob ein Verfahrensfehler vorliegt, weil der Tatrichter sich der Befugnis, sein Ermessen walten zu lassen, überhaupt nicht bewußt geworden ist (BGHSt. 6 300; RGSt. **68** 36; **74** 306), sich insbesondere für gesetzlich gebunden gehalten hat, obwohl er nach seinem Ermessen entscheiden konnte. Der Prüfung durch das Revisionsgericht unterliegt ferner, ob der Tatrichter sein Ermessen rechtsfehlerhaft ausgeübt hat. Das ist der Fall, wenn er die anzuwendenden Rechtsbegriffe verkannt (BGH JR **1955** 190; RGSt. **4** 173; **12** 105; **61** 175; RG JW **1926** 1218) oder wesentliche Umstände nicht beachtet (RGSt. **46** 115) oder die Grenzen seiner Ermessensfreiheit durch unzulässige Erwägungen überschritten (BGHSt. 1 177; **6** 300; **10** 329; RGSt. **54** 22; **68** 311; **77** 332), sich insbesondere nicht nach den Grundsätzen oder Wertmaßstäben des Gesetzes gerichtet hat (RG JW **1928** 417). Sein eigenes Ermessen darf das Revisionsgericht nicht an die Stelle des tatrichterlichen Ermessens setzen (BGHSt. **5** 58; **15** 393; RGSt. **45** 63).

Bei der Ausübung des rechtlich gebundenen Ermessens ist der Tatrichter zur *Begründung der Entscheidung* grundsätzlich nicht verpflichtet (3 zu § 34). Im allgemeinen genügt es, wenn das Ermessen als rechtliche Grundlage der Entscheidung erkennbar wird (BGHSt. 1 177; **10** 329; OGHSt. 3 155; Kl 3; Müller-Sax 3c; beide zu § 34). Es liegt in der Natur von Ermessensentscheidungen, daß sie weitgehend auf Erwägungen der Zweckmäßigkeit und Angemessenheit beruhen und auch Überlegungen Raum geben, die sich schriftlicher Darlegung entziehen. Daher muß es regelmäßig als ausreichend angesehen werden, wenn ersichtlich ist, welcher Ermessensfall angenommen worden ist (BGHSt. 1 117; RGSt. 57 44; 77 332; RG JW 1935 47; OGHSt. 3 155; OLG Celle NJW 1961 1319).

b) Entscheidungen aufgrund Bewertung tatsächlicher Umstände. Bei einer Reihe von Prozeßentscheidungen des Tatrichters handelt es sich nicht um Ermessensentscheidungen im eigentlichen Sinne, sondern um Entscheidungen, die auf einer Bewertung tatsächlicher Umstände beruhen, bei der dem Tatrichter ein Beurteilungsspielraum eingeräumt ist. Während etwa die Frage, ob mehrere Strafverfahren nach § 4 miteinander verbunden werden, eine reine Ermessensentscheidung ist, steht es nicht im Ermessen des Tatrichters, einen teilnahmeverdächtigen Zeugen nach § 60 Nr. 2 unbeeidigt zu lassen. Er hat jedoch die Tatsachen festzustellen und zu würdigen, die den Teilnahmeverdacht ergeben. Die Würdigung hat er nach pflichtgemäßem Ermessen vorzunehmen. Das Revisionsgericht prüft in derartigen Fällen die tatsächlichen Umstände nicht nach, auf denen die Entscheidung des Tatrichters beruht. Die Prüfung beschränkt sich darauf, ob der Tatrichter sich der Möglichkeit einer Ermessensentscheidung überhaupt bewußt geworden ist (BGHSt. 22 267) und ob er die anzuwendenden Rechtsbegriffe verkannt hat (Müller-Sax 4c; Dahs-Dahs 376). Die im Schrifttum vertretene Gegenmeinung, das Revisionsgericht müsse in diesen Fällen wie bei der Prüfung anderer Verfahrensvorgänge frei von jeder Bindung an die festgestellten Tatsachen bleiben (so insbesondere Alsberg-Nüse 480ff.; Beling 414; Henkel 289; Schwinge 170), will aus dem Revisionsverfahren in diesem Bereich ein Beschwerdeverfahren machen.

Im einzelnen hat das Revisionsgericht in tatsächlicher Hinsicht nicht nachzuprüfen das nach § 52 bedeutsame *Verlöbnis* des Angeklagten mit der Zeugin (OGHSt. 2 174; RG JW 1928 414; 1929 861), den Umfang der *Aussagegenehmigung* nach § 54 (RGSt. 7 75), die *Eidesunfähigkeit* des Zeugen wegen Verstandesschwäche nach § 60 Nr. 1 (BGHSt. 22 267; RGSt. 11 261; 26 98; 56 103), den gegen den Zeugen bestehenden *Teilnahmeverdacht* nach § 60 Nr. 2 (BGHSt. 4 255, 369; 9 72; BGH VRS 15 113; 25 40; 29 27; RGSt. 28 113; 44 173, 384; 57 187; 59 166; OGHSt. 2 100, 156; BayObLGSt. 1953 151 = JR 1954 113 m. Anm. Sarstedt = MDR 1954 121 m. Anm. Mittelbach), die *Befangenheit des Sachverständigen* (BGHSt. 8 232; BGH bei Dallinger MDR 1952 409; RGSt. 25 362; 47 240; RG JW 1924 912; RG HRR 1940 54; RG LZ 1915 554; RG Recht 1910 Nr. 3872; BayObLGSt. 1951 390; OLG Karlsruhe JW 1932 965 m. Anm. Heilberg; s. a. 10b zu § 74), die zeitweilige *Verhandlungsunfähigkeit des Angeklagten* (RGSt. 1 151; 29 326; 57 373; RG JW 1928 2992; RG DJZ 1914 755; RG GA 69 85; OGHSt. 2 377), die *Erheblichkeit einer Beweisbehauptung* (RGSt. 29 369; 63 330; Alsberg-Nüse 453), die *Unerreichbarkeit eines Zeugen* im Sinne des § 244 Abs. 3 Satz 2 (RGSt. 38 328; 54 22), die völlige *Ungeeignetheit eines Beweismittels* nach § 244 Abs. 3 Satz 2 (BGH GA 1954 374; RGSt. 46 385; 47 105; 52 178; 54 182; 56 140), die Voraussetzungen für die *Verlesung einer Niederschrift* nach § 251 (BGH bei Herlan MDR 1955 529; RGSt. 12 105; 44 10; 46 115; 52 87; 54 22; RG HRR 1935 553; OLG Hamm VRS 36 52; OLG Neustadt VRS 9 465), die *Verhandlungsfähigkeit des Angeklagten* bei Abgabe der Rechtsmittelverzichtserklärung (RGSt. 64 15), die *Prozeßfähigkeit des Nebenklägers* bei der Zulassung (RG GA 70 243), die *Verhinderung des Richters* an der Mitwirkung (BGHSt. 12 34, 114; 15 391; BGH LM Nr. 4 zu § 67 GVG; RGSt. 30 229; OLG Hamm JMBlNRW 1968 43), die Voraussetzungen für eine *Änderung des Geschäftsverteilungsplans* (Sarstedt 140), die ausreichende *Übersetzungstätigkeit des Dolmetschers* (RGSt. 76 177).

Bei *Verwerfung einer Berufung* nach § 329 Abs. 1 oder *eines Einspruchs* nach §§ 412 Abs. 1, 413 Abs. 4 wegen Ausbleibens des Angeklagten prüft das Revisionsgericht nach herrschender Ansicht auf entsprechende Rüge nur nach, ob das Gericht die Ermittlungspflicht verletzt oder die Rechtsbegriffe des Ausbleibens und der genügenden Entschuldigung verkannt hat (RGSt. 61 175; 64 245; RG JW 1927 2050 m. Anm. Szanzoni; RG JW 1931 1617; 1932 511; RG HRR 1931 2008; BayObLGSt. 1972 47 = VRS 43 195; OLG Bremen NJW 1962 881; OLG Hamburg JR 1956 70; OLG Hamm JMBlNRW 1955 59; MDR 1961 169; NJW 1963 65; OLG Karlsruhe MDR 1957 760; OLG Köln GA 1955 61; OLG Oldenburg NdsRpfl. 1953 172; a. A. Müller-Sax 12 zu § 329; Alsberg-Nüse 484; Busch JZ 1963 461; weitere Nachweise bei 11b zu § 329; 5c zu § 412). Grundlage der Prüfung sind nur das in dem Verwerfungsurteil erörterte Entschuldigungsvorbringen und diejenigen von dem Tatrichter angeblich nicht berücksichtigten Tatsachen, die der Beschwerdeführer in der Revisionsbegründungsschrift formgerecht bezeichnet hat (II 4o zu § 344). Auf Tatsachen, die dem erkennenden Gericht weder bekannt waren noch von ihm hätten ermittelt werden müssen, kann die Revision nicht gestützt werden (OLG Karlsruhe NJW **1969** 476). Das Revisionsgericht prüft nicht, ob tatsächliche Umstände, die erst *nach Erlaß des Verwerfungsurteils* bekannt geworden sind, das Ausbleiben des Angeklagten genügend entschuldigen (KG GA **1973** 30; OLG Saarbrücken OLGSt. § 329 S. 11). Die Gegenmeinung (dazu 11b zu § 329 Fn. 71) schafft den Grund für das in §§ 329 Abs. 2, 412 Abs. 2 vorgesehene Wiedereinsetzungsverfahren ab. Denn dieses Verfahren soll zur Urteilsaufhebung in den Fällen führen, in denen Entschuldigungsgründe bei Urteilserlaß nicht gewürdigt werden konnten, weil sie dem Gericht nicht bekannt waren; hierbei sind aber gegenüber der Revision die Voraussetzungen erschwert, da es sich um einen unabwendbaren Zufall handeln muß (dazu OLG Düsseldorf NJW **1962** 2022). Diese gesetzliche Regelung wäre überflüssig, wenn dasselbe Ergebnis, ohne daß ein unabwendbarer Zufall vorgelegen haben muß, mit der Revision erreicht werden könnte (so mit Recht KG GA **1973** 30).

6. Beschwer. Auf die unrichtige Anwendung oder Nichtanwendung einer Rechtsnorm kann die Revision nur gestützt werden, wenn der Beschwerdeführer hierdurch beschwert ist (BGHSt. **12** 2). Jeder Verfahrensbeteiligte kann daher, auch wenn es sich um unbedingte Revisionsgründe (§ 338) handelt (dazu Vor I zu § 338), nur Verfahrensverstöße rügen, die ihn selbst betreffen (BGHSt. **10** 121; RGSt. **8** 155; **32** 122; OLG Saarbrücken VRS **35** 42). Das können Verfahrensakte sein, die ihn von vornherein unmittelbar berührt haben, aber auch solche, die zunächst nur andere Prozeßbeteiligte, insbesondere Mitangeklagte, betroffen haben, sofern das durch sie erzielte Ergebnis später auch gegen den Beschwerdeführer verwertet worden ist (RGSt. **62** 261; **67** 418). Der Angeklagte kann daher z. B. rügen, daß ein Geständnis des Mitangeklagten, das ihn selbst belastet, nach § 136a nicht hätte verwertet werden dürfen (BGH bei Dallinger MDR **1971** 18). Die rechtsfehlerhafte Behandlung von Beweisanträgen eines Mitangeklagten kann der Angeklagte rügen, wenn er sich ihnen ausdrücklich angeschlossen hatte oder wenn sich aus den Umständen ergibt, daß er mit den Beweisanträgen einverstanden war, und wenn er nach Lage der Sache erwarten durfte, daß das Gericht sie auch zu seinen Gunsten würdigen werde (BGH bei Dallinger MDR **1952** 410; BGH VRS **7** 55; RGSt. **58** 141; **64** 32; **67** 183; RG JW **1922** 587). Entsprechendes gilt, wenn die Staatsanwaltschaft zuungunsten des Angeklagten Revision eingelegt hat, für die Rüge, ein Beweisantrag des Angeklagten sei zu Unrecht übergangen worden (OLG Bremen NJW **1947/48** 313). Der Nebenkläger kann die Ablehnung eines Beweisantrages der Staatsanwaltschaft rügen (BayObLG DJZ **1931** 174). Auf die Verletzung des § 244 Abs. 3 kann bei einem Beweisantrag der Staatsanwaltschaft oder des Nebenklägers (RG GA **61** 339) auch der Angeklagte die Revision stützen, wenn sich aus den Umständen ergibt, daß der Antrag nicht ausschließlich zur Belastung des Angeklagten, sondern zur objektiven Erforschung der Tatumstände gestellt war und der Angeklagte durch sein Verteidigungsvorbringen hinreichend den Willen erkennen ließ, daß er gleichfalls diese Aufklärung wünsche und sich mithin dem Beweisantrag anschließe (BGH NJW **1952** 273; Meves GA **40** 436). Das gilt jedoch nicht für Hilfsbeweisanträge der Staatsanwaltschaft, über die das Gericht nicht zu entscheiden brauchte, weil es dem Hauptantrag entsprochen hat (RGSt. **17** 375). Hat das Gericht entgegen einem Antrag der Staatsanwaltschaft den Sachverständigen nicht nach § 79 beeidigt, so kann der Angeklagte hierauf die Revision stützen (OLG Hamm NJW **1960** 1361). Gleiches gilt, wenn das Gericht dem Angeklagten entgegen einem Antrag des Staatsanwalts keine mildernden Umstände zubilligt, das aber entgegen § 267 Abs. 3 Satz 2 in dem Urteil nicht begründet (RGSt. **45** 331).

7. Rechtskreistheorie. Das Gesetz enthält verfahrensrechtliche Bestimmungen, auf deren Nichtbeachtung das Urteil beruhen kann, die aber allein die Rechtsstaatlichkeit der Auswirkungen des Verfahrens auf Außenstehende sicherstellen sollen und deren Nichtbeachtung daher die Rechtsstaatlichkeit des Verfahrens gegenüber dem Angeklagten selbst unangetastet läßt (Müller-Sax 2a (II) vor § 48). Ein allgemeines Recht des Angeklagten, jedes prozeßordnungswidrige Verhalten, also jeden irgendwie gearteten Verfahrensverstoß, mit der Revision zu rügen, besteht aber nicht. Der Bundesgerichtshof hat daher das Erfordernis aufgestellt, daß bei jeder Vorschrift, deren Verletzung der Angeklagte rügt, geprüft werden muß, ob ein Verstoß gegen sie seinen „Rechtskreis" wesentlich berührt oder ob sie für ihn nur von untergeordneter oder von gar keiner Bedeutung gewesen ist (BGHSt. **11** 213 – GSSt.). Dieser Gedanke liegt auch der gesetzlichen Regelung des § 339 zugrunde. Zu prüfen sind vor allem der Rechtfertigungsgrund der Vorschrift und die Frage, in wessen Interesse sie geschaffen ist. Verstöße gegen Bestimmungen, die ausschließlich dem Schutz anderer Personen dienen, kann der Angeklagte mit der Revision nicht rügen.

Diese „Rechtskreistheorie" hat im Schrifttum wenig Anklang gefunden. Zum Teil wird sie mit der Begründung abgelehnt, der Angeklagte habe Anspruch darauf, daß bei der Beweisaufnahme die gesetzlich zugelassenen Methoden der Wahrheitsfindung beachtet werden; jeder Verstoß hiergegen berühre seinen „Rechtskreis" (Gossrau MDR **1958** 468; EbSchmidt JZ **1958** 596). Das geht jedoch weit über das hinaus, was im Interesse der Rechtsstaatlichkeit des Verfahrens an Einbußen in der Wahrheitsfindung hingenommen werden muß. Eine andere Meinung will die „Rechtskreistheorie", weil zu weitgehend, in die These umdeuten, daß ein Beweisverwertungsverbot besteht, wenn bei der Gewinnung eines Beweismittels gegen Vorschriften verstoßen wird, die den Rechtskreis des Angeklagten wesentlich berühren (Grünwald JZ **1966** 490; ähnlich Müller-Sax 2a (II) vor § 48). Solche und andere (Blomeyer JR **1971** 148; Rudolphi MDR **1970** 93) Abgrenzungsversuche unterscheiden sich von dem Bemühen des Bundesgerichtshofs, von dem Rügerecht des Angeklagten Verfahrensverstöße auszunehmen, die *ausschließlich* die Interessen Dritter berühren, im Grundsatz nicht (vgl. auch Einleitung 172).

Der Angeklagte kann die Revision nicht stützen auf eine Verletzung der §§ 55 Abs. 2 (BGHSt. **11** 217; weitere Nachweise bei 3 und 7 zu § 55), auf eine unzutreffende Belehrung über das Zeugnisverweigerungsrecht nach § 53 (RGSt. **48** 270; a. A. RGSt. **57** 65; **71** 23; Müller-Sax 2b (I) 1 vor § 48; Alsberg-Nüse 205), auf das Nichtvorliegen der Aussagegenehmigung nach § 54 (BGH NJW **1952** 151; BGH bei Dallinger MDR **1951** 275; RGSt. **44** 292; **48** 38; a. A. OLG Celle MDR **1959** 414; Müller-Sax 6; EbSchmidt 10; beide zu § 54), auf das Unterlassen der in § 70 vorgesehenen Erzwingungsmaßnahmen (9c zu § 70), auf eine Verletzung des § 81c (17 zu § 81c).

V. Gesetzesverletzung. Sachliches Recht

1. Allgemeines. Das sachliche Recht ist verletzt, wenn der Tatrichter eine anzuwendende Rechtsnorm nicht oder nicht richtig oder wenn er eine unanwendbare Rechtsnorm angewendet hat. Der Fehler kann in falscher Auslegung der Rechtsnorm oder in falscher Subsumtion unter den festgestellten Sachverhalt liegen (EbSchmidt 31). Wann das der Fall ist, ergibt die Rechtsauslegung durch das Revisionsgericht. Erweisen sich die Tatsachenfeststellungen als unangreifbar (unten V 3), so beschränkt sich die Prüfung darauf, ob die tatrichterliche Rechtsanwendung von ihnen getragen wird. Hat der Angeklagte Revision eingelegt, so wird das Rechtsmittel im allgemeinen auch dann verworfen, wenn die Rechtsanwendung unrichtig, der Angeklagte aber dadurch nicht beschwert ist. Eine Schuldspruchberichtigung zu seinen Ungunsten ist rechtlich zulässig, aber nicht üblich (I 7b zu § 354).

Unbestimmte Begriffe, die in besonderem Maße richterliche Wertung voraussetzen („geringwertiger Gegenstand", „Gegenstand von unbedeutendem Wert", „lebenswichtiger Bedarf", „irreführende Bezeichnung", „unwiderstehliche Gewalt", „gebotene" Notwehr), sind hinsichtlich dieser Wertung revisibel. Feststellungen rein tatsächlicher Art, mit denen sie verknüpft sind, binden das Revisionsgericht. Nachprüfbar ist jedoch, ob der Tatrichter alle zu richtiger Wertung gehörigen Umstände berücksichtigt hat, ob der Wertungsmaßstab richtig gewählt und dann auch beachtet worden ist und ob die tatrichterliche Bewertung der rechtlichen Prüfung standhält. Näheres dazu bei EbSchmidt 37ff.; Schwinge 118ff.; Kuchinke, Grenzen der Nachprüfbarkeit, 132ff.

2. Revisibilität der Beweiswürdigung

a) **Begründungszwang.** Der Tatrichter ist verfahrensrechtlich nicht verpflichtet, die benutzten Beweismittel und die Beweiswürdigung im Urteil mitzuteilen. Nur die für seine Überzeugungsbildung verwerteten Beweisanzeichen soll er nach § 267 Abs. 1 Satz 2 angeben. Auf eine Verletzung dieser Ordnungsvorschrift kann aber eine Verfahrensrüge nicht gestützt werden (BGHSt. 12 315; RGSt. **47** 109; vgl. 4a zu § 267). Der Gesetzgeber hat bewußt darauf verzichtet, dem Tatrichter Urteilsausführungen darüber vorzuschreiben, auf welchem Wege er zu der Überzeugung von dem festgestellten Sachverhalt gelangt ist (Blunck MDR **1970** 470; Wenzel NJW **1966** 578; 4a zu § 267).

Diese gesetzliche Regelung ist widersprüchlich geworden, nachdem durch § 267 Abs. 3 i. d. F. des VereinhG sogar die Aufnahme der Strafzumessungserwägungen in das Urteil zwingend vorgeschrieben worden ist. Folgerichtig ist mit der nunmehr allgemeinen Rechtsüberzeugung zu fordern, daß der Tatrichter regelmäßig in dem Urteil die Beweismittel und die Beweisgründe angibt, um dem Revisionsgericht die Prüfung zu ermöglichen, ob die Beweiswürdigung Mängel enthält (OLG Hamm VRS **39** 437; Wenzel NJW **1966** 581; anders noch BGH NJW **1951** 413). Der die Rechtsprechung der Revisionsgerichte beherrschende Satz, daß in dem Fehlen der Beweisgründe regelmäßig ein sachlichrechtlicher Mangel des Urteils liegt, ist das Ergebnis richterlicher Rechtsfortbildung (vgl. OLG Celle NJW **1966** 2324). Es ist nicht mehr erforderlich, das Fehlen der Beweiswürdigung allein wegen der Besonderheiten des Einzelfalles zu beanstanden (so noch BGHSt. **3** 215; OLG Hamburg MDR **1971** 414). Auch die wenig überzeugende Erwägung, wenn die Beweisgründe nicht dargelegt werden, erwecke das Urteil den Eindruck, als enthalte es nur Behauptungen, aber keine Gründe (OLG Celle NdsRpfl. **1965** 161; EbSchmidt 6 zu § 267; Salger NJW **1957** 735), braucht nicht mehr herangezogen zu werden.

Auf eine Darlegung der Beweiswürdigung kann regelmäßig nicht verzichtet werden, wenn der Angeklagte aufgrund von *Beweistatsachen* überführt worden ist oder wenn die vorhandenen Beweistatsachen zu seiner Überführung nicht ausreichen. Beruht der Beweis auf einem *Sachverständigengutachten,* so kann es erforderlich sein, die Anknüpfungstatsachen und die von dem Sachverständigen daraus gezogenen Schlußfolgerungen mitzuteilen (dazu 4c zu § 267). Eine Würdigung der *Einlassung* des Angeklagten kann notwendig sein, wenn Zweifel daran bestehen, ob der Tatrichter sie richtig verstanden (BGH GA **1965** 109; BayObLG NJW **1972** 1433) oder lückenlos gewürdigt hat (OLG Celle NJW **1966** 2325). Wird der Angeklagte ausschließlich durch *Zeugen* überführt, so ist eine Beweiswürdigung häufig entbehrlich. Meist ist auszuschließen, daß die Beweiswürdigung, die sich dann im wesentlichen auf die Glaubwürdigkeit der Zeugen bezieht, rechtsfehlerhaft ist (BGH GA **1961** 172; OLG Oldenburg NdsRpfl. **1954** 35; **a. A.** OLG Frankfurt VRS **37** 60, das bei Verurteilung zu 40 DM Geldstrafe wegen Übertretung eine „sorgfältige Beweiswürdigung" darüber fordert, weshalb das Gericht dem Belastungszeugen und nicht dem Angeklagten geglaubt hat).

b) Überzeugungsbildung. Wenn das Gericht den Weg angibt, wie sich seine Beweiswürdigung gebildet hat, muß das Revisionsgericht auf die Sachrüge prüfen, ob er rechtlich einwandfrei ist (BGHSt. **12** 315; BayObLG DAR **1952** 167; OLG Celle NJW **1956** 1691). Der Grundsatz der freien Beweiswürdigung (5a zu § 261) schließt es aber aus, daß das Revisionsgericht dem Tatrichter vorschreibt, unter welchen Voraussetzungen er zu einer bestimmten Schlußfolgerung und einer bestimmten Überzeugung kommen darf und muß. Dem Revisionsgericht ist es verwehrt, auf diese Weise die Beweiswürdigung des Tatrichters durch seine eigene zu ersetzen (BGHSt. **10** 210; Zillmer NJW **1961** 720; 2b zu § 261). Es nimmt dem Tatrichter die Verantwortung für die Beweiswürdigung nicht ab (OLG Köln MDR **1954** 630). Nachprüfbar ist jedoch, ob der Tatrichter die ihm bei der Beweiswürdigung gesetzten Grenzen erkannt und die Beweisumstände, die er in das Urteil aufgenommen hat, rechtsfehlerfrei gewürdigt hat (4c zu § 267).

Ein sachlichrechtlicher Mangel liegt vor, wenn der Tatrichter zu geringe oder zu strenge *Anforderungen an seine Überzeugung* gestellt hat. Zu geringe Anforderungen stellt er, wenn er eine dem Angeklagten ungünstige Tatsachenfeststellung trifft, obwohl er die volle Überzeugung von ihrem Bestehen nicht gewonnen hat. Diese volle Überzeugung darf ihre Grundlage nicht allein in dem festen Glauben des Richters an die Täterschaft des Angeklagten haben; sie muß sich auf eine tragfähige Tatsachengrundlage stützen (BayObLGSt. **1971** 129 = JR **1972** 31 m. Anm. Peters). Der Tatrichter darf aus der Summe mehrerer Wahrscheinlichkeiten keine Gewißheit konstruieren (BGH bei Dallinger MDR **1969** 194). Hält er den Angeklagten für schuldig, obwohl er Zweifel an seiner Täterschaft hat, so ist der Grundsatz *in dubio pro reo* verletzt (dazu 6 zu § 261). Das gilt auch für den ursächlichen Zusammenhang zwischen dem Verhalten des Angeklagten und dem eingetretenen Erfolg (BGHSt. **11** 1; **24** 34; BGH VRS **16** 438; **21** 342; **24** 206; **27** 349; **32** 37; **36** 36; 2a zu

§ 261). Dabei kommt es aber nur darauf an, ob der Richter selbst Zweifel hat. Zweifel, die er nach Ansicht des Beschwerdeführers hätte haben sollen, bedeuten nichts (BGH NJW **1951** 283; BGH bei Dallinger MDR **1970** 899; RGSt. 52 319; OLG Hamm HESt. 2 255; Sarstedt 249; Seibert NJW **1955** 172). Eine Sachrüge, die lediglich beanstandet, daß der Tatrichter Zweifel hätte haben müssen, ist daher ein unzulässiger Angriff auf die Beweiswürdigung. Unzulässig ist auch das Revisionsvorbringen, die Beweisaufnahme habe den festgestellten Sachverhalt nicht „ausreichend erhärtet" (BGHSt. **10** 216).

Ein *Freispruch wegen nicht erwiesener Schuld* darf nicht ergehen, bevor die Prüfung der Beweise und die Würdigung der festgestellten Tatsachen bis zum Abschluß gediehen sind (RGSt. 77 79, 161; RG HRR **1936** 1155; BayObLGSt. **1954** 39 = NJW **1954** 1257; BayObLGSt. **30** 97 = JW **1931** 957; OLG Braunschweig NJW **1947/48** 353; OLG Hamm NJW **1970** 70; Müller-Sax 6d). Hält der Tatrichter den Angeklagten nicht mit „letzter Sicherheit" für überführt, so deutet das im allgemeinen darauf hin, daß er den Begriff der tatrichterlichen Überzeugung verkannt hat. Eine mathematische, jede Möglichkeit des Gegenteils ausschließende Gewißheit ist nicht zu verlangen. Wenn es anders wäre, könnte Strafrechtspflege nicht betrieben werden. Für die Verurteilung reicht es daher aus, daß vernünftige Zweifel an der Schuld des Angeklagten nicht bestehen (BGHSt. **11** 4; BGH NJW **1951** 83, 122; **1967** 360; BGH GA **1954** 152; **1969** 181; BGH bei Dallinger MDR **1953** 20; **1972** 388; BGH VRS **16** 438; **24** 210; **27** 348; **39** 105; RGSt. **15** 153; **51** 127; **61** 206; **66** 164; **75** 327, 374; RG HRR **1933** 354; OGHSt. 2 305; BayObLG VRS **39** 49; OLG Frankfurt HESt. **1** 179; OLG Hamburg MDR **1953** 121; OLG Hamm MDR **1949** 636; VRS **41** 30; **42** 423; OLG Koblenz VRS **44** 44; OLG Köln MDR **1954** 631; OLG Zweibrücken JR **1964** 349; MDR **1958** 945; Bohne NJW **1953** 1377; Salger NJW **1957** 735). Kommt der Tatrichter aber zu dem Ergebnis, daß er sich von der Schuld des Angeklagten trotz hoher Wahrscheinlichkeit und dem Fehlen von Anhaltspunkten für gegenteiliges Geschehen keine Gewißheit verschaffen kann, dann muß das Revisionsgericht das hinnehmen (BGHSt. **10** 210 = JR **1957** 386 m. Anm. EbSchmidt; BayObLG VRS **39** 49; Niese GA **1954** 148). Hat der Angeklagte die Einlassung verweigert, so darf er nicht aufgrund bloßer Unterstellungen freigesprochen werden. Eine Ausnahme von dem regelmäßigen, der Lebenserfahrung entsprechenden Ablauf der Ereignisse, die sonst nur auf eine dahin führende Verteidigung untersucht wird, darf nicht zugunsten des schweigenden Angeklagten unterstellt werden, wenn tatsächliche Anhaltspunkte für den regelwidrigen Geschehensablauf nicht bestehen (BayObLG bei Rüth DAR **1969** 237; OLG Hamburg VRS **41** 196).

c) **Widersprüche, Unklarheiten oder Lücken** in der Beweiswürdigung stellen einen sachlichrechtlichen Mangel des Urteils dar (BGHSt. 3 215; **14** 165; **15** 3; BGH NJW **1960** 1398; **1961** 2069; BGH VRS **12** 214; BayObLGSt. **1951** 523; OLG Hamm NJW **1972** 916; KG DAR **1956** 331; OLG Köln MDR **1954** 631). Denn sie stehen einer rechtsfehlerfreien Beweiswürdigung ebenso entgegen wie einer Nachprüfung der Beweiswürdigung durch das Revisionsgericht (Wenzel NJW **1966** 579; Zillmer NJW **1961** 721). Das Revisionsgericht hat zu prüfen, ob bei der Beweiswürdigung alle erheblichen Tatsachen berücksichtigt worden sind (OLG Celle DAR **1956** 166). Das gilt insbesondere für die innere Tatseite. Eine Auseinandersetzung mit allen festgestellten, für den inneren Tathergang wesentlichen und sich aufdrängenden Umständen ist erforderlich (BGHSt. **1** 266; **18** 206; BGH NJW **1953** 1441; **1962** 549; OGHSt. 2 37; BayObLGSt. **1971** 129 = JR **1972** 31 m. Anm. Peters).

Beim *Indizienbeweis* muß sich der Tatrichter mit allen festgestellten Beweisanzeichen unter den für die Beurteilung maßgebenden Gesichtspunkten auseinandersetzen (BGHSt. 12 316; 20 342; BGH JR **1954** 468; OLG Hamm NJW **1963** 405; VRS **40** 198; 4b zu § 267). Als Beweisanzeichen darf der Tatrichter nur erwiesene Tatsachen heranziehen (Salger NJW **1957** 736). Bloße Verdachtsgründe reichen nicht aus (BGH JR **1954** 468; OGHSt. **1** 165; OLG Hamm NJW **1960** 398; OLG Köln NJW **1953** 638; EbSchmidt 13 zu § 267; Sarstedt 253), insbesondere nicht eine Einlassung des Angeklagten, die lediglich nicht widerlegt ist (BGH VRS **30** 99; OGHSt. **1** 166; OLG Hamm VRS **40** 363), oder eine widerlegte Schutzbehauptung (OLG Köln NJW **1954** 1298).

d) **Denkgesetze, Erfahrungssätze, offenkundige Tatsachen.** Die Beweiswürdigung ist fehlerhaft, wenn sie gegen *Denkgesetze* (BGHSt. 6 72; **19** 34; BGH VRS **12** 214; RGSt. 73 248; RG JW **1922** 1017 m. Anm. Alsberg; RG JW **1928** 1225 m. Anm. Oetker;

OLG Dresden JW **1928** 2164 m. Anm. Mannheim; OLG Neustadt VRS **28** 30; dazu ausführlich Sarstedt 212ff.) oder *Erfahrungssätze* (BGHSt. **6** 72; RGSt. **61** 154; **64** 251; RG JW **1932** 3070 m. Anm. Alsberg; OGHSt. **1** 70; BayObLG VRS **4** 384; OLG Braunschweig NJW **1955** 1202; OLG Frankfurt HESt. **1** 179; OLG Hamburg HESt. **2** 142; MDR **1953** 121; OLG Köln NJW **1954** 1298; OLG Stuttgart SJZ **1948** 615; Sarstedt 226ff.; 4d zu § 261) verstößt. Gegen Erfahrungssätze ist auch verstoßen, wenn das Schweigen des Angeklagten zu seiner Überführung verwertet wird; denn einen Erfahrungssatz, daß nur der Schuldige schweigt, gibt es nicht (dazu 8c zu § 243; s. a. Stümpfler DAR **1973** 1). *Offenkundige,* insbesondere geschichtliche Tatsachen dürfen nicht außer acht gelassen werden (BGHSt. **4** 77; RG JW **1932** 420; OGHSt. **2** 291; OLG Braunschweig NJW **1947/48** 353; dazu 4c zu § 261). Fehlerhaft ist es, wenn Tatsachen für offenkundig gehalten werden, die es nicht sind (RGSt. **33** 77; KG NJW **1972** 1909). Wenn es sich um allgemeinkundige Tatsachen handelt oder handeln soll, prüft das Revisionsgericht das aufgrund seines eigenen Wissens nach (BGHSt. **1** 197; **2** 241; **3** 127; **5** 170; **6** 296; KG NJW **1972** 1909; weitere Nachweise bei Alsberg-Nüse 137 Anm. 7). Gesicherte *naturwissenschaftliche Erkenntnisse* muß der Tatrichter berücksichtigen. Er darf sie nicht beiseiteschieben, weil sie ihn nicht überzeugen (BGHSt. **5** 36; **6** 73; **10** 211; **13** 279; **17** 385; BGH bei Dallinger MDR **1952** 275; BGH LM Nr. 24 zu § 261; BGH VRS **3** 423; **27** 350; RG JW **1938** 1813; OLG Celle NJW **1960** 2258; OLG Hamm JMBlNRW **1969** 260; MDR **1949** 636; NJW **1960** 1404; OLG Koblenz VRS **37** 202; Dahs-Dahs 56).

Schlußfolgerungen, die der Tatrichter aus Beweisanzeichen zieht, müssen denkgesetzlich *möglich,* brauchen aber *nicht zwingend* zu sein (BGHSt. **10** 210 = JR **1957** 368 m. Anm. EbSchmidt; BGH MDR **1951** 117; BGH NJW **1951** 325; BGH VRS **14** 192; **29** 15; **30** 101; **33** 431; **37** 30; BGH bei Dallinger MDR **1951** 276; **1970** 198; BayObLG VRS **4** 384; OLG Hamm JMBlNRW **1950** 199; VRS **41** 42; OLG Koblenz VRS **44,** 194; OLG Köln MDR **1954** 631; NJW **1968** 1247; VRS **21** 122). Möglich und daher statthaft ist der Schluß aus äußeren Umständen auf die innere Einstellung des Täters (BGH bei Dallinger MDR **1970** 198; Sarstedt 211). Gegen die Denkgesetze ist jedoch verstoßen, wenn der Tatrichter seine Schlußfolgerung fälschlich für die einzig mögliche hält (BGHSt. **12** 316; BGH MDR **1951** 117; BGH bei Dallinger MDR **1951** 276; BGH bei Herlan MDR **1955** 19; BGH VRS **27** 445; RG JW **1932** 3070 m. Anm. Alsberg; BayObLGSt. **38** 39; BayObLG NJW **1964** 1381; OLG Celle NdsRpfl. **1949** 162; DAR **1956** 166; OLG Düsseldorf VerkMitt. **1968** 81; OLG Hamburg HESt. **2** 142; NJW **1970** 1650; OLG Hamm JMBlNRW **1969** 287; NJW **1960** 398; VRS **16** 353; KG JR **1959** 106; VRS **30** 386; OLG Köln VRS **44** 105; OLG Oldenburg VRS **3** 129; OLG Schleswig SchlHA **1956** 184; Müller-Sax 4a).

e) Die **Auslegung von Äußerungen, Erklärungen, Urkunden und Verträgen** ist Aufgabe des Tatrichters. Dem Revisionsgericht ist eine eigene Beweiswürdigung ebenso verboten wie bei anderen Beweiswürdigungen des Tatrichters (BGHSt. **3** 70; BGH MDR **1953** 403; BGH VRS **16** 53; RG JW **1931** 1571; Müller-Sax 6c; Dahs-Dahs 73). Die Auslegung des Tatrichters kann das Revisionsgericht daher nur auf Rechtsirrtum und auf Verstöße gegen Sprach- und Denkgesetze, Erfahrungssätze oder allgemeine Auslegungsregeln prüfen (BGHSt. **21** 372; BGH LM Nr. 2 zu § 154 StGB; RGSt. **41** 79; **45** 139; **61** 154; **63** 113; **64** 352; OLG Hamburg NJW **1970** 1650; OLG Stuttgart JW **1932** 1026 m. Anm. Clad; Hartung SJZ **1948** 579). Fehlerhaft ist es, wenn der Tatrichter bei der Auslegung nach dem Grundsatz *in dubio pro reo* verfährt (BGH bei Dallinger MDR **1972** 572; Sarstedt 233) oder von mehreren Auslegungsmöglichkeiten nur eine erwägt (OLG Hamburg NJW **1970** 1650). Eine allgemeine Auslegungsregel ist der Grundsatz, daß, wenn der Inhalt der Gedankenäußerung nicht eindeutig ist, ihr Sinn aus den Nebenumständen, vor allem aus Zusammenhang und Zweck, zu erforschen ist (RGSt. **30** 195; **39** 401; **61** 154 = JW **1928** 1225 m. Anm. Oetker; RGSt. **62** 184 = JW **1928** 2980 m. Anm. Allfeld). Das alles gilt auch für die Auslegung von Verwaltungsanordnungen; auch hier steht dem Revisionsgericht keine eigene Wertung zu (BGH VRS **16** 53; a. A. RGSt. **44** 197; **52** 141).

3. Revisibilität der Tatsachenfeststellungen.

a) **Allgemeines.** Nach § 267 Abs. 1 Satz 1 müssen die Urteilsgründe die für erwiesen erachteten Tatsachen angeben, in denen die gesetzlichen Merkmale der strafbaren Handlung gefunden werden. Ausnahmsweise sind mehrdeutige Tatsachenfeststellungen (Wahlfeststellungen) zulässig (Näheres bei 6 zu § 261). Beim Freispruch erfordert § 267 Abs. 5 eine Sachverhaltsschilderung, die von dem Anklagetatbestand ausgeht und diejenigen Tatumstände, die das Gericht nicht für erwiesen hält, deutlich herausstellt (RGSt. 3 148; 5 227; **13** 34; **41** 22; EbSchmidt 35 zu § 267; Hartung SJZ **1948** 583). Eine Freisprechung ist fehlerhaft, wenn sie wegen Fehlens von Merkmalen des inneren Tatbestandes ausgesprochen wird, ohne daß festgestellt ist, was der Angeklagte im einzelnen getan hat (BGH bei Dallinger MDR **1956** 272; RGSt. **43** 399; **47** 419; OGHSt. **1** 188; Müller-Sax 10 zu § 267). Nur ein Urteil, das diesen Anforderungen entspricht, kann das Revisionsgericht auf richtige Rechtsanwendung prüfen. Ist die Prüfung nicht möglich, so leidet das Urteil an einem sachlichrechtlichen Mangel (RGSt. **4** 370). Die Rüge der Verletzung des § 267 ist daher neben der Sachbeschwerde ohne Bedeutung.

Der revisionsgerichtlichen Prüfung unterliegt nicht die Frage, ob die in dem Urteil festgestellten Tatsachen richtig oder falsch sind, Nur eine mindestens teilweise Wiederholung der Beweisaufnahme vor dem Tatrichter würde das Revisionsgericht in die Lage versetzen, die Feststellungen des Urteils auf ihren Wahrheitsgehalt zu prüfen. Da es die Beweisaufnahme nicht wiederholen darf. muß es *notwendigerweise* an die Feststellungen des Tatrichters gebunden werden (EbSchmidt 7). Ihre Unrichtigkeit kann mit der Sachrüge nicht geltend gemacht werden. Es gehört zum Wesen der Revision, daß die mit diesem Rechtsmittel erhobene Sachrüge von den tatsächlichen Feststellungen des Urteils ausgehen muß und sie nicht durch andere ersetzen darf.

Grundlage der rechtlichen Prüfung, die sich auch auf die Tatsachenfeststellungen erstreckt, sind die *schriftlichen Urteilsgründe,* nicht die nach § 268 Abs. 1 mündlich mitgeteilten (BGHSt. 7 370; 15 265; BGH bei Dallinger MDR **1951** 539; BGH VRS **10** 214; 25 113; RGSt. **4** 383; RG GA **64** 553). Unbeachtlich sind Einfügungen in das Urteil, die der Vorsitzende nachträglich ohne Einwilligung der Beisitzer vornimmt (RGSt. **13** 69), und Erklärungen, die von den Richtern später zu den Feststellungen abgegeben werden (BGHSt. 2 248).

Das Revisionsgericht berücksichtigt auch den *Akteninhalt* nicht. Insbesondere darf ein unklarer oder lückenhafter Sachverhalt aus den Akten nicht ergänzt werden (OGHSt. 1 43; KG DAR **1962** 20). Mit der Sachbeschwerde kann nicht gerügt werden, daß die Tatsachenfeststellungen dem Inhalt der Akten widersprechen. Es gibt nach geltendem Recht keine Rüge der „Aktenwidrigkeit" (EbSchmidt 34; Dahs-Dahs 43). Das gilt auch für den Fall, daß in den Akten befindliche Urkunden die Unrichtigkeit der Tatsachenfeststellungen beweisen oder vermuten lassen. Auch solche Feststellungen sind *mit der Sachrüge unangreifbar;* die in der Vorauflage von Jagusch vertretene Ansicht, in solchen Fällen sollte eine Änderung der Rechtsprechung erwogen werden, wird hier nicht aufrechterhalten. Der Weg, solche unrichtigen Feststellungen zu bekämpfen, ist die Rüge der Verletzung der Aufklärungspflicht. Denn wenn der Tatrichter Feststellungen getroffen hat, deren Gegenteil die bei den Akten befindlichen Urkunden ergeben, so muß er gegen § 244 Abs. 2 verstoßen haben. Die einzigen Tatsachen, die der Revisionsrichter außer den im Urteil mitgeteilten berücksichtigt, sind daher die allgemeinkundigen Tatsachen (RGSt. 31 187; 57 257; OGHSt. 2 18, 301; BayObLGSt. **1951** 178, 200; OLG Hamburg JR **1964** 267). Es ist ein sachlichrechtlicher Fehler des Urteils, den aber das Revisionsgericht richtigstellen kann, wenn seine Feststellungen im Widerspruch zu solchen Tatsachen stehen (KG JR **1960** 73; s. a. 4c zu § 261).

b) Mängel der Sachdarstellung. Das Urteil leidet an einem sachlichrechtlichen Mangel, wenn es keine Sachdarstellung enthält, welche die Ergebnisse der Hauptverhandlung *in klarer Weise zusammenfaßt* (RGSt. 71 26; RG HRR **1937** 541; KG DAR **1962** 56; OLG Oldenburg NdsRpfl. **1954** 36). Die tatsächlichen Feststellungen müssen in sich geschlossen, dürfen also nicht über das Urteil zerstreut sein (BGH VRS 5 606; OGHSt. 2 270; KG VRS **12** 221; OLG Oldenburg NJW **1962** 693), insbesondere nicht teilweise in den Rechtsausführungen nachgeschoben werden, wenn dann unklar bleibt, ob es sich um ergänzende Tatsachenfeststellungen oder um rechtliche Würdigung handelt (BGHSt. **10** 131). Die Sachdarstellung darf keine *Lücken, Widersprüche* oder *Unklarheiten* enthalten (BGHSt. 7 77; OGHSt. **1** 117, 148; Hartung SJZ **1948** 579). Denn richtige Rechtsanwendung erfordert stets einen eindeutigen und widerspruchsfrei festgestellten Sachverhalt. Das Revisionsgericht darf allgemeine Erfahrungssätze, die nicht unwiderlegbar sind, nicht heranziehen, um die tatrichterlichen Feststellungen zu ergänzen (OLGHSt. **1** 42). Allgemeinkundige Tatsachen darf es jedoch berücksichtigen, um Lücken zu schließen (BGHSt. **4** 77; OLG Hamburg DAR **1960** 27; JR **1964** 267; Müller-Sax 5b) oder Widersprüche auszuräumen (OLG Saarbrücken VRS **38** 454). Das Erfordernis einer in sich geschlossenen Darstellung des erwiesenen Sachverhalts ist grundsätzlich nicht erfüllt, wenn das Urteil auf ein anderes Urteil Bezug nimmt (RGSt. **4** 370; **30** 145). Ausgeschlossen ist insbesondere die *Bezugnahme* auf ein von dem Revisionsgericht aufgehobenes Urteil (II 1 zu § 354). Im Berufungsverfahren darf auf das Urteil des ersten Richters ausnahmsweise Bezug genommen werden, wenn dadurch keine Unklarheiten entstehen (2b zu § 267). Selbständige Teile der Urteilsgründe können dem Urteil als Anlage beigefügt werden (RGSt. **53** 258). Eine Verweisung auf die Sachdarstellung in der Anklageschrift ist ausnahmslos unzulässig (RGSt. **4** 137, 385; Müller-Sax 2a zu § 267).

Die für erwiesen erachteten Tatsachen muß der Tatrichter grundsätzlich mit den *abstrakten Begriffen der Sprache* angeben. Die Urteilsgründe sind schriftlich so abzufassen, daß Gedankengang und Willensmeinung des Richters ohne weiteres deutlich und verständlich werden (RGSt. **41** 22; OLG Hamburg VRS **29** 128). Eine Bezugnahme auf Schriftstücke, Skizzen, Abbildungen und Lichtbilder ist unzulässig. Nur zur Ergänzung und Verdeutlichung der sprachlichen Darstellung dürfen in dem Urteil Zeichnungen und Abbildungen verwendet werden (BGH JR **1965** 230 m. Anm. Nüse; RGSt. **41** 23; RG Recht **1918** Nr. 1646; OLG Braunschweig NJW **1956** 72; OLG Hamburg VRS **29** 128; EbSchmidt 4 zu § 267). Schriftstücke, die den äußeren Tatbestand einer strafbaren Handlung erfüllen, müssen mit ihrem wesentlichen Inhalt (RG JW **1929** 2739) in dem Urteil wiedergegeben werden (BGHSt. **17** 390; RGSt. **41** 23; **62** 216; **66** 4; RG JW **1929** 1051 m. Anm. Brandt; RG JW **1931** 1572; RG Recht **1915** Nr. 278; **1918** Nr. 1646; BayObLG NJW **1972** 1961; OLG Braunschweig NJW **1956** 72; OLG Hamburg VRS **29** 128). Ist der Inhalt der Schrift jedoch allgemeinkundig wie z. B. ein Buch, das im Handel erhältlich und in Büchereien vorrätig ist, so kann hierauf verwiesen werden (Heiligmann in der Anmerkung zu Bay. ObLG NJW **1972** 1961, das auch in diesem Fall die Wiedergabe des Inhalts im Urteil verlangt). Ist eine Abbildung Gegenstand des Urteils, so muß sie beschrieben werden (BGH JR **1965** 230 m. Anm. Nüse; RGSt. **61** 379; OLG Braunschweig NJW **1956** 72). Handelt es sich um eine so große Anzahl (unzüchtiger) Abbildungen, daß eine auch nur annähernd vollständige Beschreibung im Urteil unmöglich ist, so genügt es, wenn die Abbildungen in ihrem im wesentlichen gleichen Inhalt beschrieben werden; das Revisionsgericht nimmt dann ausnahmsweise Einblick in die bei den Akten befindlichen Abbildungen (OLG Hamm OLGSt. § 184 StGB S. 27). Auch von Schallplatten muß der wesentliche Inhalt in die Urteilsgründe so aufgenommen werden, daß diese aus sich heraus verständlich sind. Eine Verweisung auf den Inhalt der den Akten beigefügten Schallplatte ist unzulässig; das gilt für Text und Musik (OLG Köln GA **1968** 344). Kommt es auf die Verhältnisse einer Örtlichkeit an, etwa einer Unfallstelle in Verkehrsstrafsachen, so sind sie im Urteil zu schildern. Auf eine bei den Akten befindliche Unfallskizze darf nicht Bezug genommen werden (BGH VRS **5** 393; OLG Frankfurt DAR **1957** 191; OLG Hamburg VRS **29** 128; KG VRS **29** 190; OLG Stuttgart DAR **1968** 337; Müller-Sax 2a zu § 267; Lienen DAR **1957** 120; Mühlhaus DAR **1965** 12).

c) Auflösung der Tatbestandsmerkmale in Handlungen und Tatsachen. Von unmißverständlichen, einfachen Rechtsbegriffen abgesehen (vgl. 3a zu § 267), muß das Urteil die Merkmale des gesetzlichen Tatbestandes in einzelne *konkrete* Handlungen und Tatsachen auflösen. Andernfalls ist das Revisionsgericht nicht in der Lage, die Subsumtion der Tatsachen unter das Gesetz auf ihre Richtigkeit zu überprüfen (OGSt. **1** 87; OLG Hamm VRS **43** 448; KG DAR **1962** 56; OLG Oldenburg NdsRpfl. **1954** 36; Sarstedt 209; Börker DRiZ **1953** 46; Seibert NJW **1960** 1285). Allgemeine Formeln, Redewendungen oder Wertungen (OGHSt. **1** 291; Müller-Sax 3 A c zu § 267; EbSchmidt 7 zu § 267) sind ebenso unzulässig wie summarische Angaben (OLG Schleswig SchlHA **1949** 238). Bei fortgesetzten Handlungen muß jeder Einzelakt so beschrieben werden, daß die Rechtsanwendung nachprüfbar ist (3a zu § 267). Rechtsbegriffe dürfen nicht verwendet werden. Ein „Fußgängerüberweg“ muß beschrieben (BayObLGSt. **1967** 156 = NJW **1968** 313), die Tatsachen, aus denen sich die Vorfahrtberechtigung (OLG Schleswig SchlHA **1960** 148) oder die Unübersichtlichkeit einer Straßenstelle ergibt (BayObLGSt. **1951** 546; KG VRS **11** 71; **30** 383), müssen festgestellt werden. Gleiches gilt für die „überhöhte" Geschwindigkeit (BGH VRS **28** 432; OLG Stuttgart DAR **1963** 335), sofern sie nicht offensichtlich zu hoch gewesen ist (OLG Celle NdsRpfl. **1963** 23; VerkMitt. **1967** 51; OLG Frankfurt DAR **1964** 350; KG VRS **33** 55; OLG Koblenz DAR **1966** 162; OLG Köln VRS **26** 223).

Auch *zum inneren Tatbestand* müssen Tatsachen festgestellt werden. Enthält das Urteil dazu nur formelhafte Ausführungen, so verstößt das gegen das sachliche Recht (OGHSt. **1** 69; OLG Oldenburg VRS **32** 276). Ausdrückliche tatsächliche Feststellungen über die innere Tatseite sind auch erforderlich, wenn das angewendete Strafgesetz das Merkmal des Vorsatzes nicht ausdrücklich erwähnt (BGHSt. **5** 145; **a. A.** RGSt. **8** 46; **51** 204; **57** 172; RG GA **42** 234). Der Rechtsbegriff des Vorsatzes muß in die entsprechenden inneren Tatsachen aufgelöst werden (KG DAR **1962** 56; Müller-Sax 3 B a zu § 267; HülleDRiZ **1952** 92). Wenn ein Verbotsirrtum nach den Feststellungen naheliegt oder wenn der Angeklagte sich auf ihn beruft, müssen Feststellungen zum Unrechtsbewußtsein getroffen werden (OLG Braunschweig NJW **1957** 640; OLG Oldenburg VRS **32** 276). Ausführungen zum inneren Tatbestand sind jedoch entbehrlich, wenn schon die Darstellung des äußeren Sachverhalts die Merkmale des inneren Tatbestandes hinreichend dartut (OLG Celle NJW **1966** 2325; Dahs-Dahs 65; Sarstedt 211ff.).

4. Revisibilität der Strafzumessung

a) **Begründungszwang.** Nach § 267 Abs. 3 Satz 1 muß der Tatrichter die Umstände anführen, die für die Zumessung der Strafe bestimmend gewesen sind. Bei diesen Strafzumessungsgründen handelt es sich um *Zumessungstatsachen* und *Zumessungserwägungen* (Dahs-Dahs 77; von Weber MDR **1949** 389; Wimmer NJW **1947/48** 127). Teilt das Urteil sie nicht mit oder sind sie fehlerhaft, so liegt darin ein sachlichrechtlicher Mangel. Die Rüge der Verletzung des § 267 Abs. 3 Satz 1 hat daneben keine Bedeutung (vgl. 7b zu § 267). Das Revisionsgericht prüft den Strafausspruch des angefochtenen Urteils auf die Sachbeschwerde.

Das Gesetz verlangt keine erschöpfende Darstellung der Strafzumessungsgründe (BGHSt. **3** 179; **24** 268 = NJW **1972** 454 m. Anm. Jagusch; BGH GA **1961** 172; BGH VRS **6** 452; **18** 424; BGH bei Dallinger MDR **1951** 276; **1970** 899; **1971** 721; OGHSt. **1** 284; **2** 393; OLG Stuttgart NJW **1947/48** 637; Dahs-Dahs 81; Dallinger SJZ **1950** 743; Seibert MDR **1952** 457; **1959** 259). Daß ein für die Strafzumessung möglicherweise bedeutsamer Umstand nicht erwähnt ist, läßt daher allein nicht den Schluß zu, der Tatrichter habe ihn übersehen und nicht gewürdigt (BGH bei Dallinger MDR **1971** 721; OLG Hamburg OLGSt. § 17 StGB S. 1; OLG Stuttgart MDR **1961** 343 m. Anm. Dreher). Je milder die Strafe ist, desto geringere Anforderungen sind an die Strafzumessungserwägungen zu stellen. Jedoch genügen phrasenhafte und formelhafte Wendungen nicht (BayObLG NJW **1954** 1212; OLG Zweibrücken NJW **1967** 364 m. Anm. Seibert; Seibert MDR **1952** 457); das gilt auch, wenn geringe Geldstrafen verhängt werden (OLG Frankfurt VRS **37** 60). Ausführliche Erörterungen sind erforderlich, wenn die Strafe in auffälliger Weise nach oben oder unten von den Strafen abweicht, die in derartigen Fällen üblicherweise verhängt werden (BGH MDR **1954** 496; BGH bei Dallinger MDR **1967** 898; OLG Köln NJW **1954** 1053; OLG Stuttgart MDR **1961** 343 m. Anm. Dreher).

Ein sachlichrechtlicher Mangel liegt vor, wenn das Urteil nicht zu sämtlichen verhängten Strafen die Strafzumessungserwägungen mitteilt. Bei *Tatmehrheit* müssen alle Einzelstrafen angegeben (BGHSt. **4** 346; BGH NJW **1966** 510; BGH bei Dallinger MDR **1958** 739; RGSt. **2** 235; **25** 308; **52** 146; KG VRS **32** 116) und begründet werden (BGH bei Dallinger MDR **1951** 464). Die Bemessung der *Gesamtstrafe* ist nach § 75 Abs. 1 Satz 2 StGB zu begründen, indem die Person des Täters und die einzelnen Straftaten zusammenfassend gewürdigt werden. Eine eingehendere Begründung ist dabei nur erforderlich, wenn die Einsatzstrafe nur geringfügig überschritten oder die Summe der Einzelstrafen nahezu erreicht wird (BGHSt. **24** 271 = NJW **1972** 454 m. Anm. Jagusch).

Eine *Bezugnahme* auf die Strafzumessungsgründe anderer Urteile ist grundsätzlich unzulässig (BGH NJW **1951** 413; OLG Hamm VRS **7** 116). Nur im Berufungsurteil darf auf das erstinstanzliche Urteil Bezug genommen werden, wenn dadurch keine Unklarheiten entstehen (KG JR **1966** 355). Ein sachlichrechtlicher Mangel liegt vor, wenn das Urteil lediglich mitteilt, zur Herabsetzung der in der Strafverfügung (OLG Bremen NJW **1953** 1078) oder in dem mit der Berufung angefochtenen Urteil verhängten Strafe bestehe kein Anlaß.

b) **Allgemeines zur Revisibilität.** Strafzumessung ist Rechtsanwendung. Nach herrschender Ansicht setzt der Tatrichter die Strafe nach pflichtgemäßem Ermessen fest (BGHSt. **5** 58; **15** 375; OGHSt. **2** 247; BayObLG NJW **1968** 1898; OLG Hamburg DAR **1964** 48; NJW **1963** 2387; KG VRS **3** 276; OLG Oldenburg VRS **5** 320; OLG Zweibrücken NJW **1968** 2071; Müller-Sax 7; EbSchmidt 44; von Weber MDR **1949** 389; Schönke-Schröder 9 und 60 zu § 13 StGB), wobei ihm der Strafrahmen der anzuwendenden Vorschrift einen gewissen Spielraum gibt, innerhalb dessen eine Strafe als schuldangemessen anzuerkennen ist (BGHSt. **7** 32 = JZ **1955** 504 m. Anm. Schneidewin; BGHSt. **7** 89; **20** 267; **24** 133; OLG Frankfurt VRS **44** 185; OLG Hamburg NJW **1954** 1737; OLG Hamm MDR **1972** 255; OLG Stuttgart NJW **1947/48** 637; Peters 569; Sarstedt 256). Diese „Spielraumtheorie" ist indessen umstritten. Im Schrifttum wird die Meinung vertreten, es gebe keinen Bereich mehrerer vor der Gesamtrechtsordnung richtigen Strafen, zwischen denen der Richter ohne Rechtsfehler wählen könne. Nur eine einzige bestimmte Strafe sei rechtmäßig, und nur diese Strafe dürfe der Richter verhängen (Schneidewin JZ **1955** 507; Bruns, Strafzumessungsrecht, 280; Frisch, Revisionsrechtliche Probleme, 227). Aber die objektive Richtigkeit dieser „Punktstrafe" würde sich jeder Beurteilung entziehen, weil es in der Natur des Strafzumessungsvorgangs liegt, daß letztlich subjektive Gründe dafür maßgebend sind, welche Strafe als gerecht angesehen wird. Rechtsfindungsergebnisse, deren Richtigkeit nicht erkennbar ist, sind Fiktionen, mit denen Strafrechtspflege nicht betrieben werden kann. Zutreffend an der Lehrmeinung von der „Punktstrafe" ist aber die Kritik, die sie an der Spielraumtheorie übt. Der Tatrichter wählt, wenn er die Strafe bemißt, die *seiner Auffassung nach* einzig gerechte Strafe, nicht aber eine von mehreren möglicherweise ebenso gerechten Strafen aus (OGHSt. **2** 145; Grünwald MDR **1959** 809). Er hat diejenige Strafe zu bestimmen, von der er überzeugt ist, daß sie der Schuld des Angeklagten entspricht und daß sie gerecht ist (Jescheck GA **1956** 109; Dreher 3Bc zu § 13 StGB und JZ **1967** 45; **1968** 211).

Für die Revisibilität der Strafzumessung stellt sich die Frage, ob das Revisionsgericht berechtigt und berufen ist, dem Strafausspruch des Tatrichters seine *eigene* Auffassung von der im Entscheidungsfall gerechten Strafe entgegenzuhalten. Würde so verfahren, so wäre die tatrichterliche Strafzumessung für das Revisionsgericht nichts weiter als ein abänderbarer Entscheidungsvorschlag. Dem steht der Grundsatz der Verantwortungsteilung im Strafverfahren entgegen (1 vor § 333). Die Verantwortung für die Bemessung der Strafe trägt der Tatrichter, die Strafbemessung ist seine Aufgabe (BGHSt. **17** 36; BGH NJW **1965** 407), und das Revisionsgericht greift nur ein, wenn das Urteil erkennen läßt, daß er die Strafe rechtsfehlerhaft bemessen hat. Dabei verbleibt ein Rahmen, innerhalb dessen das Revisionsgericht davon absehen muß, die Höhe der Strafe aus Rechtsgründen zu beanstanden (Jescheck GA **1956** 109). Innerhalb dieses Rahmens geht die Auffassung des Tatrichters von der gerechten Strafe der des Revisionsgerichts vor. Dieses Gericht hat weder die Aufgabe, noch gehört es zu seinen besonderen Fähigkeiten, Strafen, die nicht *ersichtlich* ungerecht sind, anders zu bemessen, als dies der Tatrichter getan hat. Daß es einen solchen Toleranzbereich gibt, räumen übrigens auch die Anhänger der Theorie von der „Punktstrafe" ein (vgl. Frisch, Revisionsrechtliche Probleme, 285). Sie fassen ihn nur erheblich enger.

Das Revisionsgericht prüft demnach auf die Sachrüge, ob die verhängte Strafe in dem Rahmen liegt, innerhalb dessen sie unbeanstandet zu lassen ist. Das ist auch bei erheblicher Abweichung in der Auffassung über die Angemessenheit der Strafe noch der Fall (anders Grünwald MDR **1959** 810), nicht aber bei einem *offensichtlichen Fehlgriff* des Tatrichters (OLG Zweibrücken NJW **1968** 2071). Die Revisionsgerichte üben oft zu große Zurückhaltung (vgl. dazu KG VRS **12** 436; Dreher 10 zu § 13 StGB) oder ziehen die Urteilsaufhebung aus anderen Gründen vor. Entscheidend ist insbesondere, daß der Tatrichter an den gesetzlichen Strafrahmen gebunden ist und ihn nicht, wie es häufig geschieht, durch seine eigenen Wertvorstellungen ersetzen darf (BGHSt. **24** 178; OGHSt. **3** 135; Dreher 3 A; Schönke-Schröder 47; beide zu § 13 StGB). Hiergegen verstößt er, wenn er, gemessen an dem gesetzlichen Strafrahmen und unter Berücksichtigung von Sinn und Zweck staatlichen Strafens, eine Strafe verhängt, die in einem nicht erträglichen Mißverhältnis zur Schuld und Gefährlichkeit von Täter und Tat steht (BGHSt. **17** 37; Dreher SJZ **1949** 772). Das ist beim *Strafübermaß* (OGHSt. **1** 174; BayObLG NJW **1968** 1898; BayObLGSt. HESt. **3** 64; BayObLG NJW **1951** 574 m. Anm. Dreher; OLG Stuttgart NJW **1947/48** 637; Dahs-Dahs 78) ebenso der Fall wie bei der Verhängung *übermäßig milder Strafen* (BGHSt. **5** 59; OLG Bremen HESt. **3** 62; OLG Oldenburg VRS **5** 398; OLG Stuttgart Justiz **1972** 207; Stöckel NJW **1968** 1862). Die Mindeststrafe darf der Tatrichter nur in den denkbar leichtesten Fällen (OLG Saarbrücken MDR **1969** 781), nicht aber in Fällen mittlerer Schwere mit der Begründung verhängen, sie sei ohnehin verhältnismäßig hoch, es sei daher nicht erforderlich, über sie hinauszugehen (OLG Stuttgart MDR **1961** 343 m. Anm. Dreher).

c) **Rechtsfehler in den Strafzumessungsgründen.** Hält sich die Strafe in dem Rahmen, der eine Beanstandung durch das Revisionsgericht wegen ihrer Höhe ausschließt, so ist auf die Sachrüge nach denselben Grundsätzen wie bei Ermessensentscheidungen (oben IV 3) zu prüfen, ob die Erwägungen des Tatrichters zur Strafzumessung frei von *Rechtsfehlern* sind (BGHSt. **5** 283; **17** 36; BGH NJW **1965** 407; KG VRS **3** 276; OLG Oldenburg VRS **5** 320; OLG Saarbrücken VRS **20** 291). Sie sind rechtsfehlerhaft, wenn der Tatrichter von einem falschen Strafrahmen (OGHSt. **2** 247; Sarstedt 259) oder von einem nicht einwandfrei geklärten Sachverhalt ausgeht (BGHSt. **1** 51; OGHSt. **2** 204), wenn sie Widersprüche aufweisen (BGH bei Dallinger MDR **1972** 750; OGHSt. **2** 204), insbesondere im Widerspruch zu den Schuldfeststellungen stehen (BGH NJW **1962** 499; BGH bei Dallinger MDR **1973** 16; OLG Saarbrücken VRS **20** 91; Seibert MDR **1952** 459), wenn sie gegen die Denkgesetze (BayObLG HESt. **3** 64; KG VRS **3** 276; OLG Koblenz HESt. **1** 101) oder gegen Erfahrungssätze verstoßen (OLG Hamm VRS **21** 72) oder den Grundsatz *in dubio pro reo* verletzen (BGH VRS **6** 452; BGH bei Dallinger MDR **1958** 14; RGSt. **23** 91; OLG Celle NdsRpfl. **1956** 231; OLG Köln NJW **1953** 157; OLG Saarbrücken VRS **30** 55; Sarstedt 259; LK-Koffka 104 zu § 13 StGB). Gegen diesen Grundsatz ist z. B. verstoßen, wenn bei einer Fortsetzungshandlung nicht von der Mindestzahl der Einzelakte ausgegangen wird (BGH MDR **1971** 545) oder wenn ein bloßer Verdacht als strafschärfend berücksichtigt wird (BGHSt. **4** 344; BGH bei Dallinger MDR **1973** 16; RG HRR **1932** 1183; **1935** 408; OLG Freiburg HESt. **2** 113). Die einseitige Erörterung schuldmildernder Umstände (BGHSt. **3** 179; OGHSt. **2** 73; OLG Frankfurt HESt. **1** 82) oder das Übergehen wesentlicher Umstände des Sachverhalts (BGH NJW **1960** 1870; OGHSt. **2** 204; Schönke-Schröder 58 zu § 13 StGB), etwa das Außerachtlassen der Mitschuld des Verletzten (BGHSt. **3** 220; BGH VRS **19** 30), sind sachlichrechtliche Mängel. Vorstrafen darf der Tatrichter nur verwerten, wenn er in dem Urteil über sie ausreichende Feststellungen trifft (BGH VRS **28** 422; KG JR **1969** 356; DAR **1966** 305; VRS **32** 219; **33** 376; OLG Zweibrücken VRS **38** 40). Sie müssen in dem Urteil so genau wiedergegeben werden, daß geprüft werden kann, ob gegen das Verwertungsverbot nach §§ 49, 61 BZRG verstoßen worden ist; dieses Verbot gehört dem sachlichen Recht an (BGH NJW **1973** 524; OLG Karlsruhe NJW **1973** 292). Unzulässig ist die Erwägung, daß auf dieselbe Strafe erkannt worden wäre, wenn die Tat rechtlich anders beurteilt werden müßte (BGHSt. **7** 359; RGSt. **70** 403; **71** 104; RG JW **1935** 1938; **1936** 1380, 1446) oder wenn die eine oder andere Rechtsverletzung nicht vorläge (BGH LM Nr. 17 zu § 74 StGB; s. a. 7b zu § 267).

Der Strafausspruch ist fehlerhaft, wenn der Tatrichter sich bei der Strafbemessung von Überlegungen hat leiten lassen, die nach den *anerkannten Grundsätzen staatlichen Strafens* unzulässig sind (EbSchmidt 51). Das ist insbesondere der Fall, wenn der Grundsatz, daß die Schuld des Täters die Grundlage für die Zumessung der Strafe ist (§ 13 Abs. 1 Satz 1 StGB) nicht beachtet wird. Unzulässig ist es insbesondere, ohne Rücksicht auf die Schuld des Täters die Strafe nach einheitlichen Tarifen oder Taxen festzusetzen (BGH VerkMitt. **1961** Nr. 91; BGH bei Martin DAR **1963** 187; OLG Bremen VRS **4** 290; OLG Hamburg DAR **1964** 48; NJW **1963** 2387; OLG Hamm MDR **1964** 254; KG VRS **30** 281; OLG Köln NJW **1966** 895; OLG Neustadt DAR **1963** 304; OLG Saarbrücken JBl. Saar **1960** 115; LK–Koffka 20 zu § 13 StGB). Die Strafe darf nicht allein oder überwiegend zur Vergeltung, zur Befriedigung des Sicherungsbedürfnisses der Allgemeinheit (BGHSt. **20**

267) oder zur Abschreckung anderer bemessen werden (BGHSt. **3** 179; **7** 216; **20** 267; BGH bei Dallinger MDR **1971** 720; **1973** 190; BGH JR **1969** 187 m. Anm. Koffka; BGH VRS **11** 53; **28** 362; RGSt. **61** 417; OLG Hamburg HESt. 2 229; OLG Hamm MDR **1972** 255; NJW **1952** 799; SJZ **1950** 845). Die Bestrafung der Gesinnung und des allgemeinen Charakters ist unzulässig (BGH MDR **1954** 693; BGH bei Dallinger MDR **1971** 721).

Rechtsfehlerhaft ist die Verhängung einer im Verhältnis zur Schuld zu hohen Strafe wegen gleichzeitiger Aussetzung ihrer Vollstreckung zur Bewährung (OLG Frankfurt NJW **1956** 113) oder die Verhängung einer für einen gerechten Schuldausgleich zu geringen Strafe wegen gleichzeitiger Anordnung einer Sicherungsmaßregel (BGHSt. **24** 132; OLG Hamm DAR **1955** 222; Hartung DRiZ **1954** 28). Eine höhere als die schuldangemessene Strafe darf nicht verhängt werden, um eine langjährige psychotherapeutische Behandlung des Verurteilten in der Strafanstalt zu ermöglichen (BGH bei Dallinger MDR **1971** 721).

Welche Umstände der Strafrichter bei der Bemessung der Strafe abzuwägen hat, ergibt sich aus § 13 Abs. 2 StGB. Wegen weiterer Einzelheiten zulässiger und unzulässiger Strafzumessungserwägungen wird auf die Kommentare zu dieser Vorschrift verwiesen.

VI. Beruhen des Urteils auf der Gesetzesverletzung

1. Allgemeines. Der Wortlaut des § 337 („nur darauf gestützt werden, daß das Urteil auf einer Verletzung des Gesetzes beruhe") ist nicht so zu verstehen, daß der Revisionsführer das Beruhen behaupten oder gar beweisen muß (II 3 e zu § 344). Die Vorschrift bringt nur allgemein zum Ausdruck, daß eine Gesetzesverletzung, die für das angefochtene Urteil keinerlei Bedeutung hat, die Revision nicht begründen kann. Hierbei handelt es sich um eine Frage des ursächlichen Zusammenhanges (RGSt. 2 255; **42** 107; **45** 143; OLG Hamm JR **1971** 516; K1 8). Die unrichtige Anwendung einer Rechtsnorm kann die Revision nicht begründen, wenn auch bei ihrer richtigen Anwendung das Urteil nicht anders ausgefallen wäre (BGH NJW **1951** 206). Ist eine anzuwendende Rechtsnorm fehlerhaft nicht angewendet worden, so begründet das die Revision nicht, wenn ihre Anwendung auf die Entscheidung keinen Einfluß gehabt hätte. Das Fehlen des ursächlichen Zusammenhanges muß nicht erwiesen sein.

Der Kausalität wird die *Möglichkeit der Kausalität* gleichgestellt (Müller-Sax 9b). Das Urteil beruht schon dann auf dem Rechtsfehler, wenn es als möglich erscheint oder wenn nur nicht auszuschließen ist, daß es ohne den Fehler anders ausgefallen wäre (BVerfGE 4 417 = NJW **1956** 545; BGHSt. **1** 350; **8** 158; **9** 84, 364; **21** 290; **22** 280; BGH NJW **1951** 206; BGH bei Dallinger MDR **1953** 723; RGSt. **1** 212; **9** 69; **10** 139; OLG Hamm VRS **8** 370; Sarstedt 135). Es beruht auf dem Rechtsfehler nicht, wenn die Möglichkeit, daß er das Urteil beeinflußt hat, ausgeschlossen oder rein theoretisch ist (BGHSt. 2 250; **14** 268; RGSt. 9 320; **44** 348; Peters 572).

2. Verfahrensfehler

a) **Allgemeines.** Bei Verfahrensverstößen kommt es für die Beurteilung der Beruhensfrage nicht darauf an, ob ohne den Rechtsfehler gerade das vorliegende Urteil ergangen wäre. Entscheidend ist vielmehr, ob ein unter Einhaltung der Verfahrensvorschriften durchgeführtes Verfahren zu demselben Ergebnis geführt haben würde (RGSt. 61 354). Daß ein fehlerhafter Verfahrensakt das weitere Verfahren und damit das angefochtene Urteil erst ermöglicht hat, bedeutet daher noch nicht, daß das Urteil auf ihm beruht (RGSt. **2** 122; 52 306).

Die Beurteilung der Beruhensfrage hängt von den jeweiligen Umständen ab; feststehende Regeln lassen sich nicht aufstellen (RGSt. 42 107; **44** 345; 52 306). Auf die Erläuterungen zu den einzelnen Verfahrensvorschriften in diesem Kommentar muß daher verwiesen werden. Auch einen an sich unwirksamen Verzicht des Angeklagten auf Einhaltung des gesetzlichen Verfahrens kann das Revisionsgericht bei der Entscheidung der Frage berücksichtigen, ob das Urteil auf dem Verfahrensmangel beruht (RGSt. **61** 354; OLG Braunschweig VRS **23** 136; Jescheck JZ **1952** 403). Wird in dem Urteil in der üblichen Zusammenfassung der benutzten Beweismittel ein Zeuge oder ein anderes Beweismittel aufgeführt, so besagt das allein nicht, daß das Urteil auf diesem Beweis beruht (BGH NJW **1951** 325; BGH bei Dallinger MDR 1972 17; OLG Hamm VRS **41** 123). Auf Verstößen im Vorverfahren beruht das Urteil nur, wenn sie in die Hauptverhandlung hineingewirkt und dadurch das Urteil mittelbar beeinflußt haben (2b zu § 336). Verfahrensfehler nach Erlaß des Urteils scheiden als Revisionsgründe aus, weil auf ihnen das Urteil nicht mehr beruhen kann (BGH NJW **1951** 970; RGSt. 2 378; **31** 348; **59** 362; Müller-Sax 9e; EbSchmidt 63). Daß § 338 Nr. 7 das Fehlen der Urteilsgründe als unbedingten Revisionsgrund aufführt, ist verfahrensrechtlich unlogisch und unnötig (VII 1 zu § 338).

b) **Heilung.** Auf einem Verfahrensfehler beruht das Urteil nicht, wenn der Tatrichter ihn rechtzeitig geheilt hat (ausführlich W. Schmid JZ **1969** 757). Dazu ist er verpflichtet, wenn er den Mangel noch in der Hauptverhandlung bemerkt (RGSt. **41** 218, 405). Die Heilung kann erfolgen durch Nachholung einer fehlerhaft unterlassenen Verfahrenshandlung, z. B. durch Bekanntgabe des nicht zugestellten Eröffnungsbeschlusses in der Hauptverhandlung (OLG Karlsruhe MDR **1970** 438), durch Erlaß des Eröffnungsbeschlusses vor Beginn der Hauptverhandlung (OLG Düsseldorf MDR **1970** 783) oder durch nachträgliche Gewährung des letzten Wortes. Ein fehlerhafter Verfahrensvorgang kann dadurch geheilt werden, daß er in einwandfreier Form wiederholt wird (RGSt. **32** 379; **33** 75). Handelt es sich um eine gesetzwidrige Entscheidung, so kann der Verstoß dadurch geheilt werden, daß sie zurückgenommen wird (RGSt. **37** 114; BayObLG MDR **1955** 56). Durch Wiederholung eines Teils der Hauptverhandlung können Verstöße gegen die Anwesenheitspflicht oder das Anwesenheitsrecht der Prozeßbeteiligten geheilt werden (dazu Vor I zu § 338). Einer Heilung steht es gleich, wenn ein nicht mehr rückgängig zu machender fehlerhafter Verfahrensakt so behandelt wird, als sei er nicht geschehen, z. B. durch Nichtberücksichtigung der Aussage eines nicht nach § 52 Abs. 2 belehrten Zeugen (RGSt. **29** 351; EbSchmidt 21 zu § 52), Nichtverwertung eines unzulässig verlesenen Protokolls (RGSt. **41** 217), Wertung der Aussage eines unzulässig beeidigten Zeugen als uneidlich (BGHSt. **4** 130; BGH NJW **1954** 1655; BGH bei Dallinger MDR **1970** 383; BGH VRS **11** 440; RGSt. **6** 155; **56** 94; **72** 220; RG JW **1931** 1599 m. Anm. Alsberg; OLG Düsseldorf SJZ **1950** 59 m. Anm. Niethammer). Die Heilung von Verfahrensmängeln ist dem Tatrichter möglich, solange die Urteilsverkündung nicht beendet ist; die Wiederholung einer fehlerhaften Urteilsverkündung ist zulässig (Vor I zu § 338). Durch Nachschieben in den Urteilsgründen können Rechtsfehler bei der Behandlung von Anträgen der Prozeßbeteiligten nicht mehr geheilt werden (BGHSt. **19** 26; BGH NJW **1951** 368; BGH VRS **35** 132; **36** 215; RG JW **1931** 2823; **1934** 2476; RG HRR **1938** 1381; Alsberg-Nüse 456; für Beweisanträge s. a. IV 12c zu § 244).

3. **Sachlichrechtliche Fehler.** Der Einfluß des Rechtsfehlers auf das Urteil ist nach dessen Gründen zu beurteilen. Im Gegensatz zur Beurteilung der Auswirkung von Verfahrensmängeln bereitet das bei der sachlichrechtlichen Rechtsanwendung kaum Schwierigkeiten. Das Urteil beruht auf der rechtsirrigen Anwendung eines schwereren Strafgesetzes auch, wenn die Gründe hervorheben, daß bei Anwendung des milderen Gesetzes dieselbe Strafe verhängt worden wäre (RG JW **1933** 968). Enthalten die Gründe zu einem Punkt widersprüchliche Tatsachenfeststellungen, so läßt sich vielfach nicht ausschließen, daß auch die übrigen Feststellungen fehlerhaft sind (KG DAR **1956** 331; VRS **14** 45). Hinsichtlich fehlerhafter Strafzumessungserwägungen wird die Auffassung vertreten, der Revisionsrichter müsse einen hypothetischen Kausalablauf ermitteln, nämlich feststellen, wie der Tatrichter ohne den Rechtsfehler entschieden hätte (OLG Bremen MDR **1960** 698; OLG Celle NJW **1949** 600). In Wahrheit kann er das nicht. Es kommt nur darauf an, ob der Revisionsrichter die fehlerhafte Strafzumessungserwägung nach dem Zusammenhang des ganzen Urteils für so unbedeutend hält, daß er ihr keinen Einfluß auf die Strafbemessung einräumt. Das läuft auf eine Entscheidung des Revisionsgerichts in der Sache selbst hinaus.

VII. Verlust von Verfahrensrügen. Verwirkung

1. **Allgemeines.** Die Strafprozeßordnung enthält keine dem § 295 ZPO entsprechende Vorschrift darüber, ob und unter welchen Voraussetzungen die Rüge der Verletzung von Verfahrensbestimmungen wegen Verzichts der Prozeßbeteiligten auf ihre Befolgung oder aus anderen Gründen unzulässig ist. Wie die Gesetzesmaterialien ergeben, war man der Auffassung, die Frage sei durch die Beruhensregel in § 337 gelöst, da diese den Grundsatz enthalte,

„daß der Beschwerdeführer die Revision nicht auf die Beschränkung einer prozessualen Befugnis gründen könne, wenn er durch sein eigenes Verhalten zu erkennen gegeben hat, daß er die Beschränkung für eine ihm nachteilige nicht erachte" (Hahn, Materialien, 3 251). Dabei ist übersehen worden, daß es auch andere schwerwiegende Verfahrensverstöße gibt als die Beschränkung von prozessualen Befugnissen und daß es für die Beurteilung, ob eine Entscheidung auf dem Verfahrensverstoß beruht, nicht auf die Meinung des Beschwerdeführers ankommt, wenn es sich um eine Vorschrift handelt, die nicht in erster Hinsicht zu seinem Schutz geschaffen ist. Da die Einhaltung der Vorschriften der Strafprozeßordnung fast ausschließlich im öffentlichen Interesse liegt, sind die Fälle selten, in denen die Verfahrensrüge eines Revisionsführer aus Gründen, die in seinem eigenen Verhalten liegen, unzulässig ist.

2. Rügeverlust durch Zeitablauf. Eine Reihe von Verfahrenseinreden ist gesetzlich befristet und später unzulässig. Dazu gehören der Einwand der örtlichen Unzuständigkeit (§§ 16, 18), die Richterablehnung wegen Befangenheit (§§ 25, 31), die Rüge der Nichteinhaltung der Ladungsfrist nach § 217 Abs. 2 (dazu BGHSt. **24** 143), der unterlassenen Ladung des Verteidigers (§ 218 Abs. 1 Satz 2), der verspäteten Namhaftmachung von Zeugen und Sachverständigen (§ 246 Abs. 2) und das Aussetzungsverlangen bei veränderter Rechtslage (§ 265 Abs. 3) oder bei Nachtragsanklage (§ 266 Abs. 3).

Ein Rügeverlust tritt ein, wenn der Beschwerdeführer einen Verfahrensverstoß nicht bis zum Ablauf der Revisionsbegründungsfrist des § 345 Abs. 1 rügt. Eine Verfahrensrüge, die nicht sogleich mit der ersten Revision in der Sache, sondern nach zweimaliger Aufhebung und Zurückverweisung mit der dritten Revision erhoben wird, ist daher unzulässig (BGHSt. 10 281 = JZ **1958** 93 m. Anm. Kern). Dabei kommt es nicht darauf an, ob der Beschwerdeführer den Verfahrensverstoß schon früher erkannt hatte (Kl 10 C).

3. Verzicht

a) Allgemeines. Der Verzicht der Prozeßbeteiligten auf die Einhaltung einzelner Verfahrensvorschriften wird im Gesetz teils ausdrücklich für unbeachtlich erklärt (§ 136a Abs. 3), teils ausdrücklich zugelassen (§§ 217 Abs. 3, 245 Satz 3). Über diese wenigen gesetzlich vorgesehenen Fälle hinaus ist die Wirksamkeit eines Verzichts mit der Rechtsfolge, daß die Revision auf den Verfahrensverstoß nicht gestützt werden kann, *nur in engen Grenzen* anzuerkennen (Müller-Sax 10c; **a. A.** Fuhrmann NJW **1963** 1234, der den Rügeverzicht außer bei unbedingten Revisionsgründen immer zulassen will). Grundsätzlich kann nicht erlaubt werden, daß Gericht und Prozeßbeteiligte die gesetzliche Verfahrensordnung für den Einzelfall abändern. Dem Parteiwillen und der Umgestaltung durch die Prozeßbeteiligten ist das Verfahren jedenfalls in allen seinen bestimmenden Grundsätzen entzogen. Die grundlegenden Verfahrensvorschriften, die ein rechtsstaatliches Verfahren garantieren, können nicht Gegenstand von Parteidispositionen sein (BGHSt. **17** 121; OLG Hamm NJW **1956** 1330; Müller-Sax 10c; Wolff NJW **1953** 1656). Der Verzicht kann jedoch in solchen Fällen Bedeutung für die Frage haben, ob das Urteil auf dem Verfahrensverstoß beruht (oben VI 2a).

b) Unverzichtbare Vorschriften. Nicht verzichtbar ist die Beachtung der *Verfahrensvoraussetzungen* (Müller-Sax 10d; EbSchmidt 66). Auf das Vorliegen und die Wirksamkeit der Anklageschrift (RGSt. **24** 201; vgl. aber auch RGSt. **58** 127) und des Eröffnungsbeschlusses (RGSt. **43** 219; **55** 159; **61** 353 = JW **1928** 2260 m. Anm. Oetker; RG JW **1934** 2925; BayObLGSt. **1960** 123 = NJW **1960** 2014; BayObLGSt. OLGSt. § 203 S. 3) kann ebensowenig verzichtet werden wie auf die Einhaltung der Auslieferungsbeschränkungen (BGH NJW **1967** 2369; BGH GA **1965** 56; RGSt. 34 191; **41** 274; **45** 280; **64** 190; **66** 173) oder der sachlichen Zuständigkeit des Gerichts (RGSt. **18** 55). Ferner kann nicht auf die Beachtung der Bestimmungen verzichtet werden, deren Verletzung zu den *unbedingten Revisionsgründen* des § 338 Nrn. 1 bis 6 führt (Müller-Sax 10d; EbSchmidt 66; **a. A.** Peters 574). Der Angeklagte kann wirksam weder auf die ordnungsmäßige Besetzung des Gerichts (BGH NJW **1953** 1801; RGSt. **14** 213; **17** 174; **26** 3; **64** 309; RG JW **1926** 2579, 2762; **1930** 2573 m. Anm. Doerr; RG DRiZ **1926** Nr. 867; OLG Hamm VRS **11** 225) oder das Verbot der Mitwirkung eines gesetzlich ausgeschlossenen Richters

(RGRspr. **9** 522; Wolff NJW **1953** 1656) noch, soweit nicht Ausnahmebestimmungen wie etwa § 233 eingreifen, auf seine eigene Anwesenheit und die der anderen bei der Verhandlung notwendig beteiligten Personen (BGHSt. **3** 191; **15** 308; **22** 20; BGH NJW **1973** 522, RGSt. **40** 230; **42** 198; **58** 150 = JW **1924** 1763 m. Anm. Aschkanasy; RGSt. **69** 20; RG HRR **1937** 288; OLG Braunschweig NJW **1963** 1322 m. Anm. Kleinknecht; OLG Hamburg GA **1967** 177; EbSchmidt 5 zu § 230; Sarstedt 148; a. A. OLG Bremen GA **1953** 87 m. Anm. Jescheck für die Anwesenheit des Staatsanwalts; OLG Neustadt NJW **1962** 1632 für die Anwesenheit des Angeklagten bei der Urteilsverkündung) oder auf die Öffentlichkeit der Hauptverhandlung (BGH NJW **1967** 687; RGSt. **64** 388 = JW **1931** 221 m. Anm. Mamroth; RG JW **1935** 1497; OLG Oldenburg NJW **1952** 1151; EbSchmidt Nachtr. 21 zu § 338) verzichten.

Unverzichtbar ist auch die Einhaltung aller sonstigen Verfahrensvorschriften, die nicht in erster Hinsicht dem Schutz des Angeklagten, sondern allgemein der *rechtsstaatlichen Ausgestaltung des Strafverfahrens* dienen. Dazu gehören die Aufklärungspflicht nach § 244 Abs. 2 (BGH VRS **4** 30), die Unmittelbarkeit der Beweisaufnahme (BGHSt. **17** 121; RGSt. **40** 55; RG HRR **1935** 533; OLG Celle GA **1954** 311; OLG Hamm VRS **26** 212), insbesondere das Verlesungsverbot nach § 250 (BGH VRS **5** 212; RGSt. **9** 49; RGRspr. **7** 401; RG JW **1935** 2380) und nach § 252 (BGHSt. **10** 79 = JZ **1957** 98 m. Anm. EbSchmidt), das Verbot der Verlesung einer Auskunft (OLG Hamm JMBlNRW **1964** 5; OLG Schleswig DAR **1962** 215) oder eines schriftlichen Gutachtens in anderen als den in § 256 zugelassenen Fällen (RG JW **1932** 1751; OLG Düsseldorf NJW **1949** 917). Unzulässig ist der Verzicht auf die Beschlußfassung des Gerichts nach § 244 Abs. 6 unter Übertragung der Entscheidung auf den Vorsitzenden (BGH bei Dallinger MDR **1957** 268; RGSt. **75** 168), auf die gesetzlich vorgeschriebene Beeidigung von Zeugen (RGSt. **37** 195; **57** 263; RGRspr. **1** 398) oder Dolmetschern (OLG Hamm VRS **20** 68), auf das Verbot von Fernsehaufnahmen (BGHSt. **22** 85) und auf die Zustellung der anzufechtenden Entscheidung (BayObLGSt. **8** 139; OLG Bremen GA **1954** 279; LG Kaiserslautern GA **1958** 123; Oetker JW **1928** 2264). Zum Verzicht auf das Verschlechterungsverbot nach §§ 331, 358 Abs. 2 vgl. 3 zu § 331.

c) Verzichtbare Vorschriften. Die *Möglichkeit eines Verzichts* auf die Einhaltung von Verfahrensvorschriften besteht demnach nur in ganz wenigen Fällen. Sie ist angenommen worden für die Rechtsmittelbelehrung nach § 35a (OLG Hamm NJW **1956** 1330), die Zustellung der Anklageschrift (BGHSt. **15** 44; RGSt. **58** 128) oder des Eröffnungsbeschlusses (5a zu § 215), die Ladung des Verteidigers nach § 218 (OLG Hamm JZ **1956** 258; OLG Koblenz MDR **1968** 944; OLG Schleswig SchlHA **1953** 269), die Namhaftmachung nach § 222 (9 zu § 222), die Benachrichtigung nach § 224 (BGHSt. **1** 286; BGH NJW **1952** 1426; RGSt. **4** 301; **50** 355; **58** 100), die Zulässigkeit einer kommissarischen Zeugenvernehmung (BGH bei Herlan MDR **1955** 529). Auch der Verzicht des verspätet zugelassenen Nebenklägers auf die Wiederholung der in seiner Abwesenheit geschehenen Vorgänge der Hauptverhandlung ist als wirksam angesehen worden (BGH bei Dallinger MDR **1952** 660).

d) Verzichtserklärung. Der Verzicht muß in den wenigen Fällen, in denen er zulässig ist, grundsätzlich *ausdrücklich erklärt* werden. Schlüssige Handlungen, die den Verzicht eindeutig ergeben, reichen aber aus (OLG Koblenz MDR **1968** 944). Hat der Angeklagte den Beistand eines Verteidigers, dann kann in dessen bloßem Stillschweigen ausnahmsweise ein Verzicht liegen (BGH bei Herlan MDR **1955** 529). Das Stillschweigen eines Angeklagten, der keinen Verteidiger hat und bei dem die Kenntnis seiner Rechte nicht vorausgesetzt werden kann, ist hingegen nicht als Verzicht auf die Einhaltung von Verfahrensvorschriften aufzufassen (BGHSt. **6** 140; BGH MDR **1961** 249; BGH NJW **1951** 206; RGSt. **42** 95; **62** 142; RG JW **1922** 1585; **1932** 1660; **1938** 3110; OLG Hamm JZ **1956** 258; NJW **1969** 705; OLG Koblenz VRS **41** 208; OLG Köln NJW **1954** 47; **1961** 933; OLG Oldenburg VRS **40** 203). In der Bereitschaft des Angeklagten, zur Sache zu verhandeln, obwohl der Eröffnungsbeschluß nicht zugestellt (dazu 5a zu § 215) oder der Wahlverteidiger nicht geladen ist (dazu 6, 7b zu § 218), liegt daher kein Verzicht auf die Einhaltung des gesetzlich vorgeschriebenen Verfahrens. Etwas anderes soll für den Fall gelten, daß das Gesetz wie in § 217 Abs. 2 davon ausgeht, der Angeklagte werde sich auf die Beschränkung seiner Verteidigung berufen, auch wenn er die Vorschriften der Strafprozeßordnung nicht im einzelnen kennt (BGHSt. 24 148 = JR 1972 159 m. Anm. Cramer; a. A. OLG Hamburg JR **1967** 192 m. Anm. Koffka; s. a. 6b zu § 217). Wenn die Niederschrift über eine kommissarische Vernehmung verlesen wird, ohne daß der Angeklagte nach § 224 benachrichtigt war, wird seine widerspruchslose Hinnahme der Verlesung allgemein als stillschweigender Verzicht angesehen (BGHSt. 1 286; **9** 26; BGH NJW **1952** 1426; BGH VRS **27** 109; RGSt. **4** 301; **50** 355; **58** 100; OLG Hamm VRS **36** 53; OLG Oldenburg NdsRpfl. **1954** 17).

Ein Verzicht des Angeklagten bindet auch den Verteidiger (RGSt. **16** 376). Der Verzicht des Verteidigers, dem der Angeklagte nicht widerspricht, ist für beide wirksam (3b vor § 137; 5c zu § 245). Ein nur stillschweigender Verzicht des Verteidigers genügt aber nicht, wenn nicht ersichtlich ist, daß auch das Stillschweigen des Angeklagten als Verzicht aufzufassen ist (OLG Hamm VRS **36** 53). Bei zulässiger Verhandlung in Abwesenheit des Angeklagten genügt die Erklärung des Verteidigers, der ihn vertritt (BGHSt. 3 210; OLG Hamm NJW **1954** 1856; **a. A.** BayObLGSt. **1963** 171 = JZ **1964** 328 m. Anm. Kleinknecht).

4. Unterlassen der Wiederholung von Anträgen

a) Anträge vor der Hauptverhandlung. Sind Anträge des *Angeklagten,* der keinen Verteidiger hat, vor der Hauptverhandlung gestellt, aber nicht beschieden worden, so kann er hierauf grundsätzlich auch dann die Revision stützen, wenn er sie in der Hauptverhandlung nicht wiederholt hat (OLG Bremen GA **1964** 212). Das gilt insbesondere für den Antrag auf Beiordnung eines Pflichtverteidigers nach § 140 Abs. 2 (14 zu § 141) und für Beweisanträge nach § 219 (5a zu § 219). Ist der Angeklagte ohne Verteidiger, so kann die Fürsorgepflicht des Gerichts dazu zwingen, ihn zur Wiederholung seiner Anträge zu veranlassen (BGHSt. 1 54; OLG Hamburg NJW **1955** 1938; OLG Saarbrücken VRS **29** 293; Alsberg-Nüse 185). Hat der *Verteidiger* Anträge vor der Hauptverhandlung gestellt, so muß er sie grundsätzlich in der Hauptverhandlung wiederholen (W. Schmid, Verwirkung, 216).

b) Anträge in der Hauptverhandlung. Hat der *Angeklagte* in der Hauptverhandlung einen Antrag gestellt, den das Gericht zu bescheiden unterlassen hat, so kann in der Nichtwiederholung ein Verzicht auf den Antrag liegen. Das richtet sich nach den Umständen des Falles. Wenn der Angeklagte keinen Verteidiger hat, wird ein Verzicht im allgemeinen nicht vorliegen. Der *Verteidiger* hingegen kann unter Umständen verpflichtet sein, einen Antrag zu wiederholen, wenn er bemerkt, daß das Gericht ihn übersehen hat (OLG Hamm JR **1971** 516; **a. A.** Alsberg-Nüse 188 für Beweisanträge) oder irrig als überholt ansieht (BGH bei Dallinger MDR **1957** 268). In der Erklärung des Verteidigers, er stelle keine weiteren Beweisanträge mehr, liegt nicht der Verzicht auf die schon gestellten, aber nicht beschiedenen Anträge (BGH bei Dallinger MDR **1971** 18).

5. Unterlassen der Anrufung des Gerichts. In der Hauptverhandlung ist der Vorsitzende, dem die Verhandlungsleitung obliegt, in bestimmten Fällen befugt, Vorabentscheidungen zu treffen, gegen welche die Prozeßbeteiligten das Gericht anrufen können, wenn sie mit ihnen nicht einverstanden sind. Das ist der Fall bei der gesetzlich zwar nicht vorgesehenen, von der Rechtsprechung aber allgemein zugelassenen Vorabentscheidung über die Vereidigung von Zeugen (dazu 6e zu § 59; 2 vor §§ 60 bis 63) und Sachverständigen (2 zu § 79). Hierbei handelt es sich um keinen Unterfall des § 238 Abs. 2 (Fuhrmann GA **1963** 78; NJW **1963** 1235). Wird das Gericht gegen die Entscheidung des Vorsitzenden über die Beeidigung nicht angerufen, so kann die Revision nicht darauf gestützt werden, daß die Entscheidung fehlerhaft war. Das gilt aber nicht, wenn gegen das zwingende Vereidigungsverbot des § 60 verstoßen worden ist (BGHSt. 20 99; BGH bei Dallinger MDR **1958** 14; OLG Braunschweig NJW **1957** 513; OLG Köln NJW **1957** 1373). Begründet der Vorsitzende die Nichtbeeidigung damit, daß der Aussage keine wesentliche Bedeutung beizumessen ist (§ 61 Nr. 3), ergibt sich aber aus dem Urteil das Gegenteil, so kann der Beschwerdeführer die Revision auf die Verletzung des § 61 Nr. 3 stützen, auch wenn er gegen die Vorabentscheidung des Vorsitzenden das Gericht nicht angerufen hat (BGHSt. 7 282).

Nach herrschender Ansicht kann mit der Revision die Fehlerhaftigkeit einer sachleitenden Anordnung des Vorsitzenden grundsätzlich nicht gerügt werden. Erforderlich ist zunächst die Anrufung des Gerichts nach § 238 Abs. 2; erst gegen dessen Entscheidung kann sich die Revision richten (BGHSt. **1** 325; **3** 202, 368; **4** 366; BGH NJW **1952** 1426; BGH bei Dallinger MDR **1958** 14; RGSt. **68** 396; **71** 23; RG JW **1930** 760; **1931** 950; **1933** 520; RG GA **46** 337; RG JR Rspr. **1927** Nr. 95; Kl 9; Müller-Sax 5c; beide zu § 238; Fuhrmann NJW **1963** 1230; GA **1963** 65). Die Gegenmeinung (Eb. Schmidt 29; Niese JZ **1953** 221; W. Schmid, Verwirkung, 296; s. a. 11e zu § 238) weist zwar mit Recht darauf hin, daß dieser Grundsatz nicht gelten könne, wenn der Angeklagte keinen Verteidiger hat und die Beanstandungspflicht nicht kennt (vgl. auch OLG Hamm GA **1962** 87; für den Nebenkläger Müller-Sax 5d). Daß der Verteidiger einen von ihm erkannten Verfahrensfehler des Vorsitzenden zunächst unbeanstandet lassen darf, damit er hernach die Revision darauf stützen kann, ist jedoch nicht anzuerkennen.

6. Verwirkung bei Arglist. Angeklagter und Verteidiger sind nicht verpflichtet, das Gericht auf Verfahrensverstöße aufmerksam zu machen, die in der Hauptverhandlung unterlaufen sind. Daß sie zu einem ihnen bekannten Verfahrensfehler geschwiegen haben, nimmt ihnen daher nicht das Recht, ihn mit der Revision zu rügen (OLG Frankfurt HESt. **3** 39; OLG Hamm VRS **14** 371; Jescheck JZ **1952** 402). Ein Rügeverlust wegen arglistigen Verhaltens setzt vielmehr voraus, daß die Prozeßbeteiligten *durch eigenes Zutun* den Verfahrensfehler selbst in der Absicht herbeigeführt haben, auf ihn gegebenenfalls die Revision zu stützen (OLG Hamm NJW **1960** 1361; VRS **20** 68; Müller-Sax 10b; Peters 574; Jescheck JZ **1952** 403). Handelt es sich dabei um einen der wenigen Fälle, in denen auf die Einhaltung der Vorschrift verzichtet werden kann, so liegt in diesem eigenen Zutun ein deutlich zum Ausdruck gekommener Verzicht. Da der Rügeverlust bereits hierdurch eintritt, stellt sich die Frage der Arglist dann nicht (W. Schmid, Verwirkung, 336). Wenn andererseits die Einhaltung der Vorschrift unverzichtbar ist, kann die Erhebung der Verfahrensrüge nicht schon wegen der Verzichtserklärung arglistig und daher unzulässig sein (BGHSt. **10** 79 = JZ **1957** 98 m. Anm. EbSchmidt); sonst gäbe es keine unverzichtbaren Mängel. Die Unverzichtbarkeit ist aber grundsätzlich ein Anzeichen dafür, daß die Vorschrift für den Gang des Verfahrens so wichtig ist, daß auch ein arglistiges Verhalten dem Beschwerdeführer das Rügerecht nicht nehmen kann (vgl. BGHSt. **15** 308; **22** 85; Müller-Sax 10b). Ein Verteidiger etwa, der sich in der Absicht, hierauf später die Revision zu stützen, aus der Verhandlung für einige Zeit unbemerkt entfernt, handelt zwar möglicherweise standeswidrig; die Revision kann er gleichwohl darauf stützen, daß er an der Verhandlung bei einem wesentlichen Abschnitt nicht mitgewirkt hat (§ 338 Nr. 5). Handelt nur der Verteidiger arglistig, so kann das dem daran nicht beteiligten Angeklagten ohnehin nicht zum Nachteil gereichen (W. Schmid, Verwirkung, 331).

Es ist daher verständlich, daß Fälle, in denen eine Verfahrensrüge wegen arglistigen Verhaltens des Beschwerdeführers als unzulässig behandelt worden ist, kaum vorgekommen sind. Soweit die Revisionsgerichte ein arglistiges Verhalten angenommen haben, sind ihre Entscheidungen überdies durchweg bedenklich. Das gilt insbesondere für die Entscheidungen des OLG Bremen in GA **1953** 87 m. Anm. Jescheck (Arglist bei der Rüge der Abwesenheit des Staatsanwalts trotz erklärten Verzichts auf dessen Anwesenheit; aber dieser Verzicht war wirkungslos und durfte für das Revisionsverfahren nicht dadurch wirksam gemacht werden, daß die Rüge wegen arglistigen Verhaltens nicht zugelassen wurde) und des OLG für Hessen in NJW **1947/48** 395 (Einverständniserklärung mit dem Abschluß der Beweisaufnahme, obwohl eine Beschlußfassung nach § 242 noch ausstand und der Verteidiger das wußte; die Annahme der Arglist setzte hier aber eine Hinweispflicht des Verteidigers gegenüber dem Gericht voraus, die nicht bestand). Demnach mag es zwar richtig sein, daß dem „kalt vorausberechneten, eingeleiteten und auch gelungenen Versuch, den Richter in die sorgsam aufgestellte Falle zu locken, um das im übrigen formfehlerfreie tatrichterliche Urteil und Verfahren auf diese Weise doch noch umstürzen zu können" (W. Schmid, Verwirkung, 343), grundsätzlich damit begegnet werden kann, daß die Verfahrensrüge als unzulässig behandelt wird. Praktische Bedeutung gewinnt diese Möglichkeit kaum.

Ob bei der Staatsanwaltschaft strengere Anforderungen zu stellen sind als bei sonstigen Verfahrensbeteiligten, ob insbesondere die Staatsanwaltschaft verpflichtet ist, Verstöße gegen verzichtbare Verfahrensmängel in der Hauptverhandlung sofort aufzudecken (wie Jagusch in der Vorauflage dieses Kommentars meint), ist durchaus zweifelhaft. Ein arglistiges Verhalten der Staatsanwaltschaft setzt in solchen Fällen voraus, daß deren Sitzungsvertreter den Verfahrensfehler zwar erkannt, aber nicht beanstandet hat. Wie dies aufgedeckt werden könnte, ist nicht ersichtlich. Rügt die Staatsanwaltschaft einen Verfahrensverstoß mit der Revision, so kann ihr grundsätzlich nicht entgegengehalten werden, sie handele arglistig. Vielmehr ist davon auszugehen, daß eine Verletzung des Verfahrensrechts, die das Gericht nicht bemerkt hat, auch von der Staatsanwaltschaft zunächst nicht erkannt worden ist.

§ 338

Ein Urteil ist stets als auf einer Verletzung des Gesetzes beruhend anzusehen

1. wenn das erkennende Gericht nicht vorschriftsmäßig besetzt war;

2. wenn bei dem Urteil ein Richter oder Schöffe mitgewirkt hat, der von der Ausübung des Richteramtes kraft Gesetzes ausgeschlossen war;

3. wenn bei dem Urteil ein Richter oder Schöffe mitgewirkt hat, nachdem er wegen Besorgnis der Befangenheit abgelehnt war und das Ablehnungsgesuch entweder für begründet erklärt war oder mit Unrecht verworfen worden ist;

4. wenn das Gericht seine Zuständigkeit mit Unrecht angenommen hat;

5. wenn die Hauptverhandlung in Abwesenheit der Staatsanwaltschaft oder einer Person, deren Anwesenheit das Gesetz vorschreibt, stattgefunden hat;

6. wenn das Urteil aufgrund einer mündlichen Verhandlung ergangen ist, bei der die Vorschriften über die Öffentlichkeit des Verfahrens verletzt sind;

7. wenn das Urteil keine Entscheidungsgründe enthält;

8. wenn die Verteidigung in einem für die Entscheidung wesentlichen Punkt durch einen Beschluß des Gerichts unzulässig beschränkt worden ist.

Bezeichnung bis 1924: § 377

Schrifttum: Becker, Die absoluten Revisionsgründe im deutschen Strafprozeß, Diss. Bonn 1950. — *Zu Nr. 1:* Kohlhaas, Reformbedürftigkeit des § 338 Ziff. 1 StPO, NJW **1958** 1428; Seibert, Der verhandlungsfähige oder unaufmerksame Richter im Strafverfahren, NJW **1963** 1044; Siebecke, Reformbedürftigkeit des § 338 Ziff. 1 StPO? NJW **1958** 1816; von Stackelberg, Ist § 338 Ziff. 1 StPO wirklich reformbedürftig? NJW **1959** 469. — *Zu Nr. 8:* Baldus, Versäumte Gelegenheiten; zur Auslegung des § 338 Nr. 8 und des § 267 Abs. 1 Satz 2 StPO, Ehrengabe für Heusinger (1968) 373; Fuhrmann, Gehört zur Revisibilität eines Verfahrensverstoßes ein Gerichtsbeschluß? JR **1962** 321).

Übersicht

Vor I. Unbedingte Revisionsgründe. Die Nrn. 1 bis 7 des § 338 enthalten keine selbständigen Verfahrensvorschriften für den Tatrichter. Die Bestimmungen gestalten nur einzelne Verfahrensverstöße, die besonders schwerwiegend sind (BGHSt. 23 178) oder jedenfalls so beurteilt werden, zu unbedingten Revisionsgründen aus, indem sie die *unwiderlegbare Vermutung* aufstellen, daß das Urteil auf ihnen beruht (RGSt. **42** 107). Für § 338 Nr. 8 trifft das nicht zu (unten VIII 1). Liegt ein solcher Verstoß vor, so ist das Urteil ohne Prüfung der Beruhensfrage aufzuheben. Hat aber der Revisionsgrund nicht das ganze Urteil beeinflußt, so ist nur der betroffene Urteilsteil aufzuheben, wenn er abtrennbar ist (RGSt. **44** 19; **53** 202; **69** 256; EbSchmidt 3; Poppe NJW **1954** 1916). Wenn die Revision rechtswirksam beschränkt war, führt der unbedingte Revisionsgrund ebenfalls nur zur Teilaufhebung, auch wenn er das ganze Urteil beeinflußt hat (Sarstedt 68).

Als unbedingten Revisionsgrund nach § 338 können den Verfahrensverstoß nur Verfahrensbeteiligte geltend machen, gegen die er sich *unmittelbar* gerichtet hat, z. B. die Mitwirkung eines nach § 22 ausgeschlossenen Richters nur der Angeklagte, dem gegenüber er ausgeschlossen war (RGSt. **29** 297; **54** 317), die nichtöffentliche Verhandlung gegen Jugendliche und Erwachsene nur der Erwachsene (BGHSt. **10** 120), die nichtöffentliche Zeugenaussage nur der Mitangeklagte, den sie betrifft (BGH NJW **1962** 261), die unzulässige Abwesenheit eines Angeklagten nicht ein Mitangeklagter (RGSt. **38** 274; **62** 260; **67** 418; a. A. RGSt. **29** 294; EbSchmidt 25), die Abwesenheit des notwendigen Verteidigers eines Angeklagten nicht der Mitangeklagte (RGSt. **52** 188; **57** 373; RG GA **62** 347). Betrifft der Verstoß nur einen von mehreren Angeklagten, so kann ein anderer Angeklagter ihn aber nach § 337 rügen, sofern er die ihn betreffende Entscheidung nachteilig beeinflußt haben kann (RGSt. **62** 261).

Wenn das Gericht den Verfahrensverstoß noch in der Hauptverhandlung entdeckt, hat es dessen Folgen, soweit möglich, zu beseitigen (RGSt. **41** 405; OLG Oldenburg NdsRpfl. **1954** 34), und zwar bis zur Beendigung der Urteilsverkündung (Poppe NJW **1954** 1915; W. Schmid JZ **1969** 762). Denn die *Heilung des Verfahrensverstoßes* durch Wiederholung des mangelhaften Verfahrensteils ist bei unbedingten Revisionsgründen in gleicher Weise möglich wie bei anderen (BGHSt. **9** 244; RGSt. **35** 354; **38** 217; **44** 18; **62** 198; **64** 309; **70** 110; OLG Hamm VRS **14** 370; OLG Oldenburg NdsRpfl. **1954** 34; Poppe NJW **1954** 1915; W. Schmid JZ **1969** 757). Zur Heilung eines Verstoßes gegen § 338 Nr. 5, der nur die Urteilsverkündung betrifft, ist deren Wiederholung zulässig (RG Recht **1910** Nr. 3873; RG GA **41** 45; OLG Oldenburg NdsRpfl. **1954** 34; Poppe NJW **1954** 1915; **1955** 7; s. aber 9 zu § 268). Ein *Verzicht* auf die Rüge nach § 338 Nrn. 1 bis 6 ist unwirksam (VII 3 b zu § 337).

I. Vorschriftswidrige Gerichtsbesetzung (Nr. 1)

1. Allgemeines. Die Vorschrift will sicherstellen, daß an der Rechtsfindung nur mitwirkt, wer bei Einhaltung der gesetzlichen Bestimmungen dazu berufen ist. Dabei kommt es darauf an, ob die tatsächliche Zusammensetzung des Gerichts dem Gesetz entspricht. Formfehler, die bei der Gerichtsbesetzung unterlaufen sind, aber im Ergebnis nicht gehindert haben, daß sie die gesetzlich vorgeschriebene ist, sind ohne Bedeutung (BGH NJW **1952** 987). Durch vorschriftswidrige Gerichtsbesetzung wird regelmäßig der Anspruch auf den gesetzlichen Richter nach Art. 101 Abs. 1 Satz 2 GG, § 16 GVG verletzt. Jedoch kann trotz Verletzung dieser Bestimmungen das Gericht im Sinne des § 338 Nr. 1 vorschriftsmäßig besetzt sein; denn der Verstoß gegen die örtliche und sachliche Zuständigkeit des Gerichts ist nicht hier, sondern in § 338 Nr. 4 geregelt, und die Teilnahme eines ausgeschlossenen oder mit Erfolg abgelehnten Richters fällt unter § 338 Nrn. 2 und 3. Andererseits kann bei Mitwirkung der nach den gesetzlichen Vorschriften dazu berufenen Richter das Gericht wegen in ihrer Person liegender Mängel im Sinne des § 338 Nr. 1 vorschriftswidrig besetzt sein (unten 5).

2. **Erkennendes Gericht** im Sinne des § 338 Nr. 1 ist nicht wie in §§ 28 Abs. 2 Satz 2, 305 Satz 1 das nach Eröffnung des Hauptverfahrens tätige Gericht, sondern nur das Gericht, das in der Hauptverhandlung das Urteil fällt (RGSt. 2 344; EbSchmidt Nachtr. 5). Haben bei Entscheidungen *vor* der Hauptverhandlung Richter mitgewirkt, die dazu nicht berufen waren, so ist nur ein Revisionsgrund nach §§ 336, 337 gegeben. Der zwingende Aufhebungsgrund des § 338 Nr. 1 liegt schon vor, wenn das erkennende Gericht nur während eines Teils der Hauptverhandlung nicht vorschriftsmäßig besetzt war (BGH bei Dallinger MDR **1954** 151; OLG Oldenburg NJW **1952** 1310 für Urteilsverkündung durch einen Referendar). Die vorschriftswidrige Besetzung des Amtsgerichts kann mit der Revision gegen das Berufungsurteil nicht gerügt werden (RGSt. **59** 300).

3. Gesetzlich berufener Richter

a) **Berufsrichter.** Welche Richter an der Entscheidung jeweils mitwirken müssen, ergibt sich teils unmittelbar aus dem Gesetz, teils aus dem Geschäftsverteilungsplan, der nach § 21e GVG für jedes Geschäftsjahr von dem Präsidium des Gerichts aufzustellen ist. Unmittelbare Regelungen enthalten § 21f GVG (über den Vorsitz in den Spruchkörpern und die Vertretung bei Verhinderung), § 22 Abs. 2 GVG (Übertragung eines weiteren Richteramts für Richter am Amtsgericht), § 22 Abs. 5 GVG (Beschäftigung von Richtern auf Probe und kraft Auftrags bei den Amtsgerichten), § 22b GVG (Vertretungsregelung für kleine Amtsgerichte), § 29 GVG (Zusammensetzung des Schöffengerichts), § 59 GVG (Besetzung der Spruchkörper, Übertragung mehrerer Richterämter, Beschäftigung von Richtern auf Probe und kraft Auftrags bei dem Landgericht), § 76 Abs. 2 GVG (Besetzung der kleinen und großen Strafkammern des Landgerichts), § 78 Abs. 2 (Besetzung der auswärtigen Strafkammern), § 81 GVG (Besetzung des Schwurgerichts), § 83 GVG (Bestellung der Mitglieder des Schwurgerichts und ihrer Vertreter), § 122 GVG (Besetzung der Strafsenate der Oberlandesgerichte), § 201 GVG (Ferienstrafkammern und Ferienstrafsenate), § 28 DRiG (Besetzung der Gerichte mit Richtern auf Lebenszeit, Vorsitzender), § 29 DRiG (Mitwirkung von Richtern auf Probe, Richtern kraft Auftrags und abgeordneten Richtern), § 37 DRiG (Abordnung von Richtern). Verstöße gegen diese Vorschriften, auch wenn sie nur auf Rechtsirrtum beruhen, führen zu dem unbedingten Revisionsgrund des § 338 Nr. 1. Wann solche Verstöße gegeben sind, ist an dieser Stelle nicht zu erörtern; auf die Erläuterungen zu den angeführten Vorschriften in Band III dieses Kommentars wird verwiesen.

b) **Geschäftsverteilungsplan.** Nach § 21e Abs. 1 Satz 1 GVG haben die Präsidien der Gerichte durch Geschäftsverteilungsplan die Besetzung der Spruchkörper und die Vertretung zu regeln sowie die Geschäfte zu verteilen. Der unbedingte Revisionsgrund des § 338 Nr. 1 liegt vor, wenn die Gerichtsbesetzung durch eine Entscheidung des Präsidenten oder seines Vertreters zustande gekommen ist, obwohl das Präsidium hätte entscheiden müssen (BGHSt. 3 353; 15 218; RGSt. 23 166; 37 61; 40 85). Mit der Revision kann gerügt werden, daß das Präsidium nicht unter Einhaltung der Vorschrift des § 21b GVG gebildet worden (BGHSt. 13 262) oder nicht den Vorschriften der §§ 21a ff. GVG entsprechend zusammengesetzt ist (BGHSt. 12 228, 402; 13 54, 126), daß der Geschäftsverteilungsplan nicht in zulässiger Weise aufgestellt worden, sein Inhalt also rechtswidrig ist (BGHSt. **3** 355; 7 205; **11** 109 = MDR **1958** 253 m. Anm. Marquordt; BGHSt. **15** 116) oder daß er abgeändert worden ist, ohne daß die Voraussetzungen des § 21e Abs. 3 GVG vorgelegen haben (BGHSt. 7 23; **10** 179; **13** 55; **19** 116; **20** 132; **21** 250; **22** 238; RG JW **1938** 311).

Nicht jede Abweichung vom Gesetz führt jedoch zu vorschriftswidriger Besetzung des Gerichts im Sinne des § 338 Nr. 1. Nur bei *willkürlicher*, nicht schon bei irrtümlicher, aber von sachlich vertretbaren Erwägungen geleiteter *Abweichung* von den Vorschriften über die Wahl und die Zusammensetzung ist das Präsidium zum Erlaß einer bindenden Geschäftsverteilung nicht befugt (BVerfGE 31 53 = DVBl. **1971** 786 m. Anm. Bettermann; BGHSt. **12** 227, 406; Sarstedt DRiZ **1960** 349). Wird der an sich einwandfreie Geschäftsverteilungsplan falsch angewendet, dann steht die Vorschrift des § 22d GVG der Anfechtung des Urteils zwar nicht entgegen (OLG Bremen NJW 1965 1447; OLG Hamm MDR **1964** 77; 1a zu § 22d GVG). Aber in diesem Fall liegt der unbedingte Revisionsgrund des § 338 Nr. 1 nur vor, wenn die Voraussetzungen eines Verstoßes gegen Art. 101 Abs. 1 Satz 2 GG, § 16 GVG erfüllt sind, der Angeklagte also seinem gesetzlichen Richter entzogen worden ist. Das ist nicht schon bei irrtümlicher Abweichung vom Geschäftsverteilungsplan der Fall, sondern nur bei *willkürlicher oder sonst mißbräuchlicher* Nichteinhaltung (BVerfGE 3 364 = NJW **1954** 593; **4** 416 = NJW **1956** 545; **19** 43 = NJW **1965** 1323; BGHSt. **11** 110 = MDR **1958** 253 m. Anm. Marquordt; Näheres bei III 5 zu § 16 GVG). Das gleiche gilt, wenn von dem internen Geschäftsverteilungsplan des Vorsitzenden nach § 21g Abs. 2 GVG abgewichen wird (BGHSt. 21 255; a. A. Müller-Sax 2a).

c) **Verhinderung.** Bestellt der Gerichtspräsident nach § 22b Abs. 3 GVG wegen zeitweiliger Verhinderung eines Richters einen Vertreter, so kann das vom Revisionsgericht nur auf Rechtsfehler geprüft werden. Ob die Verhinderung tatsächlich vorlag, ist nicht Gegenstand der Prüfung (BGHSt. **12** 34; **18** 162; BGH bei Dallinger MDR **1951** 539; BGH LM Nr. 4 zu § 67 GVG; RGSt. 25 390; **40** 269; **46** 256; **56** 64; **62** 274; OLG Hamm JMBlNRW **1968** 43; a. A. EbSchmidt 8). Nachprüfbar ist aber in jedem Fall, ob die Verhinderung von dem Präsidenten oder seinem Vertreter ordnungsmäßig festgestellt worden ist, was nur bei offensichtlicher Verhinderung entbehrlich ist (BGHSt. **12** 35, 113; BGH MDR **1963** 773; OLG Hamm JMBlNRW **1968** 43; s. a. II 4b, c zu § 21f GVG).

4. Schöffen. Rechtsmängel in dem Verfahren, durch das der Schöffe berufen worden ist, können die vorschriftsmäßige Besetzung des Gerichts nicht in Frage stellen, wenn sie außerhalb des Bereichs begangen worden sind, auf den die Gerichte unmittelbar einwirken können. Verstöße gegen § 36 Abs. 3 GVG begründen daher die Revision nicht (BGHSt. **22** 122). Ein unbedingter Revisionsgrund ist hingegen die *Schöffenwahl* durch einen Ausschuß, der nicht der Vorschrift des § 40 GVG entspricht (BGHSt. **12** 202; **20** 39, 309; RGSt. **67** 119; OLG Frankfurt NJW **1971** 1328). Zur Urteilsaufhebung führt auch zwingend die *fehlerhafte Auslosung* nach §§ 45, 48, 77 Abs. 3, 86 GVG (BGHSt. **3** 68; **11** 54 = JZ **1958** 218 m. Anm. Kern; BGHSt. **15** 110; **16** 65; **17** 176; BGH MDR **1955** 564; RGSt. **65** 298; BayObLGSt. **1960** 278 = NJW **1961** 568; OLG Hamm NJW **1956** 1937). Das Gericht ist ferner unvorschriftsmäßig besetzt, wenn ein Schöffe mitgewirkt hat, der nicht entsprechend § 51 GVG *beeidigt* worden ist (BGHSt. **3** 176; **4** 158; BGH NJW **1953** 1113, 1801; BGH bei Dallinger MDR **1954** 151; RGSt. **64** 309; **67** 363; RG JW **1926** 2579; **1930** 2573; RG HRR **1937** 358; **1938** 1382; OLG Hamm JMBlNRW **1958** 89 = VRS **14** 370; OLG Stuttgart Justiz **1964** 172). Wird der Mangel in der Hauptverhandlung entdeckt, dann muß sie nach Nachholung der Beeidigung in allen wesentlichen Teilen (dazu unten V 2) wiederholt werden (RGSt. **64** 309; OLG Hamm JMBlNRW **1958** 89 = VRS **14** 370; Kl 1 zu § 51 GVG; EbSchmidt 10a). Kein unbedingter Revisionsgrund liegt darin, daß entgegen § 51 Abs. 3 GVG keine *Einzelbeeidigung* stattgefunden hat (RGSt. 72 53; RG JW **1926** 2762; Kl 2 zu § 51 GVG; a. A. RGSt. **61** 374; Müller-Sax 2d).

Die Revision kann darauf gestützt werden, daß vom Schöffenamt wegen Unfähigkeit nach § 32 GVG *ausgeschlossene Schöffen* mitgewirkt haben (RGSt. **25** 415; **46** 77; Kl 1 zu § 32 GVG). Die Bestimmungen der §§ 33, 34 GVG sind hingegen nur Ordnungsvorschriften, deren Nichteinhaltung die Revision nicht begründet (BGH GA **1961** 206; BGH bei Dallinger MDR **1971** 723; RGSt. **39** 307; RGRspr. **7** 554; RG JW **1927** 793 m. Anm. Mannheim; OLG Köln MDR **1970** 864). Der unbedingte Revisionsgrund des § 338 Nr. 1 ist gegeben, wenn die Mitwirkung des Schöffen dadurch zustande kam, daß ein anderer ohne gesetzlichen Grund nach § 52 GVG von der *Schöffenliste gestrichen* worden ist (BGHSt. **9** 204; BGH bei Herlan GA **1971** 34; OLG Hamm MDR **1972** 261) oder nach § 54 GVG *entbunden* worden ist, sei es, daß darüber nicht der Richter, sondern der unzuständige Urkundsbeamte entschieden hat (BGH DRiZ **1967** 63), sei es, daß die Entscheidung auf Rechtsirrtum beruhte (BGH NJW **1967** 165; OLG Hamburg JR **1971** 341 m. Anm. Kohlhaas; OLG Hamm NJW **1957** 1121). Zur Urteilsaufhebung führt ferner, daß beim Wegfall eines Schöffen der an seine Stelle getretene Hilfsschöffe nicht nach der *Reihenfolge* der §§ 42 Nr. 2, 77, 84 GVG (BGHSt. **6** 118; **10** 252, **12** 243; RGSt. **65** 319; **66** 75) oder der §§ 49 Abs. 1, 77, 84 GVG eingetreten ist (BGHSt. **5** 73; **9** 206; **10** 384;

BGH LM Nr. 4 zu § 49 GVG; RGSt. 62 202, 424; 63 309; RG Recht 1928 Nr. 997; RG HRR 1928 1381; BayObLGSt. 1951 36; OLG Braunschweig NJW 1965 1240; OLG Hamm NJW 1968 119; OLG Schleswig SchlHA 1953 67; OLG Stuttgart NJW 1952 315). Entsprechendes gilt für Ergänzungsschöffen (BGHSt. 18 349 = JZ 1963 766 m. Anm. Kern; RGSt. 61 307).

5. **Mängel in der Person des Richters oder Schöffen.** Nach der älteren Rechtsprechung des Reichsgerichts lag der unbedingte Revisionsgrund des § 338 Nr. 1 nur vor, wenn ein Richter bei dem Urteil mitgewirkt hatte, der nicht in gesetzlicher Weise *berufen* war (RGSt. 22 107; 30 399; RG GA 68 360; RG LZ 1920 804). Erst im Jahre 1926 hat sich das Reichsgericht ohne nähere Begründung über die Bedenken hinweggesetzt, die dagegen sprechen, die Vorschriftswidrigkeit der Gerichtsbesetzung daraus herzuleiten, daß bei einzelnen Mitgliedern persönliche Mängel vorgelegen haben (RGSt. 60 64). Allerdings ist der wegen körperlicher Mängel verhandlungsunfähige Richter nicht in dem Sinne „anwesend", daß er die Aufgaben erfüllen könnte, zu deren Wahrnehmung er berufen ist (BGHSt. 4 193). Eine solche Abwesenheit fällt bei dem Staatsanwalt und den anderen Personen, deren Anwesenheit das Gesetz vorschreibt, unter § 338 Nr. 5. Es entspricht jedoch nunmehr allgemeiner Ansicht (zweifelnd noch KG JW 1930 1104), daß § 338 Nr. 1 die für Richter und Schöffen geltende *Sondervorschrift* ist. Einzelfälle:

a) **Blindheit.** Die Mitwirkung eines blinden Richters, auch als Beisitzer, ist jedenfalls dann unzulässig, wenn es darauf ankommt, daß dem Richter visuelle Eindrücke oder Erkenntnisse vermittelt werden, für die der Gehörsinn keinen ausreichenden Ersatz bietet. Darunter fallen die Augenscheinseinnahme und die Erläuterung von Gutachten und Zeugenaussagen anhand von Zeichnungen und Skizzen (BGHSt. 4 191 = JZ 1953 670 m. Anm. Wimmer; BGHSt. 5 354; 11 78; 18 51; BGH MDR 1964 522; OLG Hamm VRS 11 223). Eine strengere Auffassung will die Mitwirkung blinder Richter auch dann nicht zulassen, wenn es zu derartigen Beweiserhebungen nicht kommt (RGSt. 60 64; RG JW 1925 1008; 1928 821; EbSchmidt 14 und JZ 1970 340; Schorn, Der Laienrichter in der Strafrechtspflege, 16; Wimmer JZ 1953 671). Dieser Auffassung ist zuzustimmen; sie wird offenbar auch in der Entscheidung BVerfGE 20 55 vertreten, in der die Mitwirkung eines blinden Richters nur dann für unbedenklich erklärt wird, wenn die Verhandlung auf Rechtsfragen beschränkt bleibt. Visuelle Eindrücke (Mimik und Gestik von Angeklagten und Zeugen!) sind bei jeder Beweisaufnahme von ganz erheblicher Bedeutung. Die Meinung des Bundesgerichtshofs, ein Blinder könne das Fehlen dieser Eindrücke durch den geschärften Gehörsinn ausgleichen (BGHSt. 4 194), seine Mitwirkung könne daher geradezu ein Vorteil sein (BGHSt. 5 356), erscheint bedenklich. Seine Auffassung, auch viele andere Richter seien so kurzsichtig, daß sie den Gesichtsausdruck von Angeklagten und Zeugen nicht beobachten können (BGHSt. 5 356), hat keine realen Grundlagen. Daß auch ein blinder Angeklagter verhandlungsfähig ist (Sarstedt 144 Fn. 47), besagt nichts. Verhandlungsfähig kann sogar der geisteskranke Angeklagte sein.

b) **Erkrankung.** Geistige wie körperliche Erkrankungen (hohes Fieber, Schwindelanfälle, Atemnot) beeinträchtigen die Fähigkeit des Richters, der Verhandlung zu folgen. Die Mitwirkung eines solchen Richters ist daher unzulässig (BGH bei Dallinger MDR 1971 723; RG DRiZ 1928 Nr. 76; EbSchmidt 14; Seibert NJW 1963 1044).

c) **Schlafender Richter oder Schöffe.** Das feste Schlafen über einen erheblichen Zeitraum steht der Abwesenheit gleich und führt zu dem unbedingten Revisionsgrund des § 338 Nr. 1, sofern der davon betroffene Verhandlungsteil nicht wiederholt worden ist (BGHSt. 2 15; BGH bei Dallinger MDR 1956 398; 1971 364; RGSt. 60 63 = JW 1926 709 m. Anm. Drucker; RG JW 1936 3473; OLG Hamm NJW 1969 572; KG JW 1930 1104; Eckstein GS 83 127; Seibert NJW 1963 1044).

d) **Taubheit** steht der Abwesenheit gleich (BGHSt. 4 193 = JZ 1953 670 m. Anm. Wimmer; RGSt. 60 64).

e) **Unaufmerksamkeit.** Eine vorübergehende *Übermüdung* als Ursache der Unaufmerksamkeit führt nicht zur unvorschriftsmäßigen Besetzung des Gerichts. Die Rechtsprechung der Revisionsgerichte berücksichtigt den Erfahrungssatz, daß ohnehin niemand unausgesetzt einer längeren und schwierigen Verhandlung in allen Einzelheiten folgen kann, und hält den zwingenden Aufhebungsgrund des § 338 Nr. 1 nur für gegeben, wenn der Richter vom Schlaf übermannt worden ist, nicht schon, wenn er mit ihm nur gekämpft hat (BGHSt. 2 15; **11** 77; RG JW **1932** 2888; OLG Braunschweig NJW **1947/48** 150; OLG Hamm NJW **1969** 572; KG JW **1930** 1104). Können Richter der Verhandlung nicht aufmerksam genug folgen, weil sie sich durch eine mit ihr nicht unmittelbar im Zusammenhang stehende Tätigkeit selbst *abgelenkt* haben (Durchsicht von Gefangenenbriefen, Unterhaltung mit dem Beisitzer), so bleibt das Gericht vorschriftsmäßig, wenn auch mit Richtern besetzt, denen angemessenes Auftreten in der Sitzung beizubringen ist. Der Bundesgerichtshof hält in einem solchen Fall einen Verstoß gegen § 338 Nr. 1 für möglich, wenn der Richter sich außerstande gesetzt hat, der Verhandlung in wesentlichen Teilen aufmerksam zu folgen (BGH NJW **1962** 2212 = JR **1963** 229 m. Anm. EbSchmidt; dazu Marr NJW **1963** 309; s. a. Seibert NJW **1963** 1044).

II. Ausschließung kraft Gesetzes (Nr. 2)

Die Vorschrift betrifft die Mitwirkung eines in der Sache gesetzlich ausgeschlossenen Richters oder Schöffen an dem angefochtenen Urteil. Die Ausschließungsgründe ergeben sich aus §§ 22, 23. Sie gelten nach § 31 auch für Schöffen. Der Beschwerdeführer kann die Rüge der Verletzung des § 338 Nr. 2 erheben, auch wenn er den Richter nicht wegen des Ausschließungsgrundes nach § 24 abgelehnt hat. Unter § 338 Nr. 2 fällt nur die Mitwirkung an dem Urteil selbst. Hat der ausgeschlossene Richter nur Verfügungen zur Vorbereitung der Hauptverhandlung getroffen, so kann das mit der Revision nach § 336 gerügt werden (BGH bei Dallinger MDR **1953** 21).

III. Richterablehnung (Nr. 3)

1. **Allgemeines.** Richter und Schöffen dürfen bei dem Urteil nicht mitwirken, wenn sie wegen Besorgnis der Befangenheit nach § 24 abgelehnt worden sind und das Ablehnungsgesuch für begründet erklärt oder mit Unrecht verworfen worden ist. Wirken sie dennoch mit, so führt das zu dem unbedingten Revisionsgrund des § 338 Nr. 3. Die Vorschrift betrifft nur die Mitwirkung an dem Urteil selbst, nicht an Entscheidungen vor der Hauptverhandlung (BGH JZ **1956** 409 m. Anm. Kern; EbSchmidt 17). Auf eine fehlerhafte Behandlung von Ablehnungsgesuchen vor Eröffnung des Hauptverfahrens kann die Revision nicht gestützt werden (BGH NJW **1952** 234; **1962** 261; RGSt. 7 175). Daß ein mit Erfolg abgelehnter Richter oder Schöffe an dem Urteil mitwirkt, wird nicht vorkommen. Die praktische Bedeutung des § 338 Nr. 3 beschränkt sich auf den Fall, daß das Ablehnungsgesuch mit Unrecht verworfen worden ist.

2. **Anfechtung.** Nach § 28 Abs. 2 Satz 2 kann der Beschluß, mit dem ein gegen Richter oder Schöffen gerichtetes Ablehnungsgesuch (§§ 24, 31) als unzulässig verworfen oder als unbegründet zurückgewiesen worden ist, nur zusammen mit dem Urteil angefochten werden, wenn die Entscheidung einen erkennenden Richter (6 zu § 28) betrifft. Das setzt voraus, daß der Beschluß überhaupt anfechtbar ist. Hat das Oberlandesgericht im ersten Rechtszug entschieden, so ist seine Beschlußfassung über die Richterablehnung nach § 304 Abs. 4 Satz 2 nicht mit der Beschwerde und daher auch nicht mit der Revision anfechtbar. Gleiches gilt, wenn das Oberlandesgericht in einer bei dem Landgericht anhängigen Sache nach § 27 Abs. 4 entschieden hat (dazu 8 zu § 28).

Bei der Anfechtung zusammen mit der Revision muß nicht innerhalb der Frist des § 341 eine besondere sofortige Beschwerde eingelegt werden (OLG Karlsruhe Justiz **1968** 345; s. a. BayObLGSt. **1956** 249 = NJW **1957** 599). Jedoch muß die Formvorschrift des § 344 Abs. 2 beachtet werden (dazu II 4b zu § 344); denn das Rechtsmittel ist ein Teil der Revision (KG GA 57 233).

3. **Prüfung des Revisionsgerichts.** Für die nach § 28 Abs. 2 Satz 2 ausgeschlossene sofortige Beschwerde soll durch die Revision voller Ersatz gewährt werden (RGSt. 7 343; **30** 277). Das Revisionsgericht behandelt das Rechtsmittel daher nach Beschwerdegrundsätzen (8 zu § 28). Es darf und muß den Beschluß des Tatrichters nicht nur auf Rechts-

fehler, sondern auch in tatsächlicher Hinsicht prüfen und dabei sein eigenes Ermessen an die Stelle des Ermessens des Tatrichters setzen (BGHSt. **1** 36; **2** 11; **18** 203; **21** 88, 340; **23** 265; BGH JR **1957** 68; BGH bei Dallinger MDR **1951** 276; RGSt. **7** 341; **22** 136; **55** 56; **60** 44; **65** 42; **74** 297; RGRspr. **4** 854; **8** 89; RG DR **1940** 2068 m. Anm. Mittelbach; BayObLGSt. **1971** 124 = VRS **42** 46; OLG Karlsruhe JW **1932** 965; Müller-Sax 4). Dabei ist aber nur der Tatsachenstoff zugrundezulegen, der zur Zeit der Entscheidung durch den Tatrichter vorhanden war; neue Tatsachen und Beweismittel dürfen nicht berücksichtigt werden (BGHSt. **21** 88; BGH NJW **1960** 2108; BGH bei Dallinger MDR **1952** 659; RGSt. **60** 44; **74** 297; RGRspr. **4** 527; RG LZ **1921** 66; EbSchmidt Nachtr. 18; Sarstedt 145). Fehlt die tatsächliche Beurteilungsgrundlage, weil der Tatrichter in der irrigen Meinung, es komme hierauf nicht an, die geltend gemachten Tatsachen nicht aufgeklärt hat, so hat das Revisionsgericht darüber wie ein Beschwerdegericht eigene Ermittlungen anzustellen. Die Ansicht des Bundesgerichtshofs, es sei nicht Sache des Revisionsgerichts, insoweit nachzuholen, was das Tatgericht aus Rechtsirrtum unterlassen hat (BGHSt. **23** 203 = JR **1970** 268 m. Anm. Peters; BGHSt. **23** 267 = JR **1970** 467 m. Anm. Peters; ebenso offenbar Sarstedt 145 Fn. 4), läßt außer acht, daß das Revisionsgericht hier nach Beschwerdegrundsätzen entscheidet (so mit Recht Kl 4 und Dahs-Dahs 131).

4. **Mit Unrecht verworfen.** Darunter fällt sowohl die Verwerfung als unbegründet wie die als unzulässig (BGHSt. **5** 155; BGH NJW **1962** 2359). In jedem Fall kommt es aber darauf an, ob das Ablehnungsgesuch *sachlich begründet* war; nur dann ist es im Sinne des § 338 Nr. 3 mit Unrecht verworfen worden (EbSchmidt Nachtr. 18). Andere Rechtsfehler, die dem Tatrichter bei der Entscheidung über das Gesuch unterlaufen sind, führen für sich allein nicht zur Urteilsaufhebung. Das gilt für den Fall, daß das über das Ablehnungsgesuch beschließende Gericht unzuständig oder nicht ordnungsmäßig besetzt war (BGHSt. **18** 200 m. Anm. Schaper NJW **1963** 1883; BGHSt. **21** 338; BGH JR **1957** 68; Müller-Sax 4; EbSchmidt Nachtr. 18; **a. A.** BGH bei Dallinger MDR **1955** 271; RGSt. **19** 339; **49** 9), daß der Tatrichter das Gesuch rechtsirrig für verspätet (anders BGH NJW **1962** 2359) oder aus anderen Gründen für unzulässig gehalten und nach § 26a Abs. 1 unter Mitwirkung des abgelehnten Richters verworfen hat (BGHSt. **23** 267 = JR **1970** 467 m. Anm. Peters). Das Revisionsgericht entscheidet in der Sache selbst und prüft die Begründetheit des Ablehnungsgesuchs in allen diesen Fällen selbständig. Hiervon macht der Bundesgerichtshof eine Ausnahme für den Fall, daß der Tatrichter das Gesuch fehlerhaft als unzulässig verworfen hat, die Tatsachengrundlage für die Beurteilung der Frage, ob es unbegründet ist, aber fehlt. In diesem Fall soll es zulässig sein, dahinstehen zu lassen, ob der unbedingte Revisionsgrund des § 338 Nr. 1 gegeben ist, stattdessen einen „bedingten Aufhebungsgrund" für gegeben zu halten und die Sache unter Aufhebung des Urteils an die Vorinstanz zurückzuverweisen (BGHSt. **23** 203 = JR **1970** 268 m. abl. Anm. Peters). Diese Ansicht ist abzulehnen. Sie entfernt sich von dem Gesetz, das die Folgen der fehlerhaften Behandlung von Ablehnungsgesuchen in § 338 Nr. 3 und nirgends sonst geregelt hat.

IV. Örtliche und sachliche Unzuständigkeit (Nr. 4)

1. **Allgemeines.** Da die Vorschrift die fehlende Zuständigkeit als unbedingten Revisionsgrund ansieht, erkennt sie an, daß auch Urteile eines örtlich oder sachlich unzuständigen Gerichts volle Rechtswirksamkeit äußern, sofern sie nicht auf ein Rechtsmittel beseitigt werden (RGSt. **71** 378). Verletzungen der funktionellen Zuständigkeit (dazu 3 vor § 1) fallen nicht unter § 338 Nr. 4; für Abweichungen vom Geschäftsverteilungsplan gilt § 338 Nr. 1 (BGHSt. **3** 355; RGSt. **45** 262; Sarstedt 142).

2. **Verfahrensvoraussetzung.** Die örtliche und sachliche Zuständigkeit (vgl. Vorbem. 1, 2 vor § 1; Einleitung 128ff.) ist eine Verfahrensvoraussetzung (III 3q zu § 337). Aus dem Wesen der Prozeßvoraussetzung, die Zulässigkeit eines Sachurteils in einer bestimmten Sache zu bedingen (dazu Einleitung 78), folgt, daß ihr Mangel von Amts wegen zu prüfen ist, sofern das Gesetz keine gegenteilige Regelung trifft (5 zu § 6). Die Vorschrift des § 338 Nr. 4 ist keine gegenteilige Regelung (anders OLG Stuttgart NJW **1959** 1698); sie findet ihre Erklärung darin, daß die Lehre von den Prozeßvoraussetzungen noch nicht allgemein anerkannt war, als der Gesetzgeber von 1877 die Strafprozeßordnung in Kraft setzte (BGHSt. **10** 75).

3. Örtliche Zuständigkeit. Der Tatrichter hat die örtliche Zuständigkeit von Amts wegen zu prüfen, nach Eröffnung des Hauptverfahrens aber nur noch auf Einwand des Angeklagten (§ 18). Der Angeklagte kann ihn in der Hauptverhandlung, wenn keine Voruntersuchung stattgefunden hat, nur bis zum Beginn der Vernehmung zur Sache geltend machen, in der Voruntersuchung nur bis zu deren Schluß (§ 16). Danach ist der Einwand abgeschnitten (Näheres bei den §§ 16ff.). Ist der Einwand einmal ablehnend beschieden worden, so lebt er nicht von selbst wieder auf (RGSt. **68** 268). Im Revisionsverfahren ist daher nach dieser Regelung nur auf entsprechende Rüge (Müller-Sax 5a; II 5 zu § 18) zu prüfen, ob der Einwand rechtzeitig erhoben ist und ob der Tatrichter ihn zu Unrecht verworfen, die Vorschriften der §§ 7ff. also unrichtig angewendet hat (RGSt. **3** 137; **17** 412; RG GA **45** 138). In diesem Rahmen fällt der Einwand der örtlichen Unzuständigkeit unter § 338 Nr. 4 (BGHSt. **11** 131; RGSt. **40** 359). War der Einwand vor Eröffnung des Hauptverfahrens verworfen worden und hatte auch eine sofortige Beschwerde keinen Erfolg, so kann die Revision hierauf nicht gestützt werden (RGSt. **34** 215). Gleiches gilt, wenn der Angeklagte von der Möglichkeit der sofortigen Beschwerde keinen Gebrauch gemacht hat (RGSt. **26** 342). Der Einwand ist aber im Revisionsverfahren auch zu beachten, wenn er nach Eröffnung des Hauptverfahrens vor der Hauptverhandlung erhoben und zurückgewiesen, in der Hauptverhandlung jedoch nicht wiederholt worden ist (RG DRiZ **1924** Nr. 840; RG JW **1933** 444; **a. A.** RGSt. **17** 412). Eine andere rechtliche Beurteilung der Tat als im Anklagesatz beeinflußt die örtliche Zuständigkeit nicht (RGSt. **65** 267; Müller-Sax 5a). Hat nur ein Mitangeklagter den Einwand erhoben, so erstreckt sich die Prüfung auch auf den anderen Mitangeklagten (RGSt. **23** 156). Die Staatsanwaltschaft kann die örtliche Unzuständigkeit nicht zuungunsten des Angeklagten rügen (II 5 zu § 18).

4. Sachliche Zuständigkeit. Die Revisionsgerichte haben die sachliche Zuständigkeit des Gerichts, dessen Urteil angefochten ist, von Amts wegen zu prüfen; eine Revisionsrüge ist nicht erforderlich (III 3q zu § 337). Wie sich aus § 269 ergibt, ist es unschädlich und kein Revisionsgrund, wenn statt eines niederen ein höheres Gericht entschieden hat (BGHSt. **1** 348 = MDR **1952** 117 m. Anm. Dallinger; BGHSt. **9** 368; **21** 358; BGH VRS **23** 267; BGH GA **1963** 100; RGSt. **16** 40; EbSchmidt Nachtr. 20). Anders ist es, wenn die Zuständigkeit des höheren Gerichts willkürlich begründet worden ist (BGH GA **1970** 25; OLG Celle OLGSt. § 269 S. 1; s. a. 4 zu § 269). Der Revisionsgrund des § 338 Nr. 4 ist ferner nur gegeben, wenn das Gericht seine sachliche Zuständigkeit *beim Urteil* zu Unrecht angenommen hat; daß sie nach der rechtlichen Beurteilung der Tat in der Anklageschrift nicht bestand, ist unerheblich (BGHSt. **1** 347 = MDR **1952** 117 m. Anm. Dallinger; BGHSt. **10** 64; vgl. auch OLG Celle NJW **1963** 1886). Es kommt also nicht darauf an, daß bei einer richtigen rechtlichen Würdigung des Anklagevorwurfs, der sich in tatsächlicher Hinsicht dann aber nicht bestätigt hat, ein höheres Gericht zuständig gewesen wäre. Ebensowenig ist von Bedeutung, ob in der Hauptverhandlung zunächst der Verdacht einer Straftat entstanden ist, zu dessen Aburteilung das Gericht sachlich nicht zuständig war. In beiden Fällen ist zwar gegen § 270 verstoßen worden (EbSchmidt Nachtr. 11 zu § 270; s. a. 3 zu § 270). Aber zu dem unbedingten Revisionsgrund des § 338 Nr. 4 führt nicht bereits die Verletzung des § 270, sondern nur die sachliche Unzuständigkeit des erkennenden Gerichts. Andernfalls müßte man zu dem Ergebnis kommen, daß das Revisionsgericht das Urteil aufheben, die Sache dann aber, da ja nach den Urteilsfeststellungen ein zur Zuständigkeit gerade dieses Tatrichters gehörender Straffall abgeurteilt worden ist, nach § 355 wieder an dasselbe Gericht verweisen müßte (anders Dallinger MDR 1952 119, der aber übersieht, daß für die Zurückverweisung durch das Revisionsgericht nicht Rechtslagen entscheidend sein können, die früher einmal, nicht aber bei Erlaß des angefochtenen Urteils bestanden haben).

Die Zuständigkeitsabgrenzung zwischen der *kleinen und der großen Strafkammer* in Berufungssachen (§§ 74 Abs. 2, 76 Abs. 2 GVG) ist eine Frage der sachlichen Zuständigkeit und daher von Amts wegen zu beachten (BayObLGSt. **1970** 62 = VRS **39** 107). Dagegen betrifft die Zuständigkeitsverteilung zwischen *Jugendgerichten und allgemeinen Strafgerichten* die sachliche Zuständigkeit nicht. Die Jugendgerichte haben keine andersartige sachliche Zuständigkeit als die allgemeinen Strafgerichte. Ihnen ist nur innerhalb derselben Gerichtszuständigkeit ein besonderer sachlicher Geschäftskreis zugewiesen worden. Daher liegt der unbedingte Revisionsgrund des § 338 Nr. 4 nicht vor, wenn ein Erwachsener statt von dem zuständigen Erwachsenengericht von einem Jugendgericht gleicher Stufe (Jugendrichter oder Jugendschöffengericht statt Einzelrichter oder Schöffengericht; Jugendkammer statt Strafkammer) verurteilt worden ist (BGHSt. **18** 79 — GSSt.; **a. A.** die frühere Rechtsprechung des Bundesgerichtshofs: BGHSt. **7** 28; **8** 353; **10** 64, 76; **13** 161; BGH NJW **1960** 2203 sowie BayObLGSt. **1955** 53 = MDR **1955** 373; BayObLGSt. **1957** 22 = NJW **1957** 1161; BayObLGSt. **1960** 124 = NJW **1960** 2014; s. a. OLG Oldenburg NJW **1957** 1329). Die Ausführungen in BGHSt. **18** 79 beziehen sich unmittelbar nur auf diesen Fall, zeigen aber in ihrem Zusammenhang deutlich, daß der Bundesgerichtshof auch in dem umgekehrten Fall (Entscheidung des Erwachsenengerichts statt des Jugendgerichts) keinen Verstoß gegen die sachliche Zuständigkeit für gegeben hält. Dennoch wird für diesen Fall in der Rechtsprechung teilweise daran festgehalten, daß der Revisionsgrund des § 338 Nr. 4 vorliegt (BayObLGSt. **1964** 91 = GA **1964** 335; OLG Saarbrücken NJW **1966** 1041). Diese Unterscheidung hat keine Berechtigung; das Verhältnis zwischen Jugendgerichten und allgemeinen Strafgerichten kann nur einheitlich beurteilt werden.

Auch das Verhältnis zwischen der *Staatsschutzkammer* nach § 74 a GVG und der allgemeinen Strafkammer hat mit der sachlichen Zuständigkeit nichts zu tun. In § 74 a GVG ist nur die örtliche Zuständigkeit im Verhältnis mehrerer Landgerichte untereinander und eine geschäftsordnungsmäßige (funktionelle) Zuständigkeit im Verhältnis mehrerer großer Strafkammern zu der an demselben Landgericht eingerichteten Staatsschutzkammer geregelt (BHGSt. **13** 380; OLG München MDR **1956** 375; Müller-Sax 5 b; **a. A.** Eb. Schmidt 16 zu § 74a GVG; Schwarz NJW **1956** 1305; Wagner GA **1957** 167).

Wird das Urteil aufgehoben, weil das Gericht örtlich oder sachlich nicht zuständig war, so verweist das Revisionsgericht die Sache nach § 355 an das zuständige Gericht. Der Fall, daß sich das Gericht zu Unrecht für unzuständig erklärt, ist nicht geregelt, weil dies durch Beschluß geschieht, der mit Beschwerde anzufechten ist (dazu Traut GS 56 380).

V. Gesetzwidrige Abwesenheit (Nr. 5)

1. Hauptverhandlung. Die Grundlage für das Urteil muß unter allen Umständen eine Hauptverhandlung bilden, die nicht nur in ihrer Gesamtheit, sondern in allen ihren einzelnen Teilen gesetzmäßig war (RGSt. 2 106; 53 171; RGRspr. **10** 279). Das setzt § 338 Nr. 5 hinsichtlich der Anwesenheit der Beteiligten durch. Für Richter und Schöffen gilt die Vorschrift nicht; hier greift § 338 Nr. 1 ein (oben I 5).

Nach § 226 ist die Hauptverhandlung in ununterbrochener Anwesenheit der Richter, des Staatsanwalts und des Urkundsbeamten durchzuführen. Gegen den ausgebliebenen Angeklagten darf, von den Ausnahmen der §§ 231 ff. abgesehen, nicht verhandelt werden (§ 230 Abs. 1). Der erschienene Angeklagte darf sich aus der Hauptverhandlung nicht entfernen (§ 231 Abs. 1 Satz 1). Unerläßlich ist ferner die Anwesenheit des notwendigen Verteidigers (§ 140) und, sofern der Angeklagte oder andere Personen der deutschen Sprache nicht mächtig sind, eines Dolmetschers (§ 185 GVG). Auf die Einhaltung dieser Vorschriften kann nicht verzichtet werden (VII 3 b zu § 337).

2. Abwesenheit. Der Anwesenheitspflicht wird nicht schon durch körperliche Teilnahme an der Verhandlung genügt (BGHSt. **23** 334). Ein Angeklagter, der zu einer Ortsbesichtigung zwar erscheint, sich aber außerhalb der Hörweite des Gerichts aufhält, ist nicht anwesend (OLG Hamm OLGSt. § 231 S. 3). Anders kann es sein, wenn er auf Weisung des Gerichts an der Rekonstruierung eines Verkehrsvorganges mitwirkt (dazu OLG Braunschweig NJW **1963** 1322 m. Anm. Kleinknecht; OLG Köln VRS **6** 461). Als abwesend ist insbesondere anzusehen, wer durch schwere körperliche und geistige Beeinträchtigungen an der Wahrnehmung aller wesentlichen Verhandlungsvorgänge gehindert, also verhandlungsunfähig ist (BGH NJW **1970** 1981; BGH bei Dallinger MDR **1953** 598; RGSt. **1** 149; **29** 324; **57** 373; RG HRR **1940** 344; OGHSt. 2 377; OLG Oldenburg MDR **1963** 433). Insoweit gelten dieselben Grundsätze wie für Richter und Schöffen (vgl. oben I 5).

Die Abwesenheit schadet nur, wenn sie sich auf *wesentliche Teile der Hauptverhandlung* erstreckt (BGH GA **1963** 19; **a. A.** EbSchmidt 5 zu § 230). Unwesentlich ist z. B. der Aufruf der Zeugen und Sachverständigen (BGHSt. **15** 263; BGH NJW **1953** 1801; RGSt. **58** 180; **64** 309), die Feststellung der Identität des Angeklagten (BGH NJW **1953** 1801;

Sarstedt 147), die mündliche Eröffnung der Urteilsgründe (BGHSt. **15** 263; a. A. RG JW **1938** 1644 m. Anm. Rilk; Poppe NJW **1954** 1914), die Bekanntmachung eines Termins zur Urteilsverkündung (RG JW **1934** 1177), die Verkündung von Beschlüssen über die Bewährungszeit und -auflagen nach § 268a und über die Haftfortdauer nach § 268b sowie die Belehrungen nach §§ 35a, 268a Abs. 2 (Poppe NJW **1954** 1915).

Zu den *wesentlichen Vorgängen der Hauptverhandlung* gehören die Vernehmung des Angeklagten zur Person und zur Sache (BGHSt. **9** 244; RGSt. **38** 217; **53** 171; RG JW **1934** 2241; RG DR **1939** 627 m. Anm. Hülle; RG DJ **1935** 31; a. A. OLG Stuttgart NJW **1950** 359 m. Anm. Roesen = DRZ **1950** 373 m. Anm. Otto, das es genügen läßt, wenn der Verteidiger nach Beginn der Sachvernehmung des Angeklagten erscheint), die Verlesung des Anklagesatzes (BGHSt. **9** 244) oder des erstinstanzlichen Urteils (OLG Stuttgart Justiz **1964** 172), die Feststellung der Vorstrafen (BGH NJW **1972** 2006), die Beweisaufnahme (BGHSt. **9** 244; **15** 306; BGH NJW **1973** 522) einschließlich der Erörterungen über ihren Umfang (RGSt. **44** 18) oder über den Beweisantrag eines Mitangeklagten (RG HRR **1937** 288), die Vernehmung der Mitangeklagten (BGH GA **1963** 19; RGSt. **55** 168; OLG Düsseldorf JR **1948** 352), der Sachverständigen (RGSt. **60** 180; **69** 256), die Vernehmung und Beeidigung von Zeugen (OLG Hamm JMBlNRW **1961** 91; OLG Köln NJW **1952** 758), die Ortsbesichtigung (BGHSt. **3** 188; RGSt. **42** 198; **66** 28; OLG Braunschweig NJW **1963** 1322 m. Anm. Kleinknecht; OLG Hamburg GA **1961** 177; OLG Hamm NJW **1959** 1192; VRS **14** 370; OLGSt. § 231 S. 3), der Schlußvortrag des Verteidigers eines Mitangeklagten (RG JW **1930** 717 m. Anm. Beling) oder des Prozeßbevollmächtigten des Nebenklägers (RGSt. **40** 230), die Verlesung der Urteilsformel nach § 268 Abs. 2 (BGHSt. **8** 41; **15** 263; **16** 180; BGH NJW **1953** 155; BGH bei Dallinger MDR **1956** 11; **1957** 141; RGSt. **9** 275; **31** 399; **42** 246; **57** 265; **63** 249; **64** 311; RG JW **1930** 3858 m. Anm. Alsberg; RG JW **1938** 1644 m. Anm. Rilk; RG HRR **1940** 345; OLG Düsseldorf GA **1957** 418; OLG Hamm MDR **1970** 525; OLG Neustadt NJW **1962** 1632, das aber Befreiung vom Verkündungstermin zuläßt; Poppe NJW **1954** 1915; a. A. RGSt. **54** 292).

Die An- oder Abwesenheit eines Prozeßbeteiligten wird durch das Sitzungsprotokoll bewiesen; sie gilt als Förmlichkeit im Sinne der §§ 273, 274 (RGSt. 34 385; RG JW **1930** 3858 m. Anm. Alsberg; 3a zu § 273; 4a zu § 274).

3. Einzelheiten

a) Staatsanwalt. Die Staatsanwaltschaft muß während der gesamten Hauptverhandlung vertreten sein (RG JW **1934** 2240 m. Anm. Krille; OLG Schleswig SchlHA **1970** 198), auch während der Urteilsverkündung (RGSt. **9** 275; Poppe NJW **1954** 1915). Mehrere Staatsanwälte dürfen nacheinander tätig werden (dazu 1 zu § 227). Der Staatsanwalt gilt auch dann als abwesend, wenn er nicht befugt war, in der Hauptverhandlung aufzutreten (Näheres dazu bei 2 zu § 226). Durfte der Staatsanwalt nach seiner Vernehmung als Zeuge die Anklagebehörde nicht weiter vertreten (dazu 2 zu § 226), so liegt kein unbedingter Revisionsgrund vor, wenn er das dennoch tut (BGHSt. **14** 265; RGSt. **29** 236; RG JW **1933** 523; RG GA **71** 92). Die bloße Unaufmerksamkeit des Staatsanwalts fällt nicht unter § 338 Nr. 5, sofern er sich nicht außerstande setzt, wesentlichen Teilen der Verhandlung zu folgen (OLG Kiel JW **1929** 2775 m. Anm. Mamroth; OLG Oldenburg MDR **1963** 443 für den Fall der Aktenbearbeitung während der Verhandlung; Seibert NJW **1963** 1590 für den Fall des Zeitungslesens während des Schlußvortrags des Verteidigers). Auch die Weigerung, einen Schlußvortrag zu halten, ist kein zwingender Aufhebungsgrund (OLG Frankfurt NJW **1956** 1250), sondern allenfalls ein nach § 337 zu rügender Verfahrensfehler (OLG Düsseldorf NJW **1963** 1167). In dem Unterlassen der Mitwirkung an einem nach § 377 Abs. 2 übernommenen Privatklageverfahren sieht das OLG Saarbrücken (NJW **1959** 163) ein von Amts wegen zu beachtendes Prozeßhindernis.

b) Angeklagter. Die Verhandlung in Abwesenheit des Angeklagten oder dessen dauernde Verhandlungsunfähigkeit in der Hauptverhandlung ist ein von Amts wegen zu berücksichtigendes Verfahrenshindernis (III 3a zu § 337). Der unbedingte Revisionsgrund des § 338 Nr. 5 ist daher, soweit er den Angeklagten betrifft, nur bei *vorübergehender Abwesenheit und Verhandlungsunfähigkeit* von Bedeutung (Müller-Sax 6e). Der Angeklagte muß in der Hauptverhandlung grundsätzlich ununterbrochen zugegen sein, um alle ihn betreffenden

Verfahrensvorgänge wahrnehmen und sich entsprechend verteidigen zu können (BGHSt. 3 385). Kurzfristige Beurlaubungen durch den Vorsitzenden sind unzulässig (RGSt. **40** 230; **58** 150; **70** 68; RGRspr. **10** 276; RG JW **1927** 2042; RG HRR **1937** 288; **a. A.** OLG Neustadt HESt. 2 94 = DRZ **1949** 283 m. Anm. Niethammer für eine ausgedehnte Hauptverhandlung mit zahlreichen Angeklagten; OLG Neustadt HESt. 3 32 für eine Hauptverhandlung mit 68 Angeklagten; OLG für Hessen HESt. 3 71 = JR **1949** 515 für minutenlange Beurlaubungen in einer mehrtägigen Hauptverhandlung). Wird die zeitweilige Verhandlungsunfähigkeit gerügt, so prüft das Revisionsgericht die Tatsachen nicht nach, aus denen sie sich ergeben haben soll (IV 3b zu § 337). Als nicht mehr verhandlungsfähig kann der Angeklagte ohne weiteres bei allzu ausgedehnter Verhandlungsdauer angesehen werden (BGH bei Dallinger MDR **1953** 598; Sarstedt 149).

Läßt das Gericht den Angeklagten zeitweilig abtreten, ohne daß die Voraussetzungen des § 247 vorgelegen haben oder in dem Gerichtsbeschluß deutlich aufgeführt sind, so trifft § 338 Nr. 5 zu (RGSt. **69** 254; 7 zu § 247). Die Vorschrift greift nach der Ansicht des Bundesgerichtshofs auch ein, wenn die Beschlußfassung durch das Gericht, nicht aber auch die sachlichen Voraussetzungen des § 247 fehlen (BGHSt. **4** 365; BGH NJW **1953** 1925; BGH GA **1968** 281; ebenso Müller-Sax 7 zu § 247; **a. A.** BGH JZ **1955** 386; RG JW **1927** 2044; **1935** 1861). Das gilt jedenfalls dann, wenn sich nicht feststellen läßt, ob das Gericht, an dessen Stelle der Vorsitzende irrtümlich gehandelt hat, den Angeklagten nach § 247 hätte abtreten lassen dürfen (BGHSt. **15** 196). Die Vorschrift ist schließlich auch anzuwenden, wenn während der Abwesenheit des Angeklagten entgegen § 247 Abs. 1 eine Urkunde verlesen worden ist (BGHSt. **21** 334; **a. A.** RGSt. **29** 30).

Wird das Verfahren gegen einen von mehreren Angeklagten in der Hauptverhandlung zunächst *abgetrennt,* dann aber wieder mit dem gegen die Mitangeklagten verbunden, so läuft das auf eine zeitweilige Beurlaubung des Angeklagten hinaus. Hiergegen ist rechtlich nichts einzuwenden, sofern während der Abtrennung nur die den Mitangeklagten vorgeworfenen Taten erörtert werden (BGHSt. **21** 180; BGH NJW **1953** 836; RGSt. **69** 20, 362; **70** 67; RG JW **1935** 1098 m. Anm. Klefisch; RG JW **1935** 2980). Der Revisionsgrund des § 338 Nr. 5 ist aber gegeben, wenn die Verhandlung in Abwesenheit des Angeklagten Vorgänge zum Gegenstand hat, durch die die gegen ihn selbst erhobenen Vorwürfe berührt werden (BGHSt. **24** 259). Die Verfahrensabtrennung darf in derartigen Fällen nicht durch eine Beurlaubung des Angeklagten ersetzt werden (RGSt. **70** 68; **a. A.** unter bestimmten Voraussetzungen: OLG Neustadt HESt. 2 94 = DRZ **1949** 283 m. Anm. Niethammer; OLG Neustadt HESt. 3 32; OLG für Hessen HESt. 3 71 = JR **1949** 515; vgl. auch 4b zu § 230; 6b zu § 237).

c) Verteidiger. Der unbedingte Revisionsgrund des § 338 Nr. 5 kann nur vorliegen, wenn die Verteidigung nach § 140 Abs. 1 oder 2 notwendig ist (BGHSt. **15** 307; BGH GA **1959** 178; RGSt. **57** 265; **62** 22). Sonst fällt das Ausbleiben oder die zeitweilige Abwesenheit des Wahlverteidigers nicht unter die Vorschrift (RGSt. **28** 413; **44** 217; **61** 182; BayObLG JR **1960** 190; KG JW **1932** 1169). Bei notwendiger Verteidigung macht es keinen Unterschied, ob der Wahlverteidiger oder der Pflichtverteidiger ausgeblieben war. Hat der Angeklagte mehrere Verteidiger, so genügt grundsätzlich die Anwesenheit eines von ihnen (BGH bei Dallinger MDR **1966** 200; RG JW **1930** 716 m. Anm. Beling). Das Auftreten mehrerer Verteidiger nacheinander ist zulässig (2 zu § 227). Ergibt sich die Notwendigkeit der Verteidigung erst während der Verhandlung, so muß sie in Anwesenheit des dann bestellten Pflichtverteidigers wiederholt werden (BGHSt. **9** 244; RGSt. **44** 217). Das gilt auch, wenn der Wahlverteidiger eines Mitangeklagten zum Pflichtverteidiger bestellt wird (BGH NJW **1956** 1767). Fallen die Voraussetzungen des § 140 Abs. 2 nachträglich durch Beschränkung der Berufung weg, so besteht keine notwendige Verteidigung mehr (OLG Hamm JZ **1957** 759 m. Anm. EbSchmidt).

Nach der Rechtsprechung des Bundesgerichtshofs soll der unbedingte Revisionsgrund des § 338 Nr. 5 auch gegeben sein, wenn ein Fall der notwendigen Verteidigung nach § 140 Abs. 2 vorliegt, das Gericht jedoch unterlassen hat, einen Verteidiger beizuordnen, weil es die Vorschrift übersehen hat oder irrig der Meinung war, die Voraussetzungen für die Pflichtverteidigerbestellung lägen nicht vor (BGHSt. **15** 307). Demgegenüber vertritt Dünnebier in diesem Kommentar (14 zu § 141) mit Recht die Ansicht, daß der zwingende

Aufhebungsgrund die Abwesenheit eines nach § 140 Abs. 1 ohne weiteres zu bestellenden oder eines nach § 140 Abs. 2 bereits bestellten Pflichtverteidigers voraussetzt, aber nicht gegeben ist, wenn erst die Ermessensfrage geprüft werden muß, ob überhaupt die Mitwirkung eines Verteidigers erforderlich ist. Praktische Auswirkungen hat der Streit kaum; denn auf der fehlenden Mitwirkung eines nach § 140 Abs. 2 zu bestellenden Pflichtverteidigers wird das Urteil stets beruhen.

Ebenso wie der Angeklagte muß der Verteidiger während der ganzen Verhandlung anwesend sein. Nur bei ganz unwesentlichen Vorgängen darf er fehlen (OLG Hamm MDR **1970** 525; a. A. EbSchmidt Nachtr. 5 zu § 140, der Ausnahmen unter keinen Umständen zulassen will). Unschädlich ist es, wenn der Verteidiger nur während eines Zeitraumes abwesend ist, in dem über einen Tatvorwurf verhandelt wurde, von dem der Angeklagte freigesprochen ist (BGHSt. **15** 308) oder der nur die Mitangeklagten betraf (BGHSt. **21** 180). War die Verteidigung notwendig, weil ein Verbrechen angeklagt (§ 140 Abs. 1 Nr. 2) oder das Verfahren zu den Sicherungsmaßregeln der §§ 42b und 1 StGB führen konnte (§ 140 Abs. 1 Nr. 3), so ist der unbedingte Revisionsgrund des § 338 Nr. 5 wegen fehlender Mitwirkung eines Verteidigers auch dann gegeben, wenn der Angeklagte nur wegen eines Vergehens verurteilt und die Sicherungsmaßregel im Urteil nicht angeordnet worden ist (BGHSt. **4** 322; RGSt. **70** 318; RG HRR **1942** 256; EbSchmidt Nachtr. 6 zu § 140). Anders ist es, wenn erst der Staatsanwalt in seinem Schlußvortrag die Anordnung der Sicherungsmaßregel beantragt hat, das Gericht dem Antrag aber nicht gefolgt ist (BGH bei Dallinger MDR **1957** 141). Die Abwesenheit des Verteidigers führt in den Fällen der notwendigen Verteidigung nach § 140 Abs. 1 Nr. 2 und 3 zur Aufhebung des Urteils in vollem Umfang, auch wenn nur eine der abgeurteilten Taten ein Verbrechen war oder wenn die Voraussetzungen des § 42 1 StGB nur bei einer von mehreren angeklagten Straftaten vorgelegen haben (BGH NJW **1956** 1767; BGH GA **1959** 55; RGSt. **67** 12; **68** 398; EbSchmidt Nachtr. 6 zu § 140).

Wenn der Verteidiger erschienen war und die Verteidigung geführt hat, kann mit der Revision nicht geltend gemacht werden, daß er außerstande gewesen sei, sie *ordnungsgemäß* zu führen (BGH JR **1962** 428; BGH NJW **1964** 1485; RGSt. **57** 373; RG JW **1938** 1644; a. A. RG HRR **1940** 344). War die Verteidigung nach § 140 notwendig, kann aber auch der zeitweilig nicht erschienene Wahlverteidiger die Revision auf § 338 Nr. 5 stützen (BGHSt. **15** 308). Eine Verwirkung ist nicht möglich (VII 6 zu § 337).

d) **Der Beistand** (§ 149, § 69 Abs. 1 JGG) gehört nicht zu dem Personenkreis des § 338 Nr. 5.

e) **Privatkläger.** Näheres hierzu bei § 391. Seine Abwesenheit während der Urteilsverkündung führt nicht zur Urteilsaufhebung nach § 338 Nr. 5 (Poppe NJW **1954** 1915).

f) **Nebenkläger.** Zu den Personen, die in der Hauptverhandlung anwesend sein müssen, gehört der Nebenkläger nicht (RGSt. **28** 225; **31** 37; **59** 104; EbSchmidt 23). Er kann auch bei der Urteilsverkündung fehlen (RG JW **1936** 3468; Poppe NJW **1954** 1915). Wird er von der Verhandlung ausgeschlossen, so werden nur seine eigenen Rechte verletzt (RG JW **1931** 2505). Er selbst kann die Verletzung seines Anwesenheitsrechts nach § 337 rügen. Wenn er nicht einmal als Nebenkläger geladen und in der Hauptverhandlung ausschließlich als Zeuge behandelt worden ist, soll § 338 Nr. 5 sinngemäß zu seinen Gunsten anzuwenden sein (RGSt. **28** 222).

g) **Dolmetscher.** Ist die Mitwirkung eines Dolmetschers nach § 185 GVG erforderlich, so muß er während der ganzen Verhandlung zugegen sein; andernfalls liegt der Aufhebungsgrund des § 338 Nr. 5 vor (RG GA **47** 384). Wenn der Angeklagte die deutsche Sprache nur nicht vollständig beherrscht, sich aber in ihr verständigen kann, bildet die zeitweilige Abwesenheit des Dolmetschers nicht ohne weiteres einen Revisionsgrund (BGHSt. **3** 285; RG GA **50** 394; EbSchmidt 26).

h) **Sachverständige** gehören nicht zu dem Kreis der Personen, deren ständige Anwesenheit in der Hauptverhandlung erforderlich ist (5b zu § 226). Ist entgegen § 246a kein Sachverständiger zugezogen worden, so ist nur die Rüge nach § 337 zulässig; der Aufhebungsgrund des § 338 Nr. 5 liegt auch dann nicht vor (BGHSt. **9** 3; BGH bei Dallinger MDR

1954 310; Müller-Sax 6; EbSchmidt 3; a. A. RG HRR 1935 993; vgl. auch 5 zu § 246a).

VI. Öffentlichkeit des Verfahrens (Nr. 6)

1. Anwendungsbereich der Vorschrift. Der Grundsatz, daß Gerichtsverhandlungen öffentlich zu führen sind, ist eine – auch durch Art. 6 Abs. 1 Satz 1 MRK gewährleistete – *grundlegende Einrichtung des Rechtsstaates* (BGHSt. **3** 387; **7** 221; **9** 281; **21** 72; **22** 301; **23** 178). Der unbedingte Revisionsgrund des § 338 Nr. 6 soll die unverbrüchliche Beachtung dieses Grundsatzes verbürgen. Die Vorschrift dient dem Interesse der Allgemeinheit an der Öffentlichkeit des Gerichtsverfahrens, nicht dem Schutz des Angeklagten gegen Bloßstellungen oder sonstige Beeinträchtigungen seiner Persönlichkeit durch eine öffentliche Gerichtsverhandlung (BGHSt. **23** 85; Peters 573).

Demgemäß führt nach herrschender Ansicht *nur die unzulässige Beschränkung,* nicht aber eine unzulässige Erweiterung der Öffentlichkeit zu dem unbedingten Revisionsgrund des § 338 Nr. 6 (BGHSt. **10** 206; **23** 85 = JZ **1970** 34 m. Anm. EbSchmidt; BGHSt. **23** 178; BGH NJW **1952** 153; BGH GA **1953** 84; BGH bei Dallinger MDR **1953** 149; RGSt. **3** 297; **69** 402; **77** 186; RGRspr. **1** 324, 652; **3** 297; **4** 286; RG JW **1934** 370; OGHSt. **2** 338; OLG Hamm HESt. **2** 143; KG JR **1950** 119; Kl 7; Müller-Sax 7a; Eb. Schmidt Nachtr. 21; Dallinger-Lackner 6 zu § 48 JGG; Dahs-Dahs 153; Sarstedt 149). Der Angeklagte hat keinen Anspruch auf Ausschluß der Öffentlichkeit (RG HRR **1939** 278), auch nicht nach Art. 1 und 2 GG oder Art. 6 MRK (BGHSt. **23** 82 = JZ **1970** 34 m. Anm. EbSchmidt; BGH NJW **1967** 687; s. aber auch Kl 5 zu Art. 6 MRK; Herbst NJW **1969** 546; Humborg NJW **1966** 1015; Kühne NJW **1971** 224). Allenfalls nach § 337 kann daher gerügt werden, daß der Antrag des Angeklagten auf Ausschließung der Öffentlichkeit zu Unrecht abgelehnt worden ist (BGH bei Dallinger MDR **1953** 149; RG HRR **1939** 278; OLG Dresden JW **1932** 3657 m. Anm. Mamroth; KG JR **1950** 119), daß unter Verstoß gegen den Ausschließungsbeschluß (BGH bei Herlan GA **1963** 102) oder gegen § 48 Abs. 1 JGG (BGHSt. **23** 178; OLG Hamm HESt. **2** 143) öffentlich verhandelt worden ist, daß wegen der großen Anzahl Personen, denen der Zutritt gestattet war, die Verhandlung tatsächlich öffentlich geführt worden ist (RGSt. **77** 186) oder daß eine am Verfahren nicht beteiligte Person in der nichtöffentlichen Sitzung anwesend war, ohne daß ein Beschluß nach § 175 Abs. 2 Satz 1 GVG ergangen ist (RG LZ **1921** 114; OGHSt. **2** 338).

Zweifel an der Richtigkeit dieser Rechtsansicht sind geltend gemacht worden, nachdem durch das StPÄG dem § 169 GVG der Satz 2 angefügt worden ist, der Ton-, Fernseh- und Filmaufnahmen in der Verhandlung verbietet. Der Bundesgerichtshof hat die Frage, ob ein Verstoß hiergegen zu dem unbedingten Revisionsgrund des § 338 Nr. 6 führt, nicht entschieden und hält es sogar für zweifelhaft, ob sie jemals entschieden werden muß; Fälle, in denen das Urteil auf dem Verstoß nicht beruht, sind nach seiner Ansicht kaum denkbar (BGHSt. **22** 83). Kritisiert worden ist diese Entscheidung vor allem von EbSchmidt (NJW **1968** 804), der sich zuvor schon in Justiz und Publizistik (1968, 42ff.) unter Aufgabe seiner bisherigen Auffassung dafür ausgesprochen hatte, den Anwendungsbereich des § 338 Nr. 6 dahin zu erweitern, daß er auch Fälle der unzulässig erweiterten Öffentlichkeit umfaßt, und von Roxin (JZ **1968** 803), der jedenfalls den Verstoß gegen § 169 Satz 2 GVG als zwingenden Revisionsgrund anerkannt wissen will. Die Kritik ist nur insoweit berechtigt, als sie sich dagegen richtet, daß der Bundesgerichtshof mit wenig überzeugender Begründung offengelassen hat, ob der unbedingte Revisionsgrund des § 338 Nr. 6 vorliegt. Er hätte die Frage verneinen sollen. Denn es kann nicht zugegeben werden, daß das Verbot des § 169 Satz 1 GVG, die Öffentlichkeit in unzulässiger Weise auszuschließen oder zu beschränken, denselben „normativen Bezugspunkt" (Roxin aaO.) hat wie das neu eingefügte Verbot der Ton-, Fernseh- und Filmaufnahmen nach § 169 Satz 2 GVG. Das eine bezieht sich auf die Rechtsstaatlichkeit des Verfahrens, wobei Übelstände aller Art (EbSchmidt Teil I Nr. 402), insbesondere Beeinträchtigungen der Wahrheitsfindung, die bei der Zulassung der Öffentlichkeit in Sensationsprozessen und politischen Verfahren nicht unterschätzt werden sollten, in Kauf genommen werden (BGHSt. **10** 206), aber gelegentlich sogar zum Ausschluß der Öffentlichkeit führen können (BGHSt. **3** 344; **9** 284). Das andere Verbot will

Beeinträchtigungen der Wahrheitsfindung durch die mit Ton-, Fernseh- und Filmaufnahmen unvermeidbar verbundenen Störungen gerade verhindern (BGHSt. **16** 111; EbSchmidt Nachtr. 21; Dahs NJW **1961** 1756; so wohl auch BGHSt. 22 84). Allein der gemeinsame *Standort*, nicht aber ein gemeinsamer *Standpunkt* verbindet also beide Vorschriften. Das rechtfertigt es, den unbedingten Revisionsgrund des § 338 Nr. 6 nach wie vor auf den gesetzwidrigen Ausschluß der Öffentlichkeit zu beschränken, den Revisionsführer bei Verstößen gegen § 169 Satz 2 GVG aber auf die Revisionsrüge nach § 337 zu verweisen. Zu einer auch nur teilweisen Aufgabe des Grundsatzes, daß die unzulässig erweiterte Öffentlichkeit keinen unbedingten Revisionsgrund bildet, besteht kein Grund.

2. Unzulässige Beschränkung der Öffentlichkeit

a) Allgemeines. Der § 338 Nr. 6 bezieht sich sowohl darauf, daß die Vorschriften über die Öffentlichkeit des Verfahrens verletzt sind, als auch darauf, daß die für die Ausschließung der Öffentlichkeit vorgesehenen prozessualen Formen nicht beachtet sind. Wann die Öffentlichkeit entgegen § 169 Satz 1 GVG beschränkt oder ausgeschlossen werden darf, ist in §§ 171a bis 173, 175 und 177 GVG, 48 JGG bestimmt. Dort sind aber die Gründe, aus denen einzelnen Personen die Anwesenheit in der Hauptverhandlung versagt werden darf, nicht erschöpfend aufgezählt (BGHSt. **3** 338; **17** 203; dazu Kern JZ **1962** 564; RGSt. **64** 385; s. a. Willms JZ **1972** 653). Der Revisionsgrund des § 338 Nr. 6 liegt nicht nur vor, wenn *alle* Zuhörer von der Verhandlung ausgeschlossen werden; es genügt vielmehr, wenn einzelne Personen in einer nicht dem Gesetz entsprechenden Weise aus dem Verhandlungsraum entfernt werden (BGHSt. **3** 388; **18** 180 = JR **1963** 307 m. Anm. EbSchmidt; BGHSt. **17** 205 m. Anm. Kern JZ **1962** 564; BGHSt. **24** 330 = JZ **1972** 663 m. Anm. Stürner; RGSt. **30** 244; **64** 388; Willms JZ **1972** 653). Das Verfahren bei den Beschränkungen der Öffentlichkeit regelt § 174 Abs. 1 GVG. Auf die Erläuterungen zu den Vorschriften des Gerichtsverfassungsgesetzes wird verwiesen. An dieser Stelle ist nur zu erörtern, wann ein Verstoß gegen sie als unbedingter Revisionsgrund gilt.

b) Einzelheiten. Der Revisionsgrund des § 338 Nr. 6 liegt vor, wenn die Verhandlung entgegen § 169 Satz 1 GVG nicht öffentlich geführt worden ist, obwohl das Gesetz einen Ausschluß nicht erlaubt, oder wenn die Öffentlichkeit ohne einen gesetzlichen Grund ausgeschlossen worden ist. Die Urteilsaufhebung ist ferner zwingend, wenn die Öffentlichkeit nur für einen bestimmten Verfahrensvorgang ausgeschlossen war, dann aber nicht wiederhergestellt wird (BGHSt. **7** 219; BGH bei Dallinger MDR **1970** 562), wenn die Öffentlichkeit nicht durch Gerichtsbeschluß, sondern durch den Vorsitzenden allein ausgeschlossen worden ist (BGHSt. **17** 222; BGH bei Dallinger MDR **1955** 653), wenn der Beschluß, der die Öffentlichkeit ausschließt, entgegen § 174 Abs. 1 Satz 3 GVG den Ausschließungsgrund nicht angibt (BGHSt. **2** 56; BGH VRS **37** 62; BGH bei Herlan GA **1971** 34; RGSt. **25** 249; OGHSt. **3** 81; OLG Saarbrücken JBl. Saar **1960** 234), nicht aus sich heraus verständlich (BGHSt. **1** 334) oder entgegen § 174 Abs. 1 Satz 2 GVG nicht in öffentlicher Sitzung verkündet worden ist (BGH bei Dallinger MDR **1966** 728; **1972** 926; RGSt. **70** 111; KG JW **1932** 204).

Ein unbedingter Revisionsgrund war nach der Rechtsprechung des Reichsgerichts auch das Unterlassen der Anhörung der Beteiligten nach § 174 Abs. 1 Satz 1 GVG, wobei die Gelegenheit zur Äußerung nicht für ausreichend angesehen, sondern die ausdrückliche Worterteilung verlangt wurde (RGSt. **1** 50; **10** 92; **20** 23; **35** 103; **57** 26, 264; **60** 280; **69** 176; RG JW **1928** 2146 m. Anm. Schreiber; JW **1931** 1619, 2505 m. Anm. Beling; JW **1934** 1365; RG Recht **1922** Nr. 911; ebenso OLG Düsseldorf HESt. **1** 206; Eb. Schmidt Nachtr. 24; a. A. RGSt. **69** 401; RG HRR **1939** 1567). Der Bundesgerichtshof hält das für eine nicht zu rechtfertigende Formstrenge. Er vertritt die Ansicht, daß es lediglich einer Anhörung nach § 33 bedarf, so daß es genügt, wenn die Prozeßbeteiligten Gelegenheit zur Äußerung haben (BGH LM Nr. 1 zu § 338 Nr. 6; ebenso schon RGSt. **37** 437; **47** 342; RG JW **1926** 270 m. Anm. Oetker; OGHSt. **2** 113; s. a. EbSchmidt Nachtr. 24). Ein Verstoß gegen die Anhörungspflicht nach § 33 soll nur nach § 337 gerügt werden können (BGH LM Nr. 2 zu § 33; BGH bei Herlan GA **1963** 102; ebenso Kl 7; Müller-Sax 7b). EbSchmidt (11 zu § 174 GVG) hält das für abwegig, weil § 174 GVG das Erfordernis einer „Verhandlung" gegenüber § 33 selbständig aufstellt und es damit zu einer Vorschrift über die Öffentlichkeit des Verfahrens im Sinne des § 338 Nr. 6 macht. Daran ist richtig, daß § 174 Abs. 1 Satz 1 GVG gegenüber § 33 die speziellere Vorschrift ist. Nicht einzusehen ist aber, daß ein Verstoß gegen sie zur Urteilsaufhebung zwingen muß. Denn mehr als die Pflicht zur Anhörung bestimmt auch § 174 Abs. 1 Satz 1 GVG nicht; eine Vorschrift „über die Öffentlichkeit des Verfahrens" im *eigentlichen* Sinne ist sie nicht.

c) **Urteilsverkündung.** Nach herrschender Ansicht gehört zur „mündlichen Verhandlung" in § 338 Nr. 6 auch die Urteilsverkündung. Die Verkündung unter rechtswidrigem Ausschluß der Öffentlichkeit (§ 173 Abs. 1 GVG) ist daher ein unbedingter Revisionsgrund (BGHSt. **4** 279; BGH MDR **1955** 246; RGSt. 1 90; **20** 283; **35** 106; **55** 103; **57** 26; **60** 279; RG Recht **1922** Nr. 911; OGHSt. 3 85; OLG Hamburg GA **1964** 26 = VRS **24** 438; OLG Oldenburg NJW **1959** 1506; LG Hagen JMBlNRW **1964** 19; Müller-Sax 7c; EbSchmidt Nachtr. 29; Sarstedt 150; **a. A.** RGSt. **69** 175, 401; **71** 377; OLG Köln HESt. **1** 207; Niethammer SJZ **1948** 194; Poppe NJW **1955** 7). Dazu ausführlich 1c zu § 173 GVG. Zu der Frage, ob in diesem Fall das Urteil mit allen Feststellungen aufgehoben werden muß, vgl. II 3 zu § 353.

d) **Verschulden des Gerichts.** Streitig ist, ob die unzulässige Beschränkung der Öffentlichkeit zu dem unbedingten Revisionsgrund des § 338 Nr. 6 schon dann führt, wenn sie objektiv eingetreten ist, oder ob ein Verschulden des Gerichts an dem Gesetzesverstoß vorliegen muß. Die Auffassung, daß eine objektive Gesetzesverletzung ausreicht (Eb. Schmidt Nachtr. 21; Beck NJW **1966** 1976; neuerdings auch Dahs-Dahs 159) wird überwiegend mit Recht abgelehnt. Die durch § 338 Nr. 6 geschützten Interessen verlangen eine solche Formstrenge nicht (BGHSt. **21** 74; Müller-Sax 7d). Die Urteilsaufhebung setzt daher grundsätzlich voraus, daß das Gericht oder der Vorsitzende eine die Öffentlichkeit unzulässig beschränkende Anordnung getroffen oder eine ihnen bekannte Beschränkung nicht beseitigt haben (BGHSt. 22 301; RGSt. 2 303; **43** 189; **71** 380; RGRspr. **4** 268; RG GA **40** 50; RG JW **1911** 247; **1915** 1265; OLG Hamm NJW **1970** 72; OLG Neustadt MDR **1962** 1010; Müller-Sax 7d; offengelassen in BGHSt. 4 283). Das Verschulden untergeordneter Beamter (Protokollführer, Gerichtswachtmeister) begründet regelmäßig nicht die Revision (Sarstedt 151).

Vorsitzender und Gericht haben aber eine *Aufsichtspflicht* gegenüber diesen Beamten, deren gröbliche Vernachlässigung ihnen als eigenes Verschulden zuzurechnen ist (BGHSt. 22 301). Unter besonderen Umständen, insbesondere wenn die Sitzung nicht im Gerichtsgebäude stattfindet, führt diese Aufsichtspflicht dazu, daß das Gericht sich davon überzeugen muß, ob die Vorschriften über die Öffentlichkeit beachtet sind (RGSt. 23 220; BayObLG GA **1970** 242; OLG Bremen MDR **1966** 864; OLG Hamburg GA **1964** 27 = VRS **24** 437; OLG Hamm NJW **1960** 785; **1970** 72; LG Hagen JMBlNRW **1964** 19; offengelassen in BGHSt. 21 74; **a. A.** RGSt. **43** 189 unter Aufgabe der in RGSt. 23 220 vertretenen Ansicht). Die Anforderungen an die Aufsichtspflicht dürfen aber nicht überspannt werden (BGHSt. 22 301; BayObLG GA **1970** 242).

VII. Fehlende Urteilsgründe (Nr. 7)

1. **Allgemeines.** Auch ein Urteil ohne die in § 267 vorgeschriebenen schriftlichen Gründe ist ein Urteil im Rechtssinne, das angefochten und erst auf ein Rechtsmittel beseitigt werden kann (BGHSt. **8** 42; RGSt. 2 207; BayObLGSt. **1967** 51 = NJW **1967** 1578). Die verkündete Urteilsformel kann nicht darauf beruhen, daß bei der nachfolgenden Urteilsabfassung keine Gründe niedergeschrieben werden oder daß ein schriftliches Urteil überhaupt nicht abgefaßt wird. Das Fehlen der Urteilsgründe macht aber die rechtliche Nachprüfung im Revisionsverfahren unmöglich. Das Urteil muß deshalb schon auf die Sachrüge aufgehoben werden (OLG Celle NJW **1959** 1648). Das Gesetz gibt unnötigerweise beim Fehlen der Urteilsgründe auch einen zwingenden verfahrensrechtlichen Revisionsgrund.

2. **Fehlen der Entscheidungsgründe.** Das Urteil enthält nicht nur dann keine Entscheidungsgründe, wenn sie gänzlich fehlen (RGSt. **40** 184), etwa weil der Richter nach der

Urteilsverkündung gestorben oder erkrankt ist (OLG Celle NJW **1959** 1648). Urteilsgründe sind auch nicht vorhanden, wenn zwar ein Urteilsentwurf abgefaßt worden ist, der Richter das Urteil aber aus Rechtsgründen nicht wirksam unterschreiben kann, weil er inzwischen aus dem Richterdienst ausgeschieden ist (BayObLGSt. **1967** 51 = NJW **1967** 1578), oder wenn ein Beisitzer die Unterschrift verweigert (BGH bei Dallinger MDR **1954** 337; Sarstedt 153). Der Revisionsgrund des § 338 Nr. 7 liegt ferner vor, wenn bei Tatmehrheit Gründe nur hinsichtlich einer Tat vorhanden sind (RGSt. **43** 298; Kl 8; Sarstedt 152); nur in diesem Umfang muß dann aber das Urteil aufgehoben werden (RGSt. **44** 29). Kein Rechtsfehler ist es, wenn sich in den Akten nur eine beglaubigte Urteilsabschrift befindet, die Urschrift aber vorhanden ist (OLG Celle MDR **1970** 608).

3. Mangelhafte Entscheidungsgründe. Dem Fall, daß ein Urteil keine Gründe hat, steht es, was die Unmöglichkeit angeht, die Rechtsanwendung auf die Revision zu prüfen, an sich gleich, wenn die Urteilsgründe unklar, widersprüchlich oder offensichtlich unvollständig sind. Nach jetzt allgemein vertretener Ansicht fällt dieser Mangel des Urteils aber nicht unter § 338 Nr. 7; die Vorschrift ist wörtlich zu nehmen (BGH bei Dallinger MDR **1971** 548; RGSt. **43** 298; **63** 186; RG JW **1935** 2981; RG Recht **1912** Nr. 158; Kl 8; Müller-Sax 8; EbSchmidt Nachtr. 33; Sarstedt 152; Wenzel NJW **1966** 577; a. A. RGSt. 3 147; OLG Dresden JW **1928** 1881 m. Anm. Loewenstein).

4. Sinngemäße Anwendung. Die Überschreitung der Frist des § 275 bildet keinen Revisionsgrund nach § 338 Nr. 7 (BGHSt. **21** 7; BGH MDR **1953** 309; BGH VRS **7** 55; OLG Koblenz VRS **43** 424; s. aber auch Habscheid NJW **1964** 629; Sarstedt JZ **1965** 238; 1b zu § 275). Eine entsprechende Änderung des Gesetzes unter Verlängerung der Frist des § 275 ist jedoch beabsichtigt (Art. 1 Nr. 94 des Entwurfs des 1. StVRG, BR-Drucks. 117/73).

§ 338 Nr. 7 ist sinngemäß anzuwenden, wenn ein Urteil mit Gründen vorhanden gewesen, aber mit den Akten verlorengegangen ist und eine Abschrift nicht beschafft werden kann (RGSt. **54** 101; 65 373 = JW **1932** 1561 m. Anm. Loewenstein; RG GA **69** 115; Kl 8; EbSchmidt Nachtr. 33; Sarstedt 152; Feisenberger ZStW **41** 452).

VIII. Unzulässige Beschränkung der Verteidigung (Nr. 8)

1. Kein unbedingter Revisionsgrund. Die Vorschrift wird fast allgemein für überflüssig gehalten, weil sie die Aussichten der Revision in keiner Weise erweitert (vgl. Alsberg-Nüse 453; Peters 573; Beling JW **1926** 1227; Fuhrmann JR **1962** 321). Allenfalls wird anerkannt, daß sie die gesetzlichen Rechte der Verteidigung besonders herausstellt, den Grundsatz der Unbeschränkbarkeit der Verteidigung allgemein aufstellt und damit in der Praxis eine größere Garantie für seine Beachtung schafft, als wenn die Beschränkung der Verteidigung nur nach § 337 zu beurteilen wäre (Müller-Sax 9; Dahs-Dahs 164). Wenn das richtig wäre, müßte sich der Gesetzgeber veranlaßt gesehen haben, nur demonstrativer Zwecke wegen eine rechtlich zu nichts führende Bestimmung in die Reihe der unbedingten Revisionsgründe aufzunehmen, Davon sollte nur ausgegangen werden, wenn andere Möglichkeiten der Gesetzesauslegung nicht bestehen. Richtig ist aber, daß die Bestimmung keinen unbedingten Revisionsgrund enthält, Da nur die Beschränkung der Verteidigung in einem für die Entscheidung *wesentlichen* Punkt zur Urteilsaufhebung führen soll, kommen lediglich Verfahrensmängel in Betracht, auf denen das Urteil *beruhen* kann. Insoweit besteht kein Unterschied zu § 337 (BGH VRS **35** 132; RGSt. **44** 345; BayObLGSt. 30 118; OLG Hamburg MDR **1964** 524; Müller-Sax 9b; Alsberg-Nüse 453; Sarstedt 154). Die Vorschrift des § 338 Nr. 8 steht also an falscher Stelle; sie erläutert nur den § 337 (so insbesondere Beling JW **1926** 1225).

2. Unzulässigkeit der Verteidigungsbeschränkung. Die herrschende Ansicht faßt die Unzulässigkeit der Beschränkung der Verteidigung, von der § 338 Nr. 8 spricht, dahin auf, daß sie wie die übrigen Vorschriften des § 338 die Verletzung einer besonderen Verfahrensvorschrift voraussetzt (BGHSt. **21** 360; RGSt. **42** 170; RG DJZ **1914** 508; RG GA 53 293; RG LZ **1916** 1198; BayObLG DAR **1957** 131; OLG Celle NdsRpfl. **1964** 234; OLG Düsseldorf HESt. 3 72; OLG Köln VRS 23 296; Kl 9; Müller-Sax 9; Eb.

Schmidt 35; Dahs-Dahs 164; Fuhrmann JR 1962 323). Nach dieser Auffassung ist § 338 Nr. 8 eine verfahrensrechtliche Blankettvorschrift, die durch die einzelnen Vorschriften der Strafprozeßordnung und anderer Gesetze über die Rechte des Angeklagten und des Verteidigers ausgefüllt wird. In diesem Sinne ist die Bestimmung in zahlreichen Entscheidungen „angewendet", d. h. erwähnt worden (BGHSt. **1** 221; **21** 359; BGH NJW **1965** 2165 m. Anm. Schmidt-Leichner; NJW **1958** 1737; BGH bei Dallinger MDR **1966** 26; RGSt. **57** 263; **64** 114; OGHSt. **1** 212, 282; **3** 30, 142; BayObLG HESt. 3 32; OLG Düsseldorf HESt. 3 72; OLG Köln VRS **23** 295). Zu irgendwelchen Rechtsfolgen, die nicht auch dann eingetreten wären, wenn nur die Verletzung der einzelnen Vorschriften der Strafprozeßordnung nach § 337 geprüft worden wäre, hat das in keinem Fall geführt. Schon die bloße Erwähnung des § 338 Nr. 8 in jenen Entscheidungen war überflüssig.

Der Auslegung, die die herrschende Meinung dem Wort „unzulässig" in § 338 Nr. 8 gibt, ist Baldus (Ehrengabe für Heusinger, 1968, 373) mit überzeugenden Gründen entgegengetreten. Er weist darauf hin, daß das Reichsgericht der Vorschrift durchaus einen materiellen Gehalt zuerkannt und sie insbesondere dazu benutzt hat, das Beweisantragsrecht zu entwickeln, das in der Strafprozeßordnung zunächst nur unzulänglich geregelt war (RGSt. **1** 51, 61, 138; **3** 298; **7** 76; **35** 389; **56** 140; **57** 143; RGRspr. **3** 768; **8** 462, 693; **10** 29; RG GA **61** 339). Erst später hat die Rechtsprechung es vorgezogen, in allen Fällen, in denen eine Beschränkung der Verteidigung nicht unmittelbar gegen Einzelvorschriften der Strafprozeßordnung verstieß, solche Vorschriften ausdehnend oder sinngemäß anzuwenden (vgl. insbesondere BGHSt. **10** 207). Die Gelegenheit, hierzu den § 338 Nr. 8 zu verwenden, wurde nicht mehr genutzt, die dort gebrauchte Wendung „unzulässig" von den Einzelvorschriften der Strafprozeßordnung nicht mehr gelöst. Baldus (aaO. 383) behauptet mit Recht, daß die Vorschrift, wenngleich zweifellos nur für wenige Ausnahmefälle, dennoch nicht überflüssig ist; denn es können Verteidigungsbeschränkungen vorkommen, die zu verbieten der Gesetzgeber trotz seinem Bemühen, ein vollständiges System von Einzelbestimmungen zu schaffen und ständig zu ergänzen und zu erweitern, unterlassen hat. In der neueren Rechtsprechung finden sich Anzeichen dafür, daß die Revisionsgerichte die Vorschrift in dieser Weise nutzbar machen wollen. So erwähnt die Entscheidung BGH NJW **1964** 1485 im Zusammenhang mit der Rüge, das Gericht habe es zu Unrecht abgelehnt, einen Presseberichterstatter auszuschließen, der unsachliche und aufreizende Angriffe gegen den Verteidiger geführt habe, als Verfahrensvorschrift, deren Verletzung in Frage kommt, in erster Hinsicht den § 338 Nr. 8. Die von dem OLG Hamm (NJW **1972** 1096) im Wortlaut angeführte Entscheidung BGH 5 StR 155/55 vom 24. 5. 1955 will für den Fall der unrechtmäßigen Verweigerung der Akteneinsicht unmittelbar auf § 338 Nr. 8 zurückgreifen, weil es insoweit an einer besonderen zum Schutz des Angeklagten gegebenen Vorschrift fehle (vgl. aber 3e zu § 336). Das OLG Köln (NJW **1961** 1127) hält es für möglich, daß § 338 Nr. 8 in Extremfällen zur Urteilsaufhebung führen muß, wenn dem Verteidiger ein ungünstiger Platz angewiesen worden ist.

Die Vorschrift des § 338 Nr. 8 ist demnach bei dem in den letzten Jahrzehnten aufgebauten System gesetzlicher Einzelvorschriften über die Verteidigungsrechte des Angeklagten zwar nahezu überflüssig und sollte bei Verletzung dieser Einzelvorschriften entgegen der Übung mancher Revisionsgerichte auch nicht mehr herangezogen werden. Die Bestimmung ist aber eine letzte Sicherheit für den Fall, daß das gesetzgeberische System im Einzelfall eine Lücke zeigt; sie kann durch § 338 Nr. 8 ausgefüllt werden, ohne daß es notwendig ist, einzelne Verfahrensvorschriften ausdehnend oder sinngemäß anzuwenden.

3. **Gerichtsbeschluß.** Die Anwendung des § 338 Nr. 8 setzt einen in der Hauptverhandlung ergangenen Gerichtsbeschluß voraus. Es genügt weder ein Beschluß vor der Hauptverhandlung noch eine Anordnung oder Verfügung des Vorsitzenden (BGHSt. **21** 359; BGH bei Herlan MDR **1955** 530; RGSt. **17** 46; **20** 39; RG JW **1926** 1125; **1931** 950; RG GA **46** 337; RG LZ **1919** 651; OGHSt. 2 198; BayObLGSt. **1951** 75 = HESt. 3 13; BayObLGSt. **1951** 107, 348; OLG Braunschweig NJW **1947/48** 150; **1957** 513; OLG Hamburg NJW **1953** 434; **1967** 1577; OLG Hamm NJW **1972** 1096; OLG Neustadt NJW **1964** 313; Müller-Sax 9a; EbSchmidt 36; Alsberg-Nüse 452; Sarstedt 155; Fuhrmann JR **1962** 323). Das rechtfertigt jedoch nicht die Annahme, durch § 338 Nr. 8 solle die Vorschrift des § 337 dahin eingeschränkt werden, daß die Revisibilität gegen

die Verteidigung beschränkende Anordnungen auf Gerichtsbeschlüsse begrenzt ist (Fuhrmann JR **1962** 326). Wird ein Gerichtsbeschluß nicht herbeigeführt, so kann allerdings der Verlust der Verfahrensrüge eintreten, jedoch aus Gründen, die mit dem Wortlaut des § 338 Nr. 8 nichts zu tun haben (VII 5 zu § 337). Nach herrschender Ansicht steht das Unterlassen des Gerichts, einen Antrag zu bescheiden, einem die Verteidigung beschränkenden Beschluß gleich (BGH VRS **35** 132; RGSt. **57** 263; **58** 80; RG JW **1925** 1225 m. Anm. Beling; JW **1931** 1097 n. Anm. Mannheim; OLG Hamburg MDR **1964** 524; NJW **1967** 1577; OLG Zweibrücken MDR **1966** 528; Kl 9; Müller-Sax 9). Die angeführten Entscheidungen betreffen jedoch Verfahrensfehler, die auch nach § 337 hätten gerügt werden können, wie etwa die Nichtbescheidung eines Beweisantrages nach § 244 Abs. 6. Der § 338 Nr. 8 ist hier praktisch bedeutungslos (Alsberg JW **1929** 1046).

4. Der Nebenkläger kann die Beschränkung seiner Rechte nicht nach § 338 Nr. 8 rügen; die Vorschrift betrifft nur Verteidigungsbeschränkungen des Angeklagten (RG JW **1931** 2821 m. Anm. Scanzoni; KG DJZ **1929** 510; Alsberg-Nüse 452).

§ 339

Die Verletzung von Rechtsnormen, die lediglich zugunsten des Angeklagten gegeben sind, kann von der Staatsanwaltschaft nicht zu dem Zweck geltend gemacht werden, um eine Aufhebung des Urteils zum Nachteil des Angeklagten herbeizuführen.

Bezeichnung bis 1924: § 378.

1. Sinn der Vorschrift. Es gibt Rechtsnormen, die ausschließlich den Schutz- und Verteidigungsinteressen des Angeklagten dienen. Ihre Verletzung, d. h. ihre Nichtanwendung oder ihre rechtsfehlerhafte Anwendung zuungunsten des Angeklagten können dieser selbst und zu seinen Gunsten (RGSt. **5** 221) die Staatsanwaltschaft rügen (§ 296 Abs. 2). Die Vorschrift des § 339 will ausschließen, daß die Staatsanwaltschaft, wenn sie Revision *zuungunsten* des Angeklagten einlegt, Nutzen daraus zieht, daß Rechtsnormen dieser Art verletzt worden sind. Ist der Angeklagte freigesprochen worden, dann soll die Staatsanwaltschaft ihre Revision z. B. nicht darauf stützen dürfen, daß ihm trotz Vorliegens der Voraussetzungen des § 140 Abs. 2 kein Pflichtverteidiger beigeordnet worden ist. Wenig verständlich ist, daß der § 339 das auf den Fall der Verletzung von Rechtsnormen beschränkt, die *lediglich* zugunsten des Angeklagten gegeben sind. Es ist durchaus nicht einzusehen, warum die Staatsanwaltschaft in dem Freispruchsfall die Revision darauf sollte stützen dürfen, daß ein Beweisantrag des Angeklagten rechtsfehlerhaft abgelehnt worden ist. Mit der Erwägung, daß die Staatsanwaltschaft auf die Einhaltung aller Verfahrensbestimmungen im Allgemeininteresse zu wachen hat (so Jagusch in der Vorauflage dieses Kommentars), läßt sich nicht begründen, wieso es ihr gestattet werden muß, ein zugunsten des Angeklagten ergangenes Urteil mit der Rüge von Rechtsfehlern zu Fall zu bringen, obwohl, wenn sie nicht unterlaufen wären, wahrscheinlich *erst recht* eine Entscheidung zugunsten des Angeklagten ergangen wäre. Deshalb ist der Auffassung beizutreten, daß § 339 erweiternd dahin ausgelegt werden muß, daß die Staatsanwaltschaft bei einer Revision zuungunsten des Angeklagten die Verletzung einer Rechtsnorm, auch wenn sie nicht ausschließlich zugunsten des Angeklagten gegeben ist, nicht rügen kann, wenn deren rechtsfehlerfreie Anwendung dem Angeklagten nur einen Vorteil hätte bringen können (BayObLGSt. **1951** 136; OLG Braunschweig NJW **1947/48** 313; von Kries 676; Sarstedt 68; s. a. EbSchmidt 7ff.).

2. Rechtsnormen im Sinne des § 339 sind nur Verfahrensvorschriften (RGSt. **3** 385; Kl 1; Müller-Sax 1; EbSchmidt 1; Peters 573; BGH LM Nr. 1 zu § 339 hat das offengelassen). Die Verletzung sachlichrechtlicher Bestimmungen kann die Staatsanwaltschaft mit einer zuungunsten des Angeklagten eingelegten Revision ohne Einschränkung rügen.

Gemeint sind vor allem die Normen über die Verfahrensbefugnisse des Angeklagten und seines Verteidigers, und zwar solche, die *ausschließlich* darauf abzielen, seine prozessuale Lage aussichtsreicher zu gestalten, insbesondere seine Verteidigung zu verstärken (Eb.

Schmidt 2). Ob eine Bestimmung nur zugunsten des Angeklagten oder aber aus allgemeinen prozessualen Erwägungen heraus, etwa zur Sicherung der Wahrheitserforschung, auch gegen ihn gegeben ist, muß in jedem einzelnen Fall geprüft werden (Peters 573). Nur zugunsten des Angeklagten dienen etwa §§ 140 (notwendige Verteidigung), 145 Abs. 1 (Ausbleiben des notwendigen Verteidigers), 217 (Ladungsfrist), 244 Abs. 3 hinsichtlich des Verbots der Wahrunterstellung von Tatsachen zuungunsten des Angeklagten (RG HRR **1939** 817; OLG Stuttgart JR **1968** 151 m. Anm. Koffka), 247 Abs. 1 Satz 3 (Unterrichtung des zwangsweise entfernten Angeklagten), 257 (Befragung des Angeklagten nach jedem Beweisakt: RGSt. **59** 101), 258 Abs. 2 (letztes Wort), 265 (Hinweis auf veränderten rechtlichen Gesichtspunkt: BGH bei Dallinger MDR **1968** 18; RGSt. **5** 221; OLG Stuttgart MDR **1955** 505; offengelassen von BGH bei Dallinger MDR **1955** 652), 338 Nr. 5 (bei notwendiger Verteidigung).

Nicht nur zugunsten des Angeklagten sind gegeben §§ 22 Nr. 4 (Mitwirkung ausgeschlossenen Richters: RGSt. **59** 267), 23 (frühere Verfahrensmitwirkung eines Richters), 230 (Ausbleiben des Angeklagten: RGSt. **29** 48; **60** 180), 264 (Strafklage), 266 (Nachtragsanklage), 338 Nr. 5 (Anwesenheit: RGSt. **60** 180), 169 GVG (Öffentlichkeit: RGSt. **1** 91; Müller-Sax 2), ordentliche Besetzung des Gerichts (RG JW **1930** 2573). Wird etwa der Angeklagte unter gesetzwidrigem Ausschluß der Öffentlichkeit freigesprochen, so ist die Rüge der Staatsanwaltschaft nicht nur zulässig, sondern wegen der Bedeutung der Öffentlichkeit geboten, da sonst der Verdacht vertuschender Freisprüche entstehen kann.

3. **Zum Nachteil des Angeklagten.** Auf eine Revision der Staatsanwaltschaft, die *ausschließlich zugunsten* des Angeklagten eingelegt worden ist (§ 296 Abs. 2), bezieht sich § 339 nicht (RGSt. 5 221).

4. **Staatsanwaltschaft.** Die Vorschrift gilt trotz ihres engeren Wortlauts auch für den Privatkläger und für den Nebenkläger (RGSt. **59** 101; OLG Stuttgart JR **1968** 151 m. Anm. Koffka; EbSchmidt 9; Sarstedt 68).

§ 340

Weggefallen (Art. 3 Nr. 145 VereinhG). Die Vorschrift betraf die Beschränkung der Verfahrensrüge bei der Sprungrevision (vgl. BGHSt. 2 65).

§ 341

(1) Die Revision muß bei dem Gericht, dessen Urteil angefochten wird, binnen einer Woche nach Verkündung des Urteils zu Protokoll der Geschäftsstelle oder schriftlich eingelegt werden.

(2) Hat die Verkündung des Urteils nicht in Anwesenheit des Angeklagten stattgefunden, so beginnt für diesen die Frist mit der Zustellung.

Bezeichnung bis 1924: § 381.

1. **Revisionseinlegung** ist jede Erklärung, die ergibt, daß der Beschwerdeführer sich mit der Entscheidung des Tatrichters nicht zufrieden geben will (OLG Hamburg NJW **1965** 1147; 2 zu § 300). Eine falsche Bezeichnung ist unschädlich (§ 300). Das Wort Revision braucht daher nicht benutzt zu sein. Es genügt, daß der Wunsch nach Abänderung des tatrichterlichen Urteils klar erkennbar ist (Sarstedt 48). Die Bitte um Übersendung einer schriftlichen Ausfertigung des Urteils (OLG Dresden JW **1931** 241) oder der Antrag, der als Pflichtverteidiger beigeordnete Referendar möge zur Einlegung der Revision veranlaßt werden, können ausreichen (RG JW **1931** 2373). Die Erklärung des Angeklagten in der Hauptverhandlung, er nehme das Urteil nicht an, bedeutet aber im Zweifel nicht Revisionseinlegung, sondern nur die Ablehnung eines Rechtsmittelverzichts (RG Recht **1921** Nr. 2086).

Die Einlegung der Revision darf *nicht an Bedingungen* geknüpft werden (II 8c vor § 296; 5 zu § 333). Haben der Angeklagte und sein Verteidiger oder mehrere Verteidiger für den

Angeklagten Revision eingelegt, so handelt es sich um ein einziges Rechtsmittel (LG Hamburg NJW **1947/48** 395; Sarstedt 49).

Ist die Revision als unzulässig verworfen worden, obwohl die Einlegungsfrist noch nicht einmal in Lauf gesetzt worden war, so kann die Revisionseinlegung wiederholt werden (BayObLGSt. 1972 228 = NJW 1972 1097).

2. **Zuständiges Gericht.** Die Revision ist nicht bei dem Revisionsgericht einzulegen, sondern bei dem Gericht, dessen Urteil angefochten werden soll. Das ist das Landgericht als Erst- und Berufungsgericht, auch wenn das Schwurgericht entschieden hat und seine Tagung noch nicht beendet ist (RGSt. 13 156; EbSchmidt 2). Bei Sprungrevision (§ 335 Abs. 1) ist es das Amtsgericht. Bei Urteilen der auswärtigen Strafkammer (§ 78 GVG) kann die Revision bei dieser selbst (RGSt. 1 270), bei dem Landgericht, zu dem sie gehört (OLG Celle NdsRpfl. **1964** 254; OLG Düsseldorf JMBlNRW **1954** 230; EbSchmidt 3; a. A. Kl 1) und bei dem Amtsgericht eingelegt werden, bei dem sie gebildet ist (RG HRR 1932 1627). Zur gemeinsamen Briefannahmestelle vgl. 3 zu § 314.

3. **Einlegung durch Vertreter.** Vertretung in der Erklärung und im Willen ist zulässig (Sarstedt 52). Näheres bei 2 zu § 297.

4. **Form der Revisionseinlegung.** Die Revision muß zur Niederschrift der Geschäftsstelle des Gerichts oder schriftlich eingelegt werden. Die Vorschrift stimmt insoweit wörtlich mit §§ 306 Abs. 1 Satz 1, 314 Abs. 1 überein.

a) **Zu Protokoll der Geschäftsstelle** (vgl. dazu 3a zu § 306; 2a zu § 314). Zuständig ist nur die Geschäftsstelle des Gerichts, dessen Urteil angefochten wird. Für nicht auf freiem Fuß befindliche Angeklagte gilt § 299, auch wenn sich das Landgericht, dessen Urteil angefochten werden soll, am selben Ort befindet (EbSchmidt 1 zu § 299). Geschäftsstelle im Sinne des § 341 ist auch die Rechtsantragstelle (OLG Hamm JMBlNRW **1960** 117). Der zuständige Beamte ist allein der Rechtspfleger (§ 24 Abs. 1 Nr. 1 Buchst. b RPflG). Die von einem unzuständigen Beamten aufgenommene Revisionseinlegung ist als schriftliche Erklärung des Angeklagten wirksam, wenn er das Protokoll unterschrieben hat (3a zu § 306).

b) **Schriftlich.** Vgl. dazu 3b zu § 306; 2b zu § 314.

c) **Fernmündlich.** Vgl. dazu 2c zu § 314.

d) **Telegrafisch.** Vgl. dazu 2d zu § 314.

e) **Durch Fernschreiber.** Vgl. dazu 3e zu § 314.

5. **Revisionsfrist.** Sie beträgt eine Woche ab Urteilsverkündung (dazu im einzelnen 4, 5 zu § 314), auch wenn die Rechtsmittelbelehrung nach § 35a unterlassen oder unrichtig oder unvollständig erteilt worden ist (6 zu § 35a). Eine Fristverlängerung ist nicht möglich. Für die Fristberechnung gilt § 43. Ist die fristgerechte Einlegung zweifelhaft und nicht aufklärbar, so gilt die Revision als rechtzeitig eingelegt (6 zu § 314 und ausführlich Einleitung 88ff.). Bei Aktenverlust nach Eingang der Revision ist im Zweifel davon auszugehen, daß sie rechtzeitig angebracht worden ist (BGHSt. **11** 395; RG JW **1928** 1311 m. Anm. Philipp).

6. **Verkündung in Abwesenheit des Angeklagten (Absatz 2).** Die Regelung entspricht dem für die Berufungseinlegung geltenden § 314 (vgl. 5 zu § 314). Die Verkündung des Urteils hat in Abwesenheit des Angeklagten stattgefunden, wenn er bei der Verkündung auch nur zeitweise abwesend war (BGHSt. 15 265). Die Anwesenheit eines Vertreters ist für den Fristbeginn ohne Bedeutung. Die Frist wird grundsätzlich nur in Lauf gesetzt, wenn das vollständige Urteil mit den Gründen zugestellt wird (I 2b zu § 345). Die Zustellung darf bei Abwesenheitsverhandlung nach § 232 nicht an den Verteidiger erfolgen (§§ 232 Abs. 4, 145a Abs. 2); in anderen Fällen der Abwesenheit braucht dem Angeklagten aber nicht selbst zugestellt zu werden (4 zu § 145a). Zur Ersatzzustellung nach §§ 181ff. ZPO vgl. 5f zu § 37. Die Einlegung der Revision vor der Zustellung des Urteils ist wirksam (RGSt. **64** 428). War die Urteilszustellung unwirksam, so kann die Rechtsmitteleinlegung wiederholt werden, auch wenn die Revision bereits wegen vermeintlicher Unzulässigkeit verworfen worden ist (BayObLGSt. 1972 228 = NJW 1972 1097). § 341 Abs. 2 ist bei anderen Verfahrensbetei-

ligten, die selbständig Revision einlegen können, sinngemäß anwendbar, wenn sie bei der Urteilsverkündung abwesend waren (5 zu § 314; für den Einziehungsbeteiligten vgl. IV 2 zu § 436).

7. **Zurücknahme der Revision.** Für sie gilt dieselbe Form wie für ihre Einlegung. Näheres bei den

§ 342

(1) Der Beginn der Frist zur Einlegung der Revision wird dadurch nicht ausgeschlossen, daß gegen ein auf Ausbleiben des Angeklagten ergangenes Urteil eine Wiedereinsetzung in den vorigen Stand nachgesucht werden kann.

(2) Stellt der Angeklagte ein Gesuch um Wiedereinsetzung in den vorigen Stand, so wird die Revision dadurch gewahrt, daß sie sofort für den Fall der Verwerfung jenes Gesuchs rechtzeitig eingelegt und begründet wird. Die weitere Verfügung in bezug auf die Revision bleibt dann bis zur Erledigung des Gesuchs um Wiedereinsetzung in den vorigen Stand ausgesetzt.

(3) Die Einlegung der Revision ohne Verbindung mit dem Gesuch um Wiedereinsetzung in den vorigen Stand gilt als Verzicht auf die letztere.

Bezeichnung bis 1924: § 382.

1. **Zusammentreffen von Revision und Wiedereinsetzungsgesuch.** Die Vorschrift entspricht dem für das Berufungsverfahren geltenden § 315. Hat die Hauptverhandlung ohne den Angeklagten stattgefunden (§§ 232, 329, 412, 413 Abs. 4), so kann er binnen einer Woche nach Zustellung des Urteils um Wiedereinsetzung in den vorigen Stand nachsuchen (§§ 235, 329 Abs. 2, 412 Abs, 2. 413 Abs. 4). Er kann aber, wenn er nur die Fehlerhaftigkeit des Abwesenheitsurteils rügen und keinen Wiedereinsetzungsgrund behaupten will, gegen das Urteil auch innerhalb einer Woche nach Zustellung (§ 341 Abs. 2) Revision einlegen. Daß ein Wiedereinsetzungsgesuch möglich wäre, macht die Revision nicht unzulässig (OLG Dresden HRR **1928** 97). Will er sowohl einen Wiedereinsetzungsgrund als auch einen Revisionsgrund geltend machen, so kann der Angeklagte von Rechtsbehelf und Rechtsmittel zugleich Gebrauch machen. Die Revision gilt dann aber nur als vorsorglich für den Fall eingelegt, daß die Wiedereinsetzung abgelehnt wird. Die Einlegungsfristen fallen zusammen. Hierzu bestimmt § 342, daß der Angeklagte mit der Revisionseinlegung nicht warten darf, bis sein Wiedereinsetzungsgesuch abgelehnt worden ist. Er muß die Revision „sofort", d. h. in der Frist des § 341 einlegen. Revisionseinlegung und Wiedereinsetzungsgesuch kann er in einem Schriftstück verbinden, muß das aber nicht tun (vgl. jedoch unten 3). Nach § 342 Abs. 2 Satz 1 muß die vorsorglich für den Fall der Verwerfung des Wiedereinsetzungsgesuchs eingelegte Revision auch rechtzeitig begründet werden. Der klare Wortlaut des Gesetzes ergibt, daß die Revision in der Frist des § 345 Abs. 1, also spätestens binnen eines Monats nach Ablauf der Einlegungsfrist begründet werden muß. Der Angeklagte darf bei der Begründung des Rechtsmittels ebensowenig wie bei dessen Einlegung die Entscheidung über das Wiedereinsetzungsgesuch abwarten (RG DRiZ **1930** Nr. 429; OLG Celle NJW **1959** 2177; OLG Frankfurt NJW **1964** 1536; OLG Hamm NJW **1955** 565; Kl 1; Müller-Sax 2; Eb. Schmidt Nachtr. 1; Dalcke-Fuhrmann-Schäfer 2; vgl. auch RGSt. **52** 78). Die gegenteilige Ansicht der Vorauflage dieses Kommentars wird heute mit Recht nicht mehr vertreten.

2. **Weiteres Verfahren.** Die Revision gilt nur für den Fall der Ablehnung des Wiedereinsetzungsgesuchs eingelegt. Hat das Gesuch Erfolg, so ist das Urteil beseitigt (RGSt. **61** 180; **65** 233; BayObLGSt. **1972** 45 = NJW **1972** 1725) und die Revision gegenstandslos, so daß über sie nicht mehr entschieden zu werden braucht. Daher ist zunächst nur über das Wiedereinsetzungsgesuch zu befinden. Hat der Angeklagte Wiedereinsetzung gegen das Berufungsurteil und auch wegen Versäumung der Revisionseinlegungsfrist beantragt, muß zuerst über das Wiedereinsetzungsgesuch hinsichtlich des Urteils entschieden werden; hat es Erfolg, so ist der zweite Antrag gegenstandslos (RG Recht **1927** Nr. 1326). Wird das Wiedereinsetzungsgesuch als unzulässig mit der Begründung verworfen, die Einlegungsfrist sei nicht eingehalten worden, so ist das Revisionsgericht bei der Entscheidung über die Rechtzeitig-

keit der Revisionseinlegung, die mit demselben Schriftstück erfolgt ist, an die Entscheidung nicht gebunden (Müller-Sax 3). Auch wenn die Revision begründet ist und zur Aufhebung des Abwesenheitsurteils führen muß, darf von einer Entscheidung über das Wiedereinsetzungsgesuch oder über eine sofortige Beschwerde nach § 46 Abs. 3 nicht abgesehen werden. Denn der rechtskräftige Abschluß des Wiedereinsetzungsverfahrens ist Voraussetzung für die Entscheidung über die Revision (Müller-Sax 3).

3. Verzicht auf die Wiedereinsetzung (Absatz 3). Die Vorschrift enthält die *unwiderlegbare gesetzliche Vermutung,* daß, wer nur Revision einlegt, dadurch auf Wiedereinsetzung verzichtet. Die Vermutung gilt stets, wenn das Wiedereinsetzungsgesuch nicht vor oder gleichzeitig mit der Revisionseinlegung bei Gericht angebracht wird; ob die Revision später aufrechterhalten oder zurückgenommen wird, ist gleichgültig (OLG Zweibrücken NJW **1965** 1033). Die Verbindung der Einlegung des Rechtsmittels mit der des Rechtsbehelfs in einem Schriftstück ist zweckmäßig, aber nicht erforderlich; gleichzeitiger Eingang beider Schriftsätze bei Gericht genügt. Dabei ist die Gleichzeitigkeit nicht schon gewahrt, wenn die Schriftsätze am selben Tage bei Gericht eingehen. Die Verzichtsvermutung greift auch ein, wenn die Revision schon vor Beginn der Einlegungsfrist des § 341 Abs. 2 eingelegt wird; denn die zwingende Vorschrift des § 342 Abs. 3 kann nicht einfach dadurch umgangen werden, daß bei der Revisionseinlegung die Urteilszustellung nicht abgewartet wird (OLG Köln JMBlNRW **1954** 190; Müller-Sax 4). Sie läßt sich auch nicht dadurch umgehen, daß die Revision zurückgenommen und alsdann erneut, diesmal zugleich mit einem Wiedereinsetzungsgesuch, eingelegt wird (OLG Neustadt NJW **1964** 1868; Müller-Sax 4).

Die Verzichtsvermutung besteht ohne Rücksicht darauf, ob der Angeklagte darüber belehrt worden ist, daß die Einlegung der Revision als Verzicht auf die Wiedereinsetzung gilt (OLG Neustadt NJW **1964** 1868). Sie hängt auch nicht davon ab, daß der Angeklagte nach § 35a über die Revision und nach § 235 Satz 2 über die Wiedereinsetzung belehrt worden ist (OLG Neustadt **1964** 1868). Im umgekehrten Fall gilt die Verzichtsvermutung nicht. Wer um Wiedereinsetzung nachgesucht hat, kann daher, solange die Frist des § 341 Abs. 2 nicht abgelaufen ist, noch Revision gegen das Abwesenheitsurteil einlegen.

§ 343

(1) Durch rechtzeitige Einlegung der Revision wird die Rechtskraft des Urteils, soweit es angefochten ist, gehemmt.

(2) Dem Beschwerdeführer, dem das Urteil mit den Gründen noch nicht zugestellt war, ist es nach Einlegung der Revision zuzustellen.

Bezeichnung bis 1924: § 383.

1. Hemmung der Rechtskraft (Absatz 1). Die Vorschrift entspricht wörtlich dem für das Berufungsverfahren geltenden § 316. Wird innerhalb der Frist des § 341 keine Revision eingelegt, so tritt Rechtskraft ein. Nur die an sich statthafte und rechtzeitig eingelegte Revision, diese aber stets, auch wenn sie aus anderen Gründen unzulässig ist, hemmt die Rechtskraft des Urteils (I 4a zu § 346). Ist die Revision gesetzlich ausgeschlossen (§ 441 Abs. 3 Satz 2, § 55 Abs. 2 JGG), so hemmt die Einlegung des unstatthaften Rechtsmittels die Rechtskraft nicht. Ist die Revision in zulässiger Weise beschränkt worden, so werden die nicht angefochtenen Urteilsteile rechtskräftig (zur Teilrechtskraft vgl. 5b zu § 318). Wenn die Rechtskraft gehemmt ist, bleibt das Verfahren rechtshängig; das Urteil ist nicht vollstreckbar (§ 449; vgl. aber § 346 Abs. 2 Satz 2 Halbsatz 2). Die Hemmung dauert bei unzulässiger Revision bis zur endgültigen Entscheidung nach § 346 oder der Entscheidung nach § 349 Abs. 1, 5, sonst bis zur Sachentscheidung des Revisionsgerichts.

2. Zustellung des Urteils (Absatz 2)

a) Allgemeines. War das Urteil mit den Gründen noch nicht zugestellt, so ist es dem Beschwerdeführer nach Einlegung der Revision alsbald zuzustellen, damit er das Rechtsmittel begründen kann. Beschwerdeführer in diesem Sinne ist, wer das Rechtsmittel eingelegt hat (vgl. auch 2 zu § 316). Die Abweichung des § 343 Abs. 2 von § 316 Abs. 2

(„sofort") ist bedeutungslos. Die Zustellung darf nicht unterbleiben, weil bereits die Revisionsbegründung vorliegt; denn sie kann Anlaß geben, diese zu ergänzen und zu ändern. Ein Verzicht auf die Zustellung ist wirkungslos (VII 3 b zu § 337).

Das Zustellungsverfahren regeln §§ 36, 37, 41; die Zustellung an den Verteidiger richtet sich nach § 145 a. Nach Nr. 153 Abs. 2 RiStBV braucht nur an einen von mehreren Verteidigern zugestellt zu werden. Hat der gesetzliche Vertreter eines Angeklagten ein Rechtsmittel eingelegt, so wird ihm das Urteil zugestellt. Haben beide das Rechtsmittel eingelegt, so ist das Urteil jedem von ihnen zuzustellen (Nr. 153 Abs. 3 RiStBV).

Auch § 343 Abs. 2 setzt eine rechtzeitig eingelegte Revision voraus (RGSt. 52 77). War die Einlegungsfrist versäumt, so ist die Revision ohne weiteres als unzulässig zu verwerfen (§ 346 Abs. 1). Bei rechtzeitig eingelegter Revision ist das Urteil auch zuzustellen, wenn die Revision aus anderen Gründen unzulässig ist (RGSt. 62 250). Legt jedoch ein Nebenkläger, der sich damit erst dem Verfahren anschließt, Revision ein, so hat das Gericht zunächst über die Frage der Anschlußberechtigung zu entscheiden; erst wenn sich danach die Zulässigkeit der Revision ergibt, ist das Urteil zuzustellen (RGSt. 69 245). Auch ist von der Zustellung abzusehen, wenn der Beschwerdeführer zur Einlegung des Rechtsmittels offensichtlich nicht befugt ist (2 a zu § 316). Gibt das Revisionsgericht einem Antrag nach § 346 Abs. 2 statt, so wird nunmehr die Urteilszustellung erforderlich.

b) **Inhalt der Zustellung.** Das angefochtene Urteil ist mit den Gründen, soweit sie vorhanden sind, zuzustellen; sonst beginnt die Begründungsfrist nicht zu laufen (Näheres I 2 b zu § 345). Urteilsteile, die ausschließlich andere Angeklagte und auch nicht mittelbar den Beschwerdeführer betreffen, dürfen fehlen (RGRspr. **10** 429). Bei öffentlicher Zustellung geht die Sondervorschrift des § 40 Abs. 2 vor; die Urteilsgründe werden hier nicht mit ausgehängt oder veröffentlicht.

c) **Empfänger der Zustellung.** Die Anm. 2 c zu § 316 gilt sinngemäß.

3. **Verfahren bei Aktenverlust.** Vgl. 3 zu § 316.

§ 344

(1) Der Beschwerdeführer hat die Erklärung abzugeben, inwieweit er das Urteil anfechte und dessen Aufhebung beantrage (Revisionsanträge), und die Anträge zu begründen.

(2) Aus der Begründung muß hervorgehen, ob das Urteil wegen Verletzung einer Rechtsnorm über das Verfahren oder wegen Verletzung einer anderen Rechtsnorm angefochten wird. Ersterenfalls müssen die den Mangel enthaltenden Tatsachen angegeben werden.

Bezeichnung bis 1924: § 384.

Schrifttum: Schmidt-Leichner, Zum sachlichen Inhalt der Revisionsbegründung in Strafsachen, NJW **1963** 994; Schneidewin, Fehlerhafte Revisionsbegründungen in Strafsachen, JW **1923** 345; Wessels, Die Aufklärungsrüge im Strafprozeß, JuS **1969** 1.

I. Revisionsanträge (Absatz 1)

1. **Umfang der Anfechtung.** Die Anfechtung des Urteils mit der Revision kann, wie sich schon aus § 343 Abs. 1 („soweit es angefochten ist ...") ergibt und wie § 344 Abs. 1 nochmals klarstellt, ebenso wie die Berufung (§ 318) auf bestimmte Beschwerdepunkte beschränkt werden. Anders als bei der Berufung, die beim Fehlen einer einschränkenden Erklärung als in vollem Umfang eingelegt gilt, muß aber bei der Revision der Umfang der Anfechtung von dem Beschwerdeführer deutlich gemacht werden. Dazu dienen die Revisionsanträge. Sie müssen angeben, ob das Urteil in vollem Umfang oder nur in bestimmten Teilen angegriffen wird. Unter „Urteil" ist dabei nur die im erkennenden Teil enthaltene Entscheidung, der Urteilsausspruch, zu verstehen (RGSt. 63 184). Die bei der Aufhebung erforderlichen weiteren Entscheidungen des Revisionsgerichts nach §§ 354, 355 braucht der Antrag nicht zu umfassen. Üblicherweise bezieht er sich aber hierauf auch. Er lautet etwa dahin, das Urteil (in vollem Umfang, hinsichtlich der Verurteilung wegen ..., im Strafausspruch) aufzu-

heben, das Verfahren einzustellen, den Angeklagten freizusprechen oder die Sache an die Vorinstanz zurückzuverweisen.

Das *Fehlen der Revisionsanträge* ist unschädlich, wenn sich dem gesamten Inhalt der Revisionsschrift eindeutig entnehmen läßt, wodurch sich der Revisionsführer beschwert fühlt und welches Ziel seine Revision verfolgt. Ist nur eine einzige Straftat Gegenstand des Urteils, dann läßt die Rüge, die Anwendung des Strafgesetzes auf den festgestellten Sachverhalt sei fehlerhaft, mit ausreichender Deutlichkeit erkennen, daß das Urteil in vollem Umfang angefochten wird (RGSt. 5 186; RGRspr. 9 420; RG Recht **1910** Nr. 256; OLG Hamm NJW **1965** 1193; KG GA **58** 229; OLG Koblenz VRS **41** 269). Das gilt auch, wenn eine fortgesetzte Handlung abgeurteilt worden ist (RGSt. **56** 225). Bei einem Verwerfungsurteil nach § 329 Abs. 1 kommt nur eine Anfechtung in vollem Umfang in Betracht (OLG Saarbrücken VRS **44** 190). Bei mehreren selbständigen Handlungen führt das Fehlen ausdrücklicher Anträge zur Unzulässigkeit der Revision, wenn die Revisionsbegründung Zweifel daran läßt, ob das Urteil in vollem Umfang oder nur teilweise angefochten werden soll (RGRspr. 3 792; BayObLGSt. **1954** 84 = JR **1955** 28m. Anm. Sarstedt; OLG Hamm JMBlNRW **1967** 213 = VRS 33 48; OLG Koblenz OLGSt. § 344 S. 11; OLG Stuttgart OLGSt. § 344 S. 9). Bestehen solche Zweifel nicht, so kann auch hier das Fehlen der Anträge unschädlich sein (OLG Braunschweig HESt. **1** 34).

2. Beschränkung der Revision

a) **Trotz unbeschränkter Revisionsanträge** kann die Auslegung der Begründungsschrift ergeben, daß das Urteil nur teilweise angefochten wird. Das ist etwa der Fall, wenn die Sachrüge erhoben worden ist, aber nur Ausführungen über den Strafausspruch gemacht werden (BGH NJW **1956** 757). Die Einlegung einer beschränkten Revision bedeutet nicht stets, daß auf das Rechtsmittel im übrigen verzichtet wird; grundsätzlich ist es daher möglich, das Rechtsmittel innerhalb der Einlegungsfrist noch zu erweitern (dazu Müller-Sax 2). Hat ein Verteidiger ein beschränktes Rechtsmittel eingelegt, so wird das Urteil nach Ablauf der Frist des § 341 im übrigen rechtskräftig, auch wenn der Verteidiger keine Vollmacht hat, Rechtsmittel zurückzunehmen oder auf sie zu verzichten (OLG Saarbrücken OLGSt. § 344 S. 1; Sarstedt 60). Denn ebenso wie er von der Revisionseinlegung ganz hätte absehen können, ist der Verteidiger auf jeden Fall befugt, eine beschränkte Revision einzulegen, wenn er damit nicht einen Verzicht auf die Revision wegen des nicht angefochtenen Urteilsteils erklärt (anders BGHSt. 3 46; OGHSt. 1 75 und wohl auch RGSt. **64** 164).

b) Die **Beschränkbarkeit der Revision** auf einzelne Beschwerdepunkte richtet sich nach den für die Berufung geltenden Grundsätzen. Auf die ausführlichen Erläuterungen zu § 318 kann daher hier verwiesen werden. Eine unzulässige Beschränkung ist unwirksam; das ganze Urteil gilt dann als angefochten (2 zu § 318). Hat der Verteidiger die zunächst in vollem Umfang eingelegte Revision teilweise zurückgenommen, obwohl er hierzu nicht bevollmächtigt war, und sie insoweit nicht begründet, so ist die Revision mangels ordnungsmäßiger Begründung unzulässig, soweit sie zurückgenommen worden war (BGH LM Nr. 1 zu § 302; RG HRR **1940** 346; Müller-Sax 2a; EbSchmidt 7; Sarstedt 60).

c) Eine **gesetzliche Beschränkung** der Revision enthalten nach herrschender Ansicht die §§ 464 Abs. 3 Satz 1 (dazu 2 zu § 464), 8 Abs. 3 StrEG (BayObLGSt. **1972** 7 = MDR **1972** 534; BayObLG MDR **1972** 804; OLG Karlsruhe NJW **1972** 2323; a. A. Schätzler 20 zu § 8 StrEG). Das bedeutet, daß die Entscheidung über Kosten und notwendige Auslagen und über die Entschädigung für Strafverfolgungsmaßnahmen mit der unbeschränkt eingelegten Revision weder angefochten ist, noch überhaupt angefochten werden kann (BGH NJW **1973** 336). Mit dieser Gesetzesauslegung werden Vorschriften, die der Verfahrensvereinfachung dienen sollen, in ihr Gegenteil verkehrt (dazu Meyer JR **1971** 96).

II. Begründung der Revisionsanträge (Absatz 2)

1. **Erfordernis und Form der Begründung.** Im Gegensatz zur Berufung (§ 317) ist die Revision stets zu begründen, sonst ist sie unzulässig (§ 346 Abs. 1). Dabei sind die Frist des § 345 Abs. 1 und die Formvorschrift des § 345 Abs. 2 zu beachten. Aus der Begründung muß hervorgehen, ob das Urteil wegen Verletzung einer Rechtsnorm über das Verfahren

(Verfahrensrüge) oder wegen Verletzung einer anderen Rechtsnorm (Sachrüge) angefochten wird (§ 344 Abs. 2 Satz 1). Die Verfahrensrüge erfordert nähere Ausführungen; die Revision muß die den Verfahrensmangel enthaltenden Tatsachen angeben (§ 344 Abs. 2 Satz 2). Nur diese Tatsachen unterliegen der Prüfung des Revisionsgerichts (§ 352 Abs. 1). Wird nur das Verfahren beanstandet, so ist die unrichtige Anwendung des sachlichen Strafrechts nicht gerügt und vom Revisionsgericht nicht zu beachten. Im Gegensatz zu der Verfahrensrüge, braucht die Sachrüge nur erhoben, nicht begründet zu werden. Die Revisionseinlegung allein kann jedoch nicht bereits als Erhebung der Sachrüge angesehen werden (OGHSt. 2 138 = DRZ **1950** 21 m. Anm. Bader). Genügt die Revisionsbegründung den Erfordernissen des § 344 Abs. 2, so ist eine weitere Begründung nicht erforderlich und, wenn sie unrichtig ist, unschädlich (§ 352 Abs. 2).

Ebenso wie die bedingte Einlegung der Revision ist auch die Erhebung von Revisionsrügen unter *Bedingungen unzulässig* (RGSt. **53** 51; RG HRR **1933** 1556; RG LZ **1919** 1142; Müller-Sax 10b; EbSchmidt 9). Das gilt sowohl für den Fall, daß die Rüge an die Bedingung geknüpft ist, daß die Revisionsrügen des Gegners Erfolg haben (RGRspr. 3 490), als auch für die Erhebung von Revisionsrügen hilfsweise für den Fall, daß andere Rügen nicht durchgreifen (RG DR **1942** 1794; Sarstedt 103; a. A. Hellm. Mayer in Festschrift für EbSchmidt 634ff.).

2. **Auslegung der Begründung**

a) Als **Willenserklärung im Prozeß** ist die Revisionsbegründung auslegungsfähig (BGH JR **1956** 228; RGSt. **40** 100; **44** 162; **67** 198; OLG Köln MDR **1954** 57). Hierbei sind die Ausführungen zur Rechtfertigung der Revision in ihrer Gesamtheit zu würdigen; das Revisionsgericht darf nicht am Wortlaut haften, sondern muß den *Sinn der Rüge* erforschen, soweit er der Begründung verständigerweise zu entnehmen ist (BGHSt. **19** 275; BGH JR **1956** 228; Müller-Sax 11). Der gesetzliche Grundgedanke des § 300 ist auch hier zu berücksichtigen, soweit Wortlaut und Sinn der Erklärungen es noch gestatten. Die Begründung ist daher so auszulegen, daß der mit der Revision erstrebte Erfolg auch wirklich erreicht wird (BGH NJW **1956** 757; RGSt. **67** 125; OLG Hamm VRS **42** 141; OLG Schleswig DAR **1962** 214). Aber über ihren Gesamtinhalt hinaus kann sie auch durch Auslegung nicht erstreckt werden. Nichtssagende Erklärungen wie die Anfechtung des Urteils „in seinem ganzen Umfange" (RGSt. **44** 263) oder „nach allen Richtungen" lassen eine Auslegung, ob das Verfahren beanstandet oder die Sachrüge erhoben wird, nicht zu (Bay. ObLGSt. **20** 333; OLG Hamm NJW **1964** 1736).

b) Ein **Irrtum in der Bezeichnung** der Rüge als Sach- oder Verfahrensrüge ist unschädlich (BGHSt. **19** 275; BGH bei Dallinger MDR **1953** 723), wenn der Inhalt der Begründungsschrift erkennen läßt, welche Rüge gemeint ist (OLG Neustadt GA **1957** 422). Entscheidend ist die wirkliche rechtliche Bedeutung des Revisionsangriffs, wie er dem Sinn und Zweck des Revisionsvorbringens zu entnehmen ist (BGHSt. **19** 275; OLG Hamm VRS **42** 141). Eine Bezeichnung der verletzten Gesetzesvorschrift ist nicht erforderlich (BGH JR **1956** 228; OLG Hamm VRS **42** 141; OLG Stuttgart DAR **1956** 247), ihre unrichtige Bezeichnung ohne Bedeutung (BGHSt. **19** 94, 276; **20** 98; BGH JR **1956** 228; BayObLG OLGSt. § 344 S. 1; Müller-Sax 11).

c) **Als Sachrüge aufzufassen** ist nicht die Rüge der Verletzung des „Rechts" oder des „Gesetzes" ohne weitere Ausführungen (OLG Düsseldorf DRiZ **1933** Nr. 274; Sarstedt 206; **a. A.** OLG Oldenburg NdsRpfl. **1949** 43). Die Sachbeschwerde ist jedoch erhoben mit der Rüge der Verletzung *materiellen* Rechts (Kl 4; Peters 575; Seibert DRZ **1948** 371), mit dem Vorbringen, die Feststellungen seien widersprüchlich (RG JW **1931** 1618), das Gesetz sei fehlerhaft angewendet worden, der Satz *in dubio pro reo* sei verletzt (Sarstedt 240) oder der Angeklagte sei zu Unrecht bestraft worden (OLG Hamm NJW **1964** 1736). Auch im Bestreiten der Tat (OLG Karlsruhe DAR **1958** 24) oder in dem Antrag auf Freisprechung durch das Revisionsgericht, die selbst bei erfolgreicher Verfahrensrüge nicht möglich ist, kann eine Sachrüge gesehen werden (OLG Hamm NJW **1964** 1736; **1972** 2056). Ob es richtig ist, daß die Summe unzulässiger Einzelausführungen eine zulässige Sachrüge ergeben kann, erscheint zweifelhaft (großzügig aber OLG Köln MDR **1954** 57). Trotz ausdrücklich erhobener Sachrüge kann die Revision unzulässig sein, wenn das weitere Vorbringen ergibt, daß nur unzulässige Angriffe gegen die Beweiswürdigung geführt werden (RGSt. **40** 100; **67** 198).

Für den Fall, daß die Revision in unzulässiger Weise auf das Vorliegen von *Verfahrensvoraussetzungen* beschränkt ist, nimmt die Rechtsprechung an, daß das Urteil sachlichrechtlich in vollem Umfang zu prüfen ist, daß also die Rüge des Vorliegens von Prozeßhindernissen die allgemeine Sachrüge bedeutet (für Amnestie: BGH NJW **1951** 811; RGSt. **53** 40; **54** 8; **74** 190; BayObLGSt. **1956** 2 = JR **1956** 188; für Verjährung: BGHSt. **2** 385; OLG Braunschweig NJW **1956** 1118 m. Anm. Kubisch NJW **1956** 1530; OLG Celle MDR **1966** 865; OLG Hamburg MDR **1958** 52; OLG Oldenburg NdsRpfl. **1953** 207; kritisch dazu Grünwald, Teilrechtskraft, 370ff.).

3. Begründung von Verfahrensrügen

a) **Allgemeines.** Alles, was mit der Revisionsbegründung zur näheren Ausführung der Verfahrensrügen gesagt werden soll, muß *aus ihr selbst* hervorgehen. Eine Bezugnahme auf andere Schriftstücke ist nicht zugelassen; sie ist mit dem Sinn des § 344 schlechthin unvereinbar (BGH VRS **3** 252; BGH bei Dallinger MDR **1970** 900; BGH bei Herlan MDR **1955** 19; KG VRS **11** 278; Schneidewin JW **1923** 345). Das Revisionsgericht muß allein aufgrund der Revisionsbegründungsschrift prüfen können, ob ein Verfahrensfehler vorliegt, wenn das tatsächliche Vorbringen der Revision zutrifft (Müller-Sax 14a). Unzulässig ist daher die Verweisung auf die Akten, insbesondere auf die Sitzungsniederschrift, oder auf Beiakten, auf früher in derselben Sache eingereichte Verteidigungsschriften, auf schriftliche Erklärungen von Angeklagten, Zeugen oder Sachverständigen (RG GA **68** 364), auf einen Antrag, der die Berichtigung der Sitzungsniederschrift erstrebt (RG GA **69** 93), auf die Begründung einer früheren Revision in derselben oder in einer anderen Sache (BGH bei Dallinger MDR **1951** 406; RGSt. **18** 95; **20** 42; BayObLGSt. **6** 201), auf die Revisionsbegründung eines Mitangeklagten (RG GA **47** 163; RG JW **1930** 3404; RG Recht **1921** Nr. 2695). Derartige Bezugnahmen behandelt das Revisionsgericht als nicht geschrieben (Sarstedt 102). Das alles gilt auch für Revisionsbegründungen der Staatsanwaltschaft (RGSt. **29** 411). Eine an sich formgerechte Revisionsbegründung wird jedoch nicht dadurch unzulässig, daß sie die wahl- und gedankenlose Abschrift einer anderen Begründung darstellt (RG JR Rspr. **1925** Nr. 122). Wenn ein Verteidiger in derselben Strafsache für mehrere Angeklagte die Revision begründet, muß er nicht in demselben Schriftsatz alle Rügen vortragen; eine Zerlegung der Revisionsbegründung in mehrere Schriftstücke ist zulässig.

b) Zur **Begründung der Verfahrensrügen** muß die Revision die den Mangel enthaltenden Tatsachen angeben (§ 344 Abs. 2 Satz 2). Das gilt auch im Jugendstrafverfahren (BGH GA **1953** 83) und für Rügen, mit denen die Verletzung von Grundrechtsnormen über das Verfahren behauptet wird (BGHSt. **19** 277 = JZ **1965** 66 m. Anm. Evers; BGHSt. **21** 340; BGH GA **1970** 25; BGH bei Dallinger MDR **1953** 724; BayObLGSt. **1968** 108 = NJW **1969** 808; OLG Celle NJW **1969** 1075; OLG Hamm NJW **1972** 1096). Eine fehlerhafte rechtliche Beurteilung der vorgebrachten Tatsachen ist unschädlich (BGHSt. **20** 98). Die Mitteilung der den Verfahrensverstoß begründenden Tatsachen muß aber so *vollständig* und so *genau* sein, daß das Revisionsgericht aufgrund der Rechtfertigungsschrift prüfen kann, ob ein Verfahrensfehler vorliegt, wenn die behaupteten Tatsachen erwiesen werden (BGHSt. **3** 213; **21** 340; BGH NJW **1969** 2293; BGH bei Herlan MDR **1955** 19; BayObLGSt. **24** 59; OLG Bremen VRS **36** 181; OLG Hamburg NJW **1965** 315; OLG Hamm NJW **1972** 1096; Kl 5 A; Müller-Sax 14a). Die bloße Angabe der verletzten Vorschrift oder das Vorbringen, der § 337 oder „das Verfahrensrecht" sei verletzt, die Verteidigung sei beschränkt worden, reicht niemals aus. Es gibt keine „allgemeine Verfahrensrüge" (Sarstedt 119). Die Revisionsbegründung muß daher erkennbar machen, gegen welche bestimmte Handlung oder Unterlassung des Gerichts der Vorwurf fehlerhafter Verfahrensweise erhoben wird (BGHSt. **2** 168; BGH bei Dallinger MDR **1953** 273; RGRspr. **10** 450). Eine *wahlweise Tatsachenbehauptung* genügt nicht (OLG Celle NdsRpfl. **1952** 18). Das gleiche gilt für unbestimmtes Tatsachenvorbringen wie z. B., es habe „in mehreren Fällen" an der Benachrichtigung von der Zeugenvernehmung gefehlt (BGHSt. **2** 304), „verschiedene Zeugen" seien nicht beeidigt worden (BGH bei Dallinger MDR **1951** 406), „mindestens ein Schöffe" habe der Verhandlung nicht folgen können

(BGH bei Dallinger MDR **1971** 723), „ein Teil der Geschworenen" sei unfähig gewesen (BayObLGSt. **1951** 112). Schließlich ist auch ein *widersprüchlicher Tatsachenvortrag* zur Begründung von Verfahrensrügen nicht geeignet (RGSt. **52** 68; RG Recht **1924** Nr. 1612).

Wenn der Angeklagte die Revision zu Protokoll des Urkundsbeamten begründet hat, stellen die Revisionsgerichte an das Tatsachenvorbringen mitunter geringere Anforderungen (vgl. BGH JR **1955** 189).

Die den Verfahrensfehler begründenden Tatsachen, bei denen es sich nicht um nach § 273 protokollpflichtige Vorgänge handeln muß (BGHSt. **11** 215), müssen *ausdrücklich* und *bestimmt* behauptet werden. Die Äußerung einer Vermutung, die Erklärung, ein Verstoß sei möglicherweise oder wahrscheinlich geschehen, oder die Äußerung von bloßen Zweifeln an der Ordnungsmäßigkeit des Verfahrens genügen nicht (BGHSt. **2** 168; **3** 213; **7** 163; **12** 244; **17** 339; **19** 276; BGH NJW **1953** 836; **1962** 500; BGH bei Dallinger MDR **1951** 276; BGH GA **1962** 371; RGSt. **48** 289; **53** 51, 189; RG DJZ **1919** 760; RG HRR **1940** 343; RG LZ **1917** 464; **1918** 114; **1920** 58; OLG Celle NJW **1956** 1167; OLG Hamm NJW **1972** 1096). Es ist auch nicht ausreichend, wenn nur um Nachprüfung gebeten wird, ob ein Verfahrensverstoß vorgekommen ist (BGHSt. **12** 33; **19** 276). Gibt die Revisionsbegründung des Verteidigers Behauptungen des Angeklagten wieder, ohne daß zu erkennen ist, daß der Rechtsanwalt sie in eigener Verantwortung vortragen will, so fehlt es schon an der Form des § 345 Abs. 2 (dazu II 2e zu § 345), nicht erst an der des § 344 Abs. 2 (so aber OLG Hamm NJW **1961** 842).

An der bestimmten Behauptung der den Verfahrensfehler begründenden Tatsachen fehlt es insbesondere, wenn die Revision nur vorbringt, daß ein bestimmter Verfahrensvorgang in der Sitzungsniederschrift nicht vermerkt worden sei. Denn nicht das *Schweigen des Sitzungsprotokolls* über einen wesentlichen Vorgang, sondern dessen Unterbleiben in der Hauptverhandlung ist der Verfahrensfehler, auf den sich die Revision stützen muß. Das gilt auch für den umgekehrten Fall, daß die Revision sich auf die Behauptung beschränkt, das Protokoll enthalte den Vermerk, daß ein verfahrensrechtlich unzulässiger Vorgang geschehen sei. In beiden Fällen wird nicht mit Bestimmtheit die Tatsache selbst, sondern lediglich ihre Aufnahme oder Nichtaufnahme in die Sitzungsniederschrift behauptet. Darauf kann das Urteil nicht beruhen (Sarstedt 123). Derartige „Protokollrügen" sind daher unzulässig (BGHSt. **7** 163; BGH GA **1968** 373; RGSt. **42** 170; **47** 237; **48** 288; **58** 144; **64** 215; **68** 274; RG JW **1891** 546; **1932** 2437 m. Anm. Alsberg; OLG Celle NdsRpfl. **1952** 18; NJW **1956** 1167; OLG Hamm NJW **1953** 839; OLG Koblenz VRS **42** 29; Müller-Sax 15; EbSchmidt 20; Peters 575; Sarstedt 123; weitere Nachweise bei 11 zu § 271).

Andere als die zur Begründung der Verfahrensrüge in der Revisionsbegründung angeführten Tatsachen berücksichtigt das Revisionsgericht nicht. Das ist aber, was häufig übersehen wird, keine Frage der Auslegung des § 344, sondern ergibt sich aus der ausdrücklichen gesetzlichen Regelung des § 352 Abs. 1, die mit § 344 in unmittelbarem Zusammenhang steht (BGHSt. **15** 208). Vgl. daher 4 zu § 352.

Ausführungen darüber, daß das Urteil auf dem Verfahrensmangel *beruht*, braucht der Beschwerdeführer nicht zu machen. Das Gesetz schreibt sie nicht vor (RGSt. **9** 70; **66** 10; OLG Braunschweig NdsRpfl. **1956** 77; Müller-Sax 14b; Alsberg-Nüse 436; Dahs-Dahs 26; Sarstedt 304; mißverständlich daher BGHSt. **2** 251 und BGH NJW **1953** 115; a. A. OLG Hamm NJW **1953** 839; OLG Oldenburg NdsRpfl. **1951** 191).

4. Begründung einzelner Verfahrensrügen

a) Verletzung des § 22: Der gesetzlich ausgeschlossene Richter muß genau bezeichnet werden (BGH NJW **1962** 500).

b) Verletzung des § 24: Die Anfechtung zusammen mit der Revision (§ 28 Abs. 2 Satz 2) ist Teil der Revision (BayObLGSt. **1956** 249 = NJW **1957** 599; OLG Karlsruhe Justiz **1968** 346). Sie muß daher den Anforderungen des § 344 Abs. 2 Satz 2 genügen (BGHSt. **21** 340; RGSt. **74** 297; RG DR **1940** 2068 m. Anm. Mittelbach; RG JR Rspr. **1925** Nr. 977; BayObLG VRS **44** 207; Müller-Sax 2b zu § 28). Dazu gehört die Mitteilung des Inhalts des Ablehnungsantrages und der Gründe, aus denen er zurückgewiesen worden ist (RG Recht **1931** Nr. 457; BayObLGSt. **1971** 124 = VRS **42** 46; OLG Dresden DRiZ **1931** Nr. 457; OLG Stuttgart NJW **1969** 1776). Dabei genügt die Wiedergabe einzelner Sätze des Gerichtsbeschlusses nicht (BGH bei Dallinger MDR **1972** 387). Er muß, wenn auch nicht wörtlich, so doch seinem ganzen Inhalt nach vorgetragen werden.

c) Verletzung des § 24 Abs. 3 Satz 2: Die Angabe, welche Ablehnungsgründe geltend gemacht worden wären, wenn die mitwirkenden Richter rechtzeitig namhaft gemacht worden wären, ist nicht erforderlich (RGSt. **66** 10; dazu auch 10 zu § 24).

d) Verletzung des § 74: Erforderlich ist die Mitteilung des Gesuchs, mit dem der Sachverständige abgelehnt worden ist, und des zurückweisenden Gerichtsbeschlusses (Müller-Sax 14a; vgl. auch BGH NJW **1969** 2293).

e) Verletzung des § 136a Abs. 3 Satz 2: Die Revision muß außer den Tatsachen, aus denen sich die unzulässigen Vernehmungsmethoden ergeben, auch Tatsachen behaupten, nach denen zwischen den verbotenen Einwirkungen und der Aussage ein ursächlicher Zusammenhang besteht (OLG Neustadt NJW **1964** 313).

f) Verletzung des § 219: Die Rüge, die Entscheidung über einen vor der Hauptverhandlung gestellten Beweisantrag sei zu Unrecht unterlassen worden, erfordert die Mitteilung, daß der Antrag in einem vorbereitenden Schriftsatz gestellt worden war. Ferner muß der genaue Inhalt des Antrags angegeben und mitgeteilt werden, ob der Vorsitzende vor der Hauptverhandlung über ihn entschieden hat, verneinendenfalls, ob der Antrag in der Hauptverhandlung wiederholt wurde und ob der Angeklagte in ihr durch einen Verteidiger unterstützt worden ist (BayObLGSt. **1964** 25 = GA **1964** 334; OLG Bremen VRS **36** 181).

g) Verletzung der §§ 240, 241: Die Revisionsbegründung muß angeben, an wen die nicht zugelassene Frage gerichtet war, wie sie gelautet hatte und mit welcher Begründung sie zurückgewiesen worden ist (Sarstedt 121; Beispiel einer zulässigen Rüge bei Dahs-Dahs 345). Entsprechendes gilt. wenn gerügt wird, einzelne Fragen seien unzulässig gewesen (OLG Celle NdsRpfl. **1969** 190).

h) Verletzung des § 244 Abs. 2: Wird Verletzung der Sachaufklärungspflicht gerügt, so muß die Revision ohne Bezugnahme auf andere Schriftstücke angeben, welche für den Revisionsführer *günstigen* (Dahs-Dahs 361; Wessels JuS **1969** 9) *Tatsachen* durch weitere Beweiserhebung hätten erforscht werden können und welche *anderen Beweismittel* dazu hätten benutzt werden sollen (BGHSt. **2** 168; BGH VRS **11** 440; **27** 193; **30** 101; BGH bei Dallinger MDR **1970** 900; BGH bei Herlan MDR **1955** 19; OLG Braunschweig NdsRpfl. **1951** 192; OLG Bremen DAR **1961** 20; OLG Hamburg VRS **29** 127; KG VRS **30** 385; s. a. III 4 und VIII 1 zu § 244). Ferner ist anzugeben, welche Umstände den Tatrichter zu weiterer Beweiserhebung hätten *drängen* müssen (BGH VRS **15** 338; Dahs-Dahs 360). Die Aktenstellen, aus denen sich solche Umstände ergeben, müssen genau bezeichnet werden (BGH VRS **32** 205). Die Angabe der weiteren Beweismittel kann ausnahmsweise entbehrlich sein, wenn sie sich aus den Umständen von selbst ergeben (BGH GA **1961** 316; KG VRS **14** 38). Daß Tatsachen und Beweismittel, auf welche die Beweisaufnahme hätte erstreckt werden sollen, dem Tatrichter bekannt waren, muß die Revision behaupten und muß erwiesen sein (BGH bei Herlan MDR **1955** 529).

Die Aufklärungsrüge kann nicht auf *Widersprüche* zwischen den Urteilsfeststellungen und der Sitzungsniederschrift gestützt werden (BGH bei Dallinger MDR **1966** 384; KG JR **1968** 195; **a. A.** Sarstedt 128 Fn. 45). Sie kann regelmäßig auch nicht darauf gestützt werden, daß der Tatrichter ein benutztes Beweismittel nicht *voll ausgeschöpft* hat; das Revisionsgericht kann das in der Regel nicht nachprüfen (BGHSt. **4** 126; **17** 352; BGH VRS **15** 269, 446; **17** 347; **21** 357; **24** 370; **27** 193; **30** 101, 351; **34** 346, 354; **36** 24; OGHSt. **3** 59; OLG Hamm NJW **1970** 69; KG VRS **24** 131; **30** 363; OLG Saarbrücken VRS **35** 42). Eine Ausnahme gilt, wenn das Urteil selbst erkennen läßt, daß einem Zeugen ein bestimmter Vorhalt nicht gemacht worden ist (BGHSt. **17** 353).

i) Verletzung des § 244 Abs. 3 bis 6: Der Revisionsführer muß dartun, ob er die Nichtbescheidung des Antrages oder die Ablehnung mit unzulässiger Begründung rügen will (OLG Hamm JR **1971** 517; Alsberg-Nüse 435). Die Rüge, der Antrag sei zu Unrecht nicht beschieden worden, muß ihn inhaltlich mitteilen, um darzulegen, daß ein formgerechter Antrag, nicht nur ein Beweisermittlungsantrag gestellt worden ist (OLG Stuttgart NJW

1968 1732; a. A. OLG Hamburg JR **1963** 473; Sarstedt 187). Zur Zulässigkeit der Rüge, der Antrag sei rechtsfehlerhaft abgelehnt worden, gehört die Mitteilung des Inhalts des Beweisantrages (Beweistatsache und Beweismittel), des gerichtlichen Ablehnungsbeschlusses und der Tatsachen (nicht der Rechtsgründe), die die Fehlerhaftigkeit des Beschlusses ergeben (BGHSt. 3 213; BGH bei Dallinger MDR **1970** 900; BGH bei Herlan MDR **1955** 19; RG JW **1929** 1474 m. Anm. Alsberg; RG JW **1930** 939; RG JR Rspr. **1927** Nr. 1983; BayObLG DRiZ **1927** Nr. 973; BayObLG GA **1964** 334; OLG Hamburg NJW **1965** 1239; OLG Hamm VRS **42** 53; KG VRS **11** 278; OLG Schleswig DAR **1962** 214; Beispiel einer zulässigen Rüge bei Dahs-Dahs 345). Eine Bezugnahme auf das Protokoll ist dabei unzulässig (OLG Stuttgart NJW **1969** 1776; a. A. BayObLG JW **1929** 1064; KG VRS 11 278; Alsberg-Nüse 433). Sind diese Tatsachen in den Urteilsgründen enthalten, in denen ein Hilfsbeweisantrag abgelehnt worden ist, so genügt bei erhobener Sachrüge die Bezugnahme hierauf (BGH bei Dallinger MDR **1956** 272; BayObLGSt. **1954** 20 = NJW **1955** 563; OLG Hamburg NJW **1968** 2304; OLG Koblenz VRS **42** 425). Die Wiedergabe des Beweisantrages ist entbehrlich, wenn es für die Entscheidung, ob er zu Unrecht abgelehnt worden ist, auf seinen Inhalt nicht ankommt, z. B. bei Ablehnung des Antrages des Verteidigers wegen Verschleppungsabsicht des Angeklagten (OLG Hamburg JR **1963** 473). Das Beweisthema braucht nicht mitgeteilt zu werden, wenn der Antrag wegen Unerreichbarkeit (BGH LM Nr. 5 zu § 344 Abs. 2) oder wegen Ungeeignetheit (KG VRS 11 278; OLG Schleswig SchlHA **1959** 156) des Beweismittels abgelehnt worden ist (anders BayObLG DRiZ **1928** Nr. 947; s. a. Alsberg-Nüse 433). Wird Nichteinhaltung der Wahrunterstellung gerügt, so muß dargetan werden, welche Behauptung als wahr unterstellt werden sollte (Sarstedt 186) und wieso sich aus den Urteilsgründen ergibt, daß der Richter die Wahrunterstellung nicht eingehalten hat (RG JR Rspr. **1927** Nr. 1983; OLG Saarbrücken VRS 38 60).

k) Verletzung des § 245: Die Rüge, präsente Beweismittel seien trotz entsprechendem Antrag nicht benutzt worden, braucht den Inhalt des Antrages nicht wiederzugeben (OLG Hamburg NJW **1965** 1239). Mit der auf Verletzung des § 245 gestützten Verfahrensrüge müssen auch nicht die Tatsachen, welche die Beweiserhebung ergeben hätte, mitgeteilt werden (BGH bei Dallinger MDR **1966** 200; RGSt. **65** 308; OLG Celle NJW **1962** 2316; Müller-Sax 14a; Alsberg-Nüse 518).

l) Verletzung des § 249: Erforderlich ist die Angabe, welchen Inhalt die angeblich nicht verlesbare Urkunde gehabt hat (Kl 5 A).

m) Verletzung des § 258: Der Inhalt des beabsichtigten Schlußwortes braucht mit der Rüge, es sei nicht erteilt worden, nicht mitgeteilt zu werden (BGHSt. **21** 290; RGSt. 9 70; RG JW **1933** 1591; OLG Schleswig SchlHA **1953** 248).

n) Verletzung des § 265 Abs. 1: Die Revision muß dartun, wie die Anklage gelautet hat und daß der Angeklagte ohne die erforderliche Belehrung nach einer anderen Strafvorschrift verurteilt worden ist (Beispiel für eine zulässige Rüge bei Dahs-Dahs 346).

o) Verletzung der §§ 329, 412: Enthält das Urteil Erörterungen darüber, daß das Entschuldigungsvorbringen des Angeklagten nicht ausreichend war, so braucht die Rüge, das Gericht habe den Rechtsbegriff der nicht genügenden Entschuldigung verkannt, keine weiteren Tatsachenangaben zu enthalten (OLG Hamm NJW **1963** 65). Der Urteilsinhalt braucht nicht wiedergegeben zu werden. Behauptet aber die Revision, der Angeklagte hätte aufgrund von Tatsachen als genügend entschuldigt angesehen werden müssen, die in dem Urteil *nicht* erörtert worden sind, so muß sie diese Tatsachen angeben; nur dann werden sie von dem Revisionsgericht geprüft (Busch JZ **1963** 461; zu der Frage, ob nur dem Tatrichter bereits bekannte Tatsachen geltend gemacht werden können, vgl. 11b zu § 329; IV 3b zu § 337; 5c zu § 412). Die Ansicht des OLG Karlsruhe (VRS 33 36), auf die Rüge der Verletzung des § 329 prüfe das Revisionsgericht anhand der Akten, ob Entschuldigungsgründe bestanden haben, ist nicht zu billigen; sie macht aus dem Revisionsverfahren ein Beschwerdeverfahren. Eine Revision, die nur Ausführungen darüber enthält, daß das Ausbleiben des Verteidigers entschuldigt gewesen sei, ist unzulässig (OLG Hamburg NJW **1965** 315). Enthält das tatrichterliche Urteil nur die formelhafte Wendung, der Angeklagte sei trotz ordnungsgemäßer Ladung ohne genügende Entschuldigung ausgeblieben, so genügt die Rüge der Verletzung des § 329 ohne den Vortrag von Tatsachen, die das Gericht hätte erörtern müssen, entgegen der von dem OLG Bremen (NJW **1962** 881) vertretenen Ansicht nicht (so auch OLG Hamm NJW **1963** 65).

p) **Vorschriftswidrige Gerichtsbesetzung** (**§ 338 Nr. 1**): Die Revision muß die Tatsachen, aus denen sich eine vorschriftswidrige Besetzung des Gerichts ergibt, genau bezeichnen (BGHSt. **12** 33; BGH GA **1962** 371). Nicht ausreichend ist das Vorbringen, der erkennende Richter sei aufgrund eines Geschäftsverteilungsplans bestellt worden, der den Vorschriften des Gerichtsverfassungsgesetzes nicht genügt (BGHSt. **10** 281; **12** 33; **22** 170; BayObLGSt. **1967** 148 = GA **1968** 185), der Beschluß über die Vertreterbestimmung sei nicht rechtmäßig (OLG Neustadt VRS **28** 442), die Schöffen seien nicht die nach der Schöffenliste berufenen (BGH bei Dallinger MDR **1969** 904). Es muß stets angegeben werden, welcher Richter mitgewirkt hat und aus welchen Gründen er nicht hätte mitwirken dürfen (Müller-Sax 14a; Beispiele für ordnungsmäßige Besetzungsrügen bei Sarstedt 120/121).

5. **Sachrüge**

a) Eine **Begründung** der Sachrüge ist nicht vorgeschrieben. Es gelten daher keine Beschränkungen für den Fall, daß sie vorgenommen wird. Bezugnahmen und Hinweise auf Rechtsausführungen in anderen Schriftstücken, etwa in einem von dem Angeklagten eingeholten Rechtsgutachten oder in Revisionsbegründungen in anderer Sache, sind zulässig (Müller-Sax 10a).

b) **Allgemeine Sachrüge.** Die Sachrüge ist die Rüge, daß das Recht, auch Grundrechtsnormen (BGHSt. **19** 275; OLG Celle NJW **1969** 1076), auf den vom Tatrichter als erwiesen angesehenen Sachverhalt unrichtig angewendet worden ist (OLG Celle NJW **1969** 1075; Sarstedt 203). Die „allgemeine Sachrüge" enthält nur diese Behauptung. Sie führt zur Prüfung des Urteils in sachlichrechtlicher Hinsicht in vollem Umfang. Einzelausführungen zur Sachrüge können die Revision unzulässig machen, wenn sie ergeben, daß in Wahrheit keine Rechtsrüge erhoben wird, sondern nur unzulässige Angriffe gegen die Beweiswürdigung oder die Feststellungen geführt werden (RGSt. **40** 100; **67** 198; BayObLGSt. **1953** 82 = NJW **1953** 1403; OLG Saarbrücken OLGSt. § 327 S. 3). Die mangels Beschwer unzulässige spezielle Rüge nimmt der daneben ausdrücklich erhobenen allgemeinen Sachrüge nicht die Wirksamkeit (BGH NJW **1970** 205). Das gleiche gilt für den Fall, daß die Rüge nur zu bestimmten Punkten näher ausgeführt wird; in einer Sachrüge, die nur einzelne Urteilsgrundlagen erörtert, wird regelmäßig auch die allgemeine Sachrüge enthalten sein (Müller-Sax 1a).

c) Gegen **Abwesenheitsurteile** nach §§ 329, 412 kann die Revision die Sachrüge erheben, sofern (was aber stets der Fall sein wird) theoretisch denkbar ist, daß ein Verfahrenshindernis besteht. Die Prüfung durch das Revisionsgericht beschränkt sich dann aber auf die Verfahrensvoraussetzungen (BGHSt. **21** 242; RG DRiZ **1929** Nr. 211; BayObLGSt. **1959** 276 = JR **1960** 145 m. Anm. Sarstedt; OLG Karlsruhe MDR **1957** 760; OLG Köln GA **1971** 27; OLG Saarbrücken OLGSt. § 329 S. 11; VRS **23** 298; **44** 192; **a. A.** BayObLGSt. **1951** 528; BayObLGSt. **27** 249; OLG Hamburg NJW **1965** 315; OLG Hamm Rpfleger **1960** 213; Müller-Sax 13c; Busch JZ **1963** 458, die die Sachrüge für unzulässig oder gegenstandslos halten; **a. A.** auch OLG Oldenburg NJW **1964** 830, das auf die Sachrüge die Verletzung des § 329 nachprüft). Die Umdeutung der Sachrüge in die Rüge der Verletzung der §§ 329, 412 wird meist nicht in Betracht kommen (wenn nämlich die Einzelausführungen ergeben, daß die sachliche Prüfung des Schuldvorwurfs erstrebt wird), andererseits der Revision auch nur selten zum Erfolg verhelfen, weil es an dem zur Prüfung der Verfahrensverletzung erforderlichen Tatsachenvortrag fehlt (s. a. 11a zu § 329; oben II 4o).

§ 345

(1) Die Revisionsanträge und ihre Begründung sind spätestens binnen eines Monats nach Ablauf der Frist zur Einlegung des Rechtsmittels bei dem Gericht, dessen Urteil angefochten

wird, anzubringen. War zu dieser Zeit das Urteil noch nicht zugestellt, so beginnt die Frist mit der Zustellung.

(2) Seitens des Angeklagten kann dies nur in einer von dem Verteidiger oder einem Rechtsanwalt unterzeichneten Schrift oder zu Protokoll der Geschäftsstelle geschehen.

Entstehungsgeschichte: Durch Art. I der Verordnung vom 30. 11. 1927 (RGBl. I 334) wurde in Absatz 2 das Wort „Gerichtsschreiberei" durch das Wort „Geschäftsstelle" ersetzt. Art. 3 Nr. 146 VereinhG faßte Absatz 1 neu und verlängerte damit die Begründungsfrist von einer auf zwei Wochen. Durch Art. 9 Nr. 1 StPÄG wurde der Absatz 1 abermals neu gefaßt; dabei wurde die Begründungsfrist auf einen Monat verlängert. Bezeichnung bis 1924: § 385.

Schrifttum: Blaese, Die Förmlichkeiten der Revision in Strafsachen, 1956; Freymuth, Zur Abfassung der Revisionsbegründung in Strafsachen, GA 56 279; Pentz, Die Revisionsbegründung zu Protokoll der Geschäftsstelle, MDR **1962** 532; Schneidewin, Fehlerhafte Revisionsbegründungen in Strafsachen, JW **1923** 345; W. Schmid, Die Revisionsbegründung zu Protokoll des UdG, Rpfleger **1962** 301; Seibert, Zur Verantwortung des Verteidigers im Revisionsverfahren, AnwBl. **1955** 225; Die Revisionsbegründung in Strafsachen zu Protokoll des UdB, Rpfleger **1951** 546.

I. Revisionsbegründungsfrist (Absatz 1)

1. Die Frist beträgt ohne Rücksicht auf den Umfang der Sache und des Urteils einen Monat. Sie gilt für alle Revisionsführer, auch für die Staatsanwaltschaft. Die Frist wird nach § 43 bemessen. Ihre Verlängerung ist nicht möglich. Versäumt ist die Frist nur bei erwiesener Verspätung (6 zu § 314; ausführlich Einleitung 88 ff.). Sie ist als gewahrt anzusehen, wenn die Akten nach Eingang der Begründungsschrift verlorengehen und ein verspäteter Eingang nicht festgestellt werden kann (6 zu § 341). Innerhalb der Frist müssen die Revisionsanträge und ihre Begründung (§ 344 Abs. 1) angebracht und, wenn Verfahrensmängel gerügt werden, die den Mangel enthaltenden Tatsachen angegeben werden (§ 344 Abs. 2). Nach Fristablauf können zur Sachrüge ergänzende Ausführungen gemacht werden; ein ergänzender Tatsachenvortrag (aber nicht Rechtsausführungen) zu Verfahrensrügen ist unbeachtlich, wenn er nach Fristablauf bei Gericht eingereicht wird (4 zu § 352). Die Revision kann schon vor Fristbeginn begründet werden (BayObLGSt. **1951** 338; Kl 1; Eb. Schmidt Nachtr. 11). Ob das (wie Müller-Sax 4 zu § 341 und Sarstedt 83 meinen) empfehlenswert ist, muß bezweifelt werden (vgl. Willms NJW **1965** 2334). Denn wird später die Revisionsbegründungsfrist versäumt, so kann Wiedereinsetzung zur Nachholung einzelner Verfahrensrügen von dem Revisionsgericht grundsätzlich nicht gewährt werden (I 4 zu § 44). Wiedereinsetzung wegen Versäumung der gesamten Revisionsbegründung ist aber für den Angeklagten mühelos zu erreichen, wenn, wie meist, der Verteidiger die Frist versäumt hat (II 6 zu § 44).

2. Fristbeginn. Zustellung

a) Beginn der Frist. Wenn das Urteil, wie im Regelfall, bei der Revisionseinlegung noch nicht zugestellt war, beginnt die Frist mit der *Urteilszustellung* (§ 345 Abs. 1 Satz 2). War das Urteil bereits zugestellt, was praktisch nur bei Abwesenheitsurteilen vorkommt, so schließt sich die Revisionsbegründungsfrist an die Einlegungsfrist des § 341 Abs. 1 an. Maßgebend ist nur der Ablauf dieser Frist, nicht ein früher gelegener Zeitpunkt, in dem die Revision eingelegt worden ist. Bei der Berechnung der Begründungsfrist muß also zunächst der Ablauf der Einlegungsfrist unter Beachtung des § 43 Abs. 2 festgestellt werden; danach beginnt erst die Monatsfrist des § 345 Abs. 1.

b) Urteilszustellung. Nur eine *ordnungsmäßige Urteilszustellung* (dazu § 37) setzt die Frist in Lauf. Bei Doppelzustellungen gilt § 37 Abs. 2. Fehlt die Rechtsmittelbelehrung nach § 35a oder ist sie unrichtig oder unvollständig, so ist das für den Fristbeginn ohne Bedeutung; der Mangel gibt nur einen zwingenden Wiedereinsetzungsgrund nach § 44 Satz 2 (BayObLGSt. **1954** 52; **1957** 157; **1967** 58 = GA **1968** 55; OLG Frankfurt NJW **1953** 1725; OLG Hamm NJW **1963** 1791; OLG Köln VRS **43** 296; OLG Saarbrücken NJW

1964 1634; Sarstedt 80; **a. A.** OLG Neustadt GA **1955** 187; EbSchmidt 7; Jagusch in der Vorauflage dieses Kommentars; s. a. 6 zu § 35a). Da erst die Kenntnis der Urteilsgründe den Revisionsführer in die Lage versetzt, das Rechtsmittel zu begründen, beginnt die Frist grundsätzlich nur mit der Zustellung des vollständigen Urteils mit Gründen (RGRspr. 9 161; OLG Neustadt GA **1955** 186). Auch wenn die Gründe vom Original abweichen, fehlerhaft, verstümmelt oder sonst unvollständig sind, wird die Begründungsfrist nicht in Lauf gesetzt (Müller-Sax 3b zu § 343; Sarstedt 82). Das Fehlen von Urteilsteilen, die ausschließlich Mitangeklagte und nicht den Beschwerdeführer selbst betreffen, ist aber ohne Bedeutung (RGRspr. **10** 429). Sind Urteilsgründe überhaupt nicht vorhanden, etwa weil der Richter nach Urteilsverkündung verstorben ist, so setzt die Zustellung der Urteilsformel die Begründungsfrist in Lauf (Müller-Sax 5; EbSchmidt 3; **a. A.** BayObLGSt. **31** 152). Denn das Fehlen der Gründe ist ein unbedingter Revisionsgrund nach § 338 Nr. 7, darf aber kein Hindernis für das weitere Revisionsverfahren bilden (vgl. auch RGSt. **40** 184).

Nach § 273 Abs. 4 darf das Urteil nicht zugestellt werden, bevor das *Sitzungsprotokoll fertiggestellt* ist. Ein Verstoß gegen diese Vorschrift macht die Urteilszustellung unwirksam (Dahs-Dahs 309; Börtzler MDR **1972** 185 unter Hinweis auf die amtliche Begründung zum Entwurf des StPÄG, die das ausdrücklich als Ziel der Vorschrift bezeichnete; **a. A.** OLG Stuttgart MDR **1970** 68, das die Bestimmung für eine Ordnungsvorschrift hält). Die Ansicht, bei einem Verstoß gegen § 273 Abs. 4 beginne die Revisionsbegründungsfrist zwar nicht mit der Urteilszustellung, aber mit der nachträglichen Fertigstellung des Protokolls (Müller-Sax 1; Jagusch in der Vorauflage dieses Kommentars), ist abzulehnen. Ein rein innerdienstlicher Vorgang wie die Fertigstellung des Sitzungsprotokolls, von deren Zeitpunkt Angeklagter und Verteidiger nichts erfahren, wenn sie nicht die Akten einsehen, kann die Revisionsbegründungsfrist nicht in Lauf setzen (so mit Recht Börtzler MDR **1972** 185). Ist das Sitzungsprotokoll offensichtlich fertiggestellt und fehlt nur die Angabe des Zeitpunkts, an dem das geschah, so ist das auf den Fristenlauf ohne Einfluß (BGHSt. 23 115; OLG Köln MDR 1972 260).

c) Beschlußzustellung. Ausnahmsweise setzt nicht die Zustellung des Urteils, sondern die eines *später erlassenen Beschlusses* die Frist in Lauf. Das ist der Fall, wenn das Urteil berichtigt wird. Die Revisionsbegründungsfrist beginnt dann mit der Zustellung des Berichtigungsbeschlusses (BGHSt. **12** 374; RG HRR **1939** 1010; Müller-Sax 1; Eb. Schmidt Nachtr. 3; Sarstedt 82), sofern sich die Berichtigung nicht auf einen Nebenpunkt bezieht, der für die Begründung keinerlei rechtliche Bedeutung haben kann (OLG Hamm NJW **1956** 923).

Wird der Revisionsführer gegen die Versäumung der Revisionseinlegungsfrist in den *vorigen Stand eingesetzt,* so können Schwierigkeiten entstehen, wenn es sich um ein nach § 35 Satz 2 bereits zugestelltes Abwesenheitsurteil handelt oder wenn das Urteil entgegen § 343 Abs. 2 trotz der verspäteten Revisionseinlegung zugestellt worden ist. Würde in diesen Fällen der Zeitpunkt der Urteilszustellung für den Beginn der Frist maßgebend sein, dann müßte der Revisionsführer das Rechtsmittel vorsorglich für den Fall begründen, daß ihm Wiedereinsetzung bewilligt wird. Das kann nicht verlangt werden; die Revisionsbegründungsfrist beginnt daher mit der Zustellung des Wiedereinsetzungsbeschlusses, worauf zweckmäßigerweise bei der Zustellung hingewiesen wird (Sarstedt 81). Eine nochmalige Urteilszustellung ist nicht erforderlich und, wenn sie gleichwohl erfolgt, für den Fristbeginn ohne Bedeutung. Das entspricht der nunmehr einhelligen Ansicht in Rechtsprechung und Schrifttum (RGSt. 76 280; BayObLGSt. 1971 189 = NJW 1972 172 unter Aufgabe der abweichenden Meinung in BayObLGSt. **1954** 26 = MDR **1954** 499 m. Anm. Lichti; OLG Celle NJW **1956** 760; **1968** 809; OLG Hamm NJW **1955** 564; OLG Koblenz MDR **1967** 857 unter Aufgabe der abweichenden Meinung in NJW **1952** 1229 m. Anm. Pusinelli; Kl 2 zu § 342; Müller-Sax 4; EbSchmidt 5; Sarstedt 81; RGSt. **52** 76 verlangte eine nochmalige Urteilszustellung). Wird der die Wiedereinsetzung gewährende Beschluß nur formlos bekanntgemacht, das Urteil aber nochmals zugestellt, so beginnt mit dieser Zustellung die Revisionsbegründungsfrist. Die Zustellung des Wiedereinsetzungsbeschlusses braucht nicht nachgeholt zu werden.

Das gleiche wie im Fall der Wiedereinsetzung gilt, wenn das Revisionsgericht nach § 346 Abs. 2 einen die Revision wegen *vermeintlicher Verspätung* verwerfenden Beschluß des Tatrichters aufhebt, das Urteil aber entgegen § 343 Abs. 2 bereits zugestellt war. Die Revisionsbegründungsfrist beginnt mit der Zustellung des Beschlusses nach § 346 Abs. 2.

Für den *Nebenkläger*, der Revision eingelegt hat, bevor ihm der Beschluß über seine Zulassung zugestellt worden ist, beginnt die Revisionsbegründungsfrist auch dann, wenn ihm vorher bereits das Urteil zugestellt worden war, mit der Zustellung des Zulassungsbeschlusses; auch hier ist eine nochmalige Urteilszustellung nicht erforderlich (RGSt. **77** 281; OLG Dresden JW **1931** 3580; Müller-Sax 3; Beling 462; **a. A.** RGSt. **48** 236; **66** 393; RG Recht **1908** Nr. 440; BayObLG LZ **1925** 379).

3. Zuständiges Gericht. Die Revisionsbegründung ist wie die Revisionseinlegung nicht bei dem Revisionsgericht, sondern bei dem Gericht anzubringen, dessen Urteil angefochten ist. Wegen der Einzelheiten wird auf die Anm. 3 zu § 314 verwiesen.

II. Form der Revisionsbegründung (Absatz 2).

1. Sinn der Vorschrift. § 345 Abs. 2 schließt (ebenso wie §§ 172 Abs. 3 Satz 2, 366 Abs. 2) Erklärungen in einfacher Schriftform aus. Die Vorschrift verlangt im Interesse des Angeklagten und des Revisionsgerichts, daß die Revisionsbegründung von sachkundiger Seite herrührt. Damit soll gewährleistet werden, daß ihr Inhalt gesetzmäßig und sachgerecht ist (BGH bei Dallinger MDR **1970** 15; RGSt. **14** 349; **64** 65; BayObLGSt. **1955** 256 = RPfleger **1956** 286; Schneidewin JW **1923** 345). Die Vorschrift soll dem Revisionsgericht vor allem die Prüfung ganz grundloser oder unverständlicher Anträge möglichst ersparen (Müller-Sax 7a). Deswegen darf sich die Mitwirkung des Rechtsanwalts oder des Urkundsbeamten nicht in bloßer Beurkundung erschöpfen. Insbesondere der Rechtsanwalt muß sich an der Revisionsbegründung gestaltend beteiligen. Für den gesamten Inhalt der Begründungsschrift muß er die Verantwortung übernehmen. Das schließt aus, daß er ihn sich von dem nicht rechtskundigen Angeklagten vorschreiben läßt und daß er auf dessen Wunsch Rügen erhebt, die offensichtlich aussichtslos sind. Glaubt der Rechtsanwalt, mit seinem Gewissen oder mit seiner Standeswürde die Begründung einer Revision nicht vereinbaren zu können, so sollte er sich darauf beschränken, die allgemeine Sachrüge zu erheben; denn das läßt sich auf jeden Fall verantworten (RGSt. **73** 24).

Die bereits von einem Verteidiger oder Rechtsanwalt begründete Revision kann innerhalb der Frist des § 345 Abs. 1 auch durch Niederschrift zu Protokoll der Geschäftsstelle ergänzt werden. Gleiches gilt im umgekehrten Fall. Die beiden Möglichkeiten des § 345 Abs. 2 schließen einander nicht aus (Kl 4 C).

Die Formvorschrift des § 345 Abs. 2 gilt nicht nur für die Revisionsbegründung des Angeklagten, sondern auch für die der Angehörigen (§ 282 b), der gesetzlichen Vertreter (§ 298), der Einziehungsbeteiligten (433 Abs. 1, 440 Abs. 3) und der Erziehungsberechtigten (§ 67 Abs. 3 JGG). Privat- und Nebenkläger können die Revisionsbegründung nur mittels einer von einem Rechtsanwalt unterzeichneten Schrift, also nicht zu Protokoll der Geschäftsstelle anbringen (§§ 390 Abs. 2, 397 Abs. 1).

2. Von einem Verteidiger oder Rechtsanwalt unterzeichnete Schrift.

a) **Verteidiger** ist jeder, der in der Vorinstanz als Verteidiger tätig gewesen ist, auch der nach § 138 Abs. 2 zugelassene Verteidiger (BayObLGSt. **1955** 256 = RPfleger **1956** 286; OLG Köln NJW **1952** 198; OLG Naumburg DRiZ **1929** Nr. 556; Müller-Sax 8) und der nach § 139 tätig gewordene Referendar. Der Beistand (§ 149) ist nicht Verteidiger (RGSt. **7** 403). Der Verteidiger darf die Begründung der Revision unterzeichnen, solange seine Vollmacht nicht widerrufen ist; eine besondere Vollmacht braucht er nicht (RGSt. **3** 224; Sarstedt 94). Die Bestellung zum Pflichtverteidiger gilt auch für die Revisionsbegründung (10 zu § 141). Auch der erst für das Revisionsverfahren bestellte Verteidiger kann die Revisionsbegründungsschrift unterzeichnen (RGSt. **28** 430). Die Vollmacht muß innerhalb der Frist des § 345 Abs. 1 erteilt, kann aber auch später nachgewiesen werden (1 zu § 297). Wer der Zulassung als Verteidiger nach § 138 Abs. 2 bedarf, kann sie zugleich mit der Einreichung der Revisionsbegründungsschrift beantragen (OLG Hamm MDR **1951** 503; zur Zuständigkeit des Tatrichters für die Entscheidung über diesen Antrag vgl. 4 zu § 347). Auch ein Referendar kann nach § 139 mit der Unterzeichnung der

Revisionsbegründungsschrift erstmals als Verteidiger tätig werden. Seine Revisionsbegründung ist aber unwirksam, wenn er selbst angeklagt ist und sich von einem Rechtsanwalt die eigene Verteidigung nach § 139 hat übertragen lassen (OLG Karlsruhe MDR **1971** 320).

b) **Rechtsanwalt.** In § 345 Abs. 2 ist neben dem Verteidiger der Rechtsanwalt besonders aufgeführt, weil nicht jeder Verteidiger ein Rechtsanwalt sein muß (§§ 138, 139) und weil ein Rechtsanwalt die Begründungsschrift auch unterzeichnen darf, wenn ihm die Verteidigung im übrigen nicht übertragen ist. Der Rechtsanwalt muß bei einem Gericht der Bundesrepublik oder in West-Berlin zugelassen sein (OLG Köln MDR **1955** 311; OLG München MDR **1957** 247). Nur dann gilt er als sachkundig genug, um die Verantwortung für den Inhalt der Begründung zu übernehmen. Die Zulassung in der DDR reicht nicht aus (OLG Hamburg NJW **1962** 1689; H. W. Schmidt SchlHA **1959** 138). Der Rechtsanwalt muß bei der Unterzeichnung bevollmächtigt sein; den Nachweis der Vollmacht kann er später beibringen (7 vor § 137). Hat der Angeklagte die Revision selbst eingelegt, so braucht der Rechtsanwalt, der die Begründung einreicht, eine Vollmacht nicht vorzulegen, wenn keine Anhaltspunkte dafür ersichtlich sind, daß er ohne Auftrag gehandelt hat (RGSt. **15** 226; RGRspr. **6** 355; RG GA **42** 37; BayObLGSt. **16** 68; **a. A.** KG GA **59** 477).

Ist ein Rechtsanwalt, nicht ein Hochschullehrer (KG GA **35** 445), *selbst angeklagt*, so kann er, solange er als Rechtsanwalt zugelassen ist (OLG Hamm NJW **1947/48** 704; Müller-Sax 8), die Revisionsbegründung selbst unterzeichnen (RGSt. **69** 377; RGRspr. 4 695; KG GA **1962** 311). Das gilt aber nicht, wenn gegen ihn ein Berufsverbot nach § 150 Abs. 1 BRAO verhängt worden ist. Zwar bestimmt § 155 Abs. 5 Satz 1 BRAO, daß die Wirksamkeit von Rechtshandlungen durch das Berufsverbot nicht berührt wird. Das ist jedoch nur eine Vorschrift zum Schutz der Mandanten des Rechtsanwalts, und soll nicht diesem selbst ermöglichen, in eigener Sache und zum eigenen Nutzen Rechtshandlungen vorzunehmen, die ihm verboten sind. Ob er die Revisionsbegründung in eigener Sache unterzeichnen darf, ist im übrigen eine Frage der Auslegung des § 345 Abs. 2, nicht des § 155 Abs. 5 Satz 1 BRAO (im Ergebnis wie hier: KG NJW **1969** 338; OLG Karlsruhe MDR **1971** 320; Kl 4 A; **a. A.** RGSt. **69** 377; BayObLG MDR **1969** 153; OLG Oldenburg NdsRpfl. **1963** 117; Bülow und Kalsbach, beide 5 zu § 155 BRAO; Jagusch in der Vorauflage dieses Kommentars; s. a. BGH NJW **1971** 1373).

c) **Unterzeichnung.** Im Gegensatz zur Revisionseinlegung, für die einfache Schriftform genügt, erfordert die Revisionsbegründung die Unterzeichnung. Es reicht daher nicht aus, daß bei Fehlen der Unterschrift aus anderen Umständen ersichtlich ist, von wem die Schrift stammt (RGSt. **37** 82; RGRspr. **9** 144). Auch der Nachweis, daß der Rechtsanwalt die Schrift verfaßt hat, ersetzt die Unterschrift nicht (RGSt. **30** 366). Die Unterschrift muß eigenhändig abgegeben werden; eine Vertretung bei der Unterzeichnung ist unzulässig (KG GA **59** 474; Dahs-Dahs 316; **a. A.** Müller-Sax 8; EbSchmidt 17), ausgenommen die des amtlich bestellten Vertreters (Sarstedt 96). Der Bundesgerichtshof läßt die telegrafische Revisionsbegründung zu; daß der Verteidiger oder Rechtsanwalt bei telefonischer Telegrammaufgabe nicht selbst unterzeichnet, soll unschädlich sein, weil er sich bei der Unterschrift in zulässiger Weise durch die das Telegramm aufnehmende Person vertreten lassen könne (BGHSt. **8** 174 = JZ **1956** 32 m. Anm. Niethammer; RGSt. **10** 166; **a. A.** RGSt. **1** 262; Sarstedt 97; s. a. 2d zu § 314). Dem kann nicht zugestimmt werden. Es wäre in hohem Maße widersprüchlich, wenn man einerseits das Erfordernis der Unterzeichnung dahin auslegte, daß sie aus charakteristischen Schriftzügen bestehen muß (vgl. den nächsten Absatz), andererseits jedoch das völlige Fehlen der eigenhändigen Unterschrift bei der telegrafischen Revisionsbegründung für bedeutungslos halten würde.

Bei der Unterzeichnung muß der *volle bürgerliche Name* mit entsprechenden Schriftzeichen wiedergegeben werden; die Verwendung der Anfangsbuchstaben genügt nicht (RGSt. **37** 81). Die Unterschrift muß nicht lesbar sein, aber aus Schriftzügen bestehen, die die Identität des Unterschreibenden ausreichend kennzeichnen. Geometrische Figuren oder Zeichen (BGHSt. **12** 317; RG JW **1929** 52 m. Anm. Ascher/Jansen JW **1929** 264; RG DRiZ **1928** Nr. 937; OLG Köln OLGSt. § 345 S. 13) oder geschlängelte Linien (OLG Düsseldorf NJW **1956** 923; OLG Saarbrücken JBl. Saar **1959** 158) sind keine Unterschrift. Unzulässig ist auch die Benutzung eines Namensstempels (RGSt. **69** 137; RG LZ **1918** 780; BayObLGSt. **20** 298; OLG Köln LZ **1926** 243). Das Erfordernis der Unterzeichnung ist nicht unbedingt räumlich zu verstehen; die Unterschrift muß nicht *unter* der Schrift stehen (RG HRR **1939** 1284). Nicht ausreichend ist aber die Unterschrift auf einem besonderen Blatt (RGSt. **18** 103) oder auf einem aufgeklebten Zettel. Die Unterschrift muß deutlich erkennen lassen, daß sie den Inhalt der Begründungsschrift deckt. Ist sie auf einem Schriftsatz des Angeklagten angebracht, so läßt der Zusatz „zur Beglaubigung" oder „zur Legalisierung" offen, ob sie sich nur auf die Unterschrift des Angeklagten bezieht (RGSt. **9** 68; **21** 159; RGRspr. **5** 528; **10** 149; RG GA **35** 396). Die Einreichung einer nicht unterschriebenen Abschrift statt der unterzeichneten Schrift reicht nicht aus (RG Recht **1921** Nr. 2087).

d) **Übernahme der Verantwortung für den Inhalt.** Die Revisionsbegründungsschrift muß von dem Verteidiger oder von dem Rechtsanwalt nicht bloß unterzeichnet sein. Erforderlich ist vielmehr, daß er erkennbar die volle Verantwortung für den Inhalt der Begründung und der Anträge übernommen hat; sonst ist die Erklärung unwirksam (BGH bei Dallinger MDR **1970** 15; RGSt. **21** 160; **60** 53; **73** 23; OLG Bremen DRZ **1950** 186 m. Anm. Müller; OLG Celle NdsRpfl. **1954** 32; OLG Hamburg JR **1955** 233 m. Anm. Sarstedt; OLG Hamburg GA **1958** 116; OLG Hamm JMBlNRW **1951** 184; KG JR **1956** 431; Seibert AnwBl. 1955 225). Wenn die Schrift von dem Angeklagten selbst verfaßt ist, genügt es daher nicht, daß der Anwalt sich dem Schriftsatz „vollinhaltlich anschließt" und nur seine Unterschrift dazugibt; denn das läßt nicht mit Gewißheit erkennen, ob er das Vorgetragene auch vollständig verantworten will (RGSt. **21** 159; RG GA **54** 309; RG LZ **1916** 823; OLG Karlsruhe JW **1933** 2076; OLG Rostock GA **70** 150; **a. A.** für den Fall sachgemäßer Begründung: BayObLGSt. **12** 96). Eine bloße „Bezugnahme" auf eine beigefügte Schrift des Angeklagten reicht erst recht nicht aus (RGSt. **14** 348; **74** 297; RG GA **35** 163, 393; **68** 364). Überhaupt sind als *Anlagen* beigefügte Schriftstücke unbeachtlich, selbst wenn sie in der Begründungsschrift ausdrücklich als deren Bestandteil bezeichnet werden (BGH LM Nr. 2; RG JW **1901** 503; **1936** 2144; RG LZ **1915** 1226; BayObLGSt. **1955** 257 = Rpfleger **1956** 286).

Bringt der unterzeichnende Anwalt in irgendeiner Form zum Ausdruck, daß er das Vorgetragene *nicht verantworten will*, so ist die erforderliche Form nicht eingehalten (BGH bei Dallinger MDR **1970** 15; RGSt. **73** 23). Das ist z. B. der Fall, wenn eine von dem Angeklagten selbst verfaßte Revisionsbegründungsschrift „als Pflichtverteidiger", „wegen Fristablaufs" oder „in Gemäßheit des § 345" (RGSt. **18** 103), „entsprechend der formellen Vorschrift des § 345" (RG LZ **1916** 823) oder „mit Rücksicht auf den Ablauf der Frist" (RGSt. **19** 95) unterzeichnet wird. Der Vorschrift des § 345 Abs. 2 ist ferner nicht genügt, wenn der Unterzeichnende erklärt, er kenne die Sache zwar nicht, erhebe aber zur Fristwahrung die Sachrüge (OLG Celle NdsRpfl. **1954** 32), er mache die Ausführungen des Angeklagten in der Begründung „sinngemäß" zu den seinigen (RG LZ **1916** 823), er unterzeichne auf Wunsch des Angeklagten (OLG Bremen DRZ **1950** 186 m. Anm. Müller), die Revisionsbegründung sei „auf Anweisung und ausdrücklichen Wunsch des Angeklagten" verfaßt (BGH bei Dallinger MDR **1970** 15), der Anwalt mache die abschriftlich beigefügte Revisionsbegründung „auf Wunsch des Angeklagten geltend" (RGSt. **54** 282), die Unterzeichnung erfolge „zur anwaltlichen Deckung" (BayObLG JW **1929** 1490 m. Anm. Klefisch). Daß die Revision „auftragsgemäß" begründet wird, kann die Begründung unzulässig machen (OLG Hamburg JR **1955** 223 m. Anm. Sarstedt), aber nicht, wenn die Sachrüge ohne weitere Ausführungen erhoben ist (OLG Hamm MDR **1972** 349; **1973** 244). Die einleitende Erklärung, „der Angeklagte begründet die Revision wie folgt", kann die Form verletzen, wenn ersichtlich ist, daß damit die eigene Verantwortung des Unterzeichnenden abgelehnt wird (RGSt. **60** 53; RG JW **1933** 969; OLG Hamm NJW **1961** 843). Das gilt überhaupt für den Fall, daß in der Begründungsschrift nur von den Einwendungen des Angeklagten gegen das Urteil die Rede ist (RGSt. **73** 23; OLG Hamm JMBlNRW **1951** 184; NJW **1961** 843; OLG Saarbrücken JBl. Saar **1959** 158; Sarstedt 96).

3. Zu Protokoll der Geschäftsstelle.

a) **Zuständig** ist ausschließlich die Geschäftsstelle des Gerichts, dessen Urteil angefochten ist (RG JW **1913** 164; BayObLGSt. **1951** 350 = Rpfleger **1951** 459). Auch die Rechtsantragstelle ist Geschäftsstelle (OLG Hamm JMBlNRW **1960** 117). Der nicht auf freiem Fuß befindliche Angeklagte kann die Revisionsbegründung nach § 299 zu Protokoll der Geschäftsstelle des Amtsgerichts des Verwahrungsorts erklären. Das gilt auch, wenn das Landgericht, von dem er verurteilt worden ist, sich am selben Ort befindet (EbSchmidt 1 zu § 299). Für die anderen Verfahrensbeteiligten findet § 299 keine Anwendung. Die Beurkundung eines unzuständigen Gerichts macht die Revisionsbegründung unwirksam (RGSt. 59 419; Müller-Sax 9b; Sarstedt 90), und zwar auch dann, wenn es auf Ersuchen der zuständigen Geschäftsstelle tätig geworden ist (RG JW **1913** 164).

b) **Zuständiger Beamter** ist der *Rechtspfleger*. Die Aufnahme von Erklärungen über die Einlegung und Begründung der Revision in Strafsachen ist ihm durch § 24 Abs. 1 Nr. 1 Buchst. b RPflG ausdrücklich übertragen worden. Die Protokollierung durch einen anderen Beamten ist unwirksam (Kl 4 B). Die Rechtsprechung war schon bisher einhellig der Ansicht, daß das von einem Beamten des mittleren Dienstes (BayObLG OLGSt. § 345 Abs. 2 S. 9; OLG Celle NdsRpfl. **1951** 91; OLG Hamm MDR **1960** 426; OLG Saarbrücken JBl. Saar **1965** 93 = VRS 29 130) oder von einem Justizangestellten (BGH NJW **1952** 1386; BayObLGSt. **1953** 12; OLG Celle NJW **1968** 905) aufgenommene Protokoll nicht wirksam ist. Auch Rechtspflegeranwärter dürfen die Erklärung nicht aufnehmen (BayObLG OLGSt. § 345 Abs. 2 S. 11).

c) **Protokoll.** Über die Aufnahme der Revisionsbegründung ist ein Protokoll zu fertigen, das nicht in Kurzschrift abgefaßt sein darf (OLG Celle NJW **1958** 1314; Pentz MDR **1962** 532). Es muß von dem Urkundsbeamten unterschrieben werden (OLG Königsberg JW **1930** 1526; Müller-Sax 2a zu § 314; Sarstedt 94). Die Unterschrift des Angeklagten darf fehlen (BayObLGSt. **1961** 177 = Rpfleger **1961** 355; OLG Dresden HESt. 1 194; OLG Hamburg HESt. 3 75; OLG Rostock HRR **1930** 1901). Hat der Angeklagte sie verweigert, ist eine Erklärung zu Protokoll aber nicht abgegeben (RG JW **1931** 3562; BayObLGSt. **1961** 177 = Rpfleger **1961** 355; 2a zu § 314). Die Verweigerung braucht nicht den gesamten Inhalt des Protokolls unwirksam zu machen (BayObLGSt. **1961** 177 = Rpfleger **1961** 355).

Der Angeklagte kann die Erklärung nicht telefonisch abgeben (vgl. aber Müller-Sax 9d). Er kann sich aber bei der Erklärung vertreten lassen, und zwar sowohl in der Erklärung als auch im Willen (RG Recht **1903** Nr. 1527; BayObLG DRiZ **1926** Nr. 986; OLG Bremen NJW **1954** 46; OLG Dresden JW **1933** 189; KG JW **1930** 3445; KG GA 71 227; W. Schmid Rpfleger **1962** 301; 7 vor § 137). Der Vertreter muß verhandlungsfähig, braucht aber nicht geschäftsfähig nach bürgerlichem Recht zu sein (BayObLGSt. **1964** 86 = JR **1964** 427 m. Anm. Dünnebier). Die Vollmacht muß bei der Niederschrift bestanden haben (7 vor § 137). Der Nachweis kann später geführt werden (RGSt. 66 210; OLG Bremen NJW **1954** 46).

d) Bei der **Protokollaufnahme** muß der Urkundsbeamte die für ihn bindenden Richtlinien der Nr. 149 RiStBV beachten. Er muß auf eine den gesetzlichen Vorschriften entsprechende Fassung hinwirken und darf sich nicht darauf beschränken, die Erklärungen des Beschwerdeführers niederzuschreiben (Abs. 6 Satz 3). Der Urkundsbeamte ist weder Schreibkraft des Angeklagten noch Briefannahmestelle (RG Recht **1925** Nr. 2560). Unzulässig ist es daher, ein von dem Angeklagten überreichtes Schriftstück lediglich mit der üblichen Eingangs- und Schlußformel eines Protokolls zu umkleiden (RGSt. 2 444; RGRspr. 8 338; RG LZ **1923** 610; OLG Düsseldorf JMBlNRW **1971** 56) **oder eine von dem Angeklagten in Protokollform abgefaßte Privatschrift** nur zu verlesen und unterschreiben zu lassen (OLG Schleswig Rpfleger **1952** 430). Eine bloße Bezugnahme auf die beigefügte Privatschrift des Angeklagten (RGSt. 2 358; 4 7; OLG Bamberg MDR **1961** 529) ist ebenso unwirksam wie ein Protokoll, das lediglich aus einer wörtlichen Abschrift des von dem Angeklagten überreichten Schriftsatzes besteht (RGSt. 12 367; RG JW **1900** 492; OLG Oldenburg NJW **1952** 908) oder in dem ausdrücklich erklärt wird, daß es nach dem Diktat des Angeklagten aufgenommen ist (RGSt. 27 211; 52 277; RG Recht **1911** Nr. 268; OLG Neustadt Rpfleger **1953** 79). Ein von dem Angeklagten diktiertes Protokoll ist auch dann keine wirksame Revisionsbegründung, wenn er sich von dem Urkundsbeamten zu einigen Kürzungen hat bewegen lassen (RGSt. **64** 64). Die von dem Angeklagten überreichte Niederschrift sollte auch nicht ausnahmsweise nach Durchsicht, Prüfung und Einfügung der erforderlichen Abänderungen benutzt werden (großzügiger OLG Köln JR **1957** 308).

Wenn das Erfordernis, daß der Angeklagte die Revision nicht durch einen Privatschriftsatz rechtfertigen kann, überhaupt einen Sinn haben soll, kann der Urkundsbeamte nicht verpflichtet sein, sich den *Wünschen des Angeklagten* bei der Protokollaufnahme zu fügen. Auch die Einschaltung des Urkundsbeamten soll dazu beitragen, daß dem Revisionsgericht die Prüfung grundloser und unverständlicher Anträge erspart wird (RGSt. **64** 65; **67** 199; BayObLG Rpfleger **1951** 379; OLG Hamm Rpfleger **1960** 213). Unsachliches, insbesondere verunglimpfendes, beleidigendes Vorbringen hat er ebensowenig aufzunehmen wie völlig neben der Sache liegende Rechts- oder Tatsachenausführungen des Angeklagten, etwa Angriffe gegen das Urteil des Amtsgerichts bei Revision gegen das Berufungsurteil. Der Urkundsbeamte hat eine Belehrungspflicht (RG JW **1933** 1417; Nr. 149 Abs. 3 Satz 1 RiStBV). Jedoch kann dem Angeklagten nicht verwehrt werden, Verfahrensrügen zu erheben und Ausführungen zur Sachrüge zu machen, die der Urkundsbeamte für aussichtslos hält. Denn die zur Beurteilung der Erfolgsaussichten erforderlichen Rechtskenntnisse darf sich der Urkundsbeamte nicht zutrauen. Die Funktion, das Revisionsgericht vor abwegigen Rügen zu bewahren, kommt ihm nicht in gleichem Maße zu wie dem Verteidiger (OLG Bremen NJW **1967** 641; Sarstedt 93). In sachlicher Form gehaltenes, nicht völlig neben der Sache liegendes Revisionsvorbringen ist daher stets aufzunehmen (BVerfGE **10** 283 = NJW **1960** 427). Einschränkende Zusätze, etwa des Inhalts, daß er die Verantwortung nicht übernehme, sind dem Urkundsbeamten untersagt (Nr. 149 Abs. 7 Satz 5 RiStBV). Es besteht kein Grund, ihm die Möglichkeit zu geben, sich auf diese Weise von der Revisionsbegründung zu „distanzieren" (anders BVerfGE **10** 283 = NJW **1960** 427; OLG Köln NJW **1952** 239; EbSchmidt 15; dazu Pentz MDR **1962** 534), wodurch dem Protokoll hinter dem Rücken des Angeklagten die Rechtswirksamkeit genommen wird (RG JW **1930** 3421 m. Anm. Mannheim). Ist der Inhalt zulässig, was bei der allgemeinen Sachrüge immer zutrifft, so sind einschränkende Vermerke dieser Art als unbeachtlich anzusehen (RG JW **1909** 336; **1931** 1760; Kl 4 B). Der Zusatz, ein Teil des Vorbringens werde auf ausdrücklichen Wunsch des Angeklagten aufgenommen, berührt die Wirksamkeit der Niederschrift ebenfalls nicht (RG Recht **1910** Nr. 2333; OLG Bremen NJW **1967** 641; W. Schmid Rpfleger **1962** 309; **a. A.** BayObLG Rpfleger **1951** 379). Er sollte dem Rechtspfleger, der damit zeigen will, daß sein Versuch, den Angeklagten von der Aussichtslosigkeit der Rügen zu überzeugen, fruchtlos war, aber nicht verwehrt werden. Die allgemeine Sachrüge sollte der Urkundsbeamte stets aufnehmen, wenn der Angeklagte erklärt, daß er sich mit dem Urteil nicht zufrieden geben wolle (Sarstedt 93).

e) Wiedereinsetzung. Ist die Revisionsbegründung durch *Verschulden des Urkundsbeamten* unwirksam, so kann der Angeklagte Wiedereinsetzung in den vorigen Stand verlangen (BGH NJW **1952** 1386; RGSt. **67** 199; **68** 300; RG JW **1925** 2779 m. Anm. Alsberg; RG JW **1933** 1417; RG Recht **1925** Nr. 2560; OLG Braunschweig GA **70** 152; OLG Hamm NJW **1956** 1572; MDR **1960** 426; OLG Oldenburg NJW **1952** 908; Sarstedt 94; Kalthoener NJW **1957** 291; 2 zu § 44). Gleiches gilt, wenn der Urkundsbeamte die Aufnahme der Erklärung zu Unrecht abgelehnt hat (OLG Bremen NJW **1954** 46). Die Wiedereinsetzung zur Nachholung einzelner Revisionsrügen, die sonst für unzulässig gehalten wird (Näheres I 4 zu § 44), wird für den Fall, daß diese durch Verschulden des Urkundsbeamten nicht rechtzeitig angebracht worden sind, im allgemeinen zugelassen (BayObLGSt. **1959** 275 = JR **1960** 145 m. Anm. Sarstedt; OLG Celle GA **1968** 153).

4. Revision der Staatsanwaltschaft. Für sie gilt § 345 Abs. 2 nicht; es genügt also einfache Schriftform (dazu 3b zu § 306; 2b zu § 314). Die Schrift muß an das Gericht gerichtet sein, dessen Urteil angefochten wird, und von dem zuständigen Beamten der Staatsanwaltschaft unterzeichnet sein oder deutlich erweisen, daß sie von ihm herrührt. Schriftzugstempel genügt (RGSt. **62** 53; **63** 247), nicht aber der Anfangsbuchstabe des Namens (OLG Karlsruhe HRR **1933** 88). Die Einreichung einer beglaubigten Abschrift reicht aus (BGHSt. 2,77; a. A. RGSt. **34** 137; **57** 280; RG JW **1901** 503).

§ 346

(1) Ist die Revision verspätet eingelegt, oder sind die Revisionsanträge nicht rechtzeitig oder nicht in der in § 345 Abs. 2 vorgeschriebenen Form angebracht worden, so hat das Gericht, dessen Urteil angefochten wird, das Rechtsmittel durch Beschluß als unzulässig zu verwerfen.

(2) Der Beschwerdeführer kann binnen einer Woche nach Zustellung des Beschlusses auf die Entscheidung des Revisionsgerichts antragen. In diesem Falle sind die Akten an das Revisionsgericht einzusenden; die Vollstreckung des Urteils wird jedoch hierdurch nicht gehemmt. Die Vorschrift des § 35a gilt entsprechend.

Enstehungsgeschichte: Durch Art. 4 Nr. 37 des 3. StRÄndG wurde dem Absatz 2 der Satz 3 angefügt. Bezeichnung bis 1924: § 386.

Schrifttum: Baumdicker, Probleme der §§ 319 und 346 StPO, Diss. Würzburg 1967; Küper, Unzulässige Revision und formelle Rechtskraft des Strafurteils, GA **1969** 364; Der Eintritt der Rechtskraft bei verspäteter Revisions- oder Rechtsbeschwerdebegründung, MDR **1971** 806; Niese, Die allgemeine Prozeßrechtslehre und der Rechtskrafteintritt bei zurückgenommenen und unzulässigen Rechtsmitteln, JZ **1957** 73; Pentz, Wiedereinsetzung im Rahmen von § 346 StPO, NJW **1962** 1236; EbSchmidt, Revisionsgericht und Verfahrenshindernisse, JZ **1962** 155; R. Schmitt, Können die Beschlüsse aus §§ 346, 349 StPO zurückgenommen werden? JZ **1961** 15; Theuerkauf, Die Behandlung der nach § 345 StPO unzulässigen Revision bei Verfahrenshindernissen, NJW **1963** 1813.

I. Verwerfung der Revision durch den Tatrichter (Absatz 1).

1. Zweck der Vorschrift. Mit § 346 Abs. 1 soll, wie mit § 319 im Berufungsverfahren, eine Entlastung der Rechtsmittelgerichte und die Beschleunigung des Verfahrens erreicht werden. Das Gericht, dessen Urteil angefochten ist, wird zur Verwerfung unzulässiger Revisionen ermächtigt. Ihm werden damit Prüfungsaufgaben übertragen, die an sich Sache des Revisionsgerichts sind. Die Prüfung obliegt dem Gericht, nicht der Geschäftsstelle (Müller-Sax 1a). Sie erfolgt von Amts wegen (EbSchmidt 3).

2. **Prüfungsbefugnis des Tatrichters.** Die Vorschrift ermächtigt den Tatrichter nicht zu der umfassenden Prüfung der Zulässigkeit der Revision, die dem Revisionsgericht zusteht. Dem Tatrichter ist nur die Prüfung folgender einfachen Fragen der Zulässigkeit übertragen:

a) **Verspätung der Revisionseinlegung.** Der Tatrichter hat in jedem Fall zu prüfen, ob die Revision in der Frist des § 341 eingelegt worden ist.

b) **Fehlen oder Verspätung der Revisionsbegründung.** Nach § 344 muß der Revisionsführer erklären, inwieweit er das Urteil anficht und dessen Aufhebung beantragt (Revisionsanträge); die Anträge muß er begründen. Dies muß innerhalb der Frist des § 345 Abs. 1 geschehen. Obwohl § 346 Abs. 1 nur die Revisionsanträge nennt, erstreckt sich die Verwerfungsbefugnis des Tatrichters auf den Fall, daß nur die Revisionsbegründung fehlt oder verspätet angebracht worden ist (RGSt. **44** 263; RG Recht **1912** Nr. 1571; OLG Dresden GA **40** 62). Dabei hat er zu beachten, daß das Fehlen einer ausdrücklichen Begründung die Revision nicht unzulässig macht, wenn die Revisionsanträge eindeutig ergeben, daß die Sachrüge erhoben ist (II 2c zu § 344).

c) **Nicht formgerechte Revisionsbegründung.** Der Tatrichter hat zu prüfen, ob die Revisionsanträge und ihre Begründung, wie § 345 Abs. 2 vorschreibt, in einer von dem Verteidiger oder einem Rechtsanwalt unterzeichneten Schrift oder zu Protokoll der Geschäftsstelle angebracht worden sind. Eine Prüfung des Inhalts der Revisionsbegründungsschrift steht ihm jedoch nicht zu (RGRspr. **9** 420; BayObLGSt. **1951** 338; **1954** 3 = NJW **1954** 1417; Sarstedt 271). Ob die Revisionsbegründung unzulässig ist, weil der Rechtsanwalt die volle Verantwortung für den Inhalt der Revisionsbegründungsschrift nicht übernommen hat (II 2d zu § 345) oder weil das Protokoll des Urkundsbeamten unwirksam ist (II 3d zu § 345), hat der Tatrichter nicht zu beurteilen.

d) **Revision des Privatklägers und des Nebenklägers.** Obwohl § 346 Abs. 1 sie nicht erwähnt, erstreckt sich die Prüfungsbefugnis des Tatrichters auch auf die Einhaltung der Formvorschrift des § 390 Abs. 2 im *Privatklageverfahren.* Gleiches gilt für Revisionen der *Nebenkläger,* für welche die Vorschrift nach § 397 Abs. 1 anzuwenden ist (Müller-Sax 1 e).

e) **In anderen Fällen** besteht keine Verwerfungsbefugnis. Eine erweiternde Auslegung des § 346 Abs. 1 dahin, daß der Tatrichter über die dort genannten Fälle hinaus zur Verwerfung der Revision ermächtigt ist, wird mit Recht allgemein abgelehnt (vgl. EbSchmidt 2). Wortlaut und Sinn der Vorschrift sprechen dafür, dem Tatrichter von den ihrem Wesen nach zur Entscheidungsbefugnis des Revisionsgerichts gehörenden Fragen nur solche zur Prüfung zu überlassen, die ausschließlich eine rein förmliche Nachprüfung erfordern (BGHSt. 2 70; BGH MDR **1959** 507; BayObLGSt. **1962** 207 = NJW **1963** 63). Der Tatrichter darf die Revision daher nicht als unzulässig verwerfen bei Zweifeln, ob ein Schreiben des Angeklagten eine Revisionseinlegung enthält (OLG Hamburg NJW **1965** 1147) oder ob die Schriftform eingehalten ist (RGRspr. 1 266), wegen Fehlens der gesetzlichen Ermächtigung zur Revisionseinlegung (BGH MDR **1959** 507), wegen fehlender Bevollmächtigung (BayObLGSt. **18** 113) oder fehlender Beschwer, bei Unzulässigkeit der Revision wegen Rechtsmittelverzichts (RGRspr. **8** 469; RG Recht **1919** Nr. 527) oder Zurücknahme und wegen Nichtbeachtung des § 344 (BayObLGSt. **1951** 338; **1954** 3 = NJW **1954** 1417; Kl 1). Eine Revision, die nach § 441 Abs. 3 Satz 2, § 55 Abs. 2 JGG gesetzlich ausgeschlossen ist, darf der Tatrichter nicht dieses Ausschlusses wegen verwerfen (BayObLGSt. **1962** 207 = NJW **1963** 63; BayObLG DRiZ **1933** Nr. 131; Dallinger-Lackner 58; Grethlein-Brunner 3d; Potrykus 6; je zu § 55 JGG). Liegt aber einer der Gründe vor, aus denen die Revision, wenn das Gesetz sie zuließe, von dem Tatrichter nach § 346 Abs. 1 als unzulässig verworfen werden könnte, so ist er dazu auch befugt, wenn sie gesetzlich ausgeschlossen ist.

3. **Verwerfungsbeschluß.**

a) **Erforderlichkeit.** Ein Beschluß ist nur erforderlich, wenn die Revision verworfen wird. Einen Antrag der Staatsanwaltschaft auf Erlaß eines Verwerfungsbeschlusses nach § 346 Abs. 1 braucht der Tatrichter nicht förmlich zu bescheiden, wenn er die Revision für zulässig hält (OLG Kassel JW **1930** 2598). Hält er die Revision zwar für unzulässig, erachtet er sich aber zur Verwerfung nach § 346 Abs. 1 nicht für befugt, so legt er die Akten dem Revisionsgericht vor. Ergibt die Prüfung, daß die Revision zulässig ist, so hat der Tatrichter lediglich die Aktenvorlage an das Revisionsgericht nach § 347 anzuordnen. Dieses ist an die Rechtsansicht des Tatrichters über die Zulässigkeit der Revision nicht gebunden.

b) **Verfahren.** Der Tatrichter stellt die Entscheidung nach § 346 Abs. 1 zurück, wenn ein Wiedereinsetzungsgesuch vorliegt (Müller-Sax 4; Mittelbach DR **1941** 1406). Über dieses Gesuch hat das Revisionsgericht zu entscheiden (§ 46 Abs. 1). Die unzulässige Revision verwirft das Tatgericht außerhalb der Hauptverhandlung durch Beschluß. Das kann auch noch geschehen, wenn die Revisionsschrift dem Gegner bereits nach § 347 Abs. 1 zugestellt war, solange die Akten noch nicht an das Revisionsgericht abgegeben worden sind. Die Staatsanwaltschaft ist nach § 33 anzuhören, wenn sie die Revision nicht selbst eingelegt hat. Die Entscheidung ist, weil sie die Frist nach § 346 Abs. 2 in Lauf setzt, förmlich zuzustellen (§ 35 Abs. 2). Das Gesetz sieht den Antrag auf Entscheidung des Revisionsgerichts nicht als Rechtsmittel im Sinne des § 35a an; es bestimmt daher in § 346 Abs. 2 Satz 3, daß bei der Beschlußzustellung eine Belehrung über das Antragsrecht in entsprechender Anwendung des § 35a zu erfolgen hat.

Eine *teilweise Verwerfung* der Revision ist unzulässig, wenn nur ein Beschwerdeführer das Rechtsmittel eingelegt hat. Haben jedoch mehrere Prozeßbeteiligte Revision eingelegt, so kann der Tatrichter eine von ihnen nach § 346 Abs. 1 als unzulässig verwerfen und wegen der übrigen nach § 347 verfahren (Müller-Sax 2).

Entsteht nach Urteilserlaß ein *Prozeßhindernis,* so ist die rechtzeitig eingelegte Revision nicht als unzulässig zu verwerfen, sondern das Verfahren einzustellen (OLG Hamburg NJW **1963** 265; Müller-Sax 1 b; vgl. unten II 5 c).

c) **Wirksamkeit bei Überschreitung der Prüfungsbefugnis.** Der Verwerfungsbeschluß ist auch wirksam, wenn die Revision nicht aus einem der Gründe unzulässig ist, auf deren Prüfung der Tatrichter nach § 346 Abs. 1 beschränkt ist. Wird der Beschluß nicht rechtzeitig nach § 346 Abs. 2 angefochten, so tritt auch in diesem Falle Rechtskraft ein (Bay. ObLGSt. 1962 208 = NJW **1963** 63; Dallinger-Lackner 58; Grethlein-Brunner 3d; beide zu § 55 JGG). Die in der Entscheidung BGH MDR **1959** 507 vertretene Ansicht, der Beschluß sei gegenstandslos, steht damit nur scheinbar in Widerspruch. Der Bundesgerichtshof hat mit dieser Entscheidung die Revision nach § 349 Abs. 1 verworfen und nur zum Ausdruck gebracht, daß der Beschluß des unzuständigen Tatrichters nicht ausdrücklich aufgehoben zu werden braucht.

d) Die **Aufhebung** des Verwerfungsbeschlusses durch den Richter, der ihn erlassen hat, ist unzulässig. Das gilt bei Fehlerhaftigkeit des Beschlusses infolge Rechtsirrtums (OLG Hamm NJW **1965** 546) ebenso wie bei irrtümlicher Annahme der Tatsachen, aufgrund deren die Revision als unzulässig verworfen worden ist (RGSt. **37** 292; **38** 156; **55** 235; RG JW **1921** 840 m. Anm. Stein; RG LZ **1918** 1149; **1919** 911; OLG Celle NdsRpfl. **1960** 120; OLG Düsseldorf JMBlNRW **1955** 251; Müller-Sax 2; EbSchmidt 9 zu § 306; R. Schmitt JZ **1961** 17). Ein gleichwohl erlassener Aufhebungsbeschluß ist gegenstandslos und hat keine rechtliche Wirkung (RG JW **1921** 840 m. Anm. Stein; RG LZ **1918** 1149; **1919** 911; OLG Celle NdsRpfl. **1960** 120; a. A. OLG Düsseldorf JMBlNRW 1955 251).

4. Rechtskraft

a) Eine **verspätet eingelegte Revision** hemmt die Rechtskraft des Urteils nicht (§ 343 Abs. 1). Die Entscheidung, mit der die Revision in diesem Fall nach § 346 Abs. 1 als unzulässig verworfen wird, hat daher nur deklaratorische Bedeutung (RGSt. 53 236; KG DJZ **1926** 458; Kl 5; Müller-Sax 3; EbSchmidt 5; Niese JZ **1951** 757). Das gleiche gilt, wenn die Revision nach § 441 Abs. 3 Satz 2, § 55 Abs. 2 JGG gesetzlich ausgeschlossen ist (Müller-Sax 3; Dallinger-Lackner 43 zu § 55 JGG).

b) **Hemmung der Rechtskraft.** In allen anderen Fällen wird die Rechtskraft des Urteils durch die Einlegung einer unzulässigen Revision gehemmt. Insbesondere tritt keine Rechtskraft ein, wenn die Revision bis zum Ablauf der Frist des § 345 Abs. 1 nicht oder nicht ordnungsmäßig begründet worden ist (BGHSt. 22 219; RGSt. **53** 235; OLG Hamburg NJW **1963** 265; OLG Neustadt GA **1955** 185; Müller-Sax 3; EbSchmidt 6). Die von dem Kammergericht in einer älteren Entscheidung vertretene Gegenmeinung (KG HRR **1928** 580 = JW **1927** 3060 m. Anm. Beling; ebenso noch Dalcke-Fuhrmann-Schäfer 1; Beling 264; Haas GA 33 526) hat heute keine Anhänger mehr (ausführlich dazu III 2 zu § 449).

c) **Eintritt der Rechtskraft.** Streitig ist, ob bei rechtzeitiger Einlegung der Revision schon der Verwerfungsbeschluß nach § 346 Abs. 1 die Rechtskraft des Urteils herbeiführt, oder ob sie erst eintritt, wenn der Beschluß selbst rechtskräftig geworden, d. h. innerhalb der Frist des § 346 Abs. 2 nicht angefochten oder durch die nach dieser Vorschrift ergangene Entscheidung des Revisionsgerichts bestätigt worden ist (dazu ausführlich III 2 zu § 449). Die früher vorherrschende Ansicht, bereits der Verwerfungsbeschluß des Tatrichters bewirke die Rechtskraft des Urteils (OLG Hamburg NJW **1963** 265; Kleinknecht Rpfleger **1952** 211; Schwarz NJW **1954** 1229; Pohlmann I 2b zu § 13 StrVollstrO; Jagusch in der Vorauflage dieses Kommentars) will dem Umstand Rechnung tragen, daß § 449 die Vollstreckung einer nicht rechtskräftigen Entscheidung verbietet. Damit steht § 346 Abs. 2 Satz 2 Halbsatz 2, der die Vollstreckung des Urteils schon nach Erlaß des Verwerfungsbeschlusses nach § 346 Abs. 1 zuläßt, in Widerspruch, es sei denn, der Eintritt der Urteilsrechtskraft wird auf den Zeitpunkt des Beschlußerlasses bestimmt (näher dazu Küper MDR **1971** 807). Diese Ansicht führt aber zu einer eigenartigen Konsequenz. Wenn nämlich das Urteil schon vor der Entscheidung des nach § 346 Abs. 2 angerufenen Revisionsgerichts rechtskräftig geworden ist, greift die den Verwerfungsbeschluß des Tatrichters aufhebende revisionsgerichtliche Entscheidung in ein bereits rechtskräftig abgeschlossenes Verfahren ein. Bei dem in § 346 Abs. 2 geregelten Verfahren muß es sich dann um ein Wiederaufnahmeverfahren besonderer Art handeln (vgl. Kleinknecht Rpfleger **1952** 211; Küper JR **1970** 272). Solche Schwierigkeiten vermeidet die jetzt überwiegend vertretene Ansicht, daß die Rechtskraft des Urteils mit der des Beschlusses nach § 346 Abs. 1 zusammenfällt, also erst nach ungenutztem Ablauf der Frist des § 346 Abs. 2 oder mit der Entscheidung des Revisionsgerichts eintritt (RGSt. **37** 293; **53** 236; **56** 358; BayObLGSt. **1970** 235 = MDR **1971** 238; OLG Neustadt GA **1955** 186; EbSchmidt 12 zu § 449; Küper GA **1969** 371; Niese JZ **1951** 757; **1957** 79). Ihr ist zuzustimmen. Die Vollstreckbarkeit des Urteils nach § 346 Abs. 2 Satz 2 Halbsatz 2 hängt von der Rechtskraft des Verwerfungsbeschlusses nicht ab; es handelt sich um eine *vorläufige* Vollstreckbarkeit. Daß es eine Vollstreckbarkeit dieser Art gibt, muß übrigens auch die Gegenmeinung anerkennen. Denn wenn das Revisionsgericht den Verwerfungsbeschluß des Tatrichters aufhebt, erweist sich die inzwischen vollzogene Strafvollstreckung unter allen Umständen als vor Eintritt der Urteilsrechtskraft vollzogen, also ebenfalls als vorläufig (vgl. insbesondere Müller-Sax 7, die aus diesem Grunde die früher vertretene Ansicht aufgegeben haben; dazu auch Küper GA **1969** 376). Der Bundesgerichtshof hat die Streitfrage bisher nicht entschieden (vgl. BGHSt. 15 209; 22 218).

II. Antrag auf Entscheidung des Revisionsgerichts (Absatz 2).

1. Antrag.

a) **Allgemeines.** Gegen den Verwerfungsbeschluß des Tatrichters kann der Beschwerdeführer innerhalb einer Woche seit der Zustellung auf Entscheidung des Revisionsgerichts antragen. Die Regelung entspricht der des § 319 Abs. 2 für das Berufungsverfahren. Die Frist wird nach § 43 bemessen. Der Streit darüber, ob es sich hierbei um eine sofortige Beschwerde (so KG JR Rspr. **1926** Nr. 881; OLG Neustadt GA **1955** 186; Spindler ZStW **27** 459; Stein JW **1921** 840) oder um einen Rechtsbehelf eigener Art handelt (so BGHSt. **16** 118; RG Recht **1917** Nr. 540; Kl 3; Müller-Sax 6b; EbSchmidt 7; s. a. 4a zu § 319), führt zu nichts. Als sofortige Beschwerde konnte das Gesetz den Antrag nicht bezeichnen, weil das Revisionsgericht, das über ihn befinden soll, nicht immer zugleich das Beschwerdegericht ist. Form und Frist für die Anbringung des Antrages stimmen jedoch mit denen für die sofortige Beschwerde überein. Es genügt einfache Schriftform (dazu 2b zu § 314); eine Unterschrift ist nicht unbedingt erforderlich (BGHSt. 11 154). Der Antrag kann sowohl bei dem Tatrichter als auch bei dem Revisionsgericht gestellt werden (OLG Hamm JMBlNRW **1956** 105; EbSchmidt 8). Der Tatrichter darf ihm nicht abhelfen (OLG Celle JR **1949** 22; EbSchmidt 8) und ihn ebensowenig wie eine sofortige Beschwerde als unzulässig verwerfen, wenn er verspätet angebracht wird (Müller-Sax 6b).

b) **Sonderfälle.** Der Antrag nach § 346 Abs. 2, nicht die einfache Beschwerde nach § 304 ist zulässig und zur Beseitigung des Verwerfungsbeschlusses erforderlich, wenn der Tatrichter seine Prüfungsbefugnis überschritten hat (anders EbSchmidt 3). Es ist nicht einzusehen, daß in die Zulässigkeitsprüfung außer Tatrichter und Revisionsgericht auch das — von diesem oft verschiedene — Beschwerdegericht eingeschaltet werden müßte. Gleiches gilt für den Fall, daß das Rechtsmittel, das der Amtsrichter als unzulässig verworfen hat, keine Revision nach §§ 334, 335, sondern als Berufung zu behandeln ist (OLG Dresden JW **1929** 1078 m. Anm. Mannheim; OLG Hamm NJW **1956** 1168; **1969** 1821; OLG Stuttgart GA 72 226; Kleinknecht JZ **1960** 674; **a. A.** KG JW **1925** 2807).

c) **Irrige Bezeichnung.** Der Antrag auf Entscheidung des Revisionsgerichts wird häufig als *Wiedereinsetzungsgesuch* zu behandeln sein (§ 300). Es kommt darauf an, ob der Beschwerdeführer die Tatsachen bestreitet, mit denen die Unzulässigkeit der Revision begründet worden ist, oder ob er nur Gründe dafür anführt, weshalb er gehindert war, die Revision rechtzeitig und formgerecht einzulegen (vgl. RGSt. 53 288; Sarstedt 270). Da er bei der Zustellung des Verwerfungsbeschlusses zwar über das Antragsrecht nach § 346 Abs. 2 belehrt, nicht aber auf sein Recht hingewiesen wird, um Wiedereinsetzung nachzusuchen, sind hier irrige Bezeichnungen des in Wahrheit gemeinten Rechtsbehelfs besonders häufig. Zulässig ist es, den Antrag nach § 346 Abs. 2 und das Wiedereinsetzungsgesuch gleichzeitig zu stellen (Näheres bei II 8). Über das Wiedereinsetzungsgesuch ist dann vorrangig zu entscheiden, da die Bewilligung der Wiedereinsetzung dem Verfahren nach § 346 Abs. 2 die Grundlage entzieht.

2. **Antragsberechtigt** ist nur, wessen Revision als unzulässig verworfen worden ist (RGRspr. **4** 889; OLG Köln JW **1928** 129). Bei einer Revision des Angeklagten können daher zu seinen Gunsten weder die Staatsanwaltschaft (OLG Köln JW **1928** 129; Müller-Sax 6b) noch diejenigen Personen, die für den Angeklagten Revision einlegen können (§ 298, § 67 Abs. 3 JGG), den Antrag nach § 346 Abs. 2 stellen (RGSt. **38** 9; RG Recht **1917** Nr. 540; **1920** Nr. 2978). Der Verteidiger kann den Antrag für den Angeklagten aufgrund seiner Vollmacht stellen. Ob er oder der Angeklagte Revision eingelegt hat, spielt keine Rolle.

3. **Vorlegung der Akten.** Der Tatrichter legt die Akten dem Revisionsgericht durch Vermittlung der Staatsanwaltschaft vor (Nr. 162 Abs. 2 RiStBV), ohne das sonst auf die Revision erforderliche Verfahren nach § 347 einzuhalten (§ 346 Abs. 2 Satz 2). Die Zustellung an den Gegner und dessen Gegenerklärung wären bei einer unzulässigen Revision zwecklos (BayObLGSt. **1951** 338). Über den Wortlaut des § 346 Abs. 2 Satz 2 hinaus ist die Aktenvorlegung an das Revisionsgericht auch erforderlich, wenn der Antrag verspätet angebracht worden ist.

4. **Prüfung des Revisionsgerichts.** Ein verspätet eingegangener Antrag wird als unzulässig verworfen. Ist der Antrag zulässig, so prüft das Revisionsgericht die Zulässigkeit der Revision in umfassender Weise (BGHSt. **11** 155; **16** 118; BayObLGSt. **1951** 338; **1969** 143 = JR **1970** 270 m. Anm. Küper; OLG Hamburg NJW **1963** 265; Kl 4). Dazu gehört insbesondere die Prüfung, ob der Beschwerdeführer berechtigt ist, das Rechtsmittel einzulegen. Legt ein Nebenkläger Revision ein, so ist daher seine Anschlußberechtigung zu prüfen (dazu 31 zu § 336). Stellt sich heraus, daß die Revision zwar unzulässig ist, aber nicht aus dem Grunde, den der Tatrichter angenommen hatte, so verwirft das Revisionsgericht den Antrag. Wenn aber die Revision aus einem Grunde unzulässig ist, den der Tatrichter nicht zu prüfen hat, wird der Beschluß üblicherweise aufgehoben (anders BGH MDR **1959** 507, das den Beschluß für gegenstandslos hält) und durch einen neuen Verwerfungsbeschluß nach § 349 Abs. 1 ersetzt (BGHSt. **16** 118; BayObLGSt. **18** 114; Kl 4; Sarstedt 271). Wird der Antrag nach § 346 Abs. 2 verworfen, so bedarf es, da das Gerichtskostengesetz keine Gebühr vorsieht, keiner Kostenentscheidung (Kl 4; Müller-Sax 6c).

Hat der Tatrichter die Revision nach § 346 Abs. 1 verworfen, obwohl der Beschwerdeführer sie rechtswirksam zurückgenommen hatte, so hebt das Revisionsgericht den Beschluß auf und erklärt die Revision für erledigt (RGSt. **55** 214).

5. **Beachtung von Verfahrenshindernissen.** War die Revision nicht rechtzeitig eingelegt, die Rechtskraft des Urteils nach § 343 Abs. 1 also nicht gehemmt, so hat das Revisionsgericht Verfahrenshindernisse, die der Tatrichter in dem Urteil übersehen hatte, nicht zu beachten; dem steht die Rechtskraft der Entscheidung entgegen.

Wenn die Rechtskraft des Urteils nach § 343 Abs. 1 gehemmt war, kommt es für die Frage, ob das Revisionsgericht ein vor oder nach Erlaß des Urteils eingetretenes Verfahrenshindernis zu beachten hat, nicht darauf an, ob dem Verwerfungsbeschluß nach § 346 Abs. 1 eine die Rechtskraft des Urteils unmittelbar herbeiführende Wirkung beigemessen wird (oben I 4c). Denn die umfassende Prüfungspflicht des Revisionsgerichts erstreckt sich jedenfalls darauf, ob der Tatrichter an der Verwerfung des Rechtsmittels dadurch gehindert war, daß ein Verfahrenshindernis bestand, das Verfahren also einzustellen war (vgl. Küper GA **1969** 374). Für das nach § 346 Abs. 2 angerufene Revisionsgericht würde daher eine bereits eingetretene Rechtskraft unbeachtlich sein (OLG Hamburg NJW **1963** 265).

Ob und in welchem Umfang das Revisionsgericht bei der Entscheidung nach § 346 Abs. 2 Verfahrenshindernisse zu berücksichtigen hat, ist streitig (vgl. dazu auch Einleitung 82ff.). Eine Mindermeinung will sie beachten, gleichviel, ob sie schon vor Erlaß des Urteils vorlagen oder erst danach vor der Entscheidung des Revisionsgerichts entstanden sind

(RGSt. 53 237 = JW 1920 300 m. Anm. Kohlrausch; KG DJZ **1926** 458; OLG Neustadt GA **1955** 185; EbSchmidt JZ **1962** 155). Eine andere Ansicht geht davon aus, daß die Prüfung von Verfahrensvoraussetzungen, wie jede Prüfung eines Urteils, dem Revisionsgericht nur so weit obliegen kann, wie das Urteil in zulässiger Weise mit einem Rechtsmittel angefochten ist. Nach dieser Auffassung darf das Revisionsgericht Verfahrenshindernisse auch dann nicht mehr beachten, wenn sie erst im Revisionsverfahren entstanden sind (RGSt. 63 17 = JW **1929** 1056 m. Anm. Beling; OLG Hamburg MDR **1958** 52; Peters 582; Theuerkauf NJW **1963** 1813). Die Rechtsprechung des Bundesgerichtshofs war uneinheitlich. Die zunächst vertretene Auffassung, Verfahrenshindernisse seien stets zu berücksichtigen, auch wenn sie bereits bei Urteilserlaß bestanden (BGHSt. **15** 203 = JZ **1961** 390 m. Anm. Stratenwerth), wurde alsbald zugunsten der Ansicht aufgegeben, sie seien jedenfalls dann nicht zu beachten, wenn bereits der Tatrichter das Verfahrenshindernis übersehen hatte (BGHSt. **16** 115; ebenso BayObLGSt. **1953** 82 = JZ **1954** 579 m. Anm. Niethammer; KG VRS 22 372). In der grundlegenden Entscheidung BGHSt. 22 213 = JR **1969** 347 m. Anm. Koffka ist der Bundesgerichtshof dann mit überzeugender Begründung der Auffassung beigetreten, daß Verfahrenshindernisse zu beachten sind, wenn sie *nach Urteilserlaß* entstanden sind, sonst aber nicht. Denn wenn die Nichtbeachtung des Verfahrenshindernisses in das Urteil eingegangen ist, kann nur die — zulässige — Revision selbst in unmittelbarem Zugriff auf dem Wege über die Aufdeckung des Rechtsmangels das Urteil beseitigen. Ist die Revision unzulässig, so bleibt das Urteil trotz des Rechtsfehlers bestehen. Für Verfahrenshindernisse, die erst nach Urteilserlaß entstanden sind, besteht jedoch keine gesetzliche Schranke, die der Berücksichtigung durch das Revisionsgericht entgegenstünde. Dabei macht es auch keinen Unterschied, ob das Verfahrenshindernis vor oder nach Erlaß des Verwerfungsbeschlusses nach § 346 Abs. 1 eingetreten ist (ebenso im Ergebnis BayObLGSt. **1953** 97 = NJW **1953** 1403; BayObLGSt. **1969** 144 = JR **1970** 270 m. Anm. Küper; BayObLGSt. 24 93; OLG Hamburg NJW **1963** 265; Kl 2; Müller-Sax 1b; Sarstedt 111; **a. A.** Schwarz NJW **1954** 1229).

6. **Der Beschluß des Revisionsgerichts** ist wie jede Revisionsentscheidung unanfechtbar. Er wird auch rechtskräftig, wenn ihn ein Oberlandesgericht anstelle des zuständigen Bundesgerichtshofs erlassen hat (RGSt. 55 100). Der Beschluß kann nicht abgeändert oder zurückgenommen werden, weil er auf einem Irrtum über Rechtsfragen beruht (BGH NJW **1951** 771; OLG Tübingen DRZ **1948** 317; eingehend R. Schmitt JZ **1961** 15). Sind jedoch die tatsächlichen Grundlagen der Entscheidung unrichtig, so kann der Beschluß von dem Revisionsgericht wieder aufgehoben werden (BGH NJW **1951** 771; RGSt. **59** 419; RG JW **1927** 395; RG JR Rspr. **1926** Nr. 124; KG JW **1927** 2073; OLG Naumburg HRR **1932** 1278; OLG Oldenburg HESt. 1 210; Müller-Sax 6d; **a. A.** EbSchmidt 11 und Nachtr. 15; R. Schmitt JZ **1961** 15; offengelassen in BGHSt. 17 94; BGH MDR **1956** 52).

Der Beschluß ist eine Entscheidung über die Revision, die zur Vorlegung nach § 121 Abs. 2 GVG zwingt, wenn ein Oberlandesgericht von ihr abweichen will (BGHSt. 11 154; 15 204; 22 215).

7. **Vollstreckung.** Der Antrag auf Entscheidung des Revisionsgerichts steht der Vollstreckung des Urteils nicht entgegen (§ 346 Abs. 2 Satz 2 Halbsatz 2). Üblicherweise wird damit aber bis zur Entscheidung des Revisionsgerichts gewartet. Die Vorschrift kann zur Vollstreckung von Strafen führen, die später nicht verhängt werden (vgl. den von Arndt DRiZ **1965** 369 mitgeteilten Fall). Da heutzutage selbst Gnadengesuche aufschiebende Wirkung haben, sollte die Bestimmung nicht mehr angewendet und vom Gesetzgeber beseitigt werden.

8. **Wiedereinsetzung in den vorigen Stand.** Der Revisionsführer erfährt oft erst durch den Verwerfungsbeschluß nach § 346 Abs. 1 die Tatsachen, aufgrund deren seine Revision unzulässig ist. Neben dem Antrag nach § 346 Abs. 2 kommt daher häufig die Wiedereinsetzung in den vorigen Stand gegen Fristversäumnis in Betracht. Zuständig zur Entscheidung ist das Revisionsgericht (§ 46 Abs. 1). Ein Wiedereinsetzungsgesuch kann noch gestellt werden, wenn der Verwerfungsbeschluß nach § 346 Abs. 1 rechtskräftig ist (RGSt. 53 288; 67 200). Gewährt das Revisionsgericht die Wiedereinsetzung, so erledigt sich damit der Antrag

nach § 346 Abs. 2 (BGHSt. 11 154); war andererseits die Frist nicht versäumt, entfallen beide Rechtsbehelfe (BGHSt. 11 154). Mit der Bewilligung der Wiedereinsetzung wird die Verwerfung der Revision ohne weiteres gegenstandslos (RGSt. **61** 181; OLG Neustadt GA **1960** 121 = VRS **15** 281). Zur Klarstellung empfiehlt es sich jedoch, das ausdrücklich auszusprechen (Müller-Sax 4). Wird die Wiedereinsetzung versagt, so hat nunmehr der Tatrichter nach § 346 Abs. 1 über die Verwerfung der Revision zu entscheiden; das Revisionsgericht kann die Entscheidung nicht treffen, weil die Sache noch nicht als Revisionssache bei ihm anhängig ist (Müller-Sax 8a).

Hat der dafür nach § 46 Abs. 1 nicht zuständige Tatrichter die Wiedereinsetzung bewilligt, so ist das Revisionsgericht hieran gebunden (II 2 zu § 46). Die ablehnende Entscheidung des Tatrichters bindet es nicht (BayObLGSt. **1961** 158 = NJW **1961** 1982; OLG Neustadt GA **1960** 121 = VRS **15** 281). Hat der Tatrichter die Wiedereinsetzung jedoch rechtskräftig abgelehnt, so beläßt es das Revisionsgericht dabei, wenn es nunmehr den Antrag nach § 346 Abs. 2 verwirft (KG VRS **10** 295 = JR **1956** 111 m. Anm. Sarstedt). Gegen die Ansicht des Reichsgerichts, wegen der unlösbaren inneren Verbindung zwischen § 46 und § 346 Abs. 2 könne das Revisionsgericht die Wiedereinsetzung entgegen der ablehnenden Entscheidung des Tatrichters auch dann bewilligen, wenn keine sofortige Beschwerde nach § 46 Abs. 3, sondern nur der Antrag nach § 346 Abs. 2 vorliegt (RGSt. **75** 172 = DR **1941** 1406 m. Anm. Mittelbach; ebenso Sarstedt 271), bestehen Bedenken (vgl. Eb. Schmidt 7 zu § 46).

Die Frage, ob das Revisionsgericht anstelle des Beschwerdegerichts für die Entscheidung über die sofortige Beschwerde gegen den das Wiedereinsetzungsgesuch ablehnenden Beschluß des unzuständigen Amtsrichters zuständig ist, wenn gleichzeitig der Antrag nach § 346 Abs. 2 gestellt ist (BayObLGSt. **1961** 157 = NJW **1961** 1982), ist bei II 3 zu § 46 erörtert.

§ 347

(1) Ist die Revision rechtzeitig eingelegt und sind die Revisionsanträge rechtzeitig und in der vorgeschriebenen Form angebracht, so ist die Revisionsschrift dem Gegner des Beschwerdeführers zuzustellen. Diesem steht frei, binnen einer Woche eine schriftliche Gegenerklärung einzureichen. Der Angeklagte kann letztere auch zu Protokoll der Geschäftsstelle abgeben.

(2) Nach Eingang der Gegenerklärung oder nach Ablauf der Frist sendet die Staatsanwaltschaft die Akten an das Revisionsgericht.

Bezeichnung bis 1924: § 387.

1. Zustellung der Revisionsschrift an den Gegner. Die Vorschrift des § 347 Abs. 1 sieht eine Gegenerklärung auf die Revisionsschrift binnen einer Woche vor; sie bestimmt daher die Zustellung der Revisionsschrift an den Gegner des Beschwerdeführers. Die Zustellung ist aber nur erforderlich, wenn die Revision rechtzeitig eingelegt (§ 341) und rechtzeitig und formgerecht begründet (§ 345) worden ist. Mit der Zustellung der Revisionsschrift an den Gegner des Revisionsführers wird die Frist von einer Woche in Lauf gesetzt, innerhalb deren eine schriftliche Gegenerklärung abgegeben werden kann. Die Frist ist keine Ausschlußfrist (vgl. unten 2).

Der Begriff *Revisionsschrift* umfaßt, wie § 345 Abs. 1 ergibt, die Revisionsanträge und ihre Begründung (EbSchmidt 1). Ergänzt die Staatsanwaltschaft ihre Ausführungen zur Sachrüge, so ist dem Gegner die Ergänzung so rechtzeitig zuzustellen, daß das rechtliche Gehör auch bei seinem Nichterscheinen in der Revisionsverhandlung oder bei Beschlußverwerfung nach § 349 Abs. 2 gewährleistet ist (1 zu § 350; unten 2). Revisionsschrift ist auch eine zur Niederschrift der Geschäftsstelle erklärte Revisionsbegründung (Müller-Sax 1). Enthält bereits die Revisionseinlegungsschrift eine Begründung, so kann sie dem Beschwerdegegner sofort zugestellt werden, wenn nicht eine weitere Begründung in Aussicht gestellt ist. Der Ablauf der Begründungsfrist braucht nicht abgewartet zu werden (anders Kl 1).

Die Revisionsschrift ist dem Angeklagten auch zuzustellen, wenn die Staatsanwaltschaft das Rechtsmittel zu seinen Gunsten eingelegt hat (EbSchmidt 2). Haben beide das Rechtsmittel eingelegt, so sind die Revisionsschriften wechselseitig zuzustellen. Dem Nebenkläger muß jede Revisionsschrift zugestellt werden, die ein von seinen Anträgen in der Hauptverhandlung oder im Revisionsverfahren abweichendes Ergebnis verfolgt.

Die Zustellung hat das Gericht zu bewirken, nicht die Staatsanwaltschaft. Eine dem § 320 Satz 2 entsprechende Vorschrift gibt es im Revisionsverfahren nicht. Auch § 36 ist nicht anwendbar (OLG Celle GA **60** 302; OLG Düsseldorf GA **58** 258; EbSchmidt 2). Hat die Staatsanwaltschaft jedoch versehentlich eine sonst mangelfreie und vollständige Zustellung bewirkt, so reicht das aus (Müller-Sax 3).

2. Gegenerklärung. Die Möglichkeit, sich zu dem Rechtsmittel des Gegners zu erklären, sichert das rechtliche Gehör. Eine Pflicht zur Gegenerklärung besteht nicht. Die Erklärung ist bei dem Gericht, dessen Urteil angefochten ist, einzureichen und kann auch nach Ablauf der Wochenfrist des § 347 Abs. 1 abgegeben werden. Sie bedarf nur der einfachen Schriftform. Der Angeklagte darf sie eigenhändig (Müller-Sax 4) oder zur Niederschrift der Geschäftsstelle abgeben (§ 347 Abs. 1 Satz 2). Der Staatsanwaltschaft ist durch Nr. 161 Abs. 2 RiStBV vorgeschrieben, eine Gegenerklärung abzugeben, wenn das Urteil wegen eines Verfahrensmangels angefochten wird und anzunehmen ist, daß die Gegenerklärung die Prüfung der Revisionsbeschwerden erleichtert. Diese Gegen„erklärungen" bestehen ausschließlich aus auszugsweisen Abschriften des Sitzungsprotokolls und anderer Aktenteile, sind oft überflüssig (z. B. bei unzulässigen Verfahrensrügen) und verzögern das Revisionsverfahren häufig in unnötiger Weise. Nach Nr. 161 Abs. 3 RiStBV teilt die Staatsanwaltschaft ihre Gegenerklärung dem Beschwerdeführer mit und legt sie dem Gericht vor. Dieses hat dann Gelegenheit, eine dienstliche Äußerung abzugeben oder die Vollständigkeit des Protokolls zu prüfen und es zu berichtigen, falls etwa die Aufnahme des Antrages, dessen Nichtbescheidung der Beschwerdeführer rügt, versehentlich unterblieben ist (dazu BGHSt. 9 201). Nach Kenntnisnahme von der Gegenerklärung hat der Vorsitzende, nicht die Geschäftsstelle des Gerichts, die Akten der Staatsanwaltschaft zuzuleiten (vgl. auch Nr. 161 Abs. 4 RiStBV).

Die rechtzeitige Mitteilung der Gegenerklärung gehört zum *rechtlichen Gehör,* wenn sie erhebliche neue Tatsachen oder Beweisergebnisse, z. B. dienstliche Äußerungen der Gerichtspersonen zu den Verfahrensrügen, enthält (BVerfGE 7 725 = JZ **1958** 433 m. Anm. Peters). In solchen Fällen empfiehlt sich die förmliche Zustellung der Gegenerklärung, die gesetzlich allerdings nicht vorgeschrieben ist. Denn bei Verwerfung der Revision nach § 349 Abs. 2 oder in der Hauptverhandlung, in der der Beschwerdeführer nicht erschienen oder vertreten ist, muß feststehen, daß die Gegenerklärung zugegangen ist. Enthält sie nur Rechtsausführungen, so verletzt das Unterlassen ihrer Mitteilung an den Beschwerdeführer zwar die Vorschrift des § 347 Abs. 1, aber nicht den Anspruch auf rechtliches Gehör nach Art. 103 Abs. 1 GG (BayVerfGE 15 II 38 = JZ **1963** 63 m. Anm. Ad. Arndt).

Die Abgabe der Gegenerklärung gehört zum Aufgabenbereich des für die Tatsacheninstanz beigeordneten Pflichtverteidigers (BayObLGSt. **1952** 86; OLG Hamm SJZ **1950** 219). Die Gegenerklärung kann weitere Prozeßerklärungen enthalten, z. B. das besondere öffentliche Interesse an der Strafverfolgung (§ 232 Abs. 1 StGB) ausdrücken. Nicht innerhalb der Frist des § 345 erhobene Verfahrensrügen können mit der Gegenerklärung nicht nachgeschoben werden; auch ihre Ergänzung in tatsächlicher Beziehung ist unzulässig (4 zu § 352). Eine Antwort auf die Gegenerklärung ist nicht ausdrücklich vorgesehen, aber bis zur Entscheidung zulässig.

3. Aktenübersendung an das Revisionsgericht (Absatz 2). Nach Eingang der Gegenerklärung, spätestens nach Ablauf der Wochenfrist sind die Akten dem Revisionsgericht vorzulegen. Das geschieht über die Staatsanwaltschaft bei diesem Gericht (Nr. 162 Abs. 1 RiStBV). Die unmittelbare Übersendung der Akten an das Revisionsgericht durch den Tatrichter ist unzulässig. Die Staatsanwaltschaft hat bei der Aktenvorlage auch für deren äußere Form zu sorgen (Nr. 162 Abs. 3 Satz 2 RiStBV); sie muß um Beschleunigung bemüht sein. Sie hat in jedem Fall einen Übersendungsbericht beizufügen (Nrn. 162 Abs. 1 Satz 4, 163 RiStBV). Die Staatsanwaltschaft bei dem Revisionsgericht ist im Rahmen des § 145 GVG berechtigt, das Rechtsmittel zurückzunehmen; sie kann auch die untere Staatsanwaltschaft zur Zurücknahme anweisen (Nr. 167 Abs. 1 Satz 2 RiStBV). Der Generalbundesanwalt ist nicht Vorgesetzter der Staatsanwälte der Länder und kann daher deren Rechtmittel nicht zurücknehmen; er kann die Zurücknahme jedoch anregen, wenn er die Revision für aussichtslos hält.

4. Anhängigwerden der Sache beim Revisionsgericht. Mit dem Eingang auf der Geschäftsstelle wird die Sache bei dem Revisionsgericht ohne Rücksicht auf dessen Zuständigkeit (Geppert GA **1972** 166) anhängig, sofern die Akten nach ordnungsgemäßem Verfahren nach § 347 zwecks Entscheidung vorgelegt worden sind (BGHSt. 12 218; RGSt. 67 145). Vor diesem Zeitpunkt sind Erklärungen über die Revision (Zurücknahme, Beschränkung) dem Tatrichter gegenüber abzugeben; dieser hat auch die anfallenden Entscheidungen zu treffen (Müller-Sax 6 zu § 345). Sobald die Revision bei dem Revisionsgericht anhängig geworden ist, muß eine Rücknahmeerklärung dorthin gerichtet werden. Geht sie erst nach der Entscheidung ein, so ist sie unbeachtlich (BGH JZ **1951** 791; s. a. RGSt. **77** 370; OLG Jena HRR **1937** 1204). Das gilt auch, wenn sie schon vor der Entscheidung bei dem Tatgericht eingegangen war, aber bereits die Zuständigkeit des Revisionsgerichts bestand. Es kann daher vorkommen, daß das Revisionsgericht ein Urteil aufhebt und daß eine neue Verhandlung vor dem Tatrichter stattfinden muß, obwohl der Angeklagte sich mit dem ersten Urteil zufrieden geben wollte. War das Landgericht noch zuständig und ist die Zurücknahme nur versehentlich unbeachtet geblieben, so ist die Revisionsentscheidung gegenstandslos, da, als sie erging, kein Rechtsmittel mehr vorlag. Sie ist aufzuheben, und die Revision ist für gegenstandslos zu erklären (RGSt. 55 214).

Vor Anhängigwerden der Sache bei dem Revisionsgericht ist der Richter, dessen Urteil angefochten ist, noch zuständig für die Entscheidung über einen Antrag auf Zulassung als Verteidiger nach § 138 Abs. 2 (RGSt. 55 213; OLG Hamm MDR **1951** 503; s. a. RGSt. 62 250), für die Bestellung eines Pflichtverteidigers für die Revisionsbegründung (BayObLGSt. **1961** 400; 7 zu § 141), für die Gewährung des Armenrechts an den Privatkläger (BayObLGSt. 12 322), für die Einstellung aufgrund eines Straffreiheitsgesetzes (RGSt. 67 145; BayObLG JW **1935** 1191; OLG Köln NJW **1954** 1696) oder wegen Verjährung (BayObLGSt. **1953** 97 = NJW **1953** 1404) und für die Entscheidung über die Kosten einer zurückgenommenen Revision (BGHSt. 12 219; OLG Bremen NJW **1956** 74). Das Revisionsgericht ist auch nach Anhängigwerden der Sache nicht befugt zur Entscheidung über einen vom Amtsgericht übergangenen Antrag auf Wiedereinsetzung gegen die Versäumung der Frist zur Einlegung des Einspruchs gegen einen Strafbefehl (BGHSt. 22 52). Über den Anschluß eines Nebenklägers im Revisionsverfahren hat nicht der Tatrichter zu entscheiden, auch wenn er die Akten noch nicht an das Revisionsgericht abgegeben hat (3 zu § 396).

§ 348

(1) Findet das Gericht, an das die Akten gesandt sind, daß die Verhandlung und Entscheidung über das Rechtsmittel zur Zuständigkeit eines anderen Gerichts gehört, so hat es durch Beschluß seine Unzuständigkeit auszusprechen.

(2) Dieser Beschluß, in dem das zuständige Revisionsgericht zu bezeichnen ist, unterliegt keiner Anfechtung und ist für das in ihm bezeichnete Gericht bindend.

(3) Die Abgabe der Akten erfolgt durch die Staatsanwaltschaft.

Bezeichnung bis 1924: § 388.

1. Zuständigkeit. Die Vorschrift bezieht sich nur auf die sachliche, nicht auf die örtliche Zuständigkeit (EbSchmidt 1). Ein Zuständigkeitsstreit ist insoweit auch nicht vorstellbar. Die sachliche Zuständigkeit des Revisionsgerichts (in Betracht kommen der Bundesgerichtshof nach § 135 GVG, die Oberlandesgerichte nach § 121 GVG, in Bayern das Bayerische Oberste Landesgericht nach § 9 EGGVG) soll nicht Gegenstand eines Zuständigkeitsstreits werden. Deshalb entscheidet das Revisionsgericht, dem die Akten nach § 347 Abs. 2 vorgelegt worden sind (RGSt. 22 115), endgültig über die Frage. Hält es sich für sachlich unzuständig, so spricht es das nach § 348 Abs. 1 durch Beschluß aus und bezeichnet in dem Beschluß gleichzeitig das seiner Ansicht nach zuständige Gericht (§ 348 Abs. 2). Das gilt auch, wenn statt des Bundesgerichtshofs, an den die Akten gelangt sind, ein Oberlandesgericht zuständig ist (RGSt. **40** 221); der Grundsatz des § 269 ist nicht sinngemäß anzuwenden.

2. Der **Verweisungsbeschluß** wird ohne mündliche Verhandlung erlassen. Einer Anhörung der Prozeßbeteiligten zu der Zuständigkeitsfrage bedarf es nicht. Stellt sich die sachliche Unzuständigkeit des Revisionsgerichts erst in der Hauptverhandlung heraus, so kann der Verweisungsbeschluß noch jetzt erlassen werden (Müller-Sax 3; EbSchmidt 7).

3. **Bindungswirkung des Verweisungsbeschlusses.** Der Beschluß bindet das als zuständig bezeichnete Revisionsgericht, Bundesgerichtshof oder Oberlandesgericht, auch wenn er unrichtig ist (RGSt. **35** 157; **67** 59; RGRspr. **6** 298; EbSchmidt 2). Die Bindungswirkung erstreckt sich jedoch nur auf die sachliche Zuständigkeit, indem sie eine Rück- und Weiterverweisung ausschließt (Müller-Sax 2). In der sonstigen rechtlichen Beurteilung ist das nunmehr zuständige Revisionsgericht frei (Kl 2; EbSchmidt 5). Eine Zurücknahme des Verweisungsbeschlusses ist gesetzlich nicht vorgesehen.

4. **Die Entscheidung des sachlich unzuständigen Revisionsgerichts,** das in Verkennung seiner Zuständigkeit den Verweisungsbeschluß nach § 348 unterlassen hat, ist wie jede revisionsrichterliche Entscheidung *unanfechtbar* und *endgültig.* Hat das Oberlandesgericht über die Revision entschieden, so kann daher nicht der Bundesgerichtshof auf Antrag des Angeklagten die Entscheidung aufheben und als zuständiges Gericht selbst entscheiden (RGSt. 22 113; EbSchmidt 5; **a. A.** von Kries 708; Nagler GS 65 464). Das gilt auch, wenn das Oberlandesgericht über die Revision durch Beschluß nach § 349 Abs. 2 entschieden hat. Die Ansicht des OLG Hamm (NJW **1971** 1623 m. Anm. Jauernig NJW **1971** 1819), ein solcher Beschluß sei eine Prozeßhandlung ohne prozessuale Wirkung, die von dem Oberlandesgericht zurückgenommen werden könne, ist abzulehnen (vgl. auch Geppert GA **1972** 165). Auch die Entscheidung des sachlich unzuständigen Revisionsgerichts ist eine wirksame Revisionsentscheidung, die Rechtskraft erlangt und das Verfahren unwiderruflich abschließt.

5. **Die sinngemäße Anwendung des** § 348 hält das Bayerische Oberste Landesgericht für erforderlich, wenn das Revisionsgericht eine ihm nach § 347 Abs. 2 vorgelegte Sprungrevision (§ 335 Abs. 1) als Berufung ansieht oder wenn der Tatrichter nach § 346 Abs. 1 eine Revision als unzulässig verworfen hat, die das nach § 346 Abs. 2 angerufene Revisionsgericht für eine Berufung hält (BayObLGSt. **1962** 166 = JR **1963** 70; BayObLGSt. **1971** 24; ebenso Kleinknecht JZ **1960** 674, 757). In Bayern, wo wegen der Einrichtung des Bayerischen Obersten Landesgerichts das Beschwerdegericht nicht zugleich das Revisionsgericht ist, wird diese erweiternde Anwendung des § 348 nötig sein, um eine Fortsetzung des Verfahrens für den Fall zu gewährleisten, daß der Berufungsrichter der Meinung ist, es handele sich doch um eine Revision. Sonst aber kann das Landgericht, das die Auffassung des Oberlandesgerichts über die Art des Rechtsmittels nicht teilt, auf Beschwerde der Staatsanwaltschaft gegen die Weigerung, einen Berufungstermin anzuberaumen, von dem Oberlandesgericht gezwungen werden, seiner Auffassung zu folgen. Die sinngemäße Anwendung des § 348 auf diesen Fall, die übrigens voraussetzt, daß das Berufungsgericht, wenn es schon von der Auffassung des Obergerichts über die Art des Rechtsmittels abweicht, wenigstens dessen Meinung respektiert, der Rückgabebeschluß sei bindend, ist daher nicht erforderlich (vgl. für ähnliche Fälle BGHSt. **18** 381 = JZ **1963** 714 m. Anm. EbSchmidt; KG JR **1964** 470; KG NJW **1964** 2437; OLG Saarbrücken NJW **1959** 1888; JBl. Saar **1966** 136).

§ 349

(1) Erachtet das Revisionsgericht die Vorschriften über die Einlegung der Revision oder die über die Anbringung der Revisionsanträge nicht für beobachtet, so kann es das Rechtsmittel durch Beschluß als unzulässig verwerfen.

(2) Das Revisionsgericht kann auf einen Antrag der Staatsanwaltschaft, der zu begründen ist, auch dann durch Beschluß entscheiden, wenn es die Revision einstimmig für offensichtlich unbegründet erachtet.

(3) Die Staatsanwaltschaft teilt den Antrag nach Absatz 2 mit den Gründen dem Beschwerdeführer mit. Der Beschwerdeführer kann binnen zwei Wochen eine schriftliche Gegenerklärung beim Revisionsgericht einreichen.

(4) Erachtet das Revisionsgericht die zugunsten des Angeklagten eingelegte Revision einstimmig für begründet, so kann es das angefochtene Urteil durch Beschluß aufheben.

(5) Wendet das Revisionsgericht Absatz 1, 2 oder 4 nicht an, so entscheidet es über das Rechtsmittel durch Urteil.

Entstehungsgeschichte: Die Vorschrift sah ursprünglich nur die Verwerfung unzulässiger Revisionen durch Beschluß vor. Durch Art. IV Nr. 1 des Gesetzes zur weiteren Entlastung der Gerichte vom 8. 7. 1922 (RGBl. I 569) wurde Absatz 1 dahin erweitert, daß das Reichsgericht, nicht die Oberlandesgerichte, zur Verwerfung offensichtlich unbegründeter Revisionen durch Beschluß ermächtigt wurde. Durch die Neubekanntmachung vom 22. 3. 1924 (RGBl. I 357) traten keine sachlichen Änderungen ein. Die Möglichkeit, offensichtlich unbegründete Revisionen durch Beschluß zu verwerfen, wurde durch Kapitel I § 6 des Sechsten Teils der Notverordnung vom 6. 10. 1931 (RGBl. I 537, 563) auch den Oberlandesgerichten eröffnet. Durch § 14 der 4. VereinfVO vom 13. 12. 1944 (RGBl. I 339) wurde das Reichsgericht ermächtigt, Urteile durch Beschluß aufzuheben, wenn es die Revision für offensichtlich begründet erachtete. Art. 3 Nr. 147 VereinhG beseitigte diese Möglichkeit wieder und stellte die bis 1944 geltende Fassung des § 349 wieder her. Die Absätze 2 bis 5 haben ihre jetzige Fassung durch Art. 9 Nr. 2 StPÄG erhalten. Bezeichnung bis 1924: § 389.

Schrifttum: Börker, Zur Fassung des Entscheidungssatzes bei Verwerfung offensichtlich unbegründeter Revisionen in Strafsachen, DRiZ **1957** 139; Hartung, Revisionsurteil oder Revisionsbeschluß, DRZ **1950** 219; Hellmer, Die Verwerfung von Rechtsmitteln im Jugendstrafverfahren durch Beschluß, JR **1955** 92; Hülle, Die offensichtlich begründete Revision in Strafsachen, NJW **1952** 411; Jagusch, Über offensichtlich unbegründete Revisionen (§ 349 Abs. 2 StPO), NJW **1960** 73; Less, Revisionsurteil oder Revisionsbeschluß, SJZ **1950** 68; Lobe, „Offensichtlich unbegründet", JW **1925** 1612; Ostler, Zur Fassung des Entscheidungssatzes bei Verwerfung offensichtlich unbegründeter Revisionen in Strafsachen, DRiZ **1957** 61; Penner, Reichweite und Grenzen des § 349 Abs. 2 StPO (Lex Lobe), Kölner Diss. 1962; Sarstedt, Über offensichtlich unbegründete Revisionen, JR **1960** 1; R. Schmitt, Können die Beschlüsse aus §§ 346, 349 StPO zurückgenommen werden? JZ **1961** 15; Schöttler, Zur Problematik der ersatzlosen Streichung des § 349 Abs. 2 StPO, NJW **1960** 1335; Seibert, Zur Revision in Strafsachen, DRZ **1948** 371; Einige Bemerkungen zur Revision in Strafsachen nach dem StPÄG, MDR **1965** 266; Urteilsaufhebung durch Beschluß (§ 349 Abs. 4 StPO), NJW **1966** 1064; Siegert, Die „offensichtlich unbegründeten" Revisionen, NJW **1959** 2152; von Stackelberg, Über offensichtlich unbegründete Revisionen (§ 349 Abs. 2 StPO), NJW **1960** 505; Wimmer, Verwerfung der Revision durch Urteil oder Beschluß? NJW **1950** 201.

I. Verwerfung unzulässiger Revisionen durch Beschluß (Absatz 1).

1. Zweck der Vorschrift. Für den Fall, daß die Revision unzulässig ist, will die Vorschrift das Verfahren vereinfachen. Eine entsprechende Regelung enthält § 322 für das Berufungsverfahren. Nach § 346 Abs. 1 kann bereits das Gericht, dessen Urteil angefochten wird, die Revision als unzulässig verwerfen, wenn sie verspätet eingelegt ist oder wenn die Revisionsanträge nicht rechtzeitig oder nicht in der durch § 345 Abs. 2 vorgeschriebenen Form angebracht worden sind. Solche Einschränkungen enthält § 349 Abs. 1 nicht. Das Revisionsgericht darf die Revision in allen Fällen der Unzulässigkeit ohne Hauptverhandlung durch Beschluß verwerfen. Hat das Gericht, dessen Urteil angefochten ist, die Verwerfung des Rechtsmittels nach § 346 Abs. 1 unterlassen, obwohl sie zulässig war, so verfährt das Revisionsgericht nach § 349 Abs. 1 oder verwirft die Revision nach § 349 Abs. 5 durch Urteil. Eine Zurückverweisung der Sache an das untere Gericht zur Nachholung der Entscheidung nach § 346 Abs. 1 ist nicht zulässig, wenn dem Revisionsgericht die Akten nach § 347 Abs. 2 vorgelegt worden sind und die Sache daher bei ihm anhängig ist (dazu 4 zu § 347). Hat das untere Gericht einen Verwerfungsbeschluß nach § 346 Abs. 1 erlassen, ohne daß die Voraussetzungen dieser Vorschrift vorlagen, so hat das nach § 346 Abs. 2 angerufene Revisionsgericht zu prüfen, ob eine Verwerfung nach § 349 Abs. 1 geboten ist (II 4 zu § 346). Der Ausspruch des Richters, dessen Urteil angefochten ist, die Revision sei zulässig, bindet das Revisionsgericht nicht und hindert daher nicht die Verwerfung nach § 349 Abs. 1. Das Revisionsgericht kann über eine unzulässige Revision auch in der Hauptverhandlung durch Urteil entscheiden. Das wird in Betracht kommen, wenn die Unzulässigkeit erst in der Hauptverhandlung bemerkt wird oder wenn die Zulässigkeit zweifelhaft ist und der Erörterung in der Hauptverhandlung bedarf.

2. **Vorschriften über die Einlegung der Revision.** In erster Hinsicht handelt es sich um § 341 (Frist und Form der Einlegung). Als Bestimmungen über die Einlegung der Revision gelten hier aber auch solche, die die Befugnis regeln, das Rechtsmittel einzulegen (RGSt. 35 25; **66** 405; **69** 245; BayObLG LZ **1918** 943; OLG Hamm NJW **1964** 265). Das sind §§ 296 (Beschuldigte, Staatsanwaltschaft), 297 (Verteidiger), § 298 (gesetzliche Vertreter), 390 (Privatkläger), 401 (Nebenkläger), 433 Abs. 1, 440 Abs. 3 (Einziehungsbeteiligte), 67 Abs. 3 JGG (Erziehungsberechtigte), im Verfahren gegen Abwesende auch § 282b (Angehörige des Abwesenden). Legt ein Nebenkläger Revision ein, so hat das Revisionsgericht die Anschlußbefugnis von Amts wegen zu prüfen (3 I zu § 336). Zu den Vorschriften über die Einlegung der Revision gehört ferner der Grundsatz, daß jedes Rechtsmittel eine Beschwer voraussetzt (dazu 4 zu § 296; 3 zu § 322; 4 zu § 333). Unzulässig ist eine Revision, auf die verzichtet worden war (BayObLGSt. **1960** 238 = Rpfleger **1961** 46; Müller-Sax 4b zu § 302). Wird die Revision nach Zurücknahme erneut eingelegt, so ist sie für erledigt zu erklären (RGSt. 55 214; 3 zu § 322; dort auch zu der Frage, wie bei Zweifeln über die Wirksamkeit des Verzichts oder der Zurücknahme zu verfahren ist). Die Revision ist als zulässig anzusehen, wenn Verzichtserklärung und Rechtsmittelschrift am selben Tage bei Gericht eingegangen sind, ohne daß sich klären läßt, welches Schreiben früher dort war (BGH NJW **1960** 2202; 6c zu § 302). Ist die Revision gesetzlich ausgeschlossen (§ 441 Abs. 3 Satz 2; § 55 Abs. 2 JGG), so ist ebenfalls eine Verwerfung durch Beschluß zulässig (BGHSt. 13 293).

3. **Vorschriften über die Anbringung der Revisionsanträge.** Es handelt sich um § 345 (Frist und Form) und § 344 (Anträge, erforderlicher Inhalt der Begründung). Eine Verwerfung der Revision als unzulässig kommt, abgesehen von den Fällen des § 345, vor allem in Betracht, wenn der Beschwerdeführer entgegen § 337 keine Rechtsfehler rügt, sondern nur die Beweiswürdigung in tatsächlicher Beziehung beanstandet (RGSt. **1** 257; **40** 99; **53** 235; **67** 198; RGRspr. **8** 336; RG JW **1921** 841; BayObLGSt. **1953** 82 = NJW **1953** 1403; OLG Karlsruhe Justiz **1968** 181; OLG Saarbrücken OLGSt. § 327 S. 3), oder wenn er Widersprüche oder Denkfehler in den Urteilsgründen daraus herzuleiten versucht, daß er diese unrichtig wiedergibt (BGH NJW **1956** 1767).

4. **Beschluß.** Der Verwerfungsbeschluß wird ohne Hauptverhandlung erlassen. Findet eine Hauptverhandlung statt, so wird durch Urteil entschieden (§ 349 Abs. 5). Wenn das Revisionsgericht Beweise über die Zulässigkeit der Revision erhoben, etwa dienstliche Äußerungen eingeholt oder Justizangehörige vernommen hat, darf der Beschluß nicht ergehen, bevor dem Revisionsführer Gelegenheit gegeben worden ist, zu den Beweisergebnissen Stellung zu nehmen (BVerfGE **9** 261 = NJW **1959** 1315; BVerfGE **10** 274 = NJW **1960** 427 = Rpfleger **1960** 206 m. Anm. Lappe; s. a. BVerfGE **7** 275 = JZ **1958** 433 m. Anm. Peters). Einstimmigkeit ist für die Beschlußfassung nicht erforderlich; es genügt einfache Stimmenmehrheit (§ 196 Abs. 1 GVG). Bei dem Bundesgerichtshof wirken fünf Richter mit (§ 139 Abs. 1 GVG), bei den Oberlandesgerichten drei Richter (§ 122 Abs. 1 GVG). Ein Verwerfungsbeschluß kann auch ergehen, wenn der Tatrichter die Revision irrig als rechtzeitig angesehen hat. Die Frage, ob das Revisionsgericht Verfahrenshindernisse auch berücksichtigen muß, wenn die Revision unzulässig ist, ist bei II 5 zu § 346 erörtert. Zur Rechtskraft s. unten III.

II. Verwerfung offensichtlich unbegründeter Revisionen durch Beschluß (Absatz 2).

1. **Allgemeines.** Die Vorschrift bezweckt die Entlastung der Revisionsgerichte durch rasche Erledigung offensichtlich aussichtsloser Revisionen. Die Beschlußverwerfung hat aber nicht allein den Zweck, mutwilligen und nur auf Zeitgewinn ausgehenden Revisionen

entgegenzuwirken. Vielmehr kann das umständliche Hauptverhandlungsverfahren auch sonst unterbleiben, wenn von vornherein feststeht, daß die Revision keinen Erfolg haben kann, und wenn dies offensichtlich ist. Für Revisionen der Staatsanwaltschaft gilt das nicht (unten 3 a). Zu einer zurückhaltenden Anwendung der Vorschrift, die im Schrifttum empfohlen worden ist (Peters 577, JZ **1958** 436 und **1965** 489; Sarstedt 275; Seibert DRZ **1948** 371), besteht kein Anlaß mehr, nachdem durch die Änderung des Absatzes 2 (Erfordernis eines begründeten Antrages der Staatsanwaltschaft) und die Einfügung des Absatzes 3 (Mitteilung des Antrages an den Revisionsführer und Zweiwochenfrist zur Abgabe einer Gegenerklärung) dafür gesorgt ist, daß der Revisionsführer durch das Beschlußverfahren nicht überrascht werden kann und vor der Entscheidung ausreichend zu Wort kommt. In der Praxis spielt die Verwerfung offensichtlich unbegründeter Revisionen nach § 349 Abs. 2 eine große Rolle (vgl. Jagusch NJW **1960** 73). Der Bundesgerichtshof hat 1971 fast 80 % (Dahs-Dahs Vorwort V), 1972 etwa 75 % aller von ihm zu erledigenden Revisionen nach dieser Vorschrift verworfen.

2. **Offensichtlich unbegründet** ist die Revision, wenn die zur Entscheidung berufenen Richter und andere Beurteiler mit gleicher Sachkunde ohne weiteres erkennen, welche Rechtsfragen vorliegen, wie sie zu beantworten sind und daß die Revisionsrügen das Rechtsmittel nicht begründen können (vgl. Kl 5 B; Müller-Sax 3c; EbSchmidt Nachtr. 9; Lobe JW **1925** 1615; Seibert DRZ **1948** 371; Wimmer NJW **1950** 203). Das bedeutet nicht, daß alle Rechtsfragen mit dem paraten Wissen des Beurteilers gelöst werden müssen. Es genügt, wenn ein Blick in einen Kommentar zu dem Ergebnis führt, daß die Revision nicht begründet ist. Das wird insbesondere der Fall sein, wenn die Revision eine gefestigte Rechtsprechung bekämpft, aber keine neuen Gesichtspunkte beibringt (Peters 577 und JZ **1965** 489). Nicht ausgeschlossen ist, daß der Stand der Rechtsprechung zu einer entlegenen, seltenen Frage erst festgestellt werden muß, wenn nur danach keine rechtlichen Zweifel mehr bestehen (Wimmer NJW **1950** 203). Muß auch nur ein Mitglied des erkennenden Gerichts das Für und Wider erst länger erwägen und Zweifel klären, so besteht keine Offensichtlichkeit. Hält einer der Richter die Entscheidung auch nur in einem Punkt für zweifelhaft, so ist Hauptverhandlung geboten. Die Länge der Revisionsbegründung oder das Gewicht der Sache sind für sich kein Maßstab für die Beurteilung der Frage, ob Hauptverhandlung vorzuziehen ist. Bleibt von einer ursprünglich umfangreichen oder schwierigen Sache im Revisionsverfahren nur ein klar überblickbarer Sachverhalt nebst unzweifelhaft richtig entschiedenen Rechtsfragen übrig, so ist auch hier die Verwerfung durch Beschluß zulässig. Jedoch ist die Revision nicht offensichtlich unbegründet, wenn die Feststellung, ob die Verfahrensvoraussetzungen vorliegen oder Verfahrensmängel vorgekommen sind, Ermittlungen des Revisionsgerichts erfordert haben (Peters JZ **1958** 436; Geppert GA **1972** 177; **a. A.** Kl 4; Dahs-Dahs 424). Anders ist es, wenn bereits die Staatsanwaltschaft solche Ermittlungen angestellt hat, so daß beim Eingang der Sache bei dem Revisionsgericht Zweifel nicht mehr bestehen.

3. **Antrag der Staatsanwaltschaft.**

a) **Allgemeines.** Der Antrag kann nur von der Staatsanwaltschaft bei dem Revisionsgericht gestellt werden. Er ist *zwingende Voraussetzung* für das Beschlußverfahren. Der Staatsanwaltschaft wird damit ein entscheidender Einfluß auf den Umfang der Verwerfungspraxis des Revisionsgerichts eingeräumt. Das Revisionsgericht ist nicht gehindert, bei der Staatsanwaltschaft die Stellung eines Antrages auf Beschlußverwerfung anzuregen, wenn ihm die Akten nach § 347 Abs. 2 ohne einen solchen Antrag vorgelegt worden sind, es die Revision aber für offensichtlich unbegründet hält. Allerdings wird eine Revision, zu der die Staatsanwaltschaft nicht von vornherein den Antrag auf Verwerfung nach § 349 Abs. 2 stellt, im allgemeinen nicht offensichtlich unbegründet sein. Denn auch die Staatsanwälte bei dem Revisionsgericht gehören zu dem Kreis sachkundiger Personen, von deren Beurteilung es abhängt, ob eine Revision als offensichtlich unbegründet bezeichnet werden kann.

Im *Privatklageverfahren* ist ein Antrag des Privatklägers auf Verwerfung der Revision nach § 349 Abs. 2 nicht erforderlich (§ 385 Abs. 6).

Aus § 349 Abs. 3, der zwischen der Staatsanwaltschaft und dem Beschwerdeführer unterscheidet, ergibt sich, daß eine *Revision der Staatsanwaltschaft* nicht als offensichtlich unbegründet durch Beschluß verworfen werden darf (OLG Köln NJW **1968** 562; Kl 5 A; Müller-Sax 3a; EbSchmidt Nachtr. 4; **a. A.** OLG Koblenz NJW **1966** 362; Roxin NJW **1967** 792; die abweichende Ansicht von Jagusch in der Vorauflage dieses Kommentars wird nicht aufrechterhalten). Das ist auch nicht notwendig. Denn wenn die Staatsanwaltschaft bei dem Oberlandesgericht eine von der Staatsanwaltschaft bei dem Landgericht eingelegte Revision für offensichtlich unbegründet hält, kann sie die Zurücknahme veranlassen oder nach § 145 Abs. 1 GVG selbst erklären. Der Generalbundesanwalt kann bei der Landesstaatsanwaltschaft ebenfalls die Zurücknahme einer Revision anregen, die er für aussichtslos hält. Wenn die Revision zugunsten des Angeklagten eingelegt war, ist allerdings die Zurücknahme nur mit dessen Zustimmung zulässig (§ 302 Abs. 1 Satz 2). In diesem ganz selten vorkommenden Fall kann jedoch über das Rechtsmittel durch Urteil entschieden werden, ohne daß deswegen eine Überlastung der Revisionsgerichte zu befürchten ist (anders offenbar OLG Koblenz NJW **1966** 362).

Die *Revision eines Privatklägers* kann durch Beschluß als offensichtlich unbegründet verworfen werden, ohne daß das weiter in § 349 Abs. 2 und 3 geregelte Verfahren einzuhalten ist (OLG Frankfurt OLGSt. § 349 S. 7; OLG Stuttgart NJW **1967** 792 m. Anm. Roxin; Kl 5 D). Die Verwerfung der Revision des *Nebenklägers* nach § 349 Abs. 2 setzt einen entsprechenden Antrag der Staatsanwaltschaft voraus (OLG Köln NJW **1968** 561).

b) Begründungserfordernis. Der Antrag der Staatsanwaltschaft ist zu begründen. Die Begründung muß dartun, warum das Rechtsmittel nach Meinung der Staatsanwaltschaft offensichtlich keinen Erfolg haben kann. Der Revisionsführer soll von den Erwägungen unterrichtet werden, die der Antragstellung durch die Staatsanwaltschaft zugrunde liegen, damit er in seiner Gegenerklärung hierauf eingehen kann. Eine kurze Auseinandersetzung mit dem Revisionsvorbringen, sofern es nicht ganz abwegig ist, ist erforderlich, aber auch ausreichend. Breit angelegte, in Gutachtenform erstellte Begründungen sind nicht am Platze (vgl. auch Kleinknecht JZ **1965** 160). Wird auf Rechtsausführungen des Revisionsführers eingegangen, so ist die Rechtslage knapp darzustellen; zahlreiche Zitate aus Rechtsprechung und Schrifttum erwecken meist den Eindruck, daß von einer Unbegründetheit des Rechtsmittels, die offensichtlich ist, keine Rede sein kann. Eine ganz knappe, unter Umständen sogar formelhafte Antragsbegründung genügt insbesondere, wenn die Revision nur allgemein die Sachrüge erhebt (Kl 5 A), wenn erkennbar unzulässige Verfahrensrügen erhoben sind oder wenn das Einzelvorbringen der Revision sich darin erschöpft, das Fehlen von Ausführungen zu rügen, die tatsächlich in dem Urteil enthalten sind, und Feststellungen zu beanstanden, die dort nicht getroffen sind (OLG Stuttgart NJW **1968** 1152). Wenn eine längere Begründung des Verwerfungsantrages erforderlich ist, muß das jedoch nicht immer gegen die Annahme sprechen, daß die Revision offensichtlich unbegründet ist. Es gibt Revisionen, mit denen zahlreiche Verfahrensrügen erhoben werden, die sämtlich offensichtlich unbegründet sind.

Das Revisionsgericht darf die Revision auch dann nach § 349 Abs. 2 verwerfen, wenn es sie aus anderen als den von der Staatsanwaltschaft dargelegten Gründen für offensichtlich unbegründet hält. Der Revisionsführer erfährt daher aus der Antragsbegründung der Staatsanwaltschaft nicht immer die wahren Gründe, aus denen das Revisionsgericht das Rechtsmittel als offensichtlich unbegründet verworfen hat.

c) Mitteilungserfordernis. Um eine Überraschung des Beschwerdeführers durch die Beschlußverwerfung auszuschließen und ihm das rechtliche Gehör zu sichern (Müller-Sax 3b), schreibt § 349 Abs. 3 Satz 1 vor, daß ihm der Antrag der Staatsanwaltschaft mit den Gründen mitzuteilen ist, damit er dazu Stellung nehmen und Einwände vorbringen kann. Die Mitteilung hat die Staatsanwaltschaft zu machen, nicht das Revisionsgericht. Hat der Beschwerdeführer einen Verteidiger oder Prozeßbevollmächtigten, so ist die Mitteilung an diesen zu richten (Kl 7 A). Eine besondere Benachrichtigung des Beschwerdeführers selbst ist nicht erforderlich; § 145a Abs. 4 gilt nicht, da es sich nicht um eine Entscheidung handelt. Die Mitteilung setzt die Zweiwochenfrist für die Gegenerklärung in Lauf; Übermittlung gegen Empfangsbekenntnis, an den Beschwerdeführer selbst durch förmliche Zustellung ist daher zweckmäßig (Müller-Sax 3b; EbSchmidt Nachtr. 5;

Seibert MDR 1965 266). Der Nachweis braucht von der Staatsanwaltschaft aber bei der Vorlegung der Akten an das Revisionsgericht nicht abgewartet zu werden (anders Kl 7 A). In der Mitteilung ist der Beschwerdeführer zweckmäßigerweise über sein Recht, binnen zwei Wochen eine schriftliche Gegenerklärung beim Revisionsgericht einzureichen (§ 349 Abs. 3 Satz 2) zu belehren, obwohl das Gesetz dies nicht ausdrücklich vorschreibt (Müller-Sax 3b; EbSchmidt Nachtr. 5). Eine Fristverlängerung durch die Staatsanwaltschaft ist unzulässig. Die Frist ist keine Ausschlußfrist, ihre Überschreitung daher unschädlich.

d) Die Gegenerklärung kann in einfacher Schriftform abgegeben werden; § 345 Abs. 2 gilt nicht (Kl 7 B; Müller-Sax 3b). Sie ist dem Revisionsgericht gegenüber abzugeben, das sie bei seiner Entscheidung ohne Rücksicht auf den Zeitpunkt ihres Eingangs berücksichtigt (BGH bei Dallinger MDR **1966** 728). Vor Ablauf der Erklärungsfrist darf es entscheiden, wenn die Gegenerklärung bereits eingegangen und eine Ergänzung nicht angekündigt worden ist (Kl 7 C; Müller-Sax 3b). Wird die Ergänzung angekündigt, braucht ihr Eingang nicht mehr abgewartet zu werden, wenn die Frist abgelaufen ist (BGHSt. 23 102). Geht nach Erlaß des Verwerfungsbeschlusses eine Gegenerklärung ein, so verbietet es die Rechtskraft des Beschlusses, sie noch zu berücksichtigen (BGH bei Dallinger MDR **1966** 728). Eine Wiedereinsetzung ist ausgeschlossen (vgl. unten III 3). Das Revisionsgericht kann die Gegenerklärung, wenn dazu Anlaß besteht, der Staatsanwaltschaft zur Stellungnahme vorlegen (Kl 7 C und JZ **1965** 160; Eb. Schmidt Nachtr. 7). Regelmäßig wird das aber überflüssig sein.

4. Beschluß. Enthält die Gegenerklärung der Staatsanwaltschaft zur Revision des Angeklagten neue Tatsachen oder Beweisergebnisse, so darf der Beschluß nicht erlassen werden, bevor sie dem Angeklagten zur Kenntnis gebracht worden ist (BVerfGE 7 275 = JZ **1958** 433 m. Anm. Peters). Der Verwerfungsbeschluß hat voll und ganz die Wirkung eines Urteils (OLG Braunschweig NJW **1950** 38). Er wird ohne mündliche Verhandlung erlassen und kann nur einstimmig ergehen. Für die Besetzung des Revisionsgerichts gilt dasselbe wie bei dem Beschluß nach § 349 Abs. 1 (oben I 4). Der Beschluß wird nicht begründet; § 34 ist nicht anzuwenden (Müller-Sax 3d; EbSchmidt Nachtr. 14). Das schließt jedoch einen kurzen Hinweis auf die Rechtslage nicht unbedingt aus (Wimmer NJW **1950** 204). In dem Beschluß muß nicht zum Ausdruck kommen, daß er *einstimmig* gefaßt worden ist (Kl 7 C); aber es muß kenntlich gemacht werden, daß die Revision als *offensichtlich unbegründet* verworfen wird (Sarstedt 280; Börker DRiZ **1957** 139; **a. A.** Ostler DRiZ **1957** 61).

Über dasselbe Rechtsmittel kann nur *einheitlich* durch Urteil oder durch Beschluß entschieden werden (Müller-Sax 3e; Dahs-Dahs 425; **a. A.** OLG Hamburg JZ **1967** 31 m. Anm. Sarstedt; Kl 5; über die Verbindung einer Verwerfungsentscheidung mit einer Entscheidung nach § 349 Abs. 4 vgl. unten IV 4). Haben in einer Sache mehrere Prozeßbeteiligte Revision eingelegt, so kann jedoch eines dieser Rechtsmittel vorweg nach § 349 Abs. 2 verworfen, das andere aufgrund einer Hauptverhandlung durch Urteil beschieden werden. Zulässig ist es, in einem solchen Fall einheitlich durch Urteil zu entscheiden und in den Gründen anzugeben, daß eine der Revisionen offensichtlich unbegründet ist. Dann liegt aber kein Fall des § 349 Abs. 2 vor (anders offenbar Müller-Sax 3d). Der Beschluß nach § 349 Abs. 2 kann verbunden werden mit der Entscheidung über eine Beschwerde nach § 305a und über eine sofortige Beschwerde gegen die Kosten- und Auslagenentscheidung des Urteils (§ 464 Abs. 3 Satz 1) und die Entscheidung über die Entschädigungspflicht (§ 8 Abs. 3 StrEG).

Eine *Änderung* des angefochtenen Urteils in dem Verwerfungsbeschluß ist weder zugunsten noch zuungunsten des Beschwerdeführers zulässig. Nur die Berichtigung offensichtlicher Versehen ist statthaft, wenn dadurch der Urteilsbestand im übrigen nicht berührt wird (RG GA 55 331; Kl 11). Zulässig ist etwa die Nachholung eines Teilfreispruchs, den in den Urteilsausspruch aufzunehmen der Tatrichter versehentlich unterlassen hat (Müller-Sax 3f). Eine Schuldspruchberichtigung oder -ergänzung ist unzulässig (Eb. Schmidt Nachtr. 11, der allerdings auch die Berichtigung offensichtlicher Versehen für unstatthaft hält; **a. A.** Müller-Sax 3f). In solchen Fällen ist jedoch eine Verbindung des Verwerfungsbeschlusses mit einem Beschluß nach § 349 Abs. 4 möglich, wenn die Schuldspruchberichtigung auf eine zugunsten des Angeklagten eingelegte Revision zu seinem Vorteil erfolgen soll (dazu unten IV 4). In allen anderen Fällen ist durch Urteil zu entscheiden; eine Revision, die zur Schuldspruchberichtigung führen muß, ist nicht offensichtlich unbegründet.

III. Rechtskraft der Verwerfungsbeschlüsse nach Absatz 1 und 2.

1. Unanfechtbarkeit. Eintritt der Rechtskraft. Die Entscheidungen des Revisionsgerichts über die Revision sind unanfechtbar, auch wenn sie durch Beschluß ergehen. Insoweit besteht kein Unterschied zu den das Verfahren abschließenden rechtskräftigen Urteilen (BGHSt. **17** 95; BGH MDR **1956** 52). Auch die das Verfahren beendenden Beschlüsse erwachsen in Rechtskraft. Wird die Revision als unzulässig verworfen, weil sie nicht rechtzeitig eingelegt war, so war die Rechtskraft des Urteils nicht gehemmt (§ 343 Abs. 1). Der Verwerfungsbeschluß nach § 349 Abs. 1 hat dann nur deklaratorische Bedeutung. In allen anderen Fällen führt der Beschluß unmittelbar die Rechtskraft des Urteils herbei. Für die Berechnung der Strafzeit gilt sie als zu Beginn des Tages der Beschlußfassung eingetreten (§ 450 Abs. 2). Wegen dieser Fiktion hat die Frage, wann der Beschluß tatsächlich rechtskräftig geworden ist, nur geringe praktische Bedeutung (vgl. Pohlmann I 2a zu § 13 StrVollstrO). Rechtskräftig ist der Verwerfungsbeschluß und damit zugleich das angefochtene Urteil, wenn der Beschluß erlassen ist. Für den Verwerfungsbeschluß gelten hierbei dieselben Grundsätze wie für jede andere Gerichtsentscheidung, die durch Beschluß getroffen wird. Er ist mit der Bekanntgabe an die Staatsanwaltschaft oder, auf besondere Anordnung des Vorsitzenden, an eine andere Person außerhalb des Gerichts erlassen (I 3 zu § 33). Bis dahin kann das Revisionsgericht ihn zurücknehmen oder abändern.

2. Zurücknahme. Abänderung. Ein rechtskräftiger Verwerfungsbeschluß kann von dem Revisionsgericht nicht deshalb zurückgenommen oder abgeändert werden, weil er Rechtsfehler enthält (BGH NJW **1951** 771; OLG Braunschweig MDR **1950** 500; OLG Tübingen DRZ **1948** 317; eingehend dazu R. Schmitt JZ **1961** 15). Beruht ein Verwerfungsbeschluß nach § 349 Abs. 1 auf unrichtigen tatsächlichen Voraussetzungen, so kann er abgeändert werden (dazu II 6 zu § 346). Ist die Revision in Unkenntnis der zuvor in zulässiger Weise erklärten Zurücknahme des Rechtsmittels als unzulässig verworfen worden, so ist der Verwerfungsbeschluß zurückzunehmen und die Revision für erledigt zu erklären (RGSt. 55 213). Dagegen ist ein Beschluß nach § 349 Abs. 2 nach jetzt vorherrschender Ansicht auch dann nicht zurücknehmbar, wenn er auf Tatsachenirrtum beruht (BGHSt. **17** 96; BGH MDR **1956** 52; OLG Braunschweig MDR **1950** 500; Kl 12; Müller-Sax 4d; EbSchmidt 11; Beling 257; Sarstedt 272; Woesner NJW **1960** 2131; **a. A.** RG JW **1927** 395 m. Anm. Drucker; RG Recht **1930** Nr. 754; OLG Köln NJW **1954** 692 für den Fall, daß keine Revision eingelegt war). Die Frage, ob der Beschluß wegen nachträglich erkannter sachlicher Unzuständigkeit zurückgenommen werden kann, ist unter 4 zu § 348 erörtert.

3. Wiedereinsetzung in den vorigen Stand mit dem Ziel, den Verwerfungsbeschluß nach § 349 Abs. 1 zu beseitigen, ist möglich (RGSt. 53 288; 67 199; Müller-Sax 4c; Sarstedt 272). Anders ist es bei Verwerfungsbeschlüssen nach § 349 Abs. 2. Wenn ein Verfahren durch eine im Revisionsrechtszug getroffene Sachentscheidung zum Abschluß gekommen ist, kann es nur im Wiederaufnahmeverfahren (§§ 359ff.) neu aufgerollt werden (BGHSt. **17** 94; **23** 102; BGH bei Dallinger MDR **1966** 728; Kl 12; **a. A.** Müller-Sax 4c). Ebensowenig wie die Wiedereinsetzung kommt die nachträgliche Gewährung rechtlichen Gehörs nach § 33a, sofern die Voraussetzungen dafür in dem Verfahren nach § 349 Abs. 2 überhaupt vorliegen können, in Betracht (offengelassen in BGHSt. **23** 102).

IV. Aufhebung des Urteils durch Beschluß (Absatz 4).

1. Sinn der Vorschrift. Auch diese Vorschrift dient der Verfahrensvereinfachung und der Entlastung der Revisionsgerichte. Eine ähnliche Regelung, die allerdings die *offensichtliche* Begründetheit der Revision voraussetzte, bestand aufgrund der Verordnung vom 13. 12. 1944, hat aber praktisch nur eine geringe Rolle gespielt (dazu Seibert MDR **1965**

266). Auch die Regelung des § 349 Abs. 4 hat in der Praxis keineswegs dieselbe Bedeutung gewonnen wie die Verwerfung offensichtlich unbegründeter Revisionen durch Beschluß. Sie führt jedoch in manchen Fällen, in denen die Urteilsaufhebung nur einer kurzen Begründung bedarf, zu einer schnellen und einfachen Erledigung der Revision.

2. **Zugunsten des Angeklagten** muß die Revision eingelegt sein. Das ist der Fall, wenn der Angeklagte selbst, der gesetzliche Vertreter, der Erziehungsberechtigte oder die Staatsanwaltschaft nach § 296 Abs. 2 zu seinen Gunsten Revision eingelegt haben. Die Aufhebung des Urteils durch Beschluß ist aber auch möglich, wenn die von der Staatsanwaltschaft zuungunsten des Angeklagten eingelegte Revision nach § 301 nur zu seinen Gunsten Erfolg hat. Denn auch in diesem Fall ist die Entscheidung durch Beschluß, da sie den Angeklagten nicht beschwert, unbedenklich (BGH bei Dallinger MDR **1969** 904; **a. A.** Kl 8 A; Müller-Sax 5; EbSchmidt Nachtr. 19; Dahs-Dahs 432).

3. **Einstimmige Annahme der Begründetheit** ist nach dem Gesetz die einzige Voraussetzung für die Aufhebung des Urteils durch Beschluß. Die Revision braucht *nicht offensichtlich* begründet zu sein (Kleinknecht 8 B und JZ **1965** 161; EbSchmidt Nachtr. 19; **a. A.** Creifelds JR **1965** 4), und es braucht kein schwerwiegender Verfahrensfehler oder sogar ein unbedingter Revisionsgrund (§ 338) zur Urteilsaufhebung zu zwingen. Auch eine Verletzung des sachlichen Rechts kann zur Aufhebung des Urteils durch Beschluß führen. Rechtlich möglich ist jede Urteilsaufhebung durch Beschluß, wenn nur Einstimmigkeit über das Ergebnis unter den Richtern besteht. In der Praxis wird die Vorschrift aber mit Recht zurückhaltend angewendet. Die Revisionsgerichte beschränken sich darauf, Urteile durch Beschluß aufzuheben, wenn eindeutige Fehler vorliegen, eine knappe Begründung ausreicht und schwierige Rechtsprobleme nicht erörtert zu werden brauchen. Es wäre aber zu engherzig, die Vorschrift nur anzuwenden, wenn der Erfolg der Revision offensichtlich ist oder auf einer ständigen Rechtsprechung beruht (so Peters 577).

Das Revisionsgericht kann bei der Urteilsaufhebung nach § 349 Abs. 4 *jede Entscheidung* treffen, die auf die Revision zulässig ist, insbesondere nach § 354 Abs. 1 selbst in der Sache entscheiden und in sinngemäßer Anwendung dieser Bestimmung den Schuldspruch berichtigen (I 7b zu § 354), wenn nur dies das Ziel der Revision war. Der Angeklagte kann auch durch Beschluß *freigesprochen* werden (OLG Hamburg NJW **1966** 1277; OLG Köln NJW **1966** 512; Müller-Sax 5; Kleinknecht JZ **1965** 161; **a. A.** Creifelds JR **1965** 4; Bedenken auch bei EbSchmidt Nachtr. 20). Dem läßt sich nicht entgegenhalten, der durch Urteil verurteilte Angeklagte habe einen Anspruch darauf, auch durch Urteil freigesprochen zu werden (so Seibert NJW **1966** 1064). Auch wegen Fehlens einer Prozeßvoraussetzung darf nach § 206a in der Rechtsmittelinstanz das Verfahren gegen den verurteilten Angeklagten durch Beschluß eingestellt werden. Es ist nicht einzusehen, weshalb der Fall des § 349 Abs. 4 anders behandelt werden müßte.

4. **Beschluß.** Der Beschluß setzt keinen entsprechenden Antrag der Staatsanwaltschaft voraus. Er kann auch ergehen, wenn die Staatsanwaltschaft beantragt, auf die Revision des Angeklagten nach § 349 Abs. 5 Termin anzuberaumen (Seibert NJW **1966** 1064). Jedoch muß das Revisionsgericht der Staatsanwaltschaft vor der Beschlußfassung Gelegenheit geben, zu der Revision Stellung zu nehmen. Sie hat Anspruch darauf, rechtlich gehört zu werden. Hat die Staatsanwaltschaft beantragt, die Revision nach § 349 Abs. 2 als offensichtlich unbegründet zu verwerfen, so ist das Revisionsgericht rechtlich nicht gehindert, nach § 349 Abs. 4 zu verfahren, wenn es dessen Voraussetzungen für gegeben erachtet. In einem solchen Fall ist aber eine Entscheidung durch Urteil unbedingt vorzuziehen (Seibert NJW **1966** 1064). Vom Gesetz ist nicht vorgesehen, daß die Staatsanwaltschaft bei dem Revisionsgericht den Antrag auf Aufhebung durch Beschluß stellt, ihn begründet und dem Beschwerdeführer mit der Begründung zur Kenntnis bringt, so daß das Revisionsgericht auf diese Gründe Bezug nehmen und eine eigene Begründung ersparen kann. Der Aufhebungsbeschluß ist von dem Revisionsgericht zu begründen, nicht von der Staatsanwaltschaft. Die Begründung unterscheidet sich nicht von der eines Revisionsurteils. Wegen der Bindungswirkung des § 358 Abs. 1 muß dem Tatrichter erläutert werden, welche Rechtsauffassung der Urteilsaufhebung zugrunde liegt. Aber auch wenn das Revisionsgericht in der Sache selbst entscheidet, hat es den Beschluß zu begründen.

Vielfach sind Revisionen, die zugunsten des Angeklagten eingelegt sind, teils offensichtlich unbegründet, teils nach einstimmiger Meinung des Revisionsgerichts begründet. Handelt es sich um trennbare Entscheidungsteile (5 zu § 318), so wird es überwiegend für zulässig gehalten, die Beschlüsse nach § 349 Abs. 2 und 4 zu verbinden (OLG Hamburg NJW **1965** 2417; JR **1967** 31 m. Anm. Sarstedt; Seibert MDR **1965** 266; NJW **1966** 1064). Davon sollte aber nur ausnahmsweise Gebrauch gemacht werden; Entscheidung durch Urteil dürfte regelmäßig vorzuziehen sein (so auch Dahs-Dahs 436).

§ 350

(1) Dem Angeklagten und dem Verteidiger sind Ort und Zeit der Hauptverhandlung mitzuteilen. Ist die Mitteilung an den Angeklagten nicht ausführbar, so genügt die Benachrichtigung des Verteidigers.

(2) Der Angeklagte kann in der Hauptverhandlung erscheinen oder sich durch einen mit schriftlicher Vollmacht versehenen Verteidiger vertreten lassen. Der Angeklagte, der nicht auf freiem Fuße ist, hat keinen Anspruch auf Anwesenheit.

(3) Hat der Angeklagte, der nicht auf freiem Fuße ist, keinen Verteidiger gewählt, so wird ihm, falls er zu der Hauptverhandlung nicht vorgeführt wird, auf seinen Antrag vom Vorsitzenden ein Verteidiger für die Hauptverhandlung bestellt. Der Antrag ist binnen einer Woche zu stellen, nachdem dem Angeklagten der Termin für die Hauptverhandlung unter Hinweis auf sein Recht, die Bestellung eines Verteidigers zu beantragen, mitgeteilt worden ist.

Entstehungsgeschichte: Nach der ursprünglichen Fassung der Vorschrift mußte der Verteidiger nur auf Verlangen des Angeklagten von der Revisionsverhandlung benachrichtigt werden. Die Absätze 1 und 2 haben ihre jetzige Fassung durch Art. 4 Nr. 38 des 3. StRÄndG erhalten. Absatz 3 ist durch Art. 9 Nr. 3 StPÄG eingefügt worden. Bezeichnung bis 1924: § 390.

Schrifttum: Kohlhaas, Pflichtverteidigung in der Revisionsinstanz? NJW **1951** 179; EbSchmidt, Revisionsverhandlung und Verteidigung, NJW **1967** 853; Seibert, Erste Erfahrungen mit dem Revisions-Verteidiger (§ 350 Abs. 3 StPO), NJW **1965** 1469.

1. Benachrichtigung von der Hauptverhandlung. Von Ort und Zeit der Hauptverhandlung über die Revision müssen alle Verfahrensbeteiligten benachrichtigt werden, der Angeklagte auch, wenn er nicht auf freiem Fuße ist. Neben dem gesetzlichen Vertreter (§ 298) ist auch der Angeklagte zu benachrichtigen; denn § 350 wird durch § 298 nur ergänzt. Da die Mitteilung an den Angeklagten, der nicht auf freiem Fuße ist und keinen Wahlverteidiger hat, die Antragsfrist nach § 350 Abs. 3 in Lauf setzt, ist sie ihm förmlich zuzustellen (unten 3). Sonst genügt, da keine Fristen in Lauf gesetzt werden, die formlose Übermittlung (RG HRR **1931** 1401; OLG Braunschweig GA **1955** 219 = NdsRpfl. **1955** 17; Müller-Sax 1; EbSchmidt Nachtr. 7). Dabei ist der Hinweis ratsam, daß auch bei Nichterscheinen zur Sache verhandelt werden kann. Die Benachrichtigung darf nach § 145a Abs. 1 dem Verteidiger übermittelt werden, auch wenn er nicht entsprechend bevollmächtigt ist; § 145a Abs. 3 gilt nicht, da es sich nicht um eine Ladung im eigentlichen Sinne handelt (Kl 2; EbSchmidt Nachtr. 7).

Wenn die Mitteilung an den Angeklagten *nicht ausführbar* ist, etwa weil er sich verborgen hält, genügt die Benachrichtigung des Verteidigers (§ 350 Abs. 1 Satz 2). Hat ein solcher Angeklagter keinen Verteidiger, so kann ihm die Benachrichtigung von der Hauptverhandlung nach § 40 Abs. 2 öffentlich zugestellt werden (BayObLGSt. **1952** 126; **1962** 84 = JR **1962** 309; Kl 2; Müller-Sax 1). § 277 gilt im Revisionsverfahren ebensowenig wie im Berufungsverfahren (RGSt. **65** 417; **66** 79). Dem Angeklagten kann die Benachrichtigung von der Revisionsverhandlung auch dann öffentlich zugestellt werden, wenn die Revision von der Staatsanwaltschaft eingelegt worden, dem Angeklagten aber die Revisionsschrift bereits persönlich zugestellt worden ist (BayObLGSt. **1962** 84 = JR **1962** 309). Wird die Revisionsverhandlung nicht nur zwecks Urteilsverkündung ausgesetzt und ist dies in Abwesenheit des Angeklagten, seines bevollmächtigten Vertreters oder Verteidigers geschehen, so ist die Benachrichtigung zu wiederholen.

Eine *Ladungsfrist* besteht nicht; §§ 217, 218 sind nicht anzuwenden (OLG Braunschweig GA **1955** 219 = NdsRpfl. **1955** 17; Kl 1; Müller-Sax 1; EbSchmidt 4). Rechtliches Gehör muß aber stets gewährt werden. Deshalb kann es in besonderen Fällen, z. B. wenn dem Verteidiger Gegenerklärungen, durch Freibeweis ermittelte Tatsachen oder Rechtsausführungen anderer Beteiligter mitgeteilt worden sind, erforderlich sein, die Revisionsverhandlung so anzusetzen, daß genügend Zeit zu ihrer Vorbereitung bleibt.

2. **Hauptverhandlung.** Die Hauptverhandlung im Revisionsverfahren ist als mündliche Verhandlung gestaltet. Die Staatsanwaltschaft, bei dem Bundesgerichtshof der Generalbundesanwalt, muß vertreten sein. Die Anwesenheit des Angeklagten und des Verteidigers ist aber ebensowenig notwendig wie die anderer Prozeßbeteiligter (Privat- und Nebenkläger, Einziehungsbeteiligte, gesetzliche Vertreter, Erziehungsberechtigte). Es genügt, daß sie von dem Termin benachrichtigt worden sind (Bedenken gegen diese gesetzliche Regelung erhebt EbSchmidt NJW **1967** 853). Rechtliche Nachteile wie in § 329 sind mit dem Ausbleiben des Angeklagten nicht verbunden. Mit Rücksicht auf diese Rechtslage gibt das Gesetz dem nicht auf freiem Fuße befindlichen Angeklagten keinen Anspruch auf Vorführung zur Hauptverhandlung (§ 350 Abs. 2 Satz 2), wobei es unerheblich ist, wo und in welcher Sache er inhaftiert oder untergebracht ist. Der Angeklagte hat keinen Anspruch auf Verlegung der Hauptverhandlung wegen Krankheit oder anderer Hinderungsgründe. Das gilt auch für den Verteidiger und die anderen Verfahrensbeteiligten. Das Erscheinen des auf freiem Fuße befindlichen Angeklagten kann nicht erzwungen werden. Es steht in seinem Belieben, ob er in der Hauptverhandlung anwesend sein will (BayObLGSt. **1952** 16). Er darf sich stets durch einen bevollmächtigten Verteidiger vertreten lassen (§ 350 Abs. 2 Satz 1). Das schließt jedoch nicht aus, nach § 236 das persönliche Erscheinen des Angeklagten anzuordnen, wenn das Revisionsgericht ihn im Wege des Freibeweises anhören will, um die Verfahrensvoraussetzungen festzustellen (OLG Koblenz NJW **1958** 2028; 2b zu § 236).

3. **Bestellung eines Pflichtverteidigers.** *Notwendige Verteidigung* nach § 140 Abs. 1 besteht für die Revisionsverhandlung nicht (BGHSt. **19** 259 = NJW **1964** 1035 m. Anm. Seydel; KG JR **1951** 217; Müller-Sax 2; Sarstedt 17; Kohlhaas NJW **1951** 179; a. A. OLG Hamburg MDR **1951** 183; NJW **1964** 418). Der von dem Tatrichter bestellte Pflichtverteidiger ist aber berechtigt, die Revision einzulegen und zu begründen; nur die Vertretung in der Revisionsverhandlung ist von seiner Bestellung ausgenommen (Näheres bei 10 zu § 141). Der § 350 Abs. 3 Satz 1 begründet ausnahmsweise auch für die Revisionsverhandlung eine notwendige Verteidigung. Daß ein unbemittelter Angeklagter in der Hauptverhandlung über die Revision ohne Verteidiger ist, bedeutet weder einen Verstoß gegen den Grundsatz des rechtlichen Gehörs noch gegen den Gleichheitsgrundsatz (BVerfG NJW **1965** 147 m. Anm. Ad. Arndt; Müller-Sax 2; vgl. aber EbSchmidt Nachtr. 3). Bei besonders schwieriger Rechtslage kann es nach § 140 Abs. 2, der auch für den Revisionsrechtszug gilt (BGHSt. **19** 260 = NJW **1964** 1035 m. Anm. Seydel; OLG Hamburg MDR **1951** 183; OLG Köln JMBlNRW **1964** 132) geboten sein, dem rechtsunkundigen Angeklagten entweder den bisherigen Pflichtverteidiger beizuordnen oder für die Revisionsverhandlung einen neuen Pflichtverteidiger zu bestellen (Müller-Sax 2). Die Voraussetzungen dafür werden jedoch selten vorliegen (Sarstedt 17, 282). Zuständig für die Beiordnung ist in diesem Fall der Vorsitzende des Revisionsgerichts (BGHSt. **19** 261; OLG Hamm NJW **1963** 1513; OLG Köln JMBlNRW **1964** 132).

Der Angeklagte, der nicht auf freiem Fuße ist und keinen Wahlverteidiger hat, kann nach § 350 Abs. 3 die Beiordnung eines Pflichtverteidigers für die Revisionsverhandlung verlangen, wenn der Vorsitzende des Revisionsgerichts die Vorführung zur Hauptverhandlung nicht veranlaßt. Ein *Anspruch auf die Bestellung des Pflichtverteidigers* besteht auch dann nur, wenn der Angeklagte sie binnen einer Woche beantragt, nachdem ihm der Termin für die Hauptverhandlung unter Hinweis auf sein Antragsrecht mitgeteilt worden ist. Die Mitteilung ist dem Angeklagten förmlich zuzustellen (Müller-Sax 3; EbSchmidt Nachtr. 8). Die Beiordnung ist Sache des Vorsitzenden des Revisionsgerichts (§ 350 Abs. 3 Satz 1). Die Auswahl des Verteidigers steht in seinem pflichtgemäßen Ermessen; den Wünschen des Angeklagten braucht nicht entsprochen zu werden (Kl 4). Den bisherigen

Pflichtverteidiger braucht der Vorsitzende nicht zu bestellen (Kleinknecht JZ 1965 161); es kann sogar angezeigt sein, einen anderen Pflichtverteidiger beizuordnen (BGHSt. 19 261). Bleibt der bestellte Verteidiger aus, der zum Erscheinen verpflichtet ist (BGHSt. 19 263), so muß die Revisionsverhandlung ausgesetzt und notfalls ein anderer Verteidiger beigeordnet werden (EbSchmidt Nachtr. 6; Seibert NJW 1965 1469; a. A. Kl 3, der das Gegenteil aus § 350 Abs. 2 folgert). Gelangt der Angeklagte vor der Revisionsverhandlung auf freien Fuß, so ist die Beiordnung des Pflichtverteidigers zurückzunehmen. Das Gesetz sieht das zwar nicht ausdrücklich vor. Es leuchtet aber nicht ein, daß es bei der Verteidigerbestellung bleiben muß, obwohl der Angeklagte nicht mehr gehindert ist, an der Revisionsverhandlung teilzunehmen. Entschließt sich der Angeklagte, der zunächst den Antrag nach § 350 Abs. 3 gestellt hatte, einen Wahlverteidiger zu beauftragen, so gilt § 143.

4. Wiedereinsetzung. Da die Hauptverhandlung vor dem Revisionsgericht ohne den Angeklagten stattfinden kann, kommt es auf dessen Verhinderung nicht an. Bei Versäumung der Hauptverhandlung kann er daher nicht in sinngemäßer Anwendung des § 235 Wiedereinsetzung beantragen (RG HRR **1931** 1401; RG Recht **1922** Nr. 354; OLG Kiel MDR **1950** 303; OLG Köln JMBlNRW **1957** 154; Müller-Sax 4; EbSchmidt Nachtr. 11). Für den Fall, daß die in § 350 Abs. 1 vorgeschriebene Mitteilung über Ort und Zeit der Hauptverhandlung bei einem Prozeßbeteiligten unterblieben oder daß sie unrichtig gewesen ist, wird die Ansicht vertreten, auf Antrag sei entsprechend § 235 Wiedereinsetzung zu gewähren, weil das zwingende Mitteilungserfordernis sonst zur leeren Form würde (OLG Celle HESt. 3 79 = NdsRpfl. **1948** 179; OLG Koblenz MDR **1970** 66; Müller-Sax 4; EbSchmidt Nachtr. 11; Dahs-Dahs 438; vgl. auch OLG Koblenz DRiZ **1966** 239). Dem kann nicht gefolgt werden. Die rechtskräftige Sachentscheidung des Revisionsgerichts heilt alle Verfahrensmängel, auch diejenigen, die dem Revisionsgericht unterlaufen sind (im Ergebnis ebenso OLG Kiel MDR **1950** 303; OLG Köln JMBlNRW **1957** 154; Kl 5; s. a. BGHSt. **17** 97; **23** 102). Die abweichende Ansicht von Jagusch in der Vorauflage dieses Kommentars wird nicht aufrechterhalten. Wiedereinsetzung kann demgemäß auch der Angeklagte nicht verlangen, der, obwohl er keinen Verteidiger hatte, nicht auf sein Recht nach § 350 Abs. 3 hingewiesen und zur Hauptverhandlung auch nicht vorgeführt worden ist (anders Müller-Sax 4; EbSchmidt Nachtr. 11). Daß der Nebenkläger keinen Anspruch auf Wiedereinsetzung hat, ist unbestritten (OLG Koblenz DRiZ **1966** 239).

§ 351

(1) Die Hauptverhandlung beginnt mit dem Vortrag eines Berichterstatters.

(2) Hierauf werden die Staatsanwaltschaft sowie der Angeklagte und sein Verteidiger mit ihren Ausführungen und Anträgen, und zwar der Beschwerdeführer zuerst, gehört. Dem Angeklagten gebührt das letzte Wort.

Bezeichnung bis 1924: § 391.

1. Hauptverhandlung. Über die Notwendigkeit und Nützlichkeit der mündlichen Revisionsverhandlung sind die Meinungen geteilt (vgl. Less SJZ **1950** 68 und gegen ihn Hartung DRZ **1950** 220; Kraemer SJZ **1950** 333; Wimmer NJW **1950** 201; s. a. Jagusch NJW **1960** 73). Der Gesetzgeber hat das Revisionsverfahren zwar als mündliches Verfahren ausgestaltet. Es hat aber der Sache nach einen starken Einschlag von Schriftlichkeit, der auch in einigen Vorschriften über das Revisionsverfahren (vor allem §§ 346, 349, 350) zum Ausdruck kommt. Nach den Motiven zur Strafprozeßordnung ist das Verfahren in der Revisionsinstanz wesentlich ein solches, „bei welchem der Stoff für die richterliche Entscheidung in Schriftsätzen niedergelegt und darum die mündliche Verhandlung der Beschwerdepunkte vor dem erkennenden Gericht nebensächlich ist" (Hahn. Materialien 3 254). Das entspricht auch heute noch der Rechtswirklichkeit (vgl. insbesondere Jagusch NJW **1960** 73). Sehr häufig beschränkt sich die Tätigkeit des Verteidigers in der Revisionsverhandlung darauf, seine schriftliche Revisionsrechtfertigung mündlich vorzutragen, und wenn der Angeklagte selbst das Wort nimmt, beziehen sich seine Ausführungen, da er das Revisionsrecht nicht kennt, fast immer auf Tatsächliches (vgl. Jagusch NJW 1959 269: „. . . schwer erträgliche Peinlichkeit") und können deshalb für die Entscheidung nicht berücksichtigt werden. Das wirft die Frage auf, ob ein schriftliches Verfahren nicht ein vollwertiger Ersatz für *derartige* mündliche Verhandlungen wäre. Daß die Revisionsgerichte, wo immer es sich rechtlich vertreten läßt, von der Möglichkeit der Beschlußentscheidung nach § 349 Gebrauch machen, ist nicht verwunderlich. Eine *Reform* des Revisionsrechts sollte das berücksichtigen und die mündliche Verhandlung nur für den Fall vorsehen, daß ein Verfahrensbeteiligter sie ausdrücklich beantragt. Sie wäre dann auf den nach derzeitigen Erfahrungen nicht eben häufigen Fall beschränkt, daß ein Verteidiger oder der Prozeßbevollmächtigte eines anderen Verfahrensbeteiligten über sein schriftliches Revisionsvorbringen hinaus versuchen möchte, das Revisionsgericht von der Fehlerhaftigkeit des angefochtenen Urteils oder des Verfahrens, in dem es zustande gekommen ist, zu überzeugen.

2. **Vortrag des Berichterstatters.** Für die Revisionsverhandlung finden die Vorschriften sinngemäß Anwendung, die für erstinstanzliche Hauptverhandlungen gelten. Das Gesetz sagt hierüber weiter nichts, sondern beschränkt sich auf die Regelung des Vortrages des Berichterstatters und der Ausführungen der Beteiligten. Aus § 351 Abs. 1 ergibt sich, daß der Vorsitzende einen Berichterstatter aus dem Kreis der mitwirkenden Richter zu bestellen hat. Er kann die Berichterstattung aber auch selbst übernehmen. Der Vortrag, den der Berichterstatter in der Hauptverhandlung zu halten hat, muß alles enthalten, was für die Entscheidung des Revisionsgerichts tatsächlich und rechtlich von Bedeutung sein kann. Als Beratungsgrundlage ist der Vortrag nicht auf die Ansicht des Berichterstatters beschränkt. Vielmehr muß er allen mitwirkenden Richtern ein vollständiges Bild des Sach- und Streitstandes geben. Er enthält, sofern es hierauf ankommt, den Inhalt des angefochtenen Urteils, soweit Revision eingelegt ist, Ist der Umfang des Rechtsmittels zweifelhaft, so hat der Vortragende darauf Rücksicht zu nehmen. Ferner wird das Revisionsvorbringen zu den Verfahrensrügen vorgetragen, soweit es nicht etwa offensichtlich unzulässig ist (bloße Tatsachenangriffe). Der Vortrag muß sowohl den Inhalt der rechtzeitig erhobenen Verfahrensrügen als auch den der dazu gehörenden Verfahrensvorgänge mitteilen, auch solcher, die das Revisionsgericht durch Freibeweis ermittelt hat. Soweit erforderlich, werden die einschlägigen Teile der Sitzungsniederschrift bekanntgegeben. Kommt es auf die Prüfung von Verfahrensvoraussetzungen an, so hat der Vortrag auch hierüber Auskunft zu geben. Die Revisionsausführungen zur Sachrüge mitzuteilen, wird üblicherweise dem Revisionsführer überlassen.

Bei den Oberlandesgerichten, bei denen nur drei Richter an der Verhandlung mitwirken (§ 122 Abs. 1 GVG), kommt es häufig vor, daß das ganze Gericht das angefochtene Urteil und das Revisionsvorbringen aus den Akten kennt. Der Vortrag des Berichterstatters kann sich dann darauf beschränken, den Inhalt des Urteils und der Revisionsrechtfertigungsschrift in knapper Weise darzulegen (Dahs-Dahs 441).

3. **Beweisaufnahme.** Obwohl das Gesetz dies nicht vorsieht, ist es dem Revisionsgericht nicht verwehrt, in der Revisionsverhandlung im Wege des Freibeweises Tatsachen festzustellen. Dabei handelt es sich nie um Tatsachen, die für die sachliche Rechtsanwendung von Bedeutung sind. In Betracht kommt nur die Aufklärung tatsächlicher Umstände, von denen das Vorliegen der Verfahrensvoraussetzungen und von der Revision behaupteter Verfahrensfehler abhängt. Hierzu kann das Revisionsgericht in der Revisionsverhandlung Zeugen und Sachverständige uneidlich vernehmen (vgl. dazu Kl 2; Dahs-Dahs 445; Peters 578; IV 2b zu § 337). Das Revisionsgericht kann auch das persönliche Erscheinen des Angeklagten anordnen, um ihn in der Verhandlung zu Verfahrensvoraussetzungen zu befragen (OLG Koblenz NJW **1958** 2028).

4. **Ausführungen der Beteiligten.** Wie § 326 enthält auch § 351 eine bloße Ordnungsvorschrift (RGSt. 64 134). Der Beschwerdeführer ist regelmäßig deshalb zuerst zu hören, weil sein Vortrag darüber Auskunft gibt, inwieweit er das Rechtsmittel aufrechterhält und wodurch er sich besonders beschwert fühlt. Jedoch kann es zweckmäßig sein, daß der Beschwerdeführer vorher die Ansicht der Staatsanwaltschaft kennenlernt, um sie bei seinen

Ausführungen zu berücksichtigen. Der Bitte des Verteidigers, erst nach dem Sitzungsvertreter der Staatsanwaltschaft zu Worte kommen zu dürfen, wird daher stets zu entsprechen sein.

Wieweit der Vorsitzende (auch die Beisitzer) mit Staatsanwalt und Verteidiger die Rechtsfragen erörtert, auf die es ankommt, richtet sich nach dem Einzelfall. Ist ersichtlich, daß der Verteidiger die Rechtsfragen, um die es geht, gar nicht erkannt hat, wird der Vorsitzende verpflichtet sein, ein „Rechtsgespräch" wenigstens zu versuchen (dazu Sarstedt 295; Jagusch NJW **1959** 268; Dahs-Dahs 444, die mit Recht meinen, daß mehr Rechtsgespräche stattfinden würden, wenn die Revisionsrichter nicht allzu häufig Grund zur Resignation hätten).

Ob der Angeklagte immer das *letzte Wort* haben muß oder ob § 351 Abs. 2 auch insoweit eine Ordnungsvorschrift ist, erscheint zweifelhaft (RGSt. **64** 134 hält die Vorschrift insoweit anscheinend für zwingend; ebenso Kl 1 und wohl auch Müller-Sax 3). Da die Revisionsverhandlung auch stattfinden darf, wenn der Angeklagte nicht erschienen ist (§ 350 Abs. 2). wird man es für unschädlich halten müssen, wenn dem Angeklagten versehentlich oder absichtlich das letzte Wort versagt wird. Ebensowenig kommt es darauf an, ob der erschienene Angeklagte verhandlungsfähig ist. Anders ist es, wenn er nicht nur zeitweilig verhandlungsunfähig ist, sondern wenn im Revisionsverfahren das von Amts wegen zu beachtende Prozeßhindernis seiner dauernden Verhandlungsunfähigkeit eingetreten ist. Dann darf überhaupt keine Revisionsverhandlung stattfinden, sondern das Verfahren muß nach § 206a eingestellt werden (anders sind wohl auch die Entscheidungen RGSt. **29** 327; RG HRR **1936** 1477 nicht zu verstehen; vgl. auch Einleitung 121).

5. **Sitzungsprotokoll.** Das Gesetz enthält keine besondere Vorschrift über das Protokoll der Revisionsverhandlung. Die §§ 271 ff. sind daher anzuwenden; denn daß eine Sitzungsniederschrift hergestellt werden muß, versteht sich von selbst. Die Fertigstellung des Protokolls braucht entgegen § 271 Abs. 1 Satz 2 nicht vermerkt zu werden. Diese Vorschrift hat nur Sinn, wenn das Urteil angefochten werden kann (vgl. 9 zu § 273).

6. **Beratung. Abstimmung.** Für die Beratung des Revisionsgerichts gelten die §§ 192 ff. GVG. Das Revisionsgericht entscheidet mit der absoluten Mehrheit der Stimmen (§ 196 Abs. 1 GVG). Eine Zweidrittelmehrheit nach § 263 Abs. 1 ist nicht erforderlich, wenn das Revisionsgericht das Urteil aufhebt und die Sache an die Vorinstanz zurückverweist (§ 354 Abs. 2). Dies gilt aber auch, wenn das Revisionsgericht in der Sache selbst entscheidet; denn auch dann entscheidet es nur über Rechtsfragen (Kl 1; a. A. Müller-Sax 1; Eb. Schmidt 11; alle zu § 263; s. a. 2 zu § 263).

§ 352

(1) Der Prüfung des Revisionsgerichts unterliegen nur die gestellten Revisionsanträge und, soweit die Revision auf Mängel des Verfahrens gestützt wird, nur die Tatsachen, die bei Anbringung der Revisionsanträge bezeichnet worden sind.

(2) Eine weitere Begründung der Revisionsanträge als die im § 344 Abs. 2 vorgeschriebene ist nicht erforderlich und, wenn sie unrichtig ist, unschädlich.

Bezeichnung bis 1924: § 392.

Schrifttum: Jagusch, Zum Zusammentreffen mehrerer Revisionsrügen, NJW 1962 1417; Hellm. Mayer, Hilfsweise eingelegte Prozeßrügen? Festschrift für EbSchmidt (1961) 634; Ottow, Zur Revision wegen Nichtanwendung sachlichen Strafrechts, NJW 1957 1059; Roesen, Verfahrensrüge und Sachentscheidung, NJW **1960** 1096; Sarstedt, Konkurrenz von Revisionsrügen, Festschrift für Hellm. Mayer (1966) 529.

1. **Prüfung durch das Revisionsgericht.** Die Vorschrift äußert sich nur unzulänglich darüber, was das Revisionsgericht im einzelnen zu prüfen hat. Gegenstand der Prüfung ist, außer den dem Urteil vorausgegangenen verfahrensrechtlichen Entscheidungen, das

angefochtene Urteil des Tatrichters. Handelt es sich um ein Berufungsurteil, so ist nur dieses zu prüfen, nicht auch das Urteil des Amtsgerichts. Bei einer in zulässiger Weise auf bestimmte Beschwerdepunkte beschränkten Revision geht die Prüfung über diese noch nicht rechtskräftigen Urteilsteile nicht hinaus (s. aber unten 3 für Verfahrensvoraussetzungen).

2. **Zulässigkeit der Revision.** Insoweit hat bereits eine Vorprüfung nach § 346 durch das Gericht stattgefunden, dessen Urteil angefochten ist. Seine Entscheidungsbefugnis ist jedoch beschränkt (I 2 zu § 346). Erst das Revisionsgericht prüft die Zulässigkeit der Revision unter jedem rechtlichen Gesichtspunkt (I 2 zu § 349). Es stellt zunächst fest, ob die Revision etwa gesetzlich ausgeschlossen ist (§ 441 Abs. 3 Satz 2, § 55 Abs. 2 JGG), prüft sodann, ob der Revisionsführer zur Einlegung des Rechtsmittels ermächtigt ist (hat ein Nebenkläger es eingelegt, so ist dessen Anschlußbefugnis zu prüfen; vgl. 31 zu § 336), und, wenn das der Fall ist, ob es in gesetzlicher Frist eingelegt (§ 341) und frist- und formgerecht begründet worden ist (§§ 344, 345).

3. **Verfahrensvoraussetzungen** prüft das Revisionsgericht von Amts wegen, auch wenn das angefochtene Urteil bereits teilweise rechtskräftig ist (III 1 zu § 337). Ist ein Berufungsurteil mit der Revision angefochten, so muß die Zulässigkeit der Berufung und, wenn dieses Rechtsmittel beschränkt eingelegt war, die Zulässigkeit ihrer Beschränkung geprüft werden. Denn zu den Voraussetzungen des Revisionsverfahrens gehört insbesondere, daß das Verfahren in dem Umfang, in dem es der revisionsrechtlichen Nachprüfung unterliegt, noch nicht rechtskräftig abgeschlossen ist (III 3i zu § 337). Die einzelnen Verfahrensvoraussetzungen, die das Revisionsgericht ohne entsprechende Rüge zu prüfen hat, sind bei III 3 zu § 337 erörtert; dort ist auch angegeben, wie das Revisionsgericht beim Fehlen der Verfahrensvoraussetzungen zu entscheiden hat.

4. **Verfahrensmängel.** Der Beschwerdeführer muß Verfahrensverstöße unter Angabe der den Mangel enthaltenden Tatsachen rügen (§ 344 Abs. 2 Satz 2). Andere Tatsachen darf das Revisionsgericht nicht berücksichtigen (§ 352 Abs. 1). Auf die Tatsachen, die der Beschwerdeführer bei Anbringung der Revisionsanträge bezeichnet hat, ist die Prüfung aber, entgegen dem mißverständlichen Wortlaut der Vorschrift, nicht beschränkt. Der Beschwerdeführer kann, auch wenn er die Revisionsanträge (§ 344 Abs. 1) bereits angebracht hat, weitere Verfahrensrügen innerhalb der Revisionsbegründungsfrist des § 345 Abs. 1 erheben und dementsprechend auch für bereits erhobene Verfahrensrügen neue Tatsachen innerhalb dieser Frist nachschieben (Müller-Sax 16 zu § 344). Unbeachtlich ist nur ein auf Verfahrensrügen bezogenes Revisionsvorbringen, das nach Ablauf dieser Frist bei Gericht eingeht (OLG Dresden JW 1931 241), etwa die Auswechselung der Tatsachenbehauptungen, auf die eine Verfahrensrüge gestützt ist (BGHSt. 17 339). Rechtsausführungen zu Verfahrensrügen sind auch nach Ablauf der Begründungsfrist zulässig. Wiedereinsetzung in den vorigen Stand zur Nachholung einzelner Verfahrensrügen gewähren die Revisionsgerichte grundsätzlich nicht (4 zu § 44; s. a. II 3e zu § 345).

Die Verfahrensrügen werden zunächst darauf geprüft, ob die ihnen zugrunde liegenden *Tatsachenbehauptungen* überhaupt geeignet sind, einen Verfahrensverstoß zu begründen. Dabei ist die Prüfung nicht auf diejenigen *rechtlichen* Gesichtspunkte beschränkt, auf die sich die Revision stützt. Das Revisionsgericht prüft unter allen vom Gesetz hierfür vorgesehenen Gesichtspunkten, ob die behaupteten Tatsachen einen Verfahrensverstoß begründen. Nur wenn der Tatsachenvortrag einen Verfahrensverstoß schlüssig aufzeigt, darf das Revisionsgericht in die Prüfung der Frage eintreten, ob das Tatsachenvorbringen zutrifft (BGHSt. 17 353; BGH NJW 1953 836; Kl 5 C zu § 344). Den Beschwerdeführer trifft dabei keine Beweislast (Müller-Sax 4d; Dahs-Dahs 365; Sarstedt 135). Jedoch gehen Zweifel an der Richtigkeit der den Verfahrensverstoß begründenden Tatsachen zu seinen Lasten; der Grundsatz *in dubio pro reo* gilt nicht (dazu im einzelnen IV 2 zu § 337). Stellt sich heraus, daß Tatsachenbehauptungen unrichtig sind, die der Beschwerdeführer aufgestellt hat, obwohl sie nach § 344 Abs. 2 zur Begründung der Verfahrensrüge nicht erforderlich waren, so ist das unschädlich (§ 352 Abs. 2).

Erweist sich, daß eine Tatsachenbehauptung zur Begründung einer Verfahrensrüge nicht geeignet ist, oder läßt sich die Tatsache nicht beweisen, so bleibt die Rüge erfolglos.

Die Berechtigung einer Verfahrensbeschwerde darf immer nur in Richtung auf das tatsächliche Vorbringen der Revision geprüft werden. Einer nicht genügend belegten Verfahrensrüge darf deshalb nicht dadurch zum Erfolg verholfen werden, daß das Revisionsgericht anstelle der von der Revision zur Begründung angeführten Tatsachen andere, von ihr nicht behauptete, heranzieht (BGH NJW **1951** 283; OLG Hamm NJW **1972** 1096). So darf das Revisionsgericht, wenn mit der Revision das Fehlen eines eingehend begründeten Beschlusses über die Nichtbeeidigung eines Zeugen gerügt wird, nicht prüfen, ob die Bestimmung des § 60 Nr. 2 auf den Zeugen rechtsfehlerhaft angewendet worden ist (BGH bei Dallinger MDR **1951** 406). Die Rüge, die Vereidigung sei zu Unrecht unterlassen worden, schließt nicht die Rüge ein, über die Nichtvereidigung sei entgegen einem Antrag in der Verhandlung nicht entschieden worden (OLG Hamburg NJW **1953** 434) oder sie sei nicht ordnungsmäßig begründet worden (BayObLGSt. **1957** 247 = GA **1958** 307). Wenn gerügt wird, ein Antrag sei ohne Begründung abgelehnt worden, prüft das Revisionsgericht auch sonst nicht, ob die — entgegen dem Revisionsvorbringen vorhandenen — Gründe rechtsfehlerhaft sind (Sarstedt 120). Trägt die Revision zur Begründung der Rüge der Verletzung des § 412 vor, das Nichterscheinen des Verteidigers sei entschuldigt gewesen, so befaßt sich das Revisionsgericht nicht mit der Frage, ob der Tatrichter den Angeklagten selbst als unentschuldigt ausgeblieben behandeln durfte (OLG Hamburg NJW **1965** 315). Der Bundesgerichtshof hält eine Umdeutung der Rüge, ein gegen den Sachverständigen gerichtetes Ablehnungsgesuch sei zu Unrecht verworfen worden, auch bei Fehlen einer Begründung des Gerichtsbeschlusses nicht für zulässig. Er verlangt von dem Revisionsführer in einem solchen Fall, daß er nicht Verletzung des § 74, sondern des § 34 rügt und in tatsächlicher Hinsicht das Fehlen der Beschlußbegründung behauptet (BGH MDR **1951** 372 m. Anm. Dahs sen.; dazu auch Dallinger MDR **1951** 406).

Verfahrensrügen darf der Beschwerdeführer vor der Entscheidung *zurücknehmen* (BayObLGSt. **1958** 299 = MDR **1959** 144). Das Revisionsgericht hat über sie dann nicht mehr zu entscheiden. Der Verteidiger braucht für die Erklärung der Zurücknahme keine besondere Ermächtigung; § 302 Abs. 2 gilt nicht (Müller-Sax 2c zu § 344).

5. Sachrüge. Die Sachrüge führt, wenn die Revision nicht in zulässiger Weise beschränkt ist (I 2b zu § 344) zur Prüfung des Urteils in sachlichrechtlicher Hinsicht in vollem Umfang (BGHSt. **1** 46; RGSt. **16** 420; **48** 339; **69** 20). Sie braucht nicht näher ausgeführt zu werden. Unrichtige Ausführungen sind unschädlich. Zu berücksichtigen ist jedes Vorbringen bis zur Revisionsentscheidung; bis dahin ist die Ergänzung der Ausführungen zur Sachrüge ohne weiteres möglich (Kl 4 zu § 344). Vgl. im übrigen II 5 zu § 344. Die Nebenentscheidungen über die Kosten des Verfahrens und die notwendigen Auslagen sowie über die Entschädigung für Strafverfolgungsmaßnahmen werden nach herrschender Auffassung auf die Sachrüge nicht geprüft (II 2c zu § 344).

6. Zusammentreffen mehrerer Rügen. Das Gesetz sagt nichts darüber, in welcher Reihenfolge das Revisionsgericht die Revisionsrügen prüfen muß. Sicher ist, daß es zunächst die Verfahrensvoraussetzungen feststellen muß, gleichgültig, ob der Beschwerdeführer insoweit Rügen erhoben hat (BGHSt. **9** 104). Wenn die Revision verworfen wird, muß dieser Entscheidung außer der Prüfung der Verfahrensvoraussetzungen die Prüfung sämtlicher Revisionsrügen vorausgegangen sein. Zweifel können daher nur für den Fall entstehen, daß das Urteil ganz oder teilweise aufzuheben ist.

Der Beschwerdeführer hat keinen Anspruch darauf, daß seine sämtlichen Revisionsrügen beschieden werden. Das Revisionsgericht ist verpflichtet, ein unter Verfahrensverstößen zustande gekommenes oder sachlichrechtlich fehlerhaftes Urteil aufzuheben, muß dazu aber nicht das gesamte Revisionsvorbringen prüfen, wenn schon ein Teil davon ein für den Revisionsführer günstiges Ergebnis hat. Das gilt insbesondere für Verfahrensrügen. Greift eine von ihnen durch, so kann das Revisionsgericht dahinstehen lassen, ob auch die übrigen begründet sind (Kl 2 B; Sarstedt 103); die abweichende Ansicht von Jagusch in der Vorauflage dieses Kommentars wird nicht aufrechterhalten. Bei der Revisionsentscheidung muß den unbedingten Revisionsgründen (§ 338) nicht der Vorzug gegeben werden. Werfen die hierzu erhobenen Rügen schwierige Rechtsfragen auf, so kann sich das Revisionsgericht damit begnügen, das Urteil auf eine andere Verfahrensrüge aufzuheben. Dem Beschwerdeführer steht keine Verfügung über die Reihenfolge zu, in der seine Rügen geprüft werden (Sarstedt, Festschrift für Hellm. Mayer, 522).

Der Beschwerdeführer hat auch keinen Anspruch darauf, daß über die *Sachrüge* entschieden wird, wenn schon eine Verfahrensrüge zur Aufhebung des Urteils und zur Zurückverweisung an die Vorinstanz führt. Das Revisionsgericht ist nicht verpflichtet, in einem solchen Fall nur deshalb über die Sachrüge zu entscheiden, weil das untere Gericht hierdurch nach § 358 Abs. 1 an die Rechtsansicht des Revisionsgerichts gebunden wird (anders Jagusch NJW **1962** 1419 und in der Vorauflage dieses Kommentars). Allerdings wäre es unzweckmäßig und prozeßunwirtschaftlich, Fehler in dem Urteil unerörtert zu lassen, wenn damit zu rechnen ist, daß der Tatrichter sie bei der neuen Entscheidung wiederholt. Die Rechtspraxis geht deshalb dahin, in solchen Fällen die Sachrüge zwar nicht ausdrücklich zu bescheiden, in das Revisionsurteil aber einen Hinweis für die neue Entscheidung des Tatrichters aufzunehmen. Damit ist sowohl den Interessen des Revisionsführers als auch den Belangen einer zügigen Strafrechtspflege gedient.

Wenn das Revisionsgericht bei begründeter Verfahrensrüge über die zugleich erhobene Sachrüge nicht zu entscheiden braucht, bedeutet das nicht, daß es sie nicht prüfen muß. Denn wenn die Sachrüge zur *Freisprechung* des Angeklagten führen muß, wäre es überflüssig, das Urteil auf eine Verfahrensrüge aufzuheben und die Sache an die Vorinstanz zurückzuverweisen. In einem solchen Fall können die Verfahrensrügen unerörtert bleiben, und das Revisionsgericht kann den Angeklagten ohne Rücksicht auf ihre Begründetheit freisprechen (BGHSt. 17 253 = JR **1962** 387 m. Anm. EbSchmidt; Müller-Sax 4c; EbSchmidt Nachtr. 4; Jagusch NJW **1962** 1418; Peters 580; Roesen NJW **1960** 1096; Sarstedt 103; **a. A.** Beling 422; Hellm. Mayer in Festschrift für EbSchmidt 634). Des Umweges über die Zurücknahme der Verfahrensrügen bedarf es nicht.

Darüber, daß das Revisionsgericht das Verfahren nicht wegen eines Prozeßhindernisses einstellen darf, sondern den Angeklagten freisprechen muß, wenn der Sachverhalt diese Entscheidung ohne weiteres rechtfertigt, vgl. bei 9a zu § 260; I 3 zu § 354; ausführlich auch Einleitung 92.

§ 353

(1) Soweit die Revision für begründet erachtet wird, ist das angefochtene Urteil aufzuheben.

(2) Gleichzeitig sind die dem Urteil zugrunde liegenden Feststellungen aufzuheben, sofern sie durch die Gesetzesverletzung betroffen werden, wegen deren das Urteil aufgehoben wird.

Bezeichnung bis 1924: § 393.

Schrifttum: Bruns, Teilrechtskraft und innerprozessuale Bindungswirkung des Strafurteils (1961) 144ff.; Grünwald, Die Teilrechtskraft im Strafverfahren (1964) 100ff.; Seibert, Zur Mitaufhebung der Feststellungen (§ 353 Abs. 2 StPO), NJW **1958** 1076.

I. Entscheidung des Revisionsgerichts.

1. Verwerfung der Revision. Von den mehreren Entscheidungsmöglichkeiten des Revisionsgerichts regelt das Gesetz des Näheren nur die Urteilsaufhebung bei begründeter Revision. Daß unzulässige und unbegründete Revisionen zu verwerfen sind, ergibt sich aus § 349. Die Verwerfung erfolgt entweder durch Beschluß, bei unbegründeter Revision unter der Voraussetzung, daß sie offensichtlich unbegründet ist (§ 349 Abs. 2), oder durch Urteil (§ 349 Abs. 5). Da Revisionen teils begründet, teils unzulässig oder unbegründet sein können, hat das Revisionsgericht auch die Möglichkeit, das Urteil teilweise aufzuheben und die weitergehende Revision zu verwerfen. Bei der Verwerfung können offensichtliche Fehler des Urteilsausspruchs berichtigt werden (I 7a zu § 354). Gleichzeitig mit dem auf Verwerfung der Revision lautenden Urteil muß das Revisionsgericht, jedoch durch besonderen Beschluß, über Beschwerden nach § 305a (dazu 5c zu § 305a) und über sofortige Beschwerden nach § 464 Abs. 3 Satz 1 (dazu VII zu § 464), § 8 Abs. 3 StrEG (dazu Schätzler 18 zu § 8 StrEG) entscheiden.

2. Einstellung des Verfahrens nach §§ 153ff. Das Revisionsgericht kann, ohne ausdrückliche Urteilsaufhebung (anders EbSchmidt 10), das Verfahren durch Einstellungsbeschluß nach §§ 153 Abs. 3, 154 Abs. 2 erledigen (RGSt. 73 400; Müller-Sax 2; EbSchmidt 10). Dabei ist es an die tatsächlichen Feststellungen des angefochtenen Urteils gebunden (OLG Bremen NJW **1951** 326). Einzelne abtrennbare Teile einer Tat oder einzelne von mehreren Gesetzesverletzungen können noch im Revisionsverfahren nach § 154a Abs. 2 ausgeschieden werden (BGH bei Dallinger MDR **1966** 383, 559; Kl 10 A zu § 354). Antrags- und zustimmungsberechtigt ist der Generalbundesanwalt, wenn die Entscheidung von dem Bundesgerichtshof getroffen werden soll (EbSchmidt Nachtr. 2 zu § 352; Sarstedt 266). Die Anwendung der §§ 154, 154a muß nicht stets dazu führen, daß das Urteil im Strafausspruch aufgehoben wird (KG VRS 31 275; Dallinger MDR **1966** 797 mit Beispielen aus der Praxis des Bundesgerichtshofs).

II. Aufhebung des Urteils (Absatz 1).

1. Allgemeines. Die Aufhebung des Urteils ist erforderlich, wenn und soweit die Revision begründet ist. Sie ist begründet, wenn eine von Amts wegen zu prüfende Verfahrensvoraussetzung fehlt oder wenn das Urteil auf einem verfahrens- oder sachlichrechtlichen Fehler beruht (§ 337), den die Revision in zulässiger Weise (§§ 344, 345) gerügt hat. Mit der Aufhebung des Urteils sind die weiteren Entscheidungen des Revisionsgericht nach §§ 354ff. zu verbinden, regelmäßig also die Zurückverweisung an die Vorinstanz, an ein Gericht niederer Ordnung, wenn die Voraussetzungen des § 354 Abs. 3 vorliegen, oder an das zuständige Gericht nach § 355. In Ausnahmefällen kann das Revisionsgericht nach § 354 Abs. 1 in der Sache selbst entscheiden, also auf Freisprechung, Einstellung oder Verurteilung zu der gesetzlichen Mindeststrafe erkennen, von Strafe absehen oder in sinngemäßer Anwendung der Vorschrift (I 7b zu § 354) den Schuldspruch berichtigen. Nach § 357 kann sich die Urteilsaufhebung auf Mitangeklagte erstrecken, die keine Revision eingelegt haben. Die Entscheidungen über die Kosten und notwendigen Auslagen nach § 464 Abs. 1 und 2 und über die Entschädigung für Strafverfolgungsmaßnahmen nach §§ 2ff. StrEG werden nach herrschender Ansicht auch von einer in vollem Umfang eingelegten Revision nicht angefochten (vgl. I 2c zu § 344). Gleichwohl sind sie mitaufzuheben, wenn das Urteil aufgehoben wird (BayObLGSt. 1972 7 = VRS **43** 282; weitere Nachweise V 2 zu § 464).

2. Teilaufhebung. Haben mehrere Angeklagte Revision eingelegt, so ist über jedes Rechtsmittel selbständig zu entscheiden. Sind nicht alle Rechtsmittel begründet, so wird das Urteil unter Verwerfung der unbegründeten Revisionen teilweise aufgehoben. Rechtliche Schwierigkeiten entstehen dabei im allgemeinen nicht. Wenn das Rechtsmittel eines Angeklagten in zulässiger Weise beschränkt war, kann sich die Urteilsaufhebung nur auf die noch nicht in Rechtskraft erwachsenen Urteilsteile beziehen. Eine teilweise Urteilsaufhebung erfolgt aber auch, wenn sich die Revision nur zum Teil als begründet erweist; die weitergehende Revision ist dann zu verwerfen. Das Revisionsgericht ist hierbei jedoch nicht völlig frei. Die *Grenzen der Teilaufhebung* bestimmen sich nach denselben Grundsätzen, nach denen sich die Zulässigkeit der Teilanfechtung beurteilt. In beiden Fällen tritt Teilrechtskraft ein. Demgemäß ist die Teilaufhebung nur zulässig, wenn der aufgehobene Urteilsteil, von dem übrigen Urteilsinhalt losgelöst, selbständig geprüft und rechtlich beurteilt werden kann. ohne daß auf die übrigen Teile der Entscheidung eingegangen zu werden braucht (1 zu § 318). Nur ein in dieser Weise abtrennbarer Urteilsteil kann für sich aufgehoben werden oder bestehen bleiben. Im einzelnen gelten die zu § 318 entwickelten Grundsätze (dazu ausführlich 5 zu § 318).

3. Schuldspruch.

a) Die **Schuldfrage** umfaßt auch solche vom Strafgesetz besonders vorgesehenen Umstände, welche die Strafbarkeit ausschließen, vermindern oder erhöhen (§ 263 Abs. 2), dagegen nicht die Voraussetzungen des Rückfalls und der Verjährung (§ 263 Abs. 3). Die Frage, ob ein Urteil unter Bestehenlassen des Schuldspruchs nur im Strafausspruch aufzuheben ist, bestimmt sich jedoch nach anderen Grundsätzen. Umstände. die nicht vom Tatbestand der strafbaren Handlung, sondern von außen her das Maß der Schuld bestimmen, können sich nur auf den Strafausspruch auswirken, auch wenn sie im weiteren Sinne zur Schuldfrage gehören. Aufhebung nur im Strafausspruch ist daher z. B. geboten bei Verletzung der §§ 51 Abs. 2, 157, 158, 163 Abs. 2, 213, 316a Abs. 2 StGB (vgl. dazu 5d zu § 318).

b) Ein **fehlerhafter Schuldspruch** muß nicht unter allen Umständen aufgehoben werden. Hat der Tatrichter *natürliche Handlungseinheit* angenommen, dann kann der Schuldspruch bestehenbleiben, auch wenn der Schuldumfang nach Ansicht des Revisionsgerichts geringer ist (OLG für Hessen JR **1949** 512; **a. A.** BayObLG NJW **1973** 634). Erweisen sich Einzelakte einer *fortgesetzten Handlung* als nicht strafbar, so genügt es, wenn die Gründe des Revisionsurteils das aussprechen und im einzelnen feststellen (RGSt. **75** 85; OLG Bremen NJW **1951** 85). Sofern eine Fortsetzungstat übrig bleibt, kann der Schuldspruch bestehen bleiben, der Strafausspruch aber nur, wenn ausgeschlossen werden kann, daß der Wegfall der Einzelakte die Strafhöhe beeinflußt hat (RGSt. **24** 369). Das wird nur der Fall sein, wenn zahlreiche andere Einzelakte rechtfehlerfrei abgeurteilt sind, so daß der Wegfall eines einzigen oder einiger weniger Einzelakte keinen Einfluß auf die Strafe haben kann. Andernfalls ist der Strafausspruch aufzuheben (RGSt. **70** 56; OLG Bremen NJW **1951** 85; Müller-Sax 4; Seibert NJW **1958** 1078). Sind Einzelakte einer fortgesetzten Handlung rechtsfehlerhaft festgestellt, möglicherweise aber bei zutreffender rechtlicher Beurteilung strafbar, so muß das Revisionsgericht, wenn es nicht nach § 154a verfährt, das Urteil im Schuldspruch aufheben und die Sache zu neuer Verhandlung zurückverweisen (vgl. aber auch Müller-Sax 4, die diesen Fall nicht von dem trennen, daß die Verurteilung wegen einzelner Teilakte sich endgültig als sachlich unrichtig erweist).

Auch in anderen Fällen kann ein fehlerhafter Schuldspruch aufrechterhalten werden. Liegt z. B. ein schwerer Raub nach § 250 StGB vor, jedoch nicht wegen der von dem Tatrichter angenommenen Erschwerungsgründe, so braucht der im Ergebnis zutreffende Schuldspruch nicht aufgehoben zu werden, gegebenenfalls nicht einmal der Strafausspruch (BGH bei Dallinger MDR **1968** 201). Ist der Angeklagte zutreffend wegen Volltrunkenheit nach § 330a StGB verurteilt worden, hat der Tatrichter jedoch die Rauschtat rechtsfehlerhaft beurteilt, so kann der Schuldspruch in aller Regel bestehen bleiben (BGH VRS **36** 37; RGSt. **69** 189; OLG Hamburg OLGSt. § 330a StGB S. 1; OLG Oldenburg VRS **40** 29). Das gilt nicht, wenn die Rauschtat wesentlich anders zu beurteilen ist (BGHSt. **14** 114).

Trifft der Schuldspruch in anderen Fällen zwar im Ergebnis zu, sind aber die *Feststellungen*, die den Schuldumfang begründen, *fehlerhaft* oder unvollständig, so muß das Urteil im Schuldspruch aufgehoben werden, da der die Straffrage neu beurteilende Tatrichter andernfalls an die fehlerhaften Feststellungen gebunden wäre (BayObLGSt. **1959** 153 = VRS **17** 430).

4. Strafausspruch.

a) **Fehler bei der Gesamtstrafe.** Hat der Tatrichter es entgegen § 76 Abs. 1 StGB unterlassen, eine Gesamtstrafe zu bilden, so ist das Urteil im Strafausspruch insoweit aufzuheben, als über die *Bildung einer Gesamtstrafe* nicht entschieden worden ist (RG HRR **1938** 1205). Bei der Aufhebung des Gesamtstrafausspruchs entfallen die Nebenstrafen, Nebenfolgen und Sicherungsmaßregeln (§ 73 Abs. 4 StGB), ohne weiteres (vgl. § 76 Abs. 2 StGB). Ein Ausspruch im Revisionsurteil ist daher nicht erforderlich (BGHSt. **14** 383; BGH VRS **27** 107; **35** 417).

b) **Rechtsfehler bei der Strafzumessung** zwingen gelegentlich dazu, auch den *Schuldspruch aufzuheben.* Das ist z. B. der Fall, wenn das Mitverschulden des Unfallgegners nicht berücksichtigt worden ist und zu seiner abschließenden Klärung weitere tatsächliche Feststellungen zum Unfallverlauf erforderlich sind (BayObLGSt. **1966** 155 = VRS **32** 283). Sind wegen derselben Tat mehrere Strafen nebeneinander (etwa Freiheitsstrafe und Fahrverbot nach § 37 StGB) verhängt worden, so wird ein Gesetzesverstoß, der nur eine der Strafen betrifft, regelmäßig zur Aufhebung des gesamten Strafausspruchs führen (RGRspr. **5** 663). Bei Tatmehrheit (§ 74 StGB) kann es erforderlich sein, mit der Aufhebung des Urteils in einem der mehreren Fälle oder wegen rechtsfehlerhafter Bemessung einer Einzelstrafe die Strafaussprüche insgesamt aufzuheben. Sie können nur bestehen bleiben, wenn sich ausschließen läßt, daß sie durch den Rechtsfehler beeinflußt sind. Das richtet sich nach den Umständen des Einzelfalls (RGSt. 25 310) und ist meist anzunehmen, wenn nur eine weitere Einzelstrafe verhängt worden ist (RGSt. 35 65). Hat der Tatrichter fehlerhaft die Nichtanrechnung der Untersuchungshaft nach § 60 Abs. 1 Satz 2 StGB angeordnet, so braucht grundsätzlich nicht der gesamte Strafausspruch aufgehoben zu werden (vgl. BGHSt. 7 214 = JZ **1955** 383 m. Anm. Würtenberger; a. A. RG DJ **1939** 1665; OGHSt. **1** 105, 152, 174).

III. Aufhebung der Urteilsfeststellungen (Absatz 2).

1. **Allgemeines.** Jeder Freispruch und jede Verurteilung gründet sich auf Feststellungen tatsächlicher Art zum Schuldvorwurf, die der Tatrichter nach § 267 Abs. 1 und 5 in die Urteilsgründe aufzunehmen hat. Das Revisionsgericht muß bei jeder aufhebenden Entscheidung prüfen, ob und wieweit die Gesetzesverletzung auf die dem Urteil zugrunde liegenden Feststellungen einwirkt. In diesem Umfang müssen auch die Feststellungen aufgehoben werden, damit der neue Tatrichter insoweit nach § 261 wieder freie Hand hat. Der Antrag eines Prozeßbeteiligten ist hierzu nicht erforderlich. Von dem Rechtsfehler können tatsächliche Feststellungen sowohl dann betroffen sein, wenn sie auf einem Verfahrensfehler beruhen, als auch dann, wenn das sachliche Recht verletzt und infolge eines solchen Irrtums schon der Sachverhalt unvollständig oder unrichtig ermittelt worden ist.

Nach § 353 Abs. 2 sind die Feststellungen aber nur aufzuheben, sofern sie durch die Gesetzesverletzung betroffen werden, derentwegen das Urteil aufgehoben wird. Mit den Grundsätzen, nach denen sich die Zulässigkeit der Teilanfechtung eines Urteils bemißt, hat die Frage der Teilaufhebung der Feststellungen nichts zu tun. Sie richtet sich nur danach, inwieweit die von dem Rechtsfehler betroffenen Feststellungen in tatsächlicher Hinsicht selbständig sind, d. h. aus dem Gesamtzusammenhang aller Feststellungen herausgelöst werden können, ohne daß auch die anderen Feststellungen dadurch in Frage gestellt werden (BGHSt. **14** 35).

Die Aufhebung der Feststellungen ist in der Urteilsformel auszusprechen. Fehlt ein Ausspruch darüber, so gelten sie als in vollem Umfang aufgehoben.

2. Bei **Verfahrenshindernissen** kann sich die Frage, ob und inwieweit die Feststellungen aufzuheben sind, nur stellen, wenn das Revisionsgericht trotz des Prozeßhindernisses das Verfahren ausnahmsweise nicht einstellt (I 3 zu § 354) oder wenn das Urteil aufgehoben werden muß, weil der Tatrichter ein Prozeßhindernis zu Unrecht angenommen hat. In beiden Fällen brauchen die Feststellungen regelmäßig nicht aufgehoben zu werden; denn die Gesetzesverletzung, die zur Urteilsaufhebung führt, liegt außerhalb des Bereichs der Feststellungen (BGHSt. **4** 290: Grünwald, Teilrechtskraft, 376). Anders ist es, wenn das Urteil in der Strafzumessungsfrage Rechtsfehler enthält und die Höhe der Strafe für die Anwendung eines Straffreiheitsgesetzes maßgebend ist. Die Feststellung, daß der Angeklagte die Tat begangen hat und daß er für sie verantwortlich ist, kann auch dann aufrechterhalten werden (BGHSt. **9** 105; RG DStR **1936** 431). Hängt die Beurteilung der Frage, ob ein Verfahrenshindernis besteht, von sog. doppelrelevanten Tatsachen ab, die der Tatrichter nicht oder nicht fehlerfrei festgestellt hat, so ist das Urteil mit den Feststellungen aufzuheben (dazu III 2b zu § 337).

3. Bei **Verfahrensverstößen** ist maßgebend, ob und wieweit die Tatsachenfeststellungen auf dem Verstoß beruhen können. Das gilt auch, wenn unbedingte Revisionsgründe nach § 338 vorliegen (RGSt. 53 202). Regelmäßig werden Verfahrensfehler in der Hauptverhandlung zur Aufhebung des Urteils mit allen Feststellungen führen (EbSchmidt 20). Besteht der Verfahrensfehler darin, daß das Urteil unter Ausschluß der Öffentlichkeit verkündet worden ist, so kann das zwar keinen Einfluß auf die Entscheidung des Gerichts über Schuld und Strafe in der *vor* der Verkündung durchgeführten Beratung gehabt haben. Daraus zu schließen, bei der Urteilsaufhebung nach § 338 Nr. 6 könnten die Feststellungen aufrechterhalten werden, wäre aber falsch. Denn vor Beginn der Urteilsverkündung hätten die Prozeßbeteiligten noch Anträge stellen und das Gericht dadurch möglicherweise zu anderen Feststellungen zwingen können. Das fehlerhaft verkündete Urteil beruht nicht auf Feststellungen, die bei Eintritt des Verfahrensfehlers bereits unabänderbar festgestanden haben. Wäre dies der Fall,

so könnte der Verstoß gegen § 173 Abs. 1 GVG vom Revisionsgericht dadurch geheilt werden, daß es selbst das Urteil öffentlich verkündet. Der unbedingte Revisionsgrund des § 338 Nr. 6 zwingt daher auch in diesem Fall zur Aufhebung sämtlicher Urteilsfeststellungen (Sarstedt 150; W. Schmid JZ **1969** 765; a. A. Poppe NJW **1954** 1916; NJW **1955** 8).

4. Bei **sachlichrechtlichen Mängeln** sind, soweit das Urteil aufgehoben wird, in aller Regel auch die Feststellungen aufzuheben (Seibert NJW **1958** 1077). Die Ansicht des Bundesgerichtshofs, das Gesetz verlange, daß die Feststellungen auch in diesem Fall tunlichst aufrechtzuerhalten seien, und die Unteilbarkeit des Schuldspruchs stehe dem nicht entgegen (BGHSt. **14** 35), begegnet Bedenken. Die Vorschrift des § 353 Abs. 2 hat die Bedeutung, die sie bei ihrem Inkrafttreten gehabt hat, weitgehend verloren. Denn seitdem hat die Rechtsprechung in den Fällen, in denen nach den Vorstellungen des Gesetzgebers nur die Feststellungen aufrechterhalten werden sollten, in weitem Umfang die teilweise Aufrechterhaltung des Urteilsausspruchs zugelassen. Das gilt insbesondere für die Urteilsaufhebung nur im Strafausspruch, ursprünglich der hauptsächliche Anwendungsfall des § 353 Abs. 2 (vgl. dazu Grünwald, Teilrechtskraft, 100ff.). Von dem Grundsatz der Unteilbarkeit des Schuldspruchs ist die Rechtsprechung bei der Anwendung des § 353 Abs. 2 aber immer ausgegangen (vgl. etwa RGSt. **1** 81; **2** 289; **4** 190; **16** 100). Der Ansicht, daß die Feststellungen im übrigen bestehen bleiben können, wenn der Rechtsfehler ein Tatbestandsmerkmal betrifft, das von den anderen völlig losgelöst werden kann (BayObLGSt. **1960** 248 = NJW **1961** 569), ist daher nicht beizupflichten. Auch die Aufrechterhaltung der Feststellungen zum äußeren Tatbestand in dem Fall, daß das Revisionsgericht wegen des fehlenden rechtlichen Hinweises nach § 265 Abs. 1 den Schuldspruch nicht selbst berichtigen darf, erscheint bedenklich (anders BGHSt. **14** 37; OLG Braunschweig NJW **1950** 656; OLG Hamm VRS **26** 297; s. a. OLG Saarbrücken VRS **21** 125). Dagegen ist es gerechtfertigt, den Grundsatz der Unteilbarkeit des Schuldspruchs in folgenden Fällen zu durchbrechen:

a) Wird das Urteil wegen mangelnder Prüfung der **Zurechnungsfähigkeit** (§ 51 Abs. 1 StGB) aufgehoben, so berührt das im allgemeinen die Frage nicht, ob der Angeklagte die Merkmale des äußeren Tatbestandes einer Strafvorschrift erfüllt hat. Die Feststellungen zur äußeren Tatseite können daher in der Regel bestehen bleiben (BGHSt. **14** 34; BGH NJW **1964** 2213; BGH VRS **39** 101).

b) Bei fehlerhafter Beurteilung der Frage des **Verbotsirrtums** können die Feststellungen zum äußeren Tatbestand regelmäßig aufrechterhalten werden (OLG Hamburg NJW **1967** 213).

c) Enthält das Urteil Mängel in der Beurteilung des **Gesamtvorsatzes** des Angeklagten bei der Annahme einer fortgesetzten Handlung, so brauchen die Feststellungen zum äußeren Tatbestand und zu § 51 StGB im allgemeinen nicht aufgehoben zu werden (BGH NJW **1969** 2210; OLG Hamburg MDR **1970** 609).

d) Ist wegen einer **Fortsetzungstat** verurteilt worden, so können die Feststellungen zu den rechtsfehlerfrei festgestellten Einzelakten aufrechterhalten werden (anders Seibert NJW **1958** 1077).

5. **Besonderheiten beim Strafausspruch.** Wird der Strafausspruch aufgehoben, so heben die Revisionsgerichte üblicherweise auch die dazu gehörigen Feststellungen auf. Die Vorschrift des § 353 Abs. 2 wird damit auf einen Fall angewendet, für den sie ursprünglich gar nicht bestimmt war; denn unter „Feststellungen" im Sinne der Vorschrift waren keine anderen als die Schuldfeststellungen gemeint (dazu Grünwald, Teilrechtskraft, 104ff.). Andererseits ist nicht zu bestreiten, daß die Strafzumessung auch auf tatsächlichen Feststellungen beruht, die ausdrücklich zu diesem Zweck getroffen werden, mögen auch hauptsächlich die Schuldfeststellungen gleichzeitig die Grundlage für die Strafbemessung bilden. Diese Strafzumessungsfeststellungen aufzuheben, kann daher nicht gesetzwidrig sein. Die Ansicht des OLG Köln (NJW **1953** 357), sie seien so eng mit den Schuldfeststellungen „verzahnt", daß sie nicht ausdrücklich aufgehoben werden können, hat sich mit Recht nicht durchgesetzt. Jedoch ist die ausdrückliche Aufhebung der Strafzumessungstatsachen im Grunde überflüssig, weil diese bei Aufhebung des Urteils im Strafausspruch niemals teilweise

aufrechterhalten werden können. Der ausdrückliche Urteilsausspruch über den Umfang der Aufhebung der Feststellungen nach § 353 Abs. 2 ist aber nur deshalb erforderlich, weil das Revisionsgericht klarstellen soll, inwieweit die Feststellungen aufrechterhalten werden. Ist die Aufrechterhaltung von vornherein ausgeschlossen, so erübrigt sich der besondere Ausspruch im Urteil. Die Aufhebung der Feststellungen zum Strafausspruch ist daher überflüssig, aber unschädlich.

6. Wirkung des Bestehenbleibens von Feststellungen. Bei Aufhebung aller Feststellungen ist das Gericht so frei, als habe es das frühere Urteil nicht gegeben (RGSt. 5 135). Werden Feststellungen aufrechterhalten, so werden damit Grenzen und Inhalt der erneuten Verhandlung und Entscheidung unabänderbar bestimmt (BGHSt. **4** 290; **14** 38; RGSt. **20** 412; RG GA **55** 115; s. a. II 1 zu § 354). Die aufrechterhaltenen Feststellungen erwachsen zwar nicht in Rechtskraft; denn die einer Entscheidung zugrunde liegenden Tatsachenfeststellungen können nur mit dieser zusammen (BGHSt. **7** 286; **10** 72; BGH VRS **17** 48), nicht aber für sich allein rechtskräftig werden (anders RGSt. **7** 178; **9** 99; **43** 360; RG.GA **55** 116). Es tritt nur eine innerprozessuale Bindungswirkung ein (Kleinknecht JR **1968** 468; Mohrbotter ZStW **84** 643; Bruns, Teilrechtskraft, 152, und Festschrift für EbSchmidt, 619; Willms, Ehrengabe für Heusinger. 407), die das Revisionsgericht auf die Sachrüge zu beachten hat, wenn die Sache erneut auf eine Revision vorgelegt wird.

§ 354

(1) Erfolgt die Aufhebung des Urteils nur wegen Gesetzesverletzung bei Anwendung des Gesetzes auf die dem Urteil zugrunde liegenden Feststellungen, so hat das Revisionsgericht in der Sache selbst zu entscheiden, sofern ohne weitere tatsächliche Erörterungen nur auf Freisprechung oder auf Einstellung oder auf eine absolut bestimmte Strafe zu erkennen ist oder das Revisionsgericht in Übereinstimmung mit dem Antrag der Staatsanwaltschaft die gesetzlich niedrigste Strafe oder das Absehen von Strafe für angemessen erachtet.

(2) In anderen Fällen ist die Sache an eine andere Abteilung oder Kammer des Gerichts, dessen Urteil aufgehoben wird, oder an ein zu demselben Land gehörendes anderes Gericht gleicher Ordnung zurückzuverweisen. In Verfahren, in denen ein Oberlandesgericht im ersten Rechtszug entschieden hat, ist die Sache an einen anderen Senat dieses Gerichts zurückzuverweisen.

(3) Die Zurückverweisung kann an ein Gericht niederer Ordnung erfolgen, wenn die noch in Frage kommende strafbare Handlung zu dessen Zuständigkeit gehört.

Entstehungsgeschichte: Durch Art. 3 Nr. 148 VereinhG wurde Abs. 2 neu gefaßt. Art. 4 Nr. 4 des 1. StRÄndG fügte in Absatz 1 die Worte „oder das Absehen von Strafe" ein. Durch Art. 9 Nr. 4 StPÄG erhielt Absatz 2 Satz 1 die jetzt geltende Fassung. Absatz 2 Satz 2 wurde eingefügt durch Art. 2 Nr. 15 des Gesetzes zur Einführung eines zweiten Rechtszuges in Staatsschutz-Strafsachen vom 8. 9. 1969 (BGBl. I 1582). Bezeichnung bis 1924: § 394.

Schrifttum: *Zu Absatz 1:* Batereau, Die Schuldspruchberichtigung, 1971; Bode, Die Entscheidung des Revisionsgerichts in der Sache selbst, 1958; Bruns, Erweiterung der selbständigen Strafzumessungsbefugnis des Revisionsgerichts? ZAkDR **1941** 143; Lichti, Leerlauf in der Strafrechtspflege. DRiZ **1952** 150; Lüttger, Die Änderung des Schuldspruchs durch das Revisionsgericht in der Rechtsprechung des Obersten Gerichtshofs für die Britische Zone, DRZ **1950** 348; Peters, Schuldspruch durch das Revisionsgericht bei Freispruch in der Tatsacheninstanz, Festschrift für Stock (1966) 197; Wimmer, Die ändernde Sachentscheidung des Revisionsgerichts in Strafsachen, MDR **1948** 69. – *Zu Absatz 2:* Dahs sen., Ablehnung von Tatrichtern nach Zurückverweisung durch das Revisionsgericht, NJW **1966** 1691; Raacke, Zurückverweisung in Strafsachen und Nachtragsentscheidung, NJW **1966** 1697; Seibert, Die Zurückverweisung an ein anderes Gericht, MDR **1954** 721; Das andere Gericht (§ 354 Abs. 2 StPO), NJW **1968** 1317; Zeitz, Ausschließung des Strafrichters nach erfolgreicher Revision, DRiZ **1965** 393.

Übersicht

I. Sachentscheidung durch das Revisionsgericht (Absatz 1)

1. Voraussetzungen. Mit der Ausgestaltung des Revisionsverfahrens als Rechtsbeschwerdeverfahren (I zu § 337) ist es grundsätzlich nicht zu vereinbaren, daß das Revisionsgericht eine andere Entscheidung trifft als die Verwerfung des Rechtsmittels oder die Aufhebung des angefochtenen Urteils und die Zurückverweisung der Sache zu neuer Verhandlung. Aus Gründen der Verfahrensvereinfachung sieht § 354 Abs. 1 die eigene Sachentscheidung des Revisionsgerichts in engen Grenzen vor. Eigene Tatsachenfeststellungen sind dem Revisionsrichter auch hier verwehrt. Er ist an die Feststellungen des angefochtenen Urteils gebunden und darf sie weder ändern noch ergänzen. Notwendige Voraussetzung einer eigenen revisionsgerichtlichen Sachentscheidung ist daher, daß die Feststellungen des Tatrichters von der Urteilsaufhebung nicht betroffen werden, sondern ohne Änderungen und Ergänzungen bestehen bleiben können. Sind sie rechtsfehlerhaft, so ist an die Vorinstanz zurückzuverweisen (Jagusch NJW **1962** 1417). Ein weiteres Erfordernis für die eigene Sachentscheidung des Revisionsgerichts besteht darin, daß das Urteil *nur* wegen Gesetzesverletzung bei Anwendung des Gesetzes, also wegen *sachlichrechtlicher Mängel* aufzuheben ist. Denn wenn ein Verfahrensmangel der Aufhebungsgrund ist, besteht keine Gewähr dafür, daß die dem Urteil zugrunde liegenden Feststellungen einwandfrei zustande gekommen sind. Das Verfahren muß dann vor dem Tatrichter wiederholt werden.

2. Freisprechung. Ergeben die Feststellungen des Tatrichters, daß der Angeklagte sich weder aus dem rechtlichen Gesichtspunkt der Verurteilung noch aus einem anderen strafbar gemacht hat, so muß das Revisionsgericht auf Freisprechung erkennen. Die bisher getroffenen Feststellungen müssen aber vollständig und rechtsfehlerfrei sein (BGHSt. **13** 274). Es muß ausgeschlossen werden können, daß sie gerade deshalb lückenhaft sind, weil der Tatrichter irrig angenommen hat, sie reichten zur Verurteilung aus (Kl 1). Besteht nach den Urteilsgründen die Möglichkeit, daß weitere Feststellungen getroffen werden können, die die Verurteilung unter dem rechtlichen Gesichtspunkt der Anklage oder einem anderen rechtfertigen, so darf das Revisionsgericht den Angeklagten nicht freisprechen.

Eine zulässige *Beschränkung der Revision* hindert die Freisprechung nicht, wenn der nicht angefochtene Schuldspruch auf einem nicht oder nicht mehr gültigen Gesetz beruht (5 c bb zu § 318; 4 zu § 354 a).

Die Vorschrift des § 354 Abs. 1 läßt auch eine *Teilfreisprechung* durch das Revisionsgericht zu (RGSt. **27** 394; OLG Hamm NJW **1966** 213). Ihr stehen gleich die Beseitigung des Strafausspruchs, wenn nach den Urteilsfeststellungen aus Rechtsgründen nach § 16 StGB von Strafe abzusehen ist (BayObLGSt. **1971** 185 = NJW **1972** 696), die Beseitigung einer unzulässigen Nebenstrafe (OLG Hamburg VRS **13** 364) oder Anordnung der Mehrerlösabführung (BGHSt. **5** 100) oder einer unter Verstoß gegen § 331 zusätzlich verhängten Nebenstrafe (BayObLGSt. **1952** 29 = MDR **1952** 378) sowie die Beseitigung einer Sicherungsmaßregel nach §§ 42 a ff. StGB (Müller-Sax 1 a), die nach den nicht mehr zu vervollständigenden Feststellungen aus Rechtsgründen entfallen muß (OLG Hamburg NJW 1955 1080; VRS 7 303).

Das freisprechende Urteil des Revisionsgerichts schließt das Verfahren ab. Es muß daher eine Entscheidung über die *Kosten* des ganzen Verfahrens (§ 464 Abs. 1) und über die *notwendigen Auslagen* des Angeklagten (§ 464 Abs. 2) enthalten. Das Revisionsgericht hat ferner über die *Entschädigung für Strafverfolgungsmaßnahmen* zu entscheiden (§ 8 Abs. 1 Satz 1 StrEG). Es kann diese Entscheidung außerhalb der Hauptverhandlung treffen, wenn sie nicht ohne weiteres möglich ist (§ 8 Abs. 1 Satz 2 StrEG). Eine Zurückverweisung der Sache wegen der Nebenentscheidung ist unzulässig (Schätzler 11 zu § 8 StrEG). Hat das Revisionsgericht sie versehentlich unterlassen, so muß es selbst, nicht das Tatgericht, sie nachholen, auch wenn die Hauptsache in der Revisionsinstanz nicht mehr anhängig ist. Die gesetzliche Zuständigkeitsregelung darf das Revisionsgericht durch eigene Untätigkeit nicht abändern.

3. Einstellung. Nach § 260 Abs. 3 ist die Einstellung des Verfahrens auszusprechen, wenn ein Verfahrenshindernis besteht. Nur diese Einstellung, nicht die nach §§ 153 ff., ist in § 354 Abs. 1 gemeint. Der Grundsatz, daß Verfahrenshindernisse zur Einstellung führen, wird zugunsten und zuungunsten des Angeklagten durchbrochen. Wenn die fehlende *Verfahrensvoraussetzung noch geschaffen* werden kann, muß das Urteil aufgehoben und die Sache unter Aufrechterhaltung der Feststellungen (III 2 zu § 353) an die Vorinstanz zurückverwiesen werden (BGHSt. **8** 154; RG GA **39** 235; OLG Düsseldorf GA **1957** 417; OLG Hamburg JR **1969** 310 m. Anm. EbSchmidt; OLG Köln GA **1971** 29; Kl 1). Eine Einstellung kommt ferner nicht in Betracht, wenn der Sachverhalt ohne weiteres die *Freisprechung rechtfertigt* (BGHSt. **13** 273; **20** 335; RGSt. **70** 196, 281; RG JW **1936** 2239; OLG Celle NJW **1968** 2120; Kl 1; Jagusch NJW **1962** 1418; dazu auch Einleitung 92; 9 a zu § 260).

Ebenso wie der Teilfreispruch bei Tatmehrheit ist auch eine *teilweise Einstellung* zulässig, wenn das Verfahrenshindernis nur einen abtrennbaren Teil des Urteils beeinflußt hat (BGHSt. **8** 269; BGH NJW **1970** 905). Für die Nebenentscheidungen nach § 464 Abs. 1 und 2, § 8 Abs. 1 StrEG gilt dasselbe wie bei der Freisprechung.

Die revisionsrechtliche Behandlung der einzelnen *Verfahrenshindernisse* ist bei III 3 zu § 337 erläutert.

4. Eine absolut bestimmte Strafe ist nur noch in § 211 StGB angedroht. Für das Revisionsgericht liegt eine absolut bestimmte Strafe auch vor, wenn die Verfahrenslage jedes Ermessen über Art und Höhe der Strafe ausschließt. Das ist etwa der Fall, wenn in dem Urteil ein Einziehungsbetrag falsch errechnet ist; das Revisionsgericht darf den Betrag in der richtigen Höhe festsetzen (RGSt. 57 429).

5. Gesetzliche Mindeststrafe. Das Revisionsgericht darf auf die gesetzlich niedrigste Strafe nur in Übereinstimmung mit dem Antrag der Staatsanwaltschaft erkennen. Gemeint ist die Staatsanwaltschaft bei dem Revisionsgericht (RG LZ **1918** 780). Hängt die gesetzliche Mindeststrafe von der Zubilligung mildernder Umstände ab, so darf das Revisionsgericht sie nicht verhängen; ob mildernde Umstände vorliegen, hat der Tatrichter zu entscheiden (RGSt. **2** 358; EbSchmidt 46). Droht ein Gesetz neben Freiheitsstrafe auch Geldstrafe an, so ist das Mindestmaß der angedrohten Freiheitsstrafe und der Mindestbetrag der angedrohten Geldstrafe nur dann die gesetzlich niedrigste Strafe, wenn die Geldstrafe zwingend vorgeschrieben ist; andernfalls ist nur das Mindestmaß der angedrohten Freiheitsstrafe für sich allein die gesetzlich niedrigste Strafe (RGSt. **47** 229). Die gesetzlich niedrigste Strafe wird auch verhängt, wenn das Revisionsgericht den von dem Tatrichter unterlassenen Ausspruch der Veröffentlichungsbefugnis nach § 200 StGB in der den Angeklagten am wenigsten beschwerenden Form vornimmt (BGHSt. 3 76).

6. Absehen von Strafe. Darunter fallen z. B. die §§ 83a, 84 Abs. 4 und 5, 85 Abs. 3, 86 Abs. 4, 86a Abs. 3, 87 Abs. 3, 89 Abs. 3, 98 Abs. 2, 99 Abs. 3, 113 Abs. 4, 129 Abs. 5 und 6; 157 Abs. 1 und 2, 158 Abs. 1, 173 Abs. 4, 175 Abs. 3, 311b Abs. 1, 315 Abs. 6, 315b Abs. 6, 316a Abs. 2 StGB. Die Straffreierklärung nach §§ 199, 233 StGB ist kein Absehen von Strafe (EbSchmidt 47). Zu § 16 StGB vgl. oben I 2.

7. **Sinngemäße Anwendung des Absatzes 1.**

a) Die **Berichtigung offensichtlicher Versehen** in dem Ausspruch des angefochtenen Urteils fällt hierunter *nicht* (Wimmer MDR **1948** 70). Sie ist immer möglich, wenn eine Verurteilung in der Urteilsformel keinen vollständigen und klaren Ausdruck gefunden hat (RGSt. **54** 205, 291; RG JW **1927** 1316 m. Anm. zu Dohna; vgl. auch 8 zu § 268). Das ist etwa der Fall, wenn der Tatrichter in der neuen Entscheidung nach Zurückverweisung durch das Revisionsgericht das erste Urteil nur aufrechterhält, statt neu zu verurteilen (RG GA 55 331), oder wenn er im Urteilsausspruch zu zwei Einzelstrafen verurteilt, in den Gründen aber angibt, daß und welche bestimmte Gesamtstrafe er hat verhängen wollen (BGH JZ **1951** 655). Hat der Tatrichter unterlassen, einen Teilfreispruch, den er nach den Urteilsgründen für erforderlich erachtete, in den Urteilsausspruch aufzunehmen, so kann das Revisionsgericht das nachholen (OLG Celle GA **1959** 22). Es ist aber nicht verpflichtet, den Ausspruch des angefochtenen Urteils stets zu ergänzen, wenn er entgegen § 260 Abs. 4 Satz 1 i. d. F. des § 65 BZRG die Pharagraphenbezeichnung der angewendeten Strafvorschrift nicht enthält (anders BayObLGSt. **1972** 1 = MDR **1972** 342).

b) Die **Schuldspruchberichtigung** in sinngemäßer Anwendung des § 354 Abs. 1 ist der hauptsächliche Anwendungsfall der Vorschrift. Daß sie zulässig ist, wird heute allgemein angenommen (Kl 2; Müller-Sax 2; EbSchmidt 49; vgl. jedoch Seibert DRZ **1948** 371 zur früheren Ablehnung durch die Rechtslehre; Geerds JZ **1968** 393). Für ihre Zulässigkeit spricht insbesondere die Erwägung, daß es ein sinnloser Leerlauf wäre, eine Sache an den Tatrichter zurückzuverweisen, dem wegen der Bindung an die Rechtsauffassung des Revisionsgerichts (§ 358 Abs. 1) nichts zu tun bliebe, als den Schuldspruch im Sinne dieser Rechtsauffassung zu berichtigen (OLG Hamburg HESt. 2 19). Die eigene Sachentscheidung des Revisionsgerichts dient in solchen Fällen der Vereinfachung des Verfahrens (Müller-Sax 2a).

Zur Schuldspruchberichtigung ist das Revisionsgericht bei einer Revision des Angeklagten jedenfalls dann *verpflichtet*, wenn der Tatrichter ihn nach einem Strafgesetz verurteilt hat, das völlig verschieden ist von dem, das er verletzt hat (BGHSt. **8** 37). Wenn das Urteil im Strafausspruch aufgehoben werden muß, darf ein zu milder Schuldspruch nicht bestehen bleiben, weil andernfalls die Grundlage für die Strafbemessung falsch wäre (Jagusch NJW **1962** 1420). Darüber hinaus ist aber nicht anzuerkennen, daß der Angeklagte durch einen unrichtigen Schuldspruch stets *beschwert* ist (so aber Wimmer MDR **1948** 70 und neuerdings Batereau 25). Der wegen Totschlags verurteilte Angeklagte hat keinen Rechtsanspruch darauf, wegen Mordes schuldig gesprochen zu werden, wenn er deswegen hätte verurteilt werden müssen. Von der Schuldspruchberichtigung, die den Angeklagten allerdings schlechterstellen darf (§ 358 Abs. 2 bezieht sich nur auf die Strafe), kann daher entsprechend der ständigen Übung der Revisionsgerichte abgesehen werden, wenn der Angeklagte durch die unrichtige Rechtsanwendung nicht beschwert ist (BGHSt. **1** 117; OLG Hamm JMBlNRW **1953** 213). Er ist nicht beschwert, wenn er zu Unrecht einer leichteren statt einer schwereren Teilnahmeform für schuldig befunden, wenn ein weiterer tateinheitlich verwirklichter Tatbestand nicht angewendet worden ist (RGSt. **47** 222; **53** 180), wenn anstelle einer strengeren Strafbestimmung eine mildere angewendet, wenn statt Tatmehrheit fehlerhaft Tateinheit (BGHSt. **8** 37; **16** 321), statt Vollendung fehlerhaft Versuch (BGHSt. **9** 258; RGSt. **57** 28), statt Vorsatz nur Fahrlässigkeit (RGSt. **66** 404) angenommen worden ist. Die unzutreffende Annahme einer fortgesetzten Handlung beschwert den Angeklagten regelmäßig nicht (BGHSt. **16** 319; BGH NJW **1973** 475). Anders ist es, wenn bei Annahme von Tatmehrheit teilweise Verjährung eingetreten wäre (RGSt. **72** 26) oder, wegen der Regelung in § 42e Abs. 2 StGB, wenn der Angeklagte nach seinem Vorleben im Wiederholungsfall mit Sicherungsverwahrung rechnen muß (BGH DRiZ **1972** 246; **1973** 24).

Die Schuldspruchberichtigung setzt voraus, daß die *Urteilsfeststellungen* klar und erschöpfend sind und weitere wesentliche Feststellungen ausgeschlossen erscheinen (BGHSt. **6** 257; BGH NJW **1970** 820; RGSt. **65** 285, 351; OLG Frankfurt NJW **1970** 343; Müller-Sax 2a). Eine weitere Grenze findet die Schuldspruchberichtigung an der Vorschrift des § 265 Abs. 1 (BGH NJW **1953** 754; RGSt. **75** 56; Batereau 38ff.). Aufgrund eines anderen als des in der gerichtlich zugelassenen Anklage aufgeführten Strafgesetzes darf auch das Revisionsgericht den Angeklagten nicht ohne weiteres verurteilen. Dabei genügt es nicht, daß das Revisionsgericht den *Hinweis auf die Veränderung des rechtlichen Gesichtspunkts* erteilt oder nachholt; denn § 265 Abs. 1 dient nicht in erster Hinsicht der Verteidigung des Angeklagten in rechtlicher, sondern in tatsächlicher Hinsicht. Er soll im Interesse einer erschöpfenden Sachaufklärung in die Lage versetzt werden, sich zu der veränderten Rechtslage tatsächlich zu äußern und neue Beweise anzutreten (1 zu § 265). Vor dem Revisionsgericht kann er das nicht. Die Schuldspruchberichtigung ist demnach unbedenklich, wenn die Tat so schon in der Anklage oder im Eröffnungsbeschluß gewürdigt worden ist (BGHSt. 12 30; BGH NJW **1969** 1679; OGHSt. 1 138). War das nicht der Fall, so ist die Schuldspruchberichtigung ausgeschlossen, wenn eine andere Verteidigung des Angeklagten in tatsächlicher Hinsicht möglich ist. Das kann das Revisionsgericht aber selbst beurteilen. Ist es davon überzeugt, daß eine andere Verteidigung nicht in Betracht kommt, so steht der Schuldspruchberichtigung nichts im Wege (BGHSt. **10** 276: BGH bei Dallinger MDR **1970** 382; RGSt. **67** 423; **68** 125; OLG Bremen NJW **1964** 2263; OLG Hamm JZ **1968** 574 m. Anm. EbSchmidt; OLG Hamm VRS **28** 138; OLG Köln VRS **30** 181). Auch der § 265 Abs. 1 muß nicht zu einem überflüssigen Leerlauf der Strafgerichtsbarkeit führen.

c) **Schuldspruchberichtigung im einzelnen.** Die Schuldspruchberichtigung kann zur Auswechselung der zur Verurteilung führenden Strafvorschrift (BGHSt. **16** 321; **20** 121; RGSt. 73 346; OLG Hamburg HESt. 2 19; OLG Hamm VRS **28** 138), auch bei Nichtigerklärung durch das Bundesverfassungsgericht (BGHSt. **19** 46; OLG Hamburg NJW **1963** 459; OLG Oldenburg NJW **1962** 2120; **1963** 169; 5c cc zu § 318), zum Wegfall oder zur zusätzlichen Verurteilung wegen eines tateinheitlichen Delikts (BGHSt. **10** 405; 12 30; BGH NJW **1964** 212; RGSt. **4** 182; **47** 373; OLG Bremen NJW **1964** 2262), zur Änderung der Teilnahmeform (RG JW **1929** 257), der Schuldform und des Konkurrenzverhältnisses (BGHSt. 2 248; BGH bei Dallinger MDR **1957** 266) führen. Nicht hierunter fällt die Umwandlung des Schuldspruchs in die Verurteilung wegen einer Ordnungswidrigkeit. Der Fall ist in § 82 Abs. 1 OWiG, der auch für das Revisionsgericht gilt (OLG Stuttgart NJW **1972** 1147; Göhler 4 zu § 82 OWiG), ausdrücklich geregelt.

Die Berichtigung des Schuldspruchs auf die Revision des Angeklagten führt zur *Zurückverweisung* der Sache *im Strafausspruch*, wenn das von dem Revisionsgericht angewendete Gesetz milder ist als das dem Urteil des Tatrichters zugrunde liegende (RGSt. **73** 346; OGHSt. 1 159; OLG Hamburg HESt. 2 19; Müller-Sax 3). Ebenso muß verfahren werden, wenn auf die Revision der Staatsanwaltschaft das Urteil im Schuldspruch dahin geändert wird, daß aufgrund eines strengeren Gesetzes (RGSt. **73** 346) oder wegen eines tateinheitlich begangenen weiteren Delikts verurteilt wird (Müller-Sax 3). Wird die angewendete Strafvorschrift gegen eine andere ausgewechselt, die den gleichen Strafrahmen hat, so kann der Strafausspruch aufrechterhalten werden (BGHSt. **8** 37; OGHSt. 1 305; OLG Hamm VRS **28** 139; Peters 584). Das gilt auch dann, wenn die Strafrahmen nicht wesentlich verschieden sind (RG HRR **1934** 1259; OLG Braunschweig HESt. 1 268). Der Wegfall einer tateinheitlichen Verurteilung zwingt ebenfalls nicht zur Zurückverweisung, wenn diese weitere Verurteilung ersichtlich ohne Einfluß auf die Strafhöhe war (RGSt. **4** 182; **47** 373). Wird das Konkurrenzverhältnis dahin berichtigt, daß nicht Tatmehrheit, sondern Tateinheit vorliegt, so kann die von dem Tatrichter festgesetzte Gesamtstrafe in eine Einzelstrafe gleicher Dauer umgewandelt werden (BGH bei Dallinger MDR **1957** 266).

d) **Berichtigung des Straf- und Maßregelausspruchs.** Hier sind dem Revisionsgericht enge Grenzen gesetzt; denn die Strafzumessung ist Aufgabe des Tatrichters (V 4b zu § 337). Eine Berichtigung des Strafausspruchs ist daher nur zulässig, wenn auszuschließen ist, daß es einer solchen tatrichterlichen Entscheidung noch bedarf, insbesondere wenn der Tatrichter bei der Verurteilung aus Rechtsirrtum eine fehlerhafte Strafe festgesetzt hat, die ohne weiteres berichtigt werden kann (BayObLGSt. 1952 29 = MDR 1952 378; OLG Hamburg VRS 13 364). Zulässig ist:

aa) Die Herabsetzung der Strafe auf das *gesetzliche Höchstmaß*, wenn ersichtlich ist, daß der Tatrichter, der es aus Rechtsirrtum überschritten hat, ohne diesen Irrtum auf die Höchststrafe erkannt hätte; dabei kann vielfach auch eine Ersatzfreiheitsstrafe aufrechterhalten werden (OLG Bremen NJW **1962** 1217; OLG Celle NJW **1953** 1683; NdsRpfl. **1959** 143; OLG Düsseldorf JMBlNRW **1953** 90 = VRS **5** 278; OLG Hamm NJW **1953**

118; OLG Köln JR **1959** 30; OLG Neustadt MDR **1964** 324, 692; OLG Saarbrücken JBl. Saar **1962** 59; OLG Schleswig SchlHA **1962** 201; **a. A.** EbSchmidt 44; Sarstedt 259, die eine eigene Entscheidung des Revisionsgerichts für unzulässig halten);

bb) Die Herabsetzung einer unter Verletzung des Verbots der *Schlechterstellung* (§§ 331, 358 Abs. 2) erhöhten Strafe auf das zulässige Maß (OLG Köln DAR **1957** 109);

cc) Bei irriger Annahme von *Tatmehrheit* die Ersetzung einer Gesamtstrafe durch eine Einzelstrafe gleicher Dauer, wenn sicher ist, daß der Tatrichter auf dieselbe Strafe erkannt hätte (BGH bei Dallinger MDR **1957** 266);

dd) Die *Anrechnung der Untersuchungshaft,* wenn der Tatrichter rechtsfehlerhaft nach § 60 Abs. 1 Satz 2 StGB hiervon abgesehen hat (OLG Düsseldorf NJW **1969** 440; OLG Köln NJW **1965** 2310; K1 4);

ee) Die Anordnung einer *Einziehung,* die der Tatrichter irrtümlich aus Rechtsgründen für unzulässig gehalten hat (BGHSt. **14** 299; **16** 57);

ff) Die Änderung der Entscheidung über die *Strafaussetzung* zur Bewährung, wenn sie von der Prognose nach § 23 Abs. 1 StGB abhängt, nur ausnahmsweise (vgl. LK-Koffka 52 zu § 23 StGB). Das Revisionsgericht kann sie entgegen dem angefochtenen Urteil bewilligen, wenn die Strafzumessungserwägungen des Tatrichters ihre Voraussetzungen klar ergeben (BGH NJW **1953** 1839; OLG Bremen NJW **1962** 929; OLG Celle NJW **1968** 2255); Bewährungsauflagen darf es aber nicht festsetzen (dazu LK-Koffka 52 zu § 23 StGB). Die Prognose des Tatrichters darf das Revisionsgericht nicht durch eine eigene ersetzen (OLG Köln VRS **42** 94). Ist sie aus Rechtsgründen fehlerhaft, so muß an den Tatrichter zurückverwiesen werden. Die Frage, ob die Verteidigung der Rechtsordnung (§ 23 Abs. 3 StGB) der Strafaussetzung entgegensteht, liegt hingegen auf rechtlichem Gebiet. Das Revisionsgericht darf hierüber selbst entscheiden (BGH NJW **1972** 834; BGH VRS 38 334; ebenso zu § 23 Abs. 3 Nr. 1 StGB a. F.: BGH VRS **10** 451; **18** 350; BayObLGSt. 1967 146 = JZ **1968** 388 m. Anm. Geerds; OLG Hamm VRS **33** 344).

gg) Auch über *Maßnahmen der Sicherung und Besserung* kann das Revisionsgericht in engen Grenzen selbst befinden. Es kann die Unterbringung nach § 42b StGB anordnen, wenn das Landgericht deren Voraussetzungen einwandfrei festgestellt, aber unter Verletzung des § 358 Abs. 2 die Sicherungsverwahrung angeordnet hat (BGH NJW **1973** 108). Ist nach den Urteilsfeststellungen die Maßregel nach § 42m StGB nicht begründet, so kann das Revisionsgericht sie aufheben (OLG Hamburg NJW **1955** 1080). Zulässig ist ferner die Herabsetzung einer zeitigen Sperre nach §§ 42m, n StGB auf das Höchstmaß von fünf Jahren, wenn das Urteil ergibt, daß der Tatrichter nur infolge Rechtsirrtums nicht auf sie erkannt hat (OLG Köln MDR **1956** 696), die Entziehung der Fahrerlaubnis für immer, wenn der Tatrichter sie an sich für erforderlich gehalten, aber irrtümlich gemeint hat, er dürfe sie nicht anordnen (OLG Stuttgart NJW **1956** 1081), oder die Entziehung der Fahrerlaubnis mit einer Sperre von fünf Jahren, wenn das Urteil ergibt, daß der Tatrichter diese Sperre angeordnet hätte, wenn er die Sicherungsmaßregel nicht irrig für unzulässig gehalten hätte (BGHSt. **6** 402).

e) **Verurteilung statt Freispruch oder Einstellung.** Ergeben die Urteilsfeststellungen, daß der Tatrichter den Angeklagten zu Unrecht freigesprochen hat, so ist eine eigene Sachentscheidung durch das Revisionsgericht in aller Regel ausgeschlossen. Die für die Zulässigkeit der Schuldspruchberichtigung maßgebende Erwägung, es sei sinnlos, die Sache an die Vorinstanz zurückzuverweisen, wenn dem Tatrichter wegen der Bindungswirkung nach § 358 Abs. 1 nur eine *einzige* Entscheidungsmöglichkeit bleibt, trifft hier regelmäßig nicht zu. Denn ein freisprechendes Urteil bietet im allgemeinen keine Gewähr dafür, daß die Feststellungen so vollständig und richtig sind, daß nur *ein* bestimmter Schuldspruch in Betracht kommt. Ferner ist zu bedenken, daß die Revision des Angeklagten gegen ein freisprechendes Urteil unzulässig ist (4 zu § 296). Er kann daher das Zustandekommen der Feststellungen nicht mit Verfahrensrügen bekämpfen. Ihm das zu verbieten, ihn aber trotzdem schuldig zu sprechen, wäre kein faires Verfahren (Müller-Sax 2a; Bode 26ff.). Schließlich erscheint es bedenklich, die Schöffen von dem Schuldspruch dadurch auszuschließen, daß der Tatrichter freispricht und das Revisionsgericht verurteilt. Die Änderung eines freisprechenden in ein verurteilendes Erkenntnis muß daher auf besondere Ausnahmefälle beschränkt bleiben. Sie kommt etwa in Betracht, wenn das tatrichterliche Urteil ergibt, daß der Angeklagte voll geständig und nur wegen eines Subsumtionsfehlers des Tatrichters entgegen seinen eigenen Erwartungen nicht für schuldig befunden worden ist. Unbedenklich kann die Ersetzung eines freisprechenden durch ein verurteilendes Erkenntnis mitunter auch sein, wenn der Freispruch in der Berufungsinstanz erfolgt ist, das Amtsgericht aber verurteilt hatte (OLG Oldenburg NdsRpfl. **1954** 116).

Die Ansichten zu dieser Frage sind geteilt. Die *Schuldspruchberichtigung* durch Verurteilung wird überwiegend, im Schrifttum sogar fast ausnahmslos für grundsätzlich unzulässig gehalten (BayObLGSt. **1960** 225 = JZ **1961** 506 m. Anm. Peters; KG JR **1957** 270 m. Anm. Sarstedt; OLG Saarbrücken VRS **21** 125; Kl 3; Müller-Sax 2a; EbSchmidt Nachtr. 54a; Hartung DRZ **1950** 219; Hülle NJW **1952** 411; Lüttger DRZ **1950** 349; Peters 584; eingehend dazu Batereau 57ff.). In der Rechtsprechung wird sie gelegentlich zugelassen (OLG Celle VRS **28** 32; KG JZ **1953** 644), teilweise recht unkritisch (OGH Köln MDR **1948** 303; OLG Frankfurt NJW **1953** 1363; OLG Koblenz VRS **43** 288, das sich in Übereinstimmung mit der herrschenden Ansicht glaubt). Der Bundesgerichtshof hat mitunter ein freisprechendes Urteil nur unter Aufrechterhaltung der Feststellungen aufgehoben (BGH NJW **1951** 325). Wenn gegen eine Verurteilung ausnahmsweise keine Bedenken bestehen, muß die Sache stets wegen der Strafzumessung an den Tatrichter zurückverwiesen werden, sofern das Revisionsgericht nicht nach § 354 Abs. 1 auf die gesetzlich niedrigste Strafe erkennt.

Die Verurteilung anstelle der Einstellung wegen eines Verfahrenshindernisses, das der Tatrichter zu Unrecht angenommen hat, begegnet geringeren Bedenken als die Ersetzung eines freisprechenden durch ein verurteilendes Erkenntnis. Sie ist immer dann zulässig, wenn das Urteil erkennen läßt, daß die Feststellungen vollständig sind (BGHSt. 3 73; BGH NJW 1952 1264; OLG Hamburg NJW **1962** 754).

II. Zurückverweisung der Sache (Absatz 2 und 3).

1. Zurückverweisung zur neuen Verhandlung und Entscheidung. Wenn das Revisionsgericht das Urteil ganz oder teilweise aufhebt, aber nicht selbst abschließend entscheidet, muß es die Sache im Umfang der Aufhebung zu neuer Verhandlung und Entscheidung an die Vorinstanz, unter Umständen auch an eine andere Instanz zurückverweisen. Dabei wird die Entscheidung über die Kosten der Revision dem Tatrichter überlassen, weil erst dessen neue Entscheidung dafür maßgebend ist, ob die Revision erfolgreich war (A III 5 zu § 473). Nach § 126 Abs. 3 kann das Revisionsgericht den Haftbefehl aufheben, wenn sich bei der Urteilsaufhebung ohne weiteres ergibt, daß die Voraussetzungen des § 120 Abs. 1 vorliegen.

Werden die Urteilsfeststellungen in vollem Umfang *aufgehoben* (§ 353 Abs. 2), so ist das Gericht bei der neuen Verhandlung zwar an die Aufhebungsansicht des Revisionsurteils (§ 358 Abs. 1), nicht aber in tatsächlicher Hinsicht an die bisherigen Verfahrensergebnisse gebunden. Die neue Verhandlung muß den ganzen Prozeßstoff erneut umfassen und darf sich nicht auf diejenigen Punkte beschränken, die Anlaß zur Aufhebung gewesen sind. Der Grundsatz des § 264 ist wieder maßgebend (RGSt. 5 134; RG LZ **1917** 210). Bei Dauerstraftaten und fortgesetzten Handlungen sind auch die Tatteile nach Verkündung des aufgehobenen Urteils zu berücksichtigen (RGSt. **66** 49).

Der Umfang der *Beweisaufnahme* ist von dem früheren Verfahren unabhängig. Es findet eine vollständig neue Verhandlung statt. Das Gericht darf jedoch darüber Beweis erheben, was die Zeugen in der früheren Verhandlung ausgesagt haben (BGH bei Dallinger MDR **1952** 18). Zum Zwecke der Feststellung, wie das frühere Gericht die Aussagen verstanden hat, darf das aufgehobene Urteil im Wege des Urkundenbeweises verlesen werden (BGHSt. **6** 142; BGH MDR **1955** 121; RGSt. **60** 297; RG HRR **1931** 1284).

Soweit die *Feststellungen aufrechterhalten* werden, darf das Gericht bei der neuen Entscheidung nicht von ihnen abweichen (BGHSt. 4 290) und keine ergänzenden Feststellungen treffen, die mit ihnen in Widerspruch stehen (BGHSt. **14** 38). Das gilt auch, wenn die neue Verhandlung ihre Unrichtigkeit ergibt (RGSt. 7 176; **9** 99; **10** 73; RGRspr. **3** 561; EbSchmidt 35). Bei Zurückverweisung nur im Strafausspruch dürfen die hierzu getroffenen Feststellungen denen zur Schuldfrage nicht widersprechen (BGHSt. 7 287 = JZ 1955 428 m. Anm. Niethammer = MDR 1955 433 m. Anm. Kleinknecht; BGHSt. 24 275; BGH NJW 1956 1845; 1962 60; BGH GA 1959 305; BGH bei Dallinger MDR 1951 406; RGSt. 20 411; 42 244; 45 150; RG JW 1923 14 m. Anm. Stein; RG GA 55 116; BayObLGSt. 1959 153; OLG Braunschweig NJW 1950 38; OLG Celle VRS 14 65; Meister MDR 1950 716). Ist ein Urteil nur zur Strafaussetzungsfrage aufgehoben, so dürfen die hierzu ergänzend getroffenen Feststellungen denen zum rechtskräftigen Schuld- und Strafausspruch nicht widersprechen (BGH LM Nr. 30 zu § 23 StGB).

In der neuen Hauptverhandlung muß das *Revisionsurteil* zur Feststellung einer Bindungswirkung nach § 358 Abs. 1 erörtert, braucht aber nicht förmlich verlesen zu werden (RGSt. 21 436; Kl 1 zu § 358; EbSchmidt 7 zu § 358). Eine Verlesung des aufgehobenen Urteils ist zulässig (BGH bei Dallinger MDR 1958 15; RG JW 1931 2825 m. Anm. Mannheim; RG HRR 1930 2187; RG Recht 1918 Nr. 653). Wenn das Urteil im Strafausspruch aufgehoben worden ist, müssen die Schuldfeststellungen durch Verlesung oder durch eine andere Art der Bekanntgabe in die Verhandlung eingeführt werden (BGH NJW 1962 60). Das Gericht muß auch sonst bei jeder Teilaufhebung in der neuen Verhandlung über den derzeitigen Stand des Verfahrens ins Bild gesetzt werden (BGH bei Dallinger MDR 1958 15).

Die *Feststellungen des neuen Urteils* dürfen sich an die des aufgehobenen Urteils anlehnen, wenn die neue Verhandlung ihre Richtigkeit ergeben hat (BGH bei Dallinger MDR 1957 653). Der Text des aufgehobenen Urteils darf in diesem Umfang wörtlich übernommen werden (BGH bei Dallinger MDR 1958 15). Eine Bezugnahme oder Verweisung auf die aufgehobenen Feststellungen ist jedoch unzulässig (BGHSt. 24 275; BGH NJW 1951 413; 1962 60; BGH JR 1956 307; RG JW 1934 44; 1938 1814; RG DRiZ 1931 Nr. 135; BayObLGSt. 1959 71; OLG Bremen NJW 1964 739; OLG Gera HESt. 1 190; a. A. KG JW 1938 513; OLG Saarbrücken NJW 1960 590; s. a. 2b zu § 267).

Die neue Entscheidung muß *keine Sachentscheidung* sein. Die Notwendigkeit anderweiter Verhandlung und Entscheidung entfällt, wenn eine Beendigung des Verfahrens aufgrund anderer Vorschriften zulässig ist und im Einzelfall geboten erscheint. Daher ist die Verfahrenseinstellung nach §§ 153ff. zulässig (RGSt. 66 237; Kl 5; EbSchmidt 39).

2. Zurückverweisung an eine andere Abteilung oder Kammer oder an einen anderen Senat (Absatz 2).

a) **Allgemeines.** Bis 1965 durfte das Revisionsgericht die Sache nach seinem Ermessen an denselben Spruchkörper oder an eine andere Abteilung oder Kammer desselben Gerichts zurückverweisen. Nach der Änderung des § 354 Abs. 2 durch das StPÄG ist die Zurückverweisung an einen anderen Spruchkörper *zwingend vorgeschrieben.* Damit soll der Erfahrungstatsache Rechnung getragen werden, daß der Angeklagte einem Richter, der bereits an dem früheren Urteil mitgewirkt hat, oft mit Mißtrauen begegnet (OLG Hamm GA 1971 186). Das Revisionsgericht bestimmt in seinem Urteil den anderen Spruchkörper nicht. Es verweist die Sache nur allgemein an eine andere Abteilung oder Kammer oder an einen anderen Senat zurück (Müller-Sax 6d; EbSchmidt Nachtrag 26), wobei unter der anderen Abteilung des Amtsgerichts eine ebenso wie die frühere besetzte (Einzelrichter, Schöffengericht, erweitertes Schöffengericht) zu verstehen ist (EbSchmidt Nachtr. 26). Der § 354 Abs. 2 zwingt die Gerichtspräsidien, in den Geschäftsverteilungsplänen die anderen Spruchkörper für den Fall der Zurückverweisung durch das Revisionsgericht zu bezeichnen (OLG Saarbrücken MDR 1970 347; Kleinknecht 9 A und JZ 1965 161).

b) Um eine **andere Abteilung** handelt es sich auch dann, wenn sie mit derjenigen, an deren Stelle sie nach § 354 Abs. 2 treten soll, eine gemeinsame Geschäftsstelle hat: die Abteilung im Sinne der Vorschrift hat mit der büromäßigen Organisation der Gerichte nichts zu tun (OLG Hamm NJW 1968 1438; OLG Koblenz NJW 1968 2393). Schwurgerichte sind keine „Kammern“ im Sinne des § 354 Abs. 2; außerdem treten sie nur nach Bedarf zusammen (§ 79 GVG) und sind regelmäßig nicht mehr vorhanden, wenn die zurückverwiesene Sache neu zu verhandeln ist, Das Revisionsgericht verweist daher nicht an ein anderes, sondern nur „an das Schwurgericht“ zurück (BGHSt. 20 252; 21 192; Eb. Schmidt Nachtr. 26; a. A. Kl 6 D).

c) **Mitwirkung des früheren Richters.** Ob die Neufassung des § 354 Abs. 2 es *schlechthin ausschließt,* daß an der neuen Entscheidung die früheren Richter mitwirken, ist streitig. Wortlaut und Entstehungsgeschichte der Vorschrift zeigen, daß das Gesetz die Mitwirkung der früher tätig gewesenen Richter im Grundsatz, nicht aber im Einzelfall verhindern will. Die Gesetzesänderung geht auf eine Anregung der Anwaltschaft zurück, der ein Ausschließungsgrund entsprechend § 23 vorschwebte (Dahs sen. NJW **1966** 1692). So weit ist der Gesetzgeber nicht gegangen. Er wollte zwar sicherstellen, daß die neue Verhandlung *möglichst* in die Hände von Richtern gelegt wird, die mit der Sache vorher nicht befaßt waren. Die Mitwirkung der früheren Richter hat er aber nicht allgemein untersagt, sofern nur der Spruchkörper, dem sie nunmehr angehören, nicht derselbe ist, der früher entschieden hat. Daß der Gesetzgeber damit einen „bemerkenswert schlechten Kompromiß" geschlossen hat (so Hanack NJW **1967** 580), daß ihm eine in Halbheiten und Unklarheiten steckengebliebene Fehlleistung vorzuwerfen ist (so EbSchmidt Nachtr. 24), kann nicht zugegeben werden. Der Gesetzgeber sieht nur, und zwar mit Recht, in der Mitwirkung des früheren Richters an der neuen Verhandlung keinen *so* schweren Nachteil für den Angeklagten, wie es seine Kritiker tun. Der § 354 Abs. 2 braucht sich für den Angeklagten keineswegs immer günstig auszuwirken (BGH GA **1967** 372). Insbesondere bei der Revision der Staatsanwaltschaft gegen ein freisprechendes Urteil wäre es für den Angeklagten fast immer günstiger, erneut vor den Richter zu gelangen, der ihn freigesprochen hatte.

Die Rechtsprechung unter Führung des Bundesgerichtshofs legt den neu gefaßten § 354 Abs. 2 nahezu einhellig in diesem Sinne aus. Sie geht davon aus, daß das Gesetz die Zurückverweisung an „andere", nicht an „anders besetzte" Abteilungen, Kammern und Senate verlangt und die erneute Mitwirkung der Richter und Schöffen aus dem früheren Verfahren, etwa als Vertreter im Verhinderungsfall oder infolge einer Änderung des Geschäftsverteilungsplans, bewußt in Kauf nimmt (BGHSt. **20** 252; **21** 144 m. Anm. Hanack NJW **1967** 580; BGHSt. **24** 337; BGH NJW **1966** 1718; **1967** 2217; BGH GA **1968** 372; OLG Celle NJW **1966** 168, 1723; OLG Hamm NJW **1966** 362; JMBlNRW **1967** 103; VRS **31** 56; GA **1971** 186; OLG Köln MDR **1967** 321; OLG Saarbrücken MDR **1970** 347). Auch im Schrifttum wird diese Ansicht überwiegend vertreten (Kl 5; EbSchmidt Nachtr. 25; Dahs sen. NJW **1966** 1692; Petermann Rpfleger **1965** 70). Insbesondere hat sich auch dort die Meinung nicht durchgesetzt, der frühere Richter sei in sinngemäßer Anwendung des § 23 von der Mitwirkung ausgeschlossen (so nur Zeitz DRiZ **1965** 393, der eine unklare Fassung des Gesetzes behauptet; das Gegenteil ist evident; dazu auch III 3 zu § 23).

Die Vorschrift des § 354 Abs. 2 gibt keinen Verhinderungsgrund und zwingt daher nicht zu einer Vertreterbestellung (EbSchmidt Nachtr. 25; Dahs sen. NJW **1966** 1697; **a. A.** Müller-Sax 6d; Kleinknecht JZ **1965** 161). Sie führt auch zu keiner „Befangenheit kraft Gesetzes". Die regelmäßige Anwendung des § 24 würde auf eine unzulässige entsprechende Anwendung des § 23 hinauslaufen (BGHSt. **21** 145 m. Anm. Hanack NJW **1967** 580, der eine „Neuüberdenkung" des § 24 fordert; BGHSt. **21** 342; BGH GA **1968** 372; OLG Celle NJW **1966** 169; Kl 5, 9 B; a. A. LG Münster NJW **1966** 1723; Dahs sen. NJW **1966** 1696; Dahs-Dahs 468). Das schließt nicht aus, daß im Einzelfall wegen der Mitwirkung des Richters an dem früheren Urteil ein Grund zur Ablehnung wegen Befangenheit bestehen kann (EbSchmidt Nachtr. 25), etwa wenn in dem aufgehobenen Urteil abträgliche Werturteile über den Angeklagten die Strafzumessung unzulässig beeinflußt haben (BGHSt. **24** 338 = JZ **1973** 33 m. Anm. Arzt). Daß hier § 24 anzuwenden ist, folgt jedoch nicht aus § 354 Abs. 2, sondern entspricht der Rechtslage vor seiner Abänderung durch das StPÄG. Eine Selbstablehnung des Richters (§ 30) wegen seiner früheren Mitwirkung kommt nicht in Betracht (Kl 9 B; EbSchmidt Nachtr. 25).

Das alles gilt auch, wenn der neue Spruchkörper, an den zurückverwiesen worden ist, nicht einmal überwiegend aus anderen Richtern besteht (anders LG Ulm NJW **1966** 513). Derselbe Einzelrichter darf wieder tätig werden (OLG Hamm GA **1971** 186; OLG Saarbrücken MDR **1970** 347), und auch die Besetzung der Strafkammer, des Schwurgerichts und des Strafsenats darf ganz oder überwiegend dieselbe sein wie in der früheren Verhandlung. Der Bundesgerichtshof hat es dementsprechend nicht beanstandet, daß bei einer Schwurgerichtsverhandlung drei Mitglieder des Gerichts schon an dem aufgehobenen Urteil mitgewirkt hatten (BGHSt. **24** 336). Dem Sinn der gesetzlichen Regelung wird allerdings besser entsprochen, wenn durch die Geschäftsverteilung eine erneute Mitwirkung der Richter und Schöffen nach Möglichkeit ausgeschlossen wird.

3. **Zurückverweisung bei Berufungsurteilen.** Wird ein Berufungsurteil aufgehoben, dann darf grundsätzlich nur an das Berufungsgericht, nicht an das Amtsgericht zurückverwiesen werden. Doch finden Ausnahmen von diesem Grundsatz statt. An eine andere Abteilung des Amtsgerichts wird zurückverwiesen, wenn das Berufungsgericht so schon nach § 328 Abs. 2 hätte verfahren müssen (RGSt. **63** 346; BayObLGSt. **1952** 110 = MDR **1952** 631 m. Anm. Mittelbach; Müller-Sax 6c; EbSchmidt Nachtr. 28). Das gilt nicht, wenn das Berufungsgericht die Möglichkeit der Zurückverweisung ganz übersehen hatte (BayObLGSt. **1957** 11). An das Amtsgericht ist die Sache auch zurückzuverweisen, wenn es den Einspruch gegen einen Strafbefehl zu Unrecht nach § 412 Abs. 1 verworfen hat und wenn auch die Berufung gegen dieses Urteil verworfen worden ist (OLG Dresden JW **1929** 285 m. Anm. Oetker; KG JW **1931** 2525; OLG Köln GA **1955** 60; Eb. Schmidt Nachtr. 30). Der Fall, daß das Berufungsgericht die Unzuständigkeit des Einzelrichters übersehen hat, ist bei 2 zu § 355 erörtert.

4. **Nachtragsentscheidungen** nach §§ 453ff. trifft das Gericht, dessen Urteil aufgehoben worden ist, nicht das Gericht, an das die Sache zu neuer Verhandlung und Entscheidung zurückverwiesen worden ist (OLG Celle NdsRpfl. **1955** 39; **1958** 219; OLG Düsseldorf MDR **1958** 941; OLG Hamm Rpfleger **1956** 339; OLG Köln NJW **1972** 1291; OLG München MDR **1957** 53; Kl 9 A; Müller-Sax 6d; a. A. wegen der Neufassung des § 354 Abs. 2: OLG Frankfurt NJW **1972** 1065; Raacke NJW **1966** 1697).

5. **Zurückverweisung an ein anderes Gericht gleicher Ordnung.** Im Ermessen des Revisionsgerichts liegt es, ob es statt an einen anderen Spruchkörper desselben Gerichts an ein anderes Gericht zurückverweist. Anlaß dazu wird etwa bestehen, wenn das Landgericht nur eine Strafkammer hat, so daß nicht an eine andere Kammer zurückverwiesen werden kann (Kl 6 C; Müller-Sax 6d; der Fall sollte nicht vorkommen), oder wenn ein aufsehenerregender Straffall am Sitz des Gerichts schon so lange Gegenstand öffentlicher Erörterung war, daß die Entscheidung durch ein Gericht, das auch räumlich Abstand von der Sache hat, vorzuziehen ist (Kl 7 A; EbSchmidt Nachtr. 27; Seibert NJW **1963** 431). Verfassungsrechtliche Bedenken dagegen, daß in solchen Fällen das Revisionsgericht nach seinem Ermessen das zuständige Gericht bestimmt, bestehen nicht (BVerfGE **20** 336 = NJW **1967** 99; EbSchmidt Nachtr. 27; a. A. Bettermann JZ **1959** 17, der einen Verstoß gegen Art. 101 Abs. 1 Satz 2 nachgewiesen zu haben glaubt).

Benachbart muß das Gericht, an das zurückverwiesen wird, nicht sein (Kl 7 B; EbSchmidt Nachtr. 27); es muß aber zu demselben Bundesland gehören. In den Stadtstaaten, die nur ein Landgericht haben, ist eine Zurückverweisung an ein anderes Landgericht daher nicht möglich (BGHSt. **21** 192). Bei Zurückverweisung durch den Bundesgerichtshof braucht das neue Gericht nicht demselben Oberlandesgerichtsbezirk anzugehören wie das frühere (Seibert NJW **1968** 1317). Ist dem Oberlandesgericht, das als Revisionsgericht entscheidet, nur ein einziges Landgericht nachgeordnet, kann nur an dieses, nicht an ein Landgericht zurückverwiesen werden, das einem anderen Oberlandesgericht untersteht (3 vor § 7). Das Oberlandesgericht kann sich nicht auf diese Art von der Last der etwa später erforderlich werdenden neuen Revisionsentscheidung befreien (OLG Braunschweig JZ **1951** 235 m. Anm. Schönke; Kl 7 B). Bei Schwurgerichtsurteilen ist eine andere Zurückverweisung als „an das Schwurgericht" nicht möglich; an ein anderes Schwurgericht kann auch hier nicht zurückverwiesen werden (vgl. oben II 2b). Eine Strafkammer am Sitz des Landgerichts ist im Verhältnis zu der auswärtigen Strafkammer (§ 78 GVG) ein anderes Gericht (BGH bei Dallinger MDR **1958** 566; RGSt. **17** 320; RG JW **1917** 112; RG LZ **1917** 1331).

6. **Zurückverweisung an ein Gericht niederer Ordnung (Absatz 3).** Der Sinn des § 354 Abs. 3 besteht darin, daß ein höheres Gericht nicht mit einer Sache befaßt werden soll, zu deren Erledigung die Zuständigkeit eines niederen Gerichts ausreicht (BGHSt. **14** 68; KG JR **1965** 393). Von der Verweisung an das sachlich zuständige Gericht nach § 355 unter-

scheidet sich die Zurückverweisung nach § 354 Abs. 3 dadurch, daß hier das Gericht, dessen Urteil angefochten ist, sachlich zuständig war und an sich auch bleibt. Das Revisionsgericht verweist die Sache nur aus *Zweckmäßigkeitsgründen* an ein Gericht mit niederer sachlicher Zuständigkeit, nicht, wie bei § 355, weil nur dieses andere Gericht zuständig ist.

Die Zurückverweisung nach § 354 Abs. 3 kommt in Betracht, wenn die Umstände, die die Zuständigkeit des höheren Gerichts begründet haben, von vornherein nicht bestanden haben oder wegen der Entscheidung des Revisionsgerichts nach der Zurückverweisung keine Rolle mehr spielen (BGHSt. 14 68). Das ist der Fall, wenn wegen nunmehr eingetretener Teilrechtskraft oder wegen einer anderen rechtlichen Beurteilung der Tat durch das Revisionsgericht die Zuständigkeit eines Gerichts niederer Ordnung gegeben ist. War die Zuständigkeit der Strafkammer nur deshalb begründet, weil eine die Strafgewalt des Amtsgerichts übersteigende Straferwartung bestand (§§ 24 Abs. 2, 74 GVG), so kann an das Amtsgericht zurückverwiesen werden, wenn eine so hohe Strafe wegen des Verbots der Schlechterstellung nicht mehr in Betracht kommt (BGH bei Herlan GA **1959** 338). Das Revisionsgericht ist schon wegen § 269 zur Zurückverweisung an ein Gericht niederer Ordnung nicht verpflichtet (Kl 8). Hat aber anstelle des ausschließlich zuständigen Einzelrichters das Schöffengericht entschieden, so verweist das Revisionsgericht die Sache an den Einzelrichter zurück (KG JR **1965** 393). Nicht unter § 354 Abs. 3 fällt die Zurückverweisung in dem Fall, daß bei Verbindung von Strafsachen gegen Erwachsene und Nichterwachsene nach §§ 103, 112 JGG das Verfahren gegen den Erwachsenen oder Nichterwachsenen rechtskräftig abgeschlossen ist (vgl. hierzu 3 zu § 355).

Eine Strafkammer ist niederer Ordnung als das Schwurgericht (OGHSt. 2 350). Die Zurückverweisung an sie wird in Frage kommen, wenn das Schwurgerichtsurteil nur noch durch eine Entscheidung nach § 42b StGB zu ergänzen (BGH MDR **1959** 680), wenn nur noch über die Einziehung der Tatwerkzeuge zu entscheiden ist (RGSt. **70** 341) oder wenn das Revisionsgericht das Urteil nur wegen in Tatmehrheit begangener Straftaten aufhebt, die zur Zuständigkeit der Strafkammer gehören (BGH VRS 35 266). Ist die Schuldfrage noch nicht endgültig geklärt, muß aber immer an das Schwurgericht zurückverwiesen werden (BGHSt. **14** 68). Stellt sich heraus, daß die Tat nach einer Vorschrift zu bestrafen ist, für deren Aburteilung das Schwurgericht nicht nach § 80 GVG zuständig ist, so kann das Revisionsgericht die Sache, je nachdem, ob es eine besondere Bedeutung annimmt oder nicht, an das Amtsgericht oder an das Landgericht zurückverweisen (BGH bei Dallinger MDR **1954** 152).

Eine Strafkammersache kann an das Schöffengericht zurückverwiesen werden, wenn der Angeklagte, dessen Tat die Zuständigkeit des Landgerichts begründet hat, rechtskräftig verurteilt und nur noch über die Taten der Gehilfen zu entscheiden ist. Das Revisionsgericht kann auch dann an den Einzelrichter zurückverweisen, wenn dessen Zuständigkeit an sich nach § 25 Abs. 2 Buchst. c GVG davon abhängt, ob die Staatsanwaltschaft bei ihm Anklage erhebt (BGH bei Dallinger MDR **1953** 274; EbSchmidt 32). Verweist der Bundesgerichtshof eine Strafkammersache an das Schöffengericht zurück, so kann, wenn der Angeklagte gegen dessen Urteil Berufung einlegt, dieselbe Kammer über das Rechtsmittel entscheiden, die das erste Urteil gefällt hat (OLG Celle NJW **1966** 1723).

§ 354 a

Das Revisionsgericht hat auch dann nach § 354 zu verfahren, wenn es das Urteil aufhebt, weil zur Zeit der Entscheidung des Revisionsgerichts ein anderes Gesetz gilt als zur Zeit des Erlasses der angefochtenen Entscheidung.

Entstehungsgeschichte: Die Vorschrift wurde eingefügt durch Art. 8 § 1 des Gesetzes zur Änderung von Vorschriften des Strafverfahrens und des Gerichtsverfassungsgesetzes vom 28. 6. 1935 (RGBl. I 844). Nach dem Kriege wurde sie in der früheren amerikanischen und britischen Besatzungszone zunächst gestrichen (vgl. dazu DOG NJW **1950** 149). Art. 3 Nr. 149 VereinhG führte sie wieder ein.

Schrifttum: Dünnebier, Der Begriff der Aburteilung in § 2 Abs. 2 StGB, JZ **1953** 726; Hardwig, Berücksichtigung der Änderung eines Strafgesetzes in der Revisionsinstanz bei Vorliegen eines rechtskräftigen Schuldspruchs, JZ **1961** 364.

1. **Rechtslage bis 1935.** Bis zur Einfügung der Vorschrift durch das Gesetz vom 28. 6. 1935 beschränkten sich die Revisionsgerichte auf die Prüfung, ob der Tatrichter das sachliche Recht auf den festgestellten Sachverhalt richtig angewendet hatte (RGSt. 22 351; **41** 178; **46** 339; **61** 135; 65 238; **67** 149; RG GA **47** 165). Maßgebend dafür war der Zeitpunkt des angefochtenen Urteils, der „Aburteilung" durch den Tatrichter (§ 2 Abs. 2 StGB i. d. F. bis zum 28. 6. 1935). Später eingetretene sachliche Rechtsänderungen blieben außer Betracht. Nur bei Aufhebung und Zurückverweisung aus anderen Rechtsgründen hatte der Tatrichter bei der neuen Entscheidung das mildere Recht anzuwenden; denn nunmehr kam es erneut zur „Aburteilung". Eine Ausnahme im Revisionsverfahren galt für den Fall, daß der Tatrichter eine Rechtsansicht vertreten hatte, die bei der Aburteilung zwar unzutreffend war, danach aber gesetzlich anerkannt wurde. Solche Rechtsverstöße konnte das Revisionsgericht unbeanstandet lassen (RGSt. **51** 47; **53** 13; RG JW **1918** 52; RG GA **64** 554); denn andernfalls hätte der Tatrichter in der neuen Hauptverhandlung Recht anwenden müssen, das dem inzwischen geltenden Recht widersprach.

2. **Das Gesetz vom 28. Juni 1935** fügte § 354a zugleich mit der Abänderung des sachlichen Strafrechts durch das Gesetz vom selben Tage (RGBl. I 839) ein. Durch § 2a Abs. 2 StGB i. d. F. dieses Gesetzes wurde die Anwendung des milderen Rechts dem Richter nicht, wie bis dahin durch § 2 Abs. 2 StGB, zwingend vorgeschrieben, sondern in sein Ermessen gestellt. Der Wortlaut des Gesetzes wurde ferner dahin geändert, daß es nicht mehr auf eine Gesetzesänderung zur Zeit der „Aburteilung", sondern zur Zeit der „Entscheidung" ankam. Da § 354a zur Anpassung des Revisionsrechts an das so geänderte materielle Recht eingefügt worden war, galt der Grundsatz, daß bei Änderung des Gesetzes das mildere Recht (Sicherungsmaßregeln wurden durch § 2a Abs. 2 StGB ausgenommen) angewendet werden konnte, nunmehr auch für das Revisiongericht. Wie der Tatrichter war es *berechtigt*, aber *nicht verpflichtet*, jede spätere Rechtsmilderung in dem Revisionsurteil noch zur Geltung zu bringen; es durfte damit über seine eigentliche Aufgabe der Rechtsnachprüfung hinausgreifen.

3. **Jetzige Rechtslage.** Im sachlichen Recht kehrte die Neufassung des § 2 StGB durch das 3. StRÄndG vom 4. 8. 1953 wieder zu der bis 1935 geltenden Fassung zurück; bei Gesetzesverschiedenheit zwischen Tat und „Aburteilung" *muß* das mildeste Gesetz angewendet werden (§ 2 Abs. 2 Satz 2 StGB). Da jedoch § 354a unverändert bestehen blieb, entstanden Zweifel, ob auch das Revisionsgericht zur Beachtung von Gesetzesänderungen verpflichtet oder nach wie vor nur berechtigt ist. Das hängt davon ab, ob § 2 Abs. 2 StGB mit „Aburteilung" auch (wie zuvor § 2a Abs. 2 StGB) die Entscheidung des Revisionsgerichts meint. Die Frage wurde von einigen Gerichten zunächst verneint (BGHSt. **6** 33; BGH NJW **1954** 39 Nr. 15; OLG Celle GA **1953** 185). Die herrschende Ansicht ging jedoch alsbald dahin, daß die Anwendung des milderen Gesetzes auch in der Revisionsinstanz zwingend ist (BGHSt. **5** 208; **6** 192, 258; **18** 18; BGH NJW **1953** 1800, 1839; **1954** 39 Nr. 16; **1955** 1406; BayObLGSt. **1961** 23 = NJW **1961** 689; BayObLG MDR **1972** 443, 629; OLG Braunschweig NJW **1953** 1762; OLG Schleswig SchlHA **1953** 293). Die Zweifel an der Richtigkeit dieser Rechtsansicht können heute als überwunden gelten. Insbesondere haben sich nunmehr alle Strafsenate des Bundesgerichtshofs der herrschenden Meinung angeschlossen (vgl. BGHSt. **20** 78, 117; BGH NJW **1973** 67). Im Schrifttum wird sie einhellig vertreten (Kl 1; Müller-Sax 1a; Dreher 2 A h zu § 2 StGB; Lackner-Maassen 3b; LK-Tröndle 70; Schönke-Schröder 53; alle zu § 2 StGB; Maurach AT § 12 III A; Dünnebier JZ **1953** 726; Hardwig JZ **1961** 634; Maassen MDR **1954** 3; Mittelbach JR **1961** 353; Sarstedt 267).

4. **Die im Revisionsverfahren zu beachtenden Gesetzesänderungen** sind diejenigen, die der Tatrichter nach § 2 Abs. 2 StGB zugunsten des Angeklagten zu berücksichtigen hat (dazu ausführlich LK-Tröndle 39ff. zu § 2 StGB). Die Gesetzesänderung führt schon dann zur Aufhebung des Urteils, wenn nicht auszuschließen ist, daß sie sich auf die tatrichterliche Entscheidung ausgewirkt hätte (BayObLG OLGSt. § 354a S. 5). Wird ein Straftatbestand in eine Bußgeldvorschrift umgewandelt, so ist § 82 Abs. 1 OWiG sinngemäß anzuwenden (BayObLGSt. **1969** 17 = JR **1969** 350 m. Anm. Kohlhaas; OLG Oldenburg MDR **1972** 346; Göhler 11 C b zu § 82 OWiG). Zu beachten sind auch Ge-

setzesänderungen, die nur den Strafausspruch betreffen (BGHSt. 5 208; 6 192, 258; BGH NJW **1953** 1800, 1839; **1954** 39 Nr. 16; **1955** 1406; OLG Braunschweig NJW **1953** 1762). Ist der Schuldspruch bereits rechtskräftig, so ist eine Änderung der Rechtslage zu berücksichtigen, die darin besteht, daß die von dem Tatrichter angewendete Strafvorschrift aufgehoben und durch eine neue ersetzt worden ist, die eine mildere Strafandrohung enthält (BGHSt. 20 118; Kl 1; Müller-Sax 1a). Die Rechtskraft des Schuldspruchs hindert ferner nicht die Beachtung einer Gesetzesänderung, durch welche die Strafbarkeit ganz entfällt. Es wäre widersinnig, dem Angeklagten jede beliebige Milderung, aber nicht die äußerste Milderung, nämlich die Aufhebung der Strafbarkeit zugutekommen zu lassen, nur weil ein rechtskräftiger Schuldspruch vorliegt (BGHSt. 20 119; BayObLGSt. **1961** 23 = JR **1961** 351 m. Anm. Mittelbach; Kl 1; EbSchmidt Nachtr. 4; Hardwig JZ **1961** 364). Das alles setzt jedoch voraus, daß der Angeklagte in zulässiger Weise die Sachrüge erhoben hat. Werden nur Verfahrensrügen erhoben, so prüft das Revisionsgericht die sachliche Rechtsanwendung nicht nach. Auch der Wegfall der Strafbarkeit ist deshalb ohne Sachrüge nicht zu beachten (anders Küper JR **1970** 273).

5. **Verfahrensvoraussetzungen und Verfahrensrecht** sind keine Gesetze im Sinne des § 354a. Wird eine Verfahrensvoraussetzung im Laufe eines Verfahrens neu geschaffen, so ist sie ebenso von Amts wegen zu beachten, wie wenn sie von vornherein bestanden hätte (RGSt. 46 269; BayObLGSt. **1961** 214 = NJW **1961** 2269; OLG Hamm NJW **1970** 578). Wird die Vorschrift, die sie begründet, nach Einleitung des Verfahrens beseitigt, so ist die Verfolgung vom Inkrafttreten der Änderung an ebenso zulässig, wie wenn ihr von Anfang an kein Hindernis entgegengestanden hätte (BGHSt. **20** 27; **21** 369; RGSt. **75** 311; **76** 64, 161, 327; **77** 106, 160, 183; OLG Hamm NJW **1961** 2030). Neues Verfahrensrecht erfaßt bereits anhängige Verfahren in der Lage, in der sie sich bei Inkrafttreten der neuen Vorschriften befinden. Auf vor ihrem Inkrafttreten stattgefundene Verfahrenshandlungen ist die gesetzliche Neuregelung ohne Einfluß (BayObLGSt. **1954** 92 = MDR **1955** 123). Anhängige Verfahren sind nach den neuen Bestimmungen weiterzuführen (BVerfGE **1** 6; **11** 146; BGHSt. **22** 325; BGH GA **1971** 86; OLG Düsseldorf NJW **1969** 1221; OLG Köln NJW **1953** 1156; EbSchmidt 3; LK-Tröndle 48ff. zu § 2 StGB). Ein Verstoß des Tatrichters gegen das zur Zeit der Aburteilung geltende Verfahrensrecht ist unschädlich, wenn die betreffende Vorschrift vor der Entscheidung des Revisionsgerichts aufgehoben oder so abgeändert wird, daß das Verfahren des Tatrichters ihr entspricht (RGSt. 55 180; **74** 373; RG DR **1940** 1281, 2067; OLG Saarbrücken HESt. **3** 70 = DRZ **1948** 31 m. Anm. Niethammer; Kl 3; Müller-Sax 3; EbSchmidt 3; Peters 583).

§ 355

Wird ein Urteil aufgehoben, weil das Gericht des vorangehenden Rechtszuges sich mit Unrecht für zuständig erachtet hat, so verweist das Revisionsgericht gleichzeitig die Sache an das zuständige Gericht.

Bezeichnung bis 1924: § 395.

1. **Anwendungsbereich.** Die Vorschrift regelt die Zurückverweisung der Sache durch das Revisionsgericht für den Fall, daß sich das Gericht des vorangehenden Rechtszuges mit Unrecht für zuständig erachtet hat. Sie steht in engem Zusammenhang mit § 338 Nr. 4 (RGSt. **40** 359). Eine entsprechende Regelung enthält § 328 Abs. 3 für das Berufungsverfahren. Im Verhältnis zu § 354 Abs. 2 ist § 355 eine Spezialbestimmung (OLG Saarbrücken JBl. Saar **1964** 15). Von der Regelung des § 354 Abs. 3 unterscheidet sich die Vorschrift dadurch, daß die Verweisung an das zuständige Gericht nicht nur aus Zweckmäßigkeitsgründen erfolgt. sondern wegen der zwingenden Vorschriften über die sachliche und örtliche (RGSt. **40** 359; EbSchmidt 13) Zuständigkeit.

Die Bestimmung ist nicht nur anzuwenden, wenn das Fehlen der sachlichen oder örtlichen Zuständigkeit der Grund für die Urteilsaufhebung ist. Sie findet vielmehr auch Anwendung. wenn das Urteil wegen eines sachlichrechtlichen Mangels aufgehoben wird, die Sache jedoch vor ein Gericht höherer Ordnung gehört (RGSt. **10** 195; **14** 28). Denn an ein unzuständiges Gericht darf sie auch dann nicht zurückverwiesen werden. Die Entscheidung des höheren anstelle des niederen Gerichts hat wegen § 269 keine Folgen (Kl 1 A).

2. **Zu Unrecht für zuständig erachtet** hat sich der Tatrichter, wenn seine Zuständigkeit bei *objektiver Beurteilung* nicht bestand (RGSt. 6 314; 74 140; EbSchmidt 14). Auf seine eigene rechtliche Beurteilung kommt es nicht an. Wenn der Tatrichter seine Strafgewalt im Urteil überschritten hat, bei zutreffender rechtlicher Würdigung aber sachlich zuständig war, verfährt das Revisionsgericht daher nach § 354, nicht nach § 355 (OLG Celle JR **1950** 414; EbSchmidt 14). Umgekehrt ist § 355 anzuwenden, wenn die Strafkammer irrtümlich von einem Sachverhalt ausgegangen ist, dessen Aburteilung in ihre Zuständigkeit fällt, während in Wahrheit das Schwurgericht zuständig war (RG HRR **1939** 1285). Hat anstelle des zuständigen Jugendschöffengerichts der Jugendrichter entschieden, so kann die Sache aber an diesen zurückverwiesen werden, sofern sie nur noch in einem Nebenpunkt anhängig bleibt (BayObLGSt. **1962** 85). Richtet sich die Revision gegen ein Berufungsurteil der kleinen Strafkammer und hatte bereits der Einzelrichter seine sachliche Zuständigkeit zu Unrecht angenommen, so kann das Revisionsgericht die Sache unmittelbar an das zuständige Schöffengericht zurückverweisen (OLG Hamburg GA 71 114 = JR Rspr. **1926** Nr. 1096; OLG Naumburg HRR **1931** 1410; OLG Saarbrücken JBl. Saar **1964** 15; Müller-Sax 6c zu § 354; EbSchmidt Nachtr. 29; **a. A.** OLG Breslau GA 71 63; OLG Dresden JW **1925** 2811; **1928** 838; 3013 jeweils m. Anm. Mannheim, die eine Zurückverweisung an das Berufungsgericht, das dann nach § 328 Abs. 3 weiter zurückzuverweisen hat, für erforderlich halten).

3. Unter **Zuständigkeit im Sinne des § 355** ist auch die besondere Zuständigkeit der Jugendgerichte und der Strafkammer nach § 74a GVG zu verstehen. Erhebt der Beschwerdeführer zu Recht die Rüge, gegen diese Zuständigkeitsregelung sei verstoßen worden, so verweist das Revisionsgericht die Sache nach § 355 an das zuständige Gericht. Waren Verfahren gegen Erwachsene und Jugendliche oder Heranwachsende nach §§ 103, 112 JGG zur gemeinsamen Aburteilung verbunden und wird durch das Revisionsurteil die Sache gegen die Erwachsenen oder gegen die Nichterwachsenen rechtskräftig abgeschlossen, während das Urteil im übrigen aufgehoben wird, so steht es nicht im Ermessen des Revisionsgerichts, ob es die Sache an das Jugendgericht oder an das Erwachsenengericht zurückverweist (anders Kl 8 zu § 354). Denn durch die Teilrechtskraft wird die Verfahrensverbindung getrennt, und nunmehr richtet sich die Zuständigkeit des Tatrichters danach, ob das Verfahren gegen Erwachsene oder Nichterwachsene weiterzuführen ist. Nur in dem zuletzt genannten Fall darf daher an das Jugendgericht zurückverwiesen werden (BGHSt. 13 160; BGH LM Nr. 1 zu § 103 JGG). In Zweifelsfällen darf das Revisionsgericht Ermittlungen über das Alter eines Angeklagten führen (BGH NJW **1957** 1370).

4. **Verweisung.** Das Revisionsgericht verweist die Sache an das sachlich zusändige Gericht seines Bezirks (Kl 1 A). Eine Verweisung an ein örtlich zuständiges Gericht, das nicht zu seinem Gerichtsbezirk gehört, kommt nur in Betracht, wenn innerhalb dieses Bezirks kein Gerichtsstand nach §§ 7ff. begründet ist (Kl 1 B).

Die Verweisung erfolgt durch Urteil, nicht durch Beschluß nach § 270. Dabei ist jedoch die Form einzuhalten, die für Verweisungsbeschlüsse nach dieser Vorschrift bestimmt ist (RGSt. **10** 195; **61** 326; **69** 157; Müller-Sax 2a). Bei der Verweisung bildet die Bezeichnung der dem Angeklagten vorgeworfenen Tat, ihrer gesetzlichen Merkmale und des anzuwendenden Strafgesetzes den Entscheidungssatz, der deshalb im allgemeinen in die Formel gehört. Bleibt aber der tatsächliche und rechtliche Inhalt der Beschuldigung derselbe wie im Anklagesatz, so braucht er in dem Verweisungsurteil nicht nochmals angeführt zu werden (BGHSt. 7 28 = MDR **1955** 180 m. Anm. Dallinger; BGH NJW **1957** 391; BayObLGSt. **1959** 210).

Für die Verweisung an das zuständige Jugendgericht oder die Strafkammer nach § 74a GVG gilt das nicht; denn sie haben keine andersartige sachliche Zuständigkeit als die allgemeinen Strafgerichte (IV 4 zu § 338).

5. **Bindende Wirkung.** Nach § 358 Abs. 1 ist das Gericht, an das die Sache verwiesen wird, an die Aufhebungsansicht des Revisionsgerichts gebunden. Das gilt auch für die Entscheidung des Revisionsgerichts über die Zuständigkeit des bisherigen Tatrichters und für die Zuständigkeit des Gerichts, an das die Sache nunmehr verwiesen worden ist (Müller-Sax 2b). Dabei besteht kein Unterschied zwischen den einzelnen Arten der Zuständigkeit (EbSchmidt 16).

§ 356

Die Verkündung des Urteils erfolgt nach Maßgabe des § 268.

Bezeichnung bis 1924: § 396.

1. **Das Revisionsurteil** wird nach § 268 Abs. 2 durch Verlesung der Urteilsformel und Eröffnung der Urteilsgründe am Schluß der Verhandlung verkündet. Die Vorschrift, daß es spätestens am vierten Tage nach dem Schluß der Verhandlung verkündet werden muß (§ 268 Abs. 2 Satz 1), gilt im Revisionsverfahren nicht. Entscheidet das Revisionsgericht nach § 354 Abs. 1 in der Sache selbst oder verwirft es die Revision durch Urteil als unzulässig oder als unbegründet, so tritt mit Beendigung der Verkündung des Urteils Rechtskraft ein. Verwirft es die Revision durch Urteil als verspätet oder formungültig, was an sich schon nach den §§ 346, 349 Abs. 1 hätte geschehen können, so ist hinsichtlich des Zeitpunktes der Rechtskraft der § 343 zu beachten. Denn nur die rechtzeitige Einlegung der Revision hemmt die Rechtskraft des tatrichterlichen Urteils, soweit es angefochten ist. War die Revision verspätet, so hat das Revisionsurteil daher nur feststellende Wirkung.

2. **Urteilsform.** Für die Urteilsurkunde gilt § 275 nicht. § 356 verweist nur auf die Vorschrift des § 268. Die Sollvorschrift des § 275 Abs. 1 hat nur für das Verfahren im ersten Rechtszug Bedeutung (EbSchmidt 5: **a. A.** Müller-Sax 3). Jedoch gehört es auch ohne gesetzliche Anweisung zu den Pflichten des Revisionsgerichts, mit der Abfassung des Revisionsurteils nicht zu zögern.

§ 357

Erfolgt zugunsten eines Angeklagten die Aufhebung des Urteils wegen Gesetzesverletzung bei Anwendung des Strafgesetzes und erstreckt sich das Urteil, soweit es aufgehoben wird, noch auf andere Angeklagte, die nicht Revision eingelegt haben, so ist zu erkennen, als ob sie gleichfalls Revision eingelegt hätten.

Bezeichnung bis 1924: § 397.

Schrifttum: Dallinger, § 357 StPO und die Rechtsmittelbeschränkungen des § 55 Abs. 2 JGG, MDR **1963** 539; Haase, Die Revisionserstreckung, GA **1956** 273; Henkel, Zur Auslegung des § 357 StPO, JZ **1959** 690; H. W. Schmidt, Erstreckung des Berufungsurteils auf Mitverurteilte? SchlHA **1962** 287; Schubath, Die Erstreckung der Revision auf den Nichtrevidenten gemäß § 357 StPO im Falle der Verjährung der Strafverfolgung, JR **1972** 240.

1. **Zweck der Vorschrift.** Der Grundgedanke des § 357 besteht darin, der „wirklichen Gerechtigkeit" zum Ziele zu verhelfen und das Rechtsgefühl verletzende Ungleichheiten bei der Aburteilung einer Mehrheit von Personen zu verhindern (BGHSt. **12** 341; **24** 210; BGH NJW **1958** 560; RGSt. **6** 259; **16** 420; **68** 20; **71** 252; OGHSt. **2** 61). Der Gesetzgeber hielt das für so wichtig, daß er deswegen eine *Durchbrechung der Rechtskraft* in Kauf genommen und eine auflösend bedingte Rechtskraft (Kl 2; Müller-Sax 1; Peters 585) geschaffen hat. Die Entstehungsgeschichte der Vorschrift legt aber die Annahme nahe, daß hier das Mißverständnis vorgelegen hat, der Mitangeklagte, der nicht Revision eingelegt hat, werde die Erstreckung der Urteilsaufhebung stets als „wirkliche Gerechtigkeit" und nicht oft auch als arge Zumutung empfinden. Denn nach dem Bericht der Reichstagskommission, der die Vorschrift ihre Entstehung verdankt, wurde die schwere Schädigung der Gerechtigkeit darin gesehen, daß einer von mehreren Mittätern aufgrund der von ihm eingelegten Revision „von der Strafe befreit" wird, während die übrigen Mittäter, sofern sie dieselbe Revision eingelegt hätten, gleichfalls „Freisprechung erlangt haben würden", nunmehr aber die Strafe an ihnen vollstreckt wird (vgl. dazu RGSt. **6** 259). Für den hier allein ins Auge gefaßten Fall, daß alle Mittäter nach § 357 freigesprochen werden, wird jeder von ihnen die Miterstreckung als einen Akt „wirklicher Gerechtigkeit" ansehen. Die Anwendung des § 357 kann aber auch nur zur Aufhebung und zur Zurückverweisung an die Vorinstanz (§ 354 Abs. 2) führen. Hier wird der Mittäter, der

keine Revision eingelegt hat (möglicherweise, weil er das Urteil trotz seiner mangelhaften rechtlichen Begründung im Ergebnis für gerecht hält und seine Ruhe haben will) dazu gezwungen, Zeit und Geld für eine neue, vielleicht mehrtägige Hauptverhandlung aufzuwenden, an deren Ende nicht selten das gleiche verurteilende Erkenntnis steht. § 357 nimmt darauf keine Rücksicht. Er ordnet die Erstreckung der Urteilsaufhebung „über den Kopf des Mittäters" (BGHSt. 20 80) an. Das stellt diesen vielfach schlechter als den Einzeltäter oder den in einem getrennten Verfahren abgeurteilten Mittäter, die nicht gezwungen sind, das Verfahren fortzusetzen, wenn sie selbst und die Staatsanwaltschaft es nach einem ihnen gerecht erscheinenden Urteil zu beenden wünschen.

Es ist daher auch nicht richtig, daß die ungleiche Behandlung derselben Strafsache in der Revisionsinstanz bei mehreren Mittätern „stets einen peinlichen Eindruck machen" wird (vgl. dazu RGSt. 6 259; Müller-Sax 1). Viel „peinlicher" (im eigentlichen Sinne des Wortes) kann es sein, daß ein Mitangeklagter gegen seinen Willen daran gehindert wird, sich mit einem Strafurteil zufrieden zu geben, das auch nach Auffassung des Revisionsgerichts keine solchen Mängel enthält, daß nur auf Freisprechung oder Einstellung zu erkennen ist. Daß es hierauf nicht ankommen soll, weil die Vorschrift gar nicht in erster Hinsicht dem Nichtrevidenten selbst, sondern der Rechtspflege insgesamt dient (so Müller-Sax 1), ist nicht leicht einzusehen.

Aus diesen Gründen (BGHSt. 20 80), insbesondere auch deshalb, weil es sich bei § 357 um eine Ausnahmebestimmung handelt, die die Rechtskraft durchbricht, ist eine *enge Auslegung* der Vorschrift geboten (BGH NJW **1955** 1935; BGH JR **1954** 271; OLG Hamm NJW **1957** 392; OLG Oldenburg NJW **1957** 1450; OLG Stuttgart NJW **1970** 66).

2. Urteilsaufhebung zugunsten eines Angeklagten.

a) Zugunsten des Angeklagten. Ob die Revision von dem Angeklagten selbst, von der Staatsanwaltschaft zu seinen Gunsten oder Ungunsten (RGSt. 33 379; Kl 1), von dem Privat- oder Nebenkläger (Haase GA **1956** 274) eingelegt worden ist, macht für die Anwendung des § 357 keinen Unterschied (BGH LM Nr. 2; RGSt. 16 418; EbSchmidt Nachtr. 2). Erforderlich ist nur, daß das Urteil auf eine Revision *zugunsten* und nicht, auch nicht überwiegend (RG HRR **1939** 536) zuungunsten eines Angeklagten aufgehoben wird (RGSt. 16 419; 33 380; Haase GA **1956** 274). Läßt sich diese Auswirkung bei Erlaß des Revisionsurteils nicht überblicken, so ist § 357 nicht anwendbar (Müller-Sax 2b). Der Urteilsaufhebung steht die Schuldspruchberichtigung (dazu I 7b zu § 354) gleich (BGH NJW **1952** 274; **1973** 475; EbSchmidt Nachtr. 2a; Müller-Sax 4 zu § 354). Wird die Revision mit einer Maßgabe verworfen, die keine Abänderung des Urteils zugunsten des Angeklagten enthält, so liegt eine Aufhebung im Sinne des § 357 nicht vor.

b) Urteilsaufhebung durch Beschluß. Nachdem die Einfügung des § 206a durch die Verordnung vom 13. 8. 1942 aus Vereinfachungsgründen die Möglichkeit geschaffen hatte, das Verfahren durch *Beschluß statt durch Urteil* nach § 260 Abs. 3 einzustellen, wenn ein Verfahrenshindernis besteht, war streitig geworden, ob § 357 auch anwendbar ist, wenn das Revisionsgericht von dieser Möglichkeit Gebrauch macht. Überwiegend wurde die Ansicht vertreten, daß es auf die Art der Entscheidung nicht ankommen könne, weil das Revisionsgericht es sonst in der Hand hätte, die Anwendung des § 357 dadurch zu umgehen, daß es nicht durch Urteil, sondern durch Beschluß nach § 206a entscheidet (BayObLGSt. **1951** 528 = JZ **1952** 179; OLG Celle MDR **1958** 444 = JZ **1959** 180 m. Anm. Kleinknecht; Kl 2 zu § 206a; Müller-Sax 6b; EbSchmidt Nachtr. 5 zu § 206a; Haase GA **1956** 275; s. a. 5 zu § 206a). Die insbesondere von dem Bundesgerichtshof vertretene Gegenmeinung (BGH NJW **1955** 1934 m. Anm. Wilhelm NJW **1956** 1646; ebenso Jagusch in der Vorauflage dieses Kommentars) sah sich darüber hinaus dem Einwand ausgesetzt, daß § 357 das Wort „Urteil" nur zur Kennzeichnung der Vorentscheidung, nicht der Entscheidung des Revisionsgerichts verwendet und daher schon vom Wortlaut her keinen Anlaß zu einer einschränkenden und offensichtlich unbilligen Auslegung gibt. Nachdem durch die Einfügung des § 349 Abs. 4 dem Revisionsgericht auch noch die Möglichkeit gegeben worden ist, über begründete Revisionen einstimmig statt durch Urteil durch Beschluß zu entscheiden, war die Rechtsauffassung des Bundesgerichtshofs unhaltbar geworden. Das OLG Celle (NJW **1969** 1977) entschied sich für den Fall des § 349 Abs. 4 denn auch ausdrücklich gegen diese Ansicht (ebenso Kl 1). Der Bundesgerichtshof hat sich nunmehr auf Vorlegung nach § 121 Abs. 2 GVG (BayObLG VRS **40** 454) der herrschenden Meinung angeschlossen (BGHSt. 24 208). Es kann daher jetzt als unstreitig gelten, daß die Erstreckungswirkung nach § 357 unabhängig davon eintritt, ob das Revisionsgericht durch Urteil oder durch Beschluß nach §§ 206a, 349 Abs. 4 entscheidet.

3. Erstreckung zugunsten Angeklagter, die nicht Revision eingelegt haben. Die Rechtsprechung dehnt, obwohl eine einschränkende Auslegung des § 357 geboten ist (oben 1), den Personenkreis, der in den Genuß der mitunter zweifelhaften Wohltat der Aufhebungserstreckung kommt, recht weit aus. An sich soll nach dem Sinn und Zweck der Vorschrift die von einem Angeklagten eingelegte Revision einem anderen nur zugutekommen, wenn er versäumt hat, Revision einzulegen (RG JW **1930** 2573). Den Angeklagten, die keine Revision eingelegt haben, werden in der Rechtsprechung aber Angeklagte gleichgestellt, die die Revision zwar eingelegt, aber nicht rechtzeitig oder nicht ausreichend begründet haben, so daß sie nach § 346 oder nach § 349 Abs. 1 als unzulässig verworfen worden ist (RGSt. **40** 220; RGRspr. **6** 557; BayObLG DRiZ **1928** Nr. 601). Dem steht es gleich, wenn nur eine Verfahrensrüge erhoben worden ist, die keinen Erfolg hatte (RG DJ **1939** 1616 = HRR **1940** 208). Auch wer auf die Revision verzichtet (OLG Hamburg JW **1937** 3152) oder sie zurückgenommen hat (BGH NJW **1958** 560), kommt in den Genuß der Aufhebungserstrekkung. Gleiches gilt. wenn ein Angeklagter die Revision von vornherein oder während des Revisionsverfahrens auf den Strafausspruch beschränkt hat, für eine Aufhebungserstrekkung im Schuldspruch (BGH MDR **1954** 373). Hat der Angeklagte zwar Revision eingelegt, stellt das Revisionsgericht aber fest, daß gegen ihn die Sache bereits vor Erlaß des angefochtenen Urteils rechtskräftig erledigt war (verspäteter Einspruch gegen einen Strafbefehl und ähnliche Fälle), findet § 357 hingegen keine Anwendung (BayObLGSt. **1953** 34).

Da es darauf ankommt, ob der Mitangeklagte gegen das Urteil keine Revision eingelegt hat, obwohl er sie hätte einlegen *können* (RG JR Rspr. **1926** Nr. 1799), ist § 357 nicht anzuwenden, wenn die Revision nach § 55 Abs. 2 JGG nicht statthaft ist, das Gesetz die Möglichkeit ihrer Einlegung also *ausdrücklich verschließt* (OLG Oldenburg NJW **1957** 1450). Dieser Ansicht ist vor allem Dallinger (MDR **1963** 539) entgegengetreten, und die herrschende Meinung hat sich ihm angeschlossen (Müller-Sax 2a; Grethlein-Brunner 3b zu § 55 JGG; Dallinger-Lackner 60 zu § 55 JGG). Dallinger hält es für entscheidend, daß dem Jugendlichen die Revision gegen das Berufungsurteil nur deshalb verschlossen ist, weil er gegen das erste Urteil die Berufung gewählt und damit auf die Revision verzichtet hat; ein Verzicht auf dieses Rechtsmittel stehe aber der Anwendung des § 357 nach allgemeiner Ansicht nicht entgegen. Das überzeugt nicht. Die Durchbrechung der Rechtskraft, die § 357 ausnahmsweise zuläßt, muß ihre Schranke dort finden, wo eine Revision gesetzlich ausgeschlossen ist, der Mitverurteilte sie also nicht „versäumt" hat. Stoßen zwei Vorschriften aufeinander, von denen eine die Rechtskraft unbedingt herbeiführen, die andere sie ausnahmsweise durchbrechen will, dann ist nicht dieser Ausnahmevorschrift der Vorzug zu geben. Im Zweifel ist zugunsten der Rechtskraft zu entscheiden. Der Ansicht des OLG Oldenburg ist daher beizutreten (so auch EbSchmidt Nachtr. 7). Für den gleichliegenden Fall des Ausschlusses der Revision durch die Notverordnung vom 14. 6. 1932 vertrat das Kammergericht dieselbe Ansicht (KG JW **1937** 54 m. Anm. Gurski; KG JW **1937** 769).

4. Gesetzesverletzung bei Anwendung des Strafgesetzes. Gesetze im Sinne des § 357 sind nicht *Verfahrensvorschriften.* Wer einen Verfahrensverstoß, auch wenn er einen unbedingten Revisionsgrund (§ 338) bildet, nicht hinnehmen will, obwohl ihm das Urteil sonst gerecht erscheint, muß ihn selbst formgerecht mit der Revision rügen (BGHSt. **17** 179; BGH JR **1954** 271; BGH LM Nr. 2 zu § 1 JGG; RGSt. **68** 19; OLG für Hessen JR **1949** 514; Müller-Sax 5d; EbSchmidt Nachtr. 2; Peters 585). Die abweichende Ansicht von Schwinge (JW **1934** 774) hat sich nicht durchgesetzt.

Verstöße gegen das *sachliche Recht* führen zur Aufhebungserstreckung, sofern sie den Angeklagten, der keine Revision eingelegt hat, beschweren. Wenn die Richtigstellung des Rechtsfehlers nur teilweise zugunsten eines solchen Mitangeklagten, zugleich und überwiegend aber zu seinen Ungunsten wirkt, ist § 357 nicht anwendbar (RGSt. **71** 215; RG HRR **1939** 536). Für die Aufhebungserstreckung macht es keinen Unterschied, ob der

Rechtsfehler den Schuldspruch, den Strafausspruch oder Nebenentscheidungen betrifft (RGSt. **16** 421; RG GA **54** 483; OLG Neustadt GA **1954** 252). Eine Gesetzesverletzung bei Anwendung des Strafgesetzes liegt aber nicht vor, wenn das Urteil wegen einer erst nach seinem Erlaß eingetretenen Gesetzesänderung unrichtig geworden ist. Die Aufhebung des Urteils durch das Revisionsgericht nach § 354a ist daher nicht auf mitbetroffene Mitangeklagte zu erstrecken, die keine Revision eingelegt haben (BGHSt. **20** 79; BGH JR **1954** 271; BGH LM Nr. 2 zu § 1 JGG; Kl 6; EbSchmidt Nachtr. 2a; Schafheutle JW **1937** 3152; **a. A.** BGH GA **1955** 247; OLG Schleswig SchlHA **1950** 196; Müller-Sax 5b; Peters 585).

Unter den Begriff „Gesetzesverletzung bei Anwendung des Strafgesetzes" fallen nach allgemeiner Ansicht die von dem Revisionsgericht von Amts wegen zu prüfenden *Verfahrensvoraussetzungen* (BGHSt. **10** 141; **12** 340; **19** 321; **24** 210; RGSt. **68** 19 = JW **1934** 774 m. Anm. Schwinge; RGSt. **71** 252; **72** 25; RG HRR **1939** 1285; BayObLGSt. **1951** 528 = JZ **1952** 179; OLG Celle MDR **1958** 444; OLG Oldenburg OLGSt. § 467 StPO S. 99; EbSchmidt Nachtr. 2; Peters 585; Haase GA **1956** 275; Schubath JR **1972** 240). Eine Aufhebungserstreckung nach § 357 setzt aber voraus, daß das Verfahrenshindernis auch für den Nichtrevidenten Bedeutung haben kann (EbSchmidt Nachtr. 2; vgl. unten 5c). Ebensowenig wie die nach Urteilserlaß eingetretenen Änderungen des sachlichen Rechts bei der Anwendung des § 357 zu beachten sind, kommt eine Aufhebungserstreckung in Betracht, wenn Verfahrenshindernisse erst während des Revisionsverfahrens entstanden sind (BGH NJW **1952** 274). Wenn nach Erlaß des angefochtenen Urteils ein Straffreiheitsgesetz in Kraft tritt, ist § 357 daher nicht anzuwenden (BGH GA **1955** 247; OLG Hamburg JW **1937** 3152 m. Anm. Schafheutle; **a. A.** RGSt. **68** 427; OLG Celle NJW **1954** 1498; Müller-Sax 5c). War es schon vorher in Kraft getreten, so wendete das Reichsgericht den § 357 an, weil das Verfahren dann als noch anhängig anzusehen sei (RGSt. **71** 252). Dabei ist übersehen, daß die Frage, ob und unter welchen Voraussetzungen Straffreiheit gewährt wird, in dem Amnestiegesetz selbst geregelt ist (BGH GA **1955** 247).

5. Erfordernis des Zusammenhangs

a) **Dasselbe Urteil.** Der Zusammenhang muß zunächst *äußerer Art* sein. Die Aufhebungserstreckung setzt voraus, daß Revisionsführer und Nichtrevident durch *dasselbe Urteil* verurteilt worden sind. Nicht unter § 357 fallen daher Mittäter, die, aus welchen Gründen immer, durch ein anderes Urteil abgeurteilt worden sind (Müller-Sax 3; Peters 587), die also gar nicht in der Lage gewesen wären, gegen das dem Revisionsgericht vorliegende Urteil erfolgreich Revision einzulegen (RG JW **1930** 2573). Die Vorschrift gilt auch nicht für Angeklagte, die gegen das erstinstanzliche Urteil *keine Berufung eingelegt* hatten, so daß überhaupt kein Berufungsurteil gegen sie ergangen ist (RG JR Rspr. **1926** Nr. 1799; RG Recht **1910** Nr. 822; OLG Celle NJW **1954** 1498; OLG Stuttgart NJW **1970** 66; Müller-Sax 3; Haase GA **1956** 280; **a. A.** OLG Hamburg JW **1931** 2525 m. Anm. Oetker; Kl 3). Gleiches gilt für Mitangeklagte, deren Berufung wegen unentschuldigten Ausbleibens nach § 329 *verworfen* worden ist (RG JW **1926** 1219 m. Anm. Stern; OLG Königsberg JR Rspr. **1926** Nr. 442) oder die ihre Berufung auf das Strafmaß *beschränkt* hatten, wenn das Revisionsgericht nunmehr den Schuldspruch des Berufungsurteils beanstandet (RG JW **1930** 2573; Müller-Sax 2b; Haase GA **1956** 279). Die Aufhebungserstreckung entfällt ferner, wenn ein Berufungsurteil gegen den Mitangeklagten nicht hätte ergehen dürfen, weil die Sache wegen Verspätung des Einspruchs gegen den Strafbefehl schon rechtskräftig war (BayObLGSt. **1953** 35).

b) **Nämlichkeit der Tat.** Die Aufhebungserstreckung erfordert ferner einen *inneren Zusammenhang.* Sie ist nur zulässig, wenn derjenige, der keine Revision eingelegt hat, wegen der „nämlichen Tat" verurteilt worden ist (BGHSt. **12** 341; BGH NJW **1955** 1566; BayObLGSt. **1953** 86). Darunter ist bei der Anwendung des § 357 dasselbe tatsächliche Ereignis zu verstehen, an dem beide Angeklagte in strafbarer Weise, nicht notwendig aber in derselben Richtung (anders RGSt. **71** 252) beteiligt gewesen sind. Das Geschehnis muß der natürlichen Betrachtungsweise als ein Vorgang erscheinen, bei dem sich die Beteiligung des einen Angeklagten mit der des anderen zu einem einheitlichen tatsächlichen Ganzen verflicht (BGHSt. **12** 341; BGH NJW **1955** 1566; **1966** 1824; EbSchmidt Nachtr. 5;

Henkel JZ **1959** 692; grundsätzlich **a. A.** Müller-Sax 4). Ein Zusammenhang nach § 237 genügt nicht (BGHSt. 12 342; RGSt. 6 260; BayObLGSt. **1953** 85; EbSchmidt Nachtr. 3; **a. A.** Henkel JZ **1959** 692 für Prozeßhindernisse). Andererseits kommt es nach jetzt allgemein vertretener Ansicht auf einen Zusammenhang im Sinne des § 3, für den ganz andere Grundsätze maßgebend sind, nicht an (BGHSt. 12 342; OLG Köln VRS 21 449; EbSchmidt Nachtr. 4; Henkel JZ **1959** 691). Das Reichsgericht ließ einen solchen Zusammenhang teils genügen (RGSt. 71 251; RG JW **1928** 2265 m. Anm. Mannheim), teils hielt es ihn für erforderlich (RGSt. 6 260; 72 25; RG JW **1929** 2730 m. Anm. Heimberger; ebenso noch BayObLGSt. **1953** 86).

Aus dem Standpunkt der jetzt herrschenden Ansicht folgt, daß auch Angeklagte, die nicht miteinander, sondern *gegeneinander tätig* geworden sind, an der „nämlichen" Tat im Sinne des § 357 beteiligt gewesen sein können. Das gilt für vorsätzliche Taten wie wechselseitige Beleidigungen und Körperverletzungen (anders OLG Hamm NJW **1957** 392; Haase NJW **1956** 1004) ebenso wie für fahrlässige strafbare Beteiligung an demselben Verkehrsunfall als Unfallgegner (BGHSt. 12 342; OLG Köln VRS 21 449; a. A. BayObLGSt. **1951** 366; **1953** 86). Weiter ist die „Nämlichkeit" der Tat angenommen worden bei Verurteilungen nach §§ 332 und 333 StGB (RG HRR **1938** 497), bei miteinander und mit anderen begangener fortgesetzter Unzucht (RGSt. 72 25), bei Mord und Nichtanzeige des Verbrechens (RG JW **1928** 2265 m. Anm. Mannheim), bei verabredetem Meineid in Tateinheit mit Begünstigung unter Nichtanwendung des § 157 StGB (RG JW **1929** 2730 m. Anm. Heimberger) und bei Annahme von Mittäterschaft statt Beihilfe, auch wenn bei dem Nichtrevidenten Alleintäterschaft in Betracht kam (BGHSt. 11 18).

Läßt das Urteil nicht erkennen, ob der Angeklagte, der keine Revision eingelegt hat, bei der Tat in dem oben beschriebenen Sinne beteiligt gewesen ist, etwa weil das Urteil keine Gründe hat, so ist die Frage nach dem Akteninhalt zu entscheiden (OLG Celle NJW **1959** 1648).

c) Gemeinsamer Revisionsgrund. Die Auffassung, daß das Urteil auf derselben Gesetzesverletzung, die zugunsten des revisionsführenden Angeklagten zur Aufhebung führt, auch gegen den Nichtrevidenten beruhen muß (*Identität der Gesetzesverletzung*), damit § 357 angewendet werden kann (RGSt. 6 259; RG HRR **1934** 1178; vgl. dazu EbSchmidt 6), wird heute nicht mehr vertreten. Nach allgemeiner Ansicht genügt eine *gleichartige Rechtsverletzung.* Es reicht also aus, daß gleichartige sachlichrechtliche Erwägungen, wie sie zur Aufhebung zugunsten des Beschwerdeführers geführt haben, zur gleichen Entscheidung hinsichtlich der Nichtrevidenten hätten führen müssen, wenn sie ebenfalls Revision eingelegt hätten (BGH LM Nr. 3; RGSt. 16 417; 71 215; RG JW **1935** 125 m. Anm. Hafner; OGHSt. 2 61; BayObLGSt. **1963** 126 = JR **1963** 308; OLG Neustadt GA **1954** 252; OLG Oldenburg NdsRpfl. **1947** 133; **1955** 58; EbSchmidt 6; s. a. Müller-Sax 5a). Der Rechtsfehler muß sich nicht auf die Schuldfrage beziehen. Es genügt für die Anwendung des § 357, daß die Strafzumessungserwägungen für beide Angeklagte durch denselben Rechtsfehler beeinflußt worden sind (RGSt. 16 417; OGHSt. 2 61; OLG Schleswig SchlHA **1950** 196). Eine Aufhebungserstreckung scheidet aber aus, wenn die Gründe, aus denen die Strafbemessung oder die Strafaussetzung rechtlich zu beanstanden sind, nur in der Person des Beschwerdeführers, nicht auch in der des Nichtrevidenten vorliegen (BGH NJW **1955** 997; BayObLGSt. **1963** 126 = JR **1963** 308; EbSchmidt 7). Der gleichartige Rechtsfehler kann auch darin bestehen, daß die Urteilsgründe mangels ausreichender Feststellungen eine Prüfung durch das Revisionsgericht nicht ermöglichen (OLG Köln VRS 21 447). Entsprechendes gilt, wenn die Urteilsgründe überhaupt fehlen (OLG Celle NJW **1959** 1648).

Liegt bei dem Beschwerdeführer ein *Verfahrenshindernis* vor, so kann die Beurteilung der Frage, ob ein gleichartiger Rechtsfehler auch hinsichtlich des Nichtrevidenten besteht, Schwierigkeiten bereiten, weil die Verfahrensvoraussetzungen an sich von Amts wegen zu prüfen sind. Die Anwendung des § 357 kann aber nicht so weit gehen, daß, wenn ein Verfahrenshindernis hinsichtlich des Revisionsführers festgestellt wird, die Akten darauf zu prüfen sind, ob ein gleichartiges Verfahrenshindernis auch die Verurteilung des Nichtrevidenten hindert. Noch weniger kann das Revisionsgericht verpflichtet sein, die Akten darauf durchzusehen, ob überhaupt irgendein Verfahrenshindernis der Verurteilung des Nichtrevidenten entgegensteht (so aber Müller-Sax 4a, die das „auslösende Moment" dafür allein in der Revision sehen; s. a. Henkel JZ 1959 692, der sogar eine Verfahrensverbindung nach § 237 zum Anlaß dieser Prüfung nehmen will). Die „Gleichartigkeit" der Gesetzesverletzung kann hier nicht ausreichen. Erforderlich ist, daß dieselben tatsächlichen Umstände, aus denen sich das Verfahrenshindernis für den Revisionsführer ergibt, zu einem Verfahrenshindernis auch hinsichtlich des Nichtrevidenten führen. Das hat vor allem für die *Verjährungsfrage* Bedeutung. Rechtsfehler im Sinne des § 357 ist hier nicht das Bestehen des Verfahrenshindernisses schlechthin, sondern der Eintritt der Verjährung aufgrund bestimmter Tatsachen, die sowohl auf den Revisionsführer als auch auf den Nichtrevidenten zutreffen (dazu ausführlich Schubath JR 1972 240).

6. Entscheidung des Revisionsgerichts. Das Revisionsgericht hat von Amts wegen zu beachten, ob die Voraussetzungen des § 357 vorliegen. Auf den Willen des Nichtrevidenten ist keine Rücksicht zu nehmen (Müller-Sax 6a; a. A. Kl 7). Er ist nicht berechtigt, auf die Anwendung des § 357 zu verzichten. Zum Verfahren braucht er nicht hinzugezogen zu werden. Ist Aufhebungserstreckung geboten, so darf sie nicht deshalb unterbleiben, weil ungewiß ist, ob die künftige Verhandlung zu milderer Strafe führen wird (Müller-Sax 2b). Nur wenn nach der Überzeugung des Revisionsgerichts auszuschließen ist, daß das Ergebnis der neuen Verhandlung für den Nichtrevidenten günstiger werden kann, ist von der Aufhebungserstreckung, die dann sinnlos wäre, abzusehen (RGSt. 3 286; a. A. von Kries 692; Oetker JW 1931 2526). Ob das Revisionsgericht nach Urteilsaufhebung in der Sache selbst erkennt (§ 354 Abs. 1) oder zurückverweist (§ 354 Abs. 2), ist für die Anwendung des § 357 unerheblich. Liegen die Voraussetzungen der Vorschrift nicht vor, so braucht das Revisionsgericht darüber keine ausdrückliche Entscheidung zu treffen. Ist § 357 versehentlich nicht angewendet worden, dann bleibt es dabei (anders RG LZ 1924 42, das die unterlassene Entscheidung nachgeholt hat).

7. Weiteres Verfahren. Bei Aufhebungserstreckung steht der Nichtrevident so, als ob er erfolgreich Revision eingelegt hätte. Bei Zurückverweisung nimmt er an dem weiteren Verfahren teil, auch wenn er auf die Vergünstigung des § 357 keinen Wert gelegt hat. Gegen das neue Urteil steht ihm wieder Revision zu. Das Verschlechterungsverbot (§ 358 Abs. 2) gilt auch für ihn (RGSt. 70 231; 72 26; RG HRR 1938 499). Wird erneut auf Strafe erkannt, so ist eine bereits verbüßte Freiheitsstrafe auf sie anzurechnen (RGSt. 40 220; RG JW 1929 1007).

8. Keine sinngemäße Anwendung der Vorschrift. Der § 357 ist, weil er die Rechtskraft durchbricht, als Ausnahmevorschrift eng auszulegen (oben 1). Daher ist er auf andere als Revisionsentscheidungen nicht sinngemäß anzuwenden. Er gilt insbesondere nicht im *Berufungsverfahren* (OLG Düsseldorf OLGSt. § 318 S. 27; OLG Hamm NJW 1957 392; KG JR 1956 308 m. Anm. Sarstedt; OLG Oldenburg DAR 1955 170 = VRS 9 138; EbSchmidt 12; Meister MDR 1950 715; H. W. Schmidt SchlHA 1962 287; Peters 587; a. A. LG Bonn MDR 1947 36; LG Essen NJW 1956 602 m. Anm. Haase NJW 1956 1003), auch nicht beim Fehlen von Verfahrensvoraussetzungen (anders Müller-Sax 7). Noch weniger läßt sich die sinngemäße Anwendung der Vorschrift im *Beschwerdeverfahren* rechtfertigen (anders OLG Bremen NJW 1958 432 = JR 1958 189 m. Anm. EbSchmidt). Sie kommt auch nicht zugunsten des Alleintäters in Betracht, der die Revision auf die Verurteilung wegen eines von mehreren realkonkurrierenden Delikten beschränkt hat. Die Aufhebung wegen eines sachlichrechtlichen Mangels erstreckt sich in diesem Fall nicht auf die davon beeinflußten, aber nicht angegriffenen Urteilsteile (Müller-Sax 2a; a. A. OLG Neustadt GA 1954 252).

§ 358

(1) Das Gericht, an das die Sache zur anderweiten Verhandlung und Entscheidung verwiesen ist, hat die rechtliche Beurteilung, die der Aufhebung des Urteils zugrunde gelegt ist, auch seiner Entscheidung zugrunde zu legen.

(2) Das angefochtene Urteil darf in Art und Höhe der Strafe nicht zum Nachteil des Angeklagten geändert werden, wenn lediglich der Angeklagte, zu seinen Gunsten die Staatsanwaltschaft oder sein gesetzlicher Vertreter Revision eingelegt hat. Diese Vorschrift

steht der Anordnung der Unterbringung in einer Heil- oder Pflegeanstalt, einer Trinkerheilanstalt oder einer Entziehungsanstalt nicht entgegen.

Entstehungsgeschichte: Durch Art. 2 Nr. 30 des Ausführungsgesetzes zum GewVerbrG vom 24. 11. 1933 (RGBl. I 1000) wurde dem Absatz 2 der Satz 2 angefügt. Art. 1 Nr. 4 Buchst. b) des Gesetzes zur Änderung von Vorschriften des Strafverfahrens und des Gerichtsverfassungsgesetzes vom 28. 6. 1935 (RGBl. I 844) faßte § 358 Abs. 2 neu und beseitigte das Verbot der Schlechterstellung. Seine jetzige Fassung erhielt der Absatz 2 durch Art. 3 Nr. 150 VereinhG. Bezeichnung bis 1924: § 398.

Schrifttum: Becker, Bindung des Vorderrichters (§ 358 Abs. 1 StPO) bei Verletzung der Vorlagepflicht durch das Revisionsgericht? NJW **1955** 1262; Bruns, Teilrechtskraft und innerprozessuale Bindungswirkung des Strafurteils, 1961; Hanack, Der Ausgleich divergierender Entscheidungen in der oberen Gerichtsbarkeit, 1962; Mohrbotter, Grenzen der Bindung an aufhebende Entscheidungen im Strafprozeß, ZStW **84** 612; Sarstedt, Nochmals: Bindung des Vorderrichters (§ 358 Abs. 1) trotz Verletzung der Vorlagepflicht (§ 121 Abs. 2 GVG) durch das Revisionsgericht, NJW **1955** 1629; Schröder, Bindung an aufhebende Entscheidungen im Zivil- und Strafprozeß, Festschrift für Nikisch (1958) 205.

I. Bindung durch das Revisionsurteil (Absatz 1).

1. Allgemeines. Die Vorschrift bildet die *unentbehrliche Grundlage* der Revision. Entsprechende Bestimmungen finden sich in allen Verfahrensgesetzen (vgl. die Zusammenstellung in BVerfGE **4** 5 = NJW **1954** 1153). Sie sind erforderlich, weil das Revisionsgericht regelmäßig nicht in der Sache selbst entscheiden kann. Wäre die Rechtsansicht, mit der es ein Urteil aufhebt, für den Tatrichter nicht schlechthin bindend, dann würde das Revisionsgericht aufhören, die höhere Instanz zu sein (Sarstedt NJW **1955** 1629). Das Gesetz läßt es deshalb nicht darauf ankommen, daß der Tatrichter durch die Gründe des Revisionsurteils überzeugt wird. Es schreibt die Bindung durch das Revisionsurteil vor und verhindert dadurch, daß die Sache zwischen dem Revisionsgericht und dem Tatrichter hin- und hergeht (Mohrbotter ZStW **84** 614). An die Rechtsauffassung des Revisionsgerichts sind alle Tatrichter gebunden, die mit der Sache neu befaßt werden, bei Aufhebung eines amtsgerichtlichen Urteils also auch das Berufungsgericht, an das die Sache später gelangt (KG GA **74** 307; Kl 2; Müller-Sax 2). Ein Eingriff in die durch Art. 97 Abs. 1 GG gewährleistete Unabhängigkeit des Richters liegt darin nicht (BVerfGE **12** 71 = NJW **1961** 655).

2. Aufhebungsansicht. Bindend ist die Rechtsauffassung des Revisionsgerichts, die der Urteilsaufhebung *zugrunde liegt*. Das gilt für Verfahrensfragen, auch Zuständigkeitsfragen (§ 355), wie für das sachliche Recht (Sarstedt 117). Befaßt sich das Revisionsgericht nur mit einem Verfahrensverstoß und hebt es aus diesem Grunde auf, so ist der Tatrichter lediglich an die Auslegung der Verfahrensvorschrift gebunden; in der sachlichen und rechtlichen Beurteilung der Schuld- und Straffrage bleibt er frei (BGH VRS **34** 356; Müller-Sax 1a; EbSchmidt 6). Hat das Revisionsgericht daneben andere Verfahrensrügen für unbegründet erachtet, so ist der Tatrichter, da dies nicht Aufhebungsgrund war, hieran nicht gebunden. In sachlichrechtlicher Hinsicht erstreckt sich die Bindungswirkung auf jede Rechtsauffassung des Revisionsgerichts, die der Aufhebung auf die Sachrüge zugrunde liegt. Hat die Sachrüge Erfolg gehabt, jedoch nicht zu allen Punkten der sachlichen Rechtsanwendung, so bindet auch hier nur die zu dem Rechtsfehler geäußerte Ansicht des Revisionsgerichts. Bindende Wirkung hat die Auffassung des Revisionsgerichts, daß die festgestellten Tatsachen zur Verurteilung nicht ausreichen (BGH NJW **1953** 1880; Müller-Sax 1a). Stellt das Revisionsgericht einen Erfahrungssatz auf, so muß der Tatrichter ihn beachten, auch wenn er ihn für falsch hält (BGH VRS **12** 208).

Zur Aufhebungsansicht gehört die *Beurteilung rechtlicher Vorfragen*. Rechtsausführungen des Revisionsgerichts gehen stillschweigend davon aus, daß das angewendete Gesetz verfassungsmäßig ist; das bindet den Tatrichter (BVerfGE **6** 242 = NJW **1957** 627). Gleiches gilt für die stillschweigende Bejahung des Vorliegens der Prozeßvoraussetzungen, die darin liegt, daß das Revisionsgericht, ohne sich hierzu ausdrücklich zu äußern, die Verurteilung sachlichrechtlich geprüft hat (Müller-Sax 7 zu § 354).

Rechtsausführungen des Revisionsurteils liegen der Aufhebung nicht stets zugrunde. Sie binden den Tatrichter nicht, wenn mit ihnen seine Rechtsauffassung nur gutgeheißen wird (BGHSt. 3 367; Kl 1; Müller-Sax 1b; Sarstedt 116) oder wenn sie nur Ratschläge und Hinweise enthalten. Dabei kann es sich um rechtlich unverbindliche Empfehlungen für die neue Entscheidung (BGHSt. 3 235; OLG Oldenburg NdsRPfl. **1949** 96; Sarstedt 116) oder um Hinweise auf die Rechtsprechung zu anderen Vorschriften handeln (BGH JR **1956** 430 m. Anm. EbSchmidt; Kl 1). Wie weit die Aufhebungsansicht jeweils reicht, kann nur der Zusammenhang des Revisionsurteils ergeben. Legt das Revisionsgericht z. B. dar, daß und warum der Tatrichter ein Strafgesetz unrichtig angewendet hat, so beschränkt sie sich hierauf. Führt das Urteil außerdem aus, wie dieselbe Sachlage richtig zu beurteilen ist, so gehört auch das zur Aufhebungsansicht. Wenn die Berufung wegen unentschuldigten Ausbleibens des Angeklagten nach § 329 Abs. 1 zu verwerfen ist, kommt eine sachliche Rechtsbindung an ein Revisionsurteil in dieser Sache nicht in Betracht; im Verhältnis zu § 358 Abs. 1 ist § 329 Abs. 1 die speziellere Vorschrift (RG JW **1931** 1604 m. Anm. Oppenheimer; EbSchmidt 2).

3. Grenzen der Bindungswirkung. Die Bindung erstreckt sich nur auf die durch das Revisionsurteil behandelte Strafsache. In Parallelfällen ist der Tatrichter in der rechtlichen Beurteilung frei (EbSchmidt 9). Die Bindungswirkung tritt nicht ein, wenn die Rechtsfrage, nachdem das Revisionsgericht über sie entschieden hat, durch eine Gesetzesänderung anders geregelt worden ist (Müller-Sax 4b; EbSchmidt 3) oder wenn das Bundesverfassungsgericht die angewendete Rechtsnorm für verfassungswidrig erklärt hat (Mohrbotter ZStW **84** 633). Die Bindung endet überhaupt dort, wo sie dem Tatrichter einen offensichtlichen Gesetzesverstoß zumuten würde. Meint etwa das Revisionsgericht irrtümlich, der Versuch der gefährlichen Körperverletzung sei strafbar (so das OLG Neustadt NJW **1964** 311), so ist der Tatrichter, da er bei Beachtung dieser Rechtsauffassung gegen Art. 103 Abs. 2 GG verstoßen müßte, hieran nicht gebunden (Pauli NJW **1964** 735). Hält der Tatrichter die Vorschrift, die er nach der Ansicht des Revisionsgerichts anzuwenden hat, für verfassungswidrig, so beseitigt das aber die Bindungswirkung nicht. Eine Vorlegung der Sache an das Bundesverfassungsgericht nach Art. 100 Abs. 1 GG kommt nicht mehr in Betracht (BVerfGE **6** 242 = NJW **1957** 627; Müller-Sax 1c; a. A. Mohrbotter ZStW **84** 364).

Die Bindungswirkung besteht auch, wenn das Revisionsgericht die *Vorlegungspflicht* nach §§ 121 Abs. 2, 136 GVG nicht beachtet hat. Das nachzuprüfen, ist nicht Sache des Tatrichters; die dabei zu erwägenden Umstände entziehen sich weitgehend seiner Beurteilung (KG JR **1958** 269 m. Anm. Sarstedt; Kl 3; Müller-Sax 1d; Sarstedt NJW **1955** 1629; a. A. Becker NJW **1955** 1262).

Die Bindung nach § 358 Abs. 1 gilt nur bei *gleichbleibender Verfahrens- und Sachlage.* Der Tatrichter ist an die Beurteilung der Zuständigkeitsfrage durch das Revisionsgericht nicht gebunden, wenn neue Feststellungen eine Verweisung der Sache nach § 270 erforderlich machen (Müller-Sax 4a). Wiederholt sich eine frühere Verfahrenslage nicht oder wird in der neuen Verhandlung ein Sachverhalt festgestellt, auf den die sachlichrechtliche Vorschrift nicht anzuwenden ist, zu der das Revisionsgericht bindende Rechtsausführungen gemacht hat, so entfällt auch insoweit die Bindung (Sarstedt 117). Der Tatrichter bleibt insbesondere in der Ermittlung und Würdigung von Tatsachen völlig frei (RGSt. **59** 242). Er ist nicht gehindert, andere Tatsachen festzustellen und dabei Rechtsfragen zu entscheiden, die zu beantworten das Revisionsgericht aufgrund der früheren Feststellungen keinen Anlaß hatte (BGHSt. **9** 329; RGSt. **31** 437; RG GA **41** 389; BayObLGSt. **1951** 136; KG JR Rspr. **1927** Nr. 892; Kl 3; Müller-Sax 4a; EbSchmidt 3; Sarstedt 117). Anders ist es, wenn das Revisionsgericht die Urteilsfeststellungen aufrechterhalten hat (§ 353 Abs. 2). Wiederholt sich nach Aufhebung auch des neuen tatrichterlichen Urteils durch das Revisionsgericht der Sachverhalt in einem dritten Urteil, so lebt die Bindung an das erste Revisionsurteil wieder auf.

4. **Verfahren des Revisionsgerichts bei erneuter Revision**

a) **Prüfung auf Sachrüge.** Kommt die Strafsache nach nochmaliger Verhandlung erneut an das Revisionsgericht, so prüft es ohne entsprechende Rüge, ob sich der Tatrichter an die Aufhebungsansicht des ersten Revisionsurteils gehalten hat (BayObLG DRiZ **1929** Nr. 313; KG JR **1958** 269 m. Anm. Sarstedt; KG GA **74** 307). Das gilt jedoch nur für das sachliche Recht (Müller-Sax 4d) und setzt voraus, daß die Sachrüge erhoben ist. Verfahrensverstöße werden nur aufgrund einer zulässig erhobenen Rüge (§ 344 Abs. 2) geprüft, und dabei kann es keinen Unterschied machen, ob ein Verstoß gegen das Gesetz oder gegen die Aufhebungsansicht des Revisionsgerichts vorliegt. Andernfalls hätte das Revisionsurteil eine stärkere Stellung als die Verfahrensgesetze.

b) **Selbstbindung des Revisionsgerichts.** Bei erneuter Revision hat jedes später mit der Sache befaßte Revisionsgericht die Aufhebungsansicht des ersten Revisionsgerichts zu beachten (BVerfGE **4** 5 = NJW **1954** 1153; RGSt. **59** 34; RGRspr. **4** 302, 506; RG JW **1935** 2380; RG LZ **1919** 541; OGHSt. **1** 212; BayObLG DRiZ **1929** Nr. 313; Beling 430; grundsätzlich **a. A.** Mohrbotter ZStW **84** 624), der Bundesgerichtshof auch, wenn zunächst ein Oberlandesgericht entschieden hatte (BGH LM Nr. 2; BGH NJW **1952** 35; **1953** 1880; RGSt. **6** 357; **22** 156; OGHSt. **1** 36; KG JR **1958** 269 m. Anm. Sarstedt; OLG Oldenburg NdsRpfl. **1949** 96), auch ein anderer Senat des Revisionsgerichts (RGSt. **59** 34; RG GA **69** 223). Das gilt auch, wenn das erste Revisionsurteil unter Verstoß gegen die Vorlegungspflicht nach §§ 121 Abs. 2, 136 GVG ergangen ist. Für die Selbstbindung des Revisionsgerichts ist es bedeutungslos, ob es seine Rechtsansicht inzwischen aufgegeben oder die Auffassung des Revisionsgerichts, das zuvor entschieden hatte, nie geteilt hat (Müller-Sax 2). Denn der Grund für die Selbstbindung liegt nicht in Zweckmäßigkeitserwägungen, sondern darin, daß mit der Revision nur Gesetzesverletzungen gerügt werden können, daß der Tatrichter aber mit der Beachtung der (richtigen oder falschen) Rechtsauffassung des ersten Revisionsurteils das Gesetz (§ 358 Abs. 1) nicht verletzt, sondern befolgt hat (KG JW **1926** 1002; Müller-Sax 2; Sarstedt 117; O. H. Schmitt JZ **1959** 222). Die von Jagusch in der Vorauflage dieses Kommentars geäußerten Bedenken gegen die herrschende Ansicht berücksichtigen diesen entscheidenden Gesichtspunkt nicht; sie werden nicht aufrechterhalten. Übersieht das Revisionsgericht versehentlich die Selbstbindung, so verstößt das nicht gegen Art. 3 Abs. 1 GG (BVerfGE 4 6 = NJW **1954** 1153).

Soweit die Selbstbindung reicht, besteht keine Vorlegungspflicht nach §§ 121 Abs. 2, 136 GVG und § 2 des Gesetzes zur Wahrung der Einheitlichkeit der Rechtsprechung der obersten Gerichtshöfe des Bundes vom 19. 6. 1968 (BGBl. I 661); denn eine von der Aufhebungsansicht abweichende Beantwortung der Rechtsfrage durch das obere Gericht wäre unbeachtlich (KG JR **1958** 270 m. Anm. Sarstedt). Auch wenn nach dem ersten Revisionsurteil ein abweichender Plenarbeschluß, eine abweichende Entscheidung eines übergeordneten Gerichts oder des Gemeinsamen Senats nach dem Gesetz vom 19. 6. 1968 ergangen ist, bleibt das Revisionsgericht an seine frühere Rechtsauffassung gebunden (KG JW **1926** 1002; eingehend zu diesem praktisch nicht vorkommenden Fall Müller-Sax 2). Wenn sich jedoch das Gesetz inzwischen geändert hat, so ist das zu beachten; die Bindungswirkung des § 358 Abs. 1 geht dem § 354a nicht vor (Schröder in Festschrift für Nikisch 219).

II. Verschlechterungsverbot (Absatz 2).

1. **Allgemeines.** Die Vorschrift entspricht völlig dem § 331. Das Verschlechterungsverbot richtet sich an den *Tatrichter* und an das *Revisionsgericht*, wenn es in der Sache selbst entscheidet (RGSt. **65** 45; OLG Saarbrücken JBl. Saar **1962** 108). Es gilt auch, wenn

das Verfahren wegen eines Prozeßhindernisses eingestellt wird und die Staatsanwaltschaft nach Heilung des Mangels eine neue Anklage erhebt (BayObLGSt. **1961** 124 = NJW **1961** 1487; Müller-Sax 5; EbSchmidt Nachtr. 7 zu § 331; a. A. BGHSt. 20 80; Sarstedt 116; s. a. 1e zu § 331). Denn daß die Schlechterstellung nur deswegen erlaubt sein sollte, weil ein von Amts wegen zu beachtendes Verfahrenshindernis ein neues Verfahren erforderlich macht, ist nicht einzusehen.

Das Verbot der Schlechterstellung gilt auch für den Fall, daß ein von der Staatsanwaltschaft zuungunsten des Angeklagten eingelegtes Rechtsmittel lediglich zu dessen Gunsten Erfolg hatte und das angefochtene Urteil daher in Anwendung des § 301 aufgehoben wurde. Aus dem Wortlaut des § 358 Abs. 2 läßt sich das zwar nicht herleiten; aber der zugunsten des Angeklagten geschaffene § 301 kann nicht dadurch in sein Gegenteil verkehrt werden, daß der Tatrichter nach Urteilsaufhebung befugt ist, den Angeklagten wieder schlechterzustellen (BGHSt. **13** 41 = JZ **1959** 448 m. Anm. Peters; BGH bei Dallinger MDR **1969** 904; RGSt. **45** 64; Kl 4).

2. Einzelfragen. Entscheidet das Landgericht in unzulässiger Weise über eine Berufung, die in Wahrheit eine Revision ist, und setzt es dabei die Strafe herab, dann muß das Revisionsgericht es bei der Strafermäßigung belassen, wenn es nunmehr über die Revision sachlich entscheidet oder sie wegen Formmangels als unzulässig verwirft (BayObLGSt. **1953** 5 = NJW **1953** 756; Müller-Sax 2b zu § 334). Gleiches gilt für den Fall, daß das Berufungsgericht bei der Ermäßigung der Strafe übersehen hatte, daß sie bereits rechtskräftig war, weil der Einspruch gegen den Strafbefehl verspätet oder sonst unzulässig war. Das Revisionsgericht verwirft dann den Einspruch mit der Maßgabe, daß es bei der Strafherabsetzung bleibt (BGHSt. **18** 127; BayObLGSt. **1953** 34; OLG Hamm NJW **1970** 1093). Wenn das Berufungsgericht die Unzulässigkeit der Berufung übersehen oder irrtümlich eine Beschränkung der Berufung für unzulässig gehalten und die Strafe trotz der Rechtskraft des Strafausspruchs herabgesetzt hat, muß es hierbei bleiben, sofern nur der Angeklagte Revision eingelegt hat (OLG Oldenburg NJW **1959** 1983). Im umgekehrten Fall (Berufungsgericht verwirft die Berufung, meint aber irrtümlich, sie erstrecke sich nicht auf den Maßregelausspruch) steht das Verbot der Schlechterstellung der Nachholung der unterlassenen Entscheidung nicht entgegen (BayObLGSt. **1968** 31 = VRS **35** 260; OLG Frankfurt NJW **1959** 1504 m. Anm. Hartung; OLG Hamburg VRS **27** 99; OLG Hamm VRS **21** 198; **35** 364; vgl. aber OLG Koblenz VRS **43** 420, das bei der Maßregel nach § 42m wegen der Fristbestimmung des § 42n Abs. 5 StGB die Urteilsaufhebung für unzulässig hält). Wenn der Tatrichter nach Aufhebung des Urteils im Gesamtstrafausspruch irrtümlich die Nebenfolgen oder Sicherungsmaßregeln für nicht mitaufgehoben hält und deshalb bei der neuen Entscheidung im Urteilsausspruch nur wiederholt, ohne sie in den Gründen zu „verhängen", hält der Bundesgerichtshof eine Nachholung der Entscheidung für unzulässig. Er ist der Ansicht, das Revisionsgericht müsse, wenn die Sache ihm erneut auf eine Revision vorliegt, das Urteil dahin berichtigen, daß die Nebenfolge oder Sicherungsmaßregel entfällt (BGHSt. **14** 383; BGH VRS **20** 118). Dem ist nicht zuzustimmen; denn das Verbot der Schlechterstellung muß sich nach dem Urteilsausspruch beurteilen und nicht danach, was in den Urteilsgründen gesagt wird; hat der Tatrichter in den Urteilsausspruch eine Strafe oder Sicherungsmaßregel aufgenommen, so stellt es den Angeklagten nicht schlechter, wenn es hierbei verbleibt.

3. Prüfung durch das Revisionsgericht. Ob das Gericht, an das zurückverwiesen worden ist, gegen das Verbot des § 358 Abs. 2 verstoßen hat, muß das Revisionsgericht, ebenso wie einen Verstoß gegen § 331, auch beachten, wenn eine entsprechende Verfahrensrüge nicht erhoben ist (BGHSt. **14** 7; BGH LM Nr. 21; RGSt. **67** 64; RG JW **1935** 2381; OLG Frankfurt OLGSt. § 331 S. 7). Überwiegend wird die Ansicht vertreten, der Grund hierfür liege darin, daß das Verbot zu einer einseitigen, nur zu Gunsten des Angeklagten wirksamen Rechtskraft führt und daher ein Verfahrenshindernis bildet (BGHSt. **11** 322; BGH GA **1970** 85; RGSt. **67** 64; RG HRR **1935** 559; BayObLGSt. **1952** 66 = Rpfleger **1952** 430; Müller-Sax 6 zu § 331). Eine derart beschränkte Rechtskraft gibt es jedoch nicht (EbSchmidt Nachtr. 3 zu § 331; vgl. auch 1a zu § 331). Es besteht auch kein Anlaß, die Einhaltung des Verbots wie eine Verfahrensvoraussetzung selbst dann zu prüfen, wenn weder die Sachrüge noch die Rüge der Verletzung der §§ 331, 358 Abs. 2 erhoben ist. Ein Verstoß gegen die Bindung an die zuvor verhängte Strafe ist ein sachlichrechtlicher Mangel, der auf die Sachrüge zu prüfen ist (OLG Celle NdsRpfl. **1969** 192; KG GA **54** 46; **75** 336).

4. Strafverschlechterung. Das Verbot der Schlechterstellung nach § 358 Abs. 2 hat im übrigen gegenüber dem gleichlautenden Verbot des § 331 keine Besonderheiten. Auf die Erläuterungen zu § 331 kann daher verwiesen werden.

Die Kommentierung der §§ 359–373 a ist in der bereits erschienenen Lieferung 3 (1. Teil der Lieferung 3/5) enthalten.

3. **Wird das Verfahren wieder aufgenommen,** so kann weder durch Strafbefehl noch durch Strafverfügung, sondern nur durch Hauptverhandlung (Ausnahme des § 371 vorbehalten) entschieden werden, weil durch den Wiederaufnahmebeschluß das Hauptverfahren eröffnet ist (vgl. § 370 Anm. 1 Müller-Sax Anm. 3). Dann wirkt die Staatsanwaltschaft auch in ehemaligen Strafverfügungssachen mit (Pontz GA **1965** 202).

4. **Keine Wiederaufnahme** in den Fällen des § 75 JGG. Wer wie OLG Köln für die Strafverfügungen einer Feldkommandantur Wiederaufnahme zuläßt (GA **1957** 249) muß folgerichtig auch richterliche Strafverfügungen unter ß 373a einreihen. Das übersieht Fuhrmann-Dalcke bei Anm. 2 am Ende. Die Ausführungen in der Vorauflage über Friedensgerichte sind an sich überholt. Festzuhalten ist aber, daß jede gerichtliche Entscheidung der Wiederaufnahme zugänglich sein muß (Mittelbach NJW **1949** 72).

FÜNFTES BUCH

Beteiligung des Verletzten am Verfahren

Vorbemerkungen

Wer der „Verletzte" ist, dessen Beteiligung am Verfahren das Fünfte Buch regelt, spricht das Gesetz nicht deutlich aus. Der Rückgriff auf die anderen Vorschriften der StPO, die den „Verletzten" nennen (§§ 22, 61 Nr. 2, 111, 172), hilft nicht weiter, da der Begriff entsprechend der unterschiedlichen Zielrichtung der verschiedenen Vorschriften keineswegs überall die gleiche Bedeutung hat. RGSt. **69** 108 = JW **1935** 1414; BGHSt. **4** 202 = NJW **1953** 1273 = LM Nr. 3 zu § 61 Ziff. 2 StPO mit Anm. von Geier; BGHSt. **5** 87 = NJW **1954** 203 = JZ **1954** 357 = LM Nr. 4 zu § 61 Ziff. 2 StPO mit Anm. von Arndt; Eb-Schmidt 9 vor § 374; Dünnebier oben I 3 zu § 22. Vgl. auch Bauer JZ **1953** 298.

Namentlich führt eine extensive Interpretation bei § 172 zu einem weitgehenden Rechtsschutz für den Verletzten, während sie im Bereich des Privatklagerechts z. B. den Rechtsschutz gerade verkürzen kann, da die Pflicht (und die Möglichkeit) der Sachaufklärung durch den Staatsanwalt entfällt; vgl. auch § 384 Abs. 3. Die richtige Auslegung des Begriffs des Verletzten muß im Falle des § 374 von der jeweiligen materiellrechtlichen Norm ausgehen, deren Übertretung verfolgt wird, im Falle des § 395 Abs. 2 Nr. 2 dagegen von der Interpretation des § 172. Vgl. die Erläuterungen zu § 374 Abs. 1, § 395 Abs. 2.

ERSTER ABSCHNITT

Privatklage

Vorbemerkungen

Schrifttum: Andrae: Ersparnisse ohne gewagte Experimente, JW **1930** 1467; Andrae: Abbau der Privatklagen, MschrKrimPsych. **1930** 70; Ad. Arndt: Vergleiche in Strafverfahren (Umwelt und Recht), NJW **1962** 783; Brandt: Die verletzte Partei im Strafprozeß, JW **1930** 891; Coenders: Über den Strafantrag und die Privatklage der Nichtverletzten, GS Bd. 83 S. 286; von Deimling: Die Stellung des Verletzten im künftigen Strafprozeß (Diss. Freiburg 1938); Graf zu Dohna: Neue Mittel des Ehrenschutzes, ZStW Bd. 57 (1937), 158; Dürwanger: Handbuch des Privatklagerechts (3. Aufl. bearbeitet von Dempewolf 1971); Feiber: Beschlagnahme im Privatklageverfahren. NJW **64** 709; Gerland: Die systematische Stellung des Privatklageverfahrens im Strafprozeß, GS Bd. 60 (1902) 157; Gerland: Art. „Privat- und Nebenklage" in HdR IV 584 (1927); Gerland: Privatklagesachen, JW **1932** 370; Hartung: Änderung des Privatklageverfahrens? DStrafR **1942** 43; Hartung: Recht zur Stellung des Strafantrages und zur Privatklage bei Tod des Antrags- und Klageberechtigten, NJW **1950** 670; Hartung: Welche Wirkung hat der vor der Vergleichsbehörde (§ 380 StPO) geschlossene Vergleich auf das Strafverfahren? ZStW Bd. 63 (1951), 412; Henkel: Die Beteiligung des Verletzten am künftigen Strafverfahren. ZStW Bd. 56 (1936), 227; von Hentig: Zur Psychologie und Statistik der Privatklage, ZStW Bd. 48 (1928), 206; Harlan: Die Beweiserhebung im Privatklageverfahren, DRiZ **1963** 188; von Hippel: Privatklage gegen Unbekannt? JW **1928** 2193; Kade: Die Privatklage in den Strafprozeßordnungen der Jetztzeit, insbesondere in der deutschen StPO (1900); Kempfler: Anfechtung des Einstellungsbeschlusses im Privatklageverfahren, NJW **62** 475; Koch: Anhörung vor Einstellung des Privatklageverfahrens? DRiZ **1967** 160; Kronecker: Erörterungen über das Privatklageverfahren, GoltdA Bd. 33, 1; Kühn: Die Beweiserhebung im Privatklageverfahren; Kurth: Die Strafbarkeit der im Vollrausch begangenen Privatklagedelikte, NJW **1952** 731; von Liszt: Die Privatklage in Österreich, Strafrechtliche Aufsätze und Vorträge Bd. I (1905), 36; Lorenz: Über die Vernehmung des Privatklägers als Zeugen, JR **1950** 106; Meynert: Sofortige Beschwerde des Privatbeklagten gegen Einstellung wegen Geringfügigkeit, MDR **1973** 7; Oetker: Fragen des Privatklageverfahrens gemäß der Notverordnung vom 14. Juni 1932, GS Bd. 102 (1933), 262; Oetker: Zur Gestaltung des Friedensverfahrens GS Bd. 108 (1936), 297; Oetker: ZAkDR **1936** 625; Oettinger: Anklagetätigkeit des Privaten im Strafprozeß (1914); Pentz: Zur Auslegung des § 377 Abs. 2 StPO, MDR **1965** 885; Peters S. 462; Raschik: Die Strafbarkeit der im Vollrausch begangenen Privatklagedelikte, NJW **1952** 1045; Reiff: Kann der Sühneversuch in Privatklagesachen nach Klageerhebung nachgeholt werden? NJW **1956** 500; Sangmeister: Polizeilicher Vollzug von Beschlagnahmebeschlüssen in Privatklageverfahren, NJW **1964** 16; EbSchmidt: Lehrk. I Nr. 122 bis 128; Rich. Schmidt: Staatsanwalt und Privatkläger (1891); Schorn: Der Strafrichter (1960) 375ff.; Schramm: Privatklage und öffentliches Interesse. GRUR **1954** 384; Schreiber: Widerklage und Strafantragsfristen, NJW **1949** 497; Schröder: Änderung des Privatklageverfahrens? DStrafR **1942** 26; Schumacher: Sühneverfahren gegen Jugendliche, FamRZ **1955** 242; Seibert: Der arme Privatkläger, MDR **1952** 278; Steiner: Der Parteibegriff im Privatklageverfahren. Strafrechtliche Abhandlungen, 292. Heft (1931); Thiersch: Anwendungsgebiet und rationelle Gestaltung der Privatklage (1901); Töwe: Die Privatklage, GS Bd. 106 (1935) 145; Töwe: Der Sühneversuch im neuen Privatklageverfahren. GS Bd. 107 (1956) 222; Werthauer: Die Privatklage, (1930); Wilhelmi: Notverordnung und Privatklage, DJZ **1932** 330; Woesner: Der Privatkläger in der Hauptverhandlung, NJW **1959** 704; Wolf: Die Beteiligung des Verletzten am Strafverfahren, DJZ **1936** 1257.

1. Der **Entwurf** behandelt die Privatklage in *zwei* Abschnitten, nämlich als prinzipale bei Beleidigungen und Körperverletzungen, als subsidiäre bei allen übrigen Antragsdelikten. Die letztere fiel in der RTK fort; an der technisch nicht sauber durchgeführten Umgestaltung krankt das Privatklagerecht noch heute, trotz einer Reihe von kleineren Verbesserungen. Friedmann JW **1916** 345 nennt es scharf, aber zutreffend ein „prinziploses Zwitterding zivilprozessualer und strafprozessualer Grundsätze"; Dünnebier S. 13 bezeichnet es „getrost als miserabel", Woesner NJW **1959** 704 nennt den Privatkläger eine „systemwidrige Erscheinung".

2. Über den **gesetzgeberischen Grund**, das Verfahren für gewisse Straftaten anders als sonst zu regeln, sagen die Motive S. 223: „Beleidigungen und leichte Mißhandlungen sind alltägliche Vorkommnisse; sie berühren das allgemeine Wohl der bürgerlichen Gesellschaft meistens wenig, und selbst für die Beteiligten haben sie in der Regel eine viel zu geringe Bedeutung, als daß ein rechtliches oder sittliches Bedürfnis vorläge, stets eine Bestrafung herbeizuführen. Darum bildet erfahrungsgemäß die Verfolgung und Bestrafung jener Gesetzesverletzungen nicht die Regel, sondern die Ausnahme." Darauf beruht auch die Zulässigkeit einer „Aufrechnung" bei wechselseitigen Vergehen solcher Art (§§ 199, 233 StGB) und das Erfordernis eines Sühneversuchs bei Hausfriedensbruch, Beleidigung, leichter Körperverletzung, Bedrohung, Sachbeschädigung und Verletzung fremder Geheimnisse (§ 380).

3. Das Privatklageverfahren ist ein **Strafverfahren**. Sein Ziel ist die Verhängung einer kriminellen Strafe, die ebenso vollstreckt und ebenso ins Strafregister eingetragen wird wie eine nach öffentlicher Klage verhängte Strafe. Daher gelten grundsätzlich die allgemeinen Vorschriften auch hier (§ 384 Abs. 1 Satz 1). Insbesondere müssen auch hier die allgemeinen Prozeßvoraussetzungen von Amts wegen geprüft, Prozeßhindernisse von Amts wegen beachtet werden. Dazu treten besondere, ebenfalls von Amts wegen zu beachtende Prozeßvoraussetzungen und Prozeßhindernisse, die nur dem Privatklageverfahren eigentümlich sind. Die besonderen Voraussetzungen, unter denen ein Privatklageverfahren zulässig ist, sind in den §§ 374, 375, 376, 377 Abs. 2 und 3, 380, 391 Abs. 1 und 2, 392, 393 näher umschrieben. Dazu kommen § 22 Abs, 3 UWG und § 4 Zugabe-VO (Erster Teil der VO des RPräs. zum Schutze der Wirtschaft vom 9. 3. 1932, RGBl. I 121). Zu den Prozeßvoraussetzungen gehört hier auch, daß die Privatklage ordnungsgemäß erhoben ist. Wie sich aus § 374 Abs. 3 ergibt, ist von der „Befugnis zur Erhebung der Privatklage", die in § 374 Abs. 1 und 2 geregelt ist, streng die Frage zu unterscheiden, wer diese Befugnis im Prozeß *wahr-*

nehmen darf: Nur wenn die Privatklage von demjenigen erhoben ist, der in concreto die Befugnis zur Erhebung der Klage wahrnehmen darf, liegt eine zulässige Klage vor (EbSchmidt Lehrk. I, Nrn. 138, 141; Hamm NJW **1961** 2322). Ob man von Partei- und Prozeßfähigkeit spricht (wie die 19. Auflage) oder von „gewissen Voraussetzungen in der Person des Privatklägers" (so EbSchmidt Lehrk. I Nr. 137), ist eine terminologische Frage ohne sachliche Bedeutung. Ein besonderes Hindernis regelt § 80 JGG: gegen einen Jugendlichen kann Privatklage nicht erhoben werden, wohl aber Widerklage gegen einen jugendlichen Privatkläger (vgl. dazu Pentz GoltdA **1958** 301 unter III).

4. Ein **Anhangsverfahren** gemäß §§ 403 ff. ist auch im Privatklageverfahren zulässig und hier noch am wenigsten unzweckmäßig.

5. **Zuständig** für die Verhandlung und Entscheidung über Privatklagen ist der Amtsrichter (GVG § 25 Abs. 1 Nr. 2a). Eine besondere Vorschrift für den Gerichtsstand enthält § 7 Abs. 2 Satz 2; vgl. dazu BGHSt. **11** 56 = NJW **1958** 229 = LM Nr. 1 zu § 7 (mit Anm. von Busch); Dünnebier oben II 6 zu § 7. Im Wege der Verbindung nach § 4 können Privatklagesachen auch vor das Schöffengericht oder vor die große Strafkammer kommen, nicht aber vor das Schwurgericht (§ 384 Abs. 4). Dies gilt auch für Beleidigungen durch die Presse; EGGVG § 6 ist durch Art. 1 Nr. 80 des Vereinheitlichungsgesetzes vom 12. 9. 1950 aufgehoben worden.

6. Darüber, daß Beleidigungen und Körperverletzungen **nicht** im Wege des **Zivilprozesses** verfolgt werden können, vgl. EGStPO § 11. Eine bürgerlichrechtliche vorbeugende Unterlassungsklage ist aber neben oder an Stelle der Privatklage zulässig, RG JW **1937** 2352.

7. Das Recht zur Privatklage ist eine **Ausnahme vom Legalitätsprinzip.** Daher kann der Privatkläger auf die Klageerhebung verzichten (Kl 7) und die Klage weitgehend zurücknehmen (§ 391).

8. Das Recht zur Privatklage kann zu **sozialen Härten** führen. Was ein Industrieunternehmen als Verletzter in Ausübung dieses Rechts an Verfolgungsintensität zu leisten vermag, kann unter Umständen die Möglichkeiten der Staatsanwaltschaft weit übersteigen, während die entsprechenden Möglichkeiten des Privatmannes in der Regel weit hinter denen der genannten beiden zurückbleiben werden. Das will bei jeder Entscheidung des Gesetzgebers, ob er den Katalog der Privatklagedelikte erweitern soll — etwa um den Diebstahl geringwertiger Sachen (Ladendiebstahl!) — wohl bedacht sein.

§ 374

(1) Im Wege der Privatklage können vom Verletzten verfolgt werden, ohne daß es einer vorgängigen Anrufung der Staatsanwaltschaft bedarf:

1. **das Vergehen des Hausfriedensbruchs im Falle des § 123 des Strafgesetzbuches;**
2. **die Vergehen der Beleidigung in den Fällen der §§ 185 bis 187a und 189 des Strafgesetzbuches, wenn nicht eine der im § 197 bezeichneten politischen Körperschaften beleidigt ist;**
3. **die Vergehen der Körperverletzung in den Fällen der §§ 223, 223a und 230 des Strafgesetzbuches;**
4. **das Vergehen der Bedrohung im Falle des § 241 des Strafgesetzbuches;**
5. **das Vergehen der Verletzung fremder Geheimnisse im Falle des § 299 des Strafgesetzbuches;**
6. **das Vergehen der Sachbeschädigung im Falle des § 303 des Strafgesetzbuches;**
7. **alle nach dem Gesetz gegen den unlauteren Wettbewerb strafbaren Vergehen;**
8. **alle Verletzungen des Patent-, Sortenschutz-, Gebrauchsmuster-, Warenzeichen- und Geschmacksmusterrechts, soweit sie als Vergehen strafbar sind, sowie die Vergehen nach den §§ 106 bis 108 des Urheberrechtsgesetzes und § 33 des Gesetzes, betreffend das Urheberrecht an Werken der bildenden Künste und der Photographie.**

(2) Die gleiche Befugnis steht denen zu, welchen in den Strafgesetzen das Recht, selbständig auf Bestrafung anzutragen, beigelegt ist.

(3) Hat der Verletzte einen gesetzlichen Vertreter, so wird die Befugnis der Erhebung der Privatklage durch diesen und, wenn Körperschaften, Gesellschaften und andere Personenvereine, die als solche in bürgerlichen Rechtsstreitigkeiten klagen können, die Verletzten sind, durch dieselben Personen wahrgenommen, durch die sie in bürgerlichen Rechtsstreitigkeiten vertreten werden.

Entstehungsgeschichte: Frühere Bezeichnung § 414. – Gesetz vom 11. 3. 1921 Art. III Nr. 6 (RGBl. 231). – Bekanntmachung vom 22. 3. 1924 (RGBl. I 360). – VO vom 2. 4. 1940 (RGBl. I 606) Art. II Nr. 1. – StrÄndGes. vom 30. 8. 1951 (BGBl. I 739) Art. 4 Nr. 5. Urheberrechtsges. vom 9. 9. 1965 (BGBl. I 1273) § 139. – Sortenschutzges. vom 20. 5. 1968 (BGBl. I 429) § 55. – 1. StrRG vom 25. 6. 1969 (BGBl. I 645) Art. 9 Nr. 17.

Änderungsvorschläge: NE I u. II §§ 377, 378. NE III §§ 364, 365. EGStGB-Entwurf (BT-Drucks. VI/3250) Art. 19 Nr. 86.

Übersicht

1. Die Zulässigkeit der Privatklage hängt zunächst davon ab, welche Straftat dem Beschuldigten vorgeworfen wird. Zu den Taten, die Abs. 1 aufzählt, kommt noch das Vergehen der vorsätzlichen Zuwiderhandlung gegen das Zugabeverbot (§§ 1, 3, 4 ZugabeVO). Über die Frage, ob die Aufzählung der Privatklagevergehen nicht eigentlich ins Strafgesetzbuch gehören würde, vgl. Schneidewin in Hundert Jahre Rechtsleben, Festschrift Deutscher Juristentag Bd. I (1960) S. 446, 465f. Der Begriff der Privatklagedelikte deckt sich nicht mit dem der Antragsdelikte; vgl. einerseits §§ 223a, 241, andererseits §§ 248a, 263 Abs. 5 StGB. Über die Frage, von welchem der Antragsberechtigten der Strafantrag gestellt sein muß, damit ein bestimmter Privatklageberechtigter die Privatklage erheben kann, vgl. unten 2 zu § 375.

Die einzelnen **Privatklagevergehen** sind:

a) Hausfriedensbruch, auch der „erschwerte", § 123 Abs. 1 und 2 StGB, aber nicht der „schwere", § 124 StGB, und nicht der Hausfriedensbruch im Amt, § 342 StGB. Verletzter ist hier der „Berechtigte" im Sinne des § 123 StGB; vgl. die Kommentare hierzu sowie die für die Praxis besonders wertvollen Ausführungen von Dürwanger 141 bis 148. In gemieteten Wohnräumen ist Verletzter stets der Mieter, auch der Untermieter; unter Umständen (nächtlicher Besuch) auch der Untervermieter, dagegen im allgemeinen nicht der Hauswirt (Dürwanger 144).

b) Beleidigung, §§ 185 bis 187a, 189, 196 StGB. Kein Privatklagevergehen ist die Beleidigung ausländischer Staatsoberhäupter, Regierungsmitglieder und Diplomaten unter den besonderen Voraussetzungen der §§ 103, 104a StGB. Dagegen sind die Fälle des § 196 StGB Privatklagevergehen; ebenso Kl 2; die Motive S. 224 sagen dazu: „Es ist keineswegs verkannt worden, daß bei der Mehrzahl der Amtsbeleidigungen die Verfolgung von Staats wegen durch das Interesse der öffentlichen Ordnung geboten sein wird. Dagegen konnte nicht anerkannt werden, daß dies bei *allen* Amtsbeleidigungen der Fall sei. Es kommen vielfach Beleidigungen eines Beamten in Beziehung auf seinen Beruf in solcher Gestalt vor, daß sie eine Verfolgung durch die Staatsanwaltschaft nicht notwendig erheischen, daß es vielmehr mit der öffentlichen Ordnung wohl vereinbar ist, wenn sie unverfolgt oder der Privatverfolgung überlassen bleiben. Oftmals nämlich steht eine Beleidigung zu dem Amte des Beleidigten in einer nur sehr losen Beziehung, und nicht häufig sind die Fälle, in denen der Beleidigte selbst die Beleidigung hervorgerufen hat". Daraus, daß die Motive hier nur von Beleidigungen eines Beamten „in Beziehung auf seinen Beruf" sprechen, ist nicht zu folgern, daß Beleidigungen, die einem Beamten „während der Ausübung seines Berufes" (§ 196 StGB) zugefügt werden, ausnahmslos von der Staatsanwaltschaft verfolgt werden müßten.

Verletzter ist in den Fällen der §§ 185 bis 187a StGB der Beleidigte; vgl. darüber die Kommentare zum Strafgesetzbuch. Für den Fall des § 189 StGB ist streitig, wer oder was hier „verletzt" ist; das Privatklagerecht steht hier nur den Eltern, Kindern, Geschwistern und dem Ehegatten des Verstorbenen zu, dessen Andenken verunglimpft worden ist, Abs. 2 in Verbindung mit § 189 Abs. 2 StGB. Auf die Frage nach dem Verletzten kommt es hier an, wenn ein Privatklagevergehen des Hinterbliebenen mit der Verunglimpfung „in Zusammenhang steht" (§ 388 Abs. 1). Dann hängt nämlich die Zulässigkeit der Widerklage davon ab, daß man den Hinterbliebenen als Verletzten des Vergehens nach § 189 StGB ansieht. Das dürfte auch der Sachlage entsprechen.

Über Beleidigungen durch die **Presse** vgl. unten 2a.

c) Vorsätzliche leichte, gefährliche und fahrlässige **Körperverletzung** (§§ 223, 223a, 230 StGB). Über die Bejahung des „besonderen öffentlichen Interesses" (§ 232 StGB), die den Strafantrag entbehrlich macht und die Annahme des „öffentlichen Interesses" (§ 376) in sich schließt, vgl. unten Anm. 2b zu § 376. Kein Privatklagevergehen ist die Körperverletzung im Amt (§ 340 StGB). Ob die fahrlässige Tötung eine fahrlässige Körperverletzung in sich birgt (so BayObLGSt. **1953** 131; anders RGSt. **62** 209; EbSchmidt 6), ist angesichts des § 395 Abs. 2 Nr. 1 eine müßige Frage; denn danach können die nächsten Hinterbliebenen ohnehin Nebenkläger, und Privatkläger können sie ohnehin nicht sein, weil sie nicht die Verletzten sind.

d) **Bedrohung** (§ 241 StGB). Verletzter ist hier nur der, dem gegenüber die Drohung ausgesprochen wird, nicht auch der etwaige Dritte, an dem das angedrohte Verbrechen begangen werden soll (vgl. Schönke-Schröder 5 zu § 241 StGB; a. A. Dürwanger 278).

e) **Verletzung des Briefgeheimnisses** (§ 299 StGB). Verletzter ist bei Briefen bis zum Zugang (Einwurf in den Briefkasten) der Absender, von da an der Empfänger; vgl. Dürwanger 132; a. A. Werthauer 21.

f) **Sachbeschädigung** (§ 303 StGB). Verletzte sind Eigentümer und Besitzer, auch mittelbare (z. B. der Hauptmieter trotz Untervermietung, RG JW **1935** 204), aber nicht der Versicherer. Unter Umständen kann auch ein Nichtbesitzer der Verletzte sein, zum Beispiel der Käufer, während er die Versendungsgefahr trägt; der Unternehmer eines Werkvertrages, RGSt. **63** 76 = JW **1929** 1884 mit Anm. von Gerland.

g) Die **Vergehen** (nicht die Übertretungen) des Gesetzes gegen den **unlauteren Wettbewerb** (§§ 4, 8, 12, 15, 17, 18, 20 UWG). In diesen Zusammenhang gehören ferner die Vergehen gegen § 3 der **„Zugabeverordnung"** (1. Teil der Notverordnung vom 9. 3. 1932, RGBl. I 121), § 4 das. — Verletzte sind hier in den Fällen der §§ 4, 8, 12 UWG und § 3 der Zugabeverordnung alle Gewerbetreibenden, die Waren oder Leistungen gleicher oder verwandter Art herstellen oder in den Geschäftsverkehr bringen, §§ 13 Abs. 1, 22 UWG, also nur die Mitbewerber, nicht der Dienstherr oder Auftraggeber des Täters, RG JW **1935** 363 (mit Anm. von Schäfer); DRZ **1934** Nr. 693 (nicht privatklageberechtigt ist der Geschädigte aus dem Publikum); bei § 15 UWG der Verleumdete, bei §§ 17, 18, 20 UWG, der berechtigte Inhaber des Geheimnisses. Die gewerblichen Interessenverbände sind nicht als Verletzte, sondern gemäß Abs. 2 privatklageberechtigt.

h) Verletzungen des **Patent**- und des **Urheberrechts** usw., soweit es sich um Vergehen handelt (Abs. 1 Nr. 8). Abs. 1 Nr. 8 erhielt seine jetzige Fassung durch Art. 9 Nr. 17 des 1. StrRG vom 25. 6. 1969 (BGBl. I 645). I. e.: § 49 i. V. m. §§ 6 bis 8 PatG vom 2. 1. 1968

(BGBl. I 2/III 420 —1), zuletzt geändert durch Gesetz vom 25. 6. 1968 (BGBl. I 741); § 49 i. V. m. § 15 *SortenschutzG* vom 20. 5. 1968 (BGBl. I 429); § 16 i. V.m. §§ 5, 6 *GebrauchsmusterG* i. d. F. vom 2. 1. 1968 (BGBl. I 24/III 421—1), zuletzt geändert durch Gesetz vom 25. 6. 1968 (BGBl. I 741); § 24 Abs. 3, § 25 Abs. 3, § 26 *WarenzeichenG* i. d. F. vom 2. 1. 1968 (BGBl. I 29), zuletzt geändert durch Gesetz vom 23. 6. 1970 (BGBl. I 805); § 14 *GeschmacksmusterG* vom 11. 1. 1876 (RGBl. 11) i. V. m. §§ 18 bis 36, 38 des Gesetzes vom 11. 6. 1870 (Bundes-Gesetzbl. 339), die durch § 64 Satz 3 des Gesetzes vom 19. 6. 1901 (RGBl. 227) ausdrücklich aufrechterhalten wurden (BGBl. III 442—1); §§ 106 bis 108 *UrheberrechtsG* vom 9. 9. 1965 (BGBl. I 1273/III 440—1), geändert durch das 1. StrRG (s. o.); §§ *KunsturheberG* vom 9. 1. 1907 (RGBl. I 7; BGBl. III 440—3), zuletzt geändert durch das 1. StrRG (s. o.). — Verletzt ist der Inhaber des betreffenden Urheberrechts. Über die Durchführung des Offizialverfahrens auf dem Gebiete des gewerblichen Urheberrechts vgl. Schramm, Gewerblicher Rechtsschutz und Urheberrecht **1954** 384.

2. Über das Verhältnis der Privatklagevergehen zu einigen anderen Vorschriften ist folgendes zu sagen:

a) Einige der Vergehen, die Abs. 1 aufzählt, können durch die Presse begangen werden. Das kommt in erster Linie bei Beleidigungen vor, ist aber auch bei der Bedrohung (vgl. hier aber § 126 StGB), beim unlauteren Wettbewerb und bei Verletzungen des Urheberrechts möglich. Die Delikte verlieren durch ihre pressemäßige Begehung nicht den Charakter von Privatklagevergehen. Dagegen sind die Delikte, auch die Fahrlässigkeitsdelikte, in den landesrechtlichen Nachfolgebestimmungen des früheren § 21 RPreßG (z. B. § 21 des nordrhein-westfälischen Pressegesetzes vom 24. Mai 1966 — GV S. 340 —, zuletzt geändert durch Gesetz vom 16. Dezember 1969 — GV 1970 S. 22 —), die dadurch konstituiert werden, daß der verantwortliche Redakteur usw. in vorwerfbarer Weise ihre Verpflichtung verletzt haben, Druckwerke von strafbarem Inhalt freizuhalten, Straftaten eigener Art, die nur von Amts wegen verfolgt werden können. Solche Unstimmigkeiten ergeben sich aus der Entstehungsgeschichte des Privatklagerechts. Allzu ungereimte Folgen lassen sich durch verständnisvolle Anwendung einerseits der §§ 153ff. (bei Offizialdelikten), andererseits der §§ 376, 377 Abs. 2 (bei Privatklagedelikten) vermeiden.

b) Kein Privatklagedelikt ist die **Volltrunkenheit** (§ 330a StGB), auch dann nicht, wenn die Rauschtat als solche ein Privatklagedelikt sein würde: Schönke-Schröder Rz. 29 zu § 330a StGB; Müller-Sax 1a; Kl Vorbem. 1 zu § 374; Niederreuther DStrafR **1936** 244; Raschik NJW **1952** 1045; EbSchmidt 7; a. A. Kurth NJW **1952** 731. Freilich kann dadurch eine verfahrensrechtliche Unbequemlichkeit entstehen, wenn zunächst unklar ist, ob das Privatklagedelikt im Zustande der Volltrunkenheit oder der (wenn auch verminderten) Zurechnungsunfähigkeit begangen worden ist. Gerade diese Grenzziehung begegnet selbst nach erschöpfender Beweisaufnahme vielfach noch den größten Schwierigkeiten. Aber tatsächliche Zweifel, ob es sich um ein Privatklage- oder um ein Offizialdelikt handelt, können auch sonst auftreten. Diese Schwierigkeit wird am besten dadurch überwunden, daß der Staatsanwalt in solchen Fällen nach § 376 die öffentliche Klage erhebt oder nach § 377 Abs. 2 die Verfolgung übernimmt.

3. Konkurrenzfragen

a) Der einfachste Konkurrenzfall ist gegeben, wenn ein Privatklagedelikt in **Tatmehrheit** mit einem Offizialdelikt vorliegt. Abgesehen von einer noch zu erörternden Einschränkung ist hier das eine Delikt im Privatklageverfahren, das andere im Amtsverfahren abzuurteilen. Die beiden Verfahren können gemäß § 4 miteinander verbunden werden; dadurch verliert das Privatklageverfahren nicht diese Eigenschaft. Nur mit einem Schwurgerichtsverfahren läßt das Privatklageverfahren sich nicht als solches verbinden (§ 384 Abs. 5). Erscheint dies doch zweckmäßig, so müßte der Staatsanwalt vorher die Verfolgung nach § 377 Abs. 2 Satz 1 übernehmen. Eine solche Übernahme kann sich auch dann empfehlen, wenn sonst im Privatklageverfahren (weil es später zu Ende geht) die Gesamtstrafe nach § 79 StGB gebildet werden müßte.

Von der Möglichkeit zweier nebeneinander herlaufender Verfahren gibt es aber eine wichtige *Ausnahme*. Sie liegt dann vor, wenn eine der beiden Klagen auch das andere Delikt zum „Gegenstand der Urteilsfindung" im Sinne des § 264 macht. Das ist auch im Falle der Tatmehrheit sehr wohl denkbar. Denn der verfahrensrechtliche Begriff der Tat als eines geschichtlichen Vorgangs, der nach natürlicher Auffassung zusammengehört, kann vorliegen, auch wenn es sich nach sachlichem Recht nicht um Tateinheit (§ 73 StGB), sondern um Tatmehrheit (§ 74 StGB) handelt, vgl. Gollwitzer, Bem. 2 zu § 264. Alsdann würde ein Sachurteil für *beide* Taten Rechtskraft wirken. Deshalb muß in diesen Fällen der Tatmehrheit so verfahren werden wie in den Fällen der Tateinheit (darüber sogleich).

b) Steht ein Privatklagedelikt in **Gesetzeskonkurrenz** mit einem Offizialdelikt (Sittlichkeitsverbrechen — Beleidigung; Einbruchsdiebstahl — Hausfriedensbruch und Sachbeschädigung; Erpressung — Bedrohung), oder besteht **Tateinheit** zwischen beiden (Meineid — üble Nachrede), so ist das Privatklageverfahren unzulässig, EbSchmidt 8; Kl 5; OLG Frankfurt JW **1926** 1477; dazu Gelbert JR **1933** 43; OLG Neustadt MDR **1962** 955; unrichtig KG JW **1929** 1503; LG Coburg BayJMBl. **1956** 118 = DRsp. IV (465) 17a—b. Das gilt auch dann, wenn das Privatklagedelikt mit höherer Strafe bedroht ist, also auch z. B. bei Tateinheit mit Übertretungen. Ist die konkurrierende Tat verjährt, so hindert sie die Privatklage nicht, solange diese unverjährt ist. Entsprechendes gilt, wenn das Offizialdelikt, nicht aber das konkurrierende Privatklagedelikt unter ein Straffreiheitsgesetz fällt. Dagegen wirkt die Rechtskraft des im Privatklageverfahren ergangenen Sachurteils auch gegenüber dem tateinheitlichen Offizialdelikt, hindert also dessen Aburteilung, und umgekehrt.

4. Streit und Zweifel über die Eigenschaft eines Sachverhalts **als Privatklagedelikt**

Nicht selten ist es zweifelhaft, ob der vom Privatkläger vorgetragene Sachverhalt ein Privatklagedelikt oder ein Offizialdelikt enthält oder ob er doch mit einem Offizialdelikt in Tateinheit oder auch nur in engem geschichtlichen Zusammenhang (§ 264, vgl. oben 3a am Ende) steht. *Endgültig* ist über diese Frage erst im Urteil zu entscheiden (vgl. § 389 Abs. 1). Eine vorläufige Beantwortung muß sie aber oft schon früher finden, nämlich bei der Entscheidung des Gerichts, ob es dem Staatsanwalt gemäß § 377 Abs. 1 Satz 2 die Akten vorlegen soll, weil es „die Übernahme der Verfolgung durch ihn für geboten hält", ferner bei der Entscheidung des Staatsanwalts, ob er gemäß § 377 die Verfolgung übernehmen soll, und schließlich vor allem bei der Entscheidung über die Eröffnung des Hauptverfahrens gemäß § 383 Abs. 1.

In diesen Lagen des Verfahrens ist weder ohne weiteres von dem auszugehen, was der Privatkläger *behauptet*, noch von dem, was Staatsanwalt oder Richter jetzt schon als *feststehend* ansehen; vielmehr handelt es sich einstweilen um eine Frage des hinreichenden *Verdachts*. Eine tatsächliche oder rechtliche Meinungsverschiedenheit zwischen Gericht und Staatsanwaltschaft darüber, ob der Verdacht eines Offizialdelikts gegeben ist, wird vor Erlaß des Urteils nicht ausgetragen. Vielmehr handelt jede der beiden Stellen bei den nach dem Gesetz ihr obliegenden Entscheidungen entsprechend ihrer eigenen tatsächlichen und rechtlichen Beurteilung. Bejaht also der Richter den Verdacht eines Offizialdelikts, so legt er dem Staatsanwalt die Akten gemäß § 377 Abs. 1 Satz 2 vor. Verneint der Staatsanwalt den Verdacht, so gibt er die Akten zurück. Der Richter kann dann gleichwohl die Klage gemäß § 383 Abs. 1 zurückweisen und muß, wenn der Beschluß rechtskräftig ist, die Akten ebenso wie im Falle des § 389 wieder dem Staatsanwalt zuleiten, RGSt. 9 324. Dieser ist dann wiederum in seiner Entschließung frei; er kann nur gemäß § 172 zur Anklage gezwungen werden. Bejaht umgekehrt der Staatsanwalt im Gegensatz zum Gericht den Verdacht eines Offizialdelikts, so erhebt er entweder von vornherein öffentliche Klage oder er übernimmt später die Verfolgung gemäß § 377 Abs. 2. Es bleibt dem Richter dann unbenommen, im ersten Fall die Eröffnung abzulehnen, im zweiten Fall den Angeklagten auch im Offizialverfahren nur wegen eines Privatklagedelikts zu verurteilen. All das folgt daraus, daß Gericht und Staatsanwaltschaft, mit der einzigen Ausnahme des § 172, von einander unabhängig sind. Daran ändert sich auch dann nichts, wenn diese Entscheidungen mit den zulässigen Rechtsmitteln (sofortige Beschwerde gegen die Nichteröffnung des öffentlichen Hauptverfahrens gemäß § 210 Abs. 2 oder gegen die Zurückweisung der Privatklage gemäß § 383 in Verbindung mit § 210 Abs. 2; Dienstaufsichtsbeschwerde gegen alle Entscheidungen des Staatsanwalts) in die höhere Instanz gebracht werden, vgl. RGSt. 9 324.

Der Privatklageberechtigte hat in jedem Fall die Möglichkeit, die Sache zu einer gerichtlichen Entscheidung zu bringen. Verneint die Staatsanwaltschaft Offizialdelikt *und* Privatklagedelikt, so hindert ihn das nicht, die Privatklage zu erheben. Er braucht die Staatsanwaltschaft überhaupt nicht anzurufen (Abs. 1); andererseits steht ihm das immer frei. Weist der Richter die Privatklage zurück, weil er im Gegensatz zum Staatsanwalt ein tateinheitliches Offizialdelikt annimmt, so steht dem Privatkläger der Schutz des § 172 offen (so richtig OLG Neustadt MDR **1961** 955). Erhebt die Staatsanwaltschaft öffentliche Klage, so kann er zwar keine Privatklage mehr erheben, wohl aber kann er sich als Nebenkläger anschließen. Über die Zulässigkeit des Anschlusses (das heißt sachlich-rechtlich: über den Verdacht eines tateinheitlichen oder auch nur gesetzlich konkurrierenden Privatklagedelikts) entscheidet gemäß § 396 das Gericht.

Streitig ist, wie zu verfahren ist, wenn die Staatsanwaltschaft eine Ausnahme vom Legalitätsprinzip (§§ 153ff.) annimmt und deshalb das Verfahren einstellt. Handelt es sich um ein reines Offizialdelikt, so ist nur der Weg des § 172 gegeben. Liegt ein reines Privatklagedelikt vor, so steht die Einstellung der Privatklage nicht entgegen. Für den Fall der Tateinheit zwischen beiden nehmen Müller-Sax 2b und Mayer JZ **1955** 603 an, daß die Privatklage ausgeschlossen und nur die Dienstaufsichtsbeschwerde gegeben sei. Dem ist entgegenzuhalten, daß der Verletzte damit schutzlos wäre, weil für diese Fälle das Klageerzwingungsverfahren nicht mehr gegeben ist, § 172 Abs. 2 Satz 3. Allerdings hängt die Einstellung des Verfahrens im Falle des § 153 Abs. 2 von einer Zustimmung des Amtsrichters ab. Aber sie kann ohne Anhörung des Privatklageberechtigten erteilt werden; auch hat dieser keine Rechtsmittel dagegen. Ferner ist das Klageerzwingungsverfahren auch in einer Reihe von Fällen ausgeschlossen, in denen der Staatsanwalt ohne gerichtliche Zustimmung einstellen kann (§§ 153b bis 154 Abs. 1, §§ 154b, 154c). Es entspricht nicht der Besonderheit und der gesetzlichen Regelung des Privatklageverfahrens, daß der Staatsanwalt in der Lage sein sollte, es aus eigener Machtvollkommenheit zu verhindern, abgesehen von dem Fall, daß er die Verfolgung selbst übernimmt. Vgl. Gelbert JR **1933** 42 und unten 10 zu § 376.

5. **Strafantragsrechte.** Ein Recht, selbständig auf Bestrafung anzutragen, steht zu:

a) nach §§ 196, 232 StGB den amtlichen **Vorgesetzten** (nicht nur den nächsten, sondern auch den höheren) des unmittelbar Beteiligten, wenn eine Beleidigung (§§ 185—187a, 189) oder Körperverletzung (§§ 223, 223a, 230 StGB) gegen eine Behörde, einen Beamten, einen Religionsdiener oder ein Mitglied der bewaffneten Macht in Beziehung auf ihren Beruf oder während dessen Ausübung begangen worden ist. Dieser Fall spielt für die Erhebung der Privatklage keine große Rolle. Denn der Vorgesetzte wird sich schon bei der Entscheidung, ob er den Strafantrag stellen soll, danach richten, ob das im öffentlichen Interesse geboten erscheint. Ist das zu bejahen, so wird in aller Regel der Staatsanwalt gemäß § 376 die öffentliche Klage erheben. — Ferner

b) nach §§ 13 Abs. 1, 22 UWG und § 2 Abs. 1, § 3 Abs. 2 Satz 2 der Zugabeverordnung allen rechtsfähigen **Verbänden** zur Förderung gewerblicher Interessen.

c) Das frühere Strafantrags- und Privatklagerecht des **Ehemannes** ist durch das Inkrafttreten des Art. 117 Abs. 1 Grundges. mit dem 31. 3. 1953 (nicht erst durch die förmliche Aufhebung des § 195 StGB und Änderung des § 232 Abs. 3 StGB, vgl. Sauter NJW **1953** 810) *fortgefallen.* Über Streitfragen des Übergangsrechts vgl. die Vorauflage. — Hervorzuheben ist, daß eine der Ehefrau widerfahrende Kränkung unter Umständen (vgl. dazu BayObLG MDR **1958** 264 = GoltdA **1958** 151; OLG Bremen MDR **1962** 234) auch den Ehemann verletzen kann. Für solche Fälle ändern Art. 117 Abs. 1 Grundges. und die Aufhebung des § 195 StGB nichts an dem Privatklagerecht des Ehemannes. Ferner ist jeweils zu bedenken, daß einem vom Ehemann gestellten Antrag auch eine Ermächtigung der Frau zugrundeliegen kann; dazu BayObLGSt. **1949/51** 579.

d) Der **gesetzliche Vertreter** eines minderjährigen oder geschäftsunfähigen Verletzten hat nach § 65 StGB *kein* selbständiges Antragsrecht und daher auch kein eigenes Privatklagerecht. Der Wortlaut des Abs. 2 und des § 65 StGB ist freilich mißverständlich. Unter dem Recht, „selbständig" auf Bestrafung anzutragen, ließe sich sprachlich sowohl das eigene Recht wie auch das von einem anderen „unabhängige" Recht (§ 65 StGB) verstehen.

Welches von beiden gemeint ist, war früher streitig. Während einige[1] die Ansicht vertraten, das Recht des gesetzlichen Vertreters sei wegen seiner Unabhängigkeit ein „selbständiges" im Sinne des Abs. 2, ist inzwischen die gegenteilige Auffassung zur Herrschaft gelangt[2]. Der gesetzliche Vertreter kann also die Klage nicht im eigenen Namen, sondern nur im Namen des Verletzten erheben (Abs. 3); notfalls ist sie so umzudeuten. Der Vertretene kann nicht Zeuge sein. Die Privatklagebefugnis erlischt grundsätzlich mit dem Tode des Verletzten; RG JW **1928** 3049 mit Anm. von Stern. Für den praktisch wichtigsten Fall ist jedoch die Streitfrage durch die Neufassung von § 395 (Abs. 2 Nr. 1) gegenstandslos geworden.

6. **Privatklagerecht des Antragstellers.** Soweit das Privatklagerecht nur gemäß Abs. 2 aus dem selbständigen Strafantragsrecht hergeleitet wird (also in den oben zu 5a und b erörterten Fällen), besteht es nur dann, wenn der Berechtigte den Strafantrag selbst gestellt hat; Müller-Sax 4. Hat also nur der beleidigte Beamte Strafantrag gestellt, so kann nicht sein Vorgesetzter Privatklage erheben. Dagegen ist das Umgekehrte möglich (a. A. BayObLGSt. **1949/51** 579; Müller-Sax 4); denn Abs. 1 spricht nur vom Verletzten, nicht vom Antragsberechtigten; vgl. unten 2 zu § 375. Hat in den Fällen des Abs. 1 Nr. 7 ein Gewerbetreibender den Strafantrag gestellt, so kann zwar ein anderer Gewerbetreibender, nicht aber ein Interessenverband Privatklage erheben. Andererseits ergibt sich aus dem oben zu 5d Ausgeführten, daß ein von dem minderjährigen Verletzten (der das achtzehnte Lebensjahr vollendet hat, § 65 Abs. 1 Satz 1 StGB) gestellter Strafantrag den gesetzlichen Vertreter berechtigt, namens des Verletzten Privatklage zu erheben; ebenso kann umgekehrt der volljährig gewordene Verletzte sie selbst erheben, wenn sein gesetzlicher Vertreter vor Eintritt der Volljährigkeit den Antrag rechtzeitig gestellt hatte.

Die Antragsfrist läuft für jeden der Berechtigten selbständig. Hatte der Verletzte zur Tatzeit das achtzehnte Lebensjahr noch nicht vollendet, so beginnt für ihn die Frist erst mit Vollendung des achtzehnten Lebensjahrs zu laufen, RGSt. **69** 378; **73** 115. Daß er den zu diesem Zeitpunkt eingetretenen *Teilablauf* der Frist gegen sich gelten lassen müßte, wie RGSt. **24** 427 entschieden hat, ist nicht folgerichtig und deshalb abzulehnen.

7. **Geschäftsunfähige und beschränkt geschäftsfähige** Privatklageberechtigte können die Klage nicht selbst erheben und durchführen; vielmehr können das nur ihre gesetzlichen Vertreter für sie tun. Die Vertretung steht dem zu, der das Personensorgerecht hat, OLG Hamm VRS **13** 212 = DRsp. IV (465) 21c. Abs. 3 stellt es – teils zu eng, teils zu weit – darauf ab, ob der Verletzte „einen gesetzlichen Vertreter hat". In Wahrheit kommt es nicht darauf, sondern auf das Fehlen der vollen Geschäftsfähigkeit an. Nicht alle Geschäftsunfähigen haben einen gesetzlichen Vertreter; nicht jeder, der einen gesetzlichen Vertreter hat, ist geschäftsunfähig. Wer einen Pfleger, also einen gesetzlichen Vertreter hat, kann selbst Privatklage erheben; und nur er selbst kann es, wenn die Pflegschaft sich hierauf nicht bezieht. Andererseits kann auch ein Geisteskranker, der nicht entmündigt und nicht unter vorläufige Vormundschaft gestellt ist, also keinen gesetzlichen Vertreter hat, eine Privatklage ebensowenig selbst erheben wie er eine Zivilklage erheben könnte (§ 52 ZPO). Hiernach, nicht nach den Vorschriften des Strafgesetzbuchs (§ 65), richtet sich die „Prozeßfähigkeit" (dies ist ein eingebürgerter und zweckmäßiger Ausdruck für *eine* der „Voraussetzungen in der Person des Privatklägers" zu einem Sachurteil; seine Beibehaltung bedeutet keinen sachlichen Gegensatz zu den Ausführungen von EbSchmidt Lehrk. I Nr. 137). Prozeßhandlungen eines Prozeßunfähigen sind unwirksam. Sind sie fristgebunden, so kann der gesetzliche Vertreter sie nach Fristablauf auch nicht mehr mit rechtlicher Wirkung genehmigen; BayObLGSt. **1955** 243, Müller-Sax 3c. Solange die Prozeßfähigkeit des Privatklägers streitig oder zweifelhaft ist, muß er *für diese Frage* als prozeßfähig behandelt werden. Gegen eine Entscheidung, die seine Prozeßfähigkeit verneint, kann er also Rechtsmittel einlegen. Hält auch das Rechtsmittelgericht ihn für prozeßunfähig, so verwirft es deshalb das Rechtsmittel als unbegründet, nicht als unzulässig. Bezieht das Rechtsmittel sich jedoch auf andere Dinge, richtet es sich etwa gegen einen Freispruch oder erstrebt es stren-

[1] Frank II 2 zu § 65 StGB; Oetker JW 27 1269 (zu Nr. 27); RGSt. 13 115.
[2] RGSt. 22 256; 24 427; 29 140; 57 241; OLG Oldenburg NJW 1956 682; Schönke-Schröder 7 zu § 65 StGB; Olshausen 7 zu § 65 StGB; Mösl LK 1 zu § 65 StGB; EbSchmidt Lehrk. I Nr. 124 Anm. 136 und II, 15 zu § 374; Kl 2.

gere Bestrafung, so ist es insoweit, wenn der Beschwerdeführer nach Auffassung des Rechtsmittelgerichts prozeßunfähig ist, als unzulässig, nicht als unbegründet zu verwerfen. Prozeßunfähigkeit des Privatklägers führt, wenn sie vor der Eröffnung bemerkt wird oder eintritt, zur Zurückweisung der Privatklage gemäß § 383 Abs. 1, wenn sie erst nach der Eröffnung bemerkt wird, zur Einstellung des Verfahrens, es sei denn, daß der gesetzliche Vertreter den Mangel heilt, indem er die Erhebung der Privatklage nachträglich genehmigt (OLG Frankfurt/M., OLGSt.; Müller-Sax 3c. Das gilt auch in der Rechtsmittelinstanz, vorausgesetzt, daß sie durch ein *zulässiges* Rechtsmittel angerufen worden ist. Das kann ein Rechtsmittel des Angeklagten sein oder auch ein Rechtsmittel des Prozeßunfähigen, *soweit* er damit die Anerkennung seiner Prozeßfähigkeit erstrebt. Legt jedoch ein Privatkläger, den die untere Instanz für prozeßfähig, das Berufungs-, Beschwerde- oder Revisionsgericht für prozeßunfähig hält, Rechtsmittel gegen ein *Sachurteil* ein, so ist nicht das Verfahren einzustellen, sondern das Rechtsmittel als unzulässig zu verwerfen. Einstellung ist in solchem Fall nur auf ein Rechtsmittel des Angeklagten möglich und geboten. Diese Dinge werden von OLG Hamm NJW **1961** 2322 = DRsp. IV (465) 36d nicht richtig auseinandergehalten.

Nicht prozeßfähig und auf die Erhebung der Privatklage durch gesetzliche Vertreter angewiesen sind:

a) **Minderjährige**, auch wenn sie das achtzehnte Lebensjahr vollendet haben (RGSt. 37 63). **Geisteskranke** im Sinne des § 104 Nr. 2 BGB (gleichgültig, ob sie entmündigt oder unter vorläufige Vormundschaft gestellt sind oder nicht). **Entmündigte** (gleichviel, ob mit Recht und aus welchem Grunde) und unter vorläufiger Vormundschaft Stehende. Über die Minderjährigen sagen die Motive S. 221: „Nach § 65 des Strafgesetzbuchs ist der Verletzte, welcher das achtzehnte Lebensjahr vollendet hat, selbständig zu dem Antrag auf Bestrafung berechtigt. Für die Ausübung des Rechts der Privatklage konnte jedoch dieses Lebensalter nicht maßgebend sein, da der Prozeß Pflichten, namentlich auch vermögensrechtliche Verbindlichkeiten erzeugt, deren Übernahme der Entwurf einem Minderjährigen nicht gestatten konnte, ohne sich mit den hier anwendbaren Grundsätzen des Zivilrechts in Widerspruch zu setzen. Der minderjährige Verletzte, dessen Verfolgungsantrag von der Staatsanwaltschaft abgelehnt worden, wird also nur durch seinen gesetzlichen Vertreter die Privatklage erheben können". Die Befugnis, vor Gericht als Privatkläger aufzutreten und die Rolle einer Prozeßpartei zu übernehmen, ist eben etwas anderes als das Recht, die Staatsanwaltschaft mittels eines Antrages zu einer von ihr zu betreibenden Strafverfolgung zu veranlassen. Über das Recht zur Privatklage, das dem Verfahren angehört, hat das Strafgesetzbuch (§ 65) nichts sagen wollen.

Wird der Minderjährige im Laufe des von seinem gesetzlichen Vertreter eingeleiteten Verfahrens volljährig, so erlischt die Vertretungsmacht des gesetzlichen Vertreters. Prozeßhandlungen, die er jetzt noch vornimmt, können nur durch Genehmigung des volljährig Gewordenen wirksam werden. Wird ein Minderjähriger, der ohne Mitwirkung seines gesetzlichen Vertreters, also zunächst unzulässigerweise eine Privatklage erhoben hatte, im Laufe des Verfahrens volljährig, so wird die Unzulässigkeit der Privatklage geheilt, wenn er das Verfahren fortsetzt.

Eine untere Altersgrenze für Minderjährige, in deren Namen eine Privatklage erhoben werden kann, gibt es nicht; „auch der Säugling ist zur Privatklage berechtigt", Dürwanger 280.

b) **Juristische Personen** (z. B. die GmbH: BGHSt. 6 186) und prozeßfähige **Handelsgesellschaften** (offene Handelsgesellschaft, Kommanditgesellschaften und Reedereien, §§ 124 Abs. 1, 161 Abs. 2 HGB). Die Frage, ob und unter welchen Voraussetzungen juristische Personen und prozeßfähige Gesellschaften *verletzt* sein können, gehört dem sachlichen Strafrecht an; darauf kann hier nicht näher eingegangen werden. Streitig ist das besonders bei der Beleidigung. Daß politische Körperschaften beleidigt werden können, ist angesichts des § 197 StGB freilich unbezweifelbar, in diesem Zusammenhang aber unerheblich, weil hier Abs. 1 Nr. 2 die Privatklage ausdrücklich verbietet. Über die Beleidigungsfähigkeit anderer juristischer Personen, Gesellschaften und Personengemeinschaften vgl. Schlosky DStrafR **1941** 85; Werthauer 24ff.; Herdegen LK 14ff. vor § 185 StGB; Schönke-Schröder 4ff. vor § 185 StGB; dort weitere Angaben. Über die SPD vgl. LG Würzburg NJW **1959** 1934 mit zust. Anm. Lürken. Die *Familie* kann, selbst wenn man sie entgegen BGH NJW

1951 531 = MDR 1951 500 (mit Anm. von Welzel) = JZ 1951 520 (mit Anm. von Mezger), BGHSt. 6 192, 7 129, 16 60, BGH NJW 1970 1600 als beleidigungsfähig ansehen will, jedenfalls als solche keine Privatklage erheben. Juristische Personen und Gesellschaften können aber durch kreditgefährdende Verleumdung (§ 187 StGB) verletzt werden (ebenso EbSchmidt 16) und dann auch als Privatkläger auftreten. Ferner können sie in den Fällen des Abs. 1 Nr. 5, 6, 7 und 8 Verletzte sein.

Der Wortlaut des Abs. 3 ist insofern zu eng, als er nur vom Verletzten spricht. Juristische Personen können, auch wenn sie nicht selbst die Verletzten sind, ein selbständiges Strafantragsrecht und damit gemäß Abs. 2 ein eigenes Privatklagerecht haben. Das gilt vor allem in den Fällen des Abs. 1 Nr. 7 von den gewerblichen Interessenverbänden. Auch sie können natürlich die Privatklage gemäß Abs. 3 nur durch ihre gesetzlichen Vertreter erheben und durchführen.

8. **Als gesetzliche Vertreter** kommen in Betracht:

a) **Natürliche Personen.** Bei (ehelichen) Minderjährigen beide Eltern als Gesamtvertreter, nachdem BVerfGE 10 59 den § 1629 n. F. BGB für verfassungswidrig erklärt hat; vgl. BGHZ 30 306 = LM Nr. 3 zu § 1750 BGB (mit Anm. von Johannsen). Wenn die Eltern im Willen übereinstimmen, genügt es aber, daß einer von ihnen die Erklärung abgibt; BayObLGSt. 1960 267. Bei geschiedener Ehe steht das Strafantragsrecht und das Vertretungsrecht für die Privatklage dem Elternteil zu, dem nach § 1671 BGB die elterliche Gewalt, ggf. (aaO. Abs. 3 Satz 2) die Personensorge vom Vormundschaftsgericht übertragen worden ist. BGH LM Nr. 1 zu § 65 StGB. – Ferner kann bei nicht voll Geschäftsfähigen ein Vormund, unter Umständen auch ein Pfleger, der gesetzliche Vertreter sein. Hat der prozeßunfähige Verletzte keinen gesetzlichen Vertreter oder ist dieser verhindert (vgl. unten c), so muß das Vormundschaftsgericht gemäß §§ 1909 ff. BGB einen Pfleger bestellen. Entsprechendes gilt, wenn der Verletzte selbst, etwa durch Gebrechlichkeit oder durch Abwesenheit, verhindert ist.

b) Wer **juristische Personen** und prozeßfähige Gesellschaften **zu vertreten** hat, richtet sich nach der Satzung oder dem Gesellschaftsvertrag. Bei Vereinen und Aktiengesellschaften ist es der Vorstand, bei Gesellschaften mit beschränkter Haftung sind es die Geschäftsführer, bei der offenen Handelsgesellschaft die Gesellschafter, bei der Kommanditgesellschaft die persönlich haftenden Gesellschafter. Der Prokurist kommt als Vertreter nur für Privatklagen in Betracht, „die der Betrieb eines Handelsgewerbes mit sich bringt" (§ 49 HGB). Das wird bei Klagen wegen Kreditgefährdung (§ 187 StGB) sowie in den Fällen des Abs. 1 Nr. 7 kaum verneint werden können.

c) Der gesetzliche Vertreter ist **verhindert,** wenn er selbst der Beschuldigte ist. Das gilt schon für den Strafantrag und hat dort zur Folge, daß die Antragsfrist mit der Kenntnis des Verhinderten nicht zu laufen beginnt (BGHSt. 6 155 = NJW 1954 1413 = LM Nr. 2 zu § 65 StGB mit Anm. von Kohlhaas). Es gilt aber auch für die Befugnis zur Erhebung der Privatklage. Bloße Interessengegensätze bewirken keine Verhinderung (BGH aaO.).

9. Gegen **Jugendliche** ist die Privatklage unzulässig, § 80 Abs. 1 Satz 1 JGG. Vgl. unten 7 zu § 376. Dabei kommt es auf das Alter zur Tatzeit an, § 1 Abs. 2 JGG.

§ 375

(1) Sind wegen derselben strafbaren Handlung mehrere Personen zur Privatklage berechtigt, so ist bei Ausübung dieses Rechts ein jeder von dem anderen unabhängig.

(2) Hat jedoch einer der Berechtigten die Privatklage erhoben, so steht den übrigen nur der Beitritt zu dem eingeleiteten Verfahren, und zwar in der Lage zu, in der es sich zur Zeit der Beitrittserklärung befindet.

(3) Jede in der Sache selbst ergangene Entscheidung äußert zugunsten des Beschuldigten ihre Wirkung auch gegenüber solchen Berechtigten, welche die Privatklage nicht erhoben haben.

Entstehungsgeschichte: I. Entw. § 284. II. Entw. § 292. III. Entw. § 337. Frühere Bezeichnung § 415. Bekanntmachung vom 22. 3. 1924 (RGBl. I 330). Jetzige Fassung Vereinheitlichungsgesetz vom 12. 9. 1950 (BGBl. I 629).

Änderungsvorschläge: NE I und II § 379. NE III § 366. Entw. EGStGB 1930 Art. 70 Nr. 204.

Übersicht

1. **Mehrere Berechtigte** können vorhanden sein, entweder weil die Tat mehrere Personen im Sinne des § 374 Abs. 1 verletzt hat, oder weil außer dem Verletzten ein anderer (Vorgesetzter, Interessenverband) ein selbständiges Strafantragsrecht und deshalb gemäß § 374 Abs. 2 ein eigenes Privatklagerecht hat. Auf beide Fälle bezieht sich § 375. Das ist seit langem unstreitig.

Das Nächstliegende in solchem Falle ist, daß die mehreren Berechtigten die Privatklage gemeinsam erheben. Diesen Fall erwähnt das Gesetz zwar nicht; dennoch ist an der Zulässigkeit eines solchen Vorgehens kein Zweifel (Dürwanger 185; EbSchmidt 4). Besonderer Regelung bedurfte in der Tat nur der Fall, daß die mehreren Berechtigten nicht gleichzeitig vorgehen. Abs. 1 besagt in erster Linie, daß die gemeinsame Erhebung der Privatklage durch alle dazu Berechtigten nicht etwa erforderlich ist.

2. Mit dem **Erlöschen der Antragsberechtigung** (§ 61 StGB) erlischt nach herrschender Meinung auch das Recht, Privatklage zu erheben[1]. Dem wird zuzustimmen sein, soweit sich das Privatklagerecht aus § 374 Abs. 2 ergibt. Diese Vorschrift stellt in der Tat einen Zusammenhang zwischen Antrag und Privatklage her. Im übrigen aber ist nicht ersichtlich, warum das Privatklagerecht grundsätzlich davon abhängen soll, daß gerade der Privatklageberechtigte den Strafantrag gestellt hat. Weder die Regelung des Antragsrechts im Strafgesetzbuch noch die des Privatklagerechts in der Strafprozeßordnung deutet einen solchen Zusammenhang auch nur an. Die beiden Dinge sind so wenig voneinander abhängig, daß sich nicht einmal die Antragsdelikte mit den Privatklagedelikten decken (oben 1 zu § 374). Zwar wird man nicht mit Dürwanger [2] (172) sagen können, der Strafantrag „gehöre zum Strafrecht" und schaffe „die materiellen Bedingungen für die Strafbarkeit". Er ist nach allgemein anerkannter und richtiger Meinung keine Strafbarkeitsbedingung, sondern eine Prozeßvoraussetzung. Aber er ist *eine* „Prozeßvoraussetzung" (d. h. eine Voraussetzung für ein Sachurteil), und die Strafklage (öffentliche oder Privatklage) ist eine *andere*. Das Offizialverfahren hat zur Voraussetzung, daß der Strafantrag von einem der dazu Berechtigten, gleichviel von welchem, gestellt worden ist. Im Privatklageverfahren tritt gemäß § 374 Abs. 1 der Verletzte (in dieser Eigenschaft, nicht in der Eigenschaft des Antragsberechtigten – zum Unterschied von den Privatklageberechtigten des § 374 Abs. 2) als Privatkläger an die Stelle des Staatsanwalts. – Hat ein Antragsberechtigter den Strafantrag gestellt, so liegt diese erste Prozeßvoraussetzung vor, und zwar für jede wegen dieser Tat mögliche Strafklage, sei es die öffentliche, sei es die Privatklage eines der dazu Berechtigten. Soweit der Strafantrag rücknehmbar ist, kann freilich der Antragsteller durch die Rücknahme ein Prozeßhindernis schaffen. Aber da er dies auch gegenüber der öffentlichen Klage kann, ist auch das kein Grund, die Privatklage eines anderen Verletzten von vornherein nicht zuzulassen, nur weil dieser andere den Antrag nicht auch seinerseits gestellt hat. Wieso sich das gar von selbst verstehen soll, ist nicht einzusehen. Mehr als *ein* Strafantrag ist für die Strafklage nicht nötig. Hat also im Falle des § 374 Abs. 1 Nr. 7 ein Konkurrent des Täters oder ein Interessenverband Strafantrag gestellt, so kann ein anderer Konkurrent Privatklage erheben. Hat

[1] Müller-Sax 4 zu § 374; K 1 1; BayObLGSt. **1949/51** 579; Dürwanger 281; EbSchmidt 5.

der Vorgesetzte des Beamten gemäß §§ 196, 232 StGB Strafantrag gestellt, so kann der Beamte selbst die Privatklage erheben.

Dieser Grundsatz erleidet jedoch in den praktisch wichtigsten Fällen der Verletzung höchstpersönlicher Rechtsgüter (vor allem durch Beleidigung und Körperverletzung) folgende Ausnahme. Sind mehrere Personen in solchen höchstpersönlichen Rechtsgütern durch eine und dieselbe Tat verletzt, so liegt in Wahrheit gleichartige Tateinheit (§ 73 StGB) mehrerer Rechtsverletzungen vor. Jede dieser Rechtsverletzungen kann (gleichviel von wem) nur verfolgt werden, wenn gerade der Verletzte selbst (oder gerade für ihn der Vorgesetzte in den Fällen der §§ 196, 232 StGB) Strafantrag gestellt hat. Ist durch eine Beleidigung die Ehre mehrerer verletzt, so kann auf den Strafantrag des einen von ihnen die Tat nur unter dem Gesichtspunkt verfolgt werden, daß sie gerade seine Ehre verletzt. Auch der Staatsanwalt könnte sie nicht unter dem Gesichtspunkt verfolgen, daß sie die Ehre eines anderen verletzt. Das ist der Grund, der hier der Privatklage des anderen Verletzten entgegensteht, wenn der Strafantrag nicht von ihm (oder gemäß § 374 Abs. 2 für ihn) gestellt worden ist. All das beschränkt sich aber auf höchstpersönliche Rechtsgüter und gilt z. B. nicht, wenn durch die Beschädigung einer Sache mehrere Personen verletzt worden sind.

3. Für den **Beitritt** zu dem eingeleiteten Verfahren (Abs. 2) bedarf es nur einer einfachen Erklärung, die schriftlich, zu Protokoll der Geschäftsstelle, oder auch in der Hauptverhandlung abgegeben werden kann. Es bedarf weder des Inhalts noch der Formen, die für eine Privatklage vorgeschrieben sind. Ein besonderer Sühneversuch ist nicht erforderlich. Der Beitritt ist bis zur Rechtskraft des Urteils möglich, also auch noch in der Berufungs- oder Revisionsinstanz. Er liegt auch in der Einlegung eines Rechtsmittels. Das ist seit langem unstreitig.

Streit besteht nur darüber, wie zu verfahren ist, wenn *zwei Privatklagen* wegen derselben Tat gleichzeitig oder nacheinander bei Gericht eingehen. Müller-Sax 2e meinen, bei gleichzeitiger Erhebung sei gegenseitiger Beitritt nötig, hierdurch würden die Sachen verbunden. Kl 2 dagegen sagt, das Gericht müsse sie verbinden. Diese Ansicht verdient als die einfachere den Vorzug; so auch OLG Naumburg JW **1932** 427, BayObLGSt. **30** 227. Das hat von Amts wegen zu geschehen, weil wegen einer Tat nur ein Verfahren rechtshängig sein darf, RGSt. **41** 109. Erhebt einer der Berechtigten die Privatklage nach dem anderen, so will Dürwanger (281) die spätere zurückgewiesen wissen, dann aber wieder den Beitritt gestatten. Dieser Umweg ist nicht nötig. Unnötig umständlich auch OLG Düsseldorf JMBlNRW **1961** 111. Vielmehr ist die spätere Privatklage ohne weiteres als Beitritt zu der früheren zu behandeln. Privatklage und Beitritt sind zwar keine Rechtsmittel; jedoch läßt sich hier der Gesichtspunkt des § 300 dahin ausdehnen, daß die unzulässige Prozeßhandlung in die zulässige umgedeutet wird (ähnlich EbSchmidt 6). Dadurch wird weder der Privatkläger, noch der Beitretende, noch der Beschuldigte beschwert; andererseits wird ein Zwischenverfahren erspart, das sonst noch in die Beschwerdeinstanz getragen werden könnte.

Hat die erste Instanz aus Rechtsirrtum, oder weil das Nebeneinander von mehreren Privatklagen übersehen wurde, zwei Urteile erlassen, so kann noch das *Rechtsmittelgericht* die Verfahren, wenn sie beide dorthin gelangt sind, miteinander verbinden, OLG Naumburg JW **1932** 427; **a. A.** Klée in seiner Anmerkung dazu. Das Verfahrenshindernis kann auch dadurch beseitigt werden, daß eine der beiden Privatklagen zurückgenommen wird; auch noch in der Revisionsinstanz, OLG Hamm JMBlNRW **1951** 184 = DRsp. IV (464) 46c. Ist dagegen eines der beiden Urteile schon rechtskräftig, so muß das andere Verfahren eingestellt werden.

Zum Zweck der *Wiederaufnahme* wollen Müller-Sax 2c den Beitritt nicht gestatten, weil hier das Verfahren rechtskräftig abgeschlossen ist. Da aber die Rechtskraft ganz allgemein eine Voraussetzung und kein Hindernis der Wiederaufnahme ist, kann sie auch der im Wege des Beitritts erstrebten Wiederaufnahme nicht entgegengehalten werden. Vgl. auch unten 4c zu § 377.

4. **Beschluß.** Über die Zulässigkeit des Beitritts entscheidet das Gericht durch Beschluß (Werthauer 55). Ist der Betritt vor der Eröffnung erklärt, so geschieht das im Eröffnungsbeschluß; ist er später erklärt, durch besonderen Beschluß. Der Angeklagte hat kein Rechtsmittel gegen die Zulassung, der abgewiesene Beigetretene die einfache Beschwerde. Zulässiger Beitritt macht den Berechtigten zum Privatkläger; er ist nicht etwa weiterhin als „Beigetretener" zu bezeichnen (**a. A.** Werthauer 54).

5. Unter **Entscheidung** versteht Abs. 3 nur rechtskräftige Entscheidungen; solange sie nicht rechtskräftig sind, kann der Beigetretene sie noch mit Rechtsmitteln anfechten. Auf *Vergleiche* im Privatklageverfahren ist Abs. 3 auch nicht entsprechend anzuwenden, RGSt. 27 216; ebensowenig auf die *Zurücknahme* der Privatklage. Nach Vergleich und Zurücknahme kann ein anderer Verletzter dem Verfahren freilich nicht mehr beitreten; vielmehr muß er jetzt eine eigene Privatklage erheben. Die Wirkung der Entscheidung gilt auch, wenn sie in einem öffentlichen Verfahren ergangen sind (z. B. Ablehnung der Eröffnung auf Anklage, § 211), OLG Köln NJW **1952** 1152. Ebenso wirken Entscheidungen, die im Privatklageverfahren ergangen und rechtskräftig geworden sind, für ein späteres öffentliches Verfahren, sei es, daß der Staatsanwalt gemäß § 377 Abs. 2 die Verfolgung übernimmt, sei es, daß er eine selbständige Anklage erhebt. Es handelt sich hier eben gar nicht um eine Besonderheit des Privatklageverfahrens, sondern um die allgemeine Wirkung der Rechtskraft überhaupt.

Sie beschränkt sich auf Entscheidungen *in der Sache* selbst, denn nur diese sind materieller Rechtskraft fähig. Es muß sich also um Entscheidungen über die Schuld- und Straffrage handeln. In Betracht kommen:

a) Die Zurückweisung der Klage gemäß § 383 Abs. 1, wenn sie mit dem Mangel hinreichenden Tatverdachts oder mit sachlichrechtlichen Erwägungen (fehlende Strafbarkeit) begründet wird. Ist ein solcher Beschluß rechtskräftig, so ist eine neue Strafklage (Anklage oder Privatklage) nur unter den Voraussetzungen des § 211 zulässig; Beitritt ist nicht mehr möglich.

b) Ein Urteil, das auf Freispruch, Verurteilung oder Straffreierklärung (§§ 199, 233 StGB) lautet. Zu dem verurteilenden Erkenntnis ist folgendes zu sagen: Abs. 3 spricht zwar nur von der Wirkung zugunsten des Beschuldigten. Damit ist aber nicht gemeint, daß nur Entscheidungen in Betracht kämen, die dem Beschuldigten schlechthin günstig sind. Vielmehr ist auch an die günstige Wirkung einer im übrigen ungünstigen Entscheidung zu denken, die mit ihrer Rechtskraft verhindert, daß der Beschuldigte wegen desselben Geschehens noch einmal unter demselben oder einem anderen rechtlichen Gesichtspunkt zur Verantwortung gezogen wird.

c) Die Einstellung des Verfahrens, weil die Schuld des Täters gering und die Folgen der Tat unbedeutend seien (§ 383 Abs. 2).

Diese Entscheidungen (a bis c) stehen auch der Verfolgung tateinheitlich begangener Delikte entgegen; gewisse Ausnahmen im Falle c ergeben sich jedoch aus den Ausführungen oben 9 zu § 153, die hier entsprechend gelten.

6. **Andere Entscheidungen** stehen den anderen Berechtigten **nicht** entgegen, insbesondere nicht:

a) Die Zurückweisung der Klage gemäß § 383 Abs. 1 aus verfahrensrechtlichen Gründen, also etwa wegen Fehlens des Strafantrags, des Sühneversuchs oder des Privatklagerechts, oder wegen Unzuständigkeit.

b) Das Urteil, mit dem die Sache aus verfahrensrechtlichen Gründen, insbesondere gemäß § 389 Abs. 1, eingestellt wird.

Nach Rechtskraft dieser Entscheidungen (a, b) kann der andere Berechtigte aber nicht mehr beitreten, sondern nur noch eine eigene Privatklage erheben.

7. **Unzulässigkeit** der Privatklage macht nicht schon als solche auch den Beitritt unzulässig; sie schadet dem Beitretenden nicht, wenn seine Privatklage zulässig wäre, Müller-Sax 2d und f.

8. Die **Widerklage** (§ 388) ist eine Art der Privatklage, auch im Sinne des § 375. Angenommen, A habe durch eine und dieselbe Tat den X und den Y verletzt; X habe seinerseits im Zusammenhange damit den A verletzt. Hat nun A Privatklage gegen X, X Widerklage gegen A erhoben, oder umgekehrt, so kann Y keine selbständige Privatklage gegen A erheben. Vielmehr kann er nur der Privatklage oder Widerklage des X gegen A beitreten.

§ 376

Die öffentliche Klage wird wegen der im § 374 bezeichneten strafbaren Handlungen von der Staatsanwaltschaft nur dann erhoben, wenn dies im öffentlichen Interesse liegt.

Entstehungsgeschichte: I. Entw. § 305 Abs. 3. II. Entw. § 311 Abs. 3. III. Entw. § 356 Abs. 3. Frühere Bezeichnung § 416.

Änderungsvorschläge: NE I u. II § 377 Abs. 2. NE III § 364 Abs. 2.

Übersicht

1. Das Vorliegen des **öffentlichen Interesses** bewirkt, daß statt der an sich allein gegebenen Privatklage die öffentliche Klage erhoben werden kann (und wegen des Legalitätsprinzips auch erhoben werden *muß*). Darin erschöpft sich seine Bedeutung. Andere Verfahrensvoraussetzungen kann es nicht ersetzen, Verfahrenshindernisse nicht beseitigen. Namentlich kann es den **Strafantrag** (§ 61 StGB) nicht ersetzen. Wenn dieser erforderlich ist, kann die Staatsanwaltschaft die öffentliche Klage auch dann nicht erheben, wenn deren Erhebung nach ihrer Auffassung im öffentlichen Interesse (im Sinne des § 376) läge. Darin unterscheidet sich das öffentliche Interesse von dem **besonderen öffentlichen Interesse** des § 232 Abs. 1 StGB, dessen Vorliegen die Notwendigkeit des Strafantrages überflüssig macht, so daß die öffentliche Klage auch gegen den Willen des einen Strafantrags ausdrücklich nicht stellenden Verletzten erhoben werden kann (Kl 3). Der Gedanke des § 232 Abs. 1 StGB kann aber auf andere als die dort genannten Straftaten nicht ausgedehnt werden[1]. Ist wegen jener Straftaten Strafantrag gestellt, so genügt zur Erhebung der öffentlichen Klage das einfache öffentliche Interesse (Kl 3). Andererseits: Wird das besondere öffentliche Interesse bejaht (und damit der **Strafantrag** ersetzt), so liegt hierin zugleich die Bejahung des öffentlichen Interesses im Sinne des § 376. In beiden Fällen geht es um die Frage der Befolgung des Legalitätsprinzips. Der unterschiedliche Wortlaut des § 232 StGB („geboten erachtet") und des § 376 StPO („im öffentlichen Interesse liegt") gibt deshalb nichts her.

2. Der Privatklageberechtigte kann in allen Fällen bei der **Staatsanwaltschaft** Erhebung der öffentlichen Klage beantragen (§ 158). Er muß dann beschieden werden (§ 171; RiStBV 78ff.). Ob die Staatsanwaltschaft das öffentliche Interesse an der Verfolgung von Privatklagedelikten (auf einen solchen Antrag oder von Amts wegen) bejaht, ist Sache ihres **Ermessens.** Richtlinien für die Ausübung dieses Ermessens finden sich in Nrn. 76f., 252, 296, 301 RiStBV.

3. **Verneint** die **Staatsanwaltschaft** das öffentliche Interesse, so folgt aus § 172 Abs. 2 Satz 3, daß der Verletzte die öffentliche Klage nicht gerichtlich erzwingen kann. Diese Regelung stellt ihn nicht schutzlos, er hat ja die Privatklage zur Verfügung. Sie verletzt ihn auch nicht in seinen Rechten. Ein „Recht auf öffentliche Klage" hat er nicht, mit der öffentlichen Klage macht die Staatsanwaltschaft vielmehr das Interesse der Allgemeinheit geltend. Wohl kann der Verletzte die Verneinung des öffentlichen Interesses im Dienstaufsichtswege (bis zum Justizministerium) nachprüfen lassen. – Dies alles ist herrschende Meinung[2].

[1] BGHSt. 7 256: Mösl LK 4 zu § 61 StGB; vgl. auch Kohlhaas NJW **1954** 1792 und LM § 232 StGB Anm. zu Nr. 1.

[2] Kl 1 sowie 1 A zu § 23 EGGVG; Müller-Sax 1a; Hirsch LK 7 zu § 232 StGB; a. A. Vogel NJW **1961** 763.

4. Umstritten ist die Frage der gerichtlichen Überprüfbarkeit, wenn die **Staatsanwaltschaft** das öffentliche Interesse **bejaht.**

Daß für diese Bejahung – ebenso für die Bejahung des besonderen öffentlichen Interesses im Sinne des § 232 Abs. 1 StGB – keine besondere *Form,* insbesondere keine Schriftform, ja nicht einmal ausdrückliche Erwähnung in der Anklageschrift erforderlich ist, ist jetzt nahezu einhellig anerkannt[3].

Die Zulässigkeit gerichtlicher Überprüfung der Bejahung des öffentlichen Interesses wird von der herrschenden Meinung (ebenso wie im Falle des besonderen öffentlichen Interesses, § 232 Abs. 1 StGB) verneint, die den Beschuldigten auch insoweit allein auf den Dienstaufsichtsweg verweisen will[4].

Nach anderer Auffassung soll die Bejahung des öffentlichen Interesses nach § 23 EGGVG angefochten werden können[5].

Die vereinzelt[6] geforderte Zulässigkeit der verwaltungsgerichtlichen Anfechtungsklage hat das Bundesverwaltungsgericht verneint[7].

Nach einer vierten Meinung schließlich soll das (objektive) Bestehen des (besonderen) öffentlichen Interesses eine Verfahrensvoraussetzung für das auf öffentliche Klage gestützte Verfahren sein mit der Folge, daß das mit der Sache befaßte Gericht dieses Vorliegen von Amts wegen nachprüfen und unter Umständen abweichend von der Auffassung der Staatsanwaltschaft verneinen kann[8].

5. Die herrschende Meinung (oben 4) verdient Zustimmung. Auszugehen ist von dem der Staatsanwaltschaft anvertrauten Legalitätsprinzip (§ 152 Abs. 2) als Grundsatz. Das Privatklageverfahren stellt von diesem Grundsatz eine Ausnahme dar (oben 7 vor § 374). § 376 behandelt – ebenso wie § 232 Abs. 1 Halbsatz 2 StGB – die Rückkehr zur Regel, also die Wahrung des Legalitätsprinzips. Die Befolgung des Legalitätsprinzips durch die Staatsanwaltschaft unterliegt aber, dem Grundsatz des § 150 GVG entsprechend, nur in den im Gesetz besonders genannten Fällen einer Kontrolle durch das Gericht, vgl. z. B. § 153 Abs. 2, § 153a Abs. 1, § 153d Abs. 1, §§ 172ff., § 208 Abs. 2 Satz 2 einerseits, § 153 Abs. 1, §§ 153b, 153c, 154 Abs. 1, § 154a Abs. 1 andererseits.

Die oben zu 4a. E. dargestellte gegenteilige Auffassung ist insofern widersprüchlich, als sie § 172 Abs. 2 Satz 3 hinsichtlich der Privatklagedelikte hinnimmt, statt auch in diesem Falle, jedenfalls *de lege ferenda,* ein Überprüfungsrecht für den Verletzten zu fordern: warum sollte er nicht wie der Angeklagte die *Bejahung* seinerseits die *Verneinung* des öffentlichen Interesses durch die Staatsanwaltschaft gerichtlich überprüfen lassen dürfen?

6. Bis zur Eröffnung des Hauptverfahrens kann die Staatsanwaltschaft das zunächst bejahte öffentliche Interesse *verneinen.* Dann ist der Verletzte auf den Privatklageweg zu verweisen. War schon Anklage erhoben, so liegt in der Verneinung die zulässige (§ 156) Rücknahme der öffentlichen Klage.

Verneint sie bis zu diesem Zeitpunkt in den in § 232 Abs. 1 StGB genannten Fällen das zunächst bejahte besondere öffentliche Interesse und fehlt es an einem Strafantrag, so muß dieser Mangel einer Verfahrensvoraussetzung zur Einstellung führen. Liegt ein Strafantrag vor oder wird er nachgeholt, so muß sich die Staatsanwaltschaft entschließen, ob sie nur das besondere öffentliche Interesse verneint und das (allgemeine) öffentliche Inter-

[3] Kl 1; Müller-Sax 1b; Hirsch LK 12 zu § 232 StGB mit weiteren Nachweisen; Schönke-Schröder 7 zu § 232 StGB; BGHSt. **6** 282, **16** 225; **a. A.** OLG Bremen NJW **1961** 144.

[4] Kl 1 sowie 1 A zu § 23 EGGVG; Müller-Sax 1a; Dreher 1 C; Lackner-Maassen 3 zu § 232 StGB; Kohlhaas NJW **1954** 1793; Mühlhaus JZ **1952** 171; Oehler JZ **1956** 630; Rietzsch DJ **1940** 532 (unter Auswertung der Entstehungsgeschichte); BGHSt. **16** 225; RGSt. 77 20, 73; BayObLGSt. **1949/51** 577; OLG Hamm JMBlNW **1951** 196; OLG Stuttgart JR **1953** 348; OLG Celle NdsRpfl. **1960** 259.

[5] OLG Bremen MDR **1961** 167; Thierfelder DVBl. **1961** 1101, **1962** 116; Ule Verw.gerichtsbarkeit 2. Aufl. IV 3a zu § 42 VwGO; vgl. auch OLG Celle Fußnote 4.

[6] Kalsbach Die gerichtliche Nachprüfung von Maßnahmen der Staatsanwaltschaft im Strafverfahren 58, 126.

[7] NJW **1959** 448.

[8] Hirsch LK 8, Schönke-Schröder 3 zu § 232 StGB; Lüke JuS **1961** 211; Vogel NJW **1961** 761.

esse i. S. des § 376 bejaht — dann ist das Verfahren als Offizialverfahren durchzuführen — oder ob sie ein öffentliches Interesse überhaupt verneint — dann gilt das im vorigen Absatz Gesagte (vgl. auch oben 1 a. E.).

7. **Nach der Eröffnung des Hauptverfahrens** kommt die **Verneinung** des zunächst bejahten öffentlichen Interesses der Rücknahme der öffentlichen Klage gleich und ist dann ebenso wie diese Rücknahme *ausgeschlossen* (§ 156); jedoch kann die nachträgliche Verneinung in eine Zustimmung nach § 153 Abs. 3 umgedeutet werden[9].

Für die Verneinung des besonderen öffentlichen Interesses nach diesem Zeitpunkt in den Fällen des § 232 Abs. 1 StGB gilt folgendes:

War kein Strafantrag gestellt, so daß die Bejahung des besonderen öffentlichen Interesses durch die Staatsanwaltschaft diesen ersetzte, so kommt die nachträgliche Verneinung der Rücknahme des Strafantrages gleich. Sie ist daher ebenso wie diese nur bis zur Verkündung eines auf Strafe lautenden Urteils zulässig (§§ 64, 232 Abs. 2 StGB).

War Strafantrag gestellt, so hat die nachträgliche Verneinung des zunächst bejahten öffentlichen Interesses (nur) die Bedeutung der Rücknahme der öffentlichen Klage und ist wie diese unzulässig (vgl. oben 1. Absatz).

8. Die Bejahung des besonderen öffentlichen Interesses kann bis zur rechtskräftigen Entscheidung nachgeholt werden, auch noch in der Revisionsinstanz[10].

9. Um über das Vorliegen des öffentlichen Interesses befinden zu können, kann die Staatsanwaltschaft erforderlichenfalls Ermittlungen im Wege des vorbereitenden Verfahrens (§§ 160 bis 162) anstellen. Damit wird das öffentliche Interesse nicht etwa schon bejaht. Das ist wichtig, weil die Verletzten nicht selten durch unwahre oder übertreibende Darstellung den Staatsanwalt zur Übernahme der Verfolgung zu bestimmen suchen. Die Staatsanwaltschaft braucht den Verletzten nicht durch Ermittlungen zu unterstützen; es gibt aber Fälle, in denen dies eine Anstandspflicht sein kann.

10. **Gesetzes- und Tateinheit.** Erhebt die Staatsanwaltschaft Anklage wegen eines Offizialdelikts, das in Gesetzes- oder Tateinheit mit einem Privatdelikt steht (vgl. oben 3 zu § 374), so wird das letztere (wenn nicht etwa der erforderliche Strafantrag fehlt) ebenfalls Gegenstand der Urteilsfindung (§ 264). Weder das Gericht noch die Staatsanwaltschaft dürfen das Privatklagedelikt unberücksichtigt lassen. Eine besondere Privatklage ist nicht möglich, weil ihr der Verbrauch der Strafklage entgegenstünde.

Lehnt im Falle der Gesetzes- oder Tateinheit die Staatsanwaltschaft die Erhebung der öffentlichen Klage ab, so hat der Verletzte drei Möglichkeiten: a) die Dienstaufsichtsbeschwerde; b) das Klageerzwingungsverfahren nach § 172 (der Fall des § 172 Abs. 2 Satz 3 liegt hier nicht vor); c) die Privatklage. Sie führt freilich nur zum Erfolg, wenn das Gericht die Gesetzes- oder Tateinheit des Privatklagedelikts mit einem Offizialdelikt verneint (vgl. oben 3 zu § 374). Bejaht es sie, so muß es nach § 389 Abs. 1 das Verfahren einstellen. Diese Einstellung verpflichtet die Staatsanwaltschaft nicht zur Anklage (oben 4 zu § 374; Kl 1 zu § 389; Müller-Sax 4). Daß der Verletzte dadurch schutzlos würde, trifft nicht zu. Ihm bleiben außer den zu a) und b) genannten Wegen noch die Rechtsmittel gegen das einstellende Urteil. Er hat also eine Fülle von Rechtsbehelfen, wie sie nicht einmal dem Angeklagten zu Gebote stehen. Daß unter Umständen alle Wege erfolglos bleiben, läßt sich auch nach der Gegenmeinung nicht immer verhindern und ist nicht gleichbedeutend mit Schutzlosigkeit. Es ist weder erforderlich, noch liegt es im Sinne des § 389, neben dem § 172 noch eine Art von kleinem Klageerzwingungsverfahren zu schaffen. Zutreffend Müller-Sax 4 zu § 389.

Anders liegt es, wenn im Falle der Gesetzes- oder Tateinheit von der Verfolgung des Offizialdelikts gemäß § 153 Abs. 2 abgesehen wird. Das steht der Privatklage nicht entgegen, s. oben 4 zu § 374. Hellm. Mayer JZ **1955** 603 bezeichnet die hier vertretene Meinung als offensichtlich falsch, weil das Gericht in solchen Fällen nach § 389 einstellen müsse. Er übersieht, daß die Sache am Schluß der Hauptverhandlung anders aussehen kann als bei

[9] Kl 4; Maurach StGB BT § 9 I B 1; Oehler JZ **1956** 632; RGSt. **77** 72; OLG Bremen JZ **1956** 663; OLG Karlsruhe VRS **15** 356l; a. A. — Rücknahme jederzeit, auch noch in der Revisionsinstanz möglich —: Müller-Sax 1b; Dreher 1 C b zu § 232 StGB; Mühlhaus JZ **1952** 172; BGHSt. **19** 377; OLG Düsseldorf NJW **1953** 236, **1970** 1054; OLG Stuttgart NJW **1961** 1126; Kammergericht VRS **18** 352; OLG Celle GA **1961** 214.

[10] BGHSt. **6** 283

der Eröffnung. Der Privatkläger hat ein Recht auf Verhandlung und auf ein Urteil, das er im Falle des § 389 mit Berufung und Revision anfechten kann. – Freilich wird das Gericht dem Staatsanwalt die nach § 153 Abs. 2 erforderliche Zustimmung sinnvollerweise nur dann geben, wenn es auch unter dem Gesichtspunkt des Privatklagedelikts die Schuld für gering und die Folgen für unbedeutend hält, was dann folgerichtig zur Einstellung gemäß § 383 Abs. 2 führen muß. Aber während der Verletzte die Einstellung nach § 153 Abs. 2 nicht anfechten kann (§ 172 Abs. 2 Satz 3), steht ihm gegen die Einstellung nach § 383 Abs. 2 die sofortige Beschwerde zu. Ihm diesen Weg nur wegen des tateinheitlichen Offizialdelikts abzuschneiden, geht nicht an. Wird das Privatklageverfahren durchgeführt, so kann nur das Privatklagedelikt abgeurteilt werden. Hinsichtlich des Offizialdelikts bildet die Einstellung nach § 153 Abs. 2 ein Verfahrenshindernis, so daß § 389 Abs. 1 nicht anzuwenden ist. Das Verfahrenshindernis ist freilich nicht der Verbrauch der Strafklage (RGSt. **67** 316); die Staatsanwaltschaft könnte bis zur Rechtskraft des Urteils das Offizialdelikt noch verfolgen (und zwar im Wege des § 377 Abs. 2) und das Hindernis damit beheben. Solange sie das aber nicht tut, darf und muß das Offizialdelikt hier völlig unberücksichtigt bleiben. Das Urteil verbraucht dann aber die Klage auch für das Offizialdelikt.

11. Ist öffentliche Klage erhoben, so kann der Privatklageberechtigte sich dem Verfahren als **Nebenkläger** anschließen (§ 395); einer selbständigen Privatklage stünde die Rechtshängigkeit entgegen.

12. Gegen (zur Tatzeit) **Jugendliche** ist eine Privatklage nicht zulässig (§ 80 Abs. 1 Satz 1 JGG). Deshalb verfolgt der Staatsanwalt ihre Privatklagedelikte nicht nur dann, wenn das öffentliche Interesse, sondern auch dann, wenn Gründe der Erziehung oder ein berechtigtes Interesse des Verletzten, das dem Erziehungszweck nicht entgegensteht, es erfordern (§ 80 Abs. 1 Satz 2 JGG). Der Verletzte kann hier nicht Nebenkläger werden (§ 80 Abs. 3 JGG).

§ 377

(1) Im Privatklageverfahren ist der Staatsanwalt zu einer Mitwirkung nicht verpflichtet. Das Gericht legt ihm die Akten vor, wenn es die Übernahme der Verfolgung durch ihn für geboten hält.

(2) Auch kann die Staatsanwaltschaft in jeder Lage der Sache bis zum Eintritt der Rechtskraft des Urteils durch eine ausdrückliche Erklärung die Verfolgung übernehmen. In der Einlegung eines Rechtsmittels ist die Übernahme der Verfolgung enthalten.

(3) Übernimmt die Staatsanwaltschaft die Verfolgung, so richtet sich das weitere Verfahren nach den Vorschriften, die im zweiten Abschnitt dieses Buches für den Anschluß des Verletzten als Nebenkläger gegeben sind.

Entstehungsgeschichte: Frühere Bezeichnung § 417. Jetzige Fassung: Vereinheitlichungsgesetz vom 12. 9. 1950.

Änderungsvorschläge: NE I § 386 Abs. 2, § 390 Abs. 4. NE II § 386 Abs. 1, 3 § 390 Abs. 4, § 394. NE III § 377 Abs. 4, § 380. Entw. EGStGB 1930 Art. 70 Nr. 205. Art. 1 Nr. 87 RegE 1. StVRG (BT-Drucks. VI/3478).

Übersicht

1. Der **Staatsanwalt** ist zu einer Mitwirkung im Privatklageverfahren nicht verpflichtet. Von den meisten Privatklagen erhält er nicht einmal Kenntnis (vgl. § 382, der dem Gericht die Mitteilung an die Staatsanwaltschaft nicht vorschreibt, § 377 Abs. 1 Satz 2 und § 389

Abs. 2). Auch Ladungen und Zustellungen sind hier nicht Sache der Staatsanwaltschaft (vgl. Dünnebier 5 Abs. 3 zu § 36), sondern der Geschäftsstelle, § 385 Abs. 2. Nur im Rechtsmittelverfahren gelangen die Akten durch die Hand des Staatsanwalts vom unteren zum oberen Gericht (§ 390 Abs. 3 Satz 1).

2. Nach Ansicht der Rechtsprechung des Reichsgerichts, der sich ein Teil des Schrifttums angeschlossen hat, soll es keine **Anzeige** (gegen den Privatkläger) **i. S. des § 191 StGB** sein, wenn das Gericht dem Staatsanwalt die Akten gemäß Abs. 1 Satz 2 vorlegt. Stelle er daraufhin Ermittlungen gegen den Privatkläger an, so sei also mit dem Privatklageverfahren nicht innezuhalten[1]. Das Ergebnis dieser Auffassung ist, wie das Reichsgericht selbst einräumt, unerwünscht. Sie führt nämlich dazu, daß in zwei nebeneinander herlaufenden Strafverfahren dieselbe Frage untersucht wird, ob der Privatkläger die strafbare Handlung, die der im Privatklageverfahren Angeklagte ihm nachsagt, begangen hat oder nicht. Das brächte die Möglichkeit mit sich, daß der im Privatklageverfahren Angeklagte wegen übler Nachrede verurteilt wird, während in dem anderen Verfahren der Wahrheitsbeweis gegen den dort angeklagten Privatkläger erbracht wird. Nach dieser Ansicht würde auch die Verjährung nicht gemäß § 69 StGB ruhen, wenn der Privatklagerichter den Ausgang des anderen Verfahrens abwartete. Es kann aber nicht eingeräumt werden, daß nur der Gesetzgeber dieses unerwünschte Ergebnis beseitigen könnte. Der Richter braucht keineswegs derart sklavisch am Wortlaut des § 191 StGB („Anzeige“) zu haften. Die Gründe, aus denen der Strafrichter gewöhnt ist, sich streng an das Wort des Gesetzes zu halten, liegen hier nicht vor. Es handelt sich weder um eine Vorschrift des sachlichen Strafrechts mit „magna-charta“-Charakter, noch um eine solche Bestimmung des Strafverfahrensrechts, von der man sagen könnte, sie sei gleichsam ein „Ausführungsgesetz des Grundgesetzes“ (EbSchmidt ZStW **65** 161). Vielmehr liegt dem § 191 StGB ein sehr einfacher Gedanke von so einleuchtender Zweckmäßigkeit zugrunde, daß seine Erstreckung auch auf die ohne „Anzeige“ in Gang gekommenen Ermittlungsverfahren sich als notwendig geradezu aufdrängt.

Die Vorlegung setzt nicht voraus, daß der Privatkläger nach § 379 Sicherheit geleistet oder nach § 379a einen Gebührenvorschuß gezahlt hat (Trommer DJ **1939** 654); die Privatklage braucht dazu überhaupt nicht ordnungsgemäß erhoben zu sein.

3. **Teilnahmerecht.** Der Staatsanwalt ist aber, auch wenn er die Verfolgung nicht übernimmt, in jeder Lage des Verfahrens zu einer Mitwirkung berechtigt. Er braucht nicht abzuwarten, ob das Gericht ihm gemäß Abs. 1 Satz 2 die Akten vorlegt, sondern kann jederzeit von sich aus Akteneinsicht verlangen. Denn Abs. 1 Satz 2 ändert nichts daran, daß die Verantwortung für Beteiligung oder Nichtbeteiligung des Staatsanwalts bei diesem, nicht beim Gericht liegt. Deshalb muß er sich in die Lage setzen können, darüber zu entscheiden. Er kann an der Hauptverhandlung teilnehmen und in ihr Anträge stellen; daran hat sich nichts dadurch geändert, daß er nicht mehr von allen Terminen benachrichtigt zu werden braucht, wie nach Abs. 1 a. F. Er kann aber auch am Vorverfahren mitwirken, auch wenn er die Verfolgung (noch) nicht übernimmt (a. A. Werthauer 71). Stellt er hier Anträge, so müssen sie beschieden werden.

Zuständig ist nur der Staatsanwalt bei dem Landgericht, das dem vom Privatkläger angerufenen Amtsgericht im Instanzenzuge vorgeordnet ist, nicht eine andere Staatsanwaltschaft, selbst wenn auch in ihrem Bezirk ein Gerichtsstand gegeben ist: BGHSt. **11** 56 = NJW **1968** 229 = LM Nr. 1 zu § 7 (mit Anm. von Busch).

4. Er kann die Verfolgung **„in jeder Lage der Sache“** übernehmen.

a) Diese Möglichkeit **beginnt** mit dem Eingang der Privatklage bei Gericht. Vorher würde es sich nicht um eine Übernahme der Privatklage nach § 377, sondern um eine Erhebung der öffentlichen Klage nach § 376 handeln. Eines Antrages des Verletzten bedarf es nicht; ein Widerspruch des Verletzten wäre unbeachtlich. Auch darf aus dem Wort „Verfolgung“ nicht geschlossen werden, daß der Staatsanwalt nur übernehmen dürfte, um auf eine Bestrafung hinzuwirken. Er kann die „Verfolgung“ auch gerade zu dem Zweck übernehmen, der staatlichen Pflicht aus § 160 Abs. 2 zu genügen.

[1] RGSt. **66** 328; LG Aachen NJW **1958** 1695; Olshausen 4; Kohlrausch-Lange III zu § 191 StGB; Dreher 1 A; Lackner-Maassen 2; a. A. (wie hier): Herdegen LK 2; Schönke-Schröder 3; BayObLG NJW **1961** 840.

b) Nach Abs. 2 Satz 1 besteht die Möglichkeit der Übernahme bis zum „Eintritt der **Rechtskraft** des Urteils". Das bedeutet nur, daß die gewöhnlichen Wirkungen des Rechtskraft auch gegenüber dem Staatsanwalt eintreten. Nur soweit die Sache mit der Rechtskraft überhaupt entschieden ist, steht die Rechtskraft weiteren Schritten des Staatsanwalts entgegen. Das zeigt sich deutlich an § 389: die Rechtskraft des Einstellungsurteils hindert nicht, sondern veranlaßt unter Umständen den Staatsanwalt, nunmehr seinerseits die Verfolgung zu übernehmen. Freilich ist das nicht mehr die Übernahme eines Privatklageverfahrens; aber Abs. 2 Satz 1 spricht auch nicht von der Übernahme eines Verfahrens, sondern von der der Verfolgung. An der Übernahme des „Verfahrens" kann der Staatsanwalt auch auf andere Weise gehindert werden als durch die Rechtskraft des Urteils; z. B. durch Rücknahme der Privatklage oder was dafür gilt (§ 391), oder durch den Tod des Privatklägers und Ablauf der Fortsetzungsfrist (§ 393) vor der Übernahmeerklärung.

c) Aus dem Gesagten ergibt sich, daß es eine zu enge Wortauslegung wäre, aus der Wendung „bis zum Eintritt der Rechtskraft des Urteils" herleiten zu wollen, der Staatsanwalt könne nach der Rechtskraft die Verfolgung auch nicht zum Zwecke einer **Wiederaufnahme** des Verfahrens übernehmen (wie Kl 3, Müller-Sax 2a, EbSchmidt 15, BayObLGSt. 30 19 meinen). Dazu kann gerade im Privatklageverfahren mit seiner beschränkten Sachaufklärung ein praktisches Bedürfnis auftreten, zumal jetzt, wo die Staatsanwaltschaft oft erst nach Rechtskraft von dem Verfahren erfährt. Es ist nicht anzunehmen, daß Abs. 2 Satz 1 diese Frage vor Augen hat und verneinen will; wie hier Werthauer 72.

5. Nicht schon in jedem Antrage oder jeder Stellungnahme des Staatsanwalts liegt eine **Übernahme der Verfolgung**, auch nicht in der Mitwirkung an der Hauptverhandlung. Vielmehr verlangt das Gesetz

a) entweder eine **ausdrückliche Erklärung**. Sie ist schriftlich oder in der Hauptverhandlung mündlich abzugeben; ihrer bedarf es *nicht* im Falle des Abs. 1 Satz 2 (OLG Saarbrükken vom 24. 10. 1963, OLGSt.);

b) oder die Einlegung eines **Rechtsmittels**. Gemeint sind nicht nur Rechtsmittel gegen das Urteil, sondern auch Beschwerden. Auf den Gegenstand und die Richtung des Rechtsmittels kommt es nicht an; es kann auch zugunsten des Angeklagten (§ 296 Abs. 2) eingelegt sein. Die Einlegung eines Rechtsmittels enthält von selbst und mit Notwendigkeit die Übernahme der Verfolgung. Es steht dem Staatsanwalt nicht zu, zwar ein Rechtsmittel einzulegen, zugleich aber zu erklären, daß er sich hierauf beschränke und im übrigen die Verfolgung nicht übernehme. Der Antrag des Staatsanwalts, das Gericht möge sich für örtlich unzuständig erklären, ist aber keine Übernahme, vgl. BGHSt. 11 60 = NJW 1958 229 = LM Nr. 1 zu § 7 (mit Anm. von Busch).

Der Staatsanwalt kann das Rechtsmittel nur innerhalb der gegen den Privatkläger laufenden Frist einlegen. Sonst würde das Urteil ohne Zustellung an den Staatsanwalt (die nicht vorgeschrieben ist) überhaupt nicht rechtskräftig werden. Falsch wäre es, anzunehmen, gegen den Staatsanwalt beginne eine eigene Frist mit der Urteilsverkündung, wenn er dieser beigewohnt habe. Von praktischer Bedeutung wäre das nur dann, wenn der Privatkläger bei der Verkündung weder anwesend noch vertreten war. Daß in derartigen (ohnehin seltenen) Fällen der Staatsanwalt erscheint, obwohl er die Verfolgung nicht übernommen hat, kommt wohl nicht vor. Aber selbst dann hat die Frage Bedeutung nur dann, wenn man (mit Gage-Sarstedt 3. Aufl. S. 35 Anm. 189) annimmt, die Frist laufe hier gegen den Privatkläger erst von der Zustellung an ihn; anders *oben 3b zu § 341*; Sarstedt 4. Aufl. S. 47.

6. Der Grund der Übernahme kann darin bestehen, daß der Staatsanwalt das öffentliche Interesse im Sinne des § 376 bejaht (vgl. oben 1 zu § 376). „Ein öffentliches Interesse wird in der Regel vorliegen, wenn der Rechtsfrieden über den Lebenskreis des Verletzten hinaus gestört und die Strafverfolgung ein gegenwärtiges Anliegen der Allgemeinheit ist, z. B. wegen des Ausmaßes der Rechtsverletzung, wegen der Roheit oder Gefährlichkeit der Tat, der niedrigen Beweggründe des Täters oder der Stellung des Verletzten im öffentlichen Leben" (RiStBV Nr. 76 Abs. 2).

Vor allem aber kann der Grund zur Übernahme darin liegen, daß nach Auffassung des Staatsanwalts in Wahrheit keine Privatklage, sondern ein Offizialdelikt vorliegt, oder daß das Privatklagedelikt in Tateinheit mit einem Offizialdelikt steht[2]. Allerdings wird die Ansicht vertreten[3], gerade in diesem Fall sei die Übernahme gar nicht zulässig. Der Staatsanwalt müsse warten, bis das Privatklageverfahren gemäß § 389 eingestellt werde, und müsse dann ein eigenes Verfahren einleiten. Bis dahin sei er durch die Rechtshängigkeit daran gehindert.

Schon dies letztere ist fraglich. Gewiß sollte der Staatsanwalt, solange ein Privatklageverfahren anhängig ist, mit Rücksicht auf dessen Rechtshängigkeit keine öffentliche Klage erheben; gerade um ihm das zu ersparen und ihm dennoch die Möglichkeit des Handelns zu geben, eröffnet ihm das Gesetz den Weg der Übernahme. Aber kommt es gleichwohl zur öffentlichen Klage (etwa weil der Staatsanwalt nichts von der Privatklage weiß, oder weil sich die Tateinheit zwischen dem Privatklagedelikt und dem Offizialdelikt erst später herausstellt), so wird kaum etwas anderes geschehen können als das Privatklageverfahren einzustellen. Sind aus irgendwelchen Gründen gleichzeitig eine öffentliche Klage und eine Privatklage hinsichtlich desselben Geschehens anhängig, so muß die öffentliche Klage den Vorrang haben (Feisenberger 1), ohne Rücksicht darauf, ob sie früher anhängig geworden ist (a. A. Sperlein DJ **1938** 945).

Aber selbst wenn dem nicht so wäre, dann würde die Rechtshängigkeit den Staatsanwalt nur an der Erhebung der Anklage, nicht aber an der Übernahme der Verfolgung hindern. Die Gegenmeinung übersieht, daß der sachlichrechtliche Gegensatz von Privatklage- und Offizial*delikten* ein anderer ist als der verfahrensrechtliche Gegensatz von Privatklage- und Offizial*verfahren*. Ein Privatklageverfahren wird immer dann anhängig, wenn eine Privatklage erhoben wird, auch wenn die dem Beschuldigten vorgeworfene Tat kein Privatklagedelikt ist. Ob sie das ist, wird häufig eine zunächst noch offene Frage sein, zu deren Klärung erst das Verfahren selbst bestimmt ist. Sich an dieser Klärung in der Rolle des öffentlichen Klägers zu beteiligen, ist nach § 377 Abs. 2 das prozessuale Recht des Staatsanwalts. Dabei ist er unabhängig von der tatsächlichen und rechtlichen Auffassung des Gerichts. Die hier bekämpfte Ansicht berücksichtigt nicht genügend, daß Gericht und Staatsanwalt über die Frage, ob der Verdacht eines Offizialdelikts oder eines Privatklagedelikts oder die Möglichkeit einer Tateinheit zwischen beiden besteht, verschiedener Meinung sein können, und daß es bei der Frage, ob der Staatsanwalt die Verfolgung übernehmen soll, ausschließlich auf *seine* Ansicht ankommen kann (vgl. oben 4 zu § 374). Man kann das Recht und die Pflicht des *Staatsanwalts*, ein Offizialdelikt zu verfolgen, nicht dadurch verkümmern, daß man es darauf ankommen läßt, ob der *Richter* „nach verhandelter Sache" (§ 389) ein Offizialdelikt annimmt. Verneint der Richter das Offizialdelikt irrig und erläßt er deshalb ein Sachurteil, so könnte der Staatsanwalt nach der hier bekämpften Ansicht nicht einmal ein Rechtsmittel dagegen einlegen; denn das wäre ja nur eine Form der Übernahme, die ihm die Gegenmeinung verwehren will. Wird aber das Urteil (Freispruch oder Verurteilung) im Privatklageverfahren rechtskräftig, so ist damit die Strafklage auch hinsichtlich des in dem Geschehen liegenden Offizialdelikts verbraucht. Auf diese Weise würde der Irrtum des Richters unterster Instanz dem Staatsanwalt die Hände binden dergestalt, daß er ein Offizialdelikt nicht verfolgen könnte, obwohl er es noch vor Rechtskraft verfolgen will. Das entspricht weder der beiderseitigen Stellung von Richter und Staatsanwalt noch dem Sinn des Privatklageverfahrens und kann nicht richtig sein.

Man könnte den Staatsanwalt ja auch nicht hindern, die Übernahme zunächst nur hinsichtlich des Privatklagedelikts zu erklären, ohne etwas von dem Offizialdelikt zu sagen, und sich erst nachträglich, wenn er das Verfahren zum öffentlichen gemacht hat, das tateinheitliche Offizialdelikt „einfallen" zu lassen und Anträge deswegen zu stellen. Es gäbe keine Möglichkeit, den Staatsanwalt deswegen aus dem inzwischen öffentlich gewordenen Verfahren wieder hinauszudrängen. Er könnte das Urteil dann auch mit Rechtsmitteln angreifen. Die gesetzliche Regelung zwingt aber keineswegs dazu, ihn auf derart unaufrichtige Wege zu bringen. Im Gegenteil liegt bei dem Verdacht, daß in dem der Privatklage zugrundeliegenden Geschehen ein Offizialdelikt enthalten sei, gerade der *wichtigste Anwendungsfall* für die Übernahme der Verfolgung vor.

---

[2] Kl 3; Müller-Sax 1b; OLG Celle NJW **1962** 1217; OLG Düsseldorf JMBlNW **1964** 80.
[3] EbSchmidt 5; LG Göttingen NJW **1956** 882.

7. Die Übernahme hat zur **Folge,** daß das Privatklageverfahren sich in ein öffentliches Verfahren verwandelt. Es macht keinen Unterschied, ob die Übernahme vor oder nach Eröffnung des Hauptverfahrens erklärt wird (zust. EbSchmidt 9). Übernimmt die Staatsanwaltschaft das Verfahren vor Eröffnung des Hauptverfahrens, ohne dann aber Anklage zu erheben, so geht der Verletzte damit des Privatklagerechts nicht verlustig. Vielmehr muß das Gericht, nachdem die Staatsanwaltschaft ihr Ermittlungsverfahren eingestellt hat, nunmehr darüber entscheiden, ob auf die Privatklage das Hauptverfahren zu eröffnen ist. Es besteht deshalb kein Grund, der Staatsanwaltschaft das Recht zur Einstellung zu versagen (a. A. LG Göttingen NJW **1956** 882). Dagegen kann sie die Privatklage nicht zurücknehmen, BayObLGSt. **1962** 77 (a. M. OLG Hamburg DJ **1935** 265 mit Anm. von Grisebach).

8. Aufgabe der Verfolgung. Aus dem soeben Gesagten ergibt sich, daß der Staatsanwalt die von ihm übernommene Verfolgung *vor* Eröffnung des Hauptverfahrens wieder aufgeben kann (vgl. RiStBV Nr. 171 Abs. 2 Satz 2 und 3; a. A. EbSchmidt 11). *Nach* Eröffnung kann er das nicht mehr (§ 156). OLG Saarbrücken NJW **1958** 163 macht diesen Unterschied nicht, hält vielmehr die Übernahmeerklärung, „da sie eine Prozeßhandlung ist, für unwiderruflich und bindend" (zustimmend Schorn, Strafrichter 377). Das ist zu schematisch. Es gibt auch widerrufliche Prozeßhandlungen. Der Staatsanwalt kann bis zur Eröffnung unstreitig sogar eine von ihm selbst erhobene Anklage zurücknehmen. Auch kann er, wenn er das Verfahren durch Einlegen eines Rechtsmittels übernommen hatte, das Rechtsmittel nach allgemeinen Regeln (§§ 302, 303) zurücknehmen. Darin liegt dann ebenfalls die Rücknahme der Übernahmeerklärung. Deshalb ist nicht einzusehen, warum er nicht bis zur Eröffnung wieder aus dem Verfahren sollte ausscheiden können.

9. Dem Privatkläger fällt mit der Übernahme der Verfolgung durch den Staatsanwalt von selbst die Rolle des **Nebenklägers** zu. Einer Anschlußerklärung (§ 396) bedarf es nicht (a. A. Werthauer 78). Eine gemäß § 379 geleistete Sicherheit wird frei. Ein Sühneversuch ist nicht mehr erforderlich, RGSt. **45** 222. Der Bevollmächtigte des zum Nebenkläger gewordenen Privatklägers braucht keine neue Vollmacht (a. A. Werthauer 81).

Der nunmehrige Nebenkläger kann diese Rolle durch ausdrückliche Erklärung aufgeben (vgl. § 402). Das hat auf den Fortgang des Verfahrens im übrigen keinen Einfluß. Soweit in der Erklärung die Rücknahme eines rücknehmbaren Strafantrags liegt (Auslegungssache; notfalls Rückfrage!), entzieht sie freilich dem Verfahren eine Verfahrensvoraussetzung, so daß es eingestellt werden muß. Der Tod des nunmehrigen Nebenklägers hat nicht die Einstellung des Verfahrens gemäß § 393 zur Folge; vielmehr handelt es sich um einen Fall des § 402

10. Was von der Ubernahme der Verfolgung im Privatklageverfahren gesagt ist, gilt auch von der **Widerklage.** Bei ihr kann der Staatsanwalt die Verfolgung *gegen* den Privatkläger übernehmen. Er kann sie auch für Privatklage und **Widerklage** übernehmen.

Nach der Übernahme durch den Staatsanwalt, d. h. im nunmehr öffentlichen Verfahren, ist eine Widerklage nicht mehr zulässig (EbSchmidt 14). Widerklage gegen einen Nebenkläger kennt das Gesetz nicht. War die Widerklage schon vor der Übernahme erhoben, so wird sie durch die Übernahme nicht etwa hinfällig. Sie verwandelt sich in eine Privatklage, die zunächst noch mit der öffentlichen Klage verbunden ist, von ihr aber durch Gerichtsbeschluß (§ 4) getrennt werden kann. Entsprechendes gilt, wenn der Staatsanwalt die Widerklage übernimmt, für die Privatklage (Müller-Sax 5).

§ 378

Der Privatkläger kann im Beistand eines Rechtsanwalts erscheinen oder sich durch einen mit schriftlicher Vollmacht versehenen Rechtsanwalt vertreten lassen. Im letzteren Falle können die Zustellungen an den Privatkläger mit rechtlicher Wirkung an den Anwalt erfolgen. Die Vorschriften des § 146 Abs. 2 und des § 218 Abs. 2 gelten entsprechend.

Entstehungsgeschichte: I. Entw. §§ 306, 285 Satz 2. II. Entw. §§ 313, 292 Abs. 2. III. Entw. §§ 258, 338 Abs. 2. Frühere Bezeichnung: § 418. Jetzige Fassung: Vereinheitlichungsgesetz vom 12. 9. 1950.

Änderungsvorschläge: NE I u. II § 381. NE III § 381. Entw. EGStGB 1930 Art. 70 Nr. 206.

1. **Der Privatkläger** bedarf eines Rechtsanwaltes weder zur Erhebung der Klage noch im Laufe des Verfahrens. Nur mit der Akteneinsicht (§ 385 Abs. 4) und mit Revisions- oder Wiederaufnahmeanträgen (§ 390 Abs. 2) *muß* er einen Anwalt betrauen. Der Privatkläger hat ein Recht auf eigene Teilnahme an der Hauptverhandlung auch dann, wenn er einen Anwalt bevollmächtigt hat; ist er selbst also nicht verhandlungsfähig, so kann er Aussetzung verlangen: OLG Bremen GoltdA **1959** 151; KG JR **1961** 106 mit Anm. Sarstedt.

2. **Rechtsanwalt.** Wer nicht Rechtsanwalt ist, kann in der Hauptverhandlung nicht als Beistand oder Vertreter des Privatklägers auftreten. Andere „Rechtsbeistände" müssen selbst dann zurückgewiesen werden, wenn sie die Befähigung zum Richteramt haben; so mit Recht BayObLGSt. **1952** 188 = NJW **1953** 76; OLG Hamm JMBl. NRW **1959** 128 = AnwBl. **1959** 150; LG Traunstein AnwBl. **1961** 296; Brangsch NJW **1952** 650; OLG Hamburg GA **1966** 220; Müller-Sax 1; Erbs II; zweifelnd Kl 1; **a. A.** LG Duisburg JMBlNRW **1949** 126; LG Dortmund RPfleger **1954** 103; LG Wuppertal JMBlNRW **1959** 257; Schorn, Rechtsberatungsmißbrauchsgesetz S. 115ff. und Strafrichter S. 384, wo er uns irrig für seine Ansicht zitiert; Schlund GoltdA **1970** 329ff. hinsichtlich des Hochschullehrers, § 138. In Strafsachen hat es guten Sinn, die rechtliche Hilfe *für den Angreifer* auf Personen zu beschränken, die nicht nur fachkundig sind, sondern auch standesrechtlicher Aufsicht unterstehen (zustimmend Woesner NJW **1959** 704 bei Anm. 3). Damit wird der Privatkläger auch nicht „schlechter" gestellt als der Beschuldigte. Er hat vor dem Beschuldigten voraus, daß Einleitung und Durchführung des Verfahrens von seinem Willen abhängen. Deshalb ist es sachgemäß, ihn — wenn er glaubt, rechtlichen Beistandes zu bedürfen — auf Rechtsanwälte anzuweisen.

Eine Ausnahme besteht für Personen, denen ein selbständiges Strafantragsrecht zusteht (a. A. EbSchmidt 3). Jedoch ist diese Ausnahme kaum noch praktisch, seit das 3. Strafrechtsänderungsgesetz vom 4. 8. 1953 (BGBl. I 735) das Strafantragsrecht des Ehemannes (§§ 195, 232 StGB) beseitigt hat. Der gesetzliche Vertreter hat kein selbständiges Antragsrecht; er handelt namens des Prozeßunfähigen und ist nicht sein Beistand im Sinne des § 378. Allenfalls käme der dienstliche Vorgesetzte in Betracht, soweit er nach § 374 Abs. 2 privatklageberechtigt ist (§§ 196, 232 StGB); jedoch wird auf seinen Strafantrag hin gewöhnlich das öffentliche Interesse an der Strafverfolgung bejaht werden, so daß er kaum in die Lage kommt, gemäß § 378 als Beistand aufzutreten.

Der Rechtsanwalt kann sich gemäß § 139 durch einen Referendar vertreten lassen, § 387 Abs. 2; ferner kann sein amtlich bestellter Vertreter für ihn auftreten, auch wenn er Assessor oder Referendar ist. Die Bedenken, die EbSchmidt 5 de lege ferenda äußert, werden nicht geteilt. Die Verantwortung ist keinesfalls größer als die eines Verteidigers. Für den Angeklagten steht in der kleinsten Sache mehr auf dem Spiel als für den Ankläger in der größten.

3. **Nur für die Hauptverhandlung** und für Zustellungen gilt § 378 (Feisenberger 1; Müller-Sax 1b; Erbs III; Kl 1; EbSchmidt 1; **a. A.** OLG Dresden JW **1931** 1394); vgl. das Wort „erscheinen" in Satz 1. Für schriftliche oder zu Protokoll der Geschäftsstelle abgegebene Erklärungen beschränkt § 378 die Vertretungsmöglichkeit nicht. Einschränkungen ergeben sich insoweit nur aus § 385 Abs. 4 und § 390 Abs. 2. Gerade diese Sondervorschriften zeigen, daß im übrigen an der allgemeinen Möglichkeit, sich durch Bevollmächtigte vertreten zu lassen, auch für den Privatkläger nichts geändert werden sollte. Deshalb kann die Privatklage durch einen Bevollmächtigten erhoben und zurückgenommen werden. Ebenso kann ein Bevollmächtigter Rechtsmittel (auch die Revision) einlegen und zurücknehmen oder darauf verzichten. Die Ausnahme des § 390 Abs. 2 bezieht sich nicht auf die Einlegung, sondern nur auf die Begründung der Revision sowie auf Wiederaufnahmeanträge. Auch braucht die Vollmacht nur für die Vertretung in der Hauptverhandlung schriftlich erteilt zu werden. Für das übrige Verfahren, insbesondere für die Einlegung von Rechtsmitteln des Privatklägers, genügt mündliche Bevollmächtigung: OLG Oldenburg, Zeitschrift f. Verw. u. Rpfl. in Oldenbg. Nr. 64 (1938) S. 154.

4. **Persönliches Erscheinen** des Privatklägers kann (und wird meist) angeordnet werden, auch wenn der Privatkläger sich durch einen Rechtsanwalt vertreten läßt, § 387 Abs. 3.

Jedoch kann das Gericht ihn nicht vorführen lassen; das Ausbleiben gilt als Rücknahme der Privatklage (§ 391 Abs. 2).

5. **Zustellungen** können (müssen nicht) an den Anwalt gerichtet werden, wenn er schriftlich bevollmächtigt ist. Das gilt auch für die Aufforderung zur Zahlung des Gebührenvorschusses gemäß § 379a Abs. 1 (§ 401 Abs. 1): BayObLGSt. **1961** 10. Auch eine Zustellung an den Privatkläger selbst ist immer wirksam (unstreitig); vgl. Dünnebier oben 2d zu § 37. Wird beiden zugestellt, so wirkt die erste Zustellung, es sei denn, daß das Gericht ausdrücklich etwas anderes anordnet. Der Ansicht von EbSchmidt 6, bei Zustellung an beide sei die an den Privatkläger selbst für den Fristenlauf maßgebend, kann nicht zugestimmt werden. Eine Frist, die (infolge Zustellung an den Anwalt) schon läuft, kann nicht zu einem späteren Zeitpunkt nochmals in Lauf gesetzt werden. Das liefe auf eine Verlängerung hinaus, die dem Strafprozeßrecht fremd ist.

Vertritt ein Anwalt mehrere Privatkläger in derselben Sache, so genügt jeweils eine Zustellung und eine Ladung an ihn, §§ 146 Abs. 2, 218 Abs. 2.

6. **Verschulden des Anwalts** ist für den Privatkläger ein unabwendbarer Zufall im Sinne des § 44 und rechtfertigt die Wiedereinsetzung: Dünnebier oben II 7 zu § 44 mit Nachweisen; vgl. auch Art. 1 Nr. 8 RegE 1. StVRG (BT-Drucks. VI/3478) nebst Begründung und — für die gegenteilige Ansicht — OLG Hamm NJW **1972** 1431.

§ 379

(1) Der Privatkläger hat für die dem Beschuldigten voraussichtlich erwachsenden Kosten unter denselben Voraussetzungen Sicherheit zu leisten, unter denen in bürgerlichen Rechtsstreitigkeiten der Kläger auf Verlangen des Beklagten Sicherheit wegen der Prozeßkosten zu leisten hat.

(2) Die Sicherheitsleistung ist durch Hinterlegung in barem Geld oder in Wertpapieren zu bewirken.

(3) Für die Höhe der Sicherheit und die Frist zu ihrer Leistung sowie für das Armenrecht gelten dieselben Vorschriften wie in bürgerlichen Rechtsstreitigkeiten.

Frühere Bezeichnung § 419.

Übersicht

1. **Spätere Entwicklung.** Ursprünglich regelte Abs. 1 auch die Sicherheitsleistung für die Kosten der Staatskasse. Das wurde, zunächst ohne Änderung des § 379, dadurch überholt, daß § 83 GKG a. F. (jetzt § 113) einen Gebührenvorschuß, § 84 GKG a. F. (jetzt § 114) einen Auslagenvorschuß vorschrieb. Über den Gebührenvorschuß vgl. jetzt § 379a, über den Auslagenvorschuß sogleich Anm. 2.

2. **Auslagenvorschuß.** Nach § 114 (früher § 84) GKG hat der Privatkläger einen zur Deckung der Auslagen des Gerichts ausreichenden Vorschuß zu zahlen. Für den Beschuldigten gilt das nur, soweit er Widerklage erhebt; für den Nebenkläger nur, wenn er Berufung oder Revision einlegt. Die Vorschußpflicht beschränkt sich jetzt nicht mehr, wie bisher nach § 84 GKG a. F., auf die „baren" Auslagen. Vielmehr gehören jetzt alle in §§ 91—94 GKG aufgeführten Posten dazu, auch die Schreibgebühren. Der wichtigste Posten sind die Zeugengebühren. Der Privatkläger muß den Auslagenvorschuß auch für die vom Beschuldigten

benannten Entlastungszeugen zahlen, soweit das Gericht ihre Ladung anordnet[1]. Zur einwandfreien Überführung des Beschuldigten gehört auch, daß seine Behauptungen widerlegt werden; es ist aber keine Widerlegung möglich, wenn die vom Gericht für erforderlich gehaltenen Entlastungszeugen unvernommen bleiben. Das Gericht müßte dann das, was in ihr Wissen gestellt wird, als wahr unterstellen. Zahlt der Privatkläger den Vorschuß für sie nicht, so kann das also zum Freispruch führen. Zu Unrecht hält Langmeier aaO. dem entgegen, daß nach § 114 Abs. 3 Satz 2 GKG in Strafsachen keine Vorschußpflicht für Handlungen besteht, die von Amts wegen vorgenommen werden. Was der Richter auf Antrag des Beschuldigten tut, das tut er nicht von Amts wegen. Der vom LG Paderborn aaO. gezogene Vergleich mit dem Zivilprozeßrecht ist schief: dort gibt es eine Beweislast, hier gerade nicht. LG Frankfurt aaO. hält unsere Meinung für „abwegig", weil sie „es einem böswilligen Privatkläger ermöglichen würde, mit einer erdichteten Anklage und Nichtzahlung des geforderten Auslagenvorschusses für den für diese Anklage benannten Zeugen dem Beschuldigten den Makel eines ‚Freispruchs nur mangels Beweises' anhängen und behaupten zu können, daß dieser nur deshalb hätte freigesprochen werden müssen, weil man das Geld für den Zeugen nicht rechtzeitig eingezahlt habe". Hier scheint das LG aber selbst auf Abwege geraten zu sein, indem es den § 190 S. 2 StGB übersehen hat. Die Behauptung, der Beschuldigte habe *nur deshalb* freigesprochen werden müssen, weil das Geld für den Zeugen nicht bezahlt worden sei, enthält die von neuem aufgestellte Behauptung, der Beschuldigte habe das „erdichtete" Privatklagevergehen begangen. Das ist eine üble Nachrede, für die der § 190 Satz 2 StGB dem „böswilligen Privatkläger" den Wahrheitsbeweis abschneidet. Auf eine Privatklage des bisherigen Beschuldigten wäre ihm eine Bestrafung nach § 186 StGB gewiß. Gerade hier ist es deshalb besonders verfehlt, von dem „Makel" eines Freispruchs mangels Beweises zu sprechen. — Der Vorschuß wird nicht schon mit Erhebung der Privatklage oder mit Benennung der Zeugen, sondern erst durch die gerichtliche Anordnung der Handlung fällig, mit der die Auslagen verbunden sind, also z. B. mit der Verfügung, daß die Zeugen zu laden seien. Das Gericht soll die Vornahme der Handlung von der vorherigen Zahlung des Vorschusses abhängig machen (§ 114 Abs. 1 Satz 2 GKG). Es darf dabei aber nicht androhen, es werde das Verfahren einstellen oder die Privatklage zurückweisen, wenn der Privatkläger die Zahlungsfrist versäume; und erst recht darf es eine solche Androhung nicht wahrmachen. Denn § 391 Abs. 2 dient nicht der Beitreibung von Kosten (h. M.: Müller-Sax 3a cc zu § 391; Kl 4 zu § 391; OLG Hamm JMBlNRW 1951 154 = JZ 1951 310), und § 379a bezieht sich nur auf Gebühren, nicht auf Auslagen. Wird das Gericht ohne Vorschuß tätig, so bleibt die gerichtliche Handlung trotzdem wirksam; freilich kann eine Regreßpflicht entstehen. Die Vorschußpflicht entfällt, wenn dem Privatkläger das Armenrecht bewilligt ist; darüber unten Anm. 4.

3. Sicherheitsleistung

a) Abs. 1 verweist auf §§ 108 bis 113 ZPO. Danach haben nur Ausländer als Privatkläger dem Beschuldigten unter Umständen für seine Kosten Sicherheit zu leisten. Zu den Ausländern gehören auch Staatenlose, die keinen Wohnsitz im Inlande haben. Nicht zu den Ausländern gehören Deutsche mit Wohnsitz in der DDR[2].

Im übrigen kommt es nach § 110 Abs. 2 Nr. 1 ZPO darauf an, ob nach den Gesetzen des Staates, dem der Privatkläger angehört, ein Deutscher im gleichen Falle zur Sicherheitsleistung verpflichtet sein würde. Wann das der Fall ist, ist den Kommentaren zur ZPO zu entnehmen. Die Befreiung des ausländischen Privatklägers von der Sicherheitsleistung kann

---

[1] Dürwanger 233; Granicky NJW 1955 859; LG Krefeld JMBlNRW 1955 21 = DRsp. IV (475) 94g; a. A. Reiff NJW 1955 1182; Langmeier in Müller-Sax 3a zu § 114 GKG; OLG Düsseldorf JMBlNRW 1955 286 = RPfleger 1956 170 = DRsp. IV (475) 120g; LG Hagen JMBl. NRW 1955 152 = DRsp. IV (475) 105d; LG Paderborn MDR 1958 445 = DRsp. IV (474) 24e; LG Frankfurt NJW 1963 66.

[2] KG JZ 1952 83 = BB 1952 209 = DRsp. IV (410) 62d; OLG Karlsruhe MDR 1956 174; Tschischgale JR 1952 272; EbSchmidt 3. — OLG Hamburg MDR 1950 433 läßt die Frage dahingestellt, hält aber die Gegenseitigkeit für verbürgt; LG Berlin JR 1951 64 = NJW 1951 489 (mit zustimmender Anmerkung von Gebauer) verneint auch das, wohl zu Unrecht, vgl. KG (Ost) NJW 1952 189. Über Saarländer vgl. LG Aachen NJW 1952 830 mit zustimmender Anmerkung von Hartstang.

sich auch daraus ergeben, daß die Prozeßgesetze seines Staates überhaupt keine Verpflichtung zur Sicherheitsleistung kennen. Ferner entfällt die Pflicht zur Sicherheitsleistung bei Angehörigen solcher Staaten, für die Art. 17 des Haager Zivilprozeßabkommens in Kraft geblieben oder nach dem Kriege wieder in Kraft gesetzt worden ist.

b) **Nur auf Verlangen** des Beschuldigten hat der Privatkläger Sicherheit zu leisten; vgl. § 110 ZPO mit dem Schluß des Abs. 1 in § 379; Müller-Sax 1b. Im Rechtsmittelverfahren kann das Sicherheitsverlangen nur dann erstmalig gestellt werden, wenn die Voraussetzungen des § 111 ZPO vorliegen, OLG Celle NJW **1955** 724.

c) **Die Höhe der Sicherheit** bestimmt das Gericht gemäß § 112 Abs. 1 ZPO nach „freiem" Ermessen. § 110 Abs. 2 ZPO engt diese Ermessensfreiheit aber stark ein: danach ist der Betrag zugrunde zu legen, den der Beschuldigte wahrscheinlich aufzuwenden haben wird. Es müssen von vornherein die Kosten aller Instanzen berücksichtigt werden, die in dem Verfahren angerufen werden können, gewöhnlich also die Kosten der Berufung und der Revision. Denn dem inländischen Beschuldigten darf die Einlegung eines Rechtsmittels nicht dadurch erschwert werden, daß die geleistete Sicherheit seine Kosten für den nächsten Rechtszug nicht mehr deckt. Sind aber die Kosten der Rechtsmittelinstanzen unberücksichtigt geblieben, so kann bei einem Rechtsmittel des Privatklägers eine weitere Sicherheit verlangt und festgesetzt werden, §§ 111, 112 Abs. 3 ZPO. Im Rechtsmittelverfahren kann das Sicherheitsverlangen erstmalig grundsätzlich nicht mehr gestellt werden, OLG Celle aaO. (oben b a. E.).

d) **Frist.** Bei Anordnung der Sicherheitsleistung hat das Gericht dem Privatkläger eine Frist zu bestimmen, innerhalb derer die Sicherheit zu leisten sei, § 113 ZPO. Die Folgen der Fristversäumung richten sich nicht nach § 391 Abs. 2, sondern nach § 113 Satz 2 ZPO. Die Privatklage gilt also nicht schon mit Versäumung der Frist als zurückgenommen; vielmehr bedarf es erst eines Gerichtsbeschlusses, der die Klage „für zurückgenommen erklärt". Bis zu diesem Beschluß kann der Privatkläger die Sicherheit noch leisten. Der Beschluß hat auch nicht, wie eine Fristversäumung nach § 391 Abs. 2, die Wirkung des § 392, daß die Privatklage nicht von neuem erhoben werden kann; denn an eine solche Wirkung ist in § 113 ZPO nicht gedacht; **a. A.** BayObLGSt. **1956** 4. – Beruht die Fristversäumung auf unabwendbarem Zufall, so kann der Privatkläger gemäß §§ 44, 45 in den vorigen Stand wieder eingesetzt werden.

e) **Befreit** von der Sicherheitsleistung ist der Privatkläger, wenn ihm das Armenrecht bewilligt wird, § 115 Abs. 1 Nr. 2 ZPO; Müller-Sax 1d.

4. Armenrecht. Abs. 3 spricht zwar vom Armenrecht nur im Zusammenhang mit der Sicherheit. Das bedeutet aber nicht, daß die Bewilligung des Armenrechts nur von der Sicherheitsleistung befreie. Vielmehr liegt in der Verweisung auf „dieselben Vorschriften wie in bürgerlichen Rechtsstreitigkeiten", daß diese, nämlich die §§ 114ff. ZPO, in vollem Umfange gelten sollen. Soweit es sich um die Voraussetzungen und die Wirkungen des Armenrechts handelt, ist das auch unstreitig.

a) **Voraussetzungen.** Die Bewilligung des Armenrechts setzt zunächst voraus, daß der Privatkläger außerstande ist, ohne Gefährdung des für ihn und seine Familie notwendigen Unterhalts die Kosten der Privatklage zu bestreiten, § 114 Abs. 1 Satz 1 ZPO. Dafür ist ein Zeugnis der zuständigen Behörde beizubringen, § 118 Abs. 2 ZPO. Welche Behörde zuständig ist, bestimmt das Landesrecht. Das Gericht ist an das Zeugnis nicht gebunden. Es kann auch eigene Ermittlungen anstellen. LG Hamburg NJW **1949** 317 (mit zustimmender Anmerkung von Paehler) hält es für „unzulässig", aus der Beauftragung eines Rechtsanwalts mit einem Privatklageverfahren zu schließen, der Privatkläger sei nicht mittellos. Unzulässig ist das gewiß nicht, vielmehr ist es eine Frage der tatsächlichen Beurteilung; und zweifellos unrichtig ist die Meinung Paehlers (aaO.), das Honorarverhältnis zwischen dem Privatkläger und seinem Anwalt müsse überhaupt außer Betracht bleiben. Wer öffentliche Mittel in Anspruch nehmen will, muß auf Verlangen erschöpfende Auskunft geben, warum das nötig ist. Dazu kann auch eine Auskunft gehören, ob, in welcher Höhe und aus welchen Mitteln er den Anwalt bezahlt, wenn das Gericht das wissen will, um sich ein Urteil darüber zu bilden, ob er aus diesen oder anderen Mitteln auch die anderen Kosten tragen kann. A. A. Jonas JW 1937 581. — Kann der Privatkläger einen *Teil* der Kosten tragen, so kann das Armenrecht teilweise bewilligt werden, und zwar entweder zu einem Bruchteil der ganzen Kosten, oder für bestimmte Teile, etwa für die Gerichtskosten.

Ferner muß die Privatklage hinreichende Aussicht auf Erfolg bieten. Ob dies wegen bloßer Beweisschwierigkeiten verneint werden kann, sollte mit Vorsicht geprüft werden; ob der Privatkläger oder der Beschuldigte glaubwürdiger ist, zeigt meist erst die Hauptverhandlung. Die Erfolgsaussicht fehlt, wenn zu erwarten ist, daß der Beschuldigte gemäß §§ 199, 233 StGB für straffrei erklärt oder das Verfahren gemäß § 383 Abs. 2 Satz 1 eingestellt wird. Es ist auch keine Aussicht auf „Erfolg" in diesem Sinne, wenn zu erwarten ist, daß das angefochtene Urteil auf Revision des Nebenklägers wegen Verletzung eines Gesetzes aufgehoben wird, das sich nicht auf ein Nebenklagedelikt bezieht, BayObLGSt. 1958 298.

Schließlich darf die Privatklage nicht mutwillig sein. Das ist sie dann, wenn ein Verletzter, der die Kosten selbst tragen müßte, vernünftigerweise von der Privatklage absähe; etwa weil mit einer aussichtsreichen Widerklage zu rechnen ist.

Nur dem Privatkläger kann das Armenrecht bewilligt werden, nicht dem Beschuldigten. Dieser bedarf des Armenrechts nicht, da er weder dem Staat noch dem Privatkläger Kostenvorschüsse oder Sicherheit zu leisten hat. Unter den Voraussetzungen des § 140 Abs. 1 Nr. 4, 5 (jedenfalls nach der richtigen Ansicht, BGHSt. 3 334; anders freilich BGHSt. 4 308) und Abs. 2 ist ihm ein Verteidiger zu bestellen. Schwierigkeit der Rechtslage kommt insbesondere bei möglicher Anwendbarkeit des § 193 StGB in Betracht.

b) Wirkungen. Der Privatkläger, dem das Armenrecht bewilligt ist, braucht weder Gebühren- noch Auslagenvorschüsse zu leisten, § 115 Abs. 1 Nr. 1 ZPO. Er ist von der Sicherheitsleistung befreit (Nr. 2). Für Zustellungen ist ihm ein Gerichtsvollzieher beizuordnen (Nr. 3). Dies hat praktische Bedeutung nur für die unmittelbare Ladung von Zeugen gemäß § 220, 386 Abs. 2; sie ist im Privatklageverfahren freilich besonders wichtig, weil hier das förmliche Beweisantragsrecht des § 244 Abs. 3 nicht gilt, vgl. § 384 Abs. 2. Aber das Armenrecht befreit den Privatkläger nicht von der Verpflichtung, einem unmittelbar geladenen Zeugen gemäß § 220 Abs. 2 die gesetzliche Entschädigung bar darzubieten oder sie zu hinterlegen; auch ein armer Angeklagter ist ja nicht davon befreit. Dem armen Privatkläger muß ein Rechtsanwalt beigeordnet werden, soweit eine Vertretung durch Anwälte geboten ist. Das gilt nach § 390 Abs. 2 für Revisions- und Wiederaufnahmeanträge, nach § 385 Abs. 4 auch für die Akteneinsicht, wenn sie erforderlich ist. In anderen Fällen kann dem Privatkläger nach § 116 ZPO ein Anwalt, ein Referendar oder ein Urkundsbeamter beigeordnet werden. Alle diese Wirkungen des Armenrechts treten nur für die Instanz ein, für die es bewilligt ist, § 119 ZPO, vgl. unter c.

c) Verfahren. RGSt. 30 143 sagt, § 379 Abs. 3 (§ 419 Abs. 3 a. F.) gelte nur für die Voraussetzungen und Wirkungen des Armenrechts; das Verfahren dagegen richte sich nach den allgemeinen Bestimmungen der StPO. Ebenso Müller-Sax 3; Feisenberger 2; EbSchmidt 9; BayObLGSt. 1949/51 242 = NJW 1951 164; OLG Hamm JMBlNRW 1951 115 = DRsp. IV (464) 44a; BayObLG NJW 1954 1417. Jedoch ergibt der Wortlaut des Abs. 3 nichts dafür, daß die Verweisung auf das Zivilprozeßrecht nur für die Voraussetzungen und die Wirkungen des Armenrechts, nicht aber für das Verfahren gelten solle. Auch enthalten die allgemeinen Vorschriften der StPO keine hierfür ausreichende Verfahrensregelung. So läßt es sich gar nicht umgehen, z. B. die §§ 118, 118a, 119, 121, 126 ZPO auch im Privatklageverfahren anzuwenden, weil die StPO die dort behandelten Verfahrensfragen (die mit den Voraussetzungen und den Wirkungen des Armenrechts nichts zu tun haben) eben nicht regelt. Selbst wo die StPO Vorschriften enthält, wie etwa § 304 für die Beschwerde, versteht es sich keineswegs von selbst, daß sie nach dem Willen des Gesetzes auch in Privatklagesachen ohne weiteres angewendet werden sollen. Dagegen spricht die große Anzahl ausdrücklicher Verweisungen für besondere Einzelfragen: § 378 Satz 3; § 381 Satz 2; § 383; § 384 erwähnt nur das „weitere" Verfahren; § 386; § 387; § 390 Abs. 1: der Staatsanwaltschaft steht in dem Verfahren auf öffentliche Klage keine Armenrechtsbeschwerde zu, weil es dort kein Armenrecht gibt; selbst diese ausdrückliche Vorschrift verweist also für die Armenrechtsbeschwerde des Privatklägers nicht auf § 304. Hiernach muß grundsätzlich an der Auffassung der früheren Auflagen festgehalten werden, daß hinsichtlich des Armenrechts der Privatkläger dem Kläger im Zivilprozeß völlig gleichsteht und daß die sämtlichen Vorschriften der §§ 114–127 ZPO im Privatklageverfahren entsprechend anzuwenden sind. Zum Teil sind die Folgerungen, die sich daraus ergeben, völlig unstreitig, obwohl sie mit der Meinung, daß für das Armenrechtsverfahren das Strafprozeßrecht gelte, nicht zu vereinen sind. Im einzelnen ist folgendes zu sagen:

Das Armenrecht wird nur auf *Antrag* bewilligt, der schriftlich oder zu Protokoll der Geschäftsstelle erklärt werden kann (§ 118 ZPO). Der Antrag kann vor, gleichzeitig mit oder nach Erhebung der Privatklage gestellt werden, auch in den höheren Instanzen. Das Armenrecht kann mit Rückwirkung auf den Zeitpunkt des Antrages bewilligt werden, jedoch nicht mit noch weitergehender Rückwirkung, AG Wolfsburg JVBl. **1960** 23; innerhalb dieser Grenze kann auch ein Anwalt rückwirkend beigeordnet werden (OLG Hamm DRsp. IV [465] 29d), was beim Pflichtverteidiger nicht möglich ist (OLG Düsseldorf JMBlNRW **1952** 150). Gleichzeitige Einreichung des Armenrechtsgesuchs und der Privatklage führt, wenn das Armenrecht versagt wird, zur Belastung des Privatklägers mit den Kosten (Dürwanger 298f.). Die Privatklage kann ebensowenig wie andere Klagen oder Anklagen unter einer Bedingung erhoben werden, also auch nicht unter der Bedingung, daß das Armenrecht bewilligt wird (**a. A.** LG Frankfurt NJW **1953** 798; LG Köln MDR **1958** 622). Wohl aber kann dem Armenrechtsgesuch ein Entwurf der beabsichtigten Privatklage beigefügt werden. Nach § 118a ZPO kann das Gericht verlangen, daß der Antragsteller seine tatsächlichen Angaben glaubhaft macht. Jedoch erfordert die entsprechende Anwendung dieser Vorschrift im Privatklageverfahren, daß eidesstattliche Versicherungen des Privatklägers und der Zeugen fortfallen. Werden sie vom Antragsteller abgegeben, so sind sie wertlos; rühren sie von Zeugen her, so legen sie diese zu sehr fest. Das Gericht soll nach § 118a Abs. 1 Satz 2 ZPO vor der Bewilligung des Armenrechts den Beschuldigten hören, „wenn dies nicht aus besonderen Gründen unzweckmäßig erscheint". Dieser Ausnahmefall ist in Privatklagesachen nicht möglich, weil nach § 382 der Beschuldigte vor Eröffnung des Hauptverfahrens ohnehin gehört werden muß (vgl. auch Dürwanger 314). Das Gericht kann auch Erhebungen anstellen (§ 118a Abs. 1 Satz 3 ZPO), wird sich jedoch meist auf die Anforderung der polizeilichen oder staatsanwaltlichen Ermittlungsakten beschränken.

Entschieden wird durch *Beschluß*, der im Falle der Versagung kurz begründet werden soll (§ 126 ZPO). Diesen Beschluß mit der Einstellung des Verfahrens oder mit der Zurückweisung der Privatklage zu verbinden, wird im allgemeinen gegen die Sollvorschrift des § 379a verstoßen (LG Frankfurt NJW **1953** 798). Dagegen kann er mit der Fristbestimmung nach § 379a verbunden werden.

Das Armenrecht kann jeweils *nur für eine Instanz* bewilligt werden, § 119 ZPO. Auch auf Beschwerden erstreckt es sich ohne besondere Bewilligung nicht. Für die Bewilligung in der höheren Instanz ist nicht der Vorderrichter, sondern der Rechtsmittelrichter zuständig. Die in BayObLG NJW **1954** 1417 vertretene Gegenmeinung macht besonders deutlich, welche mühsamen Erwägungen erforderlich sind, um dem Strafprozeßrecht überhaupt eine Antwort auf diese Frage abzugewinnen, und wie unpraktisch diese Antwort dann ausfällt. Der Vorderrichter ist nun einmal gerade in Strafsachen niemals damit befaßt, die sachlichen Aussichten eines Rechtsmittels zu beurteilen. Dafür gibt es eine Analogie nur im Zivilprozeßrecht (§ 546 Abs. 1 ZPO), dort aber gerade nicht für das Armenrecht. Greift man aber schon zu zivilprozessualen Analogien, so ist es weit sachgemäßer, die Verweisung des § 379 Abs. 3 auch auf die §§ 118, 119 ZPO zu beziehen, was mit dem Wortlaut ohne weiteres zu vereinen ist und gerade hier zu einem sachgemäßeren Ergebnis führt. Es geht im allgemeinen über die Kraft des Richters, der die angefochtene Entscheidung erlassen hat, die Aussichten eines Rechtsmittels zu beurteilen. Was die ZPO dem Zivilsenat des Oberlandesgerichts zutraut, kann nicht schon deshalb auch dem Amtsrichter zugemutet werden. Allerdings würde seine Entscheidung der Beschwerde unterliegen, sowohl nach § 127 ZPO als auch nach § 304; aber mit dieser Beschwerde wäre in jedem Fall der Versagung des Armenrechts für die Rechtsmittelinstanz zu rechnen, so daß dieser (anders als durch § 546 Abs. 1 ZPO) keine nennenswerte Arbeit abgenommen wird. Umgekehrt würde die Bewilligung des Armenrechts durch den Vorderrichter dort, wo die Rechtsmittelinstanz das Rechtsmittel für aussichtslos hält, zu ihrer Mehrbelastung führen. Wie hier Kl 4 im Anschluß an OLG Hamburg MDR **1968** 781, Müller-Sax 3a (arg. § 119 Abs. 2 ZPO). In der Sache entscheidet EbSchmidt 12 wie hier; nur verzichtet er auf die Begründung aus der ZPO. BayObLG BReg. III 38/50 vom 15. 12. 1950 führt zwar aus, das Verfahren der Armenrechtsbewilligung richte sich nach der StPO; gleichwohl billigt die Entscheidung aber einen Beschluß des Landgerichts, der das Armenrecht für die Berufung ohne vorige Armenrechtsentscheidung des Amtsgerichts verlangt hatte. OLG Celle NdsRpfl. **1959** 96 (vom 20. 3. 1957) = DRsp. IV (465) 27e hält das Revisionsgericht „jedenfalls dann" für zuständig, wenn das Armenrecht nicht nur zur Einlegung einer Begründung der Revision, sondern für das ganze Revisionsverfahren beauftragt wird. Diese Entscheidung trifft zu, soweit sie geht. Die Möglichkeit der Trennung, die sie dahingestellt sein läßt, besteht jedoch nicht. Hier scheinen Vorstellungen von der Bestellung eines Pflichtverteidigers nachgewirkt zu haben. Zu ihr besteht aber keine Parallele. Im Falle der notwendigen Verteidigung wirkt die einmal ausgesprochene Beiordnung für alle Instanzen, mit Ausnahme der Hauptverhandlung vor dem Revisionsgericht, weil hier die Verteidigung keine notwendige im Sinne von § 140 ist. Beim Armenrecht dagegen ist nach Instanzen zu trennen.

d) Rechtsmittel gegen die *Bewilligung* des Armenrechts hat der Beschuldigte nicht (§ 127 Satz 1 ZPO): Dürwanger 458; KG GoltdA **73** 204; KG DStrafR **1942** 54 u. 126; a. A. Kl 5, der sich zu Unrecht auf RGSt. **30** 143 beruft; Müller-Sax 3b dd. Eine Beschwer des Beschuldigten kommt überhaupt nur dann in Betracht, wenn der Privatkläger ihm Sicherheit leisten müßte, also Ausländer ist; diese Möglichkeit kann aber auch in der ZPO nicht übersehen worden sein (§ 115 Nr. 2). Abgesehen davon geht es den Beschuldigten nichts an, ob der Privatkläger auf eigene Kosten oder auf Staatskosten vorgeht; an der Lage des Beschuldigten ändert das rechtlich nichts. Der Beschuldigte kann allenfalls anregen, dem Privatkläger das Armenrecht gemäß § 121 ZPO zu entziehen; damit kann er sich aber nur an die Instanz wenden, in der die Sache sich gerade befindet.

Gegen die *Versagung* des Armenrechts steht dem Privatkläger die Beschwerde zu. Das ist nicht zweifelhaft, wenn es sich um einen Beschluß der ersten Instanz handelt; es gilt hier nach § 127 Satz 2 ZPO, und würde auch nach § 304 gelten. Unzweifelhaft ist auch, daß eine weitere Beschwerde nicht gegeben ist: § 127 Satz 3 ZPO, § 310 Abs. 2. Fraglich kann nur sein, ob die Versagung des Armenrechts angefochten werden kann, wenn das Berufungsgericht sie ausgesprochen hat. Nach der Auffassung, daß das Verfahren sich nach den Vorschriften der StPO richte, ist das zu bejahen: EbSchmidt 13; BayObLGSt. **1949/51** 242 = NJW **1951** 164; OLG Hamm JMBlNRW **1951** 115 = DRsp. IV (464) 44a; die abweichende Ansicht des OLG für Hessen (Kassel) DRZ **1949** 334 ist durch die Beseitigung des § 383a überholt. Auch bei entsprechender Anwendung des § 127 ZPO ergibt sich aber nichts anderes. Allerdings schließt § 127 Satz 2, 2. Halbsatz die Beschwerde aus, „wenn das Berufungsgericht den Beschluß erlassen hat". Die *entsprechende* Anwendung dieser Vorschrift auf das Privatklageverfahren darf aber nicht unberücksichtigt lassen, daß in Zivilsachen das Berufungsgericht entweder das Oberlandesgericht ist, gegen dessen Entscheidungen es überhaupt keine Beschwerde gibt, ober aber das Landgericht, wenn es die letzte Instanz in der Sache selbst ist. Es hätte keinen Sinn, die Armenrechtsbeschwerde an das Oberlandesgericht zuzulassen, wenn die Sache selbst nicht bis dorthin gelangen kann. Der Sinn des § 127 Satz 2 ZPO ist, daß die Armenrechtsbeschwerde nicht über die letzte Sachinstanz hinausgehen soll. Bei sinngemäßer Übertragung auf das Privatklageverfahren steht diese Vorschrift also der Beschwerde gegen die Armenrechtsversagung durch das Berufungsgericht nicht entgegen; a. A. früher OLG Celle MDR **1954** 632 = NdsRPfl. **1954** 189; nunmehr jedoch wie hier MDR **1957** 374 = NJW **1957** 961 (L) = NdsRPfl. **1957** 74. Wie hier auch Kl 5; OLG Hamburg NJW **1969** 944.

e) Die **Widerklage** ist eine Unterart der Privatklage. Auch für sie kann deshalb das Armenrecht bewilligt werden. Es erstreckt sich dann aber nicht auf die Verteidigung gegen die Privatklage. Auch dem *Nebenkläger* kann das Armenrecht gewährt werden.

§ 379 a

(1) Zur Zahlung des Gebührenvorschusses nach § 113 Abs. 1 des Gerichtskostengesetzes soll, sofern nicht dem Privatkläger das Armenrecht bewilligt ist oder Gebührenfreiheit zusteht, vom Gericht eine Frist bestimmt werden; hierbei soll auf die nach Absatz 3 eintretenden Folgen hingewiesen werden.

(2) Vor Zahlung des Vorschusses soll keine gerichtliche Handlung vorgenommen werden, es sei denn, daß glaubhaft gemacht wird, daß die Verzögerung dem Privatkläger einen nicht oder nur schwer zu ersetzenden Nachteil bringen würde.

(3) Nach fruchtlosem Ablauf der nach Absatz 1 gestellten Frist wird die Privatklage zurückgewiesen. Der Beschluß kann mit sofortiger Beschwerde angefochten werden. Er ist von dem Gericht, das ihn erlassen hat, von Amts wegen aufzuheben, wenn sich herausstellt, daß die Zahlung innerhalb der gesetzten Frist eingegangen ist.

Entstehungsgeschichte: Die Vorschrift ist aus Art. 10 der NotVO vom 14. 6. 1932 (RGBl. I S. 285) in die StPO übernommen worden (Schrifttum dazu: Koffka-Schäfer, Die Vorschriften über die Strafrechtspflege in der VO vom 14. 6. 1932, 2. Aufl. S. 72; Mittelbach DR **1941** 383 zu LG Meiningen). Früher sah § 379 Abs. 1 Sicherheitsleistung nicht nur gegenüber dem Beschuldigten, sondern auch gegenüber der Staatskasse vor. Insoweit wurde § 379 durch § 83 GKG (a. F.) überholt, der den Gebührenvorschuß einführte. An die Stelle des § 83 GKG a. F. ist jetzt § 113 GKG in der Fassung vom 26. Juli 1957 (BGBl. I 861) getreten.

Übersicht

1. Vorschußpflicht
2. Fristsetzung
3. Zu Abs. 2
4. Zurückweisung der Privatklage
5. Nebenkläger
6. Widerkläger

1. Vorschußpflicht. Nach § 113 Abs. 1 i. V. m. § 77 Abs. 1 GKG hat der Privatkläger oder derjenige, der als Privatkläger oder Nebenkläger eine Berufung oder eine Revision einlegt oder eine Wiederaufnahme des Verfahrens beantragt (nicht aber der Widerkläger, § 113 Abs. 1 Satz 3 GKG; auch nicht der Privatkläger, soweit er sich auf die Widerklage verteidigt, OLG Bamberg NJW **1949** 835), einen Gebührenvorschuß (von 20 DM für jeden Beschuldigten) zu zahlen. Nur auf diesen Gebührenvorschuß beziehen sich die Sollvorschriften der Abs. 1 und 2 und die daran anknüpfenden Vorschriften des Abs. 3. Wird der in § 114 GKG geregelte Auslagenvorschuß nicht gezahlt, so ist die Folge nicht die Zurückweisung der Privatklage, sondern das Unterbleiben der gerichtlichen Handlung, durch die die Auslagen entstehen würden; es werden dann also die Zeugen nicht geladen usw. Wird ein Gebühren- *und* ein Auslagenvorschuß erfordert und zahlt der Privatkläger nur einen Teilbetrag, so ist dieser zunächst auf den Gebührenvorschuß anzurechnen, selbst wenn der Privatkläger etwas anderes bestimmt hat, OLG Celle NdsRpfl. **1956** 171. Bewilligung des Armenrechts (darüber Anm. 4 zu § 379) befreit von der Vorschußpflicht; ebenso die Gebührenfreiheit. Den Beschuldigten trifft keine Vorschußpflicht, auch nicht bei Berufung oder Revision. Legt der Privatkläger Berufung oder Revision gegen ein Urteil ein, das auf die Privatklage und auf die Widerklage erkannt hat, so trifft ihn die Vorschußpflicht nur, soweit die Revision sich auf die Privatklage bezieht; soweit er dagegen selbst verurteilt worden ist, hat die Nichtzahlung keine nachteiligen Folgen für ihn (OLG Bamberg NJW **1949** 835).

2. Fristsetzung. Das Gericht soll dem Privatkläger eine Zahlungsfrist setzen. Bei der Strafkammer und dem Strafsenat ist dafür nicht der Vorsitzende, sondern das Kollegium zuständig; EbSchmidt 4; Müller-Sax 2c; Kl 1; OLG Schleswig SchlHAnz. **1957** 105 = DRsp. IV (465) 19e = GoltdA **1957** 425. Diese — de lege lata unbestreitbare — Zuständigkeit führt zu einer sachlich grundlosen Verzögerung (Sarstedt JZ **1962** 775). BayObLGSt. **1953** 214 = GoltdA **1954** 377 = VRS 5 (1953) 381 meint, eine Fristsetzung des Vorsitzenden sei nicht unwirksam, sondern nur anfechtbar; gleichwohl dürfe nach ihrem fruchtlosen Ablauf die Berufung nicht gemäß Abs. 3 Satz 1 (§ 390 Abs. 4) als unzulässig verworfen werden. Dem ist nicht beizutreten; denn das läuft darauf hinaus, daß die nur anfechtbare Verfügung doch als unwirksam behandelt wird, obwohl sie nicht angefochten worden ist. Allerdings muß das Gericht eine eigene (oder auch von seinem Vorsitzenden getroffene) unzutreffende Entscheidung, die der Rechtskraft nicht fähig ist, von Amts wegen zurücknehmen. Die Fristsetzung ist aber nicht schon deshalb, weil der funktionell unzuständige Vorsitzende sie verfügt hat, sachlich „unzutreffend". Die geschäftsmäßige Bearbeitung ist in den Ländern bundeseinheitlich durch die Kostenverfügung vom 28. 2. 1969 §§ 31, 32 geregelt.

Zu Unrecht meint Schorn, Strafrichter 379, die Zahlungsaufforderung sei in das *Ermessen* des Richters gestellt. Sollvorschriften sind keine Kannvorschriften. Ein „Soll" ist für die Behörde, an die es sich richtet, ebenso verbindlich wie ein „Muß"; der Unterschied liegt nur in den Rechtsfolgen.

Bei der Fristsetzung muß dem Vorschußpflichtigen die *Höhe* des Vorschusses mitgeteilt werden, und zwar richtig; sonst läuft die Frist nicht (Müller-Sax 2a). Wird ein zu hoher Vorschuß gefordert, so darf die Privatklage also auch dann nicht zurückgewiesen werden, wenn innerhalb der Frist nicht einmal der geschuldete Vorschuß bezahlt worden ist; so (für die Berufung) BayObLGSt. **1954** 74 = NJW **1954** 1735 = MDR 1955 56 = DRsp. IV (464) 84a; OLG Schleswig SchlHAnz. **1957** 105 = GoltdA **1957** 427.

Die Frist muß *angemessen* sein; das nach Abs. 3 Satz 2 angerufene Beschwerdegericht kann zwar nicht sein eigenes Ermessen walten lassen, wohl aber nachprüfen, ob eine sehr kurze Frist einen Ermessensmißbrauch enthält. Im Rechtsmittelverfahren darf die Frist nicht so gesetzt werden, daß sie vor Zustellung des angefochtenen Urteils abläuft; OLG Düsseldorf JMBlNRW **1958** 251 meint sogar, sie dürfe vor Ablauf der Begründungsfrist gar nicht gesetzt werden. Die Frist muß dem Vorschußpflichtigen mitgeteilt werden, indem ihm entweder eine Ausfertigung oder eine beglaubigte Abschrift zugestellt wird; SchlHOLG SchlHAnz. **1951** 126 = DRsp. IV (464) 48a; LG Aachen NJW **1958** 1599 (L). Die Übersendung einer nicht beglaubigten Abschrift setzt die Frist nicht in Lauf. Deswegen ist sie aber noch keine „Notfrist" im Sinne des Zivilprozeßrechts. Beantragt der Vorschußpflichtige vor Fristablauf das Armenrecht, so wird die Frist gegenstandslos, SchlHOLG JZ **1951** 529 = SchlHAnz. **1951** 65; vgl. auch OLG München HRR **1936** Nr. 1405, wonach in solchem Falle das Gericht die Frist von Amts wegen angemessen verlängern soll.

Die Frist wird schon durch Einzahlung auf Zahlkarte oder Postanweisung beim Postamt oder durch Eingang eines Überweisungsauftrags beim Postscheckamt gewahrt (OLG Hamm NJW **1954** 733 mit weiteren Angaben). Bei Zahlung durch Gerichtskostenmarken ist die Frist dagegen nur gewahrt, wenn die Marken innerhalb der Frist bei Gericht eingehen: so mit überzeugender Begründung OLG Hamm Rpfleger **1960** 28. Die Mitteilung einer Rechtsschutzversicherung, daß sie zur Zahlung des angeforderten Gebührenvorschusses verpflichtet sei und die Anweisung veranlaßt habe, genügt zur Fristwahrung nicht. Jedoch kann sie eine Fristverlängerung von Amts wegen geboten machen (OLG Celle vom 4. 4. 1966, OLGSt.).

Die Frist darf nicht „zum Nachweis" der Zahlung, sondern nur *zur Zahlung* selbst gesetzt werden, OLG Hamm JMBlNRW **1958** 165. Ihr Ende muß eindeutig erkennbar sein, OLG Hamm aaO.; wird sie als Zeitraum bezeichnet („binnen zwei Wochen"), so muß deshalb der Anfangstermin genannt werden. Der BGH verwendet ein Formblatt, das den Kalendertag bezeichnet, an dem die Frist abläuft.

Das Gericht kann die Frist von Amts wegen oder auf Antrag *verlängern*, (OLG München HRR **1936** Nr. 1405). Die Fristsetzung ist solange gegenstandslos, als auf einen Armenrechtsantrag des Privatklägers das Armenrechtsverfahren nicht beendet ist (Müller-Sax 2b; OLG Celle vom 21. 8. 1964, OLGSt.).

3. Zu Absatz 2. Vor Zahlung soll keine gerichtliche Handlung vorgenommen werden. Ein Verstoß gegen diese Sollvorschrift hat keine verfahrensrechtlichen Folgen; die trotzdem vorgenommenen Handlungen sind wirksam und können auch vom Beschuldigten nicht angefochten werden. Der Ausnahmefall, daß die Verzögerung dem Privatkläger Nachteil bringen würde, kann etwa dann vorliegen, wenn Wiederholungen der Straftat ernstlich zu besorgen sind.

4. Zurückweisung der Privatklage. Die Frist ist versäumt, wenn nicht am letzten Tage gezahlt ist; vgl. dazu oben Anm. 2 am Ende. Dagegen ist der Nachweis der Zahlung zur Fristwahrung nicht erforderlich, wie sich aus Abs. 3 Satz 3 ergibt (Müller-Sax 3a). Ob den Vorschußpflichtigen ein Verschulden trifft, ist unerheblich; jedoch kann er bei unabwendbarem Zufall in den vorigen Stand wieder eingesetzt werden. Ist dem Gericht ein Wiedereinsetzungsgrund schon bekannt, so braucht es die Privatklage nicht zurückzuweisen, vgl. dazu BayObLGSt. **1949/51** 471; Müller-Sax 3b. Indessen wäre in solchem Fall die Zurückweisung nicht etwa rechtlich fehlerhaft; sie könnte nur mit einem Wiedereinsetzungsgesuch, nicht mit sofortiger Beschwerde beseitigt werden. Keinesfalls ist das Gericht verpflichtet, vor der Zurückweisung von sich aus nach Wiedereinsetzungsgründen zu forschen. (OLG Bamberg NJW **1949** 835).

Die Zurückweisung ist nicht um des Beschuldigten willen, sondern nur im fiskalischen Interesse vorgeschrieben. Mit ihr soll nur ein Druck auf den Privatkläger ausgeübt werden, den Vorschuß rasch zu bezahlen. Der Beschuldigte hat kein Recht auf die Zurückweisung, wie schon die Ausnahme des Abs. 2 ergibt, und er kann sie nicht mit Rechtsmitteln durchsetzen. A. A. Müller-Sax 6b, die ihm die einfache Beschwerde zugestehen wollen, wenn entgegen seinem Antrag die Privatklage nach Abs. 3 nicht zurückgewiesen wird, dabei aber einräumen, daß diese Beschwerde durch die Eröffnung des Hauptverfahrens überholt werden könne. Das wäre aber ein seltsames, praktisch wertloses Rechtsmittel, das der Vorderrichter durch eine unanfechtbare Gegenentscheidung durchkreuzen könnte. Auch wird es in der Regel an einer anzufechtenden Entscheidung fehlen. Der Vorderrichter wird ja nicht den auf Zurückweisung der Privatklage gerichteten Antrag ausdrücklich zurückweisen, sondern er wird entweder das Hauptverfahren eröffnen oder einstweilen überhaupt keinen Beschluß erlassen. Der Beschuldigte ist nicht in seinem Rechte gekränkt, wenn die Zurückweisung unterbleibt; ihm muß es gleichgültig sein, ob der Vorschuß rechtzeitig, verspätet oder überhaupt nicht bezahlt ist. Die Zurückweisung der Privatklage würde ihn ohnehin nicht endgültig vor der Strafe bewahren; darüber sogleich. Die praktische Folge des Zurückweisungsbeschlusses besteht darin, daß eine Gebühr entsteht, die der Privatkläger zu zahlen hat (§ 78 GKG: 10 DM). Das geht den Beschuldigten nichts an. Die Folge des Abs. 3 tritt nicht ein, wenn die Frist unangemessen kurz ist (OLG Celle vom 21. 8. 1964, OLGSt.).

Streitig ist, ob die Zurückweisung der Privatklage nach Abs. 3 unter § 391 Abs. 2 fällt und damit nach § 392 zur Folge hat, daß die Privatklage nicht von neuem erhoben werden kann. OLG Hamm NJW **1953** 717 = JZ **1953** 575; BayObLG NJW **1956** 758; Schorn, Strafrichter 380 bejahen das in entsprechender Anwendung des § 391 Abs. 2, weil die Androhung der Zurückweisung an Wert einbüße, wenn der Privatkläger die Klage erneuern könne, weil ferner die Rechtssicherheit und das Bedürfnis des Beschuldigten diese Lösung verlange, und weil sie schließlich auch der Gesamteinstellung entspreche, die das Gesetz gegenüber dem „armen Privatkläger" (Seibert MDR **1952** 278) einnehme. Dem zustimmend Kl 4; ebenso auch schon LG Meiningen DR **1941** 382 mit zustimmender Anmerkung von Mittelbach. Indessen liegt der Fall des § 391 Abs. 2, daß der Privatkläger „eine Frist nicht einhält, die ihm unter Androhung der Einstellung des Verfahrens gesetzt war", nicht vor. Die Einstellung des Verfahrens setzt einen Eröffnungsbeschluß voraus (es handelt sich nicht um eine Einstellung gemäß § 383 Abs. 2 Satz 1, die weder mit einer Frist noch mit einer Androhung etwas zu tun hat) und ist deshalb etwas anderes als die Zurückweisung der Privatklage (Müller-Sax 5). Die Einstellung kann bei der Fristsetzung nicht angedroht werden. Wenn dem Gesetzgeber im fiskalischen Interesse, um das es in § 379a ausschließlich geht, die Androhung der gebührenpflichtigen Zurückweisung als Druckmittel nicht genügt hätte, dann hätte er statt der Zurückweisung verordnet, daß die Fristversäumung als Rücknahme gelte. Die Rechtssicherheit und das Interesse des Beschuldigten leiden unter der Möglichkeit erneuter Erhebung der Privatklage nicht mehr, als wenn der Privatkläger mit der Erhebung der Privatklage von vornherein länger wartet oder die Zahlungsfrist etwa durch ein Armenrechtsgesuch unterbricht. Daß das Gesetz den Privatkläger ohnehin ungünstig genug stellt, ist kein Grund, ihn durch die Auslegung noch ungünstiger zu stellen. Wie hier Müller-Sax 5; EbSchmidt 6.

5. Für den **Nebenkläger** gilt § 379a im ersten Rechtszuge überhaupt nicht und im Berufungs- und Revisionsverfahren dann nicht, wenn er sich dem Verfahren nur angeschlossen hat oder jetzt anschließt, ohne ein eigenes Rechtsmittel einzulegen; denn dann trifft ihn gemäß § 113 GKG keine Vorschußpflicht. Nur wenn der Nebenkläger selbst Berufung oder Revision einlegt, gilt § 379a für ihn entsprechend (§ 401 Abs. 1 Satz 2).

6. Den **Widerkläger** trifft keine Vorschußpflicht hinsichtlich der Gebühr, wohl aber hinsichtlich der Auslagen für eine Beweisaufnahme zugunsten der Widerklage §§ 113, 114 Abs. 1 Satz 3 GKG. Legt er Berufung oder Revision gegen die Entscheidung über die Widerklage ein, so gilt auch für ihn § 113 Abs. 1 Satz 1 GKG und § 379a (Kl 2).

§ 380

(1) Wegen Hausfriedensbruchs, Beleidigung, leichter vorsätzlicher oder fahrlässiger Körperverletzung, Bedrohung, Sachbeschädigung und Verletzung fremder Geheimnisse (§ 299 des Strafgesetzbuches) ist die Erhebung der Klage erst zulässig, nachdem von einer durch die Landesjustizverwaltung zu bezeichnenden Vergleichsbehörde die Sühne erfolglos versucht worden ist. Der Kläger hat die Bescheinigung hierüber mit der Klage einzureichen.

(2) Die Landesjustizverwaltung kann bestimmen, daß die Vergleichsbehörde ihre Tätigkeit von der Einzahlung eines angemessenen Kostenvorschusses abhängig machen darf.

(3) Die Vorschriften der Absätze 1 und 2 gelten nicht, wenn der amtliche Vorgesetzte nach § 196 oder § 232 Abs. 3 des Strafgesetzbuches befugt ist, Strafantrag zu stellen.

(4) Wohnen die Parteien nicht in demselben Gemeindebezirk, so kann nach näherer Anordnung der Landesjustizverwaltung von einem Sühneversuch abgesehen werden.

Bezeichnung bis 1924: § 420

Schrifttum: Kronecker GoltdA Bd. 33 (1885) 1ff.; Hartung, Handausgabe der Schiedsmannsordnung, 8. Aufl. 1949; ZStW Bd. 63 (1951) 412ff.; DRiZ 1953 225; Hartung-Jahn, Die Schiedsmannsordnung und das Hessische Schiedsmannsgesetz (1954); Franz Müller DRiZ 1954 51; Wolfgang Müller: Beleidigungen im Sühnetermin, GoltdA 1961 161; Dürwanger 187ff.; Gerland 450; Beling 451; v. Hippel 262, 632; Peters 503; Schäfer DJZ 1936 408; v. Kujawa GoltdA Bd. 52 (1905) 57ff.; Lehmann DStrR 1935 298; Schäfer JD 1941 497; Töwe GerS 107 222; Brangsch AnwBl. 1958 25; Hartung SchsZtg. 1951 81.

Zeitschrift: Schiedsmannszeitung (SchsZtg.), herausgegeben von Hartung.

Übersicht

1. Ursprünglich war der **Sühneversuch** nur bei Beleidigung (darunter sind hier alle Vergehen des 14. Abschn., II. Teil des StGB zu verstehen, Dürwanger 283; W. Müller GoltdA 1961 161) vorgeschrieben. Dabei hat die Einrichtung sich so bewährt, daß sie auf weitere, wenn auch nicht auf alle Privatklagevergehen (vgl. § 374 Abs. 1 mit § 380 Abs. 1) ausgedehnt worden ist. Die Bedrohung ist kein Antragsdelikt (§ 240 StGB). Hier bewahrt die Sühne den Beschuldigten also nicht mit Sicherheit vor der Verfolgung durch den Staatsanwalt. Bei der Verletzung fremder Geheimnisse (§ 299 Abs. 2 StGB) und zum Teil bei der Sachbeschädigung (§ 303 Abs. 3, 4 StGB) kann der Strafantrag (der ja vor Sühneversuch und ohne Privatklage gestellt worden sein kann) nicht zurückgenommen werden. Auch das kann also die Aussöhnung erschweren. Der Gesetzgeber hat sich angeschickt, die Rücknehmbarkeit des Strafantrages in allen Fällen vorzusehen (vgl. Art. 17 Nr. 31 des Entwurfs des EGStGB — BT-Drucksache VI/3250 — und die Begründung dazu). Die Verwirklichung dieses Vorhabens würde die außergerichtliche Einigung im Sühneverfahren sehr erleichtern.

2. Die Vorschrift überträgt die Einrichtung der **Vergleichsbehörde** und die Regelung des Verfahrens vor ihr der Landesjustizverwaltung. Dadurch ist aber nicht verboten, daß der Landesgesetzgeber sich der Sache annimmt. In der Tat ist das Sühneverfahren durchweg (nur mit Ausnahme von Hamburg — vgl. unten e) landesgesetzlich geregelt. Das hat auch einen zwingenden inneren Grund. Die in § 380 ausgesprochene Übertragung an die Landesjustizverwaltung ist nicht zu Ende gedacht. Die Vorschrift kann nur den einen denkbaren Sinn haben, die Überlieferungen und die Bedürfnisse der einzelnen Länder in diesem Punkte zu berücksichtigen. Sonst wäre das Sühneverfahren besser durch Reichs- oder Bundesgesetz geregelt worden. Die Landesjustizverwaltung geriete indessen über ihren Zuständigkeits-

bereich hinaus, sobald sie eine andere als eine Justizbehörde mit dem Sühneverfahren betrauen wollte. Sühneverfahren vor Justizbehörden entsprechen aber nur ganz vereinzelt der Überlieferung und dem Bedürfnis (Bremen). Die in Süddeutschland überlieferte Sühne vor Gemeindebehörden kann nicht wohl einer Regelung durch die Justizverwaltung überlassen werden. Das gäbe Konflikte mit der Verwaltung des Inneren. Die innere Ordnung des Staates würde gestört werden, wollte die Justizverwaltung, sei es auch unter Berufung auf eine bundesgesetzliche Delegationsnorm, Behörden eines fremden Geschäftsbereiches mit Aufgaben betrauen und das Verfahren vor ihnen regeln. Es bleibt also kaum etwas anderes übrig als landesgesetzliche Regelung. Freilich wird sie dann bedenklich, wenn das Landesgesetz (wie z. B. in Bayern, vgl. unten b) seinerseits die weiteren Ausführungsvorschriften einer anderen Stelle überträgt als der Justizverwaltung. Im einzelnen war die Regelung äußerst verzettelt. Drischler SchsZtg. 1958 121 nannte sie mit Recht „ein Bild deutscher Rechtszersplitterung". Inzwischen ist die Lage durch Bereinigungsgesetze in einigen Ländern etwas übersichtlicher geworden. I. e. vgl. unten. Der Bund Deutscher Schiedsmänner hat an den Bundesjustizminister die Frage einer bundeseinheitlichen Regelung des Schiedsmannswesens herangetragen.

Der Landesgesetzgeber kann für die Verhandlung vor der Vergleichsbehörde Bevollmächtigte und Beistände a sschließen, auch Rechtsanwälte. Soweit aber nach landesrechtlichen Vorschriften die Vergleichsbehörde nach ihrem Ermessen Bevollmächtigte oder Beistände zurückweisen kann, gilt dies nicht mehr für Rechtsanwälte, vgl. BRAnwO § 225.

In den früher preußischen Gebieten gilt z. T. noch die Schiedsmannsordnung vom 29. 3. 1879 in der Fassung der Bekanntmachung vom 3. 12. 1924 (GesS. S. 751) mit späteren Änderungen, auf die im folgenden hingewiesen wird. Der bewährte Kommentar von Hartung-Jahn (1954) ist leider veraltet.

Über die Regelung in den einzelnen Ländern ist folgendes zu sagen:

a) *Baden-Württemberg:* Es gilt die aufgrund des § 380 StPO und des § 3 Satz 2 des Gesetzes zur Aufhebung der Gemeindegerichtsbarkeit und zur Regelung des Sühneversuchs in Privatklagesachen vom 19. Oktober 1971 (GBl. S. 397) gestützte VO des Justizministers vom 23. Oktober 1971 (GBl. S. 422). Zuständig für die Vornahme des Sühneversuchs ist die Gemeinde (der Bürgermeister), in deren Gebiet die Parteien wohnen. Wohnen die Parteien nicht in derselben Gemeinde, so entfällt der Sühneversuch.

b) *Bayern:* Art. 2 BayAGStPO vom 17. 11. 1956 (GVBl. S. 149 = BayBS III S. 149) lautet:

(1) Die Vornahme des Sühneversuchs in Privatklageverfahren wird den Gemeinden übertragen.
(2) Der Sühneversuch entfällt, wenn die Parteien nicht in derselben Gemeinde wohnen.
(3) Das Staatsministerium des Innern erläßt im Einvernehmen mit dem Staatsministerium der Justiz die erforderlichen Vollzugsvorschriften.

Aufgrund des vorstehenden Abs. 3 ist die VO über den Sühneversuch in Privatklagesachen vom 13. Dezember 1956 (GVBl. S. 356 = BayBS I S. 611) erlassen worden.

Zuständig für die Vornahme des Sühneversuchs ist die Gemeinde, in deren Gebiet die Parteien wohnen.

Einige Erlätuerungen dieser neuen Regelung enthält die Entschließung des Bayer. Staatsministeriums des Innern vom 29. 1. 1957 (MABl. S. 44 = BayBSV I Bd. III S. 212). Dort wird hervorgehoben, daß der Sühneversuch keine persönliche Dienstaufgabe des ersten Bürgermeisters außerhalb des gemeindlichen Aufgabenbereichs mehr, sondern jetzt der Gemeinde selbst übertragen ist. Welche Stelle der Gemeinde den Sühneversuch als Vergleichsbehörde vorzunehmen hat, bestimmt sich nach der Gemeindeordnung. Kosten werden nach dem bayer. Kostengesetz vom 17. 12. 1956 (BayBS III S. 442) Art. 6, 15 Abs. 1 erhoben.

c) In *Berlin* gilt die preußische Schiedsmannsordnung (vgl. oben vor a) in der durch das Schiedsmannsgesetz vom 31. 5. 1965 (AmtsBl. S. 705, 707) überarbeiteten Fassung weiter (letztes Änderungsgesetz v. 6. 3. 1970 AmtsBl. S. 474). Ausführungsvorschriften vom 16. 6. 1971 (AmtsBl. S. 939).

d) In *Bremen* gilt § 2 AGStPO vom 18. 12. 1958 (GBl. S. 103):

„Sühneverfahren in Privatklagesachen.
Das Sühneverfahren in Privatklagesachen und die Kosten des Sühneverfahrens werden vom Senator für Justiz und Verfassung durch Rechtsverordnung geregelt. Der Senator für Justiz und Verfassung kann durch Rechtsverordnung
1. aus den im Sühneverfahren geschlossenen Vergleichen die Zwangsvollstreckung und die Kostenfestsetzung zulassen,
2. den Antragsgegnern eine Pflicht zum Erscheinen in der Sühneverhandlung auferlegen und für den Fall der Nichterfüllung dieser Pflicht Ordnungsstrafen in Geld androhen.
3. die Anfechtung der im Sühneverfahren ergehenden Entscheidungen regeln".

Darauf beruht die Verordnung des Senators für Justiz und Verfassung vom 30. 12. 1958 (GBl. S. 105). Der Amts- oder Landgerichtspräsident bestellt Rechtspfleger beim Amtsgericht zu Sühnebeamten. Die Privatklage kann ohne Sühneversuch erhoben werden, wenn die Parteien in verschiedenen Gemeinden wohnen, es sei denn, daß sie im Bezirk desselben Amtsgerichts wohnen. Aus Vergleichen ist die Zwangsvollstreckung zulässig.

e) In *Hamburg* gilt die Verordnung über die Öffentliche Rechtsauskunfts- und Vergleichsstelle vom 4. 2. 1946 (Hbg. GVBl. S. 13). Deren Abs. 1 Satz 2 verweist auf den inzwischen aufgehobenen § 495a ZPO; sinngemäß tritt an dessen Stelle § 794 Abs. 1 Nr. 1 ZPO. Die Verordnung wird ergänzt durch die Geschäftsordnung für die Öffentliche Rechtsauskunfts- und Vergleichsstelle („ÖRA"), veröffentlicht im Amtlichen Anzeiger vom 8. 1. 1947 Nr. 3 S. 10. Den Leiter der ÖRA ernennt der Senat im Benehmen mit dem Oberlandesgerichtspräsidenten. Die ÖRA hat eine Hauptstelle. Bezirksstellen (regelmäßig in den örtlichen Diensstellen der Sozialverwaltung) und Nebenstellen sowie detachierte Schiedsmänner. Die Schiedsmänner ernennt der Oberlandesgerichtspräsident auf Vorschlag des Senats. Für Vergleiche, die in Sühnesachen vor einem Schriftführer der ÖRA oder vor einem Schiedsmann abgeschlossen sind, erteilt der Vorsitzer die Vollstreckungsklausel. Über Befreiung vom Sühneversuch entscheidet das Gericht.

f) In *Hessen* gilt das Schiedsmannsgesetz vom 12. 10. 1953 (GVBl. S. 163), zuletzt geändert durch das Gesetz vom 7. 10. 1970 (GVBl. I S. 640), in Verbindung mit der VO vom 27. 10. 1953 (GVBl. S. 177), zuletzt geändert durch die VO vom 24. 3. 1971 (GVBl. I S. 86). Wegen der Einzelheiten wird auf den Kommentar von Hoof-Vierhaus (1954) verwiesen. Das Hess. Schiedsmannsgesetz wird ferner im Kommentar von Hartung-Jahn zur (preußischen) Schiedsmannsordnung mitbehandelt; die beiden Gesetze unterscheiden sich nur in Einzelheiten.

g) *Niedersachsen:* Hier ist am 6. Januar 1972 das am 1. Juli 1972 in Kraft getretene Gesetz über das Schiedsmannswesen ergangen (GVBl. 13, 128). Vgl. §§ 13ff. Das Gesetz knüpft ebenfalls an die preußische Schiedsmannsordnung an.

h) *Nordrhein-Westfalen:* Hier gilt das Gesetz über das Schiedsmannswesen vom 10. 3. 1970 (GVBl. S. 194), das auf der preußischen Schiedsmannsordnung aufbaut. Vgl. §§ 33ff. Dazu die VerwaltungsVO vom 7. 8. 1970 (MBl. NW S. 1580).

i) *Rheinland-Pfalz:*

aa) Im ehemals *preußischen* Landesteil (ohne Birkenfeld) gilt die Schiedsmannsordnung (vgl. oben vor a), geändert durch das Gesetz vom 4. 2. 1965 (GVBl. S. 13).

bb) Im ehemals *oldenburgischen* Landesteil *Birkenfeld* hat § 2 Nr. 7 der preuß. RechtseinführungsVO vom 18. 3. 1938 (GS S. 40) den Art. 6 der VO für das Fürstentum Birkenfeld vom 10. 5. 1879 betreffend die Einführung des GVG usw. (GBl. f. d. Fm. Birkenfeld Bd. 9 S. 221) aufrecht erhalten. Er lautet:

§ 1

Zuständig für den im § 420 (jetzt 380) der Strafprozeßordnung vorgeschriebenen Sühneversuch ist der Ortsvorsteher (Schöffe) und dessen Beisitzer.

§ 2

Erscheint der Gegner des Antragstellers bei der zum Sühneversuch angesetzten Verhandlung nicht, so ist dieser Versuch als erfolglos zu betrachten.

cc) Im ehemals *hessischen* Landesteil sind nach Art. 4 hess. AGStPO vom 9. 6. 1879 (RegBl. S. 331 = GS f. d. Großherzogtum Hessen 1819–1905 Bd. II S. 192) i. d. F. d. ÄnderungsG vom 5. 5. 1923 (RegBl. S. 113) und der ÄnderungsVO vom 22. 3. 1924 (RegBl. S. 160) die Bürgermeister und die Beigeordneten Vergleichsbehörden. Das Verfahren regelt die VO vom 16. 9. 1879 (GS Hessen 1819–1905 Bd. II S. 223) i. d. F. der VO über die Sühneverhandlung im Strafverfahren vom 22. 3. 1924 (RegBl. S. 162).

dd) Im ehemals *bayerischen* Landesteil gilt noch die (in Bayern selbst aufgehobene, vgl. oben b) Bekanntmachung der bayer. Staatsministerien der Justiz und des Innern vom 6. 3. 1928 (GVBl. S. 158).

Ein Schiedsmannsgesetz, das für das ganze Land einheitlich die Schiedsmannslösung (Schiedsmänner = Ehrenbeamte des Landes unter Justizaufsicht) einführen soll, wird z. Zt. vorbereitet.

j) *Saarland:* Im ganzen Saarland gilt die durch die Gesetze Nr. 793 vom 22. April 1964 (Amtsbl. S. 365), Nr. 907 vom 13. 3. 1970 (Amtsbl. S. 267) und Nr. 940 vom 15. 11. 1971 (Amtsbl. S. 793) geänderte preußische Schiedsmannsordnung, seit dem 1. 4. 1972 als „Saarländische Schiedsmannsordnung".

k) *Schleswig-Holstein:* Es gilt die preußische Schiedsmannsordnung, geändert durch das Gesetz vom 24. 3. 1970 (GBl. S. 66). Sie ist durch VO des SchlHolst. JustMin. vom 19. 9. 1950 (SchlHolst. GuVBl. S. 278) auch in den Gebieten eingeführt, die auf Grund des sog. Groß-Hamburg-Gesetzes vom 26. 1. 1937 (RGBl. I S. 91) zur früheren Provinz Schleswig-Holstein gekommen sind, durch das Gesetz vom 5. 4. 1971 (GBl. S. 182) mit Wirkung vom 1. 1. 1970 auch in *Lübeck*, wo bis dahin noch das Lübeckische AGStPO vom 19. 7. 1899 (Lüb. Gesetze u. Verordnungen Bd. II [1897–1906], Lübeck 1920, S. 82), §§ 1–9, galt. Z. Z. wird eine Überarbeitung auf der bisherigen Grundlage vorbereitet.

3. Die Vorschrift über den Sühneversuch ist im öffentlichen Interesse erlassen (vgl. W. Müller GoltdA **1961** 162 bei Anm. 6). Sie soll der leichtfertigen und übereilten Erhebung von Privatklagen vorbeugen. Die Geltendmachung des Klagerechts soll erschwert werden (Hahn Mat. z. StPO I 277). Deshalb hat das Gericht **von Amts wegen** zu prüfen, ob dem Erfordernis des Sühneversuchs genügt ist. Ein Verzicht des Beschuldigten ist unbeachtlich. Hiernach muß der Privatkläger bei Erhebung der Klage nachweisen, daß der Sühneversuch stattgefunden hat.

Im einzelnen ist bei der Auslegung *Strenge* gegenüber dem Privatkläger geboten, wenn die Vorschrift ihren Zweck erfüllen soll. Seit jeher wird darüber geklagt, daß es einerseits an einem wirksamen Schutz gegen schwere Ehrverletzungen fehle, während andererseits die Gerichte mit einer ganz unverhältnismäßig großen Zahl von läppischen Kleinigkeiten in Atem gehalten werden. Diese beiden Mißstände stehen in einem gewissen Ursachenzusammenhang miteinander. Gerade weil sehr viele Privatkläger ausgesprochene Querulanten sind, gerät auch der Verfechter eines ernstlichen und berechtigten Interesses leicht in ein falsches Licht, wenn er in der Rolle des Privatklägers aufzutreten gezwungen ist. Eben um eines wirksameren gerichtlichen Ehrenschutzes willen, in den Fällen, die dessen wirklich bedürfen, müssen die allzuvielen anderen zurückgedämmt werden. Dazu ist der Sühneversuch ein bewährtes Mittel.

4. Allgemeine Einigkeit besteht darüber, daß die **Sühnebescheinigung nachgereicht** werden kann, wenn der Sühneversuch selbst vor Einreichung der Klage stattgefunden hat (Dürwanger 290; Müller-Sax 2d; Kl 4; EbSchmidt 4; LG Bielefeld JR **1951** 695; LG München NJW **1956** 74). Das Gericht ist aber nicht verpflichtet, den Privatkläger zur Nachreichung aufzufordern; eine solche Aufforderung wird sich nur empfehlen, wenn Grund zu der Annahme besteht, daß der Sühneversuch tatsächlich stattgefunden hat und nur die Vorlage der Bescheinigung vergessen worden ist. Solange die Bescheinigung nicht bei Gericht ist, darf die Klage dem Beschuldigten nicht mitgeteilt werden.

5. **Nachholung des Sühneversuchs selbst ist nach Einreichung der Klage nicht zulässig.** Über diese Frage herrscht der lebhafteste Streit[1] (vgl. dazu Kraus NJW **1953** 173). Sie ist zu verneinen. Der Wortlaut des Abs. 1 Satz 2 ist eindeutig. Der Zweck des ganzen § 380 liegt darin, die Privatklage zu erschweren. Deshalb gehen alle Argumente fehl, die dem Privatkläger Umstände und Kosten ersparen wollen. Auch kann von einer Erleichterung für den Privatkläger nur dann die Rede sein, wenn man dabei an den *Einzelnen* denkt, der es nun einmal falsch gemacht, der die Klage vor dem Sühneversuch eingereicht hat. Dem wohlverstandenen Interesse aller Privatkläger ist weit besser gedient, wenn man sie zwingt, vor der Klageerhebung zur Vergleichsbehörde zu gehen. In aussichtslosen Fällen werden sie mit einiger Wahrscheinlichkeit vor Kosten bewahrt. Auch wenn sie zweifelsfrei im Recht sind, ist ihnen nicht selten mit dem, was sie bei einem Vergleich erreichen können (Ehrenerklärung!), mehr gedient als mit der Verurteilung des Gegners zu einer geringen Geldstrafe. Diesen Dienst erweist man ihnen am sichersten durch folgerichtige Festigkeit gegenüber denen, die sich einfach nicht an die Vorschrift halten. Einheitliche Handhabung in dem hier vertretenen Sinne würde sich bei Anwälten und auf Geschäftsstellen herumsprechen, besonders nach einem Rückgriffsprozeß, den manche Privatkläger sicherlich anstrengen würden; sie würde – bei den sehr beachtlichen Erfolgen der Vergleichsbehörden (vgl. Hartung DStrafR **1942** 43) – die Arbeitslast der Privatklageabteilungen bei den Gerichten merklich vermindern. Richtig ist, daß der Privatkläger nicht gehindert werden kann, nach Zurückweisung den Sühneversuch nachzuholen und dann (wenn nämlich der Sühneversuch wirklich erfolglos bleibt) die Klage von neuem zu erheben (Heinrich NJW **1964** 1087). Nicht richtig ist aber, daß auf diese Weise Mehrarbeit für die Gerichte entstünde, und daß der Sühneversuch jetzt ohnehin keine Erfolgsaussicht mehr hätte. Für das Gericht ist es keine größere Arbeit, die Privatklage mangels Sühneversuchs zurückzuweisen, als die Nachholung zu verlangen und die Frist zu kontrollieren; im Gegenteil, das letztere macht mehr Arbeit, und zwar unbezahlte. Und die Erfolgsaussichten des Sühneversuchs werden sicherlich nicht dadurch herabgesetzt, daß der Privatkläger sieht, er hat einen Fehler gemacht, der ihn (mindestens) zwanzig Mark kostet; daß er erkennt, der Sühneversuch ist keine „reine Formsache", sondern wird vom Gericht allen Ernstes verlangt. Die Kostenerhöhung kann die Vergleichsbereitschaft des Privatklägers bei richtiger Handhabung nicht beeinträchtigen; denn jede Vergleichsbehörde müßte und würde ihm klarmachen, daß er diese Kosten auf alle Fälle selbst tragen muß, weil er sie durch seine eigene Voreiligkeit, Unversöhnlichkeit, ungenügende Erkundigung selbst verschuldet hat; daß sie ihm rechtskräftig auferlegt sind und daß er sie auch bei völligem Obsiegen mit einer erneuten Privatklage unter keinen Umständen erstattet bekommen kann. Es ließe sich für solche Zurückweisungsbeschlüsse ein Vordruck schaffen, in dem ihm das alles so eindrucksvoll wie möglich vor Augen geführt wird. Es pflegt in diesem Zusammenhang eingewandt zu werden, daß häufig die Kosten des Anwalts die Vergleichsbereitschaft in dieser Lage des Verfahrens herabsetzen würden. Auch das sollte nicht möglich sein, wenn die Vergleichsbehörde Klarheit darüber schafft, daß der Privatkläger die Kosten eines Anwalts, der ihn *falsch beraten* und damit auch noch vergebliche Gerichtskosten verursacht hat, keinesfalls im Vergleichswege oder auf andere Weise vom Beschuldigten erstattet verlangen kann, sondern allenfalls von dem Anwalt selbst. Fälle wie der in SchsZtg. **1958** 170/171 behandelte (Gebührenforderung von 259,90 DM für die Erhebung einer unzulässigen Privatklage) gehören vor die Anwaltskammer, wenn nicht vor den Strafrichter (§ 352 StGB). Gegenstand des Vergleichs sollten allenfalls solche Anwalts-

---

[1] Für die Zulässigkeit: Kronecker GoltdA Bd. 33 (1885) S. 7; Müller-Sax 2d; Reiff NJW **1956** 500; LG Schweinfurt Qs 221/52 vom 10. 12. 1952; LG Itzehoe SchlHAnz. **1956** 273 = DRsp. IV (465) 18b (das sich schwerlich mit Recht auf „die Mehrheit in Schrifttum und Rechtsprechung" beruft); LG Bielefeld JR **1951** 695 = DRsp. IV (464) 48b; nicht ganz klar LG Aachen NJW **1956** 1611; dunkel auch Schorn, Strafrichter 376 („an sich zulässig, aber sinnlos").

Gegen die Zulässigkeit: v. Kujawa GoltdA Bd. 52 (1905) S. 60–64; Gerland 450; Bennecke-Beling 630; Dürwanger 289; Kl 4; EbSchmidt 3; Hartung ZStW Bd. 63 (1951) 412 und ZStW Bd. 71 (1959) 469; Kraus NJW **1953** 173 = DRsp. IV (464) 59c; Schumacher SchZtg. **1956** 161; Natron SchZtg. **1958** 120; LG Traunstein NJW **1954** 1737; LG München NJW **1956** 74; LG Münster JMBlNRW **1956** 204 = SchZtg. **1956** 178 mit zust. Anm. der Schriftleitung; LG Essen NJW **1956** 523; LG Frankfurt NJW **1956** 1004; LG Würzburg BayJMBl. **1956** 83 = DRsp. IV (465) 16c; LG Köln JMBlNRW **1961** 20; jetzt auch LG Aachen NJW **1961** 524.

kosten werden, die durch den Antrag auf Sühneversuch entstanden sind, vgl. Keuser SchsZtg. **1958** 54.

LG Itzehoe SchlHAnz. **1956** 273 beruft sich für die Gegenansicht auf Kronecker GoltdA **33** (1885) 7, macht sich aber auffälligerweise gerade das Argument nicht zu eigen, das für Kr. das allein entscheidende ist: den Nachteil von der Zurückweisung hätte nicht der Privatkläger, sondern der Angeschuldigte: „denn während ihm dann, wenn der Richter dem Kläger die Nachholung der Sühne mit bestimmter Frist aufgibt, nur während dieser Frist die Klage droht, ist dies bei der Zurückweisung der Klage während des ganzen Restes der Verjährungsfrist . . . der Fall; während dieser ganzen Frist ist die Neuanstellung zulässig". Gerade das erste stimmt aber nicht. Zunächst wird hier die Chance des Beschuldigten übersehen, sich im Sühnetermin mit dem Privatkläger zu einigen. Vor allem aber beendet der fruchtlose Ablauf dieser Frist nicht die Klagebefugnis. Kronecker scheint hier den § 391 Abs. 2 anwenden zu wollen. Aber vor der Eröffnung des Hauptverfahrens kann das Gericht dem Privatkläger keine Frist „unter Androhung der Einstellung" setzen, wie es in § 391 Abs. 2 vorausgesetzt wird (unten 8c zu § 391; Müller-Sax 3a cc zu § 391). Denn das Verfahren kann der Richter vor der Eröffnung nur gemäß § 383 Abs. 2 wegen Geringfügigkeit einstellen, was er niemals von einer Fristversäumung abhängig machen könnte. Im übrigen kommt eine Einstellung jetzt noch nicht in Frage, sondern nur die Zurückweisung. Deshalb darf die Einstellung auch nicht angedroht werden, und sicherlich nicht zur Herbeiführung eines Sühneversuchs; denn dessen Unterlassung kann in keiner Lage des Verfahrens zur Einstellung führen. Fehlen des Sühneversuchs hat vielmehr vor dem Eröffnungsbeschluß die Zurückweisung zur Folge, nach dem Eröffnungsbeschluß aber gar keine Folge (vgl. unten 6).

Es ist eingewendet worden, nach der hier vertretenen Meinung lasse sich kaum eine Befreiung vom Sühneversuch beantragen, weil die Entscheidung über diesen Antrag die Kenntnis des Gerichts von der Privatklage voraussetze (LG Itzehoe aaO.). Dieser Einwand wiegt nicht schwer. Nach dem Gesetz ist nur folgende Reihenfolge möglich: Befreiungsantrag — Entscheidung darüber — im Ablehnungsfall Sühneversuch — Erhebung der Privatklage. Der Befreiungsantrag kann (ebenso wie ein Armenrechtsgesuch, 4c zu § 379) entweder eine eigene Darstellung der Tat usw. enthalten oder auf einen beigefügten Entwurf der beabsichtigten Privatklage Bezug nehmen.

Man kann den Sühneversuch als eine „*Klagevoraussetzung*" bezeichnen, weil er sich von den gewöhnlichen Prozeßvoraussetzungen dadurch unterscheidet, daß deren Fehlen in jeder Lage des Verfahrens, das Fehlen des Sühneversuchs nur bis zum Eröffnungsbeschluß zu berücksichtigen ist. Bei der Rechtsanwendung haben aber Begriffe wie „Klagevoraussetzung" und Prozeßvoraussetzung zu dienen, nicht zu herrschen. Man darf deshalb nicht sagen, wenn schon Prozeßvoraussetzungen (wie der Strafantrag) in jeder Lage des Verfahrens nachgeholt werden könnten, dann müsse das für „bloße Klagevoraussetzungen" erst recht gelten (Reiff NJW **1956** 500). Vielmehr muß man fragen, wodurch sich die Nachholung des Strafantrags und die des Sühneversuchs sachlich unterscheiden. Der Sühneversuch vor der Vergleichsbehörde, den das Gesetz zeitlich vor die Klageerhebung schaltet, verliert erheblich an Aussichten, wenn er unternommen werden soll, während dem Gericht die Privatklage unerledigt vorliegt. (Die Stellung des Strafantrages wird durch die Anhängigkeit des Verfahrens dagegen in keiner Weise behindert.) Denn wenn der Privatkläger *jetzt* nachgibt, so gibt er die Chance auf, daß das Gericht dem Angeklagten die bereits *entstandenen* Gerichts- (und Anwalts-)Kosten auferlegt. Unter dieser Belastung soll der Sühneversuch nach dem Willen des Gesetzes, das ihn vor der Klageerhebung verlangt, gerade nicht stehen. Er wird von ihr dadurch befreit, daß die erste Privatklage auf Kosten des Klägers zurückgewiesen wird.

Es ergibt sich die weitere Folgerung, daß ein erfolgloser *Sühneversuch,* der *zwischen Erhebung und Zurückweisung* der ersten Privatklage unternommen worden ist, dem Erfordernis des Abs. 1 *auch für die zweite Privatklage nicht genügt* (zust. Hartung ZStW Bd. 71 [1959] 469). Das Gesetz meint in Abs. 1 einen Sühneversuch, der angestellt worden ist, während keine Klage bei Gericht anhängig war. Der Privatkläger, der ohne Sühneversuch geklagt hat, muß also entweder erst die Zurückweisung abwarten oder aber die Klage zurücknehmen, ehe der Sühneversuch stattfindet. (Bei der Rücknahme muß dieser Grund — Unzulässigkeit mangels Sühneversuchs — ausdrücklich angegeben werden, damit nicht die Folge des § 392 eintritt, 3 zu § 392.) Andernfalls müßte das Gericht *wieder* zurückweisen.

Auch ist die *Vergleichsbehörde nicht verpflichtet*, in der Zeit *zwischen Erhebung und Erledigung* der Privatklage überhaupt einen *Sühneversuch anzustellen*. Die Bearbeitung von Sachen, die schon und noch bei Gericht anhängig sind, gehört keinesfalls zu ihren Aufgaben. Sie kann und sollte also dem Antragsteller, der schon die Privatklage bei Gericht eingereicht hat, aufgeben, zunächst deren rechtskräftige Erledigung nachzuweisen.

6. Durch einen **Eröffnungsbeschluß**, der unrichtigerweise trotz Fehlens des erforderlichen Sühneversuchs ergeht, wird der Mangel geheilt, Müller-Sax 2c; Kl 2; OLG Düsseldorf JW **1928** 2291 mit Anm. von Kleinschmidt; OLG Hamm JMBlNRW **1951** 184 = DRsp. IV (464) 46d; OLG Hamburg NJW **1956** 522. **A. A.** EbSchmidt 1. Die Frage bedarf näherer Erörterung, weil gezeigt werden muß, daß die Gründe hierfür der oben zu 5 vertretenen Meinung nicht entgegenstehen. Die Heilung des Mangels folgt nicht, wie bisweilen gesagt wird, aus dem begrifflichen „Wesen“ der Klagevoraussetzung; sondern umgekehrt nennt man den Sühneversuch eine Klagevoraussetzung (im Gegensatz zur Prozeßvoraussetzung), weil er nur bis zum Eröffnungsbeschluß gefordert werden kann. Der Grund dafür liegt darin, daß der Sühneversuch seinen Zweck, die gerichtlichen Privatklageverfahren nach Möglichkeit einzuschränken, nach der Eröffnung des Hauptverfahrens schlechterdings nicht mehr erfüllen kann. Ein wesentlicher Teil der richterlichen Arbeit, die der Sühneversuch ersparen soll, ist mit dem Eröffnungsbeschluß inzwischen geleistet: die Privatklage ist auf ihre Zulässigkeit geprüft, der hinreichende Tatverdacht ist untersucht und bejaht, die rechtliche Einordnung ist vorläufig vorgenommen, die Frage der Geringfügigkeit ist geprüft und verneint, und mit alledem ist der Beschuldigte zum Angeklagten gemacht worden. Diese ganze Arbeit als vergeudet zu behandeln, nur weil sich *jetzt* herausstellt, daß das Fehlen des Sühneversuchs übersehen worden ist; das Verfahren jetzt noch einzustellen, auf die jetzt viel näher gerückte Gefahr hin, daß die Vergleichsbehörde in diesem fortgeschrittenen Stadium des Verfahrens wahrscheinlich keinen Ausgleich mehr zustande bringen wird, und daß dann die ganze Arbeit von neuem getan werden muß: das wäre sehr unzweckmäßig. Es wäre auch dem Privatkläger gegenüber unbillig und peinlich; denn inzwischen ist der Richter, der bei der Eröffnung das Fehlen des Sühneversuchs übersehen hat, dem gleichen Versehen erlegen wie er. Der Privatkläger würde mit Recht fragen, warum ihm das nicht früher gesagt worden ist. Auch dem Angeklagten können jetzt schon Kosten entstanden sein. In dieser Lage des Verfahrens verspricht ein gerichtlicher Vergleichsversuch (unten 6 zu § 391) bessere Aussicht auf Erfolg. Ad. Arndt NJW **1962** 783 wendet sich grundsätzlich gegen Vergleiche in Privatklagesachen. Er übersieht dabei nicht nur die grundsätzliche Entscheidung, die das Gesetz gerade in § 380 zugunsten solcher Vergleiche getroffen hat, sondern auch, daß dem Rechtsfrieden – einem sehr wichtigen Rechtsgut! – mit einem Vergleich im allgemeinen besser gedient ist als mit einem noch so richtigen Urteil.

Wo das Landesrecht die *Befreiung* vom Sühneversuch durch Gerichtsbeschluß vorsieht, muß dieser Beschluß vor Erhebung der Privatklage ergangen sein; andernfalls ist die Privatklage unzulässig und wird auch durch nachträgliche Befreiung nicht zulässig (LG Bochum SchZtg. **1958** 33).

7. Mit dem **Strafantrag** hat der Sühneversuch nichts zu tun. Der Sühneversuch setzt keinen Strafantrag, der Strafantrag keinen Sühneversuch voraus. Der Antrag auf Bestimmung eines Sühnetermins enthält niemals einen Strafantrag, weil dieser nicht bei der Vergleichsbehörde, sondern gemäß § 158 Abs. 2 nur bei Gericht, Staatsanwaltschaft oder Polizei angebracht werden kann. Dies kann auch vor dem Sühneantrag geschehen, so daß dieser dann immer noch möglich ist, wenn er nur die Erhebung der Privatklage innerhalb der Verjährungsfrist ermöglicht.

8. Für eine Tat, die der Beschuldigte als **Jugendlicher** begangen hat, gibt es keinen erforderlichen Sühneversuch im Sinne des § 380, weil hier nach § 80 Abs. 1 JGG keine Privatklage zulässig ist. Ob in solchen Fällen ein Sühneversuch *zulässig* ist, richtet sich nach dem Landesrecht. Nach dem Recht der preußischen Schiedsmannsordnung bejaht AGDir. Siegen 318 E 6 vom 25. 2. 1958 SchsZtg. **1958** 115 die Zulässigkeit mit unzutreffender Begründung. Daß § 32 Abs. 2 GeschAnw. das Erscheinen von Minderjährigen regelt, beweist nichts; Minderjährige brauchen nicht jugendlich zu sein. Daß gegen jugendliche Privatkläger Widerklage erhoben werden kann, beweist ebenfalls nichts; denn die Widerklage erfordert

keinen Sühneversuch. Daß der Staatsanwalt Privatklagevergehen Jugendlicher im Amtsverfahren verfolgen kann, beweist erst recht nichts; einer Sühnebescheinigung bedarf er dazu ja wohl nicht, und die Behauptung, daß „der Jugendliche im Hinblick auf die Vergleichsmöglichkeit im Sühneverfahren einer sonst möglichen Bestrafung entgehen könne", ist schlechthin unrichtig. Jedenfalls ermöglicht die Erfolglosigkeit eines solchen Versuchs die Privatklage auch dann nicht, wenn der jugendliche Täter inzwischen (vor dem Sühneversuch oder vor der Klageerhebung) das achtzehnte Lebensjahr vollendet hat. Denn es kommt nicht auf das Alter während des Verfahrens, sondern auf das Alter zur Tatzeit an (Potrykus 1 zu § 80 JGG; a. A. Schumacher FamRZ 1955 242).

9. Das Erfordernis des **Sühneversuchs entfällt**

a) für den *Beitritt*, oben 3 zu § 375;
b) für die *Widerklage*, unten 4 zu § 388;
c) nach Abs. 3, wenn der Vorgesetzte *befugt* ist, Strafantrag zu stellen. Er braucht ihn nicht wirklich gestellt zu haben und nicht selbst der Privatkläger zu sein; in diesen Fällen bedarf es auch für die Privatklage des Verletzten selbst keines Sühneversuchs (EbSchmidt 6; Müller-Sax 3b).
d) nach Abs. 4, wenn die Parteien nicht in demselben Gemeindebezirk wohnen, „nach näherer Anordnung der Landesjustizverwaltung". Wo eine solche Anordnung fehlt (wie z. B. in Hamburg), wird der Richter nach seinem Ermessen auf Antrag des Privatklägers vom Erfordernis des Sühneversuchs absehen können.

10. War der **Sühneversuch erfolgreich,** so erhält der Antragsteller von der Vergleichsbehörde keine Bescheinigung über die Erfolglosigkeit (Hartung ZStW 63 [1951] 312). Der Vergleich ist ein Verfahrenshindernis, das in jeder Lage des Verfahrens zur Einstellung führt. Nach Landesrecht ist er gewöhnlich vollstreckbar. Ob ein vor der Vergleichsbehörde geschlossener Vergleich nach den Vorschriften des bürgerlichen Rechts *angefochten* werden kann, mag zweifelhaft sein. Jedenfalls aber ist der in einem solchen Vergleich enthaltene Verzicht auf das Recht, Privatklage zu erheben, nicht anfechtbar, SchsZtg. **1958** 89; LG Frankfurt NJW **1959** 1454 = DRsp. IV (465) 30b; a. A. Kubisch NJW **1959** 1935. Die Vergleichsbehörde darf also auch nach erfolgreicher Anfechtung keine Sühnebescheinigung erteilen.

11. Über den **gerichtlichen Vergleich** s. unten 6 zu § 391, über den außergerichtlichen Vergleich 7 zu § 391.

12. Die Frage, ob **Straftaten,** insbesondere Beleidigungen, die **im Sühnetermin** begangen werden, ihrerseits zu bestrafen sind, gehört dem sachlichen Strafrecht an; vgl. darüber Wolfgang Müller, Beleidigungen im Sühnetermin, GoltdA **1961** 162. Abweichend von ihm ist dabei zu unterscheiden, um welchen der Tatbestände der §§ 185 ff. StGB es sich jeweils handelt. Formalbeleidigungen, tätliche Beleidigungen (§§ 185, 192 StGB) und Verleumdungen (§ 187 StGB) sind auch im Sühnetermin Straftaten und weder durch Rechtfertigungs- noch durch Entschuldigungsgründe gedeckt; der Wunsch, sich Luft zu machen, muß beherrscht werden, und der Gesichtspunkt, daß nach solchen Entladungen bisweilen die Vergleichsbereitschaft des Unbeherrschten größer wird, muß zurücktreten. Dagegen wird eine Wiederholung derjenigen Tatsachen, in deren Behauptung der Antragsteller eine üble Nachrede (§ 186 StGB) erblickt, häufig gerade im Sühnetermin der Wahrnehmung berechtigter Interessen (§ 193 StGB) dienen. Man muß sich im Sühnetermin darüber unterhalten können, welche Aussichten ein Wahrheitsbeweis hat; dabei wird es meist gar nicht zu vermeiden sein, daß der Beleidiger seine Behauptungen wiederholt, präzisiert und vielleicht sogar noch erweitert; vgl. den instruktiven Fall OLG Braunschweig GoltdA **1962** 83.

§ 381

Die Erhebung der Klage geschieht zu Protokoll der Geschäftsstelle oder durch Einreichung einer Anklageschrift. Die Klage muß den in § 200 Abs. 1 bezeichneten Erfordernissen entsprechen. Mit der Anklageschrift sind zwei Abschriften einzureichen.

Bezeichnung bis 1924: § 421.

1. Die Klage wird bei dem örtlich zuständigen **Amtsgericht** (§§ 7ff.) erhoben; vgl. oben Anm. 5 zu Buch 5 Abschn. 1.

2. Die **Form** ist entweder

a) **schriftlich.** Es muß erkennbar sein, wer die Klage erhebt. Dazu braucht das Schriftstück nicht unbedingt eigenhändig unterschrieben zu sein. Briefkopf, Diktatzeichen, Unterstempelung (auch mit Faksimilestempel) oder maschinenschriftliche Namensangabe können genügen. – Oder

b) **zu Protokoll der Geschäftsstelle.** Es braucht nicht die Geschäftsstelle des zuständigen Gerichts zu sein, denn das Protokoll genügt auch der Schriftform; erhoben ist die Klage dann aber erst mit dem Eingang beim zuständigen Gericht. Ob der Urkundsbeamte die Verantwortung für die Fassung übernimmt, ist hier (anders als nach § 345 Abs. 2) unerheblich. Von den beiden Abschriften (Satz 3) ist eine für den Beschuldigten bestimmt, vgl. § 382. Die andere ist für die Staatsanwaltschaft gedacht, der nach der alten Fassung des § 382 die Privatklage in jedem Falle mitzuteilen war. Bei Klageerhebung zu Protokoll der Geschäftsstelle läßt das Gericht die Abschriften fertigen.

3. Bezugnahme auf andere Schriftstücke (z. B. auf den Strafantrag) ist zwar nicht zu empfehlen, aber auch nicht schlechthin unzulässig, BayObLG JW **1928** 2278 Nr. 8 mit Anm. von Jonas; dann aber muß eine Abschrift der in bezug genommenen Schriftstücke mit zugestellt werden.

4. Inhalt. Die Privatklage muß das Gericht, den Beschuldigten (keine Privatklage „gegen Unbekannt", v. Hippel JW **1928** 2193; **a. A.** Hofmann GoltdA **76** 16; übrigens ist auch kein Sühneantrag „gegen Unbekannt" zulässig, Keuser SchsZtg. **1958** 165), die verletzte Strafbestimmung und die Beweismittel angeben. Vor allem muß sie „die Tat unter Hervorhebung ihrer gesetzlichen Merkmale" bezeichnen; vgl. dazu BGHSt. **5** 227 = JR **1954** 149 mit Anm. von Görcke. Es muß zweifelsfrei erkennbar sein, in welchem genauen Vorgang die Straftat erblickt wird; darauf kommt es wegen des späteren Umfangs der Rechtskraft an. – Die Klage kann nicht von einer *Bedingung* (z. B. Armenrechtsbewilligung) abhängig gemacht werden (Müller-Sax 2a; **a. A.** LG Frankfurt NJW **1953** 798; LG Köln MDR **1958** 622). Ob eine Straftat rechtshängig ist, muß wegen der großen Bedeutung dieser Frage jederzeit eindeutig feststehen.

5. Auch durch **Bevollmächtigte,** die nicht Rechtsanwälte sind, kann die Klage erhoben werden (Müller-Sax 2a). Die Beschränkung auf Rechtsanwälte (§ 378) gilt nur für die Hauptverhandlung.

6. Über die Sühnebescheinigung vgl. § 380, über den Gerichtskostenvorschuß § 379a.

7. Die ordnungsmäßig erhobene Privatklage ist zugleich eine **Anzeige** im Sinne des § 191 StGB (BayObLGSt. **1960** 310 = NJW **1961** 840).

§ 382

Ist die Klage vorschriftsmäßig erhoben, so teilt das Gericht sie dem Beschuldigten unter Bestimmung einer Frist zur Erklärung mit.

Bezeichnung bis 1924: § 422.

1. „Vorschriftsmäßig erhoben" ist die Klage, wenn sie den §§ 379 bis 381 (in Verbindung mit § 200 Abs. 1) entspricht. Nur dies muß der Richter schon vor der Mitteilung an den Beschuldigten prüfen. Verfahrensvoraussetzungen (zu denen auch die Zulässigkeit der Privatklage gehört), örtliche Zuständigkeit, rechtliche und tatsächliche Begründung der Klage brauchen erst später geprüft zu werden (§ 383). Wenn es jedoch an der Gerichtsbarkeit gegenüber dem Beschuldigten fehlt (GVG §§ 18ff.), oder wenn und soweit der Beschuldigte als Abgeordneter unverfolgbar ist (Grundges. Art. 46; Ausnahme: § 187 StGB), darf ihm die Klage nicht ohne Genehmigung des Parlaments (die der Privatkläger selbst zu beschaffen hat, RiStBV Nr. 200 Abs. 7) mitgeteilt werden, jedenfalls nicht „zur Erklärung"; denn damit würde Gerichtsbarkeit ausgeübt und der Beschuldigte „zur Verantwortung gezogen". In diesen Fällen ist die Privatklage also sofort zurückzuweisen; gegen den Beschluß ist die sofortige, nicht die einfache Beschwerde gegeben, Müller-Sax 2c. Zustellung einer nicht vorschriftsmäßig erhobenen Privatklage kann eine Amtshaftung auslösen (LG Lüneburg NJW 1961 2349).

2. **Mängel der Klageschrift.** Ist die Klage *nicht* vorschriftsmäßig erhoben, so ist zu prüfen, ob der Mangel behoben werden kann oder nicht. Im ersteren Fall ist dem Kläger eine Frist zur Behebung des Mangels (Beibringung der Sühnebescheinigung, der Genehmigung des Parlaments, Sicherheitsleistung, Zahlung des Gebührenvorschusses, Nachholung fehlender Angaben) zu setzen. Läuft die Frist fruchtlos ab oder ist der Mangel seiner Art nach nicht behebbar (das gilt insbesondere von der Erhebung durch einen anderen oder im Namen eines anderen als des Privatklageberechtigten, z. B. durch den gesetzlichen Vertreter in dessen eigenem Namen, Dürwanger 280f.), so wird die Klage durch Beschluß zurückgewiesen. Dagegen ist die einfache Beschwerde gegeben (§ 304); nur wenn der Beschluß wegen Nichtzahlung des Gebührenvorschusses ergeht, ist er mit sofortiger Beschwerde anzufechten (§ 379a Abs. 3 Satz 2).

3. **Zurückweisung.** Die Klage kann auch dann ohne ihre Mitteilung an den Beschuldigten zurückgewiesen werden, wenn ihrer Zulässigkeit oder ihrer Begründetheit ein anderer, nicht behebbarer Grund entgegensteht (Dürwanger 198ff.; EbSchmidt 3). Fehlt es z. B. am Strafantrag und ist die Frist für ihn verstrichen, ist die Klage vom Falschen oder gegen den Falschen, von einem Prozeßunfähigen oder gegen einen Prozeßunfähigen, etwa auch gegen einen Jugendlichen erhoben, oder ist die behauptete Tat nicht strafbar, so ist nicht einzusehen, warum die Klage erst dem Beschuldigten mitgeteilt werden soll. Damit würde das Gericht zwecklos den Streit schüren. Es ist auch nicht etwa der Sinn des § 382, dem Beschuldigten Gelegenheit zu Erklärungen zu geben, die sich gegen ihn selbst richten. Solche unheilbar fehlerhaften Klagen können daher auch ohne ihre Mitteilung an den Beschuldigten zurückgewiesen werden (nur das Hauptverfahren darf unter keinen Umständen ohne Mitteilung eröffnet werden). Dabei handelt es sich aber gleichwohl um einen Beschluß nach § 383 Abs. 1; er ist also nicht gemäß § 304 mit der einfachen, sondern gemäß § 384 Abs. 1 in Verbindung mit § 210 Abs. 2 nur mit der sofortigen Beschwerde anfechtbar (a. A. EbSchmidt 3). Auch verbraucht ein solcher Beschluß die Strafklage.

Ist die behauptete Tat nach Ansicht des Richters kein Privatklage-, sondern ein *Offizialdelikt*, so wird er die Sache nach § 377 Abs. 1 Satz 2 der Staatsanwaltschaft vorlegen. Erscheint dies nicht angebracht (vgl. Dürwanger 300) oder lehnt der Staatsanwalt die Übernahme ab, so wird die Privatklage zurückgewiesen. Steht das behauptete Privatklagedelikt in Tateinheit mit einem Offizialdelikt, so kann die Sache ebenfalls ohne Mitteilung an den Beschuldigten der Staatsanwaltschaft vorgelegt werden. Lehnt diese die Übernahme ab, so wird es sich im allgemeinen nicht empfehlen, die Privatklage schon jetzt mit der Begründung zurückzuweisen, daß Tateinheit mit einem Offizialdelikt vorliege (Dürwanger 300ff.). Vielmehr werden derartige Meinungsverschiedenheiten meist auf einer tatsächlichen Ungewißheit beruhen, der oft gerade durch die vorgeschriebene Anhörung des Beschuldigten abgeholfen werden kann.

4. Mit der Mitteilungspflicht weicht die Regelung des Privatklageverfahrens von der allgemeinen Vorschrift des § 201 Abs. 3 ab. Das hat seinen guten Sinn darin, daß dort eine unbefangene Behörde, hier dagegen der Verletzte Klage erhebt. Die Motive (221) gingen davon aus, daß nicht selten die Erklärung des Beschuldigten genügen werde, um die Unzulässigkeit oder Grundlosigkeit der Klage darzutun.

5. Die Mitteilung kann, wenn die Voraussetzungen des § 145a vorliegen, an den Verteidiger des Beschuldigten gerichtet werden (Kl 2).

§ 383

(1) Nach Eingang der Erklärung des Beschuldigten oder Ablauf der Frist entscheidet das Gericht darüber, ob das Hauptverfahren zu eröffnen oder die Klage zurückzuweisen ist,

nach Maßgabe der Vorschriften, die bei einer von der Staatsanwaltschaft unmittelbar erhobenen Anklage anzuwenden sind. In dem Beschluß, durch den das Hauptverfahren eröffnet wird, bezeichnet das Gericht den Angeklagten und die Tat gemäß § 200 Abs. 1 Satz 1.

(2) Ist die Schuld des Täters gering, so kann das Gericht das Verfahren einstellen. Die Einstellung ist auch noch in der Hauptverhandlung zulässig. Der Beschluß kann mit sofortiger Beschwerde angefochten werden.

Bezeichnung bis 1924: § 423.

Übersicht

1. Die Bestimmungen, auf die Abs. 1 verweist, sind die §§ 198ff. Im Privatklageverfahren ergeben sich bei ihrer Anwendung einige Besonderheiten. Zuständig für die Entscheidung über die **Eröffnung** des Hauptverfahrens oder die Nichteröffnung (hier Zurückweisung der Privatklage genannt) ist der Amtsrichter (§ 199 Abs. 1). Eine Voruntersuchung (§ 199) kann weder stattgefunden haben noch kann der Amtsrichter sie selbst beschließen (§ 202 Abs. 2) noch kann er einen Beschluß des Landgerichts über ihre Eröffnung herbeiführen; sie ist vielmehr unzulässig (EbSchmidt 6; Müller-Sax 2; **a. A.** Dürwanger S. 317 337, der sich aber nicht damit auseinandersetzt, daß § 178 Abs. 2 eine Voruntersuchung für Einzelrichtersachen ganz allgemein nicht kennt). Über einzelne Beweiserhebungen vgl. unten Nr. 4. Untersuchungshaft (§ 207 Abs. 2) kann nicht angeordnet werden (vgl. zu § 387). Ein beschleunigtes Verfahren (§§ 212–212b) findet in Privatklagesachen nicht statt; der nach § 212 hierzu erforderliche Antrag der Staatsanwaltschaft kann nicht durch einen Antrag des Privatklägers ersetzt werden (Dürwanger S. 481)

2. Das Gesetz schreibt nicht vor, die etwaige Erklärung des Beschuldigten dem Privatkläger zuzustellen. Ein derartiger **Schriftsatzwechsel** entspräche keineswegs dem Geist des Strafverfahrensrechts. Er wäre gerade im Privatklageverfahren auch sehr unzweckmäßig, weil er die ohnehin leicht auftretende Neigung dieses Verfahrens begünstigen würde, sich auf weitere, nicht zum Gegenstand der Klage gehörende Vorgänge auszudehnen. Vielmehr wird es sich gewöhnlich empfehlen, nach Eingang der Erklärung oder Fristablauf *rasch* über die Eröffnung zu entscheiden. Kommt es zu einem Schriftsatzwechsel, so darf nichts, was einer Partei nicht mitgeteilt worden ist, zu ihren Ungunsten berücksichtigt werden, BayVerfGH Rpfleger **1961** 147.

3. **Gegenstände der Prüfung**

a) Das Vorliegen der **allgemeinen Verfahrensvoraussetzungen** und das Fehlen von Verfahrenshindernissen, also u. a. Gerichtsbarkeit, Prozeßfähigkeit des Beschuldigten, örtliche Zuständigkeit, Strafantrag (soweit erforderlich), Rechtskraft (z. B. Vorliegen eines Nichteröffnungsbeschlusses gemäß § 204; OLG Köln NJW **1952** 1152), anderweitige Rechtshängigkeit, Verjährung usw. Ist der Beschuldigte Abgeordneter, so muß der Privatkläger die Genehmigung des Bundestags (Landtags, Abgeordnetenhauses usw.) selbst beschaffen und dem Gericht beibringen, RiStBV Nr. 200 Abs. 7.

b) Das Vorliegen der besonderen **förmlichen Voraussetzungen eines Privatklageverfahrens:** Prozeßfähigkeit und Klageberechtigung des Privatklägers, Sühnebescheinigung (soweit nach § 380 erforderlich), Wahrung der in §§ 379–382 vorgeschriebenen Formen sowie

c) Die **sachlichen Voraussetzungen des Privatklageverfahrens**, d. h. die Frage, ob es sich um ein (reines) Privatklagedelikt handelt. Diese Frage kann aus tatsächlichen Gründen zweifelhaft sein. Auszugehen ist zunächst von der Sachdarstellung der Anklageschrift (RGSt. 9 327). Ist der darin vorgetragene Sachverhalt entweder überhaupt nicht strafbar oder kein Privatklagevergehen oder enthält er ein Privatklagevergehen nur in Tateinheit mit einem (verfolgbaren) Offizialdelikt, so fehlt es ohne weiteres an dieser Zulässigkeitsvoraussetzung. Behauptet der Privatkläger einen Hergang, der ein (reines) Privatklagevergehen enthalten würde, hat aber der Richter Bedenken gegen die Richtigkeit dieser Darstellung, so ist das eine Frage des „hinreichenden Verdachts" im Sinne des § 203. Das gilt z. B. auch dann, wenn der Richter damit rechnet, das Privatklageverfahren stehe (anders als der Privatkläger vorträgt) in Tateinheit mit einem Offizialdelikt. Die entscheidende Frage ist dann, ob diese Annahme so nahe liegt, daß der Beschuldigte eines *reinen* Privatklagevergehens nicht mehr „hinreichend verdächtig" ist. Darüber sogleich; vgl. auch BayObLGSt. **1953** 260; ferner oben 3, 4, zu § 374.

d) Den hinreichenden **Tatverdacht**. § 203 kann hier nur entsprechend angewendet werden, weil weder eine Voruntersuchung stattgefunden hat noch Ergebnisse eines vorbereitenden Verfahrens vorliegen (über einzelne Beweiserhebungen des Amtsrichters vgl. unten Nr. 4). An deren Stelle treten die Angaben der Privatklage. Ob sie glaubwürdig sind, wird in aller Regel erst die Hauptverhandlung ergeben können. Ausnahmen kommen jedoch vor. Der im Schrifttum bisweilen erörterte Fall, daß überhaupt keine Beweismittel angegeben sind, ist nicht wohl denkbar; zum mindesten wird der Privatkläger selbst bereit sein, die Richtigkeit des Klagevortrages zu bestätigen.

4. Der Richter kann, ehe er über die Eröffnung des Hauptverfahrens entscheidet, **einzelne Beweiserhebungen** gemäß § 202 Abs. 1 anordnen (RiStBV Nr. 171), und zwar entweder auf Antrag einer der Parteien oder auch von Amts wegen. Das kann bisweilen dann zweckmäßig sein, wenn der Verdacht eines Offizialdelikts nahe liegt. Zulässig sind Beweiserhebungen aller Art, auch z. B. die Vernehmung des Beschuldigten (in Abwesenheit des Privatklägers, §§ 169, 192 Abs. 2) oder des Privatklägers (wobei der Beschuldigte in den Grenzen des § 193 zu benachrichtigen ist und zugegen sein darf); ferner die Vernehmung von Zeugen (durch den Richter selbst — dann gilt auch hier § 193 —, durch die Geschäftsstelle oder durch die Polizei) oder Sachverständigen, Augenschein und die Heranziehung von Urkunden, insbesondere von Akten. Daß solche Beweiserhebungen sich im allgemeinen ebensowenig empfehlen wie die Herbeiführung eines Schriftsatzwechsels (oben Nr. 2) zwischen den Parteien, legt Dürwanger S. 213 auf Grund praktischer Erfahrungen überzeugend dar. Zur Frage der Parteiöffentlichkeit bei solchen Beweiserhebungen Trommer DJ **1939** 1137; Bertermann DJ **1939** 1310; BayVerfGH NJW **1962** 531. Über die Berücksichtigung offenkundiger Tatsachen BVerfGE **12** 110.

5. Der Richter erläßt einen **Beschluß**, mit dem er entweder das Hauptverfahren eröffnet oder die Privatklage zurückweist.

a) **Eröffnung**. Der Inhalt des Eröffnungsbeschlusses ergibt sich aus Abs. 1 Satz 2, der durch das StPÄG eingefügt wurde und der Änderung des § 207 durch jenes Gesetz Rechnung trägt. Es handelt sich bei dem Beschluß gleichzeitig um die Formulierung des Anklagesatzes, wie sie im Offizialverfahren der Staatsanwalt vornehmen würde, und um die Zulassung der Privatklage zur Hauptverhandlung. Das letztere sollte in dem Beschluß am Anfang deutlich zum Ausdruck gebracht werden (Kl 2 A). Wegen der Verlesung des Beschlusses in der Hauptverhandlung vgl. § 384 Abs. 2 i. V. m. § 243 Abs. 3: Verlesung durch den Amtsrichter an dem Punkt der Hauptverhandlung, an dem im Offizialverfahren der Staatsanwalt den Anklagesatz verliest. Erst mit dem Eröffnungsbeschluß wird die Sache rechtshängig; vorher steht die Privatklage also weder einer anderen Privatklage noch auch einer öffentlichen Klage entgegen. Der Angeklagte kann den Eröffnungsbeschluß nicht anfechten, § 210 Abs. 1.

b) Die **Zurückweisung** der Privatklage ist der Sache nach dasselbe wie ein Nichteröffnungsbeschluß nach § 204 (Beling S. 451; BayObLG RReg. 3 St. 180/55 vom 10. 1. 1956).

Der Beschluß ist also gemäß dieser Vorschrift zu begründen. Im Gegensatz zum Nichteröffnungsbeschluß muß aber der Zurückweisungsbeschluß eine Kostenentscheidung enthalten, und zwar muß er die Kosten einschließlich der notwendigen Auslagen des Beschuldigten dem Privatkläger auferlegen; vgl. § 471.

6. **Rechtsmittel** gegen den Eröffnungsbeschluß stehen dem Beschuldigten nicht zu (vgl. oben Nr. 5a). Der Privatkläger kann den Eröffnungsbeschluß mangels einer Beschwer nicht anfechten. Auch der Staatsanwalt hat kein Rechtsmittel; will er geltend machen, daß es sich um ein Offizialdelikt handle, so übernimmt er die Verfolgung gemäß § 377 Abs. 2 Satz 1.

Gegen *die Zurückweisung* der Privatklage hat der Privatkläger nach § 390 Abs. 1 Satz 1, § 210 Abs. 2 die sofortige (nicht die einfache, RG 3 C 212/42n [3 StS 18/43] vom 11. 2. 1943) Beschwerde (Kl 2 C). Dabei kommt es weder auf den Grund der Zurückweisung noch darauf an, ob die Privatklage dem Beschuldigten nach § 382 mitgeteilt worden war. Müller-Sax 2b zu § 382 wollen gegen die Zurückweisung einer nicht vorschriftsmäßig (im Sinne des § 382) erhobenen Privatklage die einfache Beschwerde gemäß § 304, nicht die sofortige Beschwerde geben, weil ein solcher Beschluß nicht nach § 383 Abs. 1 ergehe. Das bringt jedoch eine vermeidbare Unsicherheit in das Verfahren. Das Gesetz spricht von einer „Zurückweisung" nur in § 383 Abs. 1 und macht hier keinerlei Unterschiede je nach der Begründung, mit der zurückgewiesen wird. Auch die Vorschrift, auf die § 383 Abs. 1 verweist, nämlich § 210 Abs. 2, macht einen solchen Unterschied nicht. Der entsprechende Fall wäre eine Ablehnung der Eröffnung gemäß § 204, die das Gericht damit begründet, daß die Anklageschrift nicht formgerecht sei (so etwas kommt vor, vgl. BGH NJW **1954** 360 = JR **1954** 149 mit Anm. von Görcke = LM Nr. 1 zu § 200 StPO). Es ist nicht einzusehen und auch dem § 210 Abs. 2 nicht zu entnehmen, daß der Staatsanwaltschaft in einem solchen Falle statt der sofortigen die einfache Beschwerde zustehen sollte. Gleiches gilt für das Privatklageverfahren.

7. Rechtskräftige Zurückweisung wegen mangelnden Tatverdachts oder aus Gründen des sachlichen Rechts hat nach § 211 zur Folge, daß eine neue Privatklage oder öffentliche Klage nur auf Grund neuer Tatsachen oder Beweismittel erhoben werden kann. Ist dagegen die Privatklage aus dem Grunde zurückgewiesen worden, daß es sich um ein Offizialdelikt handle, so gibt das Gericht die Sache nach Rechtskraft des Beschlusses (ähnlich im Falle des § 389 Abs. 2) an die Staatsanwaltschaft ab. Beruht schließlich die Zurückweisung auf anderen verfahrensrechtlichen Gründen, so hängt die Tragweite der Rechtskraft davon ab, ob endgültige oder behebbare Hindernisse angenommen worden sind. Im zweiten Fall ist die Strafklage nicht verbraucht (Müller-Sax 2b zu § 382; auch die Gründe – nicht die Entscheidung – OLG Braunschweig GoltdA **1953** 55).

8. Alles Gesagte gilt auch für die **Widerklage**. Auch über sie muß gemäß § 383 Abs. 1 durch Beschluß entschieden werden; insbesondere ist auch für sie ein ausdrücklicher Eröffnungsbeschluß nötig (so mit Recht LG Duisburg MDR **1953** 633; Dürwanger S. 388ff.; a. A. Müller-Sax 4b bb zu § 388; BayObLG NJW **1958** 1149; OLG Hamburg NJW **1956** 1890; Kl 5 zu § 388). Liegt zur Zeit des Beschlusses über die Privatklage schon die Widerklage vor, so wird zweckmäßig über beide gleichzeitig beschlossen. Vorgeschrieben ist das nicht; nach § 388 Abs. 3 ist über Klage und Widerklage nur gleichzeitig zu erkennen (wenn nämlich überhaupt über beide zu erkennen ist und nicht eine von ihnen schon durch Beschluß zurückgewiesen wird), aber nicht unbedingt gleichzeitig zu beschließen. Vgl. im einzelnen die Erläuterungen zu § 388.

9. **Einstellung wegen Geringfügigkeit**

a) **Allgemeines.** Abs. 2 ist aus § 7 der NotVO vom 6. 10. 1931 (RGBl. I S. 537) Teil VI Kap. I hervorgegangen. Dieser § 7 hat in der französischen Besatzungszone bis zum Inkrafttreten des Vereinheitlichungsgesetzes vom 12. 9. 1950 weitergegolten; in der britischen und in der amerikanischen Besatzungszone ist sein unveränderter Wortlaut als § 383a in das Gesetz eingefügt worden (zu der Entstehungsgeschichte und zur Kritik vgl. Niethammer JZ **1952** 297). Die frühere Rechtsprechung und das frühere Schrifttum können nur verwendet werden, wenn man die Verschiedenheiten des Wortlauts beachtet. Deshalb wird hier die Fassung des alten § 7 (§ 383a) angegeben:

„Sind bei einem im Weg der Privatklage verfolgten Vergehen die Schuld des Täters gering und die Folgen der Tat unbedeutend, so kann das Gericht von Erhebung der Privatklage an bis zur Verkündung des Urteils erster Instanz und, soweit zulässige Berufung eingelegt ist, bis zur Verkündung des Urteils zweiter Instanz das Verfahren durch Beschluß einstellen. Zur Einstellung des Verfahrens bedarf es weder der Zustimmung des Staatsanwalts noch der des Privatklägers noch der des Beschuldigten.

Wird das Verfahren nach Abs. 1 eingestellt, so kann das Gericht die in dem Verfahren entstandenen Auslagen sowie die dem Privatkläger und dem Beschuldigten erwachsenen notwendigen Auslagen angemessen verteilen oder dem Beschuldigten ganz oder teilweise auferlegen. Eine Gebühr wird nicht erhoben. Die Einstellung nach Abs. 1 kann auch erfolgen, bevor der vom Privatkläger zu zahlende Gebührenvorschuß eingezahlt ist.

Gegen die Einstellung des Verfahrens findet sofortige Beschwerde statt".

Zu den Änderungen des Vereinheitlichungsgesetzes gehören auch § 390 Abs. 5 (wegen der Rechtsmittel) und der alte § 471 Abs. 3 Nr. 2 (wegen der Kosten); das ist bei der Benutzung der alten Rechtsprechung ebenfalls zu beachten. Schließlich ist (insbesondere gegenüber Niethammer aaO.) darauf hinzuweisen, daß inzwischen das 3. Strafrechtsänderungsgesetz auch das Klageerzwingungsverfahren sowohl in Privatklagesachen als auch gegenüber Einstellungen gemäß § 153 Abs. 2 beseitigt hat, vgl. § 172 Abs. 2 Satz 3.

b) **Voraussetzungen** der Einstellung. Ob die Schuld des Täters gering ist, ist im Grund keine verfahrensrechtliche, sondern eine sachrechtliche Frage. Sie ist in Privatklagesachen grundsätzlich nicht anders zu beurteilen als nach § 153; vgl. jedoch die wertvollen Ausführungen von Dürwanger S. 324ff.

Geringe Schuld ist immerhin Schuld. Ist der Sachverhalt, so wie der Privatkläger ihn dem Beschuldigten vorwirft, aus Rechtsgründen nicht strafbar (etwa wegen Mangels am Tatbestand, wegen Notwehr, wegen Wahrnehmung berechtigter Interessen), so kann das Verfahren nicht wegen Geringfügigkeit eingestellt, vielmehr muß dann die Privatklage nach Abs. 1 zurückgewiesen werden. Gleiches gilt, wenn es (etwa nach den inzwischen angestellten einzelnen Beweiserhebungen) am hinreichenden Tatverdacht fehlt. Auch hier geht die Zurückweisung nach Abs. 1 der Einstellung nach Abs. 2 vor. Ist die Hauptverhandlung schon durchgeführt und hat sich eine strafbare Handlung nicht nachweisen lassen, so muß freigesprochen und darf nicht eingestellt werden: OLG Düsseldorf HESt. 1 218 = DRsp. IV (464) 9f.

Jedoch setzt die Einstellung wegen Geringfügigkeit nicht voraus, daß eine Schuld schon erwiesen wäre (a. A. EbSchmidt 12 sowie Nachtrag 12; Niese SJZ **1950** 892). Die Frage, ob sie erwiesen ist, kann nach dem Aufbau des Strafverfahrens überhaupt erst am Ende der Hauptverhandlung gestellt werden; vorher darf für den Richter nichts erwiesen sein (BGHSt. **4** 267), nicht einmal bei einem Geständnis. Es handelt sich um eine vorläufige Prüfung von Verdachtsgründen. Dabei dürfen auch eidesstattliche Versicherungen von Zeugen (nicht des Privatklägers und nicht des Beschuldigten) berücksichtigt werden, RGSt. 58 149 und DR **1943** 894. Wollte man für die Einstellung erwiesene Schuld fordern, so wäre sie immer erst nach durchgeführter Hauptverhandlung möglich. Das ist natürlich nicht der Sinn des Abs. 2, ebenso wie es nicht der Sinn des § 153 ist. Die Frage nach der Geringfügigkeit ist also in der Weise zu stellen, daß der Sachverhalt unterstellt wird, dessen der Beschuldigte hinreichend verdächtig ist; BayObLG JW **1932** 518 Nr. 1; OLG Stuttgart JW **1935** 1257 Nr. 14; OLG Düsseldorf HESt. **1** 218. Es kann deshalb und wird häufig so sein, daß der hinreichende Tatverdacht zwar vorliegt, aber in geringerem Umfange als der Privatkläger behauptet; und daß der Rest (soweit nämlich der Verdacht in tatsächlicher Beziehung „hinreichend" ist) als geringfügig im Sinne des Abs. 2 erscheint. Dann ist mit dieser Begründung nach Abs. 2 einzustellen. Daß diese Einstellung zum Teil auch auf Mangel an hinreichendem Verdacht beruht, verschlägt nichts; um so weniger, als gegen die Einstellung nach Abs. 2 ebenso die sofortige Beschwerde gegeben ist wie gegen die Zurückweisung nach Abs. 1.

Das Gericht bedarf zur Einstellung niemandes Zustimmung (anders als nach § 153 Abs. 3). Die Staatsanwaltschaft ist nicht beteiligt. Zustimmung des Privatklägers ist nicht erforderlich, sonst gäbe es keine Einstellung. Aber auch der Beschuldigte braucht nicht zuzustimmen. Abs. 2 mutet ihm (ebenso wie § 153) zu, sich bei dem Bestehenbleiben des Verdachts einer geringen Schuld zu beruhigen. Dies bedeutet aber noch nicht, daß die Parteien nicht anzuhören wären. Daß der *Privatkläger* angehört werden muß, ergibt sich aus § 385 Abs. 1 Satz 1 i. V. m. § 33 Abs. 3[1]. Einer Anhörung des *Beschuldigten* bedarf es jedenfalls dann, wenn die Entscheidung ihn rechtlich beschwert. Das ist immer dann der Fall, wenn er die Kosten zu tragen hat, also auch schon dann, wenn die ihm entstandenen notwendigen Auslagen nicht dem Privatkläger auferlegt werden. Solche notwendigen Auslagen werden aber oft dann nicht haben entstehen können, wenn ihm die Privatklage noch gar nicht mitgeteilt worden war. Deshalb ist die Einstellung grundsätzlich auch schon vor Mitteilung der Privatklage gemäß § 382 zulässig (**a. A.** Müller-Sax 4c).

c) Beschluß. Die Entscheidung, die das Verfahren wegen Geringfügigkeit einstellt, ist ein Beschluß (EbSchmidt 14). Das ist sie auch dann, wenn das Gericht sie (etwa nach durchgeführter Hauptverhandlung) irrtümlich in die äußere Gestalt eines Urteils kleidet. Wird in einem Urteil nur wegen eines Teiles des gesamten Klagegegenstandes freigesprochen oder verurteilt, ein anderer Teil aber wegen Geringfügigkeit eingestellt, so ist auch dieser einstellende Teil rechtlich ein Beschluß. Die Einstellung kann auch in dieser Gestalt weder mit der Berufung noch mit der Revision, sondern nur mit der sofortigen Beschwerde angefochten werden, soweit diese nämlich überhaupt zulässig ist[2]. Der Beschluß kann in jeder Lage des Verfahrens (zweckmäßig aber nicht gleichzeitig mit der Versagung des Armenrechts, vgl. 4c zu § 379 und LG Frankfurt NJW **1953** 798) und von jedem mit der Sache befaßten Gericht erlassen werden, vom Eingang der Privatklage (vgl. oben b) bis zur rechtskräftigen Erledigung der Sache. Daß er auch dem Berufungsgericht zusteht, sagt § 390 Abs. 5 ausdrücklich. Aber auch das Revisionsgericht kann noch nach Abs. 2 einstellen. Insoweit rechtfertigt § 390 Abs. 5, der nur vom Berufungsgericht spricht, keinen Gegenschluß. Es ist nicht einzusehen, warum das Revisionsgericht, das sogar ein Amtsverfahren wegen Geringfügigkeit einstellen kann (§ 153 Abs. 3: „in jeder Lage"), dies bei einem Privatklageverfahren nicht können sollte (Müller-Sax 4c; OLG Neustadt MDR **1957** 568). Schließlich kann auch das Beschwerdegericht einstellen, das mit der Sache befaßt wird, wenn der Privatkläger die nach Abs. 1 ausgesprochene Zurückweisung der Privatklage anficht, allgemeine Ansicht[3]. Dagegen darf das Beschwerdegericht nicht einstellen, wenn der Privatkläger es nur gegen die Versagung des Armenrechts angerufen hatte, BayObLGSt. **1957** 40; gegen eine solche Einstellung gewährt BayObLG aaO. mit überzeugenden Gründen die sofortige Beschwerde nach Abs. 2 Satz 3.

Der Einstellungsbeschluß muß auch über die *Kosten* entscheiden (§ 464 Abs. 1), wobei § 471 Abs. 3 (Nr. 2) das Gericht sehr frei stellt. Daß keine Gerichtsgebühr entsteht (GKG § 78 Abs. 3), ändert an der Notwendigkeit einer Kostenentscheidung nichts; denn es gibt Gerichtskosten außer der Gebühr und außergerichtliche Kosten.

Entschließt sich das Gericht, das Verfahren *nicht einzustellen*, so bedarf es keines besonderen Beschlusses, auch dann nicht, wenn der Beschuldigte die Einstellung ausdrücklich beantragt hatte. Ein solcher Antrag kann auch dadurch erledigt werden, daß der Richter einfach das Verfahren fortsetzt: das Hauptverfahren eröffnet, Termin bestimmt, das Urteil erläßt. Ergeht aber ein ausdrücklicher „Beschluß" dahin, daß die Einstellung des Verfahrens abgelehnt, das Verfahren nicht eingestellt werde, so ist er nach § 305 weder anfechtbar (Müller-Sax 5a), noch hat er irgendwelche Rechtskraftwirkungen; der Richter kann es sich jederzeit anders überlegen und das Verfahren dennoch einstellen.

[1] Ebenso Kl 3; Müller-Sax 4b; OLG Düsseldorf JMBlNW **1951** 186 = DRsp. IV (464) 47b; **a. A.** OLG Hamm JMBlNW **1951** 267 = MDR **1952** 248 = JZ **1952** 310 [dazu Niethammer aaO. 297] sowie Sarstedt in der Vorauflage, der aber immerhin der zweiten Instanz rät, sie täte gut daran, den Privatkläger vor einer Einstellung zu hören, „um sich nicht einer Verfassungsbeschwerde wegen Verletzung des rechtlichen Gehörs auszusetzen; vgl. BVerfGE 8 89; 12 110; BayVerfGH Rpfl. **1961** 147".

[2] OLG Stuttgart JW **1939** 151 Nr. 10; BayObLGSt. **1949/51** 302 = JZ **1951** 345 (hier nur Leitsatz); OLG Hamm JMBlNW **1951** 185 = DRsp. IV (464) 46e; KG JR **1956** 351 = DRsp. IV (465) 17d. OLG Düsseldorf MDR **1962** 327. A. A. BayObLG NJW **1962** 176 (Vertagungsbeschluß) und dem folgend BGHSt. **17** 195 = NJW **1962** 1069 = MDR **1962** 588 = DRsp. IV (465) 38b = LM Nr. 1 zu § 383 (mit Anm. von Kohlhaas).

[3] OLG Neustadt JZ **1952** 310; BayObLGSt. **1952** 94; OLG Hamburg NJW **1953** 1933; OLG Schleswig SchlHAnz. **1953** 103; Müller-Sax 4c; Schwarz 3 C, Erbs V mit älterer Rechtsprechung; Niethammer JZ **1952** 297.

d) **Rechtsmittel** (vgl. Kempfler: Anfechtung des Einstellungsbeschlusses im Privatklageverfahren, NJW **1962** 475[4]): Der *Privatkläger* kann die Einstellung ohne Rücksicht auf ihre äußere Form (vgl. oben c) mit der sofortigen Beschwerde anfechten, aber nur dann, wenn der Amtsrichter sie ausgesprochen hat. Spricht das Berufungsgericht sie aus, so ist sie nach § 390 Abs. 5 unanfechtbar, und zwar ebenfalls ohne Rücksicht auf ihre äußere Form; also auch dann, wenn sie in die Gestalt eines Berufungsurteils gekleidet ist[5]. Ebenso ist die Einstellung unanfechtbar, wenn das Landgericht sie als Beschwerdegericht ausgesprochen hat[6]. Ausnahmsweise ist die sofortige Beschwerde gegen einen Einstellungsbeschluß des Beschwerdegerichts dann zulässig, wenn das Beschwerdegericht nur wegen Versagung des Armenrechts angerufen worden war. BayObLGSt. **1957** 40. Das Rechtsmittel wird aber nicht dadurch eröffnet, daß das Beschwerdegericht ohne Anhörung des Gegners entschieden hat, OLG Braunschweig NdsRpfl. **1958** 167 unter Aufgabe von JZ **1953** 640.

Der *Staatsanwalt* kann ebenfalls die sofortige Beschwerde einlegen, soweit sie für den Privatkläger gegeben sein würde. Darin liegt gemäß § 377 Abs. 2 Satz 2 die Übernahme der Verfolgung.

Der *Beschuldigte* kann (ebenfalls nur gegen Einstellungsbeschlüsse des Amtsrichters) sofortige Beschwerde einlegen, soweit er beschwert ist. Eine Beschwer für ihn kann in der Kostenentscheidung liegen: sie kann nicht nur darin bestehen, daß ihm irgendwelche Kosten auferlegt worden sind, sondern auch darin, daß seine notwendigen Auslagen nicht in vollem Umfange dem Privatkläger auferlegt worden sind. Dagegen beschwert ihn die Einstellung für sich nicht. Sie wirkt rechtskräftig zu seinen Gunsten wie eine Einstellung gemäß § 153 (vgl. dort Anm. 15b) und kann wie diese vom Beschuldigten nicht angefochten werden (a. A. Niese SJZ **1950** 892; EbSchmidt 15). Es trifft nicht zu, daß mit dem Einstellungsbeschluß „einem (möglicherweise) Unschuldigen bescheinigt wird, seine Schuld sei gering" oder daß ihm „vom Gericht mit Rechtskraftwirkung gesagt wird, er habe die Tat begangen, es sei bloß nicht so schlimm" (wie Niese aaO. meint). Vielmehr bedeutet die Einstellung nur, daß die Schuld, *wenn* sie überhaupt vorliegen sollte, als gering anzusehen sein würde; daß das jedenfalls gewiß ist, obwohl die Schuld selbst nicht feststeht. Und nur das wird rechtskräftig, nicht etwa die (rein hypothetische) Annahme der Schuld. Meynert MDR **1973** 7 sieht eine Beschwer des Beschuldigten darin, daß ihm durch die Einstellung der Verdacht bescheinigt wird, und will ihm deshalb die sofortige Beschwerde zuerkennen.

Die sofortige Beschwerde kann auf die Kostenentscheidung beschränkt werden, § 464 Abs. 3. Es gilt § 471 Abs. 2 und Abs. 3 Nr. 2. — Die Tätigkeit des Rechtsanwalts im Beschwerdeverfahren nach Abs. 2 gehört gebührenrechtlich zur ersten Instanz, LG Lübeck NJW **1952** 399; LG Bielefeld MDR **1953** 757 mit zust. Anm. von Dahs.

Die *Wiederaufnahme* eines durch Beschluß eingestellten Privatklageverfahrens ist nicht zulässig, OLG Bremen NJW **1959** 353; die von OLG Neustadt NJW **1961** 2363 vertretene Gegenmeinung erscheint gar zu perfektionistisch. BayObLGSt. **1955** 47, auf das sich OLG Neustadt aaO. beruft, betraf einen anderen Fall.

e) Auch für die **Widerklage** gilt Abs. 2. Kl 7, Müller-Sax 6 und EbSchmidt 16 meinen, gleichzeitig (mit der Entscheidung über die Einstellung der Widerklage) müsse auch über die Privatklage entschieden werden. Das ergebe sich aus § 388 Abs. 3. Die Entscheidungen brauchten aber nicht inhaltlich gleich zu sein. Richtig ist, daß es im allgemeinen äußerst unzweckmäßig sein wird, das Widerklageverfahren einzustellen und das Privatklageverfahren fortzusetzen oder umgekehrt. Aber davon kann es Ausnahmen geben, und an ihrer verfahrensrechtlichen Zulässigkeit sollte nicht gezweifelt werden; vgl. auch Parsch NJW **1958** 1548. § 388 Abs. 3 bezieht sich nur auf Urteile („gleichzeitig zu *erkennen*", wenn nämlich überhaupt zu erkennen und nicht zu beschließen ist). Gleichzeitigkeit des Urteils über die Klage und des Beschlusses über die Einstellung der Widerklage (oder umge-

---

[4] Vgl. ferner Meynert: Sofortige Beschwerde des Privatbeklagten gegen Einstellung wegen Geringfügigkeit, MDR **1973** 7.

[5] Herrschende Meinung: Kl 4; Müller-Sax 7b zu § 390; BayObLGSt. **1949/51** 302 = JZ **1951** 345; OLG Hamm JMBlNW **1951** 185; OLG Celle MDR **1956** 759.

[6] Kl 4; Müller-Sax 4d; Niethammer JZ **1952** 297; OLG Neustadt JZ **1952** 310 und NJW **1957** 1082; BayObLGSt. **1952** 94; OLG Hamburg NJW **1953** 1933; OLG Schleswig SchlHAnz. **1953** 103.

kehrt) ist nicht möglich. Selbst wenn man davon absieht, daß Urteil und Beschluß nicht genau „gleichzeitig“, sondern nur nacheinander verkündet werden können, so wird selbst die erreichbare Gleichzeitigkeit dann im Rechtsmittelverfahren aufgehoben. Sie geht verloren, wenn eine der beiden Entscheidungen rechtskräftig wird, während die andere angefochten wird. Sie geht aber auch dann zwangsläufig verloren, wenn das Urteil mit der Berufung, der Beschluß mit der sofortigen Beschwerde angefochten wird. Denn über die Berufung hat die kleine Strafkammer zu entscheiden, die mit einem Richter und zwei Schöffen besetzt ist; über die sofortige Beschwerde dagegen die Beschlußstrafkammer, die mit drei Richtern besetzt ist. Hier verlöre die Gleichzeitigkeit (wenngleich sie theoretisch denkbar bleibt) ihren Sinn, der nur darin bestehen kann, daß über das Zusammenhängende einheitlich erkannt werden soll. Und nach der Entscheidung zweiter Instanz ist sie vollends unmöglich; denn der auf die sofortige Beschwerde ergehende Beschluß ist unanfechtbar, das Berufungsurteil dagegen kann noch mit der Revision angefochten werden. Es bleibt also nichts übrig, als entweder überhaupt auf verschiedene Beurteilung der Klage und der Widerklage hinsichtlich ihrer Geringfügigkeit zu verzichten, oder aber die selbständige Einstellung eines der beiden Verfahren unter Fortsetzung des anderen zuzulassen.

Völlig andere Wege geht BGHSt. 17 195 = LM Nr. 1 zu § 383 (mit Anm. Kohlhaas). Dieser Beschluß verlangt (so der Leitsatz) oder läßt es doch zu (so die Gründe), daß die Einstellung hinsichtlich des einen Vorwurfs und die Sachentscheidung über den anderen Vorwurf in einem einheitlichen Urteil ausgesprochen werden. Gegen dieses Urteil will dann der Bundesgerichtshof, auch soweit es die Einstellung ausspricht, Berufung und Revision zulassen. Ebenso Kl 7. Es kann eingeräumt werden, daß diese Ansicht bei dem Sachverhalt, über den gerade zu entscheiden war, ganz zweckmäßig wirkt. Zu bezweifeln ist aber, ob sich das auch von anderen Anwendungsfällen wird sagen lassen. Sie eröffnet, soweit es sich um Entscheidungen des Berufungsgerichts handelt, dem jeweils klagenden Teil ein Rechtsmittel, das er nach dem Willen des Gesetzes schlechterdings nicht haben sollte; das ist gerade in Privatklageverfahren, die doch recht häufig von ausgesprochenen Querulanten betrieben werden, grundsätzlich wenig zweckentsprechend. Außerdem widerspricht die Ansicht dieses Beschlusses dem ganz allgemein für richtig gehaltenen Satz, daß sich der Rechtsmittelzug nach dem sachlichen Inhalt, nicht nach der äußeren Form der angefochtenen Entscheidung zu richten hat. Gegen eine Einstellung aus den Gründen des Abs. 2 S. 1 wollte der Gesetzgeber nur die Beschwerde eröffnen; es steht dem Richter deshalb nicht zu, statt ihrer die Berufung, und da, wo das Gesetz überhaupt kein Rechtsmittel gewährt, die Revision zuzulassen. Das ergibt sich auch nicht aus dem § 388 Abs. 3 (vgl. den vorigen Absatz). Lex specialis derogat legi generali. Der Sonderfall ist nicht das Zusammentreffen von Klage und Widerklage; vielmehr ist der Sonderfall die Einstellung der einen von ihnen wegen Geringfügigkeit. Daß dies die lex specialis ist, ergibt sich schon aus ihrer nachträglichen Einfügung in das Gesetz.

§ 384

(1) Das weitere Verfahren richtet sich nach den Vorschriften, die für das Verfahren auf erhobene öffentliche Klage gegeben sind. Jedoch dürfen Maßregeln der Sicherung und Besserung nicht angeordnet werden.

(2) § 243 ist mit der Maßgabe anzuwenden, daß der Vorsitzende den Beschluß über die Eröffnung des Hauptverfahrens verliest.

(3) Das Gericht bestimmt unbeschadet des § 244 Abs. 2 den Umfang der Beweisaufnahme.

(4) Die Vorschrift des § 265 Abs. 3 über das Recht, die Aussetzung der Hauptverhandlung zu verlangen, ist nicht anzuwenden.

(5) Vor dem Schwurgericht kann eine Privatklagesache nicht gleichzeitig mit einer auf öffentliche Klage anhängig gemachten Sache verhandelt werden.

Entstehungsgeschichte: 1 Satz 2 ist durch das Ausführungsgesetz zum Gewohnheitsverbrechergesetz vom 24. 11. 1933 (RGBl. I S. 1000), Abs. 3 und 4 sind durch das Vereinheitlichungsgesetz vom 12. 9. 1950 (BGBl. S. 455) eingefügt worden. Auf letzterem beruht auch die jetzige Fassung des Abs. 5. Abs. 2 ist durch das StPÄG vom 19. 12. 1964 (BGBl. I S. 1067) eingefügt worden.

Übersicht

1. Allgemeines
2. Maßregeln der Sicherung und Besserung
3. Umfang der Beweisaufnahme
4. Privatkläger nicht Zeuge
5. Veränderte Rechtslage
6. Nachtragsanklage
7. Verbindung mit Schwurgerichtssachen
8. Untersuchungshaft, Beschlagnahme, Durchsuchung

1. Allgemeines. Die Vorschriften, auf die Abs. 1 Satz 1 verweist, sind die des ersten Buches (vgl. besonders § 62) sowie die §§ 213 bis 275. Auch einige andere Vorschriften sind anwendbar, so z. B. § 206a (dazu OLG Braunschweig NJW **1949** 835). Ferner gelten die Vorschriften über Rechtsmittel, Wiederaufnahme und Kosten. Jedoch ergeben sich eine Reihe wichtiger Abweichungen nicht nur aus §§ 384ff. selbst, sondern auch aus der Besonderheit des Privatklageverfahrens überhaupt; insbesondere daraus, daß die Staatsanwaltschaft daran nicht mitwirkt und daß der Privatkläger ihr nicht in jeder Beziehung gleichgestellt werden kann. Zu Abs. 2, der durch das StPÄG vom 19. 12. 1964 (BGBl.I S. 1067) eingefügt wurde, vgl. 5a zu § 383.

2. Maßregeln der Sicherung und Besserung sind im Privatklageverfahren nicht zulässig. In Betracht käme insbesondere die Entziehung der Fahrerlaubnis (StGB § 42m) bei fahrlässigen Körperverletzungen durch Kraftfahrer. Erscheint dem Richter eine solche Maßregel am Platze, so hat er das Verfahren nicht etwa an das Schöffengericht oder die Strafkammer zu verweisen. Das geht nicht an, weil es an der öffentlichen Klage fehlt; aus diesem Grunde gehört § 270 zu den Vorschriften, die im Privatklageverfahren unanwendbar sind. Vielmehr wäre vor der Eröffnung des Hauptverfahrens die Privatklage nach § 383 Abs. 1 als unzulässig zurückzuweisen, nach der Eröffnung bis zur Hauptverhandlung durch Beschluß gemäß § 206a einzustellen, in der Hauptverhandlung durch Urteil gemäß § 389 Abs. 1 einzustellen (Müller-Sax 5; EbSchmidt 3; Erbs II). In jedem dieser Fälle ist die Sache an den Staatsanwalt abzugeben, der dadurch der Herr des Verfahrens wird. Wird im Privatklageverfahren entgegen Abs. 1 Satz 1 doch auf eine Maßregel der Sicherung und Besserung erkannt, so kann dagegen nur mit den ordentlichen Rechtsmitteln (Berufung und Revision) angegangen werden. Ohne das wird auch eine so fehlerhafte Entscheidung rechtskräftig und vollstreckbar.

3. Umfang der Beweisaufnahme. Abs. 2 ist als einzige Ausnahme übriggeblieben, welche die Strafprozeßordnung (vgl. aber § 78 Abs. 1 OWiG) noch von der Pflicht zur Erhebung beantragter Beweise (im Rahmen des § 244 Abs. 3 bis 5) macht (selbst für Übertretungssachen gilt eine solche Ausnahme nicht mehr). Die praktische Bedeutung dieser Ausnahme darf nicht überschätzt werden. Nach Art. 3 § 1 der NotVO vom 14. 6. 1932 (RGBl. I S. 285) galt diese Ausnahme schon einmal für alle Einzelrichter-, Schöffengerichts- und Berufungssachen; nach § 24 der VO vom 1. 9. 1939 (RGBl. I S. 1658) konnten überhaupt alle Beweisanträge nach freiem Ermessen abgelehnt werden. Solche Beschränkungen des Beweisantragsrechts (das ursprünglich ohnehin keine gesetzliche, sondern eine richterliche Schöpfung war) führen mit innerer Notwendigkeit ganz allgemein zu einer gesteigerten Aufklärungspflicht (vgl. Sarstedt, Revision 4. Aufl. S. 162ff. s. a. Göhler, OWiG. 2. Aufl. 2 zu § 78). Das gilt jetzt für das Privatklageverfahren; so jetzt auch Woesner NJW **1959** 706. Auch hier haben die Parteien, hat insbesondere der Privatkläger keine „Beweislast" (EbSchmidt Lehrk. I Nr. 305 und 4 zu § 384; anders Kern 4. Aufl. S. 228). Der Richter hat „zur Erforschung der Wahrheit die Beweisaufnahme von Amts wegen auf alle Tatsachen und Beweismittel zu erstrecken, die für die Entscheidung von Bedeutung sind" (§ 244 Abs. 2). Er darf aber auch Beweisanträge nicht übergehen. Trotz Abs. 2 gelten § 244 Abs. 6, wonach Beweisanträge durch Beschluß zu bescheiden sind, und § 34, wonach ein solcher Beschluß mit Gründen zu versehen ist, auch für das Privatklageverfahren (BayObLGSt. **1949/51** 347; Woesner NJW **1959** 706). Die Gründe für die Ablehnung dürfen sich nicht auf leere Formeln („weil nach dem Ermessen des Gerichts nicht erforderlich" od. dgl.) beschränken (a. A. Alsberg-Nüse, Beweisantrag S. 431); sie dürfen auch nicht darin bestehen, daß der Beweisantrag verspätet sei, denn § 246 Abs. 1 gilt auch hier (Müller-Sax 2a; EbSchmidt 5). Die Gründe, aus denen ein Beweisantrag ohne sachliche Bedenken abgelehnt werden kann, zählt § 244 Abs. 3 bis 5 auf Grund jahrzehntelanger Erfahrung der Rechtsprechung so gut wie erschöpfend auf. Gewiß gibt Abs. 2 dem Richter das förmliche Recht, einen Beweisantrag etwa auch mit der Begründung abzulehnen, daß er die Sachlage für hinreichend geklärt halte, OLG Köln JMBlNRW **1955** 131; Alsberg-Nüse, Beweisantrag S. 431; a. A. Woesner NJW **1959** 706. Darin liegt jedoch praktisch eine Vorwegnahme des Beweisergebnisses, bei der besondere Vorsicht geboten ist. Solche Ablehnung bedeutet oft auch nicht einmal eine endgültige Arbeitsersparnis, weil sie einen gewissen Anreiz zu Rechtsmitteln enthält; vgl. auch 1 zu § 386 und Dürwanger S. 339; EbSchmidt 5. Verletzung der Aufklärungspflicht (§ 244 Abs. 2) kann nicht nur der Angeklagte, sondern auch der Privatkläger mit der Revision rügen. Die Ansicht des OLG Karlsruhe HRR **1934** Nr. 231, eine solche Rüge falle unter § 338 Nr. 8, der eine Beschränkung der *Verteidigung* voraussetze, geht fehl. Folgerichtig würde das bedeuten, daß Staatsanwalt und Privatkläger als Verfahrensverstöße nur die zwingenden Revisionsgründe des § 338 Nr. 1—7 rügen könnten und im übrigen auf die Sachrüge beschränkt wären. Das ist gewiß nicht der Sinn des (freilich dunklen) § 338 Nr. 8.

Abs. 2 geht dem § 245 vor. Den Parteien steht zwar nach § 386 Abs. 2 das Recht zu, Zeugen und Sachverständige unmittelbar zur Hauptverhandlung zu laden. Das bedeutet aber nicht, daß der Richter sie dann auch vernehmen müßte (Alsberg-Nüse, Beweisantrag S. 432, 517; Kl 3; Müller-Sax 2a; Woesner NJW **1959** 707). Aber auch insoweit ist die praktische Bedeutung des Abs. 2 nicht groß. Erstens wird eine Vernehmung oft nicht viel mehr Zeit in Anspruch zu nehmen brauchen als die Erörterung darüber, ob sie stattfinden soll oder nicht; zweitens kann der Beweisführer die Ablehnung durch einen förmlichen Beweisantrag mindestens erschweren. Immerhin gibt Abs. 2 eine Handhabe, unerhebliche und nicht zur Sache gehörige Beweisangebote zu beschneiden, was nach § 245 im Amtsverfahren nicht möglich ist.

Vereidigt werden die Zeugen im Privatklageverfahren grundsätzlich nicht, § 62. BGHSt. 10 110 = LM Nr. 1 zu § 62 (mit Anm. von Krumme) verlangt im Regelfall eine Begründung für die Nichtvereidigung durch protokollierten Beschluß. Dem ist für Privatklageverfahren (um die es sich in der angeführten Entscheidung nicht handelte) nicht zuzustimmen. Vielmehr geht insoweit § 62 dem § 64 vor. Vgl. auch OLG Hamm JMBlNRW **1955** 131.

4. Der **Privatkläger** kann **nicht Zeuge** sein (BayObLGSt. **1953** 26 = MDR **1953** 377 = JZ **1953** 349; NJW **1961** 2318; Müller-Sax 3; Erbs I; Kl 2; Dürwanger S. 407; Peters S. 289, 466; Henkel S. 204; Kern-Roxin 10 S. 110; v. Hippel S. 396, 635; EbSchmidt 6; Niederreuther DStrafR **1941** 160 und DR **1942** 560; Seibert MDR **1952** 278; Woesner NJW **1959** 706; Hartung ZStW Bd. 71 **(1959)** 470. Als wesentlichen Grund dafür gaben die 1. bis 19. Aufl. an: „Hätte das Gesetz die Vernehmung des Privatklägers als Zeuge gestatten wollen, so hätte es auch Bestimmungen über die Statthaftigkeit oder Notwendigkeit seiner Beeidigung treffen müssen.“ Dieser Satz wurde aber zum ersten Mal in einer Zeit niedergeschrieben, als es weder im Privatklageverfahren noch für den Verletzten Ausnahmen von dem allgemeinen Eideszwang gab. Er mag nicht mehr überzeugend klingen, nachdem inzwischen § 62 den Eid im Privatklageverfahren stark eingeschränkt hat und § 61 Nr. 2 stets gestattet, von einer Vereidigung des Verletzten abzusehen. Mit dieser Regelung ließe sich heute auch dann durchkommen; wenn der Privatkläger Zeuge sein könnte. Der im Schrifttum (s. o.) meistens vorgetragene Beweisgrund, die Zeugenvernehmung vertrage sich nicht mit der Parteistellung des Privatklägers, ist allzu begrifflich. Da der Privatkläger trotz seiner Parteistellung ohnehin als Auskunftsperson, als Beweismittel in Betracht kommt, wäre dieses Bedenken zu überwinden. Parteistellung hat auch der Nebenkläger. Es ließe sich sehr wohl eine gesetzliche Regelung denken, die (wie manche ausländischen Rechte) den Privatkläger gleichzeitig Partei und Zeugen sein ließe, ebenso wie es Rechtsordnungen gibt, die selbst den Angeklagten als Zeuge aussagen lassen. Schwerer wiegt der Gesichtspunkt der Waffengleichheit. Der Angeklagte ist bei uns nicht Zeuge. Von einer unterschiedlichen verfahrensrechtlichen Stellung geht rein tatsächlich die Verführung aus, dem Zeugen mehr zu glauben als der Partei, nur weil

er „Zeuge" heißt. Dabei ist zu bedenken, daß in der letzten Tatsacheninstanz, der kleinen Strafkammer, die Laienrichter in der Mehrheit sind. In Wahrheit würde der Privatkläger dadurch, daß man ihn als Zeugen vernähme, um nichts glaubwürdiger werden; deshalb sollte man ihm auch nicht durch die Vernehmung als Zeuge helfen, glaubwürdiger zu *scheinen*. Weder der Wahrheitsermittlung noch dem berechtigten (!) Interesse des Privatklägers wäre damit geholfen, wenn alles mit rechten Dingen zugeht. Die sachliche Beweisschwierigkeit für Taten, die sich unter vier Augen zugetragen haben, ist mit einem so technischen, ja terminologischen Mittel nicht zu überwinden. Deshalb überzeugen auch die Ausführungen nicht, mit denen Daninger DStR **1941** 95 und Lorenz JR **1950** 106 der herrschenden Meinung entgegenzutreten suchen. – Auch der *gesetzliche Vertreter* des Privatklägers kann nicht Zeuge sein. OLG Düsseldorf JMBlNRW **1962** 198. Der Vergleich mit dem Sitzungsstaatsanwalt hinkt freilich, denn dieser *kann* als Zeuge vernommen werden, darf nur dann nicht wieder als Staatsanwalt auftreten. Aber die Parallele zum Zivilprozeßrecht drängt sich auf.

Der Privatkläger ist als Partei in demselben Sinne ein Beweismittel wie der Angeklagte. Nicht nur „kann das Gericht Zugeständnisse, welche der Privatkläger gegenüber den Behauptungen des Angeklagten abgibt, seiner Entscheidung zugrunde legen" (wie frühere Auflagen ausführten). Es kann ja auch dem Angeklagten nicht nur Geständnisse, sondern auch Entlastendes glauben. Ebenso ist, wie Seibert MDR **1952** 278 mit Recht ausführt, „nicht einzusehen, warum der Richter nicht befugt sein soll, einem glaubwürdig erscheinenden Privatkläger Glauben zu schenken und den Angeklagten auf Grund dieser Angaben allein zu verurteilen. Das ist nirgends verboten"; ebenso Woesner NJW **1959** 706.

5. Veränderte Rechtslage. Soll der Angeklagte auf Grund eines Strafgesetzes verurteilt werden, das der Eröffnungsbeschluß nicht anführt, so bedarf es des in § 265 Abs. 1 vorgeschriebenen Hinweises. Abs. 3 beseitigt das Recht des Angeklagten, in einem solchen Fall gemäß § 265 Abs. 3 die Aussetzung zu verlangen. Gleichwohl kann aber die „Gelegenheit zur Verteidigung" (§ 265 Abs. 1) unter Umständen im Ernst nur mit einer Aussetzung gewährt werden, vor allem wenn der Angeklagte keinen Verteidiger hat. Das ist eine Frage des rechtlichen Gehörs (Art. 103 Abs. 1 GG). Eine Aussetzung von Amts wegen ist immer zulässig (Erbs IV) und bisweilen geboten.

6. Eine **Nachtragsanklage** ist unter den Voraussetzungen des § 266 zulässig, Müller-Sax 1 zu § 385. Sie kommt in Betracht, wenn der Privatkläger dem Angeklagten weitere selbständige Privatklagevergehen zur Last legt, die vor oder auch in der Hauptverhandlung selbst begangen sein können. Bei Antragsvergehen bedarf es auch hier eines Strafantrages; dagegen ist ein Sühneversuch entbehrlich, weil er in solcher Lage „seinen Zweck ohnehin nicht mehr erfüllen kann"(Dürwanger S. 421). Die Nachtragsanklage kann in der Hauptverhandlung mündlich erhoben werden; sie bedarf aber der Zustimmung des Angeklagten, KG JW **1930** 2815. Im Berufungsverfahren ist sie nicht mehr zulässig. Die Nachtragsanklage bedarf der Zulassung durch ausdrücklichen Beschluß, der im Ermessen des Richters steht (§ 266 Abs. 1: „kann").

Anderes gilt für eine *Erweiterung der Widerklage*. Hier kommt es nur darauf an, ob auch für das Nachtragsvorbringen die allgemeinen Voraussetzungen einer Widerklage gegeben sind, insbesondere der Zusammenhang mit dem Privatklagevergehen. Ist das nicht der Fall, so ist eine Nachtragswiderklage ebenso unzulässig wie es eine gewöhnliche Widerklage wegen dieses Hergangs wäre. Liegen aber die Voraussetzungen einer Widerklage vor, so bedarf es nur eines Antrages des Angeklagten gemäß § 388 Abs. 1, dagegen weder der Zustimmung des Privatklägers noch eines Gerichtsbeschlusses (Stern JW **1930** 2815 gegen KG daselbst).

7. Verbindung mit Schwurgerichtssachen ist nicht statthaft. Dieses Verbot des jetzigen Abs. 4 erklärt sich geschichtlich aus den Schwierigkeiten, die (z. B. wegen der begründungslosen Ablehnung von Geschworenen) vor dem Schwurgericht alter Art (vor 1924) befürchtet wurden. Jetzt ist dieses Verbindungsverbot (eine Ausnahme von § 4) praktisch schon deshalb bedeutungslos geworden, weil Pressevergehen keine Schwurgerichtssachen mehr sind. Sollte eine Verbindung zwischen einer Schwurgerichts- und einer Privatklagesache wirklich einmal wünschenswert erscheinen, so wird der Staatsanwalt gemäß § 377 die Verfolgung übernehmen und damit den Privatkläger zum Nebenkläger machen (vgl. Dünnebier oben III 4 zu § 2).

8. Darüber, daß **Untersuchungshaft** in Privatklagesachen unzulässig ist, vgl. unten Anm. 5 zu § 387. Dagegen kann der Richter **Beschlagnahmen** und **Durchsuchungen** anordnen und durch die Polizei ausführen lassen, und zwar vor oder nach Eröffnung des Hauptverfahrens als „einzelne Beweiserhebung" gemäß § 202: Kl 5 B. C; Feiber NJW 1964 709; LG Freiburg JW **1927** 411 mit zust. Anm. von Wassermann; Erbs I. In Betracht kommt das vor allem bei Vergehen gegen den gewerblichen Rechtsschutz. Jedoch ist bei den genannten Zwangsmaßnahmen der Verhältnismäßigkeitsgrundsatz besonders sorgfältig zu beachten.

9. Die **Unterbringung** des Angeklagten in einer *Heil- oder Pflegeanstalt* zur Untersuchung auf seinen Geisteszustand (§ 81) ist im Privatklageverfahren unzulässig, OLG Hamburg JR **1955** 394; Schorn, Strafrichter 382.

§ 385

(1) Soweit in dem Verfahren auf erhobene öffentliche Klage die Staatsanwaltschaft zuzuziehen und zu hören ist, wird in dem Verfahren auf erhobene Privatklage der Privatkläger zugezogen und gehört. Alle Entscheidungen, die dort der Staatsanwaltschaft bekanntgemacht werden, sind hier dem Privatkläger bekanntzugeben.

(2) Es werden jedoch die auf richterliche Anordnung ergehenden Ladungen nicht durch die Staatsanwaltschaft, sondern durch die Geschäftsstelle bewirkt.

(3) Zwischen der Zustellung der Ladung des Privatklägers zur Hauptverhandlung und dem Tag der letzteren muß eine Frist von mindestens einer Woche liegen.

(4) Das Recht der Akteneinsicht kann der Privatkläger nur durch einen Anwalt ausüben.

(5) In den Fällen der §§ 154a und 430 ist deren Absatz 3 Satz 2 nicht anzuwenden.

(6) Im Revisionsverfahren ist ein Antrag des Privatklägers nach § 349 Absatz 2 nicht erforderlich. § 349 Absatz 3 ist nicht anzuwenden.

Entstehungsgeschichte: Absätze 5 und 6 eingefügt durch das StPÄG vom 19. 12. 1964 (BGBl. S. 1067). Abs. 5 geändert durch das EG OWiG vom 24. 5. 1968 (BGBl. I S. 503).

Änderungsvorschläge: Nach Art. 1 Nr. 88 (vgl. auch Nrn. 7 und 64) des RegE eines 1. StVRG (BT-Drucks. Nr. VI/3478) soll Abs. 2 entfallen, da Ladungen in der Regel allgemein vom Vorsitzenden statt wie bisher von der Staatsanwaltschaft angeordnet werden sollen (§ 214).

1. Zu Abs. 1 sagen die **Motive S.** 222: „Dem Privatkläger fallen im weiteren Verfahren diejenigen Rechte und Pflichten zu, welche bei Verfolgung der öffentlichen Klage dem Staatsanwalt zufallen, soweit dieselben nicht lediglich ein Ausfluß der Amtsgewalt des letzeren sind. Obwohl dieser Satz die Stellung des Privatklägers am kürzesten und vollständigsten bezeichnen würde, schien es sich doch nicht zu empfehlen, ihn in das Gesetz aufzunehmen, da darüber, ob eine dem Staatsanwalt beigelegte Befugnis lediglich ein Ausfluß seiner Amtsgewalt sei, im gegebenen Fall Zweifel entstehen können. Der Entwurf hat es daher vorgezogen, mehr ins einzelne gehende Bestimmungen zu geben".

2. Pflichten und Rechte

a) Der Privatkläger ist nicht, wie der Staatsanwalt nach § 160 Abs. 2, verpflichtet, die zur Entlastung dienenden Umstände zu ermitteln. Ihm liegen überhaupt keine Ermittlungen ob; vielmehr sind sie Sache des Gerichts. Der Privatkläger unterliegt aber nach sachlichem Recht einer Wahrheitspflicht. Seine verfahrensrechtliche Stellung schützt ihn nicht vor einer Bestrafung wegen wissentlich falscher Anschuldigung (StGB § 164) oder wegen Verleumdung (StGB § 187). Soweit er an die Wahrheit seiner Klagebehauptungen glaubt, wird er freilich im allgemeinen nach § 186 StGB nicht bestraft werden können, auch wenn die von ihm behaupteten Tatsachen nicht erweislich wahr sind.

Der Privatkläger ist nicht gehalten, in der Hauptverhandlung bestimmte Anträge zu stellen, wie (nach RiSt BV Nrn. 135, 136) der Staatsanwalt.

b) Über das Recht des Privatklägers auf rechtliches Gehör vgl. § 33; Anm. 9b zu § 383 sowie BVerfG NJW **1962** 580. – Der Privatkläger hat nicht die Rechte, die dem Staatsanwalt zur Erfüllung seiner Ermittlungspflicht gegeben sind (insbesondere nach §§ 161 ff.). Er kann insoweit aber Anträge an das Gericht stellen, auch z. B. auf Beschlagnahme und Durchsuchung (vgl. 8 zu § 384). In der Hauptverhandlung hat der Privatkläger gemäß § 240 das Recht, Fragen an Zeugen, an Sachverständige und auch an den Angeklagten zu stellen (vgl. aber § 241 Abs. 2). Er kann Beweisanträge stellen (§ 244 Abs. 3 ff.). Man wird ihm auch das Recht zugestehen müssen, sich schon vor Schluß der Beweisaufnahme (nicht erst im Schlußvortrag nach § 258) im Zusammenhang zur Sache zu äußern. Denn einerseits kann er sich nicht selbst als Zeugen benennen (4 zu § 384), andererseits wird er oft ein wichtiges, bisweilen sogar das einzige Beweismittel sein; vgl. OLG Bremen GoltdA **1959** 152; KG JR **1961** 106 mit Anm. Sarstedt.

3. **Bekanntgemacht** werden die Entscheidungen dem Privatkläger (oder gemäß § 378 Satz 2 seinem Anwalt) nicht durch Vorlegung der Urschrift (wie nach § 41 gegenüber der Staatsanwaltschaft), sondern gemäß §§ 35 Abs. 2, 37 (ZPO §§ 208 ff.), soweit sie nicht in seiner Anwesenheit oder der seines Anwalts verkündet werden.

4. Nicht nur **Ladungen,** sondern auch die übrigen **Zustellungen** bewirkt die Geschäftsstelle des Gerichts; § 36 gilt hier nicht, auch nicht in dem Sinne, daß der Privatkläger an Stelle der Staatsanwaltschaft „das Erforderliche zu veranlassen" hätte.

§ 386

(1) Der Vorsitzende des Gerichts bestimmt, welche Personen als Zeugen oder Sachverständige zur Hauptverhandlung geladen werden sollen.

(2) Dem Privatkläger wie dem Angeklagten steht das Recht der unmittelbaren Ladung zu.

Bezeichnung bis 1924: § 246

1. **Der Vorsitzende bestimmt.** Im Privatklageverfahren fällt die Herbeischaffung der Beweismittel durch die Staatsanwaltschaft (Anm. 7 zu § 200; 2 zu § 214) fort (vgl. § 377 Abs. 1); daher überträgt das Gesetz die Entschließung darüber, welche Zeugen oder Sachverständigen zur Hauptverhandlung zu laden und welche sonstigen Beweismittel etwa herbeizuschaffen sind, dem Vorsitzenden, d. h. in erster Instanz dem Amtsrichter. Er hat bei der Anberaumung des Hauptverhandlungstermins (§ 213) von Amts wegen die Sachlage zu prüfen und die erforderlichen Ladungen zu verfügen; als Grundlage seiner Prüfung dienen die Anklageschrift und die vom Beschuldigten etwa abgegebene Erklärung (§ 383) sowie die von ihm selbst etwa angestellten Ermittlungen; er ist nicht auf die von den Parteien benannten Beweismittel beschränkt. Seine Bestimmung ist beiden Parteien mitzuteilen. Sie darf nicht willkürlich sein, BayObLG JW **1928** 2998 Nr. 6 mit Anm. von Mamroth. Es handelt sich um eine Frage der Aufklärungspflicht; von ihr befreit Abs. 1 den Richter nicht, ebensowenig wie § 384 Abs. 2 (vgl. dort Anm. 3). Beide Parteien können die Ladung weiterer Zeugen oder Sachverständigen oder die Herbeischaffung anderer Beweismittel beantragen. Für solche Anträge gilt § 219; vgl. dort Anm. 2 ff. Die vor der Hauptverhandlung gemäß §§ 219, 386 ergehenden Verfügungen des Vorsitzenden sind nur vorläufige; einer abweichenden Entschließung in der Hauptverhandlung greifen sie nicht vor.

Dürwanger S. 339 empfiehlt mit Recht, den Beweisstoff streng auf den Gegenstand der Privatklage zu beschränken, andererseits aber auch alle Zeugen zu laden, die dazu etwas bekunden sollen, auch wenn zahlreiche Zeugen für dasselbe Thema benannt werden. Dagegen bestehen um so weniger Bedenken, als der Privatkläger für jeden Zeugen einen Auslagenvorschuß bezahlen muß (nicht der Angeklagte! Vgl. oben 2 zu § 379) und als ein Zwang, die vorgeladenen und erschienenen Zeugen zu vernehmen, in der Hauptverhandlung hier nicht besteht (§ 245 gilt hier nach § 384 Abs. 2 nicht; vgl. 3 zu § 384).

2. Über das Recht der **unmittelbaren Ladung** vgl. § 220; was dort vom Angeklagten gesagt ist, gilt hier von beiden Teilen. Auch der vom Privatkläger unmittelbar geladene Zeuge ist, wenn seine Vernehmung sachdienlich war, nach § 220 Abs. 3 aus der Staatskasse zu entschädigen. Der Antrag kann in der Hauptverhandlung vor Erlaß des Urteils gestellt, aber auch noch nach der Hauptverhandlung bei Gericht eingereicht werden. Näheres Anm. 12 zu § 220.

3. Für die **Berufungsverhandlung** gilt § 325 auch im Privatklageverfahren, und hier nicht nur für den Angeklagten, sondern auch für den Privatkläger: OLG Königsberg JW **1928** 2293 Nr. 27 mit Anm. von Stern. Auch der Privatkläger braucht sich nicht mit einer Verlesung der Sitzungsniederschrift aus der ersten Instanz über die Zeugenaussagen zu begnügen. Ebenso Alsberg-Nüse, Beweisantrag S. 422.

4. **Mitteilungspflicht.** Das Gericht hat dem Privatkläger und dem Angeklagten mitzuteilen, welche Personen zur Hauptverhandlung geladen werden; ebenso hat der Privatkläger und der Beschuldigte es dem Gericht und dem Gegner mitzuteilen, wenn er Personen unmittelbar lädt: § 219 Abs. 2, § 222 Abs. 2.

5. Die **Ladungsfrist** ist die des § 217 Abs. 1; sie gilt auch in der Berufungsinstanz. Wird sie nicht eingehalten, so kann der Privatkläger die Aussetzung der Hauptverhandlung verlangen, § 217 Abs. 2. Er kann auf sie verzichten, § 217 Abs. 3. Rechtzeitige Zustellung an den Prozeßbevollmächtigten genügt, § 378 Satz 2.

6. Das Recht auf **Akteneinsicht** ist wichtig, weil das Gericht nicht verpflichtet ist, dem Privatkläger die etwaigen Erklärungen des Beschuldigten mitzuteilen (2 zu § 383). Dem Privatkläger persönlich steht die Akteneinsicht auch dann nicht zu, wenn er selbst Rechtsanwalt ist (Müller-Sax 2; EbSchmidt 4; Erbs II; Kl 3). § 147 Abs. 4 ist entsprechend anzuwenden (Dürwanger S. 337).

7. **Rechtsmittelbelehrungen** sind auch gegenüber dem Privatkläger erforderlich, denn auch er ist „Betroffener" im Sinne des § 35a (Müller-Sax 2; EbSchmidt 2). Es genügt aber, wenn sie dem Anwalt des Privatklägers zugestellt oder bei einer Verkündung in Anwesenheit des Anwalts ausgesprochen werden. Sonst hätte der Privatkläger, der in der Hauptverhandlung nicht selbst erschienen ist, eine längere Rechtsmittelfrist als der erschienene Angeklagte.

8. Die nach § 154a und § 430 möglichen **Beschränkungen der Strafverfolgung** bzw. der Einziehung kann das Gericht ohne die Mitwirkung der Staatsanwaltschaft und auch ohne die des Privatklägers vornehmen. Dem entspricht es, daß nach Abs. 5 der Staatsanwalt die Wiedereinführung der ausgeschiedenen Teile nicht wie im Offizialverfahren durch einen Antrag erzwingen kann und daß dieses Recht ebensowenig dem Privatkläger zusteht (Kl 4). Wohl sind vor der Entscheidung über die Ausscheidung und über die Wiedereinführung beide Parteien zu hören, damit sie sich auf die Prozeßsituation entsprechend einrichten können.

9. Nach Abs. 6 Satz 1 kann das Revisionsgericht die Verwerfung der Revision als offensichtlich unbegründet aussprechen, ohne daß, wie im Offizialverfahren (§ 349 Abs. 2), dazu ein Antrag der Staatsanwaltschaft (oder des Privatklägers) erforderlich wäre: Der Privatkläger soll eine Revisionsverhandlung und ein Revisionsurteil nicht erzwingen können. Weil ein Antrag des Privatklägers entsprechend dem Antrag des Staatsanwalts nach § 349 Abs. 2 entfällt, entfällt auch die Pflicht zur vorherigen Mitteilung an den Angeklagten (Abs. 6 Satz 2).

§ 387

(1) In der Hauptverhandlung kann auch der Angeklagte im Beistand eines Rechtsanwalts erscheinen oder sich auf Grund einer schriftlichen Vollmacht durch einen solchen vertreten lassen.

(2) Die Vorschrift des § 139 gilt für den Anwalt des Klägers und für den des Angeklagten.
(3) Das Gericht ist befugt, das persönliche Erscheinen des Klägers sowie des Angeklagten anzuordnen, auch den Angeklagten vorführen zu lassen.

Bezeichnung bis 1924: § 427.

Übersicht

I. Allgemeines. Die Vorschrift behandelt die Pflicht der Parteien, in der Hauptverhandlung erster Instanz zu erscheinen, und ihre Berechtigung, sich dabei vertreten zu lassen. Dabei sind für den Privatkläger die §§ 378, 391, für den Angeklagten die allgemeinen Bestimmungen in Buch 1 und 2 zu beachten.

Das Gesetz geht davon aus, daß auch im Privatklageverfahren das Gericht von Amts wegen die Wahrheit zu erforschen hat (3 zu § 384). Zu diesem Zweck gibt es ihm die Befugnis, das persönliche Erscheinen beider Parteien oder einer von ihnen anzuordnen. Diese Maßnahme empfiehlt sich dringend, bildet in der Praxis durchaus die Regel und sollte nur in ganz seltenen Ausnahmefällen (etwa bei weiter Entfernung) unterbleiben. Ihre Unterlassung kann unter Umständen als Verstoß gegen § 244 Abs. 2 mit der Revision gerügt werden.

Im einzelnen ist folgendes hervorzuheben:

II. Rechtliche Stellung des Privatklägers

1. Pflicht zum Erscheinen. Wird das persönliche Erscheinen des Privatklägers nicht angeordnet, so muß er in der Hauptverhandlung entweder selbst erscheinen oder sich durch einen mit schriftlicher Vollmacht versehenen Rechtsanwalt vertreten lassen. Mit Zustimmung des Privatklägers kann der Anwalt die Vertretung gemäß § 139 einem Referendar übertragen. Auch kann sein amtlich bestellter Vertreter erscheinen. Andere Bevollmächtigte können in der Hauptverhandlung weder für den Privatkläger noch mit dem Privatkläger auftreten, vgl. 2 zu § 378 und die dort Genannten. Erscheint weder der Privatkläger noch ein Anwalt, so gilt, wenn das Ausbleiben nicht genügend entschuldigt ist, die Privatklage als zurückgenommen; das Verfahren wird dann durch Beschluß eingestellt (§ 391 Abs. 2). Das Gesetz schreibt zwar nicht vor, daß dies dem Privatkläger bei seiner Ladung mitgeteilt werden müsse; Dürwanger S. 339 hält es deshalb für entbehrlich. Indessen ist eine solche Belehrung Anstandspflicht; ihr Unterbleiben wird in aller Regel die nach § 391 Abs. 4 vorgesehene Wiedereinsetzung unter entsprechender Anwendung des § 44 Satz 2 rechtfertigen.

Wird das persönliche Erscheinen des Privatklägers angeordnet, so muß ihm das in der Ladung mitgeteilt werden. Erscheint er gleichwohl nicht, so gilt das auch dann als Rücknahme der Privatklage, wenn statt seiner ein Rechtsanwalt erscheint. Auch das ist ihm bei der Ladung mitzuteilen. Die Anordnung unterliegt nicht der Beschwerde, OLG Celle NJW 1953 1933; Müller-Sax 2b; Schorn, Strafrichter 383. Eine Vorführung des Privatklägers zur Hauptverhandlung ist nicht statthaft (Gegenschluß aus Abs. 3).

Die Ladung des Privatklägers kann ihm selbst oder (nach dem Ermessen des Gerichts) dem von ihm bevollmächtigten Anwalt zugestellt werden; letzteres genügt auch dann, wenn das persönliche Erscheinen des Privatklägers angeordnet ist. Wird die Ladung dem Privatkläger selbst zugestellt, so muß der von ihm bevollmächtigte Anwalt besonders geladen werden. § 378 Satz 3 verweist zwar nur auf § 218 Abs. 2; dieser aber setzt voraus, daß der Anwalt des Privatklägers wie ein Verteidiger zu laden ist. Ist dies unterblieben oder die Frist nicht gewahrt, so kann der Privatkläger gemäß § 218 Abs. 1 Satz 2, § 217 Abs. 2 Aussetzung der Verhandlung verlangen.

Der Privatkläger hat einen Anspruch darauf, in der Hauptverhandlung gehört zu werden; er hat das Recht zu persönlichen Fragen und Anträgen, und zwar auch dann, wenn sein persönliches Erscheinen nicht angeordnet ist. Daraus ergibt sich, daß er im Falle seiner *Verhandlungsunfähigkeit* die Aussetzung verlangen kann; ihm darf nicht entgegengehalten werden, daß er durch einen Anwalt vertreten und eine weitere Aufklärung des Sachverhalts durch ihn nicht zu erwarten ist. Zustimmend Woesner NJW **1959** 705 und OLG Bremen GoltdA **1959** 152. Gleiches gilt für den Fall seiner Verhinderung, z. B. durch Krankheit (Woesner aaO., zustimmend Kl 1).

2. **Pflicht zur Anwesenheit.** Das Gesetz sagt nicht, ob der Privatkläger oder sein Anwalt verpflichtet sind, während der ganzen Hauptverhandlung anwesend zu *bleiben*. In dieser Frage werden verschiedene Ansichten vertreten. Eine davon (OLG Dresden JW **1932** 679 Nr. 38 mit ausführlicher zustimmender Anmerkung von Hegler) entnimmt dem Buchstaben des § 391 Abs. 2, daß nur das völlige Nichterscheinen, das Ausbleiben als Rücknahme der Privatklage gelte. Dem stehe es nicht gleich, wenn der Privatkläger im Laufe der Verhandlung (selbst frühzeitig) wieder fortgehe. Dann habe er durch sein Erscheinen gezeigt, daß ihm an der Durchführung der Sache liege. Sein Weggehen könne zwar seinen Grund in einer Änderung seiner Ansichten haben, ebensogut aber auch durch andere Umstände, z. B. Aufregung, Erbitterung, Verärgerung verursacht sein. Das Verfahren könne ohne den Privatkläger ebenso zu Ende geführt werden wie gemäß § 231 Abs. 2 ohne cen Angeklagten. — Eine andere Ansicht (OLG Karlsruhe JW **1925** 1035 Nr. 21 mit — insoweit — zustimmender Anmerkung von Kern; OLG Stuttgart JW **1927** 2647 Nr. 19 und JW **1929** 288 Nr. 20 mit zweifelnder Anmerkung von Drucker; Schorn, Strafrichter 383) hält die Anwesenheit des Privatklägers bis zum Ende der Urteilsverkündung für erforderlich und erblickt eine vermutete Zurücknahme gemäß § 391 Abs. 1 auch darin, wenn der Privatkläger in einem nur noch zur Verkündung des Urteils ausgesetzten Termin ausbleibt[1]. — Der letzteren Ansicht ist zuzustimmen (vgl. zum folgenden auch unten 8b zu § 391). Das Gesetz verpflichtet den Privatkläger oder seinen Anwalt nicht deshalb zum „Erscheinen", damit das Gericht zu Beginn der Hauptverhandlung sieht, er halte noch an der Verfolgungsabsicht fest, sondern deshalb, weil nach dem Aufbau unseres Verfahrens in jeder Strafverhandlung ein Ankläger gebraucht wird. Würde sich im Amtsverfahren der Staatsanwalt entfernen, ehe das letzte Wort der Urteilsbegründung gesprochen ist, so wäre das nach § 338 Nr. 5 ein zwingender Revisionsgrund, und zwar ohne Rücksicht darauf, ob das Urteil gleich nach der Verhandlung oder an einem späteren Tage verkündet wird. Es läßt sich nicht sagen, die Anwesenheitspflicht des Staatsanwalts sei nur eine Folge seiner Amtsstellung, die der Privatkläger nicht hat. Das Gesetz legt dem Staatsanwalt diese Amtspflicht nicht deshalb auf, damit er eine Statistenrolle spiele, sondern deshalb, weil in jedem Augenblick der Verhandlung — selbst noch während der Urteilsverkündung — eine Rückfrage an den Kläger erforderlich werden kann. Das gilt für den Privatkläger erst recht, der, anders als der Staatsanwalt, fast immer ein Beweismittel (im materiellen Sinne) ist. Gerade weil die Privatklage — im Gegensatz zur öffentlichen Klage — in jeder Lage des Verfahrens zurückgenommen werden kann, muß derjenige, dem dieses Recht zusteht, in jedem Augenblick der Hauptverhandlung anwesend sein. Ein öffentliches Interesse an der Verfolgung besteht nicht, sonst hätte der Staatsanwalt sie übernommen. Das private Interesse, das allein die Verfolgung rechtfertigt, kann nicht mehr angenommen werden, sobald sein Träger sich entfernt. Das Gesetz knüpft an das Ausbleiben nicht die widerlegbare Vermutung, daß der Privatkläger die Klage zurücknehmen wolle, sondern es arbeitet mit einer Fiktion: das Ausbleiben *gilt* als Rücknahme. Deshalb kommt es auch nicht auf psychologische Erwägungen darüber an,

---

[1] Dazwischen werden mehrere vermittelnde Ansichten vertreten. BayObLG JW **1926** 2206 (mit zustimmender Anmerkung von Stern) und BayObLGSt. **1962** 37 = NJW **1962** 1168 = JZ **1962** 577 = Rpfleger **1962** 221 = DRsp. IV (465) 39d hält die Anwesenheit des Privatklägers bei der Urteilsverkündung nicht für erforderlich; ebenso OLG Darmstadt JW **1927** 3061 Nr. 7; OLG Hamburg JW **1928** 2292 Nr. 25 mit zustimmender Anmerkung von Stern; OLG Köln JW **1929** 1082 Nr. 35 und FW **1929** 1506 Nr. 30 mit zustimmender Anmerkung von Unger; KG JW **1930** 2593 Nr. 30 mit zustimmender Anmerkung von Mamroth; OLG Oldenburg Zeitschrift f. Verw. u. Rpfl. in Oldbg. Bd. 64 (**1938**) S. 154; Müller-Sax 3a aa zu § 391; Erbs III B zu § 391; Beling S. 454 Anm. 4; EbSchmidt 15, 17 zu § 391; Poppe NJW **1954** 1915, der auch den Revisionsgrund des § 338 Nr. 5 verneint. Kl 5 zu § 391 zieht die Grenze bei dem Zeitpunkt nach den Schlußvorträgen. Ausführlich zu der Frage Woesner NJW **1959** 704.

welche Beweggründe für das vorzeitige Fortgehen in Betracht kommen können. Wer nicht erscheint oder wer sich vorzeitig entfernt, betätigt damit einen Mangel an Interesse (oder, was gegen die Erwägungen des OLG Desden aaO. einzuwenden ist, an Selbstbeherrschung), der es als untragbar erscheinen läßt, gerade um seiner Interessen willen einen anderen zu bestrafen. Der Hinweis darauf, daß die Verhandlung nach § 231 Abs. 2 ohne den Angeklagten zu Ende geführt werden kann, geht fehl. Den Angeklagten kann das Gericht, wenn es seiner für die weitere Verhandlung bedarf, (zwar nicht in Untersuchungshaft nehmen, wohl aber) festhalten oder wieder vorführen lassen. Auch bestimmt § 231 Abs. 1 Satz 1 ausdrücklich, daß der erschienene Angeklagte sich nicht entfernen *darf*. Beim Privatkläger bedurfte es einer solchen Bestimmung eben deshalb nicht, weil in seinem Weggehen die Rücknahme der Privatklage zu erblicken ist. Wie sollte sonst das Gericht verfahren, wenn nach dem Fortgehen des Privatklägers noch nicht zu übersehen ist, ob er noch gebraucht wird? Soll dann weiterverhandelt werden, auf die Gefahr, daß man später steckenbleibt? Soll dem An eklagten zugemutet werden, zu einem späteren Termin wieder zu erscheinen? Oder soll die Fiktion der Rücknahme davon abhängen, wie der Richter das bisherige Verhandlungsergebnis beurteilt? Es läßt sich kein Zeitpunkt bestimmen, mit dessen Eintritt diese Bedenken gegenstandslos werden. Auch das Ende der Schlußvorträge bedeutet keinen solchen Einschnitt. Zwar kann der Angeklagte bis zum Ende der Schlußvorträge noch Widerklage erheben (§ 388 Abs. 1); die Anwesenheit des Privatklägers oder seines Anwalts dient aber nicht in erster Linie dem Zweck, gerade die Erhebung der Widerklage zu erleichtern. Selbst wenn die Urteilsverkündung auf einen anderen Tag ausgesetzt wird, entsteht dadurch kein verfahrensrechtlicher Einschnitt. Der Angeklagte kann auch in dem zur Verkündung bestimmten Termin noch Anträge stellen; er kann sogar (wenn er das Wort erhält, was freilich im Ermessen des Vorsitzenden steht) noch während der Verkündung, bis der letzte Satz der Gründe ausgesprochen ist, Anträge stellen, insbesondere Beweisanträge. Vor allem kann auch das Gericht von Amts wegen, statt das Urteil zu verkünden, wieder in die Verhandlung eintreten. Gerade in Privatklagesachen liegt es nicht einmal fern, daß der Richter nach reiflicher Überlegung noch einen Vergleichsversuch zu machen wünscht. Woesner NJW **1959** 705 meint, dazu sei dieser Zeitpunkt psychologisch der ungeeignetste des ganzen Verfahrens, weil in den Schlußverträgen die Leidenschaften hart aufeinandergeprallt seien. Wir neigen zu der Ansicht, daß gerade deswegen dieser Augenblick oft der beste für einen Vergleichsschluß sein wird. Die Parteien haben ihre Beweismittel vorführen und sich ihren Zorn vom Herzen reden können. Darum sind sie oft erst jetzt seelisch in der Lage, dem Richter mit innerem Schweigen zuzuhören. Der Richter, der alles angehört hat und deshalb alles berücksichtigen kann, hat durch seine Geduld an Autorität gewonnen. Jedenfalls muß es seinem Ermessen überlassen werden, ob er sich jetzt etwas von einem Vergleichsversuch verspricht. Der Privatkläger darf nicht die Möglichkeit haben, einen solchen Versuch dadurch abzuschneiden, daß er fortgeht oder nicht wieder erscheint. Aber selbst wenn es sich, wie bei der Urteilsverkündung in der Regel, nur um eine stumme Zuhörerrolle handelt, hat es einen guten Sinn, dem Privatkläger diese Rolle zuzumuten. Ihm stehen Rechtsmittel gegen das Urteil zu. Es erscheint unangemessen, ihm dieses Recht auch dann zu geben, wenn weder er selbst noch sein Rechtsanwalt gewillt ist, von der mündlichen Urteilsbegründung Kenntnis zu nehmen. Gerade die mündliche Begründung hat oft bessere Aussichten, den Unterliegenden zu überzeugen, als die schriftliche. Auch die Rechtsmittelbelehrung (§ 35a) geht den Privatkläger an (Dürwanger S. 399). Das praktische Bedenken, daß ein vielbeschäftigter Anwalt unter Umständen lange auf die Verkündung warten muß, wiegt nicht schwer. Einmal muß er das auch in jedem Fall der notwendigen Verteidigung; zum anderen kann an Stelle des Anwalts auch der Privatkläger warten.

Ist das persönliche Erscheinen des Privatklägers angeordnet, so muß er selbst bis zum Schluß der Urteilsbegründung anwesend sein.

Über die Pflicht zur Anwesenheit in der Berufungsverhandlung und die Folgen ihrer Verletzung vgl. § 391. In der Revisio sverhandlung braucht der Privatkläger nicht zu erscheinen; das kann auch nicht angeordnet werden (entspr. § 350; Gegenschluß aus § 391 Abs. 2 und 3; ebenso Woesner NJW **1959** 707).

Über Beistände des Privatklägers s. 2 zu § 378.

Zu den Rechten des Privatklägers gehört auch das, den Richter nach § 24 Abs. 3 S. 1 oder einen Sachverständigen nach § 74 Abs. 2 *abzulehnen*.

III. Rechtliche Stellung des Angeklagten

1. **Pflicht zum Erscheinen.** Für den Angeklagten gelten die §§ 230ff., soweit nicht § 387 Abweichungen enthält. Gegen einen Angeklagten, der nicht erscheint, nicht durch einen Verteidiger vertreten und nicht gemäß § 233 vom Erscheinen entbunden ist, kann nur unter den Voraussetzungen des § 232 verhandelt werden, § 230 Abs. 1. Wenn Freiheitsstrafe nur als Ersatzfreiheitsstrafe zu erwarten ist, so steht das nicht dem Verfahren nach § 232 entgegen. Der Angeklagte kann aber auch vorgeführt werden, Abs. 3. Es empfiehlt sich, ihn darauf bei der Ladung hinzuweisen. Für die Dauer seiner Festhaltung gilt § 135; vgl. auch unten 7.

2. **Untersuchungshaft** kann im Privatklageverfahren überhaupt nicht angeordnet werden. Das ergibt sich deutlich aus einem Vergleich des Abs. 3 mit § 230 Abs. 2; Abs. 3 geht als Sonderregelung vor und rechtfertigt den Gegenschluß, daß *nur* die Vorführung, nicht die Verhaftung angeordnet werden kann. Das ist auch in Rechtsprechung und Schrifttum anerkannt (Feisenberger 2 zu § 384; Beling S. 497; Hippel S. 442, 631; Peters S. 358; Kern-Roxin 10 S. 137; Henkel S. 411; EbSchmidt Lehrk. II Nr. 7 zu § 112; Müller-Sax 1a; Erbs II; Kl 5 A zu § 384). Die abweichende Entscheidung OLG Düsseldorf JW **1913** 636 ist vereinzelt geblieben. Wo ein öffentliches Interesse an der Strafverfolgung nicht besteht und die Rücknahme der Klage von dem Belieben des Klägers abhängt, da kann es niemals gerechtfertigt sein, die Freiheit des Angeklagten wärend des Verfahrens (abgesehen von der Hauptverhandlung selbst) zu beeinträchtigen (Gerland S. 255 Anm. 131 nennt das „unzureichende Gründe", ohne aber Gegengründe zu nennen). Mit Recht erklärt EbSchmidt 3 deshalb auch § 231 Abs. 1 Satz 2 für unanwendbar. Wo ein besonders widerspenstiger Angeklagter es versteht, sich der Vorführung wiederholt zu entziehen und so die Hauptverhandlung zu vereiteln, wird der Staatsanwalt prüfen, ob er nicht gemäß § 377 Abs. 2 die Verfolgung übernimmt; vgl. Schneider JW **1919** 566.

3. **Entbindung vom Erscheinen** nach § 233 ist auch im Privatklageverfahren möglich. Ist sie ausgesprochen, so bedarf der Angeklagte keines Vertreters; vgl. aber § 234.

4. **Persönliches Erscheinen** des Angeklagten kann angeordnet und durch Vorführung erzwungen werden. Gegen diese Anordnung ist kein Rechtsmittel gegeben (OLG Celle NJW **1953** 1933). Ist der Angeklagte einmal (auf Anordnung oder ohne sie) erschienen, so darf er sich bis zum Schluß der Urteilsbegründung nicht entfernen; er kann festgehalten werden (§ 231 Abs. 1). Entfernt er sich dennoch, so kann die Verhandlung unter den Voraussetzungen des § 231 Abs. 2 ohne ihn zu Ende geführt werden.

5. Aus den Worten des Abs. 1: „im Beistande eines Rechtsanwalts" darf nicht gefolgert werden, daß die allgemeinen Bestimmungen über die **Verteidigung** und über die Zulassung von Beiständen des Angeklagten (§§ 137 bis 149) im Privatklageverfahren nicht anwendbar seien. Dem Angeklagten in diesem Verfahren Beschränkungen aufzuerlegen, die im Offizialverfahren nicht bestehen, kann nicht die Absicht des Gesetzes sein, weil es dafür an jedem vernünftigen Grund fehlen würde. An dieser Auffassung wird auch gegenüber der eingehenden Kritik von Brangsch (NJW **1952** 650) festgehalten. Wie Brangsch auch Müller-Sax 3b; wie hier dagegen EbSchmidt 11; jetzt auch Kl 1; LG Wuppertal JMBlNW **1959** 257 = DRsp. IV (465) 32d. Mit Brangsch besteht Einigkeit darüber, daß der Privatkläger sich nur der Hilfe eines Rechtsanwalts bedienen kann (2 zu § 378). Die von Brangsch angeführten Gründe treffen auf den Vertreter oder Beistand des Privatklägers auch durchweg zu, nicht aber auf den Verteidiger des Angeklagten. Der Gefahr, daß Privatklagen aus unlauteren Gründen erhoben werden, kann nur der Rechtsberater des Privatklägers, nicht aber der des Angeklagten entgegenwirken. Nur sein Verdienst, nicht das des Verteidigers kann es sein, wenn auf „viele beabsichtigte Privatklagen schon im Büro des Anwalts durch dessen nüchterne Beratung verzichtet wird". § 385 Abs. 4 verweist für die Akteneinsicht, § 390 Abs. 2 für Revisions- und Wiederaufnahmeanträge nur den Privatkläger auf die Vertretung durch einen Rechtsanwalt; vom Angeklagten ist in beiden Bestimmungen nicht die Rede, für ihn können deshalb nur die §§ 147, 345 Abs. 2, 366 Abs. 2 gelten. Zu § 391 Abs. 2 gibt es für den Angeklagten keine Parallele. Daß der Angeklagte für die Widerklage keine „andere Person", sondern nur einen Rechtsanwalt zuziehen kann, ist rich-

tig; insoweit ist er eben nicht Angeklagter, sondern selbst Kläger. Es ist nicht unverständlich, daß der Privatkläger für die Akteneinsicht einen Rechtsanwalt braucht, während der Angeklagte seinen Verteidiger damit betrauen kann, auch wenn dieser eine „andere Person" ist. Vielmehr wäre es unverständlich, wenn der Angeklagte gerade in dem weniger wichtigen Privatklageverfahren einen Rechtsanwalt dazu nehmen müßte, während er im Offizialverfahren jeden Verteidiger damit betrauen kann. Brangsch legt zu wenig Gewicht auf den entscheidenden Unterschied zwischen Privatkläger und Angeklagten, der darin besteht, daß es vom Belieben des Privatklägers abhängt, sich auf das Verfahren einzulassen, dagegen nicht vom Belieben des Angeklagten. Eine andere Frage ist freilich de lege lata, ob bei der großen Zahl von Rechtsanwälten die nach § 138 Abs. 2 erforderliche Genehmigung erteilt werden sollte, und de lege ferenda, ob § 138 Abs. 2 überhaupt bestehenbleiben sollte. Es erscheint aber wenig sinnvoll, für diese wichtigere und allgemeinere Frage gerade im Wege der Auslegung des § 387 eine verhältnismäßig unlohnende Teillösung zu suchen.

Fälle der *notwendigen Verteidigung* sind auch im Privatklageverfahren durchaus möglich. Z. B. gehört in Beleidigungssachen die Frage der Anwendbarkeit des § 193 StGB häufig zum schwierigsten, was im sachlichen Strafrecht überhaupt vorkommt. BGHSt. **10** 373 betraf ein ebenfalls rechtlich schwieriges Privatklageverfahren. Daß sich in solchen Fällen der Angeklagte wegen Schwierigkeit der Rechtslage nicht selbst verteidigen kann, insbesondere wenn der Privatkläger einen Rechtsanwalt hat, sollte öfter zur Beiordnung eines Verteidigers gemäß § 140 Abs. 2, § 141 führen; zu eng Dürwanger S. 402.

6. Für die **Ladung** des Angeklagten und andere **Zustellungen** an ihn gilt nicht § 378 Satz 2, sondern die allgemeine Regelung. Ihm ist also immer selbst zuzustellen, insbesondere ist er zur Hauptverhandlung persönlich zu laden, auch wenn er einen Verteidiger bevollmächtigt hat. Natürlich ist Ersatzzustellung nach § 181 ZPO zulässig, BGHSt. **11** 158 = NJW **1958** 510 = MDR **1958** 355. Für die Ladung des Verteidigers gilt § 218.

§ 388

(1) Hat der Verletzte die Privatklage erhoben, so kann der Beschuldigte bis zur Beendigung der Schlußvorträge (§ 258) im ersten Rechtszug mittels einer Widerklage die Bestrafung des Klägers beantragen, wenn er von diesem gleichfalls durch ein Vergehen verletzt worden ist, das im Wege der Privatklage verfolgt werden kann und mit dem den Gegenstand der Klage bildenden Vergehen in Zusammenhang steht.

(2) Ist der Kläger nicht der Verletzte (§ 374 Abs. 2), so kann der Beschuldigte die Widerklage gegen den Verletzten erheben. In diesem Falle bedarf es der Zustellung der Widerklage an den Verletzten und dessen Ladung zur Hauptverhandlung, sofern die Widerklage nicht in der Hauptverhandlung in Anwesenheit des Verletzten erhoben wird.

(3) Über die Klage und Widerklage ist gleichzeitig zu erkennen.

(4) Die Zurücknahme der Klage ist auf das Verfahren über die Widerklage ohne Einfluß.

Entstehungsgeschichte: Absatz 2 ist durch VO vom 13. August 1942 (RGBl. I 511) Art. 9 § 10 eingefügt und durch Vereinheitlichungsgesetz vom 12. September 1950 neugefaßt.

Bezeichnung bis 1924: § 428

Änderungsvorschläge: NE I § 399. NE II §§ 400, 402. NE III §§ 386, 388. Entw. EGStGB 1930 Art. 70 Nr. 211.

Übersicht

1. Die **Widerklage** ist eine besondere Art der Privatklage. Deshalb gelten die Vorschriften über die Privatklage auch für sie, soweit sich nicht aus dem Gesetz oder aus besonderen Gründen etwas anderes ergibt. Eine gesetzliche Abweichung enthält § 80 Abs. 2 JGG; danach ist die Widerklage gegen einen jugendlichen Privatkläger zulässig, während eine Privatklage gegen einen Jugendlichen nach § 80 Abs. 1 Satz 1 JGG nicht erhoben werden kann; näheres darüber bei Pentz GoltdA **1958** 301 unter III. Der Amtsrichter kann gegen den jugendlichen Widerbeklagten aber nur auf Zuchtmittel erkennen; Jugendstrafe ist hier nach § 80 Abs. 2 Satz 2 JGG ausgeschlossen, und für Erziehungsmaßregeln ist nur der Vormundschaftsrichter, nicht der Privatklagerichter zuständig (§ 104 Abs. 4 JGG).

2. Die Widerklage setzt eine **zulässige Privatklage** voraus. Fehlt eine Verfahrensvoraussetzung, z. B. der für die Privatklage gegebenenfalls erforderliche Strafantrag oder Sühneversuch, so ist auch die Widerklage als solche unzulässig, selbst wenn für das mit ihr verfolgte Vergehen Strafantrag und Sühnebescheinigung vorhanden oder nicht erforderlich sind; vgl. KG JW **1932** 962 mit Anm. von Stern. Ebenso ist die Widerklage unzulässig, wenn die Privatklage wegen einer nur von Amts wegen verfolgbaren Straftat erhoben ist oder wenn der Staatsanwalt gemäß § 377 Abs. 2 die Verfolgung des Privatklagevergehens übernommen hat. Also gibt es auch keine Widerklage gegen eine Nebenklage. Möglicherweise ergibt sich die Unzulässigkeit der Widerklage erst im späteren Verlauf des Verfahrens aus der jetzt erst erkannten Unzulässigkeit der Privatklage (BayObLGSt. **1952** 114). Wird aber die Unzulässigkeit der Privatklage nicht bloß später *erkannt* (z. B. durch tatsächliche Aufklärung des Hergangs oder wegen richtigerer Rechtsbeurteilung), sondern tritt die Unzulässigkeit der Privatklage *jetzt erst* ein (z. B. durch Rücknahme des Strafantrags oder dadurch, daß der Staatsanwalt nunmehr die Verfolgung übernimmt), während sie bei Erhebung der Widerklage noch zulässig war, so bleibt die Widerklage eine zulässig erhobene Privatklage.

Die Privatklage muß schon erhoben und darf noch nicht erledigt oder bis zur Beendigung der Schlußvorträge vor dem Amtsrichter gediehen sein. „Erhoben" ist sie, wenn alle Voraussetzungen der §§ 379—381 erfüllt sind (vgl. oben 1 zu § 382). Es bedarf für die Zulässigkeit der Widerklage also weder der Mitteilung der Privatklage an den Beschuldigten (§ 382) noch der Eröffnung (§ 383 Abs. 1). Freilich muß der Widerkläger wissen, daß die Privatklage gegen ihn erhoben ist, weil er sie bezeichnen muß (unten 12a). Als Endzeitpunkt für die Erhebung der Widerklage nennt das Gesetz nur die Beendigung der Schlußvorträge im ersten Rechtszug. Es versteht sich aber, daß eine Widerklage auch dann nicht mehr möglich ist, wenn ihr eine andere endgültige Erledigung der Privatklage (überhaupt oder doch als solcher) vorausgegangen ist: rechtskräftige Zurückweisung wegen mangelnden Tatverdachts oder aus Rechtsgründen (§ 383 Abs. 1), Einstellung wegen Geringfügigkeit (§ 383 Abs. 2), Rücknahme (das ist nicht der Fall des Abs. 4, der nur die Rücknahme nach Erhebung der Widerklage betrifft). Tritt eine solche Erledigung der Privatklage erst nach Erhebung der Widerklage ein, so berührt das deren Bestand (als Privatklage) nicht. BayObLG NJW **1958** 1149; Parsch NJW **1958** 1548; **a. A.** Müller-Sax 4b aa. Anders ist es nur, wenn die spätere Erledigung (Einstellung) darauf beruht, daß die Privatklage in Wahrheit schon vor Erhebung der Widerklage unzulässig war. Mangelnder Tatverdacht oder Geringfügigkeit von Schuld und Folgen macht die Privatklage aber nicht von vornherein unzulässig.

3. Finden **mehrere Hauptverhandlungen** im ersten Rechtszuge statt, so kann, da das Gesetz nichts Entgegenstehendes sagt, die Widerklage auch noch in der letzten erhoben werden. Das gilt auch dann, wenn in der früheren Hauptverhandlung schon Schlußvorträge stattgefunden hatten und erst nach ihrer Beendigung die Aussetzung der Verhandlung, z. B. zwecks weiterer Beweiserhebung oder zu Vergleichsversuchen, beschlossen wurde. Es ist nur folgerichtig, die Widerklage selbst dann noch zuzulassen, wenn es infolge einer Zurückweisung gemäß § 328 Abs. 2 oder Abs. 3 zu einer neuen Verhandlung vor dem Amtsrichter kommt.

4. Für die Widerklage selbst müssen die **allgemeinen Erfordernisse einer Privatklage** gegeben sein. Sie kann also nur wegen eines Privatklagevergehens erhoben werden (vgl. § 374). Auch müssen die Verfahrensvoraussetzungen vorliegen. Privatklage kann erhoben

werden, auch wenn der Privatkläger der Gerichtsbarkeit des Prozeßgerichts nicht unterliegt, z. B. gemäß Art. 46 GG (Bockelmann, Die Unverfolgbarkeit der Abgeordneten nach deutschem Immunitätsrecht 1951 S. 48 Anm. 74). Dagegen ist die Widerklage gegen einen solchen Privatkläger ebensowenig möglich wie eine Privatklage gegen ihn. Der im Privatklageverfahren Angeklagte braucht als solcher nicht prozeßfähig zu sein; Widerklage kann der nicht Prozeßfähige aber nur durch seinen gesetzlichen Vertreter erheben, Kl 4 (vgl. § 374 Abs. 3). Schließlich setzt die Widerklage wegen eines Antragsdelikts ebenso wie die Privatklage einen rechtzeitig gestellten Strafantrag voraus (vgl. dazu unten 5).

Die §§ 379, 379a, 380 gelten für die Widerklage dagegen nicht. Der Widerkläger braucht für die dem Privatkläger erwachsenden Kosten keine Sicherheit zu leisten; mit Erhebung einer Privatklage setzt man sich eben einer Widerklage und dem damit verbundenen Kostenrisiko aus. Eine *Gebühren*vorschußpflicht trifft den Widerkläger nach § 113 Abs. 1 Satz 3 GKG nicht; über *Auslagen*vorschüsse vgl. unten 12c. Ein Sühneversuch hätte keinen Sinn, nachdem das Privatklageverfahren ohnehin durchgeführt werden muß, sei es weil der Privatkläger schon eine Sühnebescheinigung beigebracht hat, sei es, weil sie für die Privatklage nicht erforderlich war.

5. Die Widerklage wegen eines Antragsvergehens setzt einen rechtzeitig gestellten **Strafantrag** voraus. Darin unterscheidet sie sich nicht von der Privatklage (EbSchmidt 5). Nur ist zu beachten, daß die *Antragsfrist* für den „anderen Teil" bei wechselseitigen Beleidigungen und wechselseitigen leichten Körperverletzungen nach §§ 198, 232 StGB teils länger, teils kürzer ist als für den „einen Teil". Das gilt, über den genauen Wortlaut hinaus, auch dann, wenn Beleidigungen mit leichten Körperverletzungen erwidert worden sind, oder umgekehrt (Dürwanger 271f.). Der „eine Teil" ist nicht der Privatkläger als solcher und der „andere Teil" nicht der Widerkläger als solcher; sondern der „eine Teil" ist, wer als erster von beiden Strafantrag gestellt hat (vgl. auch LG Zweibrücken MDR **1958** 117). Ob das der Verletzte selbst oder der selbständig Antragberechtigte (Vorgesetzte) war, macht keinen Unterschied (Schreiber NJW **1949** 497; **a. A.** Dürwanger 387). War freilich die Antragsfrist für die erste Beleidigung bei Begehung der zweiten schon versäumt, so eröffnet auch § 198 StGB keine Verfolgungsmöglichkeit mehr für die erste Tat, RGSt. **44** 162; Herdegen in LK Rz 4 zu § 198 StGB; Dürwanger 272. – Der Strafantrag des „anderen Teils" ist nach § 198 StGB bis zum „Schluß der Verhandlung" zu stellen; das muß nicht gerade eine Privatklageverhandlung, kann vielmehr auch ein Amtsverfahren sein. Die Wirksamkeit des zweiten Strafantrages hängt nicht davon ab, ob der erste sich auf eine wirklich begangene und erwiesene Straftat bezieht, BayObLGSt. **1958** 279 = NJW **1959** 304. Der Strafantrag kann, wenn es ein Privatklageverfahren ist, auch in Gestalt einer Widerklage angebracht werden, muß es aber nicht; er kann auch zur Grundlage späterer Verfolgung (durch selbständige Privatklage oder im Amtsverfahren) dienen.

6. Privatklage- und Widerklagevergehen müssen miteinander in **Zusammenhang** stehen. Dieser Zusammenhang braucht nur lose zu sein; insbesondere braucht es kein zeitlicher, ursächlicher oder Motivationszusammenhang zu sein, BGHSt. 17 194, 197. Der Begriff des Zusammenhangs ist erheblich weiter als der des „Wechselseitigen" (§ 198 StGB) oder gar der Erwiderung „auf der Stelle" (§§ 199, 233 StGB). Er wird in aller Regel einfach wegen der gegenseitigen Beschuldigung anzunehmen sein, wenn nicht ausnahmsweise (etwa bei *fahrlässiger* Körperverletzung) die beiden Vergehen und die beiden Täter so wenig miteinander zu tun haben, daß aus diesem Grunde eine gemeinsame Verhandlung geradezu unzweckmäßig erscheint (ausführlich in diesem Sinne Fritzsche JW **1924** 1682). Insbesondere genügt es, wenn beide Taten Ausfluß feindseliger Gesinnung sind (**a. A.** OLG Dresden **1930** 2596; dagegen mit Recht Unger in der Anm. aaO.); zutreffend auch BayObLG JW **1931** 225; dem zustimmend Müller-Sax 2a; Erbs 1; ebenso Dürwanger 271 Kl 3.

7. **Identität der Parteien.** Die Handlungen, die den Gegenstand der Klage und der Widerklage bilden, müssen zwischen denselben Personen stattgefunden haben. Erhebt also der Vorgesetzte des Verletzten Privatklage (§ 374 Abs. 2), so kann der Angeklagte nicht etwa wegen Taten des Vorgesetzten Widerklage erheben (LG Paderborn NJW **1950** 78; EbSchmidt 9). Früher konnte der Angeklagte in solchem Falle auch wegen Taten des von ihm Verletzten

selbst keine Widerklage erheben. Hatte also der Mann wegen einer der Frau zugefügten Beleidigung Privatklage erhoben, so war eine Widerklage weder wegen Taten des Mannes möglich (weil er nicht der Verletzte war) noch wegen Taten der Frau (weil sie nicht Privatklägerin war). Dem letzteren suchte der 1942 eingefügte Abs. 2 abzuhelfen. Seine praktische Bedeutung ist stark zurückgegangen, weil der Hauptanwendungsfall, eben die Privatklage des Ehemannes wegen Straftaten gegen die Frau, inzwischen fortgefallen ist (vgl. oben 5c zu § 374). Von den Anwendungsfällen des § 374 Abs. 2 gibt es jetzt nur noch das Privatklagerecht des Vorgesetzten und das der Verbände zur Förderung gewerblicher Interessen (vgl. oben 5a und b zu § 374). Privatklagen des Vorgesetzten sind aber nur möglich, wenn der Vorgesetzte das öffentliche Interesse an der Verfolgung bejaht und der Staatsanwalt es verneint. Verneint der Vorgesetzte es, so überläßt er die Privatklage dem verletzten Beamten selbst; bejaht der Staatsanwalt das öffentliche Interesse, so übernimmt er die Verfolgung selbst (§ 376). Fälle, in denen Privatklagevergehen *gegen* den Beamten in Zusammenhang mit Privatklagetaten des Beamten stehen, werden sich nur ausnahmsweise zu einer Verfolgung durch den Vorgesetzten eignen. In den Fällen des § 13 UWG und der §§ 2, 3 der Zugabeverordnung fehlt es im allgemeinen an einem bestimmten Verletzten, gegen den eine Widerklage erhoben werden könnte, weil diese Taten sich gegen die Allgemeinheit der Mitbewerber richten, jedenfalls dann, wenn sie von einem Verband verfolgt werden. Denkbar bleibt freilich eine Widerklage des vom Vorgesetzten eines Verletzten mit Privatklage verfolgten Angeklagten gegen den Verletzten selbst. Schorn, Strafrichter 385, will hierher auch den Fall rechnen, daß „der Ehegatte des verstorbenen Ehegatten — § 189 StGB — die Privatklage erhoben hat". Das ist falsch: Der Verletzte — der verstorbene Ehegatte — hat die Privatklage nicht erhoben (Abs. 1), gegen ihn kann die Widerklage nicht gerichtet werden (Abs. 2).

8. Die Widerklage hat **keine sachlichrechtliche Bedeutung.** Ob bei Beleidigungen oder leichten Körperverletzungen, die auf der Stelle erwidert worden sind, gemäß §§ 199, 233 StGB von Strafe abgesehen wird, hängt nicht davon ab, daß beide Taten im Wege von Privatklage und Widerklage verfolgt werden.

9. Auch wenn alle Voraussetzungen einer Widerklage gegeben sind, kann der Angeklagte statt ihrer eine **selbständige Privatklage** erheben. Das Gericht darf auch nicht von sich aus die Privatklage des Angeklagten eine Widerklage umdeuten (so mit überzeugender rechtlicher Begründung OLG Düsseldorf NJW **1954** 123; weitere praktische Gründe bei Dürwanger 382; Müller-Sax 3c; EbSchmidt 1; Kl 2). Jedoch kann das Gericht zwei Privatklagen mit umgekehrten Parteirollen gemäß § 237 miteinander verbinden. Hat der Angeklagte gegen den Privatkläger zunächst eine selbständige Privatklage erhoben, wünscht er nun aber statt dessen im Wege der Widerklage gegen den Privatkläger vorzugehen, so kann er diese Widerklage erheben, muß aber vor der Entscheidung über sie (und nach Erhebung der Widerklage) die Privatklage zurücknehmen; verfährt er so, dann steht ihm weder die Rechtshängigkeit noch § 392 entgegen, BayObLG RReg. III 60/50 vom 7. 2. 1951.

10. Für die mit der Widerklage verfolgte Tat begründet § 388 einen **Gerichtsstand** bei dem Privatklagegericht, auch wenn sonst ein anderes Amtsgericht örtlich zuständig wäre. Dieser Gerichtsstand geht auch dann nicht wieder verloren, wenn die Privatklage nach Erhebung der Widerklage zurückgenommen oder sonst erledigt wird; auch dann nicht, wenn sie nach Erhebung der Widerklage unzulässig wird (z. B. durch Rücknahme des Strafantrags). Anders, wenn sich nachträglich herausstellt, daß die Privatklage schon vor Erhebung der Widerklage unzulässig war. Dann ist auch die Widerklage als solche unzulässig; sie kann nur als Privatklage in dem sonst für sie gegebenen Gerichtsstand erhoben werden.

11. Form der Widerklage

a) Die Widerklage kann **außerhalb der Hauptverhandlung** erhoben werden; dann ergibt sich die erforderliche Form aus § 381. Sie muß ausdrücklich als Widerklage (oder mit einem gleichbedeutenden Ausdruck) bezeichnet werden und auch das Privatklageverfahren angeben, in dem sie erhoben wird. Andernfalls handelt es sich nicht um eine Widerklage, sondern um eine selbständige Privatklage (oben 9).

b) Aus Abs. 1 („bis zur Beendigung der Schlußvorträge") und besonders aus Abs. 2 („in der Hauptverhandlung") geht hervor, daß die Widerklage auch **in der Hauptverhandlung** erhoben werden kann. Das bedeutet, daß hier auch die Formen der Hauptverhandlung maßgebend sind, nämlich die Mündlichkeit, EbSchmidt 10; Kl 2. Die Ansicht, Widerklage könne auch in der Hauptverhandlung durch Überreichung einer Anklageschrift erhoben werden, ist ebensowenig zutreffend, wie der gelegentlich vertretenen Meinung zugestimmt werden kann, sie *müsse* auch hier gemäß § 381 erhoben werden (Immler GoltdA Bd. 33 S. 174). Dabei wird verkannt, daß die Mündlichkeit nicht eine geringere, sondern eine andere Form ist als die Schriftlichkeit, und daß sie für die Hauptverhandlung ebenso streng und ausnahmslos vorgeschrieben ist wie bisweilen anderwärts (z. B. in § 381) die Schriftlichkeit. In der Hauptverhandlung geht der Mündlichkeitsgrundsatz allen anderen Formvorschriften vor. Vorgänge, deren wesentlicher Gehalt im schweigenden Lesen besteht, oder gar in der bloßen Entgegennahme von Schriftstücken, die nicht gelesen werden, passen nicht in die Verhandlung. Werden hier Schriftstücke überreicht, so ist nicht diese Überreichung, sondern ihr Vortrag oder ihre Verlesung der maßgebende Vorgang.

c) **Eine bedingte Widerklage** ist ebenso unzulässig wie eine bedingte Privatklage (Kl 2 und oben 4 zu § 381). Die Widerklage kann also nicht etwa für den Fall erhoben werden, daß die Privatklage zu einer bestimmten Entscheidung (Verurteilung des Angeklagten) führen sollte. Dagegen sind Rechtsbedingungen unschädlich und erlaubt. Der Widerkläger kann also beantragen, seine Klage als Widerklage zu behandeln, wenn dies zulässig sei, sonst aber als selbständige Privatklage.

12. Verfahren

a) Das Gericht hat die Widerklage, genau wie jede andere Privatklage, zunächst gemäß §§ 382, 383 zu prüfen. Ist sie außerhalb der Hauptverhandlung erhoben, so muß es sie dem Privatkläger (im Falle des Abs. 2 dem Verletzten) vor der Entscheidung mitteilen, es sei denn, es liege einer der oben 3 zu § 382 erörterten Fälle vor, in denen ihre Unzulässigkeit oder Unbegründetheit von vornherein feststeht und nicht behoben werden kann. Wird die Widerklage in der Hauptverhandlung erhoben, so wird der Privatkläger mündlich gehört; im Falle des Abs. 2 der Verletzte, wenn er anwesend ist; sonst bedarf es einer Aussetzung und schriftlicher Mitteilung. Sodann muß vor weiterer Verhandlung über Privatklage oder Widerklage ein Beschluß ergehen, der entweder das Hauptverfahren auf die Widerklage eröffnet oder die Widerklage zurückweist (§ 383 Abs. 1) oder das Verfahren nach § 383 Abs. 2 einstellt (letzteres regelmäßig nicht zu empfehlen). Insbesondere ist der **Eröffnungsbeschluß** nicht etwa entbehrlich (Gerland 452; Dürwanger 389; LG Duisburg MDR **1953** 633; **a. A.** Kl 5; Müller-Sax 4b bb; Feisenberger 3; OLG Hamburg NJW **1956** 1890). Nur bei mündlich erhobener Widerklage halten den Eröffnungsbeschluß für entbehrlich: Beling 458; Bennecke-Beling 643; EbSchmidt 13, 15, 16). Das Gesetz macht keine Ausnahme, und Rechtsstaatlichkeit, Zweckmäßigkeit wie Klarheit des Verfahrens fordern den Eröffnungsbeschluß (solange nämlich das Verfahrensrecht überhaupt einen Eröffnungsbeschluß kennt: ob er de lege ferenda beibehalten werden soll, ist hier nicht zu erörtern). BayObLGSt. **1958** 84 = NJW **1958** 1149 meint, es liege „auf der Hand", daß bei mündlicher Erhebung „kein Raum" für einen Eröffnungsbeschluß sei; und es folgert daraus, daß er auch sonst entbehrlich sei, mit Ausnahme des Falles, daß die Privatklage „als unbegründet" zurückgewiesen worden sei. Die zu anderen Punkten sorgfältig begründete Entscheidung läßt es gerade hier an Gründen fehlen. Daß es am „Raum" fehle und daß das „auf der Hand" liege, ist keine Begründung. Das Gesetz (§ 266) verlangt ja auch bei mündlich erhobener Nachtragsanklage einen Einbeziehungsbeschluß, ohne daß das am „Raum" scheitert. Ehe dem Privatkläger zugemutet werden kann, sich vor Gericht gegen den Vorwurf einer Straftat zu verteidigen, muß das Gericht sich ihm wie jedem anderen Beschuldigten gegenüber schlüssig machen, ob es ihm für hinreichend verdächtig hält.

b) Dem **Staatsanwalt** braucht die Widerklage nur dann mitgeteilt zu werden, wenn das Gericht die Übernahme der Verfolgung durch ihn für geboten hält (§ 377 Abs. 1 Satz 2). Übernimmt der Staatsanwalt die Verfolgung nur hinsichtlich der Klage oder nur hinsichtlich der Widerklage, so geht die andere als selbständige Privatklage weiter. Im ersten Fall wird der Privatkläger, im zweiten der Widerkläger zum Nebenkläger. Die beiden Verfahren sind in diesen Fällen, übrigens auch dann, wenn der Staatsanwalt die Verfolgung in beiden übernimmt, vorläufig noch verbunden, aber nur im Sinne des § 237; sie können dann also nach dem Ermessen des Gerichts getrennt werden.

c) Den Widerkläger trifft *nicht* die **Vorschußpflicht** des § 379a (§ 113 Abs. 1 Satz 3 GKG). Wohl aber muß es für die Beweismittel, mit denen das dem Privatkläger zur Last gelegte Vergehen bewiesen werden soll, *und* für die Beweismittel, mit denen der *Privatkläger* sich *verteidigen* will, nach § 114 GKG Auslagenvorschüsse leisten, wenn das Gericht ihre Ladung anordnet (vgl. oben 2 zu § 379).

d) Sind durch die Tat, die den Gegenstand der Widerklage bildet, noch andere als der Widerkläger verletzt, so können sie nicht selbständige Privatklage erheben, sondern nur gemäß § 375 der Widerklage **beitreten** (oben 8 zu § 375). Auch wenn sie es nicht tun, wirkt die Entscheidung ihnen gegenüber Rechtskraft (§ 375 Abs. 3). Gegenüber den Beigetretenen muß auch eine Widerklage des Privatklägers zulässig sein.

e) Gleichzeitige Entscheidung (Abs. 3). Die Bedeutung des Abs. 3 darf nicht überschätzt werden. Die Vorschrift ist „nicht starr zu verstehen"(v. Beling 161, 458 und Anm. zu KG JW **1925** 1034). Es gibt zahlreiche Fälle, in denen sie gar nicht befolgt werden kann. Zunächst sind das alle Fälle, in denen über die Privatklage oder über die Widerklage nicht zu erkennen, sondern zu beschließen ist (vgl. oben 8 zu § 383). Es kann nicht der Sinn des Abs. 3 sein, den Richter zu einem Urteil über Privatklage oder Widerklage zu nötigen, wenn die Entscheidung sonst als Beschluß zu erlassen wäre (insbesondere nach § 383). Abs. 3 hindert also den Richter nicht, nur die Privatklage oder nur die Widerklage wegen fehlenden Tatverdachts zurückzuweisen (BayObLGSt. **1958** 84 = NJW **1958** 1149; Parsch NJW **1958** 1548), oder das Verfahren nur hinsichtlich einer der beiden wegen Geringfügigkeit (§ 383 Abs. 2) einzustellen; vgl. OLG Düsseldorf MDR **1962** 327 (daß sich dies letztere nur in Ausnahmefällen empfehlen wird, ist eine andere Sache; vgl. Dürwanger 395). Ebensowenig ist der Richter gehindert, nur die Widerklage als unzulässig zurückzuweisen. Das versteht sich von selbst, soweit es an den besonderen Widerklagevoraussetzungen fehlt; es gilt aber auch dann, wenn nur die allgemeinen Privatklagevoraussetzungen hinsichtlich der Widerklage nicht gegeben sind.

Die vorstehenden Ausführungen (selbst wenn man ihnen nicht in vollem Umfange, sondern nur in dem einen oder anderen Punkte folgen will) ergeben, daß ein gleichzeitiges Urteil über Klage und Widerklage nicht immer möglich ist. Die Erledigung der einen von beiden durch Beschluß kann im Beschwerdeweg rückgängig gemacht werden; und dann kann nachträglich ein Urteil über die eine notwendig werden, auch wenn inzwischen die andere schon durch Urteil erledigt ist. Wollte man das verhindern, so müßte immer erst die Rechtskraft des zurückweisenden oder einstellenden Beschlusses abgewartet werden, ehe ein Urteil auf die nicht zurückgewiesene Klage, in der nicht eingestellten Sache ergehen dürfte; und selbst das gäbe angesichts der Möglichkeit einer Wiedereinsetzung keine Sicherheit.

Vor allem aber können die beiden Sachen dadurch getrennt werden, daß das in beiden gleichzeitig ergangene Urteil nur hinsichtlich der einen angefochten wird (KG JW **1925** 1034 mit Anm. von v. Beling; Stern JW **1932** 962). Hat etwa der Amtsrichter auf die Privatklage und auf die Widerklage freigesprochen, so kann dagegen eine der beiden Parteien Berufung einlegen, auch wenn die andere sich bei dem Freispruch der einen beruhigt. Es kann unmöglich der Sinn des Abs. 3 sein, das zu verhindern. Das Rechtsmittel ergreift aber den Freispruch des Rechtsmittelführers nicht, weil er dadurch nicht beschwert ist. Dann ergeht die endgültige Sachentscheidung über die Privatklage also nicht gleichzeitig mit der über die Widerklage. Entsprechendes gilt, wenn beide Parteien Rechtsmittel einlegen, aber nur eines davon begründet ist und zur Zurückverweisung führt. Das Berufungs- oder Revisionsgericht kann weder auf ein unbegründetes Rechtsmittel hin aufheben noch kann es auf das Rechtsmittel der einen Partei das angefochtene Urteil auch insoweit aufheben, als diese Partei nicht beschwert ist und gar keine Abänderung erstrebt. Wenn also BayObLGSt. **1952** 114 (und dem zustimmend Müller-Sax 4b cc; EbSchmidt 17) sagt, das Berufungsgericht dürfe nicht die Privatklage oder die Widerklage allein an das Amtsgericht zurückverweisen, so ist das mindestens in dieser Allgemeinheit unrichtig. Hat freilich der Amtsrichter die Privatklage für unzulässig gehalten, weil es am Strafantrag fehle, und deshalb das Privatklage- und das Widerklageverfahren durch Urteil eingestellt, so wird das Landgericht, das den Strafantrag als rechtzeitig gestellt oder als entbehrlich ansieht, auf die Berufung des Privatklägers nicht nur die Privatklage, sondern auch die Widerklage zurückverweisen müssen (das war der Fall des BayObLG aaO.). Das aber nicht deshalb, um „den Widerkläger nicht durch eine formale Entscheidung um sein Recht (zu) bringen", wie das BayObLG aaO. meint; denn er würde so gar nicht um sein Recht kommen, könnte vielmehr nun noch Privatklage oder auch noch einmal Widerklage erheben; die Einstellung wegen Fehlens einer Verfahrensvoraussetzung verbraucht das Strafklagerecht nicht. Aber eben deshalb ist der Privatkläger durch die Einstellung der Widerklage beschwert, so daß er seine Berufung auch dagegen richten konnte, um einen Freispruch zu erreichen. Einer Verurteilung des Privatklägers (als Widerbeklagten) auf die nur von ihm eingelegte Berufung steht § 331 entgegen. — Sind beide Parteien verurteilt (oder beide freigesprochen) worden, und legt jede nur gegen die eigene Verurteilung (oder nur gegen den Freispruch der anderen) ein Rechtsmittel ein, so muß es dem Rechtsmittelgericht zustehen, auf das eine Rechtsmittel aufzuheben und zurückzuverweisen und das andere (als unzulässig oder als unbegründet) zu verwerfen. Auch dann fällt die endgültige Entscheidung über Klage und Widerklage nicht gleichzeitig. — Auch das BayObLG hat nicht umhin können, in einem und demselben Verfahren die Revision des Privatklägers als Widerbeklagten durch Urteil und die von ihm als Privatkläger eingelegte sofortige Beschwerde gegen die Einstellung des Privatklageverfahrens durch Beschluß zu verwerfen, RReg. III 102/50 vom 14. 2. 1951. Von dieser Ansicht hat sich das BayObLG freilich später gelöst, und BGHSt. 17 195 ist ihm gefolgt. Vgl. dazu eingehend oben 9e (zweiter Absatz) zu § 383.

Nach alledem bedeutet Abs. 3 nur, daß die beiden verbundenen Sachen nicht ohne weiteres gemäß § 4 Abs. 1 getrennt werden dürfen. Gleichwohl wird man eine Trennung aus wichtigen Zweckmäßigkeitsgründen für zulässig halten können, z. B. dann, wenn die Privatklage spruchreif ist und die Widerklage noch eine langwierige Beweisaufnahme erfordert (so mit Recht v. Beling JW **1925** 1034 a. E.; OLG Dresden JW **1932** 962 Nr. 16). Es ist nicht der Sinn des Widerklagerechts, die Verurteilung des Angeklagten über Gebühr aufzuhalten. Ein anderes Beispiel ist der Fall, daß ein Abgeordneter Privatklage erhoben hat. Seine Immunität steht der Erhebung einer Privatklage gegen ihn, mithin auch einer Widerklage nicht entgegen, wohl aber deren weiterer Durchführung (vgl. Bockelmann: Die Unverfolgbarkeit der Abgeordneten nach deutschem Immunitätsrecht 1951 S. 34 Anm. 58). Gewiß kann es Fälle geben, in denen es dann sehr angemessen erscheint, mit *beiden* Sachen bis zur Beendigung der Immunität innezuhalten; es geht aber nicht an, dem Angeklagten, der ein Privatklagevergehen gegen einen Abgeordneten begangen hat, stets die Widerklage als eine Bremsvorrichtung in die Hand zu geben.

13. **Erledigung der Privatklage.** Absatz 4 bringt zum Ausdruck, daß Privatklage und Widerklage im Grunde voneinander unabhängige Strafverfahren begründen (**a. A.** BayObLGSt. **1952** 114, das den Abs. 4 für eine Ausnahme hält). Schon die Ausführungen zu 12 haben gezeigt, daß selbst die scheinbare Mußvorschrift des Abs. 3 nicht in der Lage ist, die gleichzeitige Erledigung immer durchzusetzen. Die Rücknahme der Klage macht die Widerklage (abgesehen vom Jugendstrafverfahren, vgl. Pentz GoltdA **1958** 301) zu einer selbständigen Privatklage. Dieselbe Wirkung müssen auch andere Verfahrensvorgänge haben, mit denen sich die Klage erledigt; z. B. die Übernahme der Verfolgung durch den Staatsanwalt (oben 10 zu § 377); Einstellung des Privatklageverfahrens gemäß § 383 Abs. 2; Rechtskraft sonstiger Entscheidungen auf die Privatklage.

14. Über die **Kosten** bei Privatklage und Widerklage vgl. bei § 471.

§ 389

(1) Findet das Gericht nach verhandelter Sache, daß die für festgestellt zu erachtenden Tatsachen eine strafbare Handlung darstellen, auf die das in diesem Abschnitt vorgeschriebene Verfahren nicht anzuwenden ist, so hat es durch Urteil, das diese Tatsachen hervorheben muß, die Einstellung des Verfahrens auszusprechen.

(2) **Die Verhandlungen sind in diesem Falle der Staatsanwaltschaft mitzuteilen.**

Bezeichnung bis 1924: § 429

1. Das Gericht hat in jeder Lage des Verfahrens **von Amts wegen** zu prüfen, ob es sich um ein Privatklagevergehen (§ 374 Abs. 1) handelt. Dabei hat es von der Klage auszugehen. Handelt es sich nach deren Tatsachenvortrag um ein Offizialdelikt, so ist die Privatklage von vornherein unzulässig und bleibt es auch. Sie muß dann sofort durch Beschluß (§ 383 Abs. 1) zurückgewiesen werden. Unterbleibt das aus Rechtsirrtum und wird das Verfahren eröffnet, so ist das Verfahren einzustellen, sobald der Fehler bemerkt wird; und zwar außerhalb der Hauptverhandlung (auch noch in höherer Instanz) durch Beschluß nach § 206a (Kl 2 B zu § 383; Müller-Sax 2b; EbSchmidt 7), in der Hauptverhandlung durch Urteil. Das Privatklageverfahren wird nicht etwa dadurch zulässig, daß die tatsächlichen Behauptungen der Klage, aus denen sich die Eigenschaft der Tat als Offizialdelikt ergibt (Beispiele: schwere Folgen einer Körperverletzung nach § 224 StGB; Tateinheit der Beleidigung mit falscher Anschuldigung), in der Hauptverhandlung widerlegt oder nicht erwiesen werden. Es kommt nicht darauf an, ob die Sachdarstellung der Klage glaubhaft ist. Schon die bloße Behauptung in der Privatklage macht das Privatklageverfahren ein für allemal unzulässig. Daß es so sein muß, zeigt sich am deutlichsten, wenn überhaupt nichts gegen den Angeklagten erwiesen wird, so daß er freizusprechen wäre: Das wäre ein Freispruch von einem Offizialdelikt, der im Privatklageverfahren unzulässig ist. Aber das behauptete Offizialdelikt darf auch nicht dadurch abgeurteilt werden, daß der Angeklagte im Privatklageverfahren lediglich wegen eines Privatklagevergehens abgeurteilt wird (RGSt. 9 324). Eine Entscheidung, die hinsichtlich eines Offizialdelikts Rechtskraft wirken würde, darf im Privatklageverfahren nicht ergehen. (Geschieht es dennoch und wird die Entscheidung rechtskräftig, so kann das Offizialdelikt nicht mehr abgeurteilt werden; vgl. unten 6.) Der Eröffnungsbeschluß hat — trotz seiner Unanfechtbarkeit — insoweit für das Gericht keine bindende Wirkung. Es handelt sich um ein Verfahrenshindernis für diese besondere Verfahrensart. Ergibt sich dieses Hindernis aus den Klagebehauptungen, so ist das ein anderer Fall als der in § 389 geregelte, daß das Hindernis sich erst „nach verhandelter Sache" aus den Feststellungen ergibt. Jedoch ist er aus allgemeinen Gründen ebenso zu behandeln. Das Verfahren muß wegen Unzulässigkeit einer solchen Privatklage eingestellt werden. Etwas anderes sagt auch BayObLGSt. 1953 260 (= RPfleger 1954 468 = DRsp. IV [464] 75a) nicht. Dort wird nur der in § 389 ausdrücklich geregelte Fall behandelt. Übrigens wird durch eine Zurückweisung oder Einstellung, die sich nur auf die Klagebehauptungen (d. h. darauf, daß diese Offizialdelikte ergeben) gründet, die Strafklage auch dem Privatkläger gegenüber nicht verbraucht. (Daß die öffentliche Klage nicht verbraucht ist, versteht sich von selbst; sie soll ja gerade möglich gemacht werden.) Der Privatkläger ist nicht gehindert, eine neue Privatklage zu erheben, in der er die Tatsachen, die das Delikt zum Offizialdelikt machen würden, nicht behauptet. Sollten sie sich dann doch als zutreffend erweisen, so liegt nunmehr der Fall des § 389 vor.

2. Der Wortlaut, der von den **festgestellten Tatsachen** spricht, führt irre. Im Privatklageverfahren ist das Gericht gar nicht berufen, Tatsachen „festzustellen", in denen ein Offizialdelikt liegt (BayObLGSt. 1953 260; EbSchmidt 5). Andererseits genügt nicht jede entfernte Möglichkeit eines Offizialdelikts (BayObLG aaO.). Vielmehr handelt es sich um die Frage des hinreichenden Verdachts im Sinne des § 203; ebenso EbSchmidt 5; Kl 1. Dabei wird der Amtsrichter gut tun zu bedenken, daß seine Ansicht den Staatsanwalt (vgl. unten 3) und vor allem das Gericht, das zur Eröffnung des Hauptverfahrens zuständig ist, nicht bindet. Es wäre äußerst unsachgemäß, wenn ein Verhalten, das mindestens ein Privatklagevergehen und möglicherweise ein Offizialdelikt enthält, wegen Meinungsverschiedenheiten nur über diesen letzteren Punkt überhaupt nicht verfolgt werden könnte. Der Weg, den das Verfahrensrecht zur Vermeidung solcher unmöglichen Ergebnisse weist, ist die Verfolgung nach § 377 Abs. 1 Satz 2. Dies ist sogar der wichtigste Anwendungsfall dieser Vorlegung (vgl. dazu näher oben 6 zu § 377). Denn gerade wenn das Gericht den hinreichenden Verdacht eines Offizialdelikts bejaht, „hält es die Übernahme der Verfolgung durch ihn (den Staatsanwalt) für geboten". Hier hat der Richter, wenn er dem Staatsanwalt die Übernahme der Verfolgung „im Guten" nahelegt, die besseren Möglichkeiten, den Prozeß zu

dem Ende zu bringen, das er selbst für das richtige hält. Denn er kann, wenn der Staatsanwalt eintritt, den Angeklagten entweder selbst wegen des Offizialdelikts (nach Hinweis gemäß § 265) verurteilen; es ist ja nun kein Privatklageverfahren mehr, und an die Rechtsauffassung des Staatsanwalts ist er nicht gebunden. Oder er kann jetzt (was er im Privatklageverfahren nicht konnte) die Sache gemäß § 270 an ein höheres Gericht verweisen, das er damit (anders als mit einem Einstellungsurteil nach § 389) *bindet;* er setzt sich dann nicht einmal mehr einem Rechtsmittel aus. Erst wenn der Staatsanwalt die Übernahme ablehnt, sollte das Gericht den Weg des § 389 beschreiten. Aber auch der Staatsanwalt sollte bei seiner Entscheidung berücksichtigen, wie unerwünscht (gerade von dem Standpunkt aus, es liege *kein* Offizialdelikt, sondern nur ein Privatklagevergehen vor, und sein Einschreiten sei an sich *nicht* geboten) eine Einstellung gemäß § 389 wäre. Bei derartigen Meinungsverschiedenheiten zwischen Richter und Staatsanwalt wird der Staatsanwalt, wenn er der Klügere ist, nachgeben, und zwar so früh wie möglich. Denn die verfahrensrechtliche Lage bringt es mit sich, daß auch ihm gerade das Nachgeben, d. h. die Übernahme der Verfolgung, die besseren Möglichkeiten gibt, seine sachlich-rechtliche Auffassung durchzusetzen. Er kann dann mit eigenen Ermittlungen, mit Ausführungen in der Verhandlung, mit Beweisanträgen und mit Rechtsmitteln die Ansicht verfechten, es handle sich um ein Privatklagevergehen, und läuft nicht Gefahr, ohne eigene Einflußmöglichkeit einem einstellenden Urteil als vollendeter Tatsache gegenüberzustehen.

Dieser Weg ist immer gangbar. Er fordert weder vom Richter noch vom Staatsanwalt, aus Zweckmäßigkeitsgründen die eigene Einsicht zu opfern. Denn der Richter handelt nur seiner eigenen Einsicht entsprechend, wenn er bei Annahme eines Offizialdelikts den Staatsanwalt zur Übernahme auffordert. Und der Staatsanwalt vergibt seiner sachlichrechtlichen Auffassung nichts, wenn er gemäß § 377 die Verfolgung des — wie er meint — Privatklagedelikts übernimmt.

Abzulehnen ist die Ansicht des LG Coburg (BayJMBl. **1956** 118 = DRsp. IV 17a), der Richter solle das Verfahren bis zur Entscheidung des Staatsanwalts vorläufig einstellen. Das ist weder zweckmäßig noch hat es eine Grundlage im Verfahrensrecht. Die Stellungnahme des Staatsanwalts ist keine Prozeßvoraussetzung des Privatklageverfahrens.

3. Nur wenn der unter 2 beschriebene Weg nicht begangen wird, kann es zu einem **Einstellungsurteil** gemäß § 389 kommen. Das Urteil kann mit den gewöhnlichen Rechtsmitteln angefochten werden, und zwar vom Angeklagten, vom Privatkläger und von der Staatsanwaltschaft. Der Angeklagte ist beschwert, weil die Anklage mit der Einstellung nicht rechtskräftig erledigt wird, sondern seine Verurteilung im Offizialverfahren möglich bleibt und naheliegt. In einem Rechtsmittel der Staatsanwaltschaft liegt die Übernahme der Verfolgung (§ 377 Abs. 2 Satz 2). Damit hört das Verfahren auf, ein Privatklageverfahren zu sein (oben 7 zu § 377). Dadurch allein wird dem Einstellungsurteil die Grundlage entzogen; ein solches Rechtsmittel des Staatsanwalts muß also immer zur Aufhebung führen. Es muß nunmehr über die Frage, ob ein Privatklagevergehen oder ein Offizialdelikt vorliegt, sachlich entschieden werden, erforderlichenfalls nach Verweisung (§§ 270, 328 Abs. 3) oder Zurückverweisung (§ 328 Abs. 2).

Wird die Einstellung rechtskräftig, so meint ein Teil der Lehre (Erbs III; Dürwanger 435; Feisenberger 2; EbSchmidt 9), der *Staatsanwalt* sei dadurch *gebunden;* über Umfang und praktische Bedeutung dieser Bindung gehen die Ansichten freilich auseinander (vgl. EbSchmidt 10). In Wahrheit kann von einer Bindung, abgesehen von der durch das Legalitätsprinzip begründeten Pflicht zur Prüfung, keine Rede sein (Kl 1; Müller-Sax 4; Peters 506). Zunächst ist eine solche Einstellung gegen den Willen des Staatsanwalts überhaupt nicht wohl möglich (vgl. oben 2 und den vorigen Absatz). Sodann aber ist zu fragen, vor welchen Entscheidungen der Staatsanwalt praktisch überhaupt noch stehen kann, nachdem er die Einstellung hat rechtskräftig werden lassen. Daß er jetzt auf einmal öffentliche Klage nur wegen des Privatklagevergehens erheben will, kommt doch wohl praktisch nicht in Betracht. Es handelt sich für ihn nur darum, ob er wegen des Offizialdelikts anklagt oder nicht. Bei dieser Entscheidung ist er völlig frei (ebenso EbSchmidt 10; zweifelnd BayObLGSt. **1959** 251 = NJW **1959** 2274). Insbesondere hat er die Rechtsfrage, ob der dem Einstellungsurteil zugrunde gelegte Sachverhalt ein Offizialdelikt oder nur ein Privatklagevergehen enthält, nach seiner eigenen Überzeugung zu beantworten. Wenn er meint, es handle sich nur um ein Privatklagevergehen, dann muß er sein Ermittlungsverfahren einstellen. Allerdings darf er den Verletzten nicht „auf den Privatklageweg verweisen", weil dieser Weg nicht mehr offensteht. Er wird zur Begründung seiner Einstellung nur zu sagen brauchen, es liege kein hinreichender Verdacht eines Offizialdelikts vor.

Gegen diese Ansicht läßt sich nicht einwenden, daß damit „ein unlösbarer, zur Straflosigkeit des Angeklagten führender Konflikt entstehen würde" (Feisenberger 2). Es gehört zu den alltäglichen Erscheinungen, daß Irrtümer des Gerichts und der Staatsanwaltschaft im Verein mit den Wirkungen der Rechtskraft zur Straflosigkeit schuldiger Angeklagter führen. Das ist ein Anlaß, sich um ein möglichst zweckmäßiges Verfahren zu bemühen (vgl. oben 2), aber kein Anlaß, den Grundsatz gegenseitiger Unabhängigkeit richterlicher und staatsanwaltschaftlicher Entscheidungen, d. h. nichts Geringeres als die Gewaltenteilung ausgerechnet für Privatklagesachen zu durchbrechen. Das um so weniger, als der Verletzte noch im Wege des Klageerzwingungsverfahrens (§ 172) geltend machen kann, es liege in der Tat ein Offizialdelikt vor (EbSchmidt 10). Dieser Weg führt zum Strafsenat des Oberlandesgerichts, also an dasselbe Gericht, das in letzter Instanz über das Einstellungsurteil gemäß § 389 zu entscheiden hatte. Die Sorge, daß dasselbe Oberlandesgericht, u. U. derselbe Senat den hinreichenden Verdacht eines Offizialdelikts im Urteilsverfahren bejaht und dann im Klageerzwingungsverfahren verneint, liegt fern. Kommt also der Verletzte wirklich nicht zu seinem Recht, so wird es regelmäßig daran liegen, daß er den Rechtsmittelzug auf der einen oder auf der anderen Seite nicht erschöpft hat. Es gibt wichtigere Verfahren, die mit geringeren Rechtsschutzmöglichkeiten ausgestattet sind. Kohlhaas GA **1954** 133 meint, es entstehe eine Lücke, wenn der Staatsanwalt ein Ermittlungsverfahren einstellt, weil er das Vorliegen eines mit dem Privatklagevergehen tateinheitlich zusammentreffenden Offizialdelikts verneint, während der nunmehr im Privatklageverfahren angerufene Richter das Vorliegen eines Offizialdelikts annehme. Kohlhaas hält dann den Richter an die Rechtsauffassung der Staatsanwaltschaft für gebunden. Er müsse „die Privatklage annehmen", könne das Verfahren aber auch durch Beschluß oder durch Urteil gemäß § 389 einstellen. Daran sei dann der Staatsanwalt gebunden und müsse Anklage erheben. Dieses Hin und Her von Bindungen widerspricht aber der beiderseitigen Stellung von Richter und Staatsanwalt, die voneinander unabhängig sind. Die Lücke besteht gar nicht. Wenn freilich – was Kohlhaas voraussetzt – der Verletzte die Fristen des § 172 inzwischen versäumt hat, kann er kein Verfahren mehr erzwingen. Aber er braucht sie ja nicht zu versäumen. Tut er es, so kann er sich nicht mehr beklagen, er werde „hilflos dem Zustand der Rechtsverweigerung ausgeliefert."

4. Über den Fall der **Tateinheit** zwischen Privatklagevergehen und Offizialdelikt vgl. oben 3b zu § 374. Hat die Staatsanwaltschaft die Verfolgung des tateinheitlichen Offizialdelikts schon abgelehnt und ist auch ein Klageerzwingungsverfahren (§ 172) insoweit erfolglos geblieben, so kann § 389 nicht angewendet werden (vgl. dazu KG JW **1929** 1503 Nr. 19).

5. Eine **Verweisung** gemäß § 270 an das Gericht, das für das Offizialdelikt zuständig sein würde, kommt im Privatklageverfahren *nicht* in Betracht; § 389 geht als Sonderbestimmung dem § 270 vor. Spricht das Gericht dennoch eine Verweisung aus, so hat (wenn nicht etwa jetzt der Staatsanwalt, um die verfahrene Lage zu lösen, die Verfolgung übernimmt) das nunmehr befaßte Gericht die Einstellung gemäß § 389 auszusprechen (RGSt. **23** 416; Müller-Sax 3; Erbs I; Kl 1). Die weitere Entschließung liegt dann wieder bei der Staatsanwaltschaft. EbSchmidt 3 hält die Verweisung für „unbeachtlich", woraus sich praktisch etwas umständliche Folgen ergeben.

6. Entscheidet das Gericht im Privatklageverfahren unter **Verletzung des § 389** zur Sache, obwohl es sich um ein Offizialdelikt handelt, so wird mit der Rechtskraft des Urteils gleichwohl die Strafklage verbraucht, gleichviel ob es auf Freispruch, auf Verurteilung wegen eines Privatklagevergehens oder wegen eines Offizialdelikts lautet (RGSt. **9** 331; Müller-Sax 5a; Erbs II; Feisenberger 3; Peters 506), selbst dann, wenn der vorliegende Tatsachenstoff nicht vollständig rechtlich gewürdigt, wenn also hinsichtlich einzelner Handlungen weder verurteilt noch freigesprochen wird (LG Hamburg NJW **1947/48** 352 mit zustimmender Anm. von Sieveking).

7. Kommt es erst in höherer Instanz auf Rechtsmittel des Angeklagten, der zu Strafe verurteilt war, zu einer Einstellung gemäß § 389, so gilt für das folgende Offizialverfahren das **Verschlechterungsverbot** (§§ 331, 358 Abs. 2) *nicht* (ebenso Feisenberger 4 gegen RGSt. 9 332). Es ist dies nicht der einzige Fall, in dem ein Verfahren wegen eines Verfahrensmangels eingestellt und ein neues Verfahren eingeleitet wird; dann gilt auch sonst das Verschlechterungsverbot nicht (a. A. freilich BayObLGSt. 1961 125 = NJW 1961 1487 und ihm folgend Müller-Sax 5b).

8. Über die **Kosten** vgl. § 471.

§ 390

(1) Dem Privatkläger stehen die Rechtsmittel zu, die in dem Verfahren auf erhobene öffentliche Klage der Staatsanwaltschaft zustehen. Dasselbe gilt von dem Antrag auf Wiederaufnahme des Verfahrens in den Fällen des § 362. Die Vorschrift des § 301 ist auf das Rechtsmittel des Privatklägers anzuwenden.

(2) Revisionsanträge und Anträge auf Wiederaufnahme des durch ein rechtskräftiges Urteil abgeschlossenen Verfahrens kann der Privatkläger nur mittels einer von einem Rechtsanwalt unterzeichneten Schrift anbringen.

(3) Die in den §§ 320, 321 und 347 angeordnete Vorlage und Einsendung der Akten erfolgt wie im Verfahren auf erhobene öffentliche Klage an und durch die Staatsanwaltschaft. Die Zustellung der Berufungs- und Revisionsschriften an den Gegner des Beschwerdeführers wird durch die Geschäftsstelle bewirkt.

(4) Die Vorschrift des § 379a über die Zahlung des Gebührenvorschusses und die Folgen nicht rechtzeitiger Zahlung gilt entsprechend.

(5) Die Vorschrift des § 383 Abs. 2 Satz 1 und 2 über die Einstellung wegen Geringfügigkeit gilt auch im Berufungsverfahren. Der Beschluß ist nicht anfechtbar.

Entstehungsgeschichte: Frühere Bezeichnung § 430. — Bek. v. 22. März 1924 (RGBl. I 362); G. v. 9. Juli 1927 (RGBl. I 175); VO v. 30. November 1927 (RGBl. I 334). — Abs. 4 u. 5 Vereinheitlichungsgesetz v. 12. September 1950 (BGBl. 455).

Übersicht

1. Die Vorschrift behandelt die **Rechtsmittel des Privatklägers** in dieser seiner Eigenschaft, nicht in der des Widerbeklagten; in letzterer Hinsicht hat er die Rechtsmittel eines Angeklagten. Umgekehrt hat der Widerkläger in dieser Eigenschaft die Rechtsmittel wie ein Privatkläger, nicht wie ein Angeklagter. Dasselbe gilt für die Privatklageberechtigten, die nach § 375 dem Privatkläger oder dem Widerkläger beigetreten sind oder durch Einlegung des Rechtsmittels beitreten (oben 3 zu § 375; 12d zu § 388; Müller-Sax 1).

2. Der **gesetzliche Vertreter** einer der Parteien hat nur, soweit es sich um deren Angeklagtenrolle handelt, nach § 298 eine *eigene* Rechtsmittelbefugnis (neben der des Angeklagten oder Widerbeklagten). Für die Klägerrolle steht das Rechtsmittel dagegen nur der Partei selbst zu, die es im Falle gesetzlicher Vertretung aber nur durch den Vertreter erheben kann (Müller-Sax 1; a. A. OLG Hamm NJW 1961 2322). Ist also ein minderjähriger Privatkläger auf die Widerklage hin verurteilt, während der Angeklagte freigesprochen ist, so kann gegen die Verurteilung sowohl der Privatkläger selbst (ohne Beteiligung des gesetzlichen Vertreters) als auch der gesetzliche Vertreter (im eigenen Namen, aber nicht namens des Privatklägers) Berufung einlegen; gegen den Freispruch dagegen nur der gesetzliche Vertreter namens des Privatklägers und nicht im eigenen Namen. — Der Vorgesetzte kann nur als Privatkläger, nicht aber für den Beamten als Angeklagten oder Widerbeklagten Rechtsmittel einlegen (Kl 1).

3. Die Rechtsmittel sind **Berufung**, die an die kleine Strafkammer geht (§ 76 Abs. 2 GVG), **Revision** (gegen das Berufungsurteil oder als wahlweise Sprungrevision nach § 335; § 313 kommt nicht in Betracht, weil Übertretungen keine Privatklagedelikte sind) an das Oberlandesgericht (§ 121 Abs. 1 Nr. 1b, GVG, § 335 Abs. 2) sowie die einfache oder sofortige **Beschwerde** (§§ 304 ff.).

Einer *Beschwer* des Privatklägers bedarf es für die Zulässigkeit der Rechtsmittel gegen Urteile im allgemeinen nicht. Er kann aber nicht, wie die Staatsanwaltschaft, ein Rechtsmittel zur Klärung einer Rechtsfrage einlegen, denn dieses Recht steht der Staatsanwaltschaft aufgrund ihrer öffentlichen Stellung zu (Müller-Sax 3a; vgl. auch den folgenden Absatz sowie unten 6.) Auch wenn nach den Anträgen des Privatklägers erkannt worden ist, steht das seinem Rechtsmittel nicht entgegen (Müller-Sax 3a; Kl 1; a. A. Eb. Schmidt 8). Der Privatkläger kann auch Rechtsmittel gegen einen Freispruch einlegen, um stattdessen eine Einstellung des Verfahrens (etwa aufgrund eines Straffreiheitsgesetzes) herbeizuführen (OLG Naumburg JW **1939** 336).

Jedes Rechtsmittel des Privatklägers kann auch zugunsten des Beschuldigten wirken, Abs. 1 S. 3, § 301 (Kl 1; Müller-Sax 3b). Streitig ist, ob der Privatkläger es auch, wie der Staatsanwalt, gemäß § 296 Abs. 2 nur *zugunsten des Angeklagten* einlegen kann. RGSt. 22 400 hat das bejaht, ebenso Dürwanger 324f. sowie die Vorauflage; die herrschende Meinung vereint es: Kl 1; Müller-Sax 3b; Gollwitzer oben 7 zu § 296; Feisenberger 1; Erbs I; Beling 453; Peters 507; v. Hippel 636 Anm. 1; EbSchmidt 2; OLG Hamburg GA **1958** 117 = JZ **1958** 251. Der herrschenden Meinung ist zuzustimmen, denn der Privatkläger hat nun einmal nicht die Amtsstellung des Staatsanwalts als Vertreter der (Straf-)Rechtsordnung, aus der allein die Befugnis des § 296 Abs. 2 sich herleitet. Daher ist auch die vermittelnde Ansicht des Kammergerichts (JR **1956** 472) abzulehnen, nach der einem Nebenkläger, der ein öffentliches Amt innehat, die Befugnis nach § 296 Abs. 2 zustehen soll.

4. Ist der wegen übler Nachrede (§ 186 StGB) Angeklagte ohne Eingehen auf den von ihm angebotenen **Wahrheitsbeweis** nach § 193 StGB freigesprochen worden, so steht dem Privatkläger (wie dem Staatsanwalt oder dem Nebenkläger) das Recht zu, allein deswegen Rechtsmittel einzulegen, weil die Erweislichkeit der behaupteten oder verbreiteten Tatsache nicht geprüft worden ist (BGHSt. **4** 194; **7** 385; **11** 273 = LM Nr. 6 zu § 186 StGB m. Anm. von Kohlhaas; die zuletzt genannte Entscheidung führt die frühere Rechtsprechung, Kohlhaas aaO. weiteres Schrifttum an). Der in der Vorauflage gegen diese Rechtsprechung gerichteten Kritik von Sarstedt ist entgegenzuhalten, daß sie die für den Privatkläger gegebene Chance, seinen Ruf auch bei Freispruch des Angeklagten aus § 193 StGB durch den Hinweis auf die Urteilsfeststellungen zur Unwahrheit oder Nichterweislichkeit der über ihn behaupteten Tatsache wiederherzustellen, zu gering einschätzt.

5. Die **Frist** beginnt für den Privatkläger (und den Widerkläger als solchen) mit der Urteilsverkündung. Streitig ist, ob das auch dann gilt, wenn das Urteil in seiner und seines Vertreters Abwesenheit verkündet wird. Nach der oben 3 zu § 387 vertretenen Ansicht kann diese Frage kaum auftreten; denn das Rechtsmittel könnte nur dazu führen, daß das Rechtsmittelgericht die Einstellung ausspricht, die eine unvermeidliche Folge der vom Gesetz (§ 391 Abs. 2) aufgrund des Nichterscheinens (zur Verkündung des angefochtenen Urteils) vermuteten Rücknahme der Privatklage wäre. Anders liegt es nur dann, wenn der Angeklagte die nach § 391 Abs. 1 S. 2 erforderliche Zustimmung zur Rücknahme verweigert. Dann muß auch in Abwesenheit des Privatklägers ein Sachurteil ergehen, das auch im Rechtsmittelwege nicht wegen der früheren Säumnis des Privatklägers durch Einstellung beseitigt werden darf. Dann fragt sich also auch nach der hier vertretenen Meinung, ob die §§ 314 Abs. 2, 341 Abs. 2 auf den Privatkläger entsprechend anzuwenden sind. Das ist zu verneinen. Die Lage des Privatklägers ist mit der des Angeklagten gar nicht zu vergleichen. Die Abwesenheit des Angeklagten bei der Urteilsverkündung ist eine im Gesetz vorgesehene, bisweilen sogar ausdrücklich gestattete Möglichkeit (§§ 231 Abs. 2, 232–236, 314 Abs. 2, 341 Abs. 2); die Abwesenheit des Privatklägers und seines Anwalts dagegen nicht. Der Richter kann weder sein Erscheinen erzwingen noch seine Entfernung verhindern; er kann ihn auch nicht von der Verpflichtung zum Erscheinen entbinden. Diese Möglichkeiten gegenüber dem Angeklagten stehen in unlösbarem Zusammenhang mit der abweichenden Rege-

lung des Fristbeginns in §§ 314 Abs. 2, 341 Abs. 2. Der Privatkläger dagegen hat die Rechte und Pflichten des Staatsanwalts, was die Anwesenheit betrifft. Auch dieser hat zur Urteilsverkündung zu erscheinen, so daß die Rechtsmittelfrist für ihn ausnahmslos mit der Verkündung beginnt. Das gilt sogar in dem einzigen Fall, in dem das Urteil in Abwesenheit des Staatsanwalts verkündet werden *darf*, nämlich gerade im Privatklageverfahren (oben 5b zu § 377). Eine Ausnahme gibt es nur für den Fall, daß ein Urteil *unzulässigerweise* in Abwesenheit des Staatsanwalts verkündet worden ist (OLG Bamberg SJZ **1948** 476 = HESt. **1** 209). Das käme beim Privatkläger allenfalls dann in Betracht, wenn das Urteil in einem Termin verkündet wurde, der ihm nicht bekanntgemacht worden ist. In diesem einzigen Fall kann die Frist auch für ihn erst mit der Zustellung beginnen; sonst beginnt sie mit der Verkündung (OLG Jena JW **1932** 1783 Nr. 35; vgl. oben Gollwitzer 5 zu § 314; Müller-Sax 2; EbSchmidt 6; OLG Jena JW **1936** 2252 Nr. 66; Klefisch JW **1932** 1783). Die Entscheidung RGSt. **6** 28, auf die sich die Gegenmeinung zu berufen pflegt, betrifft keinen Privatkläger, sondern einen Nebenkläger, ebenso RGSt. **63** 53 = JW **1929** 1478 Nr. 29 mit Anm. von Mannheim; das ist wegen § 400 etwas anderes.

6. **Wiederaufnahme** kann der Privatkläger — anders als der Staatsanwalt — nach der ausdrücklichen Vorschrift des Abs. 1 S. 2 nur in den Fällen des § 362, d. h. *nur zuungunsten* des Angeklagten beantragen. Ihm eine Wiederaufnahme zugunsten des Verurteilten zu ermöglichen, besteht aus denselben Gründen kein Anlaß, aus denen ihm die Einlegung eines Rechtsmittels zugunsten des Angeklagten nicht zusteht (vgl. oben 3. sowie Müller-Sax 3b). Stirbt der Privatkläger während des Wiederaufnahmeverfahrens, so ist § 393 anzuwenden, Schäfer JR **1933** 8. Ist das Privatklageverfahren durch *Beschluß* gemäß § 383 Abs. 2 eingestellt, so ist die Wiederaufnahme nicht zulässig, OLG Bremen NJW **1959** 353.

7. Der Privatkläger kann Revisions- und Wiederaufnahmeanträge **nicht** nach § 345 Abs. 2, § 366 Abs. 2 **zu Protokoll der Geschäftsstelle** anbringen (nicht einmal dann, wenn er in Haft ist, BGH 5 StR **906/52** vom 19. 5. 1953). Über die Form vgl. oben 5a zu § 345. Ist der Privatkläger selbst Rechtsanwalt, so genügt auch hier seine Unterschrift (5b zu § 345). Hat der Privatkläger das Armenrecht, so *muß* ihm für die Anträge des Abs. 2 ein Rechtsanwalt beigeordnet werden (oben 4b zu § 379). Für Bewilligung des Armenrechts und Beiordnung des Anwalts ist das Rechtsmittelgericht zuständig (vgl. oben 4c zu § 379). Verspätete, obwohl rechtzeitig beantragte Beiordnung ist ein Wiedereinsetzungsgrund (§ 44). Ob dagegen eine von dem Anwalt oder seinem Büro verschuldete Fristversäumung für den Privatkläger (so wie für den Angeklagten nach RGSt. **70** 186) als unabwendbarer Zufall anzusehen ist, ist streitig, aber zu bejahen, vgl. oben 6. zu § 378.

8. **Absatz 3** S. 1 dient der Unterrichtung des Staatsanwalts, damit er nach § 377 Abs. 2 die Verfolgung übernehmen kann (Müller-Sax 5). Satz 2 entspricht dem § 385 Abs. 2. Dem Revisionsgericht sind die Akten nach § 347 erst dann zuzuleiten, wenn die Revisionsbegründung dem Gegner zugestellt worden und die Wochenfrist verstrichen ist (BayObLGSt. **1961** 231 = Rpfleger **1962** 16).

9. **Absatz 4** bezieht sich, wie der ganze Paragraph, nur auf Rechtsmittel des Angreifers (Privatklägers, Widerklägers in dieser Rolle), nicht des Beschuldigten (Angeklagten, Widerbeklagten) als solchen — (Müller-Sax 5; Erbs IV B). Zu § 379a vgl. die Erläuterungen dort. Entsprechende Anwendung des § 379a Abs. 3 S. 1 bedeutet, daß Rechtsmittel und Wiederaufnahmeantrag als unzulässig verworfen werden. Zuständig ist das Rechtsmittel- oder Wiederaufnahmegericht. Gegen den Beschluß ist sofortige Beschwerde zulässig (§ 379a Abs. 3 S. 2), wenn er nicht vom Oberlandesgericht erlassen wird (§ 304 Abs. 3). Auch das Oberlandesgericht hat aber seinen Beschluß aufzuheben, wenn der Vorschuß in Wahrheit rechtzeitig gezahlt war (§ 379a Abs. 3 S. 31; Erbs IV A).

10. Zu **Absatz 5** vgl. oben 9 zu § 383, insbesondere 9d. Einstellung wegen Geringfügigkeit kommt nicht in Betracht, wenn die Sache schon reif zum Freispruch ist. (OLG Düsseldorf HESt. **1** 218). Im übrigen kann auch das Beschwerdegericht einstellen, vgl. oben 9c zu § 383 (allerdings nicht, wenn es nur wegen des Armenrechts angerufen war, vgl. oben 9c, d zu § 383). Ein solcher Beschluß ist ebensowenig anfechtbar wie eine Einstellung durch das Berufungsgericht. Eine Beschwerde gegen die landgerichtliche Einstellung wird auch

nicht durch noch so schwere Verfahrensverstöße (z. B. Versagung des rechtlichen Gehörs) zulässig (OLG Hamm JMBlNRW 1951 267 = MDR 1952 248; SchlHOLG SchlHAnz. 1953 103; OLG Celle NdsRpfl. 1957 20 = NJW 1957 35 (L); OLG Düsseldorf JMBlNRW 1954 166; anders früher: JMBlNRW 1951 186). Versagung des rechtlichen Gehörs verstößt freilich gegen Art. 103 Abs. 1 GG. Aber dadurch werden keine strafprozessualen Rechtsmittel eröffnet, die das Verfahrensrecht nicht gewährt (OLG Köln MDR 1957 54; BayObLG NJW 1955 474; a. A. OLG Koblenz JZ 1959 31 mit zustimmender Anmerkung von Eb-Schmidt). Die „Erschöpfung des Rechtsweges", die § 90 Abs. 2 Satz 1 BVerfGG als Voraussetzung einer Verfassungsbeschwerde fordert, ist schon mit dem landgerichtlichen Einstellungsbeschluß gegeben. Auch wenn das Landgericht die Einstellung wegen Geringfügigkeit nicht in Form eines Beschlusses, sondern in der Form eines Urteils ausspricht, ist dagegen kein Rechtsmittel (weder Revision noch Beschwerde) gegeben (BayObLGSt. 1949/51 302; OLG Hamm JMBlNRW 1951 185). Schließlich ist eine Beschwerde auch dann nicht gegeben, wenn das Amtsgericht wegen Geringfügigkeit eingestellt, das Landgericht aber auf Beschwerde des Privatklägers den Beschluß aufgehoben und seinerseits die Privatklage zurückgewiesen hat (OLG Neustadt NJW 1952 1349).

§ 391

(1) Die Privatklage kann in jeder Lage des Verfahrens zurückgenommen werden. Nach Beginn der Vernehmung des Angeklagten zur Sache in der Hauptverhandlung des ersten Rechtszuges bedarf die Zurücknahme der Zustimmung des Angeklagten.

(2) Als Zurücknahme gilt es im Verfahren des ersten Rechtszuges und, soweit der Angeklagte die Berufung eingelegt hat, im Verfahren des zweiten Rechtszuges, wenn der Privatkläger in der Hauptverhandlung weder erscheint noch durch einen Rechtsanwalt vertreten wird oder in der Hauptverhandlung oder in einem anderen Termin ausbleibt, obwohl das Gericht sein persönliches Erscheinen angeordnet hatte, oder eine Frist nicht einhält, die ihm unter Androhung der Einstellung des Verfahrens gesetzt war.

(3) Soweit der Privatkläger die Berufung eingelegt hat, ist sie im Falle der vorbezeichneten Versäumungen unbeschadet der Vorschrift des § 301 sofort zu verwerfen.

(4) Der Privatkläger kann binnen einer Woche nach der Versäumung die Wiedereinsetzung in den vorigen Stand unter den in den §§ 44 und 45 bezeichneten Voraussetzungen beanspruchen.

Entstehungsgeschichte: Frühere Bezeichnung § 431. Bek. v. 22. März 1924 (RGBl. I 362). Abs. 1 Drittes Strafrechtsänderungsgesetz v. 4. August 1953 (BGBl. I 735) Art. 4 Nr. 41.

Übersicht

I. Zu Absatz 1: **Rücknahme**

1. Absatz 1 regelt die Rücknahme der *Privatklage* anders als § 64 StGB die Rücknahme des *Strafantrags*. Die gesetzliche Regelung ignoriert den engen sachlichen Zusammenhang zwischen diesen beiden Dingen leider völlig. Die Privatklage kann sowohl dann zurückgenommen werden, wenn es sich um kein Antragsdelikt handelt (z. B. §§ 223 a, 241 StGB), als auch dann, wenn der Strafantrag überhaupt nicht (z. B. §§ 299, 303 Abs. 4 StGB) oder nicht mehr (nach Verkündung eines auf Strafe lautenden Urteils, § 64 StGB) zurückgenommen werden kann. Daraus muß geschlossen werden, daß in der Rücknahme der Privatklage auch dann nicht rechtsnotwendig eine Rücknahme des Strafantrags zu liegen braucht, wenn diese letztere zulässig ist (Kl 1; Müller-Sax 1e; Mösl LK 8 zu § 64 StGB). Es handelt sich um eine Frage der Auslegung einer solchen Rücknahmeerklärung (Schönke-Schröder IV zu § 64 StGB). Gewöhnlich wird man freilich Rücknahme auch des Strafantrags anzunehmen haben (Müller-Sax aaO.; Olshausen 8, Frank II 2, Kohlrausch-Lange III). Andernfalls bleibt eine öffentliche Klage zulässig; denn § 392 verbietet nur eine neue Privatklage, verordnet dagegen nicht den Verbrauch der Strafklage überhaupt (unten 2 zu § 392). – Umgekehrt liegt in einer zulässigen Rücknahme des erforderlichen Strafantrages nicht rechtsnotwendig auch die Rücknahme der Privatklage. Der Strafantrag kann nur in Ausnahmefällen unter einer Bedingung zurückgenommen werden (vgl. z. B. BGHSt. 9 150); die Rücknahme der Privatklage wird dagegen nicht selten (besonders im Vergleich) noch von Bedingungen abhängig gemacht. Auch kann der Angeklagte nach Abs. 1 Satz 2, indem er seine Zustimmung versagt, die Rücknahme der Privatklage verhindern, nicht aber die Rücknahme des Strafantrags, die niemals seiner Zustimmung bedarf.

2. Die Rücknahme ist **in jeder Lage** des Verfahrens möglich, d. h. von der Klageerhebung bis zur rechtskräftigen Beendigung. Nach Erlaß einer mit Rechtsmitteln anfechtbaren Entscheidung (Urteil oder Beschluß: Zurückweisung der Klage, Einstellung des Verfahrens) bedarf es nicht erst der Einlegung des Rechtsmittels, um die Rücknahme zu ermöglichen; vielmehr kann die Rücknahme innerhalb der Rechtsmittelfrist auch ohne das erklärt werden (Müller-Sax 1a aa). Ist ein Rechtsmittel gegeben und wird es fristgerecht eingelegt, so kommt es für die Befugnis zur Rücknahme der Privatklage nicht darauf an, ob das Rechtsmittel (aus anderen Gründen als einer Verspätung) etwa unzulässig ist (Müller-Sax 1a bb). Denn auch ein unzulässiges Rechtsmittel, z. B. eine nicht formgerecht begründete Revision, hemmt die Rechtskraft. Die Rücknahmebefugnis geht dann erst mit der Verwerfung des Rechtsmittels verloren. Auch im Revisionsverfahren ist jetzt die Rücknahme zulässig. „Dadurch soll eine gütliche Beilegung der Sache nach dem letzten tatrichterlichen Urteil erleichtert werden“ (Dallinger JZ **1953** 442). – Der Anwalt des Privatklägers bedarf für die Rücknahme *nicht* (wie der Verteidiger zur Rücknahme eines Rechtsmittels nach § 302 Abs. 2) einer *besonderen* Ermächtigung; die Prozeßvollmacht genügt (Müller-Sax 1b).

Die Rücknahme kann **nicht angefochten** werden, zum mindesten nicht wegen Irrtums oder Täuschung aufgrund der (möglicherweise unwahren) Behauptung des Angeklagten, er habe die Tat nicht begangen (Kl 1 und OLG Neustadt NJW **1961** 1984).

3. Die Rücknahme kann auf einen Teil des Verfahrens beschränkt werden, wenn das, was übrigbleibt, in dieser Beschränkung als selbständige Privatklage möglich gewesen wäre. Es kann also einer von mehreren Privatklägern zurücknehmen, ohne daß die Privatklagen der anderen dadurch berührt würden. Die Privatklage kann gegen einen von mehreren Mitangeklagten zurückgenommen werden. Sie kann auch hinsichtlich einer von mehreren Taten zurückgenommen werden, wenn sie im Verhältnis der Tatmehrheit stehen (Müller-Sax 1c), dagegen nicht im Falle der Tateinheit (a. A. EbSchmidt 4, m. E. im Widerspruch zu § 264). Rücknahme der Klage berührt die Widerklage nicht (§ 388 Abs. 4) und umgekehrt.

4. Hat die Vernehmung des Angeklagten zur Sache (nicht nur zur Person) begonnen, so hängt die Wirksamkeit der Rücknahme von seiner **Zustimmung** ab. Natürlich ist das weder bestimmt noch geeignet, zu verhindern, daß dem Angeklagten durch die Rücknahme „die Klärung des Vorwurfs abgeschnitten wird“, wie Kl 2 meint. Denn diesen Beweis kann der Beleidigte ihm immer, sogar im Offizialverfahren, dadurch abschneiden, daß er den Strafantrag zurücknimmt; das ist gerade in diesen Fällen nach § 194 S. 2 StGB immer zulässig. Auch der Wahrheitsbeweis ist kein so schutzwürdiges Interesse, daß der Gesetzgeber sich seine Ermöglichung selbst da angelegen sein lassen könnte, wo es nicht zur Verhütung einer unrichtigen Verurteilung auf ihn ankommt (vgl. BGH 5

StR 616/54 v. 1. 2. 1955, mitgeteilt und gebilligt von Dallinger MDR 1955 269). Es müssen also andere „schutzwürdige Belange des Angeklagten" (Dallinger JZ 1953 442) gemeint sein, die der Rücknahme entgegenstehen können. Wo ein Strafantrag nicht nötig oder nicht rücknehmbar ist, hat der Angeklagte ein Interesse daran, daß die Sache, die einmal bis zu seiner Vernehmung gediehen ist, in dem anhängigen Verfahren zu Ende geführt wird, damit nicht das Damoklesschwert der Offizialverfolgung über ihm hängen bleibt. Und das gilt erst recht in den Fällen, in denen der Privatkläger zwar die Privatklage, nicht aber, obwohl er es nach §§ 123, 194, 232, 303 StGB könnte, den Strafantrag zurücknehmen will. Hier kann der Angeklagte durch seine Weigerung einen gewissen Druck auf den Privatkläger dahin ausüben, auch den Strafantrag zurückzunehmen.

5. Streitig ist, ob das Privatklageverfahren mit der Rücknahmeerklärung beendet oder ob noch ein **Einstellungsbeschluß** erforderlich ist. Für entbehrlich halten den Beschluß Erbs II (außerhalb der Hauptverhandlung); Feisenberger 3; Beling 454; EbSchmidt 27 vor § 374; Müller-Sax 2 (nur deklaratorische Bedeutung); Müller DRiZ **1954** 51; LG Kassel NJW **1951** 373; LG Wuppertal MDR **1957** 502; für erforderlich halten ihn Kl 3, 8 vor § 374 und 1 zu § 392; Peters 507; Henkel 411; Gerland 454; Graf zu Dohna 230; Dürwanger 435; Hartung DRiZ **1953** 225. Wir meinen, daß nach Ergehen eines Eröffnungsbeschlusses die Rechtshängigkeit auch nur durch Gerichtsentscheidung wieder beendet wird. Die Frage, ob ein Strafverfahren noch anhängig ist oder nicht, darf nicht von einer oder gar zwei — vielfach auslegungsbedürftigen und verschiedener Auslegung fähigen, nicht selten auch an Voraussetzungen und Bedingungen geknüpften — Parteierklärungen abhängen. Man kann nicht einwenden, daß auch die Begründung der Rechtshängigkeit auf einer Parteierklärung, der Privatklage, beruhe. Denn auch sie wird zunächst einer richterlichen Prüfung daraufhin unterzogen, ob sie wirklich diese Wirkung hat; diese Prüfung mündet — bejahendenfalls — in den Eröffnungsbeschluß. Just durch den Eröffnungsbeschluß unterscheidet sich das Privatklageverfahren vom Zivilprozeß (Dürwanger 435); und gerade in ihm liegt der von Müller DRiZ **1954** 51 vermißte Grund, der es verbietet, einfach das Zivilprozeßrecht anzuwenden. Daß die Wirkungen des Eröffnungsbeschlusses, einer gerichtlichen Entscheidung, durch eine bloße Parteierklärung ohne gerichtliche Entscheidung aufhören sollen, wäre eine seltsame Systemwidrigkeit. Es wäre auch unzweckmäßig. Nicht nur wegen der bisweilen zu besorgenden Ungewißheit, ob die Klage denn nun wirklich und wirksam zurückgenommen ist, ob die Rücknahme noch während der Vernehmung des Angeklagten zur Person und deshalb ohne weiteres wirksam, oder ob sie während oder nach Vernehmung zur Sache erklärt ist und deshalb noch von der Zustimmung des Angeklagten abhängig, und ob diese Zustimmung ihrerseits wirksam ausgesprochen ist; sondern auch wegen der Kostenfolge, die um der größeren Klarheit willen besser in einem Beschluß ausgesprochen wird. Daß der Richter die *Kostenfolge* bei der Einstellung so regeln kann, wie die Parteien es in einem Vergleich vereinbart haben, führt Hartung DRiZ **1953** 225 unter Hinweis auf § 470 überzeugend aus. Aber gerade dieser Hinweis zeigt, wie notwendig unter Umständen ein Beschluß werden kann, wenn man sich des Falles BGHSt. 9 150 erinnert. Hier hatten die Beteiligten (Nebenkläger und Angeklagte) in einem Offizialverfahren unter Mißbrauch des § 470 versucht, sich auf Kosten der Staatskasse zu vergleichen. Nur die — im Offizialverfahren freilich ohnehin erforderliche — Gerichtsentscheidung ermöglichte es dem Staatsanwalt, diesem Mißbrauch mittels der Revision entgegenzutreten. Es ging in dem Verfahren um üble Nachrede und Verleumdung, so daß an sich auch eine Privatklage möglich gewesen wäre. Nur ausnahmsweise liegt die Kostenfolge so unbezweifelbar klar, wie Müller DRiZ **1954** 51 es voraussetzt.

6. Der gewöhnlichste Fall der Rücknahmeerklärung ist der **gerichtliche Vergleich**. Der Sinn eines Vergleichs (vor dem Privatklagegericht) besteht gerade in der Rücknahme der Privatklage, der etwaigen Widerklage und gegebenenfalls der Strafanträge, damit das Verfahren unwiderruflich zu Ende kommt. Vielfach indessen ist zwar Einigkeit über das Ende des Streitens und über die einzelnen Bedingungen dieser Beendigung zu erzielen, eine sofortige und unbedingte Rücknahme der Privatklage dagegen weder erreichbar noch zweckmäßig (vgl. den Fall LG Lüneburg NJW **1963** 312). Oft übernehmen die Parteien Verpflichtungen (zu Ehrenerklärungen, zum Schadensersatz, zur Buße — auch an Dritte —, zur Kostentragung), die der jeweils klagende Teil erst erfüllt sehen möchte, ehe er sich endgültig

der Möglichkeit beraubt, das Verfahren wieder fortzusetzen. Dieser Wunsch ist bisweilen sehr berechtigt, und es dient dem Zustandekommen des Vergleichs, wenn er sich erfüllen läßt. Denn die Zwangsvollstreckung aus dem Vergleich ist, wenngleich grundsätzlich zulässig (s. u.), gerade bei Dingen wie der Ehrenerklärung ein dornenvollerer und umständlicherer Weg als das Fortbestehen der Strafdrohung. Aus einer Zwangsvollstreckung erwächst, selbst wenn sie gelingt, mit großer Wahrscheinlichkeit neuer Streit. Dieser Lage muß bei der Gestaltung des Verfahrens und der Auslegung der Vorschriften, die es regeln, vernünftigerweise Rechnung getragen werden. Es kann sogar einem berechtigten Interesse entsprechen, einen Widerruf des Vergleichs innerhalb bestimmter Frist vorzubehalten (keine Wiedereinsetzung gegen die Versäumung, Müller-Sax 3d vor § 374; Dünnebier oben I 2 zu § 44; OLG Oldenburg JW **1931** 2389; LG Würzburg NJW **1954** 768). Man darf deshalb nicht über Zwirnsfäden stolpern wie die angebliche „begriffliche Unmöglichkeit", prozessuale Erklärungen wie die Rücknahme und die Zustimmung zu ihr von Bedingungen abhängig zu machen. Bisher sind zwei Wege gezeigt worden, diese Schwierigkeit zu überwinden. Entweder man betrachtet die bedingt erklärte Rücknahme zunächst als unwirksam, nimmt aber an, daß sie nach Eintritt der Bedingung „erkennbar aufrechterhalten wird" (Müller-Sax 3d vor § 374). Oder man faßt die Erklärung als bindende Verpflichtung auf, die Privatklage nach Eintritt der Bedingung zurückzunehmen (Dürwanger 431). Uns scheinen beide Wege nicht vollkommen der typischen Interessenlage zu entsprechen. Der erste leidet daran, daß überhaupt keine Bindung des Privatklägers eintritt, solange die Bedingung nicht erfüllt ist, auch wenn der Angeklagte schon bindend verpflichtet ist, sie zu erfüllen. Hier muß also der Angeklagte vorleisten, ohne eine sichere Gewähr zu haben, daß es dann auch wirklich bei der Rücknahme bleibt. Der zweite Weg erfordert noch eine besondere Rücknahmeerklärung.

Was die Parteien in Wahrheit wollen, ist aber in der Tat die *bedingte Rücknahme*. Ihre Zulassung ist u. E. unbedenklich. Ein gerichtlicher Vergleich kommt meist erst nach Vernehmung des Angeklagten zur Sache zustande. Zu dieser Zeit ist die Rücknahmeerklärung ohnehin nicht unbedingt wirksam; vielmehr macht das Gesetz selbst ihre Wirksamkeit von einer Bedingung, nämlich der Zustimmung des Angeklagten, abhängig. Es sollte also unbedenklich erscheinen, auch eine gewillkürte Bedingung beizufügen. Vollends lassen die Bedenken sich überwinden, wenn man entsprechend der oben zu 5 vertretenen Ansicht davon ausgeht, daß nicht schon die Parteierklärung, sondern erst der gerichtliche Einstellungsbeschluß die Rechtshängigkeit beendet. Es kann also zu keinem Zeitpunkt Ungewißheit darüber entstehen, ob die Sache noch rechtshängig ist. Es ist die Aufgabe des mit der Sache befaßten Gerichts, sich vor dem Einstellungsbeschluß die Erfüllung aller Bedingungen nachweisen zu lassen. Das ist ein zweckmäßigeres Verfahren, als wenn die Erfüllung zum Gegenstand einer Zwangsvollstreckung gemacht oder wenn nach Eintritt der Bedingung noch eine Rücknahmeerklärung gefordert wird. Der Einstellungsbeschluß kann die Kosten so verteilen, wie die Parteien sie im Vergleich übernommen haben (Hartung DRiZ **1953** 225; unten Schäfer II 5 zu § 470). Soweit mit dem Vergleich die Rücknahme eines Strafantrages verbunden ist, ergibt sich das aus § 470 S. 2 (dazu BGHSt. **9** 150 = LM Nr. 1 zu § 64 StGB [mit Anm. von Kohlhaas] = JZ **1956** 764 [mit Anm. von Henkel]; Müller-Sax 4 und unten Schäfer V 2 zu § 471). In den anderen Fällen ist diese Vorschrift entsprechend anwendbar. Soweit der gerichtliche Vergleich einen vollstreckbaren Inhalt hat, ist er ein Vollstreckungstitel i. S. des § 794 Nr. 1 ZPO (Kl 8 A vor § 374 und unten Schäfer V 1 zu § 471 m. w. N.).

Darüber, wie Vergleiche zustande gebracht werden und wie sie beschaffen sein sollten, vgl. die wertvollen Ausführungen von Dürwanger 425ff. Über die Wirkungen eines Straffreiheitsgesetzes auf einen in der Schwebe befindlichen Vergleich s. Schlottmann DR **1939** 761 und Betzberger DR **1939** 1498. Zur Wichtigkeit klarer Fassung Schumacher SchsZtg. **1958** 119. Külich JP Jahrg. 8 Heft 76 (April 1959) S. 6 verlangt, daß der Vergleich vorgelesen und genehmigt und daß dies im Protokoll beurkundet werde; sonst sei er mangels der zivilprozessualen Form (§§ 160 Abs. 2 Nr. 1, 162 ZPO) kein Vollstreckungstitel. Dem ist zwar nicht zu folgen; *entsprechende* Anwendung der Vorschrift verlangt auch nur entsprechende (d. h. nach strafprozessualen Regeln abgewandelte) Anwendung der Protokollierungsvorschriften. Aber ein vorsichtiger Richter wird es zu solchem überflüssigen Streit nicht erst kommen lassen, sondern das „v. g." unter den Vergleich schreiben.

Anfechtbar ist der im Privatklageverfahren geschlossene gerichtliche Vergleich *nicht* (LG Frankfurt NJW **1959** 1454; **a. A.** Kubisch NJW **1959** 1935).

Im allgemeinen dient ein Vergleich dem Rechtsfrieden besser als ein noch so richtiges und noch so zutreffend begründetes Urteil; davon gibt es aber Ausnahmen. Es gibt Prozesse, die *entschieden* werden müssen; dies ist der richtige Kern der sonst zu weit gehenden Ausführungen von Arndt NJW **1962** 783.

7. Ein **außergerichtlicher Vergleich** beendet das Verfahren noch nicht, schon weil es dazu noch der gerichtlichen Einstellung bedarf (vgl. oben 5). Streitig ist, ob und wie er im Verfahren geltend gemacht werden kann. Das Reichsgericht war der Ansicht, ein Verzicht auf die Strafverfolgung könne nur gegenüber der Strafverfolgungsbehörde oder vor der Vergleichsbehörde des § 380 wirksam erklärt werden, nicht durch Verzeihung oder sonst eine Erklärung gegenüber dem Täter (RG 3 D 180/37 vom 8. 4. 1937); eine private Verzeihung auf die Verfolgbarkeit der Beleidigung ohne Einfluß (RG 3 D 629/40 vom 8. 5. 1941); auch durch Erklärung vor einem privaten (waffenstudentischen) Ehrengericht könne nicht rechtswirksam auf das Recht zum Strafantrage verzichtet werden (RG DJustiz **1938** 1727); vgl. auch RGSt. **77** 157 = DR **1943** 1140. Hartung (ZStW **71** 470 und NJW **1961** 523) meint, der außergerichtliche Vergleich selbst habe für das Privatklageverfahren überhaupt keine rechtliche Bedeutung. Vielmehr könne der Angeklagte den Privatkläger aufgrund des Vergleichs nur vor dem Zivilgericht auf Rücknahme der Privatklage verklagen. Diese Ansicht halten wir nicht für zutreffend. Die Privatklage ist Gegenstand des öffentlichen Rechts und kann nicht vor die Zivilgerichte gebracht werden (Hartung ZStW **63** 414; Müller-Sax 3c vor § 374). Übrigens wäre ein derartiges Verfahren mehr als umständlich und unzweckmäßig; denn ein derartiger Zivilprozeß hätte die Neigung, länger zu dauern als das Privatklageverfahren, und könnte deshalb von ihm überholt werden; will man das durch Aussetzung des Privatklageverfahrens vermeiden, so gewinnt der außerordentliche Vergleich hier eben doch eine rechtliche Bedeutung. Auch müßte man es dann zulassen, daß der Angeklagte den Privatkläger auch aus anderen Gründen (nicht nur aufgrund eines Vergleichs, sondern etwa auch aufgrund des § 826 BGB) im Wege des Zivilprozesses zur Rücknahme der Privatklage zu zwingen suchte und darauf Aussetzungsanträge im Privatklageverfahren stützte; das wäre ein Weg zu unerträglichen Vereitelungsversuchen. Über die Frage, ob Vergleiche, die vor der Vergleichsbehörde des § 380 abgeschlossen worden sind, angefochten werden können, vgl. oben 10 zu § 380 und SchsZtg. **1958** 89.

Der Strafrichter selbst muß den außergerichtlichen Vergleich beachten (Kl 8 B vor § 374; KG NJW **1960** 2207 [abl. Anm. von Hartung NJW **1961** 523]). Es geht hier, wie der Kritik von Hartung aaO. entgegengehalten werden muß, um den Satz *pacta sunt servanda*, der sich nicht auf das Zivilrecht beschränkt, sondern in allen Teilen des Rechts gilt; vorausgesetzt ist freilich, daß der „Paktierende“ über den Gegenstand des „Paktums“ verfügen konnte und daß die etwa vorgeschriebene Form gewahrt worden ist. Der Privatkläger kann über den Gegenstand der Privatklage verfügen, obwohl es ein öffentlichrechtlicher Strafanspruch ist; das gerade ist der Sinn des Privatklagerechts, wie es auch der Sinn des Strafantragsrechts ist. Eine Form ist für solche *„pacta“* nicht vorgeschrieben; insbesondere ist es nicht der Sinn des § 380, daß Vergleiche *nur* vor der Vergleichsbehörde geschlossen werden könnten. Vergleichen die Parteien sich ohne den Schiedsmann, um so besser; um so mehr Zeit und Kraft behält der Schiedsmann für die Streitenden, die sich ohne seine Hilfe nicht einigen können. Vom entgegengesetzten Standpunkt aus kommt man zu der grotesken Folgerung, daß über diejenigen Privatklagevergehen, die nicht in § 380 aufgeführt sind, überhaupt kein Vergleich möglich wäre (so in der Tat EbSchmidt 20 vor § 374). Daß es auch sonst keiner Form bedarf, ergibt sich daraus, daß der Privatkläger über den Strafanspruch durch einfache Untätigkeit verfügen kann, entweder indem er Fristen (Strafantragsfrist, Verjährungsfrist, Rechtsmittelfrist, richterliche Fristen) verstreichen läßt, oder imdem er zur Hauptverhandlung nicht erscheint. — Freilich kann der Privatklagerichter den außergerichtlich zustande gekommenen Vergleich nur berücksichtigen, wenn er ihm vorgetragen und bewiesen wird. Müller-Sax 3c vor § 374 bemerken, an sich mit Recht, daß eine Rücknahme der Privatklage und eine Kostenübernahme in einem außergerichtlichen Vergleich nur insoweit enthalten sind, als diese Erklärungen mit Willen des Erklärenden zur Kenntnis des Gerichts kommen. Indessen wird ein solcher Vergleich (wenn er überhaupt ernst gemeint ist) ohne weiteres dahin ausgelegt werden dürfen, daß jede Partei die andere ermächtigt, ihn dem Gericht mitzuteilen. Alsdann hat das Gericht das Verfahren durch Beschluß einzustellen, bei Streit oder Zweifel nach Beweiserhebung über die Tatsache und den Inhalt des außergerichtlichen Vergleichs. Warum aber jemand, der außergerichtlich erklärt hat, die Strafverfolgung nicht weiterbetreiben zu wollen, an diese Erklärung nicht gebunden sein sollte, ist weder theoretisch noch praktisch einzusehen.

Möglich ist ein Vergleich erst nach der Tat. Frühere Vorgänge können allenfalls als Einwilligung des Verletzten Bedeutung gewinnen, soweit sie nach sachlichem Strafrecht zulässig ist. Eine Vereinbarung (Vereinssatzung), die zwischen bestimmten Personen eine Privatklage ausschließen will, ist ohne verfahrensrechtliche Bedeutung (LG Hof MDR **1958** 444 = SchsZtg. **1958** 161 mit Anm. d. Schriftleitung).

II. Unterstellte Rücknahme

8. Um den pünktlichen Betrieb des Verfahrens durch den Privatkläger und dessen Anwalt zu sichern, läßt das Gesetz die in Absatz 2 bezeichneten Versäumungen als Rücknahme der Privatklage gelten (Mot. S. 233). Denn andere Zwangsmittel hat das Gericht ihm gegenüber nicht. Auf die *Nebenklage* ist Abs. 2 nicht anwendbar (RGSt. **67** 322).

a) Von „**Nichterscheinen**" oder „Ausbleiben" kann nur die Rede sein, wenn der Privatkläger ordnungsgemäß geladen war. Über die Anordnung des persönlichen Erscheinens vgl. oben 2 und 3 zu § 387. Ein Grund, für einen sonstigen Termin das persönliche Erscheinen anzuordnen, wird nur selten eintreten können, z. B. wenn der Privatkläger einem kommissarisch zu vernehmenden Zeugen gegenübergestellt werden soll. Dagegen ist der Privatkläger nicht verpflichtet, persönlich zu einem gerichtlichen Termin zu erscheinen, in dem ausschließlich Vergleichsverhandlungen gepflogen werden sollen. An eine solche Beschränkung hätte das Gericht sich auch insoweit zu halten, als es hier das Verfahren nicht einstellen darf.

b) Dem Ausbleiben steht das **vorzeitige Fortgehen** gleich (Kl 5). Daß das Gesetz nur vom „Nichterscheinen", nicht vom „vorzeitigen Sichentfernen" spricht (RGSt. **63** 56), kann unmöglich entscheiden. Vor Gericht zu „erscheinen", ist etwas anderes, als sich nur blicken zu lassen, solange es einem gefällt, und nach eigenem Belieben wieder wegzugehen (ebenso Woesner NJW **1959** 705). Es bedeutet, sich zur Verfügung des Gerichts zu halten, bis man wieder entlassen wird (ebenso OLG Bremen NJW **1954** 474). Ganz übereinstimmend umschreibt Kohlhaas (oben 2 zu § 51) die Pflicht des Zeugen zum „Erscheinen". Selbst im Zivilprozeß wird das vorzeitige Weggehen (sogar die Zwangsentfernung, § 158 ZPO) als Säumnis behandelt; und der Privatkläger verlangt etwas grundsätzlich Schwerwiegenderes als der Kläger im Zivilprozeß, nämlich einen strafrechtlichen Schuldspruch. Er muß sich deshalb dem Prozeßbetrieb mindestens ebenso eifrig und ernsthaft widmen. Auch ist es nicht richtig, daß der Privatkläger bei der Urteilsverkündung „nicht sachlich benötigt" werde. Er wird genausoviel oder sowenig benötigt wie der Angeklagte und (im Offizialverfahren) der Staatsanwalt, die auch nicht weggehen dürfen. Es wäre geradezu Hohn, wenn der Privatkläger ohne schädliche Folgen für sein Anliegen schon fortgehen dürfte, solange der Angeklagte noch festgehalten werden kann. Die Urteilsverkündung kann unterbrochen werden, und es können noch Fragen an beide Parteien erforderlich werden (a. A.: BayObLG NJW **1962** 1168; Müller-Sax 3a aa: Weggehen vor Urteilsverkündung unschädlich). Ausführlicher zu der Frage oben 3 zu § 387.

c) Als Rücknahme gilt ferner die **Nichteinhaltung einer Frist**, die dem Privatkläger unter Androhung der Einstellung gesetzt war. Die Frist muß für eine Handlung gesetzt sein, die nach pflichtgemäßem Ermessen zum Fortgang des Verfahrens bestimmt ist. Weder das unter Fristsetzung gestellte Verlangen noch die Drohung mit der Einstellung darf nach den Umständen gegen das Recht verstoßen. Der Privatkläger darf nicht auf diesem Wege zu Dingen genötigt werden, zu denen er rechtlich nicht verpflichtet ist (EbSchmidt 22). So kann ihm zwar eine Stellungnahme zu bestimmten Tatsachen, aber nicht allgemein die Einreichung einer Berufungsbegründung unter Fristsetzung mit dieser Folge aufgegeben werden. Auch muß das Verlangen hinreichend bestimmt sein; „Einreichung eines Schriftsatzes" wäre das nicht. Die Frist dar nicht im rein fiskalischen Interesse gesetzt werden. Der Einbringung des Gebührenvorschusses dient *nur* § 379a (§ 390 Abs. 4), der eines Auslagenvorschusses § 114 GVG.

Die hier gemeinte Fristsetzung kommt erst von der *Eröffnung des Hauptverfahrens* an in Betracht (Müller-Sax 3a cc; EbSchmidt 22; LG Düsseldorf NJW **1959** 2080; Schorn, Strafrichter 381; dagegen zu Unrecht LG Essen NJW **1956** 392). Freilich kann das Gericht dem Privatkläger auch vorher schon Fristen setzen, etwa zur Vervollständigung seiner Angaben in der Anklageschrift, zur Vorlage einer Vollmacht (LG Düsseldorf aaO.), zur Nachbringung der Sühnebescheinigung (*nicht* zur Nachholung des Sühneversuchs, vgl. oben 5 zu § 380); aber nicht unter Androhung der Einstellung des Verfahrens. Denn vor der Eröffnung wird nicht das Verfahren eingestellt, sondern die Klage zurückgewiesen (§ 383 Abs. 1). Eingestellt werden kann es zu dieser Zeit nur wegen Geringfügigkeit (§ 383 Abs. 2); das aber kann das Gericht dem Privatkläger unmöglich für den Fall einer Fristversäumung androhen. Der praktische Unterschied liegt darin, daß die unterstellte Rücknahme vor Eröffnung des Hauptverfahrens nicht eintritt. Es wäre nicht sachentsprechend, diese Wirkung schon eintreten zu lassen, solange noch gar nicht entschieden ist, ob die Klage überhaupt zulässig ist. Wird eine unzulässige Klage durch ausdrückliche Erklärung, eben mit Rücksicht auf ihre Unzulässigkeit, zurückgenommen, so steht das ihrer Neuerhebung nicht entgegen (3 zu § 392). Es geht aber nicht an, der unterstellten Rücknahme eine weitergehende Wirkung beizulegen als der ausdrücklich erklärten. Bei einer Fristsetzung vor dem Eröffnungsbeschluß wird es sich aber in aller Regel um unzulässige Klagen handeln, jedenfalls wenn die Fristsetzung mit rechten Dingen zugeht; denn ein anderer Zweck als der, die Klage zulässig zu machen, sollte zu diesem Zeitpunkt nicht zu einer Fristsetzung führen. Z. B. sollte eine Frist nicht für Rechtsausführungen gesetzt werden; geschieht es dennoch, so darf die Versäumung der Frist nicht zur Einstellung führen (LG Heidelberg DJ **1937** 1890).

Die Frist muß (in der Rechtsmittelinstanz) nicht vom vollbesetzten Gericht, kann vielmehr auch *vom Vorsitzenden* allein gesetzt werden (vgl. den Unterschied des Wortlauts zwischen § 379a Abs. 1 – „vom Gericht" – und § 391 Abs. 2); a. A. Müller-Sax 3a cc. Sie kann verlängert werden.

d) Die **Wirkung** der genannten Versäumung ist die gleiche, als hätte der Privatkläger die Rücknahme erklärt. Die unterstellte Rücknahme ist also wirksam und führt ohne weiteres zu einem gerichtlichen Einstellungsbeschluß, wenn der Angeklagte in dem Verfahren noch nicht zur Sache vernommen war. War er schon einmal vernommen (also stets in der Berufungsinstanz), so kommt es auf seine Zustimmung an. Denn der Privatkläger darf nicht durch seine Versäumnis das Verfahren auch da beenden können, wo er es nicht einmal durch ausdrückliche Rücknahme beenden könnte. Sonst stünde § 391 Abs. 1 S. 2 nur auf dem Papier. Fehlt es an der erforderlichen Zustimmung des Angeklagten, so muß also trotz der Säumnis des Privatklägers bis zum Erlaß des Urteils weiterverhandelt werden. Andernfalls wird das Verfahren eingestellt. Die Entscheidung ist, wie bei der erklärten Rücknahme, stets ein Beschluß, niemals ein Urteil, auch wenn sie in einer Hauptverhandlung ergeht (Dürwanger 438; a. A. EbSchmidt 19; Müller-Sax 4a; Kl 5; BayOBLG JZ **1962** 577). Denn Urteile sind nicht alle Entscheidungen, die in einer Hauptverhandlung ergehen, sondern nur Entscheidungen, die *aufgrund* einer bis zur Spruchreife durchgeführten Hauptverhandlung ergehen; diese Art von Einstellung ergeht aber nicht, weil die Hauptverhandlung einen Einstellungsgrund zutage gefördert hätte, sondern weil die Rücknahme erklärt oder unterstellt wird und deshalb gar keine Hauptverhandlung stattfinden kann. Die Einstellung ist auch dann ein Beschluß und nur mit der sofortigen Beschwerde, nicht mit Berufung oder Revision anfechtbar, wenn sie in die äußere Form eines Urteils gekleidet ist (gerade umgekehrt OLG Hamm JMBlNRW **1952** 125).

III. Ausbleiben des Privatklägers in der Berufungsinstanz

9. In der Berufungsinstanz ist zu unterscheiden, ob nur der Privatkläger oder auch (oder allein) der Angeklagte zu der betreffenden Straftat Berufung eingelegt hatte.

a) Liegt eine **Berufung des Angeklagten** (allein oder zusammen mit einer Berufung des Privatklägers) vor, so ist genau so zu verfahren wie beim Ausbleiben des Privatklägers vor dem Amtsgericht. Die Privatklage gilt als zurückgenommen. Das Verfahren ist durch Beschluß einzustellen, selbst wenn auch der Angeklagte ausbleibt; sein Rechtsmittel wird durch die unterstellte Rücknahme der Privatklage gegenstandslos. Die Wirkung der Säumnis des

Privatklägers geht den Wirkungen der Säumnis des Angeklagten vor (EbSchmidt 20). Das kommt aber nur für die Taten in Betracht, auf die sich die Berufung des Angeklagten bezieht. Ist der Angeklagte wegen Beleidigung verurteilt, von der Beschuldigung eines (damit im Verhältnis der Tatmehrheit stehenden) Hausfriedensbruchs dagegen freigesprochen, und hat er nur (da ihm ja weiteres nicht möglich war) gegen seine Verurteilung Berufung eingelegt, so gilt nur insoweit die Privatklage durch die Säumnis des Privatklägers als zurückgenommen. Hat der Privatkläger Berufung nur oder auch gegen den Freispruch eingelegt, so gilt insoweit nicht die Privatklage als zurückgenommen (was zur Einstellung des Verfahrens in diesem Punkte führen würde), sondern die Berufung ist „sofort" zu verwerfen, so daß es bei dem Freispruch bleibt.

b) Liegt nur eine **Berufung des Privatklägers** vor, so ist sie bei seinem Ausbleiben „sofort" (d. h. ohne sachliche Prüfung) durch Urteil zu verwerfen, wenn sie sich gegen einen Freispruch richtete. War dagegen der Angeklagte verurteilt, so ist gemäß § 301 zunächst zu prüfen, ob eine Abänderung zu seinen Gunsten in Betracht kommt. Diese wäre alsdann durch Urteil auszusprechen. Andernfalls ist die Berufung zu verwerfen; eine Abänderung zuungunsten des Angeklagten kommt nicht in Betracht.

IV. Wiedereinsetzung

10. Beruht die **Versäumung** des Termins oder der Frist auf Naturereignissen oder anderen unabwendbaren Zufällen (§ 44), so kann binnen einer Woche *nach der Versäumung* (also nicht, wie sonst gemäß § 45 Abs. 1, binnen einer Woche nach Beseitigung des Hindernisses!) Wiedereinsetzung beantragt werden. Die Wochenfrist beginnt also mit dem Termin oder mit dem Ablauf der gesetzten Frist (nicht etwa mit der Zustellung des Einstellungsbeschlusses). Das muß auch dann gelten, wenn der Privatkläger ohne Verschulden *keine Kenntnis* von einer Zustellung erhalten hat. Anders ist es jedoch, wenn es überhaupt an einer Zustellung der Ladung oder der Fristbestimmung *fehlte.* Dann kann von einer Versäumnis nicht gesprochen werden. Der Privatkläger kann Wiedereinsetzung nur zu dem Zweck verlangen, die Berufung durchzuführen, nicht zu dem Zweck, darzulegen, daß er sie vor der Verwertung zurücknehmen wollte (BayObLGSt. **1957** 63).

Teilweise wird die Ansicht vertreten, die Versäumnisfolgen seien, wie nach § 329, nicht auszusprechen, wenn der Privatkläger sein Ausbleiben „genügend entschuldigt" habe (Eb. Schmidt 12; zurückhaltender Müller-Sax 3a ee; BayObLGSt. **1949/51** 471). Das kann nur als richtig anerkannt werden, soweit er sich mit Wiedereinsetzungsgründen, also mit Naturereignissen oder anderen unabwendbaren Zufällen entschuldigt (so auch OLG Schleswig SchlHA **1959** 56) und sie hinreichend glaubhaft macht. Eine entsprechende Anwendung des § 329 wäre nicht richtig, denn das Anliegen, einen Mitbürger ohne Vorliegen öffentlichen Interesses krimineller Strafe auszuliefern, erfordert ein Höchstmaß an Bemühung und Sorgfalt.

11. Was für den Privatkläger gilt, ist entsprechend auf den **Widerkläger** (in dieser Rolle) anzuwenden, § 388.

12. Rechtsmittel

a) Gegen die **Einstellung** des Verfahrens auf Grund erklärter oder unterstellter Rücknahme steht dem Privatkläger, dem Angeklagten (daß er „beschwert" sein kann, ergibt Abs. 1 S. 2) und dem Staatsanwalt die sofortige Beschwerde zu. Das gilt selbst dann, wenn die Einstellung fälschlich in die Form eines Urteils gekleidet wird.

b) Gegen die **Nichteinstellung** trotz Vorliegens der Einstellungsvoraussetzungen ist, wenn sie durch besonderen Beschluß (Ablehnung eines Einstellungsantrages) ausgesprochen wird, einfache Beschwerde gegeben, BayObLGSt. **1949/51** 471; **a. A.** EbSchmidt 24. Kommt es infolge der Nichteinstellung zu einem Urteil, so ist es mit Berufung oder Revision anfechtbar.

c) Die **Wiedereinsetzung** kann nicht angefochten werden; § 46 Abs. 2 gilt auch hier. Auch kann eine Berufung oder Revision nicht darauf gestützt werden, daß die Wiedereinsetzung nicht hätte gewährt werden dürfen.

d) Der Beschluß, durch den die Wiedereinsetzung **abgelehnt** wird, ist mit sofortiger Beschwerde anfechtbar, § 46 Abs. 3. Übrigens gibt es gegen eine Versäumung der Wiedereinsetzungsfrist nach gewöhnlichen Regeln auch noch Wiedereinsetzung, wenn deren Voraussetzungen vorliegen.

§ 392

Eine zurückgenommene Privatklage kann nicht von neuem erhoben werden.

Frühere Bezeichnung: § 432.

1. „Es hieße der Leichtfertigkeit und Böswilligkeit Vorschub leisten, wenn dem Privatkläger gestattet sein sollte, eine einmal zurückgenommene Klage demnächst von neuem zu erheben" (Mot. S. 271). Auch wenn die Rücknahme nur gemäß § 391 Abs. 2 *unterstellt* wird, kann die Klage nicht von neuem erhoben werden. OLG Hamm JZ **1953** 575 will auch der Zurückweisung der Privatklage mangels Zahlung des *Gebührenvorschusses* (§ 379a Abs. 3) die Wirkung des § 392 beilegen; dagegen vgl. oben 2 zu § 379a. — Eine zurückgenommene Klage kann auch nicht als Widerklage, eine zurückgenommene Widerklage nicht als selbständige Privatklage von neuem erhoben werden (vgl. aber unten 3).

2. Der **Staatsanwalt** ist nicht gehindert, den Gegenstand der zurückgenommenen Privatklage nunmehr zum Gegenstand einer *öffentlichen Klage* zu machen, es sei denn, daß die Rücknahme des Strafantrages ihn daran hindert. Die **Rücknahme verbraucht** also **nicht „die Strafklage"** schlechthin, sondern sie hindert nur den Rücknehmenden selbst, die Privatklage gegen denselben Beschuldigten von neuem zu erheben. Ein anderer Privatklageberechtigter (der Vorgesetzte, ein anderer Verletzter, der Verletzte statt des Vorgesetzten) kann von neuem klagen. Auch kann der Rücknehmende, der sich überzeugt, daß er die Privatklage gegen den Falschen erhoben hatte, sie nunmehr gegen den wahren Täter erheben (EbSchmidt 4).

3. War die Privatklage **unzulässig** und hat der Privatkläger sie ausdrücklich aus diesem Grunde zurückgenommen (nicht um einer Sachentscheidung auszuweichen, sondern um einer Prozeßentscheidung — Zurückweisung, Einstellung — zuvorzukommen), dann kann er sie in zulässiger Weise von neuem erheben (ebenso EbSchmidt 2, 3; Schorn, Strafrichter 380). Das gilt z. B. dann, wenn sie als Widerklage erhoben war, obwohl es (nur) an den besonderen Widerklagevoraussetzungen (oben 2, 6, 7 zu § 388) fehlte (OLG Braunschweig NdsRpfl. **1953** 94 = NJW **1953** 957 = JZ **1953** 562 mit zust. Anm. von Dünnebier). Einfacher wäre in solchen Fällen freilich ein Antrag an das Gericht, Privatklage und Widerklage gemäß § 4 zu trennen; das könnte auch von Amts wegen geschehen. Aber das Übersehen dieser Möglichkeit sollte nicht mit dem Verlust des Klagerechts geahndet werden. Ähnlich liegt es, wenn der Privatkläger die Privatklage zurücknimmt, um ihrer Zurückweisung wegen Fehlens der Sühnebescheinigung oder des Sühneversuchs zuvorzukommen. Auch dann kann er sie nach erfolglosem Sühneversuch von neuem erheben. Hat jemand wegen eines und desselben Sachverhalts zwei Privatklagen erhoben (z. B. eine Klage und eine Widerklage), die jetzt gleichzeitig anhängig sind, so ändert die Rücknahme der einen nichts an der Durchführbarkeit der anderen (OLG Düsseldorf NJW **1954** 123). BayObLGSt. **1949/51** 295 fügt hinzu, § 392 sei auch dann nicht anzuwenden, wenn eine Privatklage zurückgenommen werde, um denselben Sachverhalt im Wege der Widerklage zu verfolgen. Auch dem mag noch zugestimmt werden, wenngleich hier der gegebene Weg wäre, die Verbindung zu beantragen.

§ 393

(1) Der Tod des Privatklägers hat die Einstellung des Verfahrens zur Folge.

(2) Eine Privatklage wegen Beleidigung kann jedoch nach dem Tode des Klägers von dessen Eltern, Kindern, Geschwistern oder dem Ehegatten fortgesetzt werden.

(3) Die Fortsetzung ist von dem Berechtigten bei Verlust des Rechts binnen zwei Monaten, vom Tode des Privatklägers an gerechnet, bei Gericht zu erklären.

Entstehungsgeschichte: Frühere Bezeichnung § 433. Bek. v. 22. März 1924. VO v. 20. Januar 1944 (RGBl. I 41). Vereinheitlichungsgesetz v. 12. September 1950.

Schrifttum: Schäfer JR **1933** 6ff.; Hartung NJW **1950** 670ff.

1. Tod des **Privatklägers** – Stirbt der Privatkläger, so ist das Verfahren durch Beschluß einzustellen; dabei sind die Kosten dessen Erben aufzuerlegen; BayObLGSt. **1960** 142 = NJW **1960** 2065. Ist keine Kostenentscheidung getroffen worden, so kann sie durch Beschluß nachgeholt werden. Beim Vorliegen eines Fortsetzungsrechts (Abs. 2, unten 3) empfiehlt es sich, mit der Einstellung bis zum Ablauf der Zweimonatsfrist zu warten. Abs. 1 kann nur den Sinn haben, daß nicht schon der Tod, sondern erst der Einstellungsbeschluß das Verfahren beendet (**a. A.** EbSchmidt 1–3). RGSt. **16** 421 geht auf diesen Unterschied nicht ein, brauchte es nach Lage des damaligen Falles auch nicht. Seine praktische Bedeutung liegt darin, daß der Staatsanwalt in der Zeit zwischen Tod und Einstellung noch gemäß § 377 Abs. 2 die Verfolgung übernehmen kann, womit er die Erben vor der Kostenpflicht bewahrt. Es gibt Fälle, in denen das zur Vermeidung grober Unbilligkeit erforderlich sein kann (vgl. Hartung NJW **1950** 672).

2. Die Einstellung wegen Todes des Privatklägers beendet **nur dieses Verfahren.** Sie steht weder einer öffentlichen Klage noch einer neuen Privatklage anderer dazu Berechtigter entgegen, sei es, daß sie ebenfalls verletzt sind, sei es, daß ihnen ein selbständiges Strafantragsrecht zusteht. Waren sie schon Streitgenossen des Verstorbenen, so wird ihre Privatklage fortgeführt. Über die Kosten und Auslagen, die durch die Privatklage des Verstorbenen verursacht worden sind, ist gesondert zu entscheiden, BayObLGSt. **1960** 142 = MDR **1960** 866.

3. Fortsetzung der Verfahrens

a) Ursprünglich beschränkte das **Fortsetzungsrecht** sich auf Fälle der Verleumdung (§ 187 StGB). Die VO vom 20. 1. 1944 (RGBl. I 41) gab dem Abs. 2 die jetzige Fassung. Nach dem Zusammenbruch wurde zunächst in den Ländern die alte Fassung angewandt, bis das Vereinheitlichungsgesetz vom 12. 9. 1950 die Fortsetzungsbefugnis wieder für alle Fälle der „Beleidigung" (§§ 185–187a StGB) einführte. – Von § 189 StGB unterscheidet sich dieser Fall dadurch, daß es sich hier um die Beleidigung eines zur Tatzeit Lebenden handelt und daß die Angehörigen hier nicht zur Erhebung der Privatklage, sondern nur zur Fortsetzung der von dem Beleidigten selbst erhobenen Privatklage befugt sind.

b) **Fortsetzungsberechtigt** sind dieselben Personen wie die in § 189 StGB genannten: Eltern, Kinder und Geschwister sind nur die leiblichen (auch Halbgeschwister, so OLG Düsseldorf NJW **1958** 395; Müller-Sax 2b), nicht aber Stiefeltern, -kinder und -geschwister, auch nicht Großeltern und Enkel; wohl aber uneheliche Kinder. Der Ehegatte ist auch nach Wiederverheiratung antragsberechtigt (Lackner-Maaßen 7. Aufl. 5 zu § 189 StGB). – Für mehrere Fortsetzungsberechtigte gilt § 375 entsprechend.

c) Die **Zulässigkeit** der Fortsetzung hängt davon ab, ob die Tatbestandsmerkmale der Beleidigung (§§ 185ff. StGB) schon vom Privatkläger selbst behauptet worden waren; eine nachträgliche Ergänzung oder Erweiterung steht den Angehörigen nicht zu. Bei Tatmehrheit mit anderen Vergehen ist hinsichtlich dieser anderen einzustellen und nur wegen des fortsetzungsfähigen weiter zu verfahren (EbSchmidt 6). Bei Tateinheit bedarf es keiner besonderen Einstellung; Verurteilung oder Freispruch ist aber nur wegen des Beleidigungsvergehens möglich. Ergibt sich nach durchgeführter Hauptverhandlung, daß der Angeklagte des ihm vorgeworfenen Beleidigungsvergehens nicht schuldig ist, so muß er freigesprochen werden; nicht etwa wird dann das Verfahren eingestellt.

d) War vor der Fortsetzungserklärung das Verfahren schon eingestellt worden, so geschieht die Fortsetzung in Form einer **Beschwerde** gegen den Einstellungsbeschluß (**a. A.** Feisenberger 1).

e) Nach herrschender Meinung soll gegen die Versäumung der Zweimonatsfrist des Abs. 3 **Wiedereinsetzung** gemäß §§ 44f. möglich sein (so Müller-Sax 2d; Kl 2 B; Feisenberger 5; Erbs V; EbSchmidt 9). Es sprechen aber entscheidende Gründe gegen die Möglichkeit einer Wiedereinsetzung. Es ist nicht einzusehen, was die sonst entbehrlichen Worte „bei Verlust des Rechts" anders bedeuten sollen als den Ausschluß der Wiedereinsetzung. Gerade hier steht dem Interesse der Angehörigen das Interesse des Angeklagten gegenüber, endgültig zu wissen, woran er ist. Gibt es aus demselben inneren Grunde doch auch keine Wiedereinsetzung gegen den Ablauf der Strafantragsfrist.

4. Der **Tod des Angeklagten** beendet das Verfahren ohne Beschluß (OLG Königsberg JW **1924** 1789; BayObLGSt. **1960** 142; Müller-Sax 6 zu § 471)l ein Beschluß ist aber nicht verboten und mag sich empfehlen, wenn Streit oder Zweifel über den Tod entstanden war.

§ 394

Die Zurücknahme der Privatklage und der Tod des Privatklägers sowie die Fortsetzung der Privatklage sind dem Beschuldigten bekanntzumachen.

1. **Zustellung** empfiehlt sich,

a) soweit die Wirksamkeit der Rücknahme von der **Zustimmung** des Beschuldigten abhängt; dabei wird ihm eine Erklärungsfrist zu setzen sein;

b) im Falle der **Fortsetzung.** Im Interesse der Verteidigung muß der Beschuldigte mit Sicherheit Kenntnis davon erlangen, daß er jetzt wieder einen Gegner hat. Auch wird mit der Mitteilung von der Fortsetzung gewöhnlich ohnehin irgendeine gerichtliche Verfügung verbunden werden, die dem Verfahren Fortgang gibt.

2. Im übrigen genügt **formlose Mitteilung.**

ZWEITER ABSCHNITT

Nebenklage

1. Schrifttum: Bauer, Zum Begriff des Verletzten in der StPO, JZ **1953** 298; Beling, Zur Lehre von der Revision und der Nebenklage, ZStW Bd. 36 (1915) 287; Bringewat, Die Nebenklage — ein wirksames Verfahren zur „privaten Kontrolle" staatsanwaltschaftlicher Strafverfolgung? GoltdA **1972** 289; Däubler-Gmelin, Die Zulässigkeit der Nebenklage im Strafbefehlsverfahren, AnwBl. **1970** 87; Francke, Die Auslagen des Nebenklägers nach dem Straffreiheitsgesetz 1954, NJW **1955** 214; Gerland, Privat- und Nebenklage, HdR IV (1927) 588; Henkel, Die Beteiligung des Verletzten am künftigen Strafverfahren, ZStW Bd. 56 (1937), 227; Jacobi, Nebenklagekosten bei Mitverschulden des Nebenklägers, MDR **1956** 656; Holtfort, Die Nebenklage im Strafbefehlsverfahren, DAR **1966** 237; Kempfler, Der Nebenkläger im geltenden und künftigen Strafprozeß, Münchner Diss. (1956); Kießling, Nebenkläger und Strafbefehlsverfahren, RPfl. **1969** 337; Kirchhof, Die Nebenklage in der Rechtsprechung des Bundesgerichtshofs, GoldtA **1954** 364; Lechleitner, Die Kostenentscheidung bei Mitverschulden des Nebenklägers, NJW **1959** 859; Lichti, Die Nebenklage bei Verkehrsdelikten, DAR **1953** 102; Lingenberg, Einfluß der Amnestie auf die Kosten des Nebenklägers, NJW **1950** 133; Niemeyer, Die Zulässigkeit der Nebenklage, MDR **1949** 131; Oetker, Die Nebenklage, Zeitschrift „Der Rechtsgang" Bd. III (1916—1922), 241—415 (bis heute die führende Einzelschrift); Oetker, Nebenklage und Adhäsionsprozeß, GerS Bd. 105 (1935), 177—197; Oppe, Probleme der Nebenklage, MDR **1964** 641; Oswald, Rechtsfragen zur Nebenklage, NJW **1960** 1439; ders., Der Nebenkläger im Strafbefehlsverfahren, MDR **1966** 900; Pfeffer, Zur Frage der Kosten des Nebenklägers aufgrund der Amnestie, NJW **1950** 296; Rischer, Der mitangeklagte Nebenkläger als Erstattungsberechtigter im Kostenfestsetzungsverfahren gemäß § 464 Abs. 2 StPO, NJW **1954** 749;

Sauer, Zur Verfassungsmäßigkeit der Nebenklagebestimmungen, DRiZ **1970** 351; Schneidewin, Die Grenzen des Rechtsmittels des Nebenklägers, JR **1959** 328; Schlund, Hochschullehrer als Nebenklägervertreter, GoltdA **1970** 329; Schmidt, Zweifelsfragen bei der Nebenklage im Strafbefehlsverfahren, DAR **1965** 43; Simon, Der Nebenkläger im Strafbefehlsverfahren, DRiZ **1968** 412; Spranger, Die Zulässigkeit der Nebenklage im Strafbefehlsverfahren, NJW **1968** 1264; Sieß, Unzulässigkeit der Nebenklage im Strafbefehlsverfahren, DAR **1966** 40; Springmann, Ausdehnung der Nebenklage, DJZ **1931** 1078; Spitzbarth, Die Rechtsstellung des Nebenklägers im Strafbefehlsverfahren, NJW **1953** 1904; Stanienda, Ein Wort für die durch eine Straftat Geschädigten, NJW **1960** 2230; Steines, Der Nebenkläger im Strafbefehlsverfahren, DRiZ **1969** 113; Theuerkauf, Selbständige Anfechtung der Entscheidung über die Berechtigung des Nebenklägers? MDR **1962** 789; Wolf, Die Beteiligung des Verletzten am Strafverfahren, DJZ **1936** 1257.

2. Das **Wesen der Nebenklage** ist jahrzehntelang Gegenstand weitläufigen Streitens gewesen. Eine Klage ist sie gewiß nicht. Auch die Anschlußerklärung macht nicht ihr „Wesen" aus, denn deren bedarf es nicht immer (§ 377 Abs. 3; vgl. auch RAO §§ 467, 472 a. F.). Ob man den Nebenkläger einen Mitkläger, eine Mitpartei, eine Nebenpartei, einen Streitgenossen, einen Parteigehilfen, einen Nebenintervenienten nennen will, ist recht gleichgültig. Auch EbSchmidt 6 vor § 395 hält den Streit für unfruchtbar. Alle diese Bezeichnungen sind gleichbedeutend, wenn man sich über die Rechtssätze einig und im klaren ist, die das Nebenklageverfahren regeln. Aus einigen dieser Vorschriften aber eine Bezeichnung abzuleiten und dann wiederum aus der Bezeichnung die Entscheidung über Zweifelsfragen gewinnen zu wollen, wäre die inzwischen überwundene, grundsätzlich verfehlte Methode der Begriffsjurisprudenz. Auch der Vergleich des Nebenklägers mit dem streitgenössischen Nebenintervenienten des Zivilprozesses hinkt; er ist nur so lange unschädlich, als keine Schlüsse daraus gezogen werden. Das „Wesen" der Nebenklage besteht darin, daß sie nur in den ausdrücklich vom Gesetz genannten Fällen zulässig ist, daß sie eine öffentliche Klage voraussetzt (im ehrengerichtlichen Verfahren gegen Rechtsanwälte ist eine Beteiligung des Verletzten als Nebenkläger nicht zulässig, EhrenGH, b. d. ReichsRA-Kammer JW **1936** 1132), daß der Nebenkläger Rechte hat, die sonst nur dem Staatsanwalt zustehen, und daß er bei deren Ausübung von diesem unabhängig ist (Henkel ZStW Bd. **56** 246).

3. Der **Abschnitt** behandelt die Nebenklage **nicht erschöpfend**. Zum Anschluß berechtigen die in den drei Absätzen des § 395 aufgezählten vier Gründe. Ferner wird der Privatkläger nach § 377 Abs. 3 zum Nebenkläger, wenn der Staatsanwalt nach § 377 Abs. 2 die Verfolgung übernimmt. Die Nebenklagebefugnis der **Finanzämter** im Steuerstrafverfahren (§§ 467, 472 AO a. F.), die Sarstedt in der Vorauflage (4 vor § 395) lebhaft kritisiert hatte (dort auch weitere Literatur), ist durch das Gesetz zur Änderung strafrechtlicher Vorschriften der Reichsabgabenordnung und anderer Gesetze vom 10. August 1967 (BGBl. I S. 877) beseitigt worden. Das Finanzamt hat jetzt nur noch ein Anhörungsrecht (§ 441 AO i. d. F. d. AOStrafÄndG). Eine behördliche Nebenklagebefugnis (vgl. Vorauflage 7b zu § 395) gibt es nur noch bei Straftaten nach dem Interzonenwirtschaftsrecht (§ 20 WiStG 1954 i. V. m. § 54 WiStG 1952 und § 46 Abs. 1 Nr. 6 Außenwirtschaftsgesetz; vgl. Göhler, Beilage zum Bundesanzeiger 152 vom 16. 8. 1967 S. 5; Müller NJW **1967** 424 ff.). Eine vom Finanzamt als Nebenkläger eingelegte Revision konnte nach Inkrafttreten des AOStrafÄG von der Staatsanwaltschaft weiterbetrieben werden (Göhler aaO.; OLG Frankfurt NJW **1968** 265; OLG Celle NJW **1968** 1944; **a. A.** OLG Celle NJW **1968** 611).

4. Die Nebenklage als Ganzes und ihre Ausgestaltung im einzelnen sind vielfältiger **Kritik** unterzogen worden. Den Vorwurf der Verfassungswidrigkeit hat das Bundesverfassungsgericht zurückgewiesen (BVerfGE **26** 66; dagegen Sauer DRiZ **1970** 351: Verstoß gegen den Grundsatz der Verhältnismäßigkeit). Im übrigen ist die Kritik weitgehend berechtigt. Allerdings geht der Angriff Meyers (SJZ **1950** Sp. 196/7), der Nebenkläger sei „eine anerkannt unerfreuliche Figur im Strafverfahren", etwas weit. Er zielt auch nicht ganz in die richtige Richtung. Aber der systemlos gezogene Kreis der Nebenklageberechtigten läßt die Einrichtung als eine Halbheit erscheinen. Das Nebenklagerecht desjenigen, der die öffentliche Klage erst hat erzwingen müssen, leuchtet ein (vgl. von Hippel S. 270 Anm. 7 Abs. 2).

Warum aber gerade die Privatklageberechtigten ausnahmslos zur Nebenklage befugt sein sollen, ist ebenso unverständlich wie das Fehlen des Nebenklagerechts bei denen, die durch schwere Taten geschädigt worden sind. Warum das Opfer einer Notzucht, einer schweren Körperverletzung oder einer Brandstiftung nicht mindestens ebensogut zur Nebenklage berechtigt sein soll wie das Opfer einer leichten Körperverletzung, einer Beleidigung oder einer Sachbeschädigung, ist schwer einzusehen. Im allgemeinen macht es für das Nebenklagerecht keinen Unterschied, ob es zur Vollendung oder nur zu einem strafbaren (§ 303 Abs. 2 StGB, Fälle des § 172 StPO) Versuch gekommen ist; ausgerechnet bei den Tötungsdelikten kommt es auf die Vollendung an (es sei denn, daß schon eine Körperverletzung eingetreten ist (RGSt. **59** 100 = JW **1925** 1764 mit Anm. von Löwenstein). Will man unterstellen, der Staatsanwalt werde leichte Taten nicht tatkräftig verfolgen, so ist das als Begründung in zweifacher Hinsicht fehlerhaft. Erstens ist diese Unterstellung sicherlich in allen den Fällen falsch, in denen der Staatsanwalt Privatklagevergehen von Amts wegen verfolgt, obwohl er rechtlich nicht dazu genötigt ist; die Sorge, er könne die Verfolgung nur zum Schutze des Beschuldigten übernehmen, liegt praktisch doch fern. Zweitens wäre die unterstellte Neigung, schwerere Taten entschiedener zu verfolgen als leichte, dem wirklichen Gewicht der Sachen ja völlig angemessen; die Auswirkungen eines so richtig ausgeübten Ermessens durch besondere verfahrensrechtliche Vorkehrungen korrigieren zu wollen, wäre einfach falsch. In den Fällen der §§ 90, 90b StGB (§ 395 Abs. 3) bedarf es des Nebenklagerechts nicht. Es ist hier ein eher lästiges Vorrecht. Hohen Staatsorganen fällt als Nebenklägern keine ihrer Stellung würdige Rolle zu.

Die Hoffnung, daß das Anhangsverfahren (§§ 403 ff.) die Nebenklage praktisch zurückdrängen werde, hat sich nicht erfüllt. Der Gesetzgeber sollte sich entschließen, mit den Halbheiten der Nebenklagebefugnis ein Ende zu machen. Er sollte diese Befugnis allen, aber auch nur denjenigen zugestehen, die durch die Tat verletzt worden sind. Da die öffentlichen Interessen durch die Staatsanwaltschaft wahrgenommen werden, ist für die Stellung anderer Staatsbehörden als Prozeßbeteiligte kein Bedürfnis. Bezeichnend für die sonderbaren Vorstellungen, die hierüber mancherwärts umgehen, ist die Tatsache, daß es einer ausdrücklichen Gerichtsentscheidung dahin bedurfte, die *Post* könne in einem Verfahren wegen Fälschung und betrügerischer Verwendung von Postwertzeichen nicht als Nebenklägerin zugelassen werden: LG Berlin MDR **1958** 788.

Der Bundesverband der deutschen Industrie hat 1958 dem Bundesjustizministerium vorgetragen, es möge vor allem den durch Untreue, möglichst auch den durch Diebstahl, Unterschlagung und Betrug Verletzten die Nebenklage durch eine Gesetzesänderung gestattet werden. Dieses Anliegen erscheint berechtigt. Freilich hätte es nicht damit begründet werden sollen, daß die Verletzten in der Hauptverhandlung die für die Durchführung ihrer zivilrechtlichen Ersatzansprüche erforderlichen Fragen stellen möchten. Gerade in Untreuefällen, auf die das Anliegen sich in erster Linie bezieht, würde das oft zu einer lästigen und kostspieligen Ausweitung und Verlängerung des Verfahrens führen. Für die Ersatzansprüche kommt es vielfach auf die genaue Höhe von Beträgen an, die dem Strafrichter oft gleichgültig sein kann. Gleichzeitig mit der an sich erwünschten Erstreckung des Nebenklagerechts auf möglichst viele Deliktsarten muß dafür Sorge getragen werden, daß der Nebenkläger seine verfahrensrechtliche Stellung nicht zu Zwecken mißbraucht, die dem Strafverfahren fremd sind. Die Gründe, aus denen ein Strafverfahren sich vielfach nicht als „Vorspann" für einen Zivilprozeß eignet, zeigt LG Bielefeld JR **1951** 378 mit Anm. von A. Lange. „Es ist nicht der Zweck des Strafverfahrens, dem Nebenkläger die Wege für die Geltendmachung etwaiger Ansprüche in einem Zivilprozeß zu ebnen" (BayObLG BReg. III 150/51 vom 12. 6. 1951).

§ 395

(1) Wer nach Maßgabe der Vorschriften des § 374 als Privatkläger aufzutreten berechtigt ist, kann sich der erhobenen öffentlichen Klage in jeder Lage des Verfahrens als Nebenkläger anschließen. Der Anschluß kann zur Einlegung von Rechtsmitteln auch nach ergangenem Urteil geschehen.

(2) Die gleiche Befugnis steht zu

1. den Eltern, Kindern, Geschwistern und dem Ehegatten eines durch eine mit Strafe bedrohte Handlung Getöteten;

2. dem Verletzten, der durch einen Antrag auf gerichtliche Entscheidung (§ 172) die Erhebung der öffentlichen Klage herbeigeführt hat.

(3) Im Falle des § 90 des Strafgesetzbuches steht dem Bundespräsidenten und im Falle des § 90b des Strafgesetzbuches der betroffenen Person die Befugnis zu, sich der öffentlichen Klage als Nebenkläger anzuschließen.

Entstehungsgeschichte: Vereinheitlichungsgesetz vom 12. September 1950 (BGBl. 455); 3. Strafrechtsänderungsgesetz vom 4. August 1953 (BGBl. I 735). 8. Strafrechtsänderungsgesetz vom 25. 6. 1968 (BGBl. I 748) – Frühere Bezeichnung § 435.

Übersicht

I. Das **Recht zur Nebenklage** besteht, abgesehen von der in der Vorbemerkung 3 a. E. erörterten Einzelregelung, in *fünf Gruppen* von Fällen, die hier in Anm. 1, 3–6 behandelt werden. Das Gericht ist in keinem Falle verpflichtet, den Anschlußberechtigten auf seine Anschlußbefugnis hinzuweisen (BGH 5 StR 186/58 vom 3. 7. 1958).

1. Zur Nebenklage befugt sind alle **Privatklageberechtigten.** Sie sind in § 374 erschöpfend aufgezählt; vgl. die dortigen Erläuterungen. Niemeyer MDR **1949** 131 will aus der Fassung des Abs. 1 („Wer . . . als Privatkläger *aufzutreten* berechtigt ist") schließen, daß die zur Anklage stehende Tat ein reines Privatklagevergehen sein müsse, also nicht in Tateinheit oder Gesetzeseinheit mit einem Offizialdelikt stehen dürfe; denn letzterenfalls kann der Verletzte (auch nach der oben 3b zu § 374 vertretenen Ansicht) nicht als Privatkläger auftreten.

Die herrschende Meinung läßt die Nebenklage in erheblich weiterem Umfang zu: Es kommt darauf an, ob der *Gegenstand der Anklage* (§ 264) die rechtliche Möglichkeit der Verurteilung wegen eines Privatklagevergehens enthält, und zwar „nach dem Inhalt der öffentlichen Klage in Verbindung mit den Behauptungen dessen, der den Anschluß begehrt hat" (RG I D 805/24 vom 23. 12. 1924), aber ohne Rücksicht darauf, ob die Staatsanwaltschaft die Anklage (auch) auf das Privatklagedelikt gestützt hat[1]. Auch kommt es nicht darauf an, ob für das Privatklagedelikt hinreichender Tatverdacht besteht[2].

Besteht die rechtliche Möglichkeit der Verurteilung wegen eines Privatklagedelikts, so steht es dem Anschluß als Nebenkläger nicht entgegen, daß das Privatklagevergehen in *Tatmehrheit* mit dem von der Anklage angenommenen Delikt steht, gleichviel, wie die Anklage das rechtlich ansieht. Die verfahrensrechtlichen Antrags-(und Rechtsmittel-)Befugnisse des Nebenklägers beschränken sich dann aber auf das Privatklagevergehen (vgl. BGH NJW **1956** 1607). Bei *Tateinheit* zwischen einem Offizialdelikt und einem Privatklagevergehen (z. B. Meineid und Verleumdung, BGH 4 StR 45/59 vom 19. 6. 1958) kann der

---

[1] Kl 1; Müller-Sax 1a) zu (2); Henkel, 2. Aufl. S. 195 Anm. 4; EbSchmidt Nachtr. Rz 10 zu § 395 – die beiden letzteren unter Aufgabe des in der Vorauflage zitierten früheren Standpunktes –; OLG Nürnberg **1950** 304; OLG Celle NJW **1969** 945; LG Lüneburg AnwBl. **1971** 184; LG Krefeld AnwBl. **1972** 203.

[2] Kl 1; RGSt. **69** 246; LG Duisburg MDR **1966** 257.

Privatklageberechtigte sich als Nebenkläger anschließen, auch wenn die öffentliche Klage nicht unter dem rechtlichen Gesichtspunkt des Privatklagevergehens erhoben worden ist; nur muß der geschichtliche Vorgang des Privatklagevergehens mit zum Gegenstand der Anklage im Sinne des § 264 gehören. Ebenso kann im Falle der *Gesetzeskonkurrenz* zwischen Offizialdelikt und Privatklagevergehen Nebenklage erhoben werden[3].

Die Nebenklagebefugnis wird auch nicht dadurch ausgeschlossen, daß das Privatklagedelikt zunächst nach § 154a ausgeschieden worden war (§ 397 Abs. 2). Gerade § 397 Abs. 2 bestätigt die Richtigkeit der herrschenden Lehre zu der hier erörterten Voraussetzung der Nebenklagebefugnis[4].

2. **Einschränkungen** ergeben sich aus verschiedenen verfahrensrechtlichen Gesichtspunkten:

a) Bei **Antragsdelikten** setzt die Nebenklage einen rechtzeitig und wirksam gestellten *Strafantrag* voraus. Denn ohne ihn fehlt es an der rechtlichen Möglichkeit einer Verurteilung aus dem Gesichtspunkt des Antragsdelikts[5]. Der Verletzte, der nicht selbst rechtzeitig Strafantrag gestellt hat, kann sich der öffentlichen Klage als Nebenkläger nicht aufgrund eines Strafantrags anschließen, den ein anderer selbständig Antragsberechtigter gestellt hat[6].

Die Notwendigkeit des Strafantrages besteht bei fahrlässiger Körperverletzung nach herrschender Lehre auch dann, wenn die Staatsanwaltschaft nach § 232 StGB das *besondere öffentliche Interesse* an der Strafverfolgung bejaht hat[7]. Diese Auffassung wird darauf gestützt, die Bejahung des öffentlichen Interesses durch die Staatsanwaltschaft beziehe sich nur auf das *öffentliche Interesse;* das eigene Interesse des Verletzten, das mit der Nebenklage gleichzeitig verfolgt werden solle, habe der Verletzte selbst durch die Unterlassung des Strafantrages verneint[8]. Dieser Ansicht kann nicht gefolgt werden. Die Bejahung des öffentlichen Interesses ersetzt den Strafantrag, das ist gerade der Sinn dieser Erklärung der Staatsanwaltschaft[9].

b) Entsprechend verhält es sich bei **Verfahrenshindernissen,** die nur der Aburteilung des Privatklagevergehens entgegenstehen. Nebenklage ist also z. B. nicht möglich, wenn das Privatklagevergehen verjährt ist (OLG Kiel SchlHAnz. **1948** 145) oder wenn seine Aburteilung durch Auslieferungsbedingungen (RGSt. **66** 347 = JW **1933** 983), wegen Fehlens der Gerichtsbarkeit oder wegen Immunität ausgeschlossen ist.

c) Ist die Privatklage **zurückgenommen** oder gilt sie gemäß § 391 als zurückgenommen, so steht das dem Anschluß grundsätzlich entgegen, § 392. Ist sie aber wegen Tateinheit oder Gesetzeskonkurrenz des Privatklagevergehens mit einem Offizialdelikt gemäß § 383 Abs. 1 *zurückgewiesen* oder ist das Privatklageverfahren aus dem gleichen Grunde gemäß § 389 Abs. 1 *eingestellt* worden, so hindert das die Nebenklage nicht. Daraus wird man folgern dürfen, daß der Anschluß auch dann möglich bleibt, wenn die Rücknahme erweislich nur

---

[3] RG 1 D 805/24 vom 23. 12. 1924; RGSt. **59** 100 = JW **1925** 1764 mit zustimmender Anmerkung Löwenstein; RGSt. **69** 244 = JW **1935** 2642 mit Anmerkung Siegert; dazu Schneider-Neuenburg DStrafR **1936** 269; zuletzt RGSt. **77** 148 = DR **1943** 541; BayObLG JW **1929** 1492 mit Anmerkung Mannheim; OLG München ZAkDR **1937** 122 mit Anmerkung Siegert; LG Traunstein DAR **1952** 158 mit Anmerkung v. Kries; OLG Nürnberg MDR **1950** 304; BGHSt. **13** 144; BGH 2 StR 51/59 vom 15. 4. 1959; OLG Frankfurt vom 22. 6. 1967; NJW **1967** 2075; Kl 1; Müller-Sax 1a (1); Henkel 2. Aufl. S. 195 Anm. 4; EbSchmidt Nachtr. zu § 395 Rz 10; Peters 2. Aufl. S. 511; Bringewat GA **1972** 293; a. A. wohl OLG Karlsruhe NJW **1954** 167.

[4] EbSchmidt aaO.

[5] EbSchmidt 4; RGSt. **65** 125 (130); BGH VRS 3 Nr. 177; OLG Köln NJW **1952** 396; BayObLGSt. **1949/51** 451 = NJW **1952** 275; BayObLGSt. **1952** 33; OLG Stuttgart DAR **1952** 159; LG Siegen MDR **1953** 503; a. A. LG Koblenz DAR **1952** 159 mit Anm. v. Kries.

[6] BayObLG vom 15. 12. 1964 OLGSt.; vgl. auch OLG Nürnberg vom 27. 4. 1967 OLGSt.

[7] EbSchmidt 4; Müller-Sax 1b (cc) (2); BayObLGSt. **1951** 451; **1952** 33; **1960** 28; OLG Düsseldorf NJW **1953** 236; Wüster NJW **1956** 1547.

[8] Über die einschränkende Wirkung des § 198 StGB hierbei vgl. BayObLGSt. **1960** 29.

[9] Vgl. oben 1 zu § 376. Wie hier auch Vieweg NJW **1956** 1227.

einer Zurückweisung gemäß § 383 Abs. 1 oder einer Einstellung gemäß § 389 Abs. 1 zuvorkommen sollte (vgl. Müller-Sax 1 b dd).

d) Wenn der Privatklageberechtigte in das Verfahren als **Mitangeklagter** hineingezogen ist, schließt das seine Befugnis zum Anschluß nicht aus; bei Verkehrsunfällen, die von mehreren Beteiligten verursacht und bei denen mehrere Beteiligte verletzt sind, können alle Angeklagten oder ein Teil von ihnen Nebenkläger sein (BGH 4 StR 663/57 vom 13. 2. 1958). Dagegen kann niemand Nebenkläger hinsichtlich einer Tat sein, an der er selbst im Sinne der §§ 47 ff. StGB teilgenommen hat, auch nicht gegenüber einem anderen Teilnehmer.

3. Der Privatklageberechtigte kann auch **ohne Anschluß** zum Nebenkläger werden, wenn er nämlich früher als der Staatsanwalt Klage erhoben hat und der Staatsanwalt die Verfolgung gemäß § 377 übernimmt, vgl. oben 10 zu § 377. Dadurch wird der bisherige Privatkläger ohne weiteres zum Nebenkläger.

4. Die in Abs. 2 Nr. 1 aufgeführten **Angehörigen eines Getöteten** (vgl. 3 b zu § 393) sind zur Nebenklage berechtigt. Daß sie „die gleiche Befugnis" haben, bedeutet natürlich nicht, daß sie sie nur bei Privatklagevergehen hätten (BGHSt. 6 103 = LM Nr. 1 zu § 395 mit Anm. Busch; EbSchmidt 10; Kirchhof GoltdA **1954** 366). Im Gegenteil: „durch" Privatklagevergehen kann niemand getötet werden. Es muß sich um ein Tötungsdelikt[9a] handeln: StGB §§ 178, 211, 212, 216, 221 Abs. 3, 222, 226, 229 Abs. 2, 239 Abs. 3, 239a Abs. 3, 239b Abs. 2, 251, 307 Nr. 1, 312, 314, 316c Abs. 2, 321 Abs. 2, 324, 326, 330a (wenn die Rauschtat ein Tötungsdelikt war); die *Teilnahme* an einem solchen Delikt genügt (§§ 47 ff. StGB), aber wohl nicht die Nichtanzeige nach § 138 Abs. 1, 3 StGB, auch nicht die Abtreibung[10]. Ferner genügen nicht andere Straftaten, die den Tod verursacht haben, ohne daß sich die Fahrlässigkeit des Täters auf diesen Erfolg erstreckte, also z. B. nicht die unterlassene Hilfeleistung (§ 330c StGB), wenn sie nicht mit fahrlässiger Tötung zusammentrifft[11]; auch nicht die durch den Todeserfolg qualifizierten Delikte, soweit der Täter diese Folge nicht wenigstens fahrlässig herbeigeführt hat (§ 56 StGB)[11a]. Raufhandel (§ 227 Abs. 1 StGB) gehört nicht hierher, weil hier weder ein Verschulden noch eine ursächliche Handlung des Täters für den Tod gefordert wird[11b]. Der Tod muß eingetreten sein („Getöteten"), *Versuch* genügt nicht. Allerdings kann dann unter anderen Gesichtspunkten eine Nebenklagebefugnis gegeben sein, aber nur für den Verletzten selbst, nicht für seine Angehörigen (EbSchmidt 10); und ihm gibt die Stellung als Nebenkläger nicht die Befugnis, auf Verurteilung wegen des versuchten Tötungsdelikts hinzuwirken[12]. Die Anschlußbefugnis der Angehörigen setzt nicht voraus, daß der Getötete — wäre er am Leben geblieben — auch selbst ein Nebenklagerecht gehabt hätte.

Daß die Vorschrift von einer „mit Strafe bedrohten" und nicht von einer „strafbaren" Handlung spricht, ist ohne praktische Bedeutung. Denn ob der Täter *wirklich* schuldhaft gehandelt hat, kann erst im Verfahren festgestellt werden; bis zur Rechtskraft ist das immer offen. Das kann also nicht Voraussetzung der Anschlußbefugnis sein, die ja nur vor der Rechtskraft ausgeübt werden kann. Der Anschluß ist aber nur zulässig, wenn der Angehörige geltend machen will, daß es sich um eine „strafbare" (schuldhafte), nicht nur um eine „mit Strafe bedrohte" Tötung gehandelt habe. Denn nur das ist in einem *Straf*verfahren wegen eines Tötungsdelikts überhaupt möglich. Soll der Beschuldigte überhaupt nur eine „mit Strafe bedrohte" Handlung im Zustande der Zurechnungsunfähigkeit begangen haben, so ist keine öffentliche Klage, sondern ein Sicherungsverfahren am Platze (§§ 429a ff.). Wollen auch die Angehörigen des Getöteten nichts anderes geltend machen, so ist trotz der allgemeinen Verweisung in § 429b Abs. 1 keine Nebenklage möglich. Sie auch für diesen Fall zuzulassen, wäre keine „sinngemäße" (§ 429b Abs. 1) Anwendung des § 395 (BGH 5 StR 102/52, Beschluß vom 10. 3. 1953). Denn an der Unterbringung des Beschuldigten haben die Angehörigen kein eigenes, rechtlich anerkanntes Interesse. Sie ist nicht zu ihrer

---

[9a] auch ein erfolgsqualifiziertes (§ 56 StGB), vgl. EbSchmidt Nachtrag 10.
[10] A. A. EbSchmidt 9.
[11] BGH 5 StR 163/59 vom 12. 6. 1959; OLG Celle NJW **1969** 945.
[11a] Kl 2; Müller-Sax 3a) bb).
[11b] BGH NJW **1965** 1285.
[12] BGH 5 StR 186/58 vom 3. 7. 1958.

Genugtuung bestimmt, sondern dient ausschließlich der öffentlichen Sicherheit. Sinngemäße Anwendung des § 395 im Sicherungsverfahren kann höchstens bedeuten, den Angehörigen die Nebenklage auch dort *dann* zu gestatten, wenn sie eine strafbare Tötungshandlung behaupten und die Überleitung ins Strafverfahren (§ 429 d) bezwecken.

Jeder der genannten Angehörigen ist zur Nebenklage befugt. Entferntere werden nicht durch nähere ausgeschlossen[13]. Zu den Geschwistern gehören auch Halbgeschwister[14]. Großeltern eines durch eine strafbare Handlung Getöteten sind nicht nebenklageberechtigt[15].

5. Sodann hat die Anschlußbefugnis, wer die öffentliche **Klage** nach § 172 **erzwungen** hat, **Abs. 2 Nr. 2**; vgl. Stanienda NJW **1960** 2230. Ob das Oberlandesgericht die Klage mit Recht angeordnet hat, ist dabei nicht mehr zu prüfen (BGH 1 StR 66/53 v. 22. 10. 1953). Diese Anschlußbefugnis hat nur der Antragsteller selbst, nicht auch ein etwaiger anderer Verletzter.

6. Nach Abs. 3 steht die Nebenklage im Falle des § 90 StGB (öffentliche Verunglimpfung des Bundespräsidenten oder Aufforderung dazu) dem **Bundespräsidenten**, im Falle des § 90b StGB (öffentliche Verunglimpfung von **Staatsorganen** oder ihrer Mitglieder) „der betroffenen Person" zu (Kl 3; Müller-Sax 4). Anschlußbefugt ist im zweiten Falle also nicht das Staatsorgan (Gesetzgebungsorgan, Regierung, Verfassungsgericht) als solches, sondern nur das einzelne Mitglied; auch nicht „der" Bundeskanzler, „der" Minister des Innern usw., sondern eine mit Namen bezeichnete Person (EbSchmidt 13). Als Tat wird hier auch nicht genügen, daß nur das Organ als solches verunglimpft worden ist; vielmehr muß die Verunglimpfung sich – jedenfalls nach der Behauptung des Nebenklägers – auch oder nur gegen ihn als bestimmten Einzelnen richten. Zur Verfolgung und demgemäß zur Zulässigkeit der Nebenklage gehört hier die in §§ 90, 90b StGB geforderte Ermächtigung.

7. **Behörden:** Vgl. Vorbemerkung 3.

II. Voraussetzungen des Anschlusses:

8. Nicht für jeden Nebenkläger bedarf es einer besonderen **Anschlußerklärung.** Sie ist erforderlich beim Privatklageberechtigten nach Abs. 1, bei den Angehörigen nach Abs. 2 Nr. 1, dem erfolgreichen Antragsteller des Klageerzwingungsverfahrens (§ 172) nach Abs. 2 Nr. 2, dem Bundespräsidenten usw. nach Abs. 3; *nicht erforderlich* beim Privatkläger, der durch staatsanwaltliche Übernahme der Verfolgung gemäß § 377 zum Nebenkläger wird.

9. Der Anschluß setzt **Erhebung der öffentlichen Klage** voraus. Er ist also zulässig, sobald die Anklageschrift oder der Antrag auf Voruntersuchung bei Gericht eingegangen ist, EbSchmidt 14.

Eine vor der Anklageerhebung bei der Staatsanwaltschaft oder bei der Polizei eingereichte Anschlußerklärung wird mit Zugehen bei Gericht zusammen mit der Anklage wirksam[16].

Wann im **Strafbefehlsverfahren** der Anschluß möglich ist, ist Gegenstand heftigen Streits.

a) Die **ältere Auffassung**[17] will den Anschluß erst von der Einlegung des Einspruchs oder der Anberaumung des Hauptverhandlungstermins nach § 408 Abs. 2 an zulassen.

---

[13] Müller-Sax 3a) aa); EbSchmidt 11; OLG Neustadt NJW **1956** 1611.

[14] OLG Düsseldorf NJW **1958** 394; Müller-Sax 2b zu § 393; vgl. oben 3b zu § 393 OLG Düsseldorf NJW.

[15] BGH NJW **1967** 454.

[16] Kl 3 vor § 395; Müller-Sax 2c zu § 396; OLG Köln vom 15. 12. 1967 OLGSt.; LG Schweinfurt NJW **1968** 1840; LG Krefeld AnwBl. **1972** 203; der Entwurf eines 1. StVRG (Art. 1 Nr. 90) will dies in § 396 ausdrücklich klarstellen, allerdings nicht für die bei der Polizei eingegangene Anschlußerklärung.

[17] Vorauflage 9a; Kießling RPfl. **1969** 337; Sieß DAR **1966** 40; Simon DRiZ **1968** 412; Spranger NJW **1968** 1264; OLG Tübingen JZ **1953** 314; Steines u. John DRiZ **1969** 113; LG Lüneburg NdsRpfl. **1966** 200; LG Essen VersR **1967** 590; LG Ansbach RPfl. **1967** 224, 226; LG Gießen MDR **1968** 167; AG Lobberich MDR **1966** 778; wohl auch LG Schweinfurt NJW **1968** 1840; LG Kiel SchlHA **1969** 126; LG Darmstadt AnwBl. **1972** 294.

Begründet wird diese Auffassung damit, daß in den §§ 407ff. abschließend geregelt sei, wer am Strafbefehlsverfahren beteiligt ist, ferner mit dem auf Beschleunigung gerichteten Zweck des Strafbefehlsverfahrens und dem Vorrang des öffentlichen Interesses an beschleunigter Ahndung vor dem Bestreben des Verletzten, Einfluß auf das Verfahren zu gewinnen.

b) Die jetzt in Schrifttum und Rechtsprechung als **herrschend** zu bezeichnende Auffassung[18], die den Anschluß bereits vom Zeitpunkt der Stellung des Strafbefehlsantrages an zulassen will, stützt sich auf das Argument, daß der Antrag auf Erlaß des Strafbefehls im Sinne des § 395 der Erhebung der öffentlichen Klage gleichstehe[19] und daß auch im Strafbefehlsverfahren eine sachgerechte Bestrafung unter gleichmäßiger weitmöglichster Berücksichtigung der berechtigten Interessen aller Beteiligter — des Täters und des Betroffenen — im Vordergrund stehe[20], schließlich auf das Argument, daß auch der durch das StPÄG eingefügte § 397 Abs. 2 einen rechtsähnlichen Fall einer Verfahrensvereinfachung im Sinne der Nichtbeeinträchtigung des Nebenklagerechts regele[21].

c) Zwischen diesen beiden Grundpositionen werden verschiedene **Nuancierungen** vertreten:

aa) Nach Ablehnung eines Antrags auf Erlaß eines Strafbefehls müsse der Anschluß zulässig sein[22], damit der Nebenkläger nicht schlechter gestellt werde als im ordentlichen Verfahren, wo ihm gegen einen die Nichteröffnung des Hauptverfahrens aussprechenden Gerichtsbeschluß nach § 401 Abs. 1 i. V. m. § 210 Abs. 2 die sofortige Beschwerde zusteht.

bb) Nach Erlaß des Strafbefehls komme ein Anschluß nur in Betracht, wenn der Beschuldigte dagegen Einspruch einlegt, da andernfalls (wenn der Beschuldigte den Strafbefehl rechtskräftig werden läßt) in der Zeit vom Erlaß des Strafbefehls bis zum Ablauf der Einspruchsfrist keine Möglichkeit einer sinnvollen Betätigung als Nebenkläger bestehe[23].

d) Schäfer, auf dessen Wiedergabe des Standes der Meinungen[24] im übrigen Bezug genommen wird, meint, die Entwicklung zu der unter b) dargelegten Auffassung hin könne wohl nicht mehr aufgehalten oder rückgängig gemacht werden, daher sei es im Interesse der

---

[18] EbSchmidt 16; Müller-Sax 2a; Kl 8 A b; Schäfer unten 10d zu § 407; Holtfort DAR **1966** 237; Oswald MDR **1966** 900; W. Schmidt DAR **1965** 43; Däubler-Gmelin AnwBl. **1970** 87; LG Oldenburg MDR **1968** 688; LG Frankental AnwBl. **1967** 411; LG Arnsberg AnwBl. **1967** 413; LG Stuttgart AnwBl. **1967** 412; LG Düsseldorf NJW **1967** 1242; LG München I NJW **1965** 1615; LG Duisburg NJW **1965** 1616; LG Krefeld MDR **1966** 435; LG Heilbronn DAR **1966** 249; LG Rottweil DAR **1965** 307; LG Köln AnwBl. **1967** 58; LG Nürnberg-Fürth AnwBl. **1967** 59; LG Mainz AnwBl. **1967** 60; LG Ulm AnwBl. **1966** 241; LG Landshut AnwBl. **1966** 206; LG Bochum AnwBl. **1967** 59; LG Tübingen AnwBl. **1966** 273; LG Passau AnwBl. **1968** 219; LG Kassel AnwBl. **1966** 207; LG Nürnberg-Fürth AnwBl. **1966** 206; LG Ulm AnwBl. **1966** 242; LG Siegen AnwBl. **1967** 239; LG Aachen AnwBl. **1967** 165; LG Hechingen AnwBl. **1967** 376; LG Osnabrück AnwBl. **1967** 377; AG Koblenz AnwBl. **1967** 379; LG Heidelberg, LG München I AnwBl. **1967** 374–379; LG Bielefeld AnwBl. **1967** 97; LG Freiburg AnwBl. **1968** 28; LG Mönchengladbach AnwBl. **1968** 29; LG Dortmund AnwBl. **1968** 31; LG Stade AnwBl. **1968** 98; LG Lübeck AnwBl. **1968** 235; LG Karlsruhe AnwBl. **1968** 192; LG Augsburg und LG Göttingen AnwBl. **1968** 194; AG Karlsruhe und AG Seligenstadt AnwBl. **1968** 293; LG Stuttgart VersR **1968** 1002; LG Aschaffenburg und LG Mannheim AnwBl. **1968** 327; LG Passau AnwBl. **1968** 329; LG Saarbrücken AnwBl. **1969** 32; LG Krefeld NJW **1969** 1264; LG Würzburg MDR **1969** 411; LG Mannheim AnwBl. **1969** 373; LG Landau/Pfalz AnwBl. **1969** 449; LG Lübeck SchlHA **1969** 126; LG Kleve AnwBl. **1969** 451, AnwBl. **1971** 116; LG Hildesheim AnwBl. **1970** 63; LG München 1 AnwBl. **1970** 274; LG Hannover AnwBl. **1970** 273; LG Koblenz AnwBl. **1971** 152; LG Flensburg AnwBl. **1971** 294; LG Köln und LG Mannheim AnwBl. **1971** 295; LG Nürnberg-Fürth AnwBl. **1972** 293; LG Siegen AnwBl. **1972** 201; LG Kiel SchlHA **1971** 89.

[19] Vgl. namentlich Müller-Sax aaO.; Schäfer unten 8a zu § 407, 10 zu § 407 und 2a zu § 411; Kohlhaas oben 5 zu § 151.

[20] Vgl. LG Krefeld NJW **1969** 1264; LG Mannheim AnwBl. **1971** 295.

[21] Kl 8 A b zu § 396.

[22] Sarstedt Vorauflage; LG Mannheim NJW **1957** 1043.

[23] LG Heidelberg NJW **1967** 2420; LG Kleve AnwBl. **1969** 451.

[24] Unten 10 zu § 407.

Rechtssicherheit wünschenswert, „wenn sich nunmehr unter Auflösung der verhärteten Kontroverse eine möglichst einheitliche Rechtsprechung bildete". Dem muß um so mehr beigepflichtet werden, als in der Tat für die neuere Auffassung die besseren Gründe sprechen. Zusätzlich zu den oben unter b) angeführten Gründen ist noch auf folgenden Gesichtspunkt hinzuweisen, der auch die ältere Auffassung bereits zu der unter c) aa) dargelegten Konzession veranlaßt hat: Die Anschlußerklärung hat im normalen Verfahren zur Voraussetzung, daß die Anklage bei Gericht eingegangen ist. Lehnt dann das Gericht die Eröffnung des Hauptverfahrens ab, so kann der Nebenkläger hiergegen sofortige Beschwerde einlegen (§ 210 Abs. 2 i. V. m. § 401). Würde man nun im Strafbefehlsverfahren die Anschlußbefugnis erst mit dem Einspruch des Verurteilten oder der Anberaumung eines Hauptverhandlungstermins nach § 408 Abs. 2 für zulässig erklären, so könnte der Nebenklageberechtigte keinerlei Einfluß auf das Verfahren nehmen, wenn der Amtsrichter den Erlaß des Strafbefehls ohne Anberaumung eines Hauptverhandlungstermins ablehnt und die Staatsanwaltschaft hiergegen keine Beschwerde einlegt[25]. Für den Verletzten, der das Klageerzwingungsverfahren erfolgreich betrieben hat, könnte dies beinahe wie Hohn erscheinen, denn die Staatsanwaltschaft kann die Anordnung des Oberlandesgerichts nach § 175, die öffentliche Klage zu erheben, auch durch die Stellung eines Antrags auf Erlaß eines Strafbefehls befolgen. Wird der abgelehnt, so ist der Verletzte absolut rechtlos. Diese Überlegungen haben dazu geführt, daß in dem Regierungsentwurf eines Ersten Strafverfahrensreformgesetzes (BT-Drucksache VI/3478) vorgeschlagen wird, die Streitfrage durch ein klärendes Wort des Gesetzgebers zu beenden. § 395 Abs. 2 Satz 2 soll danach folgende Fassung erhalten:

„Im Verfahren bei Strafbefehlen ist der Anschluß schon mit dem Eingang des Antrags der Staatsanwaltschaft bei Gericht möglich".

Es ist zu wünschen, daß dieser Vorschlag, dem auch der Bundesrat zugestimmt hat, bald Gesetz und die verwirrende und schier unübersehbare Kasuistik zu dieser Frage damit Makulatur wird.

e) **Einspruch** gegen den Strafbefehl steht dem Anschlußberechtigten nicht zu (Kl 6 zu § 409; 1 zu § 411; Schäfer unten 10b zu § 409). Gegen die ihn benachteiligende Entscheidung, die in der **Nichtaufnahme des Nebenklagedelikts in den Strafbefehl** liegt, kann er daher nicht in einer von ihm erzwungenen Hauptverhandlung angehen. Rechtliches Gehör gegenüber dieser Entscheidung muß ihm aber gewährt werden. Das ist nur möglich, wenn ihm die beabsichtigte Nichtaufnahme des Nebenklagedelikts in den Strafbefehl vor dessen Erlaß mitgeteilt wird (§ 33 Abs. 3; vgl. Kl 8 B zu § 396).

f) Im **Sicherungsverfahren** nach §§ 429a ff. ist keine Nebenklage zulässig, BGH 5 StR 102/52 vom 10. 3. 1953; Kirchhof GoltdA **1954** 368.

10. Die Anschlußbefugnis wird weder dadurch aufgehoben, daß der Nebenkläger als **Zeuge** vernommen worden ist, noch dadurch, daß er in demselben Verfahren **Mitangeklagter** ist, RGSt. 22 421; oben 2d. Er kann auch nach seinem Anschluß als Zeuge vernommen und gegebenenfalls vereidigt werden, BGH LM Nr. 1 zu § 395.

11. Treffen die Voraussetzungen der Anschlußbefugnis bei **mehreren Personen** zu, so sind sie sämtlich befugt, als Nebenkläger aufzutreten; dabei ist jeder unabhängig von den anderen.

12. Der **Nebenkläger** muß noch leben (RG JW **1928** 3049 mit Anm. von Stern), **prozeßfähig** oder durch einen Prozeßfähigen gesetzlich vertreten sein. Liegen also die Voraussetzungen der Anschlußbefugnis bei einem Prozeßunfähigen vor, so kann nur er selbst, vertreten durch seinen gesetzlichen Vertreter, als Nebenkläger zugelassen werden (Eb. Schmidt 3; RG JW **1927** 1268 mit – unklarer – Anm. von Oetker; BayObLGSt. **1956** 254 = JR **1957** 149). Der Satz des LG Dortmund (DAR **1957** 244), der Nebenkläger müsse volljährig sein, ist irreführend. Die Vertretung steht dem zu, der das Personensorgerecht hat (OLG Hamm VRS 13 212). Fristgebundene Prozeßhandlungen, die ein Prozeßunfähiger fristgerecht vorgenommen hat, können nach Fristablauf von dem gesetzlichen Vertreter nicht mehr rechtswirksam genehmigt werden (BayObLGSt. **1955** 243 = NJW **1956** 681).

---

[25] die ihr analog § 250 Abs. 2 zusteht, vgl. Kl 5 zu § 408.

13. **Gegen einen (zur Tatzeit) Jugendlichen** ist eine Nebenklage nach § 80 Abs. 3 JGG nicht zulässig, und zwar auch dann nicht, wenn eine staatliche Behörde die Rechte eines Nebenklägers hat, vgl. oben 3 vor § 395.

14. a) Der Anschluß kann, sobald die öffentliche Klage erhoben ist[26], **in jeder Lage des Verfahrens** erklärt werden, nur eben noch nicht im vorbereitenden Verfahren, und grundsätzlich nicht mehr nach Rechtskraft.

Allerdings schließt – und dies ist von besonderer Bedeutung für das Strafbefehlsverfahren, vgl. oben 9 – die *vor* Rechtskraft bei Gericht eingegangene Anschlußerklärung nicht aus, daß noch nach Rechtskraft der (nicht konstitutive, sondern nur deklaratorische) Zulassungsbeschluß ergeht. Der Zulassungsbeschluß wirkt dann auf den Tag des Eingangs der Anschlußerklärung bei Gericht zurück[27].

b) Zur Einlegung eines **Rechtsmittels** ist der Anschluß so lange möglich, bis die Anfechtungsfrist für alle anderen Beteiligten abgelaufen ist (wenn nicht durch deren Verzicht die Rechtskraft eingetreten ist (RGSt. **66** 129 = JW **1932** 2732 mit Anm. Schreiber; RGSt. **71** 173 = JW **1937** 1837). Dabei ist nicht zwischen Rechtsmitteln gegen Urteile, Beschlüsse und Verfügungen zu unterscheiden. So kann der Anschluß auch mittels einer sofortigen Beschwerde gemäß §§ 183, 210 Abs. 2 erklärt werden. Über Wiedereinsetzung des Nebenklägers vgl. 2 zu § 399. Der Nebenklageberechtigte kann sich nach rechtskräftigem Abschluß des Verfahrens weder mittels eines Wiedereinsetzungsgesuchs (weil gegen ihn keine Frist lief) noch mittels oder zum Zwecke eines Wiederaufnahmeantrages anschließen; dagegen kann er sich in einem Wiederaufnahmeverfahren anschließen, das von einem anderen Beteiligten beantragt worden ist, und zwar von diesem Antrage ab, also schon, um die Zulässigkeit des Antrages mit zu vertreten oder zu bekämpfen. Tatsächliche Zweifel darüber, ob beim Eingang der Ausschlußerklärung die Rechtskraft schon eingetreten war, gehen zu Lasten des Nebenklageberechtigten (OLG Celle DAR **1958** 245 = NdsRpfl. **1959** 165).

In der *Einlegung eines Rechtsmittels* durch den Nebenklageberechtigten liegt von selbst die Anschlußerklärung; dagegen liegt in einer Anschlußerklärung, die während der Rechtsmittelfrist eingereicht wird, nicht ohne weiteres das Rechtsmittel, insbesondere dann nicht, wenn schon ein anderer Beteiligter das Rechtsmittel eingelegt hat (sehr weitherzig RGSt. 12 342). In diesem Fall wird also der Anschluß hinfällig, sobald das Rechtsmittel des anderen sich (durch Rücknahme, Verwerfung usw.) erledigt (a. A. OLG München MDR **1959** 945). RGSt. 12 342 sieht die Förmlichkeiten des (Rechtsmittel-)Verfahrens „notdürftig für gewahrt" an, wenn die Staatsanwaltschaft Revision eingelegt (aber nicht begründet), der Nebenklageberechtigte sich dem Verfahren sodann noch innerhalb der Einlegungsfrist „unter ausdrücklicher Bezugnahme auf die von der Staatsanwaltschaft eingelegte Revision" angeschlossen und später seinerseits das Rechtsmittel formgerecht begründet hat. Das geht aber nur an, wenn man die Anschlußerklärung als Einlegung einer eigenen Revision auslegen kann. Ob das möglich ist, hängt von den Umständen des Einzelfalles ab.

III. Wirkungen des Anschlusses (vgl. §§ 397ff.)

15. Der wirksam erklärte Anschluß gilt **für das ganze** folgende **Verfahren,** wenn er nicht etwa zurückgenommen wird (OLG Düsseldorf DRiZRspr. **1933** Nr. 133). Der Nebenkläger ist also ohne besonderen Antrag auch in höherer Instanz zuzuziehen, auch wenn er sie nicht mit einem eigenen Rechtsmittel angerufen hat. Hatte er sich vor Rechtskraft angeschlossen, so muß er auch noch im Wiederaufnahmeverfahren wiederum von Amts wegen zugezogen werden.

Alle Rechte des Nebenklägers **beschränken** sich aber im Falle der Tatmehrheit, Tateinheit oder Gesetzeskonkurrenz auf dasjenige Delikt, aus dem sich die Anschlußbefugnis ergibt, vgl. Kirchhof GoltdA **1954** 365 mit Angaben über unveröffentlichte Entscheidungen

[26] Vgl. oben Anm. I 9, auch zu der Frage der Einreichung der Anschlußerklärung zu Ermittlungsverfahren (Fußnote 16).

[27] Kl 4 und 8 C zu § 396; LG Düsseldorf NJW **1967** 1242; LG Krefeld AnwBl. **1970** 64; LG Hannover AnwBl. **1970** 273; LG Bremen AnwBl. **1970** 327; LG Kleve AnwBl. **1971** 116; LG Koblenz AnwBl. **1971** 152; LG Kiel SchlHA **1971** 89; LG Flensburg AnwBl. **1971** 294; LG Köln AnwBl. **1971** 295; LG Siegen AnwBl. **1972** 201; vgl. auch unten 4 zu § 396.

des Bundesgerichtshofs. Das gilt besonders für seine Befugnis. Rechtsmittel einzulegen, vgl. zu § 401.

Die Befugnis des Nebenklägers ist eine **Verfahrensvoraussetzung** für das Nebenklageverfahren, also in jeder Lage des Verfahrens von Amts wegen zu prüfen (RGSt. **76** 178; OLG Saarbrücken JBl. Saar **1961** 16 = DRsp. IV (465) 346; etwas enger BGH 3 StR 677/52 vom 18. 12. 1952).

16. Die Nebenklage kann jederzeit **zurückgenommen**, und auf das Nebenklagerecht kann wirksam **verzichtet** werden (BayObLG DJZ **1931** 173) mit der Folge, daß ein erneuter Anschluß unzulässig ist.

§ 396

(1) Die Anschlußerklärung ist bei dem Gericht schriftlich einzureichen.

(2) Das Gericht hat über die Berechtigung des Nebenklägers zum Anschluß nach Anhörung der Staatsanwaltschaft zu entscheiden. Erwägt das Gericht, das Verfahren nach § 153 Abs. 3 einzustellen, so entscheidet es zunächst über die Berechtigung zum Anschluß.

(3) Zu einer Sicherheitsleistung ist der Nebenkläger nicht verpflichtet.

(4) Angehörigen fremder Staaten kann das Armenrecht auch dann gewährt werden, wenn die Gegenseitigkeit nicht verbürgt ist.

Frühere Bezeichnung: § 436. Abs. 2 Satz 2 und Abs. 4 eingefügt durch das StPÄG. – Nach Art. 1 Nr. 90 des Entwurfs eines 1. StVRG (BT-Drucksache VI/3478) soll in Abs. 1 klargestellt werden, daß die Anschlußerklärung schon vor Klageerhebung eingereicht werden kann und daß sie mit Anklageerhebung wirksam wird.

1. Form der Anschlußerklärung. Für die Schriftform verlangt die Rechtsprechung bei der Einlegung von Rechtsmitteln schon seit langem keine Unterzeichnung mehr (vgl. zu § 341). Es ist nicht einzusehen, warum bei der Anschlußerklärung größere Strenge walten sollte; um so weniger, als der Anschluß auch mittels Einlegung eines Rechtsmittels erklärt werden kann und ohne weitere ausdrückliche Hervorhebung darin erblickt wird. An der Meinung früherer Auflagen und älterer Reichsgerichtsentscheidungen, ein zu Protokoll der Geschäftsstelle oder zum Hauptverhandlungsprotokoll erklärter Anschluß müsse, um wirksam zu sein, unterschrieben werden, wird deshalb nicht festgehalten (offengelassen von BGH 5 StR 186/58 vom 3. 7. 1958). Es genügt schriftliche Niederlegung, wenn aus dem Schriftstück einwandfrei entnommen werden kann, wer die Erklärung abgegeben hat (EbSchmidt 1; Kl; Müller-Sax 1a; BayObLGSt. **1958** 118 = NJW **1958** 1598; OLG Hamm VRS 12 368; OLG Stuttgart NJW **1955** 1369 = JR **1955** 476 mit abl. Anm. Kohlhaas). Stellvertretung ist zulässig; die Vollmacht muß im Zeitpunkt der Erklärung vorliegen, braucht aber erst später nachgewiesen zu werden. Der Anschluß muß klar und unzweideutig erklärt werden; die Mitteilung eines Anwalts, er habe „die Vertretung des Nebenklägers übernommen", ist keine Anschlußerklärung (OLG Celle DAR **1958** 245 = NdsRpfl. **1959** 165). Sind Erklärungen des Verletzten in der Hauptverhandlung nicht eindeutig, so braucht der Vorsitzende sie nicht protokollieren zu lassen, sondern kann schriftliche Einreichung abwarten (BGH 5 StR 186/58 v. 3. 7. 1958).

2. Adressat der Anschlußerklärung **ist das Gericht,** und zwar nicht immer dasjenige Gericht, das über die Berechtigung zum Anschluß zu entscheiden hat, sondern dasjenige, bei dem die Sache anhängig ist. Anschluß durch Rechtsmittel ist also bei dem Gericht zu erklären, das die angefochtene Entscheidung erlassen hat. Wird die Erklärung bei einer anderen Behörde eingereicht (Staatsanwaltschaft, Verwaltungsbehörde, Rechtsmittelgericht), so hängt ihre Wirksamkeit davon ab, daß diese Behörde sie (gegebenenfalls fristgerecht) dem genannten Gericht zuleitet (vgl. auch oben 9 zu § 395 und Kl 2).

3. Zuständig für die Entscheidung ist das mit der Sache selbst befaßte Gericht, und zwar bei Rechtsmitteln des Anschlußberechtigten das Rechtsmittelgericht (nicht der Vorsitzende, dessen Entscheidung aber nicht nichtig ist, BayObLGSt. **1952** 99). Läßt in diesem Falle das Untergericht die Nebenklage zu, so wird dadurch das Rechtsmittelgericht der eigenen

Entscheidung über die Anschlußbefugnis ebensowenig enthoben wie auch sonst. Denn die Anschlußberechtigung des Rechtsmittelführers ist eine Verfahrensvoraussetzung für das Rechtsmittelverfahren (s. sogleich zu 4). Ebenso hat das Rechtsmittelgericht über die Anschlußbefugnis zu entscheiden, wenn der Anschluß nach dem Rechtsmittel eines anderen Beteiligten erklärt wird (vgl. dazu Kirchhof GoltdA **1954** 364 mit Angaben über unveröffentlichte BGH-Entscheidungen).

4. Das Gericht hat über die Zulassung eine ausdrückliche **Entscheidung** (Beschluß, der nicht den Formerfordernissen eines Urteils unterliegt: OLG Hamburg JR **1950** 568) zu erlassen, und zwar alsbald, vor weiterer Veränderung der Prozeßlage (RGSt. 25 186). Ein Verstoß hiergegen kann die Revision begründen. Daß der Angeklagte vorher gehört werde, ist nicht nur nicht vorgeschrieben, aus Abs. 2 folgt vielmehr, daß das Gesetz dies nicht verlangt (EbSchmidt 8; Kl 4).

Die Entscheidung hat nur *deklaratorische Bedeutung*. Konstitutiv ist allein die wirksame Anschlußerklärung (EbSchmidt 10ff.; Kl 4; Müller-Sax 3d; OLG Köln NJW **1960** 306; OLG Celle NJW **1961** 378; vgl. oben 14 zu § 395). Sarstedt, Vorauflage, 1 zu § 397, hält die Auseinandersetzung um die deklaratorische oder konstitutive Natur der Entscheidung für einen Streit um Worte. Von dem nur deklaratorischen Charakter der Zulassung geht auch die in dem Entwurf eines 1. Strafverfahrensreformgesetzes (BT-Drucksache VI/3478) vorgesehene Neufassung des § 401 Abs. 1 aus, vgl. unten zu § 401 sowie die Begründung des Entwurfs S. 96. Ebenso neuerdings Bringewat, GA **1972** 294.

Über die Berechtigung zum Anschluß muß das Gericht nach Abs. 2 S. 2 zunächst entscheiden, wenn es eine Einstellung nach § 153 Abs. 3 erwägt. Dadurch soll dem Nebenkläger die *Anhörung* vor der Entscheidung nach § 153 Abs. 3 gewährleistet werden (vgl. § 397 i. V. m. §§ 33, 385 Abs. 1; Kl 3).

Die Entscheidung ist *nicht rechtskraftfähig;* die Zulassung kann in jeder Lage des Verfahrens auf Antrag oder von Amts wegen wieder aufgehoben werden, wenn sich herausstellt, daß die *verfahrensrechtliche* Grundlage fehlt (Kl 5; Müller-Sax 5a; OLG Karlsruhe JW **1925** 2814 mit Anm. Mannheim; RG II. StS 10/44 vom 10. 2. 1944; BayObLGSt. **1952** 270 = NJW **1953** 433; OLG Köln NJW **1952** 678; OLG Hamm JMBlNRW **1953** 45; OLG Saarbrücken JBl. Saar **1961** 16 = DRsp. IV (465) 34e. Die Zulassung darf aber nicht deshalb zurückgenommen werden, weil sich die *tatsächlichen* Behauptungen des Nebenklägers in der Hauptverhandlung als unrichtig herausstellen. Daraus die Folgerungen zu ziehen, ist Sache des Urteils, der sachlichen Entscheidung über die Nebenklage selbst, nicht der verfahrensrechtlichen Entscheidung über ihre Zulassung (vgl. RGSt. 51 129; a. A. EbSchmidt 16; Kl 5). Auch der die Zulassung ablehnende Beschluß wird nicht rechtskräftig; er hindert eine spätere Zulassung nicht (BayObLG JW **1929** 1064 mit Anm. Mannheim). Das Rechtsmittelgericht hat sie, wenn es ihre Voraussetzungen für gegeben hält, auch ohne erneuten Antrag aufgrund der ursprünglichen Anschlußerklärung von Amts wegen auszusprechen (OLG Saarbrücken aaO.).

5. Rechtsmittel (vgl. Theuerkauf: Selbständige Anfechtung der Entscheidung über die Berechtigung des Nebenklägers? MDR **1962** 789).

Die herrschende Meinung gibt gegen die Zulassung dem Staatsanwalt und dem Angeklagten, gegen die Nichtzulassung dem Staatsanwalt und dem Anschlußberechtigten das Recht der einfachen Beschwerde (Müller-Sax 4; EbSchmidt 17; Kl 5; Erbs VI; Bringewat GA **1972** 293; RGSt. 66 346 = JW **1933** 983; OLG Düsseldorf DRiZ Rspr. 1933 Nr. 133; OLG Kiel JW **1933** 2077; OLG Oldenburg NJW **1956** 682; OLG Celle NJW **1960** 1171; OLG Saarbrücken NJW **1963** 1513; OLG Frankfurt NJW **1967** 2075; OLG Hamm JZ **1972** 251; a. A. Peters 2. Aufl. S. 511; OLG Frankfurt NJW **1953** 317; OLG Hamburg NJW **1961** 2271). Die Vorauflagen waren nicht einheitlicher Meinung. Die Entscheidung hängt nach § 305 S. 1 davon ab, ob die Zulassung oder Ablehnung im Sinne jener Vorschrift „der Urteilsfällung vorausgeht", d. h. in einem inneren Zusammenhang mit dem Urteil steht, vgl. Gollwitzer oben 3 zu § 305. Aber das ist umstritten. RGSt. 66 346 = JW **1933** 983 nimmt (unfolgerichtig, vgl. Peters aaO.) einen solchen Zusammenhang an, ebenso OLG Köln RdK **1953** 158; OLG Köln VRS 12 220; OLG Darmstadt JR **1949** 512; OLG Hamburg aaO.; dagegen halten OLG Köln HESt. 1 219 und BayObLGSt. **1953** 64 = NJW **1953** 1116 ihn „in der Regel" wegen der richterlichen

Aufklärungspflicht nicht für gegeben. In Wahrheit wäre das aber keine Frage von Regel oder Ausnahme, sondern eine Frage des tatsächlichen Prozeßverlaufs im Einzelfall und seiner Beweisbarkeit. Die ganze Einrichtung der Nebenklage hat nur dann einen vernünftigen Sinn, wenn der Nebenkläger Einfluß auf das Urteil gewinnen kann. Daraus folgt der Zusammenhang der Zulassungsentscheidung mit dem Urteil. Daß es ein Verfahrensverstoß ist, wenn ein Anschlußberechtigter nicht zugelassen oder ein nicht Anschlußberechtigter zugelassen wird, läßt sich nicht bezweifeln (vgl. EbSchmidt 24; Kl 7; Müller-Sax 6). Verfahrensverstöße sind aber grundsätzlich revisibel; sie führen nur dann nicht zur Aufhebung und Zurückverweisung, wenn es im jeweiligen Einzelfall zur Überzeugung des Revisionsgerichts feststeht, daß dieses angefochtene Urteil nicht auf dem Verstoß beruhen *kann.* Wo diese Frage zu einem non liquet führt, hat die Revision Erfolg; rechtlich wie tatsächlich ist das die „Regel", die Erweislichkeit des Nichtberuhen*könnens* ist die Ausnahme. Der Revisionsrichter kann gewöhnlich gar nicht nachprüfen, was der Nebenkläger vor dem Tatrichter alles ausgeführt hat (oder, wenn er zugelassen worden wäre, ausgeführt haben würde) und welchen Eindruck das gemacht hat (oder haben würde). Man kann hier auch nicht damit argumentieren, daß der Tatrichter ohnehin, auch ohne die Nebenklage, alles aufklären müsse. Denn die Aufklärungspflicht setzt jeweils voraus, daß sich dem Tatrichter weitere Aufklärung *aufdrängen* mußte; gerade der Nebenkläger kann sie ihm aufdrängen, und zwar nicht nur durch ausdrückliche (d. h. beweisbare) Anträge. Die Frage aber, ob zwischen Nebenklage und Urteil ein innerer Zusammenhang besteht, der zur Anwendbarkeit des § 305 Satz 1 führt, kann nicht von der tatsächlichen Prozeßgestaltung im Einzelfall abhängen. Denn sie muß für einen Zeitpunkt beantwortet werden, in dem der Prozeßverlauf bevorsteht: nämlich für den Zeitpunkt, in dem die Beschwerde — wenn sie zulässig wäre — eingelegt werden müßte. In diesem Augenblick läßt sich nur übersehen, daß der Nebenkläger Einfluß auf das Urteil nehmen *will;* und das allein begründet den inneren Zusammenhang, der den § 305 Satz 1 anwendbar macht und die Beschwerde ausschließt. Auch § 304 Abs. 2 gibt sie nicht; denn der Anschlußberechtigte ist keine „dritte Person" im Sinne des § 305 Satz 2. OLG Köln HESt. **1** 219 und BayObLGSt. **1953** 64 (ihnen folgend LG Düsseldorf MDR **1960** 158) wenden gegen die Revisibilität ein, die Aufklärungspflicht würde in einer neuen Hauptverhandlung dazu zwingen, die bisher auf Anregung des Nebenklägers ermittelten Tatsachen nunmehr von Amts wegen zu ermitteln. Die Wiederholung der Hauptverhandlung sei also in der Regel ein Leerlauf, der den Gerichten nicht zugemutet werden könne. Dieses zunächst bestechend wirkende Argument greift deshalb nicht durch, weil entsprechende Erscheinungen auch sonst niemals zu Zweifeln an der Revisibilität führen. Läßt z. B. der Tatrichter einen Zeugen unvereidigt wegen des Verdachts, der Zeuge begünstige durch seine Aussage (und nur durch sie) den Angeklagten, so muß wegen dieses Verstoßes aufgehoben werden, obwohl der Zeuge in der neuen Hauptverhandlung wegen der nunmehr in der Vergangenheit liegenden Begünstigung nicht vereidigt werden darf. Ähnlich liegt es im umgekehrten Fall, daß ein Zeuge, der nicht vereidigt werden durfte, doch vereidigt worden ist (vgl. darüber Sarstedt JR **1954** 114). Der nachgewiesene Verstoß, auf dem das angefochtene Urteil möglicherweise zum Nachteil des Beschwerdeführers beruht, gibt ihm ein Recht auf eine neue Verhandlung. Was deren Ergebnis sein wird, hat das Revisionsgericht — wie auch sonst bei Verfahrensverstößen — nicht zu kümmern. LG Düsseldorf MDR **1960** 158 legt entscheidendes Gewicht darauf, daß die Zulassung zur Nebenklage „keine die Urteilsfällung sachlich vorbereitende Maßnahme sei, sondern lediglich ein formeller Akt". Das ist ein beachtliches Argument; trotzdem müßte man dann aber in der Zulassung jedes sachlichen Antrages des (zu Unrecht zugelassenen) Nebenklägers einen Verfahrensverstoß sehen. Da diese Frage der Beurteilung des Revisionsgerichts doch nicht entzogen werden kann, ist es sehr unzweckmäßig, zunächst eine Entscheidung des Beschwerdegerichts herbeizuführen, an die das Revisionsgericht später doch nicht gebunden ist. — In größte Schwierigkeiten gerät die Auffassung, daß die Beschwerde gegen die Nichtzulassung gegeben sei, wenn das Beschwerdegericht die Frage anders entscheidet als das Revisionsgericht, dem die Rüge der Nichtzulassung vorgelegt wurde, oder wenn, wie in dem vom OLG Hamm JZ **1972** 251 entschiedenen Fall, die Rechtskraft des Urteils zu dem Zeitpunkt der Entscheidung des Beschwerdegerichts schon eingetreten ist: soll in dem letzteren Falle der Nebenkläger die Rechtskraft durchbrechen dürfen? Vgl. zu diesen Fragen Peters 2. Aufl. S. 511; Bringewat GA **1972** 293ff., der die Zulassung der Verfassungsbeschwerde für den zu spät gekommenen Anschlußberechtigten erwägt und schließlich als Ausweg die Aussetzung des Hauptverfahrens bis zur Entscheidung über die Beschwerde vorschlägt.

Ergebnis: Gegen den Beschluß ist *keine Beschwerde* gegeben, und zwar weder gegen die Zulassung noch gegen die Ablehnung; *wohl aber* können fehlerhafte Zulassungen und Ablehnungen zusammen mit dem Urteil angefochten werden, insbesondere im Wege der *Revision;* (RGSt. **66** 346 = JW **1933** 983; OLG Frankfurt NJW **1966** 1669; Kl 7; Eb. Schmidt 17, 24 will beides gestatten. – Wird der Nebenkläger nicht zugezogen, so ist zwar nicht der zwingende Revisionsgrund des § 338 Nr. 5 gegeben; in der Regel wird aber nicht ausgeschlossen werden können, daß das Urteil auf dem Mangel beruht (RGSt. **71** 74 = JW **1937** 1826 mit Anm. von Megow; Schneider-Neuenburg DStrafR **1938** 38; OLG Köln VRS **12** 220). Wird der Nebenkläger zu Unrecht zugelassen, so will Kleinknecht (7) die Revision ausschließen, weil seine Mitwirkung nicht mehr rückgängig gemacht werden könne, nachdem sie den durch sie bezweckten Aufklärungszuwachs herbeigeführt habe. Dem ist jedoch entgegenzuhalten, daß dieser Fall demjenigen der Verwertung eines unzulässigen Beweismittels gleichzuerachten ist, bei dem der Aufklärungszuwachs nach Aufhebung des Urteils und Zurückverweisung ebenfalls außer Betracht zu bleiben hat (vgl. auch OLG Frankfurt NJW **1966** 1969).

Wird der Nebenkläger *verspätet* zugelassen, so muß der Teil der Verfahrens wiederholt werden, der von seiner Anschlußerklärung bis zu seiner Zulassung stattgefunden hat. Geschieht das nicht oder ist es nicht möglich, weil inzwischen Entscheidungen ergangen sind, an die das Gericht der betreffenden Instanz selbst gebunden ist, so hat er eine Revisionsrüge. Wird wiederholt oder verzichtet er (selbst stillschweigend) auf die Wiederholung, so kann er die Revision nicht auf die verspätete Zulassung stützen (BGH LM Nr. 1 zu § 396).

6. Wegen der Verpflichtung des Nebenklägers zur Zahlung eines **Kostenvorschusses** vgl. 5 zu § 379a (§ 401 Abs. 1 S. 2).

7. Der bisherige **Privatkläger** (§ 377 Abs. 3) erlangt die Stellung eines Nebenklägers ohne Anschlußerklärung.

8. Zur Bewilligung des **Armenrechts** vgl. § 397 Abs. 1 i. V. m. § 379 Abs. 3 sowie 1d zu § 397: der Nebenkläger steht auch insoweit dem Privatkläger gleich. Im einzelnen s. Anm. 4 zu § 379. **Absatz 4** beruht darauf, daß das Institut der Nebenklage anderen Rechtsordnungen unbekannt ist (Kl 9).

§ 397

(1) Der Nebenkläger hat nach erfolgtem Anschluß die Rechte des Privatklägers.

(2) Wird die Verfolgung nach § 154a beschränkt, so berührt dies nicht das Recht, sich der erhobenen öffentlichen Klage als Nebenkläger anzuschließen. Wird der Nebenkläger zum Verfahren zugelassen, so entfällt eine Beschränkung nach § 154a Abs. 1 oder 2, soweit sie die Nebenklage betrifft.

Entstehungsgeschichte: Frühere Bezeichnung § 437. Bek. v. 22. März 1924 (RGBl. I 392). Abs. 2 eingefügt durch das StPÄG.

Änderungsvorschläge: Der RegE eines 1. StVRG (BT-Drucksache VI/3478) will durch einen eingefügten Absatz 2 das Recht des Nebenklägers, gegen die Einstellung nach § 153 Abs. 3 sofortige Beschwerde einzulegen, ausschließen.

Übersicht

1. Der Nebenkläger hat die **Rechte des Privatklägers.** Er ist bei ihrer Ausübung von etwaigen weiteren Nebenklägern unabhängig (§ 375 Abs. 1), ebenso vom Staatsanwalt. Er muß das bisherige Verfahren gegen sich gelten lassen und kann keine Wiederholungen verlangen.

a) Der Nebenkläger hat zunächst die **Rechte,** die sich aus § 385 ergeben: Er wird zugezogen und *gehört* wie der Staatsanwalt. So muß er vor Einstellung des Verfahrens gemäß § 153 Abs. 3 gehört werden; unterbleibt die Anhörung, so kann der Einstellungsbeschluß nach § 33a i. V. m. § 33 Abs. 3 aufgehoben werden. Der Zustimmung des Nebenklägers bedarf es jedoch nicht, OLG Stuttgart DRZ **1949** 450 (mit zust. Anm. Müller); OLG Köln NJW **1952** 1029 (dagegen Wieczorek NJW **1952** 1269); ihm steht aber sofortige Beschwerde gegen die Einstellung zu, § 383 Abs. 2 Satz 3, vgl. OLG Oldenburg NdsRpfl. **1949** 64; ebenso unter Berufung auf BVerfG **14** 322 EbSchmidt Nachtrag 28 zu § 153; **a. A.** (nur bei Nichtzustimmung der Staatsanwaltschaft einfache Beschwerde) Kl 4 A zu § 153; Müller-Sax 6b ee zu § 153; Reitberger NJW **1963** 2260; Kohlhaas oben 14f. zu § 153; vgl. oben „Änderungsvorschläge". Vgl. auch oben Anm. 4 zu § 396. Alle Entscheidungen, die der Staatsanwaltschaft bekanntgemacht werden, sind auch ihm bekanntzugeben. Zu Terminen ist er zu laden; freilich nicht wie der Privatkläger nach § 385 Abs. 2, durch die Geschäftsstelle, sondern nach § 214 durch die Staatsanwaltschaft (Kl 1); denn § 385 Abs. 2 beruht darauf, daß im Privatklageverfahren die Staatsanwaltschaft nicht zur Mitwirkung verpflichtet ist, § 377 Abs. 1 S. 1; das trifft für das Nebenklageverfahren nicht zu. Auch der Nebenkläger ist zur Hauptverhandlung zu laden und hat dabei das Recht auf die einwöchige Ladungsfrist nach § 385 Abs. 3 (Müller-Sax 2a). Hat er freilich seinen Anschluß erklärt, nachdem der Termin schon bestimmt war, so kann er keine Verlegung beanspruchen, § 398 Abs. 2. Er hat das Ablehnungsrecht nach § 24 Abs. 3 (Müller-Sax aaO.). Auch das Recht der Akteneinsicht steht dem Nebenkläger zu; er kann es nur durch einen Rechtsanwalt ausüben, § 385 Abs. 4.

b) In der **Hauptverhandlung** ist dem Nebenkläger rechtliches Gehör zu gewähren. Er hat das Recht auf Anwesenheit, selbst wenn er als Zeuge vernommen werden soll (vgl. Kl 1; Müller-Sax 2a; Dallinger MDR **1952** 532 über die Rechtsprechung des BGH und oben 2f. zu § 58). Ihm müssen Fragen an den Angeklagten, an Zeugen und Sachverständige gestattet werden, § 240 Abs. 2. Wenn er Mitangeklagter ist, darf er keine Fragen an andere Angeklagte stellen; das Verbot des § 240 Abs. 2 Satz 2 geht dem grundsätzlichen Fragerecht vor. Der Nebenkläger hat das Recht zu Beweisanträgen gemäß § 244 Abs. 3–6, denn für ihn gilt § 384 Abs. 3 nicht (EbSchmidt 4; Kl 1). Er kann Zeugen und Sachverständige mit der Folge des § 245 unmittelbar laden, § 386 Abs. 2; dabei ist § 220 zu beachten. In der Berufungsverhandlung ist § 325 auch bei Ladung durch den Nebenkläger anwendbar (Alsberg-Nüse, Beweisantrag S. 423). Nach Schluß der Beweisaufnahme ist ihm von Amts wegen gemäß § 258 Abs. 1, 2 das Wort zu erteilen, und zwar nach dem Staatsanwalt und vor dem Angeklagten. Das Recht auf das letzte Wort hat der Angeklagte auch gegenüber dem Nebenkläger (OLG Saarbrücken VRS **17** 63).

c) Der Nebenkläger kann im **Beistand eines Rechtsanwalts** (und zwar *nur* eines solchen, vgl. oben 2 zu § 378) erscheinen oder sich durch einen Rechtsanwalt vertreten lassen, der – nur in der Hauptverhandlung – eine schriftliche Vollmacht vorlegen muß, § 378 S. 1. Zustellungen an den Nebenkläger können zu Händen seines Anwalts erfolgen; über Urteilszustellungen vgl. zu § 400. Mehrere Nebenkläger können mehrere Anwälte oder gemeinsam einen Anwalt beauftragen.

d) Das **Armenrecht** und die Beiordnung eines Rechtsanwalts stehen dem Nebenkläger unter den gleichen Voraussetzungen zu wie einem Privatkläger (oben 4 zu § 379; Kl 1; Müller-Sax 2a; OLG Hamburg NJW **1969** 944). Über die Bewilligung des Armenrechts für die Berufungsinstanz kann entschieden werden, bevor über den Anschluß entschieden wird (OLG München DJZ **1935** 1442). Während ein Verteidiger nicht rückwirkend beigeordnet werden kann (OLG Düsseldorf JMBlNRW **1952** 150), kann die Beiordnung eines Anwalts für den Nebenkläger derart ausgesprochen werden, daß sie auf den Zeitpunkt des Antrags (nicht weiter) zurückwirkt (OLG Hamm DRsp. IV (465) 29d).

e) Dem Nebenkläger stehen die gewöhnlichen **Rechtsmittel** zu, vgl. unten zu § 399, 401.

f) Der *Zustimmung* des Nebenklägers *zur* **Rücknahme** eines vom Angeklagten eingelegten *Rechtsmittels* gemäß § 303 bedarf es nur, wenn er in der Hauptverhandlung anwesend oder durch einen Anwalt vertreten ist (RGSt. **61** 385 = JW **1927** 3057).

g) Dem Nebenkläger steht das Recht zur **Ablehnung** von Richtern gemäß § 24 zu, obwohl § 24 Abs. 3 ihn nicht nennt (Dünnebier oben 8 zu § 24). Ebenso kann er Sachverständige ablehnen.

2. Die Frage, inwieweit der Nebenkläger auch die **Pflichten** eines Privatklägers hat, läßt sich nicht einheitlich beantworten.

a) **Sicherheit** gemäß § 379 Abs. 1, 2 braucht der Nebenkläger in keinem Falle zu leisten, § 396 Abs. 3. Einen *Gebührenvorschuß* gemäß § 113 Abs. 1 GKG schuldet er nur für eine von ihm selbst eingelegte Berufung oder Revision und für eine von ihm selbst beantragte Wiederaufnahme (vgl. §§ 379a, 401 Abs. 1). *Auslagen*vorschuß gemäß § 114 GKG braucht er nur zu zahlen, wenn er Berufung oder Revision eingelegt hat. Von diesem Falle abgesehen, kann er also Beweisanträge stellen, ohne für die Kosten Auslagenvorschüsse (Zeugen- und Sachverständigengebühren sind, vom Gericht her gesehen, also für das Kostenrecht „Auslagen"!) zahlen zu müssen.

b) Im allgemeinen trifft ihn in der Hauptverhandlung keine **Anwesenheitspflicht** oder *-last*. Sein persönliches Erscheinen kann nicht gemäß § 387 Abs. 2 angeordnet werden (freilich kann das Gericht ihn als Zeugen laden). Sein Ausbleiben hat nicht die Folge, daß die Anschlußerklärung als zurückgenommen gilt (vgl. §§ 391 Abs. 2, 400, 402; RGSt. **63** 53 = JW **1929** 1478 mit zust. Anm. Mannheim; EbSchmidt 6; Müller-Sax 2b). Er gehört nicht im Sinne des § 338 Nr. 5 zu den Personen, „deren Anwesenheit das Gesetz vorschreibt"; seine Abwesenheit ist also kein zwingender Revisionsgrund.

c) Streitig ist, ob § 391 Abs. 3 auf den Nebenkläger angewendet werden kann, ob also sein **Ausbleiben** in der Berufungsverhandlung dazu führt, daß seine Berufung „sofort" (d. h. ohne sachliche Prüfung) verworfen wird. RGSt. **60** 283 = JW **1927** 1764 mit zustimmender (freilich recht begriffsjuristischer) Anm. Oetker hat diese Frage bejaht, RGSt. **63** 53 = JW **1929** 1478 mit zust. Anm. Mannheim hat sie verneint (ebenso Müller-Sax 2b; EbSchmidt 6; Kl 1; Hartung ZStW 71 471). BayObLGSt. **1956** 1 = JW **1956** 1042 verneint sie für den Fall, daß auch der Staatsanwalt zum Nachteil des Angeklagten Berufung eingelegt hatte. Wir halten daran fest, daß beim Nichterscheinen (oder bei vorzeitiger Entfernung) des Nebenklägers seine Berufung gemäß § 391 Abs. 3 zu verwerfen ist. Das gehört zu der Unabhängigkeit seines Rechtsmittels von der Staatsanwaltschaft (§ 401 Abs. 1 Satz 1). Der Staatsanwalt hat zwar zu erscheinen und zu dem Rechtsmittel Stellung zu nehmen; dabei kommt es nicht darauf an, ob er auch selbst ein Rechtsmittel in gleicher Richtung eingelegt hat. Aber er ist nicht Herr über das Rechtsmittel des Nebenklägers; er kann es nicht etwa zurücknehmen und andererseits nicht „aufnehmen" in dem Sinne, daß es gleichsam sein eigenes würde. Das kann er ja nicht einmal mit der Berufung eines ausgebliebenen Angeklagten tun (§ 329), auch dann nicht, wenn er sie für begründet hält und wenn er nur ihretwegen von einer eigenen Berufung zugunsten des Angeklagten abgesehen hatte. Er kann und muß nach seinem pflichtmäßigen Ermessen Stellung zu den Rechtsmitteln anderer Prozeßbeteiligter nehmen und hat sie zu diesem Zweck verfahrens- und sachlichrechtlich zu beurteilen. Zur verfahrensrechtlichen Stellungnahme gehört auch für ihn die Prüfung, ob die Berufung eines Angeklagten nach § 329, die eines Nebenklägers nach § 391 Abs. 3 „sofort" zu verwerfen ist. § 401 Abs. 2 verordnet, daß (erst) nach Aufhebung „der Betrieb der Sache wiederum der Staatsanwaltschaft" obliegt. Der „Betrieb" des von einem anderen Prozeßbeteiligten „unabhängig" erhobenen Rechtsmittels liegt ihm gerade nicht ob. Es besteht auch kein Bedürfnis, den Staatsanwalt, ob er will oder nicht, als Sachwalter des Nebenklägers anzusehen. Der Staatsanwalt, der kein Rechtsmittel eingelegt hat, wollte das Urteil ja gerade rechtskräftig werden lassen. Bei dieser Sachlage erscheint es widersinnig, daß der Nebenkläger sich auf ihn sollte verlassen dürfen. Hat aber der Staatsanwalt, wie im Falle des BayObLG (aaO.), selbst in gleicher Richtung Berufung eingelegt, so hat es auf die Sachentscheidung keinen Einfluß, daß die Berufung des säumigen Nebenklägers gemäß § 391 Abs. 3 verworfen wird. Der einzige praktische Unterschied ist, daß den Säumigen die Kosten seines Rechtsmittels treffen. Damit geschieht ihm kein Unrecht. – Der hier vertretenen Auffassung folgt auch Art. 1 Nr. 94 (§ 401 Abs. 3) des Reg. Entwurfs des 1. StVRG (BT-Drucksache VI/3478).

3. Der Nebenkläger kann, anders als der Privatkläger, **Zeuge** sein (Kl 4 vor § 48; Müller-Sax 5 vor § 395; a. A. Beling S. 463; EbSchmidt 6 vor § 48, 10 vor § 395). Er ist, soweit keine Ausnahmen vorgeschrieben oder zugelassen sind, *eidlich* zu vernehmen (BGH LM Nr. 1 zu § 396). Er kann auch bei der Vernehmung der vor ihm anzuhörenden Zeugen anwesend sein (BGH 5 StR 120/52 vom 5. 6. 1952, mitgeteilt bei Dallinger MDR 1952 532 a. E.). Er muß aber, wenn er hinausgeschickt wird, sein Recht auf Anwesenheit *ausdrücklich* geltend machen, um eine Verfahrensrüge darauf stützen zu können (RG HRR 1934 539). Ist der *Vertreter* des Nebenklägers in der Hauptverhandlung als Zeuge vernommen worden, so darf er – mindestens nach seiner Entlassung als Zeuge – weiterhin die Rechte des Nebenklägers in der Verhandlung wahrnehmen (RG 1 D 189/33 vom 7. 7. 1933).

4. RG JW **1922** 1393 (ebenso RG HRR **1939** Nr. 358) hält es für zulässig, den Nebenkläger als **Sachverständigen** zu vernehmen; dagegen Oetker in seiner Anmerkung aaO. Oetker ist einzuräumen, daß ein Ablehnungsgesuch ohne weiteres Erfolg haben müßte. Wird aber, wie im Falle des RG, keines gestellt, so gibt es keine Bestimmung, welche die Vernehmung verbietet (vgl. auch Kirchhof GA **1954** 368; Kohlhaas oben 2e zu § 58).

5. **Widerklage** gegen den Nebenkläger ist nicht zulässig, weil das Gesetz sie nur im Privatklageverfahren, nicht im Offizialverfahren kennt. Das gilt auch dann, wenn die Sache durch Erhebung einer Privatklage anhängig geworden war, der Staatsanwalt dann aber die Verfolgung übernommen hat (RGSt. 29 116; EbSchmidt 10). War die Widerklage schon vor der Übernahme erhoben, so ist zu unterscheiden: übernimmt der Staatsanwalt das Klage- und das Widerklageverfahren, so werden der bisherige Privatkläger und der bisherige Widerkläger beide zu Nebenklägern; übernimmt der Staatsanwalt nur eine der beiden Sachen, so gilt das oben 12b zu § 388 Ausgeführte.

6. **Kosten:** vgl. Schäfer unten B I bis VI zu § 471; C I bis V zu § 473.

7. **Absatz 2** (vgl. dazu auch Bem. I 1 a. E. sowie II 9b zu § 395) stellt die Interessen des Nebenklageberechtigten über das Interesse an der Verfahrensvereinfachung: Trotz Abscheidung eines Tatkomplexes oder eines rechtlichen Gesichtspunkts bleibt die Zulassungsbefugnis erhalten, die Zulassung bewirkt den Wegfall einer schon eingetretenen Verfolgungsbeschränkung. Für den zuletzt genannten Fall empfiehlt sich ein klarstellender Beschluß (Kl 4). Anders als nach § 385 Abs. 5 besteht eine Einwirkung des Nebenklagerechts im Falle des § 430 hier nicht (vgl. Anm. 8 zu § 385).

§ 398

(1) Der Fortgang des Verfahrens wird durch den Anschluß nicht aufgehalten.

(2) Die bereits anberaumte Hauptverhandlung sowie andere Termine finden an den bestimmten Tagen statt, auch wenn der Nebenkläger wegen Kürze der Zeit nicht mehr geladen oder benachrichtigt werden konnte.

Frühere Bezeichnung § 438

1. Der Satz, daß der Fortgang des Verfahrens durch den Anschluß „nicht aufgehalten wird", ist **keine zwingende Vorschrift.** Wenn es nicht nur eine Deklamation ist, mit der naheliegende Einwände gegen die ganze Einrichtung der Nebenklage beschwichtigt werden sollen, so ist es jedenfalls nur ein frommer Wunsch des Gesetzgebers, zu dessen Verwirklichung er nicht einmal selbst alles getan hat, was ihm möglich gewesen wäre (vgl. Sarstedt JZ **1962** 775). Daß Rechtsmittel, die nur der Nebenkläger einlegt, das Verfahren aufhalten, konnte freilich auch der Gesetzgeber nicht hindern. Daß die langen Fristen in §§ 467, 472 RAO a. F. zu einer höchst ärgerlichen weiteren Verzögerung der Rechtskraft in Steuerstraf-

sachen führten, war ein Übelstand, dem der Gesetzgeber durch die Beseitigung des Nebenklagerechts des Finanzamts inzwischen abgeholfen hat (vgl. oben 3 vor § 395). – Bei Berufung und Revision des Nebenklägers muß zunächst das Rechtsmittelgericht nach § 379a eine Frist zur Zahlung des Gebührenvorschusses bestimmen (§ 401 Abs. 1 Satz 2). So verzögert eine Revision des Nebenklägers, selbst wenn sie nur neben einer Revision des Angeklagten oder der Staatsanwaltschaft eingelegt wird, auch in Kapitalsachen (Mord, Totschlag: vgl. § 395 Abs. 2 Nr. 1) das Verfahren immer um rund einen zusätzlichen Monat. Wenn § 379a Abs. 1 sich mit Fristsetzung durch den Vorsitzenden (statt durch das Gericht) begnügte, würde eine Woche gespart; denn nun muß der Vorsitzende zuerst einen Berichterstatter bestimmen, und dieser muß bis zur nächsten Sitzung warten, um die Sache dem Senat vorzutragen (im Umlauf ginge es auch nicht schneller). Dazu kommt dann die Frist selbst. Diese Verzögerung nimmt nicht selten mehr Zeit in Anspruch, als sonst die ganze sachliche Bearbeitung beim Revisionsgericht erfordern würde – und das nur, um zwanzig Mark für den Fiskus einzuheimsen (§ 77 Abs. 1, § 113 Abs. 1 Satz 1). Es ist daher zu begrüßen, daß der Regierungsentwurf eines 1. Strafverfahrensreformgesetzes (BT-Drucksache VI/3478) die lästige Vorschrift des § 401 Abs. 1 Satz 2 streichen und im Anschluß an Sarstedt aaO. auch sonst für Beschleunigung bei der Rechtsmitteleinlegung des Nebenklägers sorgen will (vgl. die zu § 401 wiedergegebenen Änderungsvorschläge).

2. Das Gericht ist nicht gehindert, nach seinem Ermessen auf den Nebenkläger **Rücksicht** zu nehmen und auch einen bereits anberaumten Termin zu verlegen. Das kann sich insbesondere empfehlen, wenn andernfalls im Termin mit Überraschungen zu rechnen wäre, die unter Umständen ärgeren Zeitverlust mit sich bringen als eine Verlegung.

3. Konnte der Nebenkläger noch geladen oder benachrichtigt werden, so begründet das Unterbleiben die **Revision** (RG GA Bd. 43 S. 32; EbSchmidt 2; Kl 4 sowie 8 zu § 337).

4. Bei Unterbleiben der Ladung ist das Urteil nach § 400 dem Nebenkläger **zuzustellen** (Kl 3). Andere verkündete Entscheidungen brauchen ihm nicht bekanntgegeben zu werden (RGSt. 61 385).

§ 399

(1) Entscheidungen, die schon vor dem Anschluß ergangen und der Staatsanwaltschaft bekanntgemacht waren, bedürfen keiner Bekanntmachung an den Nebenkläger.

(2) Die Anfechtung solcher Entscheidungen steht auch dem Nebenkläger nicht mehr zu, wenn für die Staatsanwaltschaft die Frist zur Anfechtung abgelaufen ist.

Frühere Bezeichnung § 439

1. Die Vorschrift betrifft nur **Entscheidungen** (auch Urteile) vor der (konstitutiven, vgl. 4 zu § 396) **Anschlußerklärung.** Solche Entscheidungen brauchen, soweit sie der Staatsanwaltschaft bekanntgeworden waren, dem Nebenkläger nicht bekanntgegeben zu werden. Entscheidungen, die nach Eingang der Anschlußerklärung ergehen, sind dem Nebenkläger jedoch bekanntzumachen, und zwar auch dann, wenn bei ihrem Erlaß der Zulassungsbeschluß noch nicht ergangen war (Kl 1): Folge des deklaratorischen Charakters des Zulassungsbeschlusses.

2. Was **Rechtsmittel** angeht, so betrifft die Vorschrift – im Gegensatz zu § 401, der von den Rechtsmitteln gegen Entscheidung nach dem Anschluß handelt (Müller-Sax 1) – nur solche gegen Entscheidungen, die vor der Anschlußerklärung ergangen sind (Anschlußerklärung und Rechtsmitteleinlegung können dann zusammenfallen, § 395 Abs. 1 Satz 2).

Für diesen Fall gibt das Gesetz dem Nebenkläger zwar ein eigenes Rechtsmittel, jedoch keine eigene Rechtsmittelfrist. Vielmehr kann der Nebenkläger sein Rechtsmittel nur innerhalb der für die Staatsanwaltschaft (noch) laufenden Rechtsmittelfrist einlegen (Absatz 2), also auch dann nicht mehr, wenn die Staatsanwaltschaft auf Rechtsmittel verzichtet oder ihr Rechtsmittel zurückgenommen hat (EbSchmidt 3; Kl 2; RG JR 1927 Nr. 2168; RGSt. 66 129 = JW 1932 2732 mit Anm. Schreiber; BayObLGSt. § 395 S. 19, 21).

Allerdings kann der Nebenkläger sich auch, wenn die Staatsanwaltschaft ihre Rechtsmittelbefugnis durch Fristablauf, Rücknahme oder Verzicht verloren hat, noch anschließen, wenn der Angeklagte ein Rechtsmittel eingelegt hat. Allerdings ist er dann nicht Rechtsmittelführer, und seine Beteiligung erledigt sich durch Zurücknahme des Rechtsmittels seitens des Angeklagten (EbSchmidt 2, 3 zu § 399 sowie 23 zu § 395). – Der Nebenkläger kann in all diesen Fällen auch keine *Wiedereinsetzung* verlangen; er war nicht im Sinne des § 44 S. 1 „an der Einhaltung der Frist verhindert", weil gegen *ihn* gar keine eigene Frist lief (Eb. Schmidt 5; RGSt. **71** 713 = JW **1937** 1837; anders RGSt. **76** 178 = DR **1942** 1275 – freilich für einen ganz eigenartig liegenden Fall, so daß die Entscheidung nicht verallgemeinert werden darf). Der praktische Sinn dieser Auslegung besteht darin, daß die Prozeßbeteiligten nach Eintritt der Rechtskraft gegen Überraschungen geschützt sein müssen, die von einer bisher unbeteiligten Person kommen würden. Gerade beim Nebenklageberechtigten könnten die Voraussetzungen einer Wiedereinsetzung unter Umständen noch nach Jahr und Tag gegeben sein. Anders ist zu entscheiden, wenn der Nebenklageberechtigte vor Fristablauf den Anschluß erklärt, das Rechtsmittel jedoch erst nach Fristablauf eingelegt hat. Dann kann er unter den Voraussetzungen der §§ 44, 45 gegen die Versäumung der Frist in den vorigen Stand wiedereingesetzt werden (RGSt. **76** 178 = DR **1942** 1275; OLG Hamm NJW **1964** 265; Müller-Sax 2c). Legt der Staatsanwalt (oder ein anderer Nebenkläger) ein Rechtsmittel ein, so kann der Nebenklagebefugte sich auch nach Fristablauf dem Verfahren bis zur Rechtskraft anschließen. Aber er kann nicht hindern, daß der Staatsanwalt durch Rücknahme seines Rechtsmittels die Rechtskraft herbeiführt. Der Nebenkläger kann das Rechtsmittel des Staatsanwalts nicht „übernehmen" und etwa selbständig weiter betreiben.

3. Unter der „Frist zur Anfechtung" ist nur die Einlegungsfrist zu verstehen; Eb. Schmidt 7. Hat der Nebenkläger das Rechtsmittel rechtzeitig eingelegt, so wird (bei der Revision) die **Begründungsfrist** nach allgemeinen Regeln durch die Zustellung des angefochtenen Urteils *und des Zulassungsbeschlusses* (durch die spätere von den beiden Zustellungen, wenn sie nicht gleichzeitig erfolgen) in Lauf gesetzt. In der bloßen Urteilszustellung kann keine Zulassung erblickt werden, weil diese nunmehr dem Rechtsmittelgericht zusteht. War das Urteil aber schon vor der Zulassung zugestellt, so bedarf es nicht, wie noch RGSt. 66 393 annahm (dem folgend Müller-Sax 3), einer erneuten Urteilszustellung, um die Begründungsfrist in Lauf zu setzen. Das wäre ein sachlich unnötiger und zeitraubender Formalismus. In solchen Fällen beginnt die Frist vielmehr mit der Zustellung des Zulassungsbeschlusses, RGSt. 77 281 = DR **1944** 239. Es wird sich empfehlen, dabei auf den Fristbeginn ausdrücklich hinzuweisen.

4. **Allgemeines** über Rechtsmittel des Nebenklägers zu § 401.

§ 400

Ist in der Hauptverhandlung weder der Nebenkläger noch ein Anwalt des Nebenklägers erschienen, so wird das Urteil dem ersteren zugestellt.

Frühere Bezeichnung § 440.

Änderungsvorschläge: Art. 1 Nr. 94 des RegE eines 1. Strafverfahrensreformgesetzes (BT-Drucksache VI/3478) will die Vorschrift aufheben, weil die Gesamtmaterie der Rechtsmittelbefugnis des Nebenklägers zusammenhängend in § 401 geregelt werden soll (siehe dort).

1. Mit dem „Erscheinen in der Hauptverhandlung" ist in Wirklichkeit nur die **Anwesenheit bei der Urteilsverkündung** gemeint (EbSchmidt 2). Die Vorschrift bezieht sich auf den Nebenkläger, der seinen Anschluß im Zeitpunkt der Urteilsverkündung schon erklärt hatte, sei es vor oder in der Hauptverhandlung. § 391 Abs. 2 ist auf den Nebenkläger nicht anwendbar (vgl. 2b zu § 397). Ist er oder sein Anwalt bei der Urteilsverkündung zugegen, so wird damit die Rechtsmittelfrist auch gegen ihn in Lauf gesetzt.

2. Wohnt weder der Nebenkläger noch sein Anwalt der Urteilsverkündung bei, so wird das Urteil **zugestellt.** Der eigentliche Sinn der Vorschrift liegt darin, daß in diesem Fall die Rechtsmittelfrist erst durch die Zustellung in Lauf gesetzt wird. Freilich ist das ebenso unbillig wie unzweckmäßig: unbillig im Vergleich zum Staatsanwalt, der anwesend sein muß, und zum Angeklagten, der sich nicht entfernen darf und festgehalten werden kann (§ 231 Abs. 1; vgl. allerdings §§ 314 Abs. 2, § 341 Abs. 2); unzweckmäßig wegen der wochenlangen, oft monatelangen Verzögerung der Rechtskraft, die der Nebenkläger hier durch reine Passivität verursacht. – Diesen Verzögerungseffekt will Art. 1 Nr. 94 des Entwurfs des 1. Strafverfahrensreformgesetzes (BT-Drucksache VI/3478) ausschalten, indem er folgenden § 401 Abs. 2 vorschlägt: „(2) War der Nebenkläger in der Hauptverhandlung anwesend oder durch einen Anwalt vertreten, so beginnt für ihn die Frist zur Einlegung des Rechtsmittels auch dann mit der Verkündung des Urteils, wenn er bei dieser nicht mehr zugegen oder vertreten war; er kann die Wiedereinsetzung in den vorigen Stand gegen die Versäumung der Frist nicht wegen fehlender Rechtsmittelbelehrung beanspruchen. Ist der Nebenkläger in der Hauptverhandlung überhaupt nicht anwesend oder vertreten gewesen, so beginnt die Frist mit der Zustellung der Urteilsformel an ihn."

3. Der Nebenkläger gehört niemals im Sinne des § 338 Nr. 5 zu den Personen, „deren Anwesenheit das Gesetz vorschreibt". Wenn er aber zur Verhandlung auf eine *von ihm selbst eingelegte* **Berufung** nicht erscheint, wird das Rechtsmittel gemäß § 391 Abs. 3 „sofort" (vgl. 11b zu § 391) verworfen, 2c zu § 397.

4. Der Ton liegt *nicht* darauf, daß das **Urteil** gerade dem Nebenkläger *persönlich* und *nicht seinem Anwalt* **zuzustellen** wäre. Wenn der Anwalt eine schriftliche Vollmacht (es braucht keine Zustellungsvollmacht zu sein) vorgelegt hat, *so kann* das Urteil gemäß § 378 S. 2 mit rechtlicher Wirkung (Beginn der Rechtsmittelfrist!) an den Anwalt zugestellt werden; so mit Recht Müller-Sax 2. Eine Zustellungsvollmacht läßt EbSchmidt 17 zu §§ 36, 37 genügen.

5. Für andere Entscheidungen als Urteile gilt § 385 Abs. 1 Satz 2 in Verbindung mit § 397.

§ 401

(1) Der Rechtsmittel kann sich der Nebenkläger unabhängig von der Staatsanwaltschaft bedienen. Die Vorschrift des § 379a über die Zahlung des Gebührenvorschusses und die Folgen nicht rechtzeitiger Zahlung gilt entsprechend.

(2) Wird auf ein von dem Nebenkläger eingelegtes Rechtsmittel die angefochtene Entscheidung aufgehoben, so liegt der Betrieb der Sache wiederum der Staatsanwaltschaft ob.

Entstehungsgeschichte und Änderungsvorschläge: Frühere Bezeichnung § 441. – Abs. 1 Satz 2, der durch das Vereinheitlichungsgesetz vom 12. September 1950 (BGBl. 455) eingefügt worden ist, soll durch Art. 1 Nr. 94 des Entwurfs eines 1. Strafverfahrensreformgesetzes (BT-Drucksache VI/3478) aufgehoben werden. Zu weiteren Vorschlägen zur Änderung des § 401, die in dem genannten Entwurf gemacht werden, vgl. unten 2, ferner 2c zu § 397 und 2 zu § 400.

Schrifttum: Schneidewin, Die Grenzen des Rechtsmittels des Nebenklägers, JR 1959 328; Knözinger, Das Rechtsmittel des Nebenklägers (Diss. Erlangen 1933).

Übersicht

1. Dem Nebenkläger stehen gegen die nach seinem Anschluß ergehenden Entscheidungen (vgl. oben 2 zu § 399), hinsichtlich Frist, Einlegung und Begründung unabhängig von der Staatsanwaltschaft, dieselben **Rechtsmittel** zu wie der Staatsanwaltschaft (§§ 390, 397): *Berufung, Revision,* einfache und sofortige *Beschwerde* (über Wiederaufnahme vgl. unten 9, über Einspruch unten 10). Bei ihrer Einlegung, Begründung und Durchführung sind Staatsanwalt und Nebenkläger voneinander (auch mehrere Nebenkläger voneinander) *unabhängig.* Sie können jeder allein oder beide nebeneinander das zulässige Rechtsmittel einlegen, dabei verschiedene Rügen erheben und verschiedene Anträge stellen. Über die Rechtsmittel beider (sowie über ein etwaiges Rechtsmittel des Angeklagten) wird im allgemeinen gleichzeitig verhandelt und entschieden. Freilich kann eine Berufung oder Revision auch vorab durch Beschluß nach §§ 322 Abs. 1, 346, 349 Abs. 1 als unzulässig, eine Revision auch nach § 349 Abs. 2 als offensichtlich unbegründet verworfen werden, während nur zur Verhandlung über das verbleibende Rechtsmittel ein Termin bestimmt wird. Über den Fall, daß ein Beschwerdeführer Revision und ein anderer Berufung einlegt, vgl. § 335 Abs. 3; „Beteiligter" im Sinne dieser Vorschrift ist auch der Nebenkläger, die Wahl nach § 335 Abs. 1 steht auch ihm frei. Weder der Staatsanwalt noch der Nebenkläger kann widersprechen, wenn der andere sein Rechtsmittel zurücknimmt (a. A: Beling S. 463 Anm. 2).

Der Nebenkläger kann mit der Revision als Verfahrensverstoß rügen, daß Anträge des Staatsanwalts unrichtig behandelt worden seien; so für abgelehnte Beweisanträge BayObLG DJZ 1931 174.

2. Die für den Nebenkläger laufenden **Fristen** fallen nicht immer mit den für die Staatsanwaltschaft laufenden zusammen. Für den Nebenkläger, der bereits vor Erlaß der angefochtenen Entscheidung seinen Anschluß erklärt hatte, beginnt die **Einlegungsfrist,** sobald *ihm* die Entscheidung bekanntgemacht (in seiner Anwesenheit verkündet oder ihm zugestellt) wird, also unter Umständen früher oder später als für den Staatsanwalt. Erklärt der Nebenkläger seinen Anschluß aber erst nach Erlaß der anzufechtenden Entscheidung, so kann er sein Rechtsmittel nur innerhalb der für den Staatsanwalt laufenden Frist einlegen, vgl. 2 zu § 399.

Anders ist es mit der *Begründungsfrist.* Sie beginnt für den Nebenkläger erst mit der Zustellung des Zulassungsbeschlusses, den das Rechtsmittelgericht zu erlassen hat (vgl. oben 3 zu § 399). Hierin liegt eine besondere Verzögerung beim Anschluß zur Rechtsmitteleinlegung (vgl. Sarstedt JZ **1962** 775). Der Entwurf des 1. StVRG (BT-Drucksache VI/3478) will dem durch eine Ergänzung des § 401 Abs. 1 abhelfen (Art. 1 Nr. 94). Zunächst soll bestimmt werden, daß dem Nebenkläger, der sich nach ergangenem Urteil zur Rechtsmitteleinlegung anschließt, das angefochtene Urteil *sofort* zuzustellen ist. Sodann soll die Begründungsfrist entweder — entsprechend § 399 Abs. 2 — mit dem Ablauf der für die Staatsanwaltschaft laufenden Rechtsmitteleinlegungsfrist oder, wenn das Urteil dem Nebenkläger noch nicht zugestellt war, mit der Zustellung des Urteils an ihn auch dann beginnen, wenn eine Entscheidung über seine Berechtigung zum Anschluß noch nicht ergangen ist. Der Zeitpunkt des Zulassungsbeschlusses soll auf den Fristbeginn keinen Einfluß haben, weil die Anschlußerklärung (wie hier, vgl. 4 zu § 396) als deklaratorisch angesehen wird (Begründung s. 96).

3. **Rechtsmittel beim Zusammentreffen** (Tatmehrheit, Tateinheit, Gesetzeskonkurrenz) des Nebenklagedelikts **mit anderen Straftaten.**

a) Oben 1 zu § 395 ist ausgeführt, daß die Nebenklage auch dann zulässig ist, wenn dem Angeklagten ein Sachverhalt (gleich Gegenstand der Anklage im Sinne von § 264) vorgeworfen wird, der ein zum Anschluß berechtigendes Delikt nur in Tatmehrheit, Tateinheit oder Gesetzeskonkurrenz mit einer anderen Straftat enthält. Anträge (z. B. Beweisanträge) stellen und Rechtsmittel einlegen kann der Nebenkläger aber auch in diesen Fällen nur, soweit diese Anträge und Rechtsmittel sich auf die Aburteilung des Nebenklagedelikts beziehen. Nach feststehender Rechtsprechung schon des Reichsgerichts (z. B. RGSt. **65** 60; JW **1933** 1465; HRR **1940** Nr. 61) kann er eine Sachrüge nur auf die Behauptung stützen, das angefochtene Urteil habe bei der Anwendung *des* Strafgesetzes geirrt, auf das sich seine Befugnis zum Anschluß stützt (ebenso BayObLGSt. **1958** 298; BGH VRS **7** 59). Er kann keine Rügen aus den Teilen des Verfahrens und der angefochtenen Entscheidung herleiten.

die sich ausschließlich mit jener anderen, nicht zum Anschluß berechtigenden Vorschrift befassen (oder auch – nach seiner Ansicht zu Unrecht – nicht befassen). Der vom Angeklagten körperlich verletzte Nebenkläger kann weder eine Verurteilung wegen Körperverletzung noch auch einen Freispruch von diesem Vorwurf mit dem Ziele anfechten, die Tat unter dem Gesichtspunkt des Landfriedensbruchs oder des versuchten Totschlages (BGH 5 StR 186/58 vom 3. 7. 1958) aburteilen zu lassen. Wer als Angehöriger nach § 395 Abs. 2 Nr. 1 Nebenkläger ist, muß von den Privatklagevergehen schweigen, die der Angeklagte dem Getöteten zugeführt haben soll; auch eine unterlassene Hilfeleistung (§ 330c StGB) kann er nicht erörtern, da dies kein Tötungsdelikt ist (vgl. oben 4 zu § 395). Weitere Beispiele aus der Rechtsprechung: RG 2 D 131/24 vom 5. 5. 1924 (Landfriedensbruch und Körperverletzung); RGSt. **61** 349 (Monopolhinterziehung und Diebstahl); RGSt. **63** 66 (Monopolhehlerei in Tateinheit mit gewöhnlicher Hehlerei); RGSt. **65** 60 (gewerbsmäßiges Buchmachen in Tateinheit mit Hinterziehung der Rennwettsteuer); RGSt. **65** 125 (fahrlässige Tötung in Tateinheit mit fahrlässiger Körperverletzung); OLG München HRR **1940** Nr. 970 (falsche Anschuldigung in Tateinheit mit Beleidigung); BayObLGSt. **1952** 43 = NJW **1952** 798 (Körperverletzung in Tateinheit mit Übertretung des § 367 Nr. 11 StGB); OLG Celle NdsRpfl. **1952** 57 (fahrlässige Körperverletzung und Übertretung der Straßenverkehrsordnung); BGH JR **1953** 192 = VRS **5** 213 (fahrlässige Körperverletzung und Übertretung der Straßenverkehrszulassungsordnung). Ist das Verfahren wegen eines versuchten Tötungsdelikts eröffnet, der Angeklagte aber wegen Körperverletzung verurteilt worden, so soll der Verletzte als Nebenkläger den Schuldspruch nicht mit Rechtsmitteln angreifen können (BGH 5 StR 186/58 vom 3. 7. 1958); das ist indes nicht einzusehen. – Wird eine Verletzung des Rechts (oder im Berufungsverfahren eine unrichtige Tatsachenfeststellung) bei der Behandlung des Nebenklagedelikts gar *nicht behauptet*, so ist deshalb das Rechtsmittel des Nebenklägers *unzulässig* (über das Verfahren in diesem Falle s. unten 6). Damit ist aber *nicht* gesagt, daß ein Rechtsmittel, das eine solche Rüge enthält und deshalb zulässig ist, *unbegründet* sein müßte, nur weil sie sich als unzutreffend erweist (darüber unten 7).

b) Das zu a) Ausgeführte betrifft nur die **Zulässigkeit** des Rechtsmittels des Nebenklägers. Davon zu unterscheiden ist die Frage, in welchem Umfang das Rechtsmittelgericht die den Gegenstand des Verfahrens bildende Tat **nachprüft**. Die Nachprüfung kann die Tat auch unter solchen rechtlichen Gesichtspunkten ergreifen, die für sich nicht zum Anschluß als Nebenkläger berechtigten. Beispiele: Bei Anklage und Verurteilung wegen gefährlicher Körperverletzung (§ 223a StGB) kann der Verletzte als Nebenkläger **nicht** Berufung mit dem Ziel der Verurteilung des Angeklagten wegen versuchten Mordes einlegen, vielmehr kann er seine Berufung nur darauf stützen, § 223a sei nicht richtig oder nicht vollständig angewendet, z. B. sei die Tatmodalität des hinterlistigen Überfalls nicht erörtert. Nur insoweit ist er nebenklageberechtigt (§ 395 Abs. 1 i. V. m. § 374 Abs. 1 Nr. 3). Hat der Nebenkläger mit dieser Begründung die Zulässigkeitshürde genommen, so prüft das Berufungsgericht die Tat unter allen rechtlichen Gesichtspunkten, also auch unter dem des versuchten Mordes (BGHSt. **13** 143; vgl. bereits RGSt. **65** 60). Ebenso verhält es sich für das Verhältnis Körperverletzung: Nötigung (BayObLG NJW **1969** 706). Anders liegt es hingegen, wenn der kein Nebenklagedelikt enthaltende Tatteil abtrennbar ist: BayObLG NJW **1966** 2369 (fahrl. Tötung in Tatmehrheit mit – abtrennbarer – Unfallflucht); vgl. auch OLG Celle MDR **1958** 707; BGH VRS **13** 120; Kl 1, 3. Teilweise anderer Ansicht im Anschluß an die durch RGSt. **65** 60 überholte Entscheidung RGSt. **63** 66: Schneidewin JR **1959** 328 und Sarstedt in der Vorauflage 7.

4. Wie das Rechtsmittel des Staatsanwalts und das des Privatklägers kann das Rechtsmittel des Nebenklägers stets auch zugunsten des Angeklagten wirken (§ 301; vgl. 3 zu § 390). Zugunsten des Angeklagten **einlegen** (§ 296 Abs. 2) kann es der Nebenkläger ebensowenig wie der Privatkläger, weil ihm die Amtsstellung des Staatsanwalts fehlt (Eb. Schmidt 8; Müller-Sax 5a; Kl 3 B zu § 296; Peters 512; ähnlich OLG Hamburg JZ **1958** 251; a. A. RGSt. 22 400; 62 213; Sarstedt in der Vorauflage).

5. **Verhandlung über das Rechtsmittel** des Nebenklägers.

a) Zur Verhandlung über die vom Nebenkläger selbst eingelegte **Berufung** muß er erscheinen (RGSt. **60** 283 = JW **1927** 1764 mit zust. Anm. Oetker; vgl. 2c zu § 397; 9b zu

§ 391) und bis zur Urteilsverkündung bleiben (3 zu § 387; 8b zu § 391). Sonst wird seine Berufung „unbeschadet der Vorschrift des § 301 sofort" verworfen (§ 391 Abs. 3), zu deutsch: ist der Angeklagte durch das angefochtene Urteil (Verurteilung) beschwert, so wird über die Berufung verhandelt wie über eine zugunsten des Angeklagten eingelegte Berufung des Staatsanwalts; ist der Angeklagte durch das angefochtene Urteil nicht beschwert (Freispruch), so wird die Berufung ohne sachliche Prüfung verworfen. An diesen Folgen kann der Staatsanwalt nichts ändern. Er kann das Rechtsmittel des Nebenklägers nicht seinerseits „betreiben" oder „übernehmen" (a. A. Beling S. 463 Anm. 2). Aus einer verfahrensrechtlich unrichtigen Behandlung eines vom Nebenkläger eingelegten Rechtsmittels kann die Staatsanwaltschaft für sich selbst regelmäßig keine Verfahrensrüge herleiten (RGSt. 59 63). Umgekehrt kann auch der Nebenkläger nicht mit der Revision rügen, daß der Staatsanwalt auf die vom Nebenkläger eingelegte Berufung weder plädiert noch Anträge gestellt hat (OLG Frankfurt NJW **1956** 1250).

b) Anders verhält es sich bei der **Revision.** Hier braucht der Nebenkläger auch als Rechtsmittelführer nicht in der Hauptverhandlung vertreten zu sein. Denn auch die Staatsanwaltschaft braucht ihre Revision hier nicht zu vertreten oder vertreten zu lassen. Sie kann das vielfach gar nicht, und es wird doch darüber entschieden. Daß vor dem Oberlandesgericht als Revisionsgericht nur solche Revisionen der Staatsanwaltschaft verhandelt werden, die der Generalstaatsanwalt beim Oberlandesgericht vertritt, hängt mit dem – in diesem Zusammenhange nur zufälligen – Umstande zusammen, daß er der Vorgesetzte des örtlichen Staatsanwalts ist und dessen Revision zurücknehmen kann. Die eigentliche Rechtslage wird im Revisionsverfahren vor dem Bundesgerichtshof deutlicher: hier wird über Revisionen der Staatsanwaltschaft verhandelt, die vom Generalbundesanwalt nicht immer „vertreten" werden; er kann sie nicht zurücknehmen, wohl aber ihre Verwerfung beantragen. Es tritt dann also niemand auf, um *für* die Revision zu sprechen und Anträge zu stellen; gleichwohl hat das Revisionsgericht sachlich über sie zu entscheiden. Ebenso verhält es sich mit Revisionen der Nebenkläger, auch vor dem Oberlandesgericht.

6. Wie in jeder Lage des Verfahrens (vgl. 15 zu § 395; 4 zu § 396), so ist auch vom Rechtsmittelgericht die **Anschlußbefugnis** des Nebenklägers **zu prüfen,** unabhängig von einem etwaigen früheren Zulassungsbeschluß. Sie ist die allgemeine Voraussetzung seiner Zulassung in der Rechtsmittelinstanz; natürlich bedarf es keines neuen Beschlusses, wenn sie in Übereinstimmung mit der Vorinstanz bejaht wird. Für die Rechtsmittel des Nebenklägers ist seine Anschlußbefugnis eine Zulässigkeitsvoraussetzung. Die Rechtsnormen darüber gehören zu den „Vorschriften über die Einlegung der Berufung" im Sinne des § 322 Abs. 1 und „über die Einlegung der Revision" im Sinne des § 349 Abs. 1 (RGSt. **69** 244 = JW **1935** 2642 mit Anm. von Siegert; dazu Schneider-Neuenburg DStrafR **1936** 269; OLG Köln NJW **1952** 678). Fehlt es also nach Auffassung des Rechtsmittelgerichtes an der Anschlußbefugnis, so wird das Rechtsmittel ohne Verhandlung durch Beschluß als unzulässig verworfen.

7. Absatz 2 hat den Fall im Auge, daß auf ein nur vom Nebenkläger eingelegtes Rechtsmittel das angefochtene Urteil aufgehoben und die Sache zur neuen Verhandlung und Entscheidung an die Vorinstanz **zurückverwiesen** wird. In diesem Falle würde, wenn der **weitere Betrieb** der Sache nicht wiederum der Staatsanwaltschaft obläge, sondern allein vom Nebenkläger abhinge, unter Umständen (vgl. § 402) das Verfahren in der Schwebe bleiben können; dies will Abs. 2 verhindern. Wenn ein vom Nebenkläger eingelegtes Rechtsmittel Erfolg hat, kommt die Sache also in ganz dieselbe Lage, wie wenn das Rechtsmittel von der Staatsanwaltschaft eingelegt gewesen wäre. – Selbstverständlich bleibt der Nebenkläger auch bei dem weiteren Verfahren beteiligt, sofern er nicht etwa gemäß § 402 ausscheidet.

8. Aus Abs. 2 darf nicht gefolgert werden, daß bei einem nur vom Nebenkläger eingelegten Rechtsmittel der **Staatsanwalt** einstweilen aus dem Verfahren ausscheide und erst dann wieder eintrete, wenn die angefochtene Entscheidung aufgehoben ist. Vielmehr hat auch im Rechtsmittelverfahren der Staatsanwalt mitzuwirken (EbSchmidt 5; Hildenbrand DJZ **1932** 1221; Kl 2; Müller-Sax 5). Nur muß der Nebenkläger sein Rechtsmittel noch verfolgen: er muß noch leben, noch Nebenkläger sein und im Berufungsverfahren erscheinen. Der Staatsanwalt steht dem Rechtsmittel des Nebenklägers so gegenüber wie der Generalbundesanwalt einer Revision der örtlichen Staatsanwaltschaft: er ist nicht der Herr des Rechtsmittels, hat es nicht eingelegt und kann es nicht zurücknehmen, kann es auch nicht zu seinem eigenen machen, hat aber Stellung dazu zu nehmen, sei es, daß er Verwerfung, sei es, daß er Aufhebung oder Änderung beantragt. Diese Mitwirkungspflicht ergibt sich daraus, daß das Verfahren von ihm in Gang gebracht (oder gemäß § 377 übernommen) worden ist (a. A. Gerland 457).

9. Die **Wiederaufnahme** des Verfahrens gehört nicht zu den eigentlichen Rechtsmitteln. Anders als § 390 erwähnt § 401 sie nicht ausdrücklich. Gleichwohl kann auch der Nebenkläger sie beantragen, wenn er bereits in dem rechtskräftig geschlossenen Verfahren zugelassen war (oben 14b zu § 395; Müller-Sax 1b bb; Kl 4). Das ergibt sich aus § 397 in Verbindung mit § 390.

10. **Einspruch** gegen einen Strafbefehl kann der Nebenkläger nicht einlegen, weil dieser Rechtsbehelf nach § 409 Abs. 1 nur dem Beschuldigten, nicht auch dem Staatsanwalt zusteht. Vgl. Schäfer unten 10b zu § 409.

§ 402

Die Anschlußerklärung verliert durch Widerruf sowie durch den Tod des Nebenklägers ihre Wirkung.

Frühere Bezeichnung: § 442.

1. **Widerruf der Anschlußerklärung** ist jederzeit möglich, auch noch in der Revisionsinstanz (RGSt. **67** 322 = JW **1933** 2842 mit zust. Anm. Gerland). Er muß, um wirksam zu sein, ausdrücklich dem Gericht gegenüber erklärt werden, schriftlich, zu Protokoll der Geschäftsstelle oder in der Hauptverhandlung (a. A. – formlose Erklärung genügt – : OLG Hamm GA **1971** 26 und dem folgend Kl 1). Das Ausbleiben des Nebenklägers in der Berufungsverhandlung hat zwar nach der hier (2c zu § 397) vertretenen Meinung die Folge, daß seine Berufung gemäß § 391 Abs. 3 „sofort" zu verwerfen ist; das bedeutet aber kein Ausscheiden des Nebenklägers aus dem Verfahren im übrigen, wenn es noch weiter läuft (etwa weil ein anderes Rechtsmittel zur Aufhebung führt). Dem Widerruf der Anschlußerklärung steht es gleich, wenn der frühere Privatkläger, der durch Übernahme der Verfolgung gemäß § 377 zum Nebenkläger geworden ist, nunmehr erklärt, sich an dem Verfahren nicht mehr beteiligen zu wollen. Etwa entstandene Rechte des Nebenklägers (auf Auslagenerstattung, BayObLGSt. **1953** 156) gehen durch den Widerruf verloren; schon entstandene Kostenpflichten des Nebenklägers bleiben dagegen unberührt.

2. Einen **Verzicht** auf die Anschlußbefugnis enthält die Widerrufserklärung im Zweifel nicht. Der Anschlußberechtigte ist durch seinen bloßen Widerruf nicht gehindert, sich dem Verfahren später von neuem anzuschließen (RGSt. **61** 99 = JW **1928** 968 mit Anm. Hensel; EbSchmidt 5; OLG Hamm GA **1971** 26). § 392 gilt für das Nebenklageverfahren nicht. Ein Verzicht auf die Anschlußbefugnis ist aber (in der gleichen Form) *möglich,* sowohl vor als nach der Anschlußerklärung; er macht die spätere Anschlußerklärung unzulässig (BayObLG DJZ **1931** 173). Gewöhnlich liegt im Widerruf ein Verzicht auf Erstattung der bisher entstandenen notwendigen Auslagen, OLG Nürnberg NJW **1959** 1053 (dazu kritisch Pohlmann S. 1455; O. H. Schmitt S. 1742); dort Näheres über einen Ausnahmefall.

3. Der **Tod des Nebenklägers** steht dem Widerruf der Anschlußerklärung in den Wirkungen (vgl. unten 4) völlig gleich. Die Angehörigen des verstorbenen Nebenklägers können seine Nebenklage nicht gemäß § 393 Abs. 2, 3 fortsetzen (OLG Stuttgart NJW **1970** 822; a. A. Beling S. 463 Anm. 5; Kl 2; OLG Saarbrücken NJW **1966** 2077; Ellscheidt NJW **1970** 1467). Die auf § 393 Abs. 2 gestützte Analogie kann nicht überzeugen, da jene Vorschrift eine auf die Beleidigung beschränkte Sonderregelung darstellt, die der Erweiterung nicht fähig ist. Allenfalls können die Angehörigen jetzt (etwa im Falle einer Körperverletzung mit – nunmehr – tödlichem Ausgang) aus eigenem Recht (§ 395 Abs. 2 S. 1) ihren An-

schluß erklären. Über notwendige Auslagen des verstorbenen Nebenklägers vgl. Schäfer unten C I 1 d zu § 473 und B II zu § 471.

4. Das Ausscheiden des Nebenklägers hat weniger einschneidende Wirkungen auf das Verfahren als die Rücknahme einer Privatklage (§ 391) oder der Tod des Privatklägers (§ 393). Das hat seinen inneren Grund darin, daß es ein öffentliches Verfahren ist und bleibt (EbSchmidt 8). § 402 schafft deshalb selbständiges, von den Bestimmungen über die Privatklage unabhängiges Recht (RGSt. **64** 60 = JW **1930** 3423 mit zust. Anm. Oetker). Die bis zum Ausscheiden ergangenen Entscheidungen bleiben bestehen, auch wenn sie nur auf Rechtsmittel des Nebenklägers ergangen sind (BayObLG RReg. 2 St. 137/53 vom 25. 8. 1953). Ein Rechtsmittel des Nebenklägers, auf das noch nicht entschieden ist, gilt als zurückgenommen. Ist auf Berufung des Nebenklägers ein Urteil ergangen und wird dieses Urteil auf Revision des Angeklagten aufgehoben und die Sache an das Berufungsgericht zurückverwiesen, so gilt nicht etwa die Berufung als zurückgenommen; vielmehr liegt jetzt „der Betrieb der Sache wiederum der Staatsanwaltschaft ob" (§ 401 Abs. 2). Denn der auf die Revision des Angeklagten hin erteilte Auftrag des Revisionsgerichts an das Berufungsgericht zu neuer Entscheidung muß befolgt werden; er wird nicht durch das bloße Ausscheiden des Nebenklägers erledigt.

DRITTER ABSCHNITT

Entschädigung des Verletzten

1. **Entstehungsgeschichte:** Der Abschnitt ist durch Art. 5 der Dritten Verordnung zur Vereinfachung der Strafrechtspflege vom 29. 5. 1943 (RGBl. I S. 342) an Stelle der bisherigen §§ 403 bis 406 eingefügt worden. Vom Kontrollrat und den Militärregierungen beibehalten, wurde er mit geringen Änderungen (die vor allem den Ausschluß der Rechtsanwälte beseitigten) in die Fassung des Vereinheitlichungsges. vom 12. 9. 1950 (BGBl. S. 455) übernommen. Geschichtliche und rechtsvergleichende Grundlagen bei Jescheck JZ **1958** 591. Eine teilweise Belebung des Adhäsionsverfahrens wird in der Initiative der CDU/CSU-Fraktion des 6. Deutschen Bundestages vom 12. Juli 1971 zu einem Gesetz über die Hilfe für die Opfer von Straftaten versucht (BT-Drucksache VI/2420). Dazu eingehend Scholz JZ **1972** 725.

2. **Schrifttum:** Ambrosius: Für und wider das Adhäsionsverfahren (GS 107, 143; Burchardt: Adhäsionsprozeß und Haftpflichtrecht, JurRdsch. f. PrivVers. 1940, 1; Engel: Die Geltendmachung zivilrechtlicher Ansprüche im französischen Strafverfahren, DR 1942, 708; Graf Gleispach in Gürtner: Das kommende deutsche Strafverfahren (1938) S. 509; Grau: Die dritte Verordnung zur Vereinfachung der Strafrechtspflege vom 29. 5. 1943, DJ 331ff. (33), 353 („Referentenaufsatz"); Gürtner in DJ 1934, 723; Henkel: Die Beteiligung des Verletzten am künftigen Strafverfahren ZStW Bd. 56 (1937), 227; Jescheck: Die Entschädigung des Verletzten nach deutschem Strafrecht, JZ **1958** 591; Kern: Die Buße und die Entschädigung des Verletzten, in Festschrift für Mezger (1954) S. 407ff.; Klee: Die Entschädigung des Verletzten im Strafverfahren, ZAkDR 1943, 226; Kühler: Die Entschädigung des Verletzten in der Rechtspflege, ZStW 71 (1959), 617; Lorentzen: Zur Zuständigkeit im Adhäsionsprozeß, DRZ 1949, 565; Meyer: Zur Geltendmachung von Schadensersatzansprüchen im Strafverfahren, SJZ 1950, 192; Meyer: Zur Zuständigkeit im Adhäsionsprozeß, JZ **1953** 216; Nagler: Echter und unechter Strafprozeß (Anschlußverfahren), GS **112** 133; Nagler: Das Adhäsionsverfahren im geltenden Recht und im Entwurf der Strafverfahrensordnung, GS Bd. 112 (1938), 308 und Bd. 131 (1939), 1; Niederreuther: Die Beteiligung des Verletzten am künftigen Strafverfahren, DStrR **1935** 311; Niederreuther: Gedanken zur Ausgestaltung des Adhäsionsverfahrens im künftigen Strafverfahrensrecht, DR **1937** 412; Oetker: Nebenklage und Adhäsionsprozeß, GS Bd. 105 (1935), 177; Oetker: Zur Gestaltung des Adhäsionsverfahrens, ZAkDR **1937** 7; Pentz: Zum Adhäsionsverfahren, MDR **1953** 155; Peters: Strafprozeß 2. Aufl. S. 514ff.; Pichler-Drexler DR **1940** 1802 (zum österr. Recht); EbSchmidt Art. „Ad-

häsionsklage" HdR Bd. I S. 63; L. Schmidt: Zur Verschmelzung des altreichsdeutschen und des ostmärkischen Strafrechts, DJ **1941** 723 (725); Schnek ZZP Bd. 55 (1930) S. 389; Schnitzerling: Schadenswiedergutmachung im Strafrecht, DAR **1959** 201; Schönke: Beiträge zur Lehre vom Adhäsionsprozeß (1935); Schönke: Bemerkungen über einen Adhäsionsprozeß im künftigen Strafverfahren, DStrafR **1935** 483; Schönke: Die Änderungen des Strafrechts und des Strafverfahrensrechts durch die Novelle vom 29. 5. 1943, DR **1943** 721 (727), und (mit diesem Aufsatz, von einer sachlichen Änderung abgesehen, so gut wie wörtlich übereinstimmend) Schönke: Einige Bemerkungen über den Adhäsionsprozeß, DRZ **1949** 121; Scholz: Erweiterung des Adhäsionsverfahrens – rechtliche Forderung oder rechtspolitischer Irrweg? JZ **1972** 725ff.; Schmahl: Adhäsionsverfahren im Verkehrsrecht, ZRP **1971** 141ff.; Sommer: Zur Anwendung des Entschädigungsverfahrens im Strafprozeß, DR **1944** 475; Stransky: Der Adhäsionsprozeß (1939); Suhr: Das Adhäsionsverfahren als Zivilprozeß, HanseatRuGerZ Abt. A **1936** 175; Töwe: Der Adhäsionsprozeß GerS 106 (1935), 85; Würtenberger: Über Rechte und Pflichten des Verletzten im deutschen Adhäsionsprozeß; in: Strafprozeß und Rechtsstaat (Festschrift für Pfenninger, 1956), 193.

3. Kritik: Das „*Anhangsverfahren*", aufgrund älterer Vorarbeiten zur Zeit des Nationalsozialismus – nicht zuletzt aus Gründen einer falsch verstandenen Volkstümlichkeit – eingeführt, hat sich bisher als durchaus unvolkstümlich erwiesen; zustimmend Jescheck JZ **1958** 593 Anm. 23; Hartung ZStW **71** (1959). Der wesentlichste Grund dafür scheint uns, daß die Voraussetzungen strafrechtlicher Schuld und zivilrechtlicher Schadensersatzansprüche in Deutschland materiellrechtlich zu wenig übereinstimmen (subjektive Fahrlässigkeit im Strafrecht, objektive Fahrlässigkeit im Zivilrecht; Gefährdungshaftung; mitwirkendes Verschulden; Anscheinsbeweis; Aufrechnung). Dieser sachlichrechtliche Unterschied selbst ist freilich nicht volkstümlich, läßt sich aber nicht einfach durch einen Federstrich des Strafprozeßgesetzgebers überbrücken. Zu bedenken ist auch, daß § 14 EGZPO, indem er die Bindung des Zivilrichters an strafrichterliche Urteile verneint, an sich dem Grundgedanken des Adhäsionsgedanken entgegensteht, wie denn überhaupt mit dem Adhäsionsverfahren das Prinzip der Autonomie der Verfahrensordnungen durchbrochen wird.

Peters (1. Auflage S. 477) meinte, das Gesetz führe den Grundgedanken des Anhangsverfahrens nicht entschieden genug durch. Man solle auch noch auf den Antrag des Verletzten (oder seines Erben) verzichten. Der Täter müsse von Amts wegen angehalten werden, den Schaden wiedergutzumachen. Auch die Vollstreckung müsse aus dem Zivilprozeßrecht in das Strafvollstreckungsverfahren übergeführt werden. Dabei müsse auf den zivilprozessualen Vollstreckungsschutz verzichtet werden; insbesondere müßten die Pfändungsgrenzen hier unterschritten werden dürfen. Das alles wäre des Guten doch etwas zuviel (anders jetzt 2. Aufl. 516).

Unter einem völlig anderen Gesichtspunkt verlangt Kühler ZStW **71** 617 eine Belebung des Anhangsverfahrens. Er wendet sich dagegen, daß das Strafverfahren den staatlichen Strafanspruch in den Vordergrund rückt. Ihm geht es um die menschliche Zusammenführung des Täters und des Verletzten. „Ist der Schaden nicht ersetzt, findet auch keine Versöhnung, keine Sühne statt". Aus seinen Erfahrungen im Strafvollzug fordert er um der Erziehung des Täters willen, daß dieser dazu gebracht werde, „seine geistige Haltung durch Entschädigung des Verletzten innerhalb der Strafe zu korrigieren". Er begründet das mit sehr beachtlichen psychologischen, rechtsgeschichtlichen und rechtsvergleichenden Angaben. Die von ihm vorgeschlagene Reform würde aber, wie er selbst vorträgt, eine wesentliche Änderung des sachlichen Strafrechts voraussetzen.

In jüngster Zeit hat Scholz (JZ **1972** 725) im Anschluß an die unter 1 erwähnte Initiative der CDU/CSU-Fraktion des 6. Deutschen Bundestages unter verfassungsrechtlichen und prozeßökonomischen Gesichtspunkten den Ausbau des Adhäsionsverfahrens gefordert. Namentlich hält er in Abänderung des § 403 Abs. 2 die Pflicht zur Unterrichtung des Verletzten, eine Beschränkung des § 405 Satz 2 auf Fälle einer *wesentlichen* Verzögerung des Strafverfahrens sowie ein Absehen von dem Erfordernis der Verfahrenseignung (§ 405 Satz 2) für geboten, weist aber zutreffend darauf hin, daß eine wirkliche Effektuierung des Adhäsionsverfahrens eine Reihe von weitreichenden Änderungen, auch gerichtsorganisatorischer Art, erheischen würde. Nötig wären u. a.: Die Erweiterung der Streitwertgrenze (§ 403 Abs. 1), die Möglichkeit, außer dem Verletzer auch andere, z. B. den Haftpflichtversicherer in Verkehrsunfallprozessen, in Anspruch zu nehmen (vgl. § 3 PflVersG), die unbeschränkte Zulassung aller straftatrelevanten Zivilansprüche (Schadensersatz, Herausgabe, Unterlassung, Feststellung), die Zulassung des Zwischenurteils über den Grund des Anspruchs (vgl. § 406 Abs. 1 Satz 2), Rechtsmittel des Antragstellers auch gegen die Ablehnung des Adhäsionsverfahrens wegen (wesentlicher) Verzögerung (vgl. § 406 a). – Diese Vorschläge sind sicherlich erwägenswert, jedoch müßte in rechtstatsächlicher Hinsicht geprüft werden, ob bei ihrer Verwirklichung eine Beschleunigung und eine rationellere Abwicklung der Prozesse erreicht werden könnten. Immerhin ist zu bedenken, daß auch heute viele Zivilprozesse — gerade wegen Verkehrsunfällen — vermieden oder beschleunigt entschieden werden, wenn und weil das Strafverfahren zuvor durchgeführt worden ist. Jedenfalls laufen Bestrebungen zur Ausweitung des Adhäsionsverfahrens den gegenwärtigen Bestrebungen zur Straffung und Beschleunigung des Strafverfahrens zuwider, und man wird sorgfältig prüfen müssen, ob mit der Hineinziehung der zivilrechtlichen Seite in den Strafprozeß wirklich so viel gewonnen werden kann, daß man auf die Straffung des Strafprozesses verzichten könnte.

Beschränken wir uns hier auf die verfahrensrechtliche Seite der Sache, so sehen wir in der gegenwärtigen Regelung des Anhangsverfahrens eine Halbheit. Man sollte von dem Verletzten nicht nur die Initiative – den „Antrag, durch den der Anspruch geltend gemacht wird", § 404 Abs. 1 S. 1 — verlangen, sondern ihm auch eine feste Stellung geben, in der er für seinen Antrag wirkungsvoll streiten kann. Eine Stellung als „Prozeßbeteiligter", den das Gesetz mit keinerlei ausdrücklichen Befugnissen ausgestattet hat, der oft nicht einmal Kenntnis von seinen Möglichkeiten erhält (vgl. § 403 Abs. 2 und Nr. 172 RiStBV), den das Gericht jederzeit ohne Gründe und ohne Rechtsmittel wieder aus dem Verfahren entfernen kann, kann dem Verletzten nicht genügen. Der Gesetzgeber wird erwägen müssen, ob dem Verletzten vielleicht die Anschlußbefugnis als Nebenkläger eingeräumt werden kann. Sollten die Unzuträglichkeiten, die davon zu befürchten sind (Ausweitung und Verlängerung des Verfahrens), als nicht tragbar angesehen werden, so sollte auf das Anhangsverfahren verzichtet werden.

4. Die **entsprechende Anwendung** der Vorschriften über das Adhäsionsverfahren mit Ausnahme der §§ 405 Satz 1, 406a Abs. 3 und 406c Abs. 2 ist in **§ 9 Abs. 3 WiStG** vorgesehen. Für die Geltendmachung der Ansprüche auf Vernichtung und Überlassung (§§ 98, 99) verweist **§ 110 UrhG** auf die Vorschriften über das Adhäsionsverfahren.

§ 403

(1) Der Verletzte oder sein Erbe kann gegen den Beschuldigten einen aus der Straftat erwachsenen vermögensrechtlichen Anspruch, der zur Zuständigkeit der ordentlichen Gerichte gehört und noch nicht anderweit gerichtlich anhängig gemacht ist, im Strafverfahren geltend machen, im Verfahren vor dem Amtsgericht jedoch nur insoweit, als der Anspruch zu dessen Zuständigkeit gehört.

(2) Der Verletzte oder sein Erbe soll von dem Strafverfahren möglichst frühzeitig Kenntnis erhalten; dabei soll er auf die Möglichkeit, seinen Anspruch auch im Strafverfahren geltend zu machen, hingewiesen werden.

Über die **Entstehungsgeschichte** vgl. 1 vor § 403; die Vorschrift ist seit 1943 nicht geändert worden.

Übersicht

1. **Im Strafverfahren** können die hier genannten Ansprüche geltend gemacht werden. Gleichgültig ist, ob das Verfahren auf öffentliche Klage oder auf Privatklage eingeleitet worden ist (EbSchmidt 13). Gerade im Privatklageverfahren ist das Anhangsverfahren noch am wenigsten unzweckmäßig. Durch den Antrag wird der Verletzte, auch wenn er gemäß § 395 zum Anschluß befugt ist, nicht zum Nebenkläger; im Privatklageverfahren, wo der Antrag auch einem anderen Verletzten als dem Privatkläger selber zusteht, ist der Antrag kein Beitritt, auch wenn dessen Voraussetzungen sonst vorliegen. Über Form, Zeit und Wirkungen des Antrags vgl. zu § 404.

Im *Strafbefehlsverfahren* kann über den Anspruch nicht entschieden werden (OLG Tübingen GA **1953** 159; Müller-Sax 4c; Pentz MDR **1953** 155). Der Antrag ist hier freilich nicht „unzulässig". Der Verletzte kann ihn bei der Staatsanwaltschaft schon vor deren Antrag auf Strafbefehl gestellt haben oder mag ihn vor Erlaß des Strafbefehls bei Gericht stellen. Entscheiden kann das Gericht über ihn aber nur dann, wenn es zur Hauptverhandlung kommt, sei es, daß der Amtsrichter über Schuld- und Strafausspruch nicht ohne Hauptverhandlung entscheiden will, sei es, daß der Beschuldigte Einspruch erhebt. Es ist weder der Staatsanwaltschaft noch dem Amtsrichter verboten, die Sache gerade wegen des gestellten oder erwarteten Anhangsantrages zur Hauptverhandlung zu bringen. Genötigt sind sie dazu freilich keinesfalls (Pentz aaO.; a. A. EbSchmidt 15). Andererseits ist im Strafbefehlsverfahren kein Anlaß, durch besonderen Beschluß oder durch ausdrücklichen Ausspruch im Strafbefehl von der Entscheidung „abzusehen". Denn solange noch ungewiß ist, ob es nicht aufgrund eines Einspruchs doch noch zur Hauptverhandlung kommt, wäre es nicht im Sinne des Gesetzes, den Verletzten aus dem Verfahren zu entfernen. Der Antrag erledigt sich durch die Rechtskraft des Strafbefehls von selbst. Bei Streit und Zweifel wird das Gericht das durch einen Beschluß aussprechen.

2. Absatz 2 schreibt dem Staatsanwalt und dem Gericht vor, **dem Berechtigten Nachricht** von dem Strafverfahren zu geben. Nr. 172 RiStBV will seine Verpflichtung auf „geeignete Fälle" beschränken. Hier zeigt sich, daß die gesetzliche Vorschrift entweder nicht zu Ende gedacht ist oder sich unrichtig ausdrückt. Eine Sollvorschrift, die an ein Staatsorgan gerichtet ist, unterscheidet sich von einer Mußvorschrift nicht etwa durch einen geringeren Grad an Verbindlichkeit, sondern nur durch weniger eingreifende sachlich- oder verfahrensrechtliche Folgen einer Verletzung. Es steht nicht im Ermessen des Richters oder Staatsanwalts, ob er einer Sollvorschrift Gehorsam leisten will. Es stünde auch der Verwaltung nicht zu, eine gesetzliche Sollvorschrift durch Richtlinien einzuengen. Aber das „soll" wird wohl als „kann" gelesen werden müssen. Vernünftigerweise kann die Verpflichtung, dem Verletzten Kenntnis zu geben, nur für solche Fälle gedacht sein, die Staatsanwalt und Richter für geeignet halten. Es wäre widersinnig, dem Verletzten ausdrücklich einen Antrag nahezulegen, nur um dann von einer Entscheidung darüber abzusehen. Nr. 172 Abs. 2 RiStBV bezeichnet in erster Linie die Fälle als ungeeignet, in denen das Strafverfahren verzögert werden würde. Da sich das so gut wie niemals von vornherein ausschließen läßt, bleiben kaum „geeignete Fälle" übrig. In der Praxis wird denn auch die scheinbare Sollvorschrift so gut wie überhaupt nicht befolgt („nicht häufig angewendet", sagt Jescheck JZ **1958** 593). Den Staatsanwälten und Richtern ist daraus kaum ein Vorwurf zu machen (Jescheck JZ **1958** 594 schlägt eine gewisse Nachhilfe der Dienstaufsicht vor). Der Grund liegt in den Halbheiten des Anhangsverfahrens, so wie es gesetzlich gestaltet ist. Scholz aaO. hält Nr. 172 RiStBV für rechtswidrig, weil das Recht auf Justizgewährung verletzend.

3. **Antragsberechtigt** ist der Verletzte oder sein Erbe. Der an anderen Stellen des Gesetzes umstrittene Begriff des Verletzten (vgl. dazu Bauer JZ **1953** 298) bietet hier in seiner Umgrenzung kaum Schwierigkeiten. Wer behauptet, aus einer Straftat des Beschuldigten einen vermögensrechtlichen Anspruch unmittelbar erworben zu haben, wird zuzulassen sein. Auch der mittelbar Geschädigte kann den Antrag stellen, z. B. die Witwe, auch wenn sie nicht Erbin ist, wegen eines Anspruchs aus § 844 (Schönke DRZ **1949** 122 unter 5; LG Gießen NJW **1949** 727; Müller-Sax 2b; EbSchmidt 2; Kl 1 A); der Dienstberechtigte nach § 845 BGB (Schönke aaO.; Kl aaO.); der Nießbraucher oder Besitzer neben dem Eigentümer; wohl auch der Versicherer, dieser freilich nicht aufgrund gesetzlicher oder vertraglicher Abtretung, sondern deshalb, weil schon der Schaden ihn verpflichtet, an den Geschädigten zu zahlen. Von den Rechtsnachfolgern des Verletzten

nennt das Gesetz nur den *Erben*. Das ist kein Grund, den Erben des Erben auszuschließen, wie Müller-Sax 2a wollen. Der Ton liegt nicht auf dem Possessivpronomen („sein Erbe"); gemeint ist vielmehr, wer den Anspruch im Wege des Erbganges und nicht auf andere Weise erworben hat. Ob es sich um gesetzliche oder um testamentarische Erbfolge handelt, gilt gleich. Bei einer Mehrheit von Erben kann jeder Miterbe den Antrag stellen, aber nur Leistung an alle Erben fordern (§ 2039 BGB). *Andere Rechtsnachfolger* sind nicht antragsberechtigt, also keine Abtretungsnehmer, Pfändungsgläubiger (Schönke DRZ **1949** 122; Müller-Sax 2a; Kl 1 A). Nach herrschender Meinung soll auch der *Konkurs- oder Zwangsverwalter* nicht antragsberechtigt sein (Schönke aaO.; Kl aaO.; EbSchmidt 4; Müller-Sax aaO.). Das ist nicht einzusehen; zunächst nicht in dem Fall, wenn ein Gemeinschuldner nach der Konkurseröffnung verletzt und die Konkursmasse geschädigt worden ist. Die herrschende Meinung würde hier darauf hinauslaufen, daß zu dem Schaden, den der Beschuldigte verursacht hat, überhaupt kein „Verletzter" im Sinne der Vorschrift vorhanden wäre. Weder praktische noch theoretische Gründe zwingen zu einem solchen Ergebnis. Ansprüche eines Einzelrechtsnachfolgers erscheinen schon deshalb zur Geltendmachung im Strafverfahren ungeeignet, weil hier die Frage der Rechtsnachfolge erst geklärt werden müßte, was typischerweise zu weit vom Zweck des Strafverfahrens abführen würde. Die Tatsache der Konkurseröffnung, die Massezugehörigkeit des Anspruchs und die Person des Konkursverwalters sind aber typischerweise keineswegs schwieriger festzustellen als die entsprechenden Tatsachen bei der Erbfolge. Sollten sie doch einmal Schwierigkeiten bieten, so kann nach § 405 von der Entscheidung abgesehen werden. All das gilt auch für den Fall, daß der Konkurs nach dem Eintritt des Schadens eröffnet worden ist.

Der Verletzte kann den Antrag auch dann stellen, wenn er Mitangeklagter, Nebenkläger, Privatkläger, Widerbeklagter ist.

Einen *Strafantrag* des Verletzten setzt das Anhangsverfahren als solches nicht voraus (LG Koblenz DAR **1952** 159).

Der Antragsteller muß im Sinne des Zivilprozeßrechts (§ 52 ZPO) *prozeßfähig* oder gesetzlich vertreten sein. Verfügungsbeschränkungen (Konkurs) sind zu berücksichtigen (h. M.), und zwar — entgegen der h. M. — dergestalt, daß nur der Konkursverwalter usw. den Antrag stellen kann, vgl. oben den ersten Absatz unter dieser Nummer.

4. Es muß sich um einen **vermögensrechtlichen Anspruch** handeln. Es kann also nicht etwa wegen Straftaten, die Ehewidrigkeiten enthalten, im Anhangsverfahren auf Scheidung geklagt werden. Auch kann nicht, wie im sowjetrussischen Strafprozeß, im Verfahren wegen Kindesraubes die Herausgabe des Kindes verlangt werden (vgl. Tschelzow, Der sowjetische Strafprozeß, Berlin 1958, S. 167). Zugelassen sind alle Ansprüche, die aus Vermögensrechten abgeleitet werden oder — unabhängig von Ursprung und Zweck — auf Geld oder Geldeswert gehen (Schönke DRZ **1949** 121; Müller-Sax 1a). Es müssen nicht gerade Schadensersatzansprüche sein. Vielmehr kommen auch Bereicherungsansprüche, dingliche Herausgabeansprüche, Unterlassungsansprüche, Widerruf einer Behauptung (Jescheck JZ **1958** 592) in Betracht. Von praktischer Bedeutung ist vor allem der Anspruch auf Schmerzensgeld (OGHSt. 2 47 = MDR **1949** 501). Auch Feststellungsanträge sind grundsätzlich möglich, etwa der Antrag auf Feststellung der Unechtheit einer Urkunde (vgl. § 256 ZPO), deren Fälschung dem Beschuldigten vorgeworfen wird, oder auf Feststellung der Ungültigkeit eines Vertrages, der durch Betrug, Erpressung, Nötigung, Wucher zustande gekommen ist (Schönke DRZ **1949** 121 unter 4a; **a. A.** EbSchmidt 7). Einem Antrag auf Feststellung der Schadensersatzpflicht steht allerdings § 406 Abs. 2 Satz 2 entgegen (Kl 2 zu § 406; Müller-Sax 1a; EbSchmidt 7; vgl. auch § 110 UrhG).

5. **Gegen den Beschuldigten** muß der Anspruch sich richten. Entscheidend ist seine verfahrensrechtliche Stellung als Beschuldigter, auch als Mitbeschuldigter, nicht seine sachlichrechtliche Stellung als Mittäter, Mitschuldner, Mithaftender. Der Antragsgegner muß zur Zeit der Entscheidung noch und schon als Beschuldigter (Angeklagter) an diesem Verfahren beteiligt sein. Es genügt nicht, daß er hätte beteiligt sein können.

Der Antragsgegner darf *nicht jugendlich* sein, § 81 JGG. Hier kommt es nicht auf die Verfahrensart an, sondern auf die Jugendlichkeit des Beschuldigten zur Tatzeit. Auch im Verfahren vor den allgemeinen Strafgerichten kann das Anhangsverfahren gegen einen Jugendlichen nicht betrieben werden, § 104 Abs. 1 Nr. 14 JGG. Steht ein Erwachsener als

Mitangeklagter zusammen mit einem Jugendlichen vor dem Gericht, so kann der Antrag nur gegen den Erwachsenen gestellt werden. Bei Heranwachsenden kommt es für die Anwendbarkeit der §§ 403 ff. darauf an, ob der Richter Jugendstrafrecht oder allgemeines Strafrecht anwendet, § 109 Abs. 2 in Verbindung mit § 81 JGG. Diese Regelung ist höchst unpraktisch, weil hier die Zulässigkeit des Anhangsverfahrens von der Sachentscheidung über eine Frage abhängt, die ihrerseits weitgehend Gefühlssache ist und gewöhnlich bis zum letzten Augenblick zweifelhaft bleibt. Ansprüche gegen Heranwachsende werden also in aller Regel als ungeeignet für ein Anhangsverfahren zu bezeichnen sein.

Abgesehen von der Altersstufe kommt es nicht darauf an, ob der Beschuldigte *geschäftsfähig* ist. Es genügt, daß er verhandlungsfähig ist (Kl 2; Müller-Sax 3b). Schönke DRZ 1949 122 unter 5 fordert, daß bei nicht geschäftsfähigen Antragsgegnern der gesetzliche Vertreter an der Hauptverhandlung teilnimmt. Dem ist nicht beizustimmen. Das Gesetz hat den Antrag nun einmal in das Strafverfahren gestellt. Hier wäre es schief, gegen eine unrichtige zivilrechtliche Verurteilung Sicherungen anzuwenden, die gegen eine unrichtige strafrechtliche Verurteilung nicht für erforderlich gehalten werden. Es muß genügen, daß die Voraussetzungen des Anspruchs und die Einwendungen gegen ihn, eben weil strafverfahrensrechtliche Grundsätze auch auf die Aburteilung des zivilrechtlichen Anspruchs anzuwenden sind, von Amts wegen aufgeklärt werden. Glaubt das Gericht im Einzelfall, der Beschuldigte könne sich ohne seinen gesetzlichen Vertreter nicht ausreichend gegen den Anspruch wehren, so muß es von der Entscheidung absehen.

6. Der Anspruch muß zur **Zuständigkeit der ordentlichen Gerichte** gehören. Dadurch werden vom Anhangsverfahren insbesondere Ansprüche aus unerlaubten Handlungen ausgeschlossen, die mit einem Arbeitsverhältnis im Zusammenhang stehen und deshalb zur ausschließlichen Zuständigkeit der Arbeitsgerichte gehören (BGHSt. 3 210; EbSchmidt 8). Hat der Strafrichter das übersehen und gleichwohl über den Anspruch entschieden, so wird der Fehler von der Rechtskraft gedeckt, die Verurteilung also wirksam.

7. Im **Verfahren vor dem Amtsgericht** kann der Anspruch nur insoweit geltend gemacht werden, als er zu dessen Zuständigkeit gehört, Abs. 1 Satz 2.

a) Erhebt der Antragsteller **vor dem Amtsgericht** (Einzelrichter oder Schöffengericht) einen Anspruch, der dessen Zuständigkeitsgrenze übersteigt, so ist der ganze Antrag unzulässig. Schönke DRZ 1949 122 (unter 4b) meint, das Gericht solle den Teil des Anspruchs zuerkennen, der innerhalb seines Zuständigkeitsbereichs liegt, und im übrigen gemäß § 405 von der Entscheidung absehen. Dagegen hat Lorentzen (DRZ 1949 565) mit Recht eingewandt, daß ein unzuständiges Gericht sich nicht durch Teilentscheidungen selbst zuständig machen kann und daß abweichende Entscheidungen über Teilbeträge weit unerfreulicher wären als abweichende Entscheidungen über strafrechtliche und zivilrechtliche Unrechtsfolgen; dem zustimmend Meyer JZ 1953 216; EbSchmidt 11; Müller-Sax 4a (am Ende).

b) Der Antragsteller kann, auch wenn er einen Anspruch zu haben behauptet, der über die amtsgerichtliche Zuständigkeitsgrenze hinausgeht, sich vor dem Amtsgericht auf einen Antrag **beschränken,** der sich innerhalb dieser Zuständigkeitsgrenze hält. **A. A.** OLG Braunschweig JZ 1953 238 (das aber gar nicht vor dieser Frage stand); Lorentzen DRZ 1949 565 (der aber diese Frage mit der im vorigen Absatz erörterten vermengt). Wie hier Müller-Sax 4a; Kl 3; Meyer JZ 1953 216; EbSchmidt 10; BayObLGSt. 1953 50 = DAR 1953 159. Diese Möglichkeit hat der Kläger auch vor den Zivilgerichten. Daß es *dabei* zu verschiedenen Entscheidungen über Teile des Anspruchs kommen kann, wird auch dort hingenommen und bildet deshalb keinen Einwand. Es ist Sache des Antragstellers, wenn er sich dem freiwillig aussetzt, anders als in dem Falle oben a. Die amtsgerichtliche Zuständigkeit darf nur nicht *erschlichen* werden. Davon kann aber im Anhangsverfahren im allgemeinen nicht die Rede sein, weil hier nur einmal ein Teilbetrag verlangt werden kann und eine weitere Stückelung ohnehin nicht möglich ist; vgl. EbSchmidt 10 a. E.

c) Alles, was über das Verfahren vor dem Amtsgericht gesagt ist, gilt auch für das **Berufungsverfahren** vor dem Landgericht. Auch hier gilt die amtsgerichtliche Zuständigkeitsgrenze (Müller-Sax 4a; Kl 4; BayObLG aaO.; OLG Braunschweig aaO.; **a. A.** Meyer

JZ 1953 216); auch hier kann zwar das Gericht nicht von sich aus stückeln, wohl aber der Antragsteller sich auf einen innerhalb der Zuständigkeitsgrenze liegenden Teilbetrag beschränken.

d) Das **Einverständnis** des Angeklagten ist in keinem Falle erforderlich und in keinem Falle erheblich. Es kann weder die Zuständigkeit eines sonst unzuständigen Gerichts begründen (§§ 38, 39 ZPO passen nicht auf das Strafverfahren), noch bedarf es seiner für die Zulässigkeit eines Teilantrages (Müller-Sax 4b).

8. **„Widerklage"** gegen den Anhangsantrag gibt es nicht (Müller-Sax 4d). Nur wenn der Antragsteller Mitangeklagter ist, kann der Antragsgegner gegen ihn ein Anhangsverfahren betreiben. Dagegen steht ihm eine *Aufrechnung* zu, soweit deren sachlichrechtliche Voraussetzungen gegeben sind. Da sie in diesem Falle den geltend gemachten Anspruch beseitigt, muß der Strafrichter sie berücksichtigen. Freilich werden derartige Fälle sich selten für das Anhangsverfahren eignen.

9. Ein gerichtlicher **Vergleich** ist auch im Anhangsverfahren möglich (Schönke DRZ **1949** 124 unter 9d — anders noch DR **1943** 727 —; Müller-Sax 4 zu § 406; LG Aachen JMBlNRW **1948** 144 und OLG Köln daselbst; a. A. EbSchmidt 9 zu § 404). Verhandlungen darüber bedürfen freilich besonderen Taktes, damit einerseits der besondere Ernst des Strafverfahrens gewahrt bleibt, andererseits kein unsachlicher Druck auf den Angeklagten ausgeübt wird. Der in der Hauptverhandlung geschlossene und beurkundete Vergleich ist ein Vollstreckungstitel im Sinne des § 795 Nr. 1 ZPO (LG Aachen aaO.).

10. Die Vorschriften der ZPO über die Wirkungen eines **Verzichts** oder **Anerkenntnisses** gelten nicht für das Anhangsverfahren (OLG Neustadt NJW **1952** 718. EbSchmidt 9 zu § 404).

§ 404

(1) Der Antrag, durch den der Anspruch geltend gemacht wird, kann schriftlich oder mündlich zur Niederschrift des Urkundsbeamten, in der Hauptverhandlung auch mündlich bis zum Beginn der Schlußvorträge gestellt werden. Er muß den Gegenstand und Grund des Anspruchs bestimmt bezeichnen und soll die Beweismittel enthalten. Ist der Antrag außerhalb der Hauptverhandlung gestellt, so wird er dem Beschuldigten zugestellt.

(2) Die Antragstellung hat dieselben Wirkungen wie die Erhebung der Klage im bürgerlichen Rechtsstreit.

(3) Ist der Antrag vor Beginn der Hauptverhandlung gestellt, so wird der Antragsteller von Ort und Zeit der Hauptverhandlung benachrichtigt. Der Antragsteller, sein gesetzlicher Vertreter und der Ehegatte des Antragsberechtigten können an der Hauptverhandlung teilnehmen.

(4) Der Antrag kann bis zur Verkündung des Urteils zurückgenommen werden.

Über die **Entstehungsgeschichte** vgl. 1 vor § 403; die ursprüngliche Fassung von 1943 enthielt am Ende des Abs. 3 noch folgende Sätze:

„Des Beistandes eines Rechtsanwalts oder einer anderen Person kann sich der Antragsteller in der Hauptverhandlung nicht bedienen; er kann sich in ihr auch nicht durch einen Rechtsanwalt oder eine andere Person vertreten lassen."

1. **Form und Inhalt** des Antrages entsprechen den zivilprozessualen Voraussetzungen einer Klage vor dem Amtsgericht, vgl. §§ 235, 496 ff. ZPO. „Grund des Anspruchs" ist die Behauptung der Tatsachen, die den Antrag als schlüssig begründet erscheinen lassen.

2. **Zeit**

a) Der Antrag kann gestellt werden, sobald die Staatsanwaltschaft mit der Sache **befaßt** ist. Eine zeitliche Anfangsbeschränkung gibt es deshalb überhaupt nicht; denn der Antragsteller kann gleichzeitig eine Strafanzeige bei der Staatsanwaltschaft anbringen. EbSchmidt 5 und Müller-Sax 1a meinen freilich, der Antrag könne nur dem Gericht gegenüber erklärt werden, setze also voraus, daß bereits Anklage erhoben sei. Dagegen spricht, daß die §§ 403, 404 vom „Beschuldigten", nicht vom „Angeschuldigten" sprechen; dagegen spricht ferner § 403 Abs. 2, wonach der Verletzte von dem Strafverfahren „möglichst frühzeitig" Kenntnis erhalten soll; denn wenn der Antrag erst nach der Anklage zulässig wäre, würde es genügen und wäre es zweckmäßiger, ihn zugleich mit der Anklage zu benachrichtigen. Für die hier vertretene Ansicht spricht weiter die passivische Ausdrucksweise der §§ 403, 404: vom entgegengesetzten Standpunkt aus wäre es klarer gewesen, zu sagen: das Gericht gibt Kenntnis, benachrichtigt, stellt zu. Nr. 172 RiStBV macht ausdrücklich dem Staatsanwalt den Hinweis und die Belehrung zur Pflicht. Entscheidend ist aber, daß die Gegenansicht es dem Antragsteller, den das Gesetz ohnehin schlecht genug stellt, unnötig schwer macht. Wenn er von dem staatsanwaltlichen Ermittlungsverfahren Kenntnis erhalten hat, muß ihm die Möglichkeit gegeben werden, durch sofortige Stellung des Antrages die Benachrichtigungspflicht des § 404 Abs. 3 auszulösen. Es kann ihm nicht zugemutet werden, sich ständig nach dem jeweiligen Stande des Verfahrens zu erkundigen; denn eine wirkliche Pflicht des Staatsanwalts oder des Gerichts, ihn von der Anklageerhebung in Kenntnis zu setzen, begründet § 403 Abs. 2 eben nicht (vgl. darüber 2 zu § 403). Die Wirkungen des Antrages treten freilich mit dem Zugang bei der Staatsanwaltschaft noch nicht vollständig ein, vgl. unten 3.

b) Als **Endzeitpunkt** bestimmt Abs. 1 S. 1 den Beginn der Schlußvorträge. Eine undeutlichere Grenze hätte der Gesetzgeber kaum finden können. Schon im ersten Rechtszuge können die Schlußvorträge mehrmals beginnen. Es gehört zu den alltäglichsten Vorkommnissen, daß ein Schlußvortrag – etwa weil er einen Hilfsbeweisantrag enthält, aber auch ohne das – zum Wiedereintritt in die Beweisaufnahme führt. In diesem Falle müssen die Prozeßbeteiligten erneut das Wort zu Schlußvorträgen erhalten. Der Antrag wird dann bis zum Beginn der *letzten* Schlußvorträge als zulässig angesehen werden müssen. Folgerichtig hält die herrschende Meinung (LG Gießen NJW **1949** 727; Müller-Sax 1a; EbSchmidt 14 zu § 403; Kl 2) den Antrag auch in der Berufungsinstanz für zulässig. Vor dem Revisionsgericht kann er nicht gestellt werden. Schönke DRZ **1949** 122, der (unter 4c) das Oberlandesgericht erwähnt, meint wohl dessen erstinstanzliche Zuständigkeit. Nach Zurückverweisung durch das Revisionsgericht wird der Antrag vor dem Tatrichter wieder zulässig. Diese Regelung ist ganz unnötig umständlich, zumal der Antragsteller ja ohnehin niemals ein Recht auf Entscheidung hat. Gegen Anträge, die nach Ansicht des Gerichts zur Unzeit gestellt werden, hat es immer das „Allheilmittel" gegen jede Art von Schwierigkeiten, das Absehen von der Entscheidung gemäß § 405, hier wegen Verzögerung des Verfahrens.

3. Nicht alle **Wirkungen des Antrages** treten gleichzeitig ein.

a) Die Pflicht des Gerichts und der Staatsanwaltschaft, für die **Zustellung** des Antrages an den Beschuldigten (nicht: „Angeschuldigten"!) zu sorgen, und die Pflicht, den Antragsteller von der Hauptverhandlung zu benachrichtigen, treten mit dem Eingang des Antrages bei Gericht oder Staatsanwaltschaft ein.

b) Wann dagegen „dieselben **Wirkungen**" eintreten „wie die Erhebung der Klage im bürgerlichen Rechtsstreit", kann – beim Schweigen der StPO – nur der ZPO und dem BGB entnommen werden. Die prozessualen Wirkungen der Rechtshängigkeit treten erst durch die Zustellung (oder mündliche Erhebung in der Hauptverhandlung) ein, Schönke DRZ **1949** 122 unter 6c; anders Müller-Sax 1a (durch den Eingang bei Gericht). Zum Teil werden sie freilich, „sofern die Zustellung demnächst erfolgt" (§ 496 Abs. 3 ZPO), auf den Zeitpunkt des Eingangs vordatiert; das gilt insbesondere von der Fristwahrung und von der Unterbrechung der Verjährung. Es ist also ungenau, wenn Nr. 173 Abs. 2 RiStBV sagt, daß „die Rechtswirkungen des Antrags (§ 404 Abs. 2 StPO) erst eintreten, wenn dieser bei Gericht eingegangen ist".

4. **Das weitere Verfahren** richtet sich nach der Strafprozeßordnung (OLG Braunschweig NJW **1952** 1230; EbSchmidt 9; Müller-Sax 2a). Der Versuch, hier teilweise zivilprozessuale Grundsätze und Vorschriften anzuwenden (Schönke DRZ **1949** 123 unter 8), würde eine heillose Unsicherheit aller Beteiligten zur Folge haben. Das gilt insbesondere vom *Beweisverfahren* (EbSchmidt 12). Für die Ansicht von Schönke aaO. und Müller-

Sax 2b, das Gericht könne hier den Umfang der Beweisaufnahme bestimmen, ohne an Anträge der Parteien gebunden zu sein, fehlt es an einer gesetzlichen Grundlage. Insbesondere läßt sich dem § 384 Abs. 2 nicht entnehmen, daß § 244 „nicht in solchen Verfahren gelten solle, die im wesentlichen im Interesse des Antragstellers durchgeführt werden". § 384 Abs. 2 will das Gericht von dem Zwang befreien, unverhältnismäßige Mühe, Zeit und Kosten auf Dinge zu vergeuden, die das nicht wert sind. Einem solchen Zwang unterliegt das Gericht im Anhangsverfahren aber gar nicht, weil es hier immer den Ausweg des § 405 hat. Andererseits kann das Anhangsverfahren es mit sehr hohen Beträgen zu tun haben. Der Bearbeiter kann die Anhangsverfahren, mit denen er selbst als Richter befaßt war, an den Fingern einer Hand abzählen; sie betrafen aber zum Teil fünf- und sechsstellige Beträge. Freilich beschwert es den Antragsteller nicht, wenn ihm Beweise abgeschnitten werden, weil die Entscheidung, soweit sie ihm ungünstig ist, nicht rechtskräftig wird. Der Angeklagte, der gerade in großen Verfahren keine zweite Tatsacheninstanz hat (die er im Zivilprozeß immer hätte), muß aber alle Möglichkeiten der Verteidigung gegen den zivilrechtlichen Anspruch haben. Die Aufklärungspflicht des Gerichts (§ 244 Abs. 2) erstreckt sich auch auf den Entschädigungsanspruch (RG DR **1944** 770). Bezeichnend ist freilich, daß das Reichsgericht, nachdem es dies kaum ausgesprochen hatte, gemäß § 405 S. 2 von der Entscheidung absah, weil die erforderliche Aufklärung natürlich das Verfahren verzögert haben würde.

5. Die Stellung des Antragstellers ist der bedenklichste Punkt der ganzen Regelung (vgl. die Kritik von Jescheck JZ **1958** 593 Anm. 13). Er hat so gut wie gar keine Rechte, jedenfalls keine, die sich durchsetzen ließen. Er hat nicht die Stellung des Nebenklägers (OLG Hamm HESt. 2 146 (147); Müller-Sax 2c), er kann keine Entscheidung verlangen, § 405; er hat keine Rechtsmittel, § 406a Abs. 1. Er kann den Richter nicht wegen Befangenheit ablehnen (Dünnebier oben 8 zu § 24). Er muß zwar von der Hauptverhandlung benachrichtigt (nicht zu ihr „geladen", unrichtig Müller-Sax 2c) werden; eine Frist dafür gibt es aber nicht. Müller-Sax aaO. meinen, wenn er nicht benachrichtigt sei, so könne nicht verhandelt werden. Man wird dem zustimmen müssen; geschieht es aber doch, so ist er wieder rechtlos. Er hat das Recht auf Anwesenheit; Henkel (2. Aufl. S. 414 Fußn. 6) will es ihm aber dadurch verkümmern, daß es ihm, wenn er — wie in aller Regel — als Zeuge benötigt wird, nicht gestattet sein soll, bei der vorangehenden Vernehmung anderer Zeugen zugegen zu sein. Dem ist nicht zuzustimmen; wenn über Rechte des Antragstellers entschieden werden soll, ist es eine Versagung des rechtlichen Gehörs, ihm nicht die Anwesenheit während der ganzen Beweisaufnahme zu gestatten. Er kann sich in der Hauptverhandlung vertreten lassen, insbesondere durch einen Rechtsanwalt. Nicht mit dem Privatkläger, sondern mit dem Kläger (außerhalb des Anwaltzwanges) ist der Antragsteller zu vergleichen; ebenso EbSchmidt 11. Die Neufassung hat die Vorschrift gestrichen, nach der er sich nicht „durch einen Rechtsanwalt *oder durch eine andere Person*" vertreten lassen durfte (vgl. oben Nr. 1). Der Gesetzgeber hat die Vertretung auch durch eine andere Person also nicht mehr verbieten wollen; sonst hätte er sich, statt diesen Satz ganz zu streichen, so ausgedrückt wie in § 378. Ungeeignete Vertreter können gemäß § 157 ZPO zurückgewiesen werden (vgl. Müller-Sax 2c). Der Antragsteller muß in der Hauptverhandlung gehört werden. Er kann Beweisanträge stellen (Jescheck JZ **1958** 595). *Wann* er das Wort zu seinem Schlußvortrag erhält, steht im Ermessen des Vorsitzenden (BGH LM Nr. 1 zu § 404 StPO = NJW **1956** 1767).

6. Für den Antragsteller gilt auch vor dem Landgericht (kleine, große Strafkammer, Schwurgericht) und in erstinstanzlichen Verhandlungen vor dem Bundesgerichtshof oder Oberlandesgericht **kein Anwaltszwang** (ebenso Jescheck JZ **1958** 592; Schnitzerling DAR **1959** 202).

Das *Armenrecht* kann dem Antragsteller *nicht* bewilligt werden (Schönke DRZ **1949** 125; EbSchmidt 6 vor § 403) der Vorschlag Jeschecks (JZ **1958** 595 Anm. 30), den § 172 Abs. 3 S. 2 entsprechend anzuwenden, ist allzu kühn. Auch würde ein zahlungsfähiger Antragsteller den Weg des Anhangsverfahrens sinnvollerweise nur dann und nur deshalb beschreiten, wenn und weil es ihm keine Kosten verursacht, d. h. in Fällen, in denen er keinen Anwalt nehmen will und keine nennenswerten Aufwendungen (Reise) braucht. In solchen Fällen braucht auch ein Armer kein Armenrecht. In anderen Fällen wird die Rechtsverfolgung auf diesem Wege oft mutwillig erscheinen, eben wegen der unsicheren Stellung des Verletzten.

Dem *Angeklagten* kann dagegen das Gericht (nicht der Vorsitzende) in entsprechender Anwendung der §§ 114ff. ZPO einen Armenanwalt zur Verteidigung gegen die vermögensrechtlichen Ansprüche beiordnen; so mit überzeugender Begründung OLG Bremen NJW **1960** 1777 = Rpfleger **1960** 314 (mit zust. Anm. von Lappe).

7. Der **Staatsanwalt** soll nach Nr. 173 Abs. 1 RiStBV zu dem Antrag nur Stellung nehmen, wenn dies nötig ist, um die Tat strafrechtlich richtig zu würdigen oder um einer Verzögerung des Strafverfahrens vorzubeugen.

8. Die **Rücknahme** des Antrages (Abs. 4) bedarf keiner Zustimmung. Sie steht weder einer zivilprozessualen Klage entgegen, noch hindert sie einen neuen Antrag gemäß § 403; § 392 kann nicht entsprechend angewendet werden, allgemeine Ansicht. Der Antrag kann auch noch in der Rechtsmittelinstanz zurückgenommen werden; so für die Berufungsinstanz Müller-Sax 3, die jedoch vor dem Revisionsgericht eine Rücknahme nicht mehr zulassen wollen. Auch dagegen bestehen jedoch keine Bedenken.

§ 405

Das Gericht sieht von einer Entscheidung über den Antrag im Urteil ab, wenn der Angeklagte einer Straftat nicht schuldig gesprochen und auch nicht eine Maßregel der Sicherung und Besserung gegen ihn angeordnet wird oder soweit der Antrag unbegründet erscheint. Es sieht von der Entscheidung auch dann ab, wenn sich der Antrag zur Erledigung im Strafverfahren nicht eignet, insbesondere wenn seine Prüfung das Verfahren verzögern würde oder wenn der Antrag unzulässig ist; dies kann in jeder Lage des Verfahrens auch durch Beschluß geschehen.

Über die **Entstehungsgeschichte** vgl. 1 vor § 403; die Vorschrift ist seit 1943 nicht geändert worden.

1. Der Antrag darf **nicht zurückgewiesen** (verworfen, abgelehnt) werden, weder als unzulässig, noch als unbegründet, noch aus anderen Gründen. Wird ihm nicht stattgegeben, so muß von einer Entscheidung abgesehen werden. Wird ihm teilweise stattgegeben, so muß hinsichtlich des Restes von einer Entscheidung abgesehen werden. Soweit der Anspruch nicht zuerkannt ist, kann er anderweitig geltend gemacht werden (§ 406 Abs. 3 Satz 2); und zwar sowohl im Zivilprozeß als auch mit einem erneuten Anhangsantrag. Das Absehen von einer Entscheidung (gleichviel aus welchen Gründen) wirkt also weder formelle noch materielle Rechtskraft. Gegen diese Regelung de lege ferenda Oetker ZAkDR **1937** 79.

2. Das Gericht **muß** von der Entscheidung absehen:

a) wenn der Antrag **unzulässig** ist. Die denkbaren Gründe dafür lassen sich kaum erschöpfend aufzählen. Sie können im Gerichtsverfassungsrecht liegen: Fehlen der deutschen Gerichtsbarkeit hinsichtlich des Anspruchs, Fehlen der ordentlichen Gerichtsbarkeit für den Anspruch (BGHSt. 3 210). Fehlen der zivilprozessualen Verfahrensvoraussetzungen, Vorliegen zivilprozessualer Verfahrenshindernisse, z. B. die in § 403 Abs. 1 ausdrücklich erwähnte anderweitige Rechtshängigkeit; Fehlen der Voraussetzungen des § 403; formelle oder inhaltliche Mängel des Antrages, die trotz Aufforderung nicht behoben werden. Es kommt dabei, wie Müller-Sax 2a mit Recht bemerken, auf den Zeitpunkt der Entscheidung, nicht der Antragstellung an; fallen also die Zulässigkeitsvoraussetzungen nach der Antragstellung weg, so ist § 405 anzuwenden. Indessen ist das von Müller-Sax aaO. im Anschluß an Schönke DRZ **1949** 123 (unter 9a) angeführte Beispiel nicht richtig: Tritt der Verletzte den Anspruch nach der Stellung des Antrages ab, so wird der Antrag dadurch nicht unzulässig. Allenfalls wird der Antrag, den Angeklagten auf Leistung an den Antragsteller zu verurteilen, unbegründet. Es steht aber nichts im Wege, den Antrag auf Leistung an den Zessionar zu ändern. § 403 steht dem nicht entgegen. Er bestimmt nur, wer Antragsteller sein kann, und daß der Zessionar es nicht sein kann; dagegen verlangt § 403 nicht, daß der Antragsteller (wenn er nur der Verletzte oder dessen Erbe ist) im Zeitpunkt der Entscheidung auch noch der Inhaber des Anspruchs ist. Die Frage ist vor allem dann von Bedeutung, wenn inzwischen eine Versicherungssumme an den Verletzten ausbezahlt wird;

b) wenn der Anspruch **unbegründet** „erscheint“, d. h. schon bei tatsächlichen oder rechtlichen Zweifeln des Gerichts (so mit Recht EbSchmidt 5);

c) wenn der Angeklagte **weder schuldig** gesprochen, **noch** eine **Maßregel** der Sicherung und Besserung gegen ihn **verhängt** wird. Die Worte des Abs. 1 Satz 1: „*einer* Straftat nicht schuldig gesprochen“ sind bezeichnend für die Nachlässigkeit, mit der der ganze Abschnitt redigiert ist; richtig müßte es heißen: „*der* Straftat“ (Tat im Sinne des § 264), nämlich derjenigen Straftat, aus der der geltend gemachte Anspruch erwachsen sein soll. Im Falle der Tatmehrheit ist auch dann von einer Entscheidung über den Anspruch abzusehen, wenn der Angeklagte nur wegen einer anderen Straftat verurteilt wird. Kommt es wegen „der“ Tat nicht zur Verurteilung, so darf das Gericht dem Antrage auch dann nicht stattgeben, wenn es ihn gleichwohl für begründet hält (z. B. bei Amnestie, Einstellung wegen Geringfügigkeit usw., in Fällen zivilrechtlicher Gefährdungshaftung u. a. m.). In Fällen, in denen der Richter von Strafe absehen kann (§§ 157, 158, 199, 233 StGB), kommt es nur auf den Schuldspruch, nicht auf die Strafe an (EbSchmidt 3; Müller-Sax 2d).

3. Das Gericht **kann** von der Entscheidung absehen, wenn sich der Antrag zur Erledigung im Strafverfahren **„nicht eignet“**. Es handelt sich um eine Frage des Ermessens. Davon, daß es verständnisvoll gehandhabt wird, hängt zu einem guten Teil die praktische Brauchbarkeit des Anhangsverfahrens ab (ebenso Jescheck JZ **1958** 592). Die Verantwortung des Richters ist um so größer, als keinerlei Nachprüfung der verneinenden Entscheidung möglich ist (§ 406a Abs. 1). Nichts ist geeigneter, den Verletzten vom Anhangsverfahren abzuschrecken, als die Sorge, daß der Richter jede Unbequemlichkeit, jede kleine tatsächliche oder rechtliche Schwierigkeit, jede verfahrensrechtliche Zweifelsfrage zum Anlaß nehmen könne, alle bisherige Mühe des Antragstellers zunichte zu machen, indem er von der Entscheidung absieht. Der Richter hat hier Gelegenheit, seine Entscheidungsfreude zu beweisen; daß die Entscheidung angefochten werden kann, das Absehen von der Entscheidung dagegen nicht, sollte ihn nicht zu besonderer Bedenklichkeit verleiten. Das gilt auch in dem Falle der Nichteignung, den das Gesetz als einziges Beispiel erwähnt, nämlich wenn die Prüfung des Antrages das Verfahren *verzögern* würde. Eine gewisse Verzögerung wird das Anhangsverfahren so gut wie immer mit sich bringen. Daß die Beweisaufnahme oder die Beratung länger dauert, kann aber nicht gemeint sein. Von einer Verzögerung kann erst dann die Rede sein, wenn die Entscheidung um des Antrages willen an einem späteren Tage ergehen müßte als ohne ihn. Jescheck JZ **1958** 594/5 schlägt vor, die Befugnis, von der Entscheidung abzusehen, auf Fälle *wesentlicher* Verzögerung zu beschränken. So jetzt auch Scholz JZ **1972** 725 und die in der Vorbemerkung 1 vor diesem Abschnitt erwähnte Gesetzesinitiative.

4. Verfahren beim Absehen von Entscheidung. Das „Absehen von Entscheidung“ kann in allen Fällen im Urteil ausgesprochen werden. Einen Beschluß sieht Satz 2 nur für die Fälle der Unzulässigkeit oder der Nichteignung vor. Unter Umständen werden aber auch in den übrigen Fällen Beschlüsse zulässig sein und sich bisweilen empfehlen. Zunächst hat der Gesetzgeber wohl den § 206a übersehen, der es gestattet, das Verfahren unter Umständen durch Beschluß einzustellen; daß dabei auch von einer Entscheidung über den Anhangsantrag abzusehen ist, versteht sich. Es muß aber auch gestattet sein, das Anhangsverfahren *vor* dem Urteil (oder Einstellungsbeschluß) durch Beschluß zu beenden, wenn der Antrag schon als unbegründet zu erkennen, die Schuld- und Straffrage aber noch nicht entscheidungsreif ist. Daran hat sowohl der Antragsteller als auch der Angeklagte ein Interesse. Der Antragsteller braucht nicht auf das Strafurteil zu warten, um Zivilklage einzulegen; der Angeklagte weiß nach dem Beschluß, daß er sich gegen den Antrag im Strafverfahren nicht mehr zu verteidigen braucht. Ein Beschluß muß aus denselben Gründen auch dann als zulässig angesehen werden, wenn schon feststeht, daß der Angeklagte nicht wegen „der“ Straftat (vgl. oben 2c) verurteilt werden wird, wohl aber möglicherweise nach längerer Dauer des Verfahrens wegen einer dazu im Verhältnis der Tatmehrheit stehenden anderen Tat. Bedenken gegen einen vorab zu erlassenden Beschluß bestehen um so weniger, als der Beschluß den Verletzten nicht hindern kann, in demselben Verfahren alsbald einen neuen Antrag zu stellen (oben 2). Den Beschluß in allen Fällen als zulässig anzusehen, empfiehlt sich schließlich deshalb, weil unerfindlich ist, welche praktischen Folgerungen aus der Gegenansicht gezogen werden könnten, wenn es einmal zu einem solchen Vorab-Beschluß gekommen ist.

Das Absehen von der Entscheidung kann für den ganzen Antrag oder für einen Teil davon ausgesprochen werden. Im Verfahren vor dem Amtsgericht (Schöffengericht) und vor der Strafkammer als Berufungsgericht darf aber nicht für den Teil von einer Entscheidung abgesehen werden, der die amtsgerichtliche Zuständigkeitsgrenze übersteigt; vielmehr ist ein solcher Antrag hier im ganzen unzulässig (vgl. oben 7a zu § 403). Auch das Revisionsgericht kann noch von der Entscheidung absehen, selbst wenn der Tatrichter sie schon getroffen hatte, RG DR **1944** 770.

Die Erklärung (im Urteil oder im Beschluß), daß das Gericht von einer Entscheidung absehe, beendet die Rechtshängigkeit.

5. Spricht das Gericht rechtsirrig eine **Zurückweisung** des Antrages aus, so wird zunächst geprüft werden müssen, ob dieser Ausspruch nicht in ein „Absehen von einer Entscheidung" umgedeutet werden kann. Sollte die Fassung und die Begründung der Entscheidung eine solche Deutung schlechthin unmöglich machen, so wird dem Antragsteller trotz § 406a Abs. 1 das sonst zulässige Rechtsmittel (Berufung oder Revision gegen Urteile, Beschwerde gegen Beschlüsse) zugestanden werden müssen. Denn eine solche Entscheidung als rechtskräftige Abweisung zu behandeln, wäre ebenso unerträglich, wie eine ernst gemeinte gerichtliche Entscheidung einfach als nicht vorhanden zu betrachten. § 406a Abs. 1 hat nur das Stattgeben und das Absehen von Entscheidung vor Augen; die Vorschrift versagt dem Antragsteller alle Rechtsmittel, weil es in beiden Fällen an einer Beschwer fehlt. Im Fall einer Abweisung kann sie nicht angewendet werden.

§ 406

(1) Soweit der Antrag nach dem Ergebnis der Hauptverhandlung begründet ist, gibt ihm das Gericht im Urteil statt. Die Entscheidung darf sich nicht auf den Grund des geltend gemachten Anspruchs beschränken.

(2) Das Gericht kann die Entscheidung für vorläufig vollstreckbar erklären. Es kann die vorläufige Vollstreckbarkeit von einer Sicherheitsleistung abhängig machen; es kann auch dem Angeklagten gestatten, sie durch Sicherheitsleistung abzuwenden. Diese Anordnungen können durch unanfechtbaren Beschluß auch nachträglich getroffen, geändert oder aufgehoben werden.

(3) Die Entscheidung über den Antrag steht einem im bürgerlichen Rechtsstreit ergangenen Endurteil gleich. Soweit der Anspruch nicht zuerkannt ist, kann er anderweit geltend gemacht werden.

(4) Der Antragsteller erhält eine Abschrift des Urteils mit Gründen oder einen Auszug daraus.

Über die **Entstehungsgeschichte** vgl. 1 vor § 403; die Vorschrift ist durch das Vereinheitlichungsges. vom 12. 9. 1950 nur in einer Kleinigkeit reaktionell geändert worden.

1. Dem Antrag kann nicht durch Beschluß, sondern nur **im Urteil** stattgegeben werden, und zwar nur in einem Urteil, das entweder einen Schuldspruch enthält (ein Strafausspruch ist in den Fällen der §§ 157, 158, 199, 233 nicht nötig) oder eine Maßregel der Sicherung oder Besserung anordnet (vgl. § 405 Satz 1). Die *Gründe* des Urteils müssen darlegen, weshalb der Anspruch begründet ist (OGHSt. 2 46 = MDR **1949** 501). Fehlt eine solche Darlegung völlig, so müßte die Verurteilung insoweit gemäß § 338 Nr. 7 auf Revision aufgehoben werden. An die Begründung können aber keine sehr hohen Anforderungen gestellt werden. Es bedarf insbesondere keines „Tatbestandes" wie im bürgerlichen Rechtsstreit; die Zivilprozeßordnung findet auf die Begründung keine Anwendung. Ausführungen über Behauptungen und Bestreiten, Unstreitigkeit und Beweislast sind entbehrlich. Die tatsächlichen Grundlagen des Anspruchs müssen sich aus dem — in der Technik des Strafurteils — festgestellten Sachverhalt ergeben. Andererseits ist § 267 Abs. 3 Satz 1 nicht in dem Sinne entsprechend anzuwenden, daß die einschlägigen zivilrechtlichen Gesetzesbestimmungen förmlich anzuführen wären (OLG Hamburg JR **1951** 89). E b S c h m i d t 2 verlangt Angabe der in

Frage kommenden bürgerlichrechtlichen Bestimmungen; die „Grundsätze für die Begründung zivilgerichtlicher Entscheidungen" könnten hier nicht „einfach außer acht bleiben". Die ZPO enthält aber gerade keine Vorschrift, die dem § 267 Abs. 3 S. 1 StPO entspräche. Die zivilprozessualen Begründungsregeln setzen den Verhandlungsgrundsatz voraus, der im Strafprozeß – auch im Anhangsverfahren – wiederum nicht gilt.

Dem Antragsteller darf nicht mehr zugesprochen werden, als er beantragt hat. Bleibt die Verurteilung hinter dem Antrage zurück, so muß im übrigen ausdrücklich von einer Entscheidung abgesehen werden (vgl. § 406).

2. Ein **Zwischenurteil über den Grund** des Anspruchs (§ 304 ZPO) paßt nicht in den Strafprozeß, der keine Zwischenurteile kennt. Ein Nachverfahren über den Betrag wäre kein Strafverfahren mehr. Der Gesetzgeber hätte freilich ein Verfahren über den Grund des Anspruchs vor dem Strafrichter und ein Nachverfahren über den Betrag vor dem Zivilrichter zulassen können. Aber der Sinn des Anhangsverfahrens liegt darin, ohne weitere Umstände rasch über spruchreife Ansprüche zu entscheiden. Wo es ohnehin noch eines Verfahrens vor dem Zivilrichter bedarf, um dem Antragsteller zu einem Vollstreckungstitel zu verhelfen, wäre die Zweiteilung des Verfahrens umständlicher als seine völlige Erledigung vor dem Zivilgericht. Deshalb muß aus Abs. 1 Satz 2 geschlossen werden, daß eine Klage auf *Feststellung* des Schadensersatzanspruchs nicht zulässig ist. Daß hier von dem Grund des „geltend gemachten" Anspruchs gesprochen wird, ist nichts als Pedanterie der Ausdrucksweise; sie darf nicht zu der Meinung verführen, als bestehe kein Hindernis, wenn nichts als ein Feststellungsverlangen mit dem Antrage „geltend gemacht" wird.

3. Über die **vorläufige Vollstreckbarkeit** entscheidet das Gericht nach pflichtmäßigem Ermessen, ohne – wie teilweise im Zivilprozeßrecht – durch Anträge gebunden zu sein. Es kann auch, wie nach § 713 Abs. 2 ZPO, dem Verurteilten gestatten, die Vollstreckung durch Sicherheitsleistung oder durch Hinterlegung abzuwenden, wenn der Antragsteller nicht vor der Vollstreckung Sicherheit leistet. Das Strafgericht kann diese Entscheidung jederzeit treffen, ändern und aufheben.

4. Nur in der **Wirkung** steht die Entscheidung einem zivilprozessualen Endurteil gleich. Im übrigen folgt sie strafprozessualen Grundsätzen, vgl. oben 1.

5. Das Gericht bestimmt, ob der Antragsteller eine vollständige **Abschrift des Urteils** oder einen – in sich verständlichen – Auszug daraus erhält. Es genügt, wenn er ersehen kann, was ihm, der Höhe und dem Anspruchsgrunde nach, zugesprochen ist. Im übrigen bedarf er dieser Abschrift nicht, weder als Grundlage für Rechtsmittel (die ihm nicht zustehen), noch zur Zwangsvollstreckung (für die eine Abschrift ohnehin nicht ausreicht, vgl. sogleich unter 6).

6. Für die **Zwangsvollstreckung** bedarf es einer vollstreckbaren Ausfertigung (§ 724 ZPO in Verbindung mit § 406b), die der Urkundsbeamte des Strafgerichts erteilt. Im übrigen vgl. § 406b.

§ 406 a

(1) Dem Antragsteller steht, auch soweit das Gericht von einer Entscheidung absieht, ein Rechtsmittel nicht zu.

(2) Soweit das Gericht dem Antrag stattgibt, kann der Angeklagte die Entscheidung auch ohne den strafrechtlichen Teil des Urteils mit dem sonst zulässigen Rechtsmittel anfechten. In diesem Falle kann über das Rechtsmittel durch Beschluß in nichtöffentlicher Sitzung entschieden werden.

(3) Wird auf ein Rechtsmittel unter Aufhebung der Verurteilung der Angeklagte einer Straftat nicht schuldig gesprochen und auch nicht eine Maßregel der Sicherung und Besserung gegen ihn angeordnet, so ist zugleich die dem Antrag stattgebende Entscheidung aufzuheben, auch wenn das Urteil insoweit nicht angefochten ist.

Über die **Entstehungsgeschichte** vgl. 1 vor § 403; die Vorschrift ist seit 1943 nicht geändert worden.

1. Der **Antragsteller** hat **keine Rechtsmittel** gegen die Anhangsentscheidung. Soweit sie seinem Antrage stattgibt, ist er nicht beschwert; soweit sie von Entscheidung absieht, bleibt ihm die zivilprozessuale Klage. Über den Fall, daß das Gericht unter Verstoß gegen § 405 den Anspruch des Antragstellers als unbegründet abweist, vgl. 5 zu § 405. Schönke DRZ **1919** 124 (unter 10a) meint, dem Antragsteller stünde auch im übrigen gegen Beschlüsse und Verfügungen, die seinen Antrag oder seine Teilnahme am Verfahren betreffen, die Beschwerde nicht zu. Dem kann in dieser Allgemeinheit nicht zugestimmt werden. Mindestens stehen dem Antragsteller für das Vollstreckungsverfahren (darüber zu § 406b) die Rechtsmittel der Zivilprozeßordnung zu. Müller-Sax 1 wollen dem Antragsteller die Rechtsmittel für die dem Urteil vorausgehenden Beschlüsse und Verfügungen versagen. Die Frage ist praktisch bedeutungslos, weil das Gericht, sobald der Antragsteller mit Rechtsmitteln lästig fällt, gemäß § 405 S. 2 durch Beschluß von einer Entscheidung über den Antrag absehen wird; daß die Prüfung des Antrages das Verfahren verzögern würde, wird bei Rechtsmitteln so gut wie immer bejaht werden müssen. Mit Bezug auf den Antrag hat der Verletzte auch dann keine Rechtsmittel, wenn er Privatkläger oder Nebenkläger ist. Sieht freilich das Gericht unterer Instanz von Entscheidungen ab und legt der Antragsteller als Privat- oder Nebenkläger ein Rechtsmittel gegen den strafrechtlichen Teil des Urteils ein, so kann er vor dem Berufungsgericht (auch nach Zurückweisung durch das Revisionsgericht) einen neuen Anhangsantrag stellen.

2. Der **Angeklagte** hat die „sonst zulässigen" d. h. nach der StPO zulässigen Rechtsmittel (OLG Oldenburg HESt. 2 45; OLG Braunschweig NJW 1952 1230; Müller-Sax 2a). Im Falle des § 313 kommt es also auf die Strafe an (Kleinknecht-Müller 2a), auch wenn der strafrechtliche Teil des Urteils nicht angefochten wird. Auch § 335 ist anwendbar.

3. Der Angeklagte kann den **zivilrechtlichen Teil** des Urteils ohne den strafrechtlichen anfechten. Der strafrechtliche Teil wird dann, wenn er auch nicht vom Staatsanwalt, Privat- oder Nebenkläger angefochten wird, rechtskräftig. Abs. 2 S. 2 besagt nur, daß das Rechtsmittel durch Beschluß *verworfen* werden kann; daß die zivilrechtliche Entscheidung aufgehoben werden kann, ergibt sich schon aus § 405 S. 2 („in jeder Lage des Verfahrens"). Die Verwerfung durch Beschluß ist auch dann zulässig (a. A. EbSchmidt 7), im allgemeinen aber unzweckmäßig (wegen Abs. 3), wenn der Schuldspruch von einem anderen Beteiligten angefochten, deshalb noch nicht rechtskräftig ist und seine Aufhebung möglich erscheint. Der Beschluß ist unanfechtbar (EbSchmidt 7).

4. Der Angeklagte kann sein Rechtsmittel auch auf den **strafrechtlichen Teil** des Urteils beschränken: Staatsanwalt, Privat- und Nebenkläger können es nur mit dieser Beschränkung anfechten. Streitig ist, ob in diesem Fall der zivilrechtliche Teil in Rechtskraft erwächst (so Müller-Sax 2b) oder ob Abs. 3 dem entgegensteht (so OLG Neustadt NJW **1952** 718 Nr. 27). Das erstere ist richtig. Abs. 3 ändert nichts daran, daß das Rechtsmittelgericht die zivilrechtliche Richtigkeit der Entscheidung über den Anspruch nicht nachprüfen kann. Daß es trotzdem noch zur Aufhebung der zivilrechtlichen Entscheidung kommen kann, steht deren Rechtskraft ebensowenig entgegen, wie die Möglichkeit einer Rechtsmittelerstreckung gemäß § 357 etwas an der Rechtskraft des Urteils gegenüber den Nichtrevidenten ändert.

5. Sind **beide Teile** des Urteils mit der **Revision** angefochten, so kommt, wenn das Strafurteil Bestand hat, eine Zurückverweisung des Anschlußverfahrens allein nicht in Betracht (OGHSt. 2 46 = MDR **1949** 501; Müller-Sax 2c). Ist die Anschlußentscheidung in diesem Falle verfahrens- oder sachlich-rechtlich nicht in Ordnung, so wird das Revisionsgericht sie aufheben und von Entscheidung absehen. An die Grenzen des Revisionsrechts ist es auch im Anhangsverfahren gebunden (OLG Oldenburg HESt. 2 45).

6. Hat der Angeklagte sein Rechtsmittel auf den strafrechtlichen Teil des Urteils beschränkt, oder handelt es sich um ein Rechtsmittel des Staatsanwalts, Privat- oder Nebenklägers, das ja ohnehin nur in dieser Beschränkung zulässig ist, so führt die **Aufhebung des strafrechtlichen Teils** zur Aufhebung auch des zivilrechtlichen, *wenn* der Angeklagte nicht schuldig gesprochen und keine auch Maßregel der Sicherung oder Besserung gegen ihn angeordnet wird. Diese zweite Voraussetzung muß schon feststehen. Deshalb führt die Aufhebung *und Zurückverweisung* durch das Revisionsgericht noch *nicht* zur Aufhebung des

zivilrechtlichen Teils, sondern erst das endgültige Sachurteil, wenn es weder einen Schuldspruch noch eine Maßregel ausspricht (vgl. BGHSt. 3 210 Müller-Sax 4; Kl 3). Mit den Worten, daß der Angeklagte „einer Straftat" nicht schuldig gesprochen sein müsse, sagt der Text aus lauter Pedanterie etwas, was nicht gemeint ist; es kommt nicht darauf an, ob der Angeklagte irgend einer Straftat, sondern ob er der Straftat schuldig gesprochen wird, aus welcher der Anspruch hergeleitet wird. Gerade um der größeren Deutlichkeit willen wären diese beiden Worte also besser weggeblieben. Fraglich kann sein, ob über den Wortlaut des Abs. 3 hinaus der Zivilteil auch dann aufzuheben ist, wenn das Rechtsmittelgericht die Unterbringung in einer Heil- oder Pflegeanstalt wegen Zurechnungsunfähigkeit (§ 51 Abs. 1 StGB) von sich aus anordne; alsdann sei über den Zivilanspruch erneut zu befinden. Es muß eingeräumt werden, daß eine solche Handhabung wegen §§ 827, 829 BGB recht zweckentsprechend erscheinen mag. Indessen ist sie mit der Vorschrift nicht zu vereinen. Denn der Fall der Zurechnungsunfähigkeit (§ 51 Abs. 1 StGB) ist der einzige, in dem eine Maßregel der Sicherung und Besserung (Unterbringung in einer Heil- oder Pflegeanstalt gemäß § 42b StGB; Entziehung der Fahrerlaubnis gemäß § 42m StGB) überhaupt ohne Schuldspruch möglich ist. In allen anderen Fällen können Maßregeln der Sicherung und Besserung nur neben der Strafe verhängt werden. Die besondere Erwähnung der Maßregeln in Abs. 3 hat also gerade nur für den Fall völliger Zurechnungsunfähigkeit Bedeutung.

Abs. 3 ist eine etwas doktrinäre Folgerung aus dem Begriff des „Anhangsverfahrens", in dem die zivilrechtliche Verurteilung eben nur einer strafrechtlichen „anhängen" und auch in ganz zweifelsfreien, sogar vom Verurteilten selbst nicht in Zweifel gezogenen Fällen nicht selbständig bestehen bleiben soll. Sie ist eng auszulegen. Die Möglichkeit, daß es gemäß Abs. 3 noch zur Aufhebung der nicht angefochtenen zivilrechtlichen Verurteilung kommt, ändert deshalb zunächst nichts an deren Rechtskraft (vgl. oben 3); denn sie gibt dem Rechtsmittelgericht nicht die Befugnis, etwa die zivilrechtliche Subsumtion nachzuprüfen.

§ 406 b

Die Vollstreckung richtet sich nach den Vorschriften, die für die Vollstreckung von Urteilen in bürgerlichen Rechtsstreitigkeiten gelten. Für das Verfahren nach den §§ 731, 767, 768, 887 bis 890 der Zivilprozeßordnung ist das Gericht der bürgerlichen Rechtspflege zuständig, in dessen Bezirk das Strafgericht des ersten Rechtszuges seinen Sitz hat. Einwendungen, die den Anspruch selbst betreffen, sind nur insoweit zulässig, als die Gründe, auf denen sie beruhen, nach Schluß der Hauptverhandlung des ersten Rechtszuges und, wenn das Berufungsgericht entschieden hat, nach Schluß der Hauptverhandlung im Berufungsrechtszug entstanden sind.

Über die **Entstehungsgeschichte** vgl. 1 vor § 403; die Vorschrift ist seit 1943 sachlich nicht geändert worden.

1. Für die **Zwangsvollstreckung** bedarf es einer vollstreckbaren Ausfertigung (§ 724 ZPO), die der Urkundsbeamte des Strafgerichts erteilt. Nicht die Erteilung, wohl aber die Zwangsvollstreckung selbst setzt Zustellung des Urteils voraus. Der Wortlaut der Klausel ergibt sich aus § 725 ZPO. Über die vorläufige Vollstreckbarkeit vgl. 3 zu § 406, über die Rechtskraft 3 und 5 zu § 406a.

2. Als **Prozeßgericht** wird das Strafgericht nur insoweit tätig, als es sich um Einwendungen oder Anordnungen gegenüber seiner eigenen Geschäftsstelle handelt (§§ 732 bis 734 ZPO). Im übrigen wird nach S. 2 das Zivilgericht tätig, das auch für Abänderungsklage gemäß § 323 ZPO zuständig ist.

3. **Vollstreckungsgericht** ist nur das Zivilgericht (Müller-Sax 2b).

4. **Vollstreckungsgegenklagen** können nur auf Gründe gestützt werden, die nach der letzten Tatsachenverhandlung entstanden sind. Hat das Berufungsgericht die Berufung gegen die zivilrechtliche Verurteilung gemäß § 406a Abs. 2 S. 2 durch Beschluß verworfen, so können mit der Vollstreckungsgegenklage Einwendungen geltend gemacht werden, die seit der erstinstanzlichen Verhandlung entstanden sind.

§ 406c

(1) Den Antrag auf Wiederaufnahme des Verfahrens kann der Angeklagte darauf beschränken, eine wesentliche andere Entscheidung über den Anspruch herbeizuführen. Das Gericht entscheidet dann ohne Erneuerung der Hauptverhandlung durch Beschluß.

(2) Richtet sich der Antrag auf Wiederaufnahme des Verfahrens nur gegen den strafrechtlichen Teil des Urteils, so gilt § 406a Abs. 3 entsprechend.

Über die **Entstehungsgeschichte** vgl. 1 vor § 403; keine Änderungen seit 1943.

1. Die **Voraussetzungen** der Wiederaufnahme und das Verfahren richten sich nach §§ 359ff., nicht nach der Zivilprozeßordnung. Auch § 360 Abs. 2 ist anwendbar (Müller-Sax 1a).

2. Eine **wesentlich andere Entscheidung** muß das Ziel der Wiederaufnahme sein. Diese Umschreibung ist aus § 359 Abs. 5 hierher übernommen; in dem dortigen Zusammenhang ist sie freilich weniger unbestimmt. Was eine „wesentlich" andere Entscheidung ist, wird sich vielfach nach dem Ermessen des Richters beurteilen. Bloße Abweichungen in der Begründung werden niemals als wesentlich in diesem Sinne gelten können. Eine Teilung des bisher ungeteilt zuerkannten Anspruchs (wegen Mitschuld des Verletzten) wird in der Regel als wesentlich anerkannt werden müssen. Bloße Änderungen einer Ermessensentscheidung (Schmerzensgeld) werden vielfach nicht „wesentlich" zu nennen sein.

3. Auch im Wiederaufnahmeverfahren kann **nichts aberkannt**, sondern nur gemäß § 405 von einer Entscheidung abgesehen werden.

4. **Nur der Angeklagte** kann hinsichtlich des Zivilrechtsteils Wiederaufnahme beantragen. Staatsanwalt, Privat- und Nebenkläger als solche sind insoweit nicht beteiligt; der Antragsteller ist auf den (weit einfacheren) Weg der Zivilklage angewiesen.

§ 406d

Verlangt der Verletzte nach den Vorschriften des Strafrechts eine Buße, so sind die vorstehenden Bestimmungen sinngemäß anzuwenden, soweit nichts anderes bestimmt ist.

Ist der Antrag auf Zuerkennung einer Buße unzulässig oder unbegründet, so wird er im Urteil abgelehnt.

Über die **Entstehungsgeschichte** vgl. 1 vor § 403; keine sachlichen Änderungen seit 1943.

Schrifttum: Kern, Die Buße und die Entschädigung des Verletzten, in Festschrift für Edmund Mezger (1954) 407; Jescheck JZ **1958** 595 (unter VI).

1. Eine **Buße** *kann* bei übler Nachrede (§ 186 StGB) und Verleumdung (§ 187 StGB) gemäß § 188 StGB, in allen Fällen der Körperverletzung (§§ 223ff., 340 StGB) gemäß § 231 StGB zuerkannt werden; ferner nach § 35 KunstUrhGes., § 50 PatGes., § 17 GebrMG, § 26 UWG. Buße kann auch beantragt werden, wenn eines der vorgenannten Delikte in Tateinheit mit einem schwereren Delikt steht, jedoch nicht im Falle der Gesetzeseinheit (Müller-Sax 1b).

2. Streitig ist, ob nur der Verletzte selbst (Müller-Sax 1c) oder auch sein Erbe den Antrag auf Buße stellen kann. Ersteres ist richtig. Darauf, daß es in § 403 heißt: „oder sein Erbe", kann es nicht ankommen, denn Abs. 1 verordnet sinngemäße Anwendung des § 403 gerade nicht für den Fall, daß der Erbe, sondern nur für den Fall, daß der Verletzte selbst Buße verlangt (so auch Herdegen in LK III 1 zu § 188 StGB; EbSchmidt 2; OLG Hamm MDR **1949** 242 = HESt. 2 146). Außerdem gehört die Frage, ob der Bußanspruch vor seiner rechtskräftigen Zuerkennung vererblich ist, dem sachlichen und nicht dem Verfahrensrecht an; deshalb sollte nicht versucht werden, ihre Lösung der StPO zu entnehmen. Nach RGSt. **64** 348 wird die Verurteilung zur Bußezahlung hinfällig, wenn der Verletzte vor

Rechtskraft des Urteils stirbt. — der **gesetzliche Vertreter** des Verletzten kann Zahlung einer Buße nicht an sich selbst, sondern nur an den Verletzten beantragen (BGH bei Dallinger MDR **1953** 149 zu § 406d).

3. Buße darf nur zuerkannt werden, wenn der Verletzte sie verlangt; der **Antrag** muß in der Form und Frist des § 404 gestellt (OLG Düsseldorf JMBlNRW **1958** 91) und auf einen bestimmten Betrag gerichtet werden, den der Richter unterschreiten, aber nicht überschreiten darf.

4. **Absatz** 2 steht im Widerspruch zum sachlichen Recht; denn nach allen oben zu 1 angeführten Vorschriften *kann* auf Buße erkannt werden. Herdegen in LK III 2 zu § 188 StGB will freilich § 406d Abs. 2 vorgehen lassen und meint, der Richter *müsse* entscheiden. Dagegen sprechen aber innere Gründe. Der Zwang zur Entscheidung wäre ein innerer Widerspruch zur Anwendbarkeit der §§ 403ff., insbesondere zu § 406 S. 2; letztere Vorschrift paßt wiederum nicht auf die Buße, denn ihre Prüfung kann nicht wohl als ungeeignet zur Erledigung im Strafverfahren bezeichnet werden, weil sie ja *nur* im Strafverfahren zuerkannt werden kann (ebenso Müller-Sax 2b; vgl. auch Lackner-Maaßen 2, Dreher 3 zu § 188). „Sinngemäße" Anwendung des § 406a Abs. 1 kann wiederum nicht bedeuten, daß auch gegen die *Ablehnung* eines Anspruchs kein Rechtsmittel gegeben sein soll. Das „kann" in den sachlich-rechtlichen Vorschriften und die „sinngemäße" Anwendung des § 405 S. 2 müssen vielmehr zusammen dahin aufgefaßt werden, daß der Richter von der Entscheidung absehen kann; freilich nicht mit *der* Ermessensentscheidung, die § 405 S. 2 mit den Worten „nicht eignet" bezeichnet, sondern mit *der* Ermessensentscheidung, zu der das sachlich-rechtliche „kann" den Richter ermächtigt.

5. Die **Zuerkennung** einer Buße schließt nach sachlichem Recht (vgl. oben 1) weitergehende Schadensersatzansprüche aus, und zwar selbst dann, wenn der Richter, hinter dem Antrag zurückbleibend, nur einen ganz geringfügigen Betrag zuspricht. Da hiergegen der Verletzte kein Rechtsmittel hat, ist für ihn der Antrag auf Buße ein gefährlicher Schritt, der sich allenfalls dann empfiehlt, wenn die zivilprozessuale Geltendmachung eines Schadensersatzanspruchs ohnehin an Beweisschwierigkeiten zu scheitern droht.

6. Die **Aberkennung** einer Buße schließt, wie sich aus den sachlich-rechtlichen Vorschriften (vgl. oben 3) ergibt, die Geltendmachung von Schadensersatzansprüchen nicht aus, auch dann nicht, wenn der Antrag als unbegründet abgelehnt worden ist. Auch insoweit ist die Vorschrift unfolgerichtig gegenüber dem sonstigen Bestreben des Abschnitts, widerspruchsvolle Entscheidungen unmöglich zu machen.

7. **Rechtsmittel** stehen auch hier dem Antragsteller als solchem nicht zu (Müller-Sax 3). Nur wenn er Privatkläger oder Nebenkläger ist, kann er ein Rechtsmittel, wenn es unabhängig von der Entscheidung über die Buße zulässig ist, dazu benutzen, um die Entscheidung auch insoweit anzugreifen (EbSchmidt 10). Gegen die Aberkennung der Buße kann auch die Staatsanwaltschaft kein Rechtsmittel einlegen (RG HRR **1937** Nr. 687).

FSC
www.fsc.org
MIX
Papier | Fördert
gute Waldnutzung
FSC® C083411

Kolibri 360 GmbH
Ferdinand-Jühlke-Straße 7
99095 Erfurt, Deutschland
produktsicherheit@kolibri360.de